COMENTARIOS BÍBLICOS CON APLICACIÓN

ROMANOS

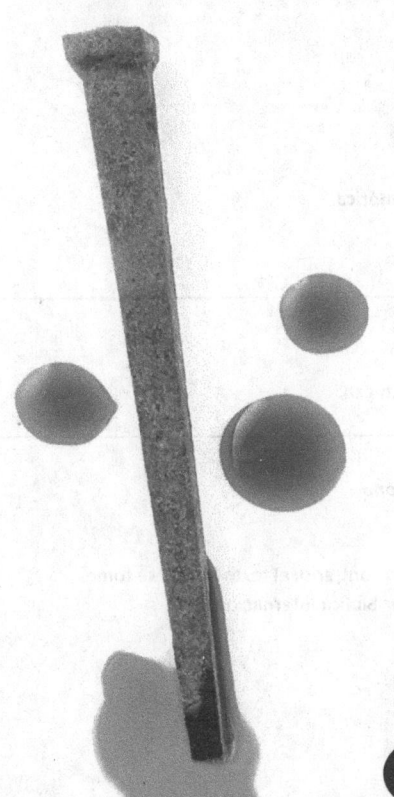

del texto bíblico
a una aplicación
contemporánea

DOUGLAS J. MOO

NVI

La misión de Editorial Vida es ser la compañía líder en comunicación cristiana que satisfaga las necesidades de las personas, con recursos cuyo contenido glorifique a Jesucristo y promueva principios bíblicos.

COMENTARIO BÍBLICO CON APLICACIÓN NVI: ROMANOS
Editorial Vida – ©2011
Publicado en Nashville, Tennessee, Estados Unidos de América.

Este título también está disponible en formato electrónico

Originally published in english under the title:
The NIV Application Commentary: Romans
Copyright © 2000 por Douglas J. Moo
Published by permission of Zondervan, Grand Rapids, Michigan.
All rights reserved.

Traducción: *Pedro L. Gómez Flores*
Edición: *Anabel Fernández Ortiz y Juan Carlos Martín Cobano*
Diseño interior: *José Luis López González*

Reservados todos los derechos. A menos que se indique lo contrario, el texto bíblico se tomó de la Santa Biblia Nueva Versión Internacional. © 1999 por Bíblica Internacional.

CATEGORÍA: Comentario bíblico / Nuevo Testamento

Contenido

4
Introducción a la Serie

8
Prefacio del editor

10
Abreviaturas

12
Introducción a Romanos

25
Bosquejo

27
Bibliografía comentada

31
Texto y comentario de Romanos

Introducción a la Serie

Los Comentarios Bíblicos con aplicación: Serie NVI son únicos. La mayoría de los comentarios bíblicos nos ayudan a recorrer el trecho que va desde el siglo XXI al siglo I. Nos permiten cruzar las barreras temporales, culturales, idiomáticas y geográficas que nos separan del mundo bíblico. Sin embargo, solo nos ofrecen un billete de ida al pasado y asumen que nosotros mismos podemos, de algún modo, hacer el viaje de regreso por nuestra cuenta. Una vez nos han explicado el *sentido original* de un libro o pasaje, estos comentarios nos brindan poca o ninguna ayuda para explorar su *significado contemporáneo*. La información que nos ofrecen es sin duda valiosa, pero la tarea ha quedado a medias.

Recientemente, algunos comentarios han incluido un poco de aplicación contemporánea como *una* de sus metas. No obstante, las aplicaciones son a menudo imprecisas o moralizadoras, y algunos volúmenes parecen más sermones escritos que comentarios.

La meta principal de *Los Comentarios Bíblicos con aplicación: Serie NVI* es ayudarte con la tarea, difícil pero vital, de trasladar un mensaje antiguo a un contexto moderno. La serie no se centra solo en la aplicación como un producto acabado, sino que te ayuda también a pensar detenidamente en el *proceso* por el que se pasa del sentido original de un pasaje a su significado contemporáneo. Son verdaderos comentarios, no exposiciones populares. Se trata de obras de referencia, no de literatura devocional.

El formato de la serie ha sido concebido para conseguir la meta propuesta. El tratamiento de cada pasaje se lleva a cabo en tres secciones: *Sentido original, Construyendo puentes* y *Significado contemporáneo*.

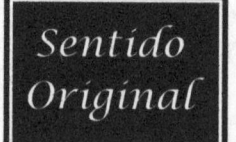

Esta sección te ayuda a entender el significado del texto bíblico en su contexto del primer siglo. En este apartado se tratan —de manera concisa— todos los elementos de la exégesis tradicional, a saber, el contexto histórico, literario y cultural del pasaje. Los autores analizan cuestiones relacionadas con la gramática, la sintaxis y el significado de las palabras bíblicas. Se esfuerzan asimismo en explorar las principales ideas del pasaje y el modo en que el autor bíblico desarrolla tales ideas.[1]

Tras leer esta sección, el lector entenderá los problemas, preguntas y preocupaciones de los *primeros receptores* y el modo en que el autor bíblico trató tales cuestiones. Esta comprensión es fundamental para cualquier aplicación legítima del texto en nuestros días.

---

1. Obsérvese, por favor, que cuando los autores tratan el sentido de alguna palabra en las lenguas bíblicas originales, en esta serie se utiliza el método general de transliteración en lugar del más técnico (sirviéndose de los alfabetos griego y hebreo).

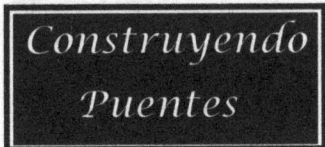

Como indica el título, en esta sección se construye un puente entre el mundo de la Biblia y el de nuestros días, entre el contexto original y el moderno, analizando tanto los aspectos circunstanciales del texto como los intemporales.

La Palabra de Dios tiene un aspecto *circunstancial*. Los autores de la Escritura dirigieron sus palabras a situaciones, problemas y cuestiones específicas. Pablo advirtió a los Gálatas sobre las consecuencias de circuncidarse y los peligros de intentar justificarse por la Ley (Gá 5:2–5). El autor de Hebreos se esforzó en convencer a sus lectores de que Cristo es superior a Moisés, a los sacerdotes aarónicos, y a los sacrificios veterotestamentarios. Juan instó a sus lectores a «probar los espíritus» de quienes enseñaban una forma de gnosticismo incipiente (1Jn 4:1–6). En cada uno de estos casos, la naturaleza circunstancial de la Escritura nos capacita para escuchar la Palabra de Dios en situaciones que fueron *concretas* y no abstractas.

No obstante, esta misma naturaleza circunstancial de la Escritura crea también problemas. Nuestras situaciones, dificultades y preguntas no están siempre relacionadas directamente con las que enfrentaban los primeros receptores de la Biblia. Por ello, la Palabra de Dios para ellos no siempre nos parece pertinente a nosotros. Por ejemplo, ¿cuándo fue la última vez que alguien te instó a circuncidarte, afirmando que era una parte necesaria de la Justificación? ¿A cuántas personas de nuestros días les inquieta la cuestión de si Cristo es o no superior a los sacerdotes aarónicos? ¿Y hasta qué punto puede una «prueba» diseñada para detectar el gnosticismo incipiente ser de algún valor en una cultura moderna?

Afortunadamente, las Escrituras no son únicamente documentos circunstanciales, sino también *intemporales*. Del mismo modo que Dios habló a los primeros receptores, sigue hablándonos a nosotros a través de las páginas de la Escritura. Puesto que compartimos la común condición de humanos con las gentes de la Biblia, descubrimos una *dimensión universal* en los problemas a los que tenían que hacer frente y en las soluciones que Dios les dio. La naturaleza intemporal de la Escritura hace posible que ésta nos hable con poder en cualquier momento histórico y en cualquier cultura.

Quienes dejan de reconocer que la Escritura tiene una dimensión circunstancial y otra intemporal se acarrean muchos problemas. Por ejemplo, quienes se sienten apabullados por la naturaleza circunstancial de libros como Hebreos o Gálatas pueden soslayar su lectura por su aparente falta de sentido para nuestros días. Por otra parte, quienes están convencidos de la naturaleza intemporal de la Escritura, pero no consiguen percibir su aspecto *circunstancial*, pueden «disertar elocuentemente» sobre el sacerdocio de Melquisedec a una congregación muerta de aburrimiento.

El propósito de esta sección es, por tanto, ayudarte a discernir lo intemporal (y lo que no lo es) en las páginas del Nuevo Testamento dirigidas a situaciones temporales. Por ejemplo, si la principal preocupación de Pablo no es la circuncisión (como se nos dice en Gálatas 5:6), ¿cuál *es* entonces? Si las exposiciones sobre el sacerdocio aarónico o sobre Melquisedec nos parecen hoy irrelevantes, ¿cuáles son los elementos de valor permanente en estos pasajes? Si en nuestros días los creyentes intentan «probar los espíritus» con una prueba diseñada para una herejía específica del primer siglo, ¿existe alguna otra prueba bíblica más apropiada para que podamos hoy cumplir este propósito?

No obstante, esta sección no solo descubre lo intemporal de un pasaje concreto, sino que también nos ayuda a ver *cómo* lo hace. El autor del comentario se esfuerza en hacer explícito lo que en el texto está implícito; toma un proceso que es normalmente intuitivo y lo explica de un modo lógico y ordenado. ¿Cómo sabemos que la circuncisión no es la principal preocupación de Pablo? ¿Qué claves del texto o del contexto nos ayudan a darnos cuenta de que la verdadera preocupación de Pablo está en un nivel más profundo?

Lógicamente, aquellos pasajes en que la distancia histórica entre nosotros y los primeros lectores es mayor, requieren un tratamiento más extenso. Por el contrario, los textos en que la distancia histórica es más reducida o casi inexistente requieren menos atención.

Una clarificación final. Puesto que esta sección prepara el camino para tratar el significado contemporáneo del pasaje, no siempre existe una precisa distinción o una clara división entre ésta y la sección que sigue. No obstante, cuando ambos bloques se leen juntos, tendremos una fuerte sensación de haber pasado del mundo de la Biblia al de nuestros días.

Significado Contemporáneo

Esta sección permite que el mensaje bíblico nos hable hoy con el mismo poder que cuando fue escrito. ¿Cómo podemos aplicar lo que hemos aprendido sobre Jerusalén, Éfeso, o Corinto a nuestras necesidades contemporáneas en Los Ángeles, Lima o Barcelona? ¿Cómo podemos tomar un mensaje que se expresó inicialmente en griego y arameo, y comunicarlo con claridad en nuestro idioma? ¿Cómo podemos tomar las eternas verdades que en su origen se plasmaron en un tiempo y una cultura distintos, y aplicarlos a las parecidas, pero diferentes, necesidades de nuestra cultura?

Para conseguir estas metas, esta sección nos ayuda en varias cuestiones clave. En primer lugar, nos permite identificar situaciones, problemas o preguntas contemporáneas que son verdaderamente comparables a las que la audiencia original hubo de hacer frente. Puesto que las situaciones de hoy rara vez son idénticas a las que se dieron en el siglo primero, hemos de buscar escenarios semejantes para que nuestras aplicaciones sean relevantes.

En segundo lugar, esta sección explora toda una serie de contextos en los que el pasaje en cuestión puede aplicarse en nuestro tiempo. Buscaremos aplicaciones personales, pero seremos asimismo estimulados a pensar más allá de nuestra situación personal considerando cuestiones que afectan a la sociedad y a la cultura en general.

En tercer lugar, en esta sección seremos conscientes de los problemas o dificultades que pueden surgir en nuestro deseo de aplicar el pasaje. Y caso de que existan varias maneras legítimas de aplicar un pasaje (cuestiones en las que no exista acuerdo entre los cristianos), el autor llamará nuestra atención al respecto y nos ayudará a analizar a fondo las implicaciones.

En la consecución de estas metas, los colaboradores de esta serie intentan evitar dos extremos. El primero, plantear aplicaciones tan específicas que el comentario se convierta rápidamente en un texto arcaico. El segundo, evitar un tratamiento tan general del sentido del pasaje que deje de conectar con la vida y cultura contemporáneas.

Por encima de todo, los colaboradores de esta serie han realizado un diligente esfuerzo para que sus observaciones no suenen a perorata moralizadora. *Los Comentarios Bíblicos con aplicación: Serie NVI* no pretenden ofrecerte materiales listos para ser utilizados en sermones, sino herramientas, ideas y reflexiones que te ayuden a comunicar la Palabra de Dios con poder. Si conseguimos ayudarte en esta meta se habrá cumplido el propósito de esta serie.

Los editores

Prefacio del editor

No ha habido nunca un tiempo tan necesitado de unidad y sanidad como el nuestro, tan caracterizado por divisiones de todo tipo (étnicas, raciales, nacionales, religiosas, etc.). Como Douglas Moo muestra de manera tan brillante en este comentario, uno de los propósitos que persigue el apóstol Pablo al escribir Romanos es unificar a una comunidad cristiana dividida en Roma. Probablemente, esta comunidad había sido fundada por las labores de algunos cristianos de origen judío, que vieron con rapidez cómo se les unía un número igual de cristianos gentiles. Estos dos grupos estaban ahora, de algún modo, enfrentados. La constante tendencia de los miembros más antiguos de las iglesias a irritarse con los recién llegados se vio exacerbada, en este caso, por los trasfondos étnicos y religiosos tan distintos de ambos grupos.

Pablo está en un momento de transición en su ministerio. Quiere comenzar un nuevo trabajo misionero, quizá en España. Para ello, el apóstol desea contar con el apoyo de la iglesia romana, el destacamento más occidental del cristianismo en aquel momento. Por otra parte, no quiere ver desvanecerse el fruto de veinticinco años de trabajo misionero por unas disputas entre distintas facciones. De modo que, por dos cuestiones prácticas, Pablo desea poner paz entre los cristianos de origen judío y los de trasfondo gentil.

Es evidente, no obstante, que sus razones para desear la paz van más allá de las de carácter meramente práctico. Si sus razones fueran puramente funcionales, sus estrategias habrían sido otras. A fin de conseguir apoyos para su proyecto en territorio español, el apóstol expone su idea, alegando que la única forma de llevar a cabo esta tarea es contando con el respaldo unido de todos ellos. Hubiera podido plantear argumentos «sociológicos» en favor de la solidaridad o proponer los beneficios «psicológicos» de la reconciliación.

Pablo, sin embargo, no escoge ninguna de tales opciones. Sus razones para la solidaridad y la reconciliación se fundamentan en la doctrina. El libro de Romanos nos habla de sanar las divisiones de la Iglesia por medio de la doctrina en lugar de procurar hacerlo mediante la Sociología, la Psicología, la gestión empresarial, o incluso la razón. Es como si Pablo le dijera a la iglesia de Roma: «Hagamos una pausa y planteemos este asunto desde la perspectiva de Dios. A continuación pongámonos manos a la obra».

La utilización de la doctrina cristiana para resolver problemas de desunión y disputas se está convirtiendo rápidamente en una metodología en vías de extinción. Hacerlo significa que, finalmente, habrá que hacer juicios sobre el bien y el mal y, en estos días, afirmar que alguien está equivocado se interpreta —al menos en ciertos círculos religiosos—, como una clase de acoso intelectual. Utilizar la doctrina significa estar dispuestos a trazar fronteras que delimiten la fe cristiana, y muchos consideran que tales límites equivalen a una especie de segregación religiosa.

Sin duda, las fuerzas anti-doctrina de nuestra sociedad utilizan un argumento importante. En nuestras discusiones teológicas, la razón humana puede utilizarse, en ocasiones, como un sinónimo de enseñanza bíblica. La Teología, proponen algunos, es un ejercicio racional, de modo que juntémonos y determinemos lo que Dios tiene entre manos. La unidad procede del acuerdo. Este acercamiento representa una comprensión tan peligrosa de la tarea de la Iglesia como el sociológico o el psicológico.

Pablo tiene una idea diferente del asunto. A lo largo de los dieciséis capítulos de Romanos, el apóstol deja claro que la sanidad de las divisiones de la Iglesia es el resultado de entrar en contacto con el plan de Dios para la Humanidad: lo que Dios ha hecho en el pasado a través de Israel, lo que Dios está haciendo ahora por medio de Jesús (lo cual incluye a los gentiles), y lo que Dios proyecta para el futuro de la Iglesia. Lo que hace Pablo no es presentar un argumento sistemático, sino describir fielmente la historia del Evangelio. A la fe no llegamos por medio de argumentos, sino accediendo a las trayectorias de dicha historia. Se trata, nos dice Pablo, de la historia de la Iglesia haciendo partícipe del Evangelio al mundo en círculos de contacto cada vez más amplios.

Sí, Pablo afirma que la unidad procede de aunarnos en torno a una percepción: Dios ha diseñado a la Iglesia como una comunidad misionera. Para Pablo el siguiente círculo más amplio es España. A los cristianos de origen judío y a los de trasfondo gentil el autor de Romanos les dice que la unidad no es fruto de una terapia introspectiva que hace que nos gustemos los unos a los otros, o que estemos de acuerdo entre nosotros. Es más bien el resultado de subir a bordo del tren del Evangelio que está, siempre y en todas partes, a punto de salir de la estación. Los fuertes lo entienden; los débiles están en el proceso de subir a bordo. Para entender Romanos, hemos de prestar siempre atención durante la lectura de esta obra a la voz del conductor, Pablo, diciéndonos que ha llegado el momento de partir.

Terry C. Muck

Abreviaturas

AB	Anchor Bible
BAGD	Bauer, Arndt, Gingrich, Danker, *A Greek-English Lexicon of the New Testament*
BECNT	Baker Exegetical Commentary on the New Testament
BBR	*Bulletin for Biblical Research*
BSac	*Bibliotheca Sacra*
CBQ	*Catholic Biblical Quarterly*
EvQ	*Evangelical Quarterly*
ExpTim	*Expository Times*
GTJ	*Grace Theological Journal*
HNTC	Harper New Testament Commentary
ICC	International Critical Commentary
JB	Jerusalem Bible
JBL	*Journal of Biblical Literature*
JETS	*Journal of the Evangelical Theological Society*
JRE	*Journal of Religion and Ethics*
JSNT	*Journal for the Study of the New Testament*
JSNTSup	*Journal for the Study of the New Testament Supplement Series*
JTS	*Journal of Theological Studies*
J.W.	*Jewish War*
KJV	King James Version
LXX	The Septuagint (Greek translation of the Old Testament)
m.	Mishnah
NAB	New American Bible
NASB	New American Standard Bible
NEB	New English Bible
NICNT	New International Commentary on the New Testament
NIV	New International Version
NVI	Nueva Versión Internacional
NIVAC	NIV Application Commentary
NJB	New Jerusalem Bible
NLT	New Living Translation
NovT	Novum Testamentum
NRSV	New Revised Standard Version
NTS	New Testament Studies
NVI	Nueva Versión Internacional

PNTC	Pillar New Testament Commentary
REB	Revised English Bible
RSV	Revised Standard Version
SBL	Society of Biblical Literature
SBLDS	Society of Biblical Literature Dissertation Series
SJT	Scottish Journal of Theology
SNTSMS	Society for New Testament Studies Monograph Series
TDNT	Theological Dictionary of the New Testament
TEV	Today's English Version
TNTC	Tyndale New Testament Commentaries
TrinJ	*Trinity Journal*
TynBul	*Tyndale Bulletin*
TZ	Theologische Zeitschrift
WBC	Word Biblical Commentary
WTJ	Westminster Theological Journal

Introducción

Hace cuatro años, mi segundo hijo, David, inició sus estudios en una universidad secular. Había crecido en la iglesia, y asistido fielmente a la escuela dominical y a las actividades del grupo de jóvenes. Había crecido en una familia cristiana, en la que se leía y estudiaba la Biblia y se hablaba con naturalidad de las cosas del Señor. No obstante, al poco de estar en la Universidad comenzó a acribillarme a preguntas. «¿Cómo podemos los cristianos responder al punto de vista budista de Dios? ¿Qué he de pensar de uno de mis compañeros más simpáticos del campus que resulta ser homosexual? ¿Qué hay de malo con la religión de la Nueva Era? ¿Cómo puedo demostrar que hay una verdad absoluta?». En el maremágnum del pluralismo contemporáneo, David se sentía desconcertado. No dudaba de su fe, sin embargo tenía serios problemas para entender el sentido exacto de sus convicciones cristianas en el turbulento mundo del debate intelectual.

David no es el único. La mayoría de los cristianos de hoy se ven en contacto directo con otras opciones religiosas —en el trabajo, la escuela, reuniones sociales, etc.— de un modo que no sucedía en el pasado. Hacer frente a los desafíos del Islam parecía algo fácil cuando leíamos un libro sobre el tema; sin embargo, es posible que no nos parezca tan fácil cuando comenzamos a hablar y debatir con nuestro vecino musulmán de carne y hueso. Lo que tales conversaciones ponen a menudo de relieve es lo lamentablemente superficial que es la comprensión de nuestra fe.

Muchos cristianos evangélicos se sientan en iglesias donde se les dan respuestas de manual a asuntos de actualidad. Están en contra del aborto y del ecologismo, y creen que la actividad homosexual es pecado. Sin embargo, son muy pocos los que profundizan lo suficiente en la teología cristiana para entender por qué sostienen tales ideas y distinguir cuáles de ellas son genuinamente cristianas y cuáles responden a un punto de vista del cristianismo orientado políticamente. Por ejemplo, la oposición al aborto y a la homosexualidad son, creo yo, ideas genuinamente cristianas. Sin embargo, como ecólogo cristiano, me preocupa escuchar a hermanos y hermanas de mi propia iglesia que, remedando a conocidos predicadores radiofónicos, ponen a todos los ecologistas en la categoría de activistas de la Nueva Era, y desechan el movimiento ecologista en su totalidad como si de una conspiración secularizadora se tratara.

Lo que necesitamos con urgencia es fundamentar de manera sólida nuestra cosmovisión cristiana. Hemos de saber pensar «cristianamente» acerca de todos los aspectos de nuestra cultura, no solo de aquellas cosas que se nos han enseñado. Para dar respuesta a toda la serie de opciones religiosas que se nos ofrecen en nuestra cultura y vivir vidas cristianas coherentes, hemos de proceder desde la amplia perspectiva de la concepción cristiana de Dios, el mundo y los seres humanos. Para que la Iglesia pueda tener una voz persuasiva en estas «guerras culturales», tendrá también que enunciar de manera clara, cordial y convincente la interpretación cristiana de la realidad. ¿Qué tiene que ver todo esto con Romanos? Mucho, puesto que, en el último análisis, Romanos desarrolla una concepción del mundo. Como saben la mayoría de los cristianos, Romanos es un libro «doctrinal», una etiqueta que ahuyenta a muchos de su lectura y estudio, pues temen encontrarse con un texto árido y difícil. No hay duda de que en ocasiones es complejo, y tampoco que —para vergüenza nuestra— los predicadores y maestros podemos hacer a veces de su enseñanza algo bastante árido. Pensemos, sin embargo, en lo que nos enseña Romanos: la verdadera naturaleza y necesidades de los seres humanos, lo que Dios ha hecho para ofrecernos una salida a nuestro distanciamiento y mortalidad, y cuál sería el aspecto del estilo de vida que surge de una cosmovisión cristiana. ¡Sin duda, estos temas no tienen nada de áridos o aburridos!

De hecho, Romanos es uno de los libros más interesantes y cautivadores de la Biblia y lo es, precisamente, porque configura el modo en que pensamos acerca de una gran parte del Universo en que vivimos. Estoy convencido de que la Iglesia contemporánea necesita desesperadamente considerar con detenimiento los planteamientos de Romanos. En las páginas que siguen, espero ayudar a los cristianos a investigar este libro maravilloso, y a traer su mensaje eterno a nuestra situación actual. Pretendo mostrar cómo afectan las verdades que enseña Romanos a la práctica de la fe. Sin embargo, fiel a la naturaleza y propósito de esta epístola, me he centrado especialmente en lo que Romanos nos dice sobre el modo en que hemos de pensar.

Hasta ahora hemos hablado de Romanos como un estupendo tratado doctrinal, y lo es. Pero mal entenderemos esta doctrina si no la arraigamos en el específico escenario de la Iglesia del primer siglo. Pablo no se sentó un día y se decidió a escribir un manual de doctrina. Lo que escribió fue una carta dirigida a una iglesia específica para que ésta supiera cómo hacer frente a ciertos problemas que estaba atravesando. Como explicaré más adelante, tales circunstancias se combinaron para hacer de Romanos un libro que aborda asuntos básicos de la cosmovisión cristiana. Sin embargo, solo si reconocemos el escenario cultural en que se expresa esta cosmovisión cristiana seremos capaces de entenderla y aplicarla acertadamente. De modo que, en las páginas que siguen, trazaremos concisamente las circunstancias que hemos de conocer, a fin de comprender correctamente lo que Dios quiere enseñarnos hoy por medio de sus inspiradas palabras, consignadas en esta carta a los Romanos.

Pablo

Romanos pretende haber sido escrita por Pablo, el apóstol (1:1), o quizás deberíamos decir, para ser más exactos, redactada por Pablo, que utilizó a Tercio como «amanuense», o escriba, para «escribir» lo que Pablo le dictó (ver 16:22). El apóstol nos dice claramente cuál es su situación en el momento de componer la carta. Su referencia a Cencrea en 16:1 sugiere que en aquel momento reside en Corinto, puesto que Cencrea era el puerto adyacente a esta ciudad. Pablo ha terminado una importante etapa de su trabajo misionero; como lo expresa en 15:19, «habiendo comenzado en Jerusalén, he completado la proclamación del evangelio de Cristo por todas partes, hasta la región de Iliria». El perfil geográfico que Pablo describe aquí incluye todas las iglesias establecidas por él durante sus tres famosos «viajes misioneros» (Hch 13–20), en Galacia del sur (Antioquía de Pisidia, Listra, Iconio y Derbe), y en las provincias romanas de Asia (Éfeso), Macedonia (Filipos y Tesalónica) y Acaya (Corinto).

Ahora Pablo está dispuesto para el nuevo desafío de establecer iglesias en un territorio totalmente nuevo. El apóstol ha decidido que este territorio será España (Ro 15:23–24, 28). Sin embargo, antes de dirigirse a Hispania, se propone regresar a Jerusalén para entregar a la iglesia de esta ciudad el dinero que ha estado recaudando en las iglesias gentiles (15:25–27). Acto seguido, en su trayecto desde Jerusalén a España, Pablo planea detenerse en Roma (15:23–24, 29).

Basándonos en estas referencias, está claro que Pablo escribió Romanos mientras estaba en Corinto durante su tercer viaje misionero (Hch 20:2–3). Esto fue probablemente en el año 57 d.C., año arriba año abajo. Lo más importante para nuestra comprensión de Romanos es el sentido que nos transmite Pablo de haber llegado a un importante punto de transición en su ministerio misionero. El apóstol ha estado predicando el Evangelio durante casi veinticinco años; ha establecido iglesias pujantes en buena parte de la zona mediterránea nororiental del Imperio Romano; con esfuerzo, ha conseguido configurar su teología sobre el yunque de las dificultades pastorales y los debates con facciones opuestas. Pablo, pues, escribe Romanos en un momento de transición de su ministerio, durante un tiempo en que puede reflexionar acerca de las que han llegado a ser sus convicciones y de lo que éstas pueden significar para la Iglesia.

Estas circunstancias ayudan a explicar la razón por la que encontramos tanta exposición doctrinal de carácter general en Romanos. No obstante, sin minimizar este hecho, hemos también de recordar que Romanos es «Romanos», es decir, Pablo envió este escrito como una carta a los cristianos que vivían en Roma. Sin duda, las circunstancias de estos cristianos son tan importantes para determinar la forma de esta carta como las de Pablo.

Roma

¿Qué sabemos sobre estos cristianos de Roma? El Libro de los Hechos no nos dice nada sobre el establecimiento de esta iglesia. Sin embargo, Lucas sí nos dice que, entre quienes presenciaron el derramamiento del Espíritu el Día de Pentecostés, había judíos de Roma (2:10). Cabe suponer que algunos de ellos habrían estado entre los tres mil convertidos de aquel día (2:41), y que éstos se habrían llevado consigo su nueva fe en Jesús como Mesías a su regreso a Roma. De manera que la iglesia de Roma, como afirmó más adelante Ambrosiaster, el padre de la Iglesia, probablemente había tenido sus orígenes en la sinagoga.[1] En el

---

1. Ver *Patrologia Latina*, vol. 17, col. 46. En el siglo IV, la tradición de la Iglesia (el *Catalogus Liberianus*) nombra a Pedro como fundador y primer obispo de la Iglesia romana. Sin embargo, tradiciones más tempranas indican que tanto Pedro como Pablo participaron en esta empresa (Ireneo, *Adv. Her.* 3.1.2; 3.3.1). La mayor parte de los eruditos modernos están de acuerdo en que Pedro no tuvo parte en el establecimiento de la Iglesia de Roma (ver p. ej., Oscar Cullmann, *Peter: Disciple, Apostle, Martyr* [Pedro: discípulo, apóstol, mártir] (Filadelfia: Westminster, 1962, 72-157).

siglo I d.C. había muchas sinagogas en Roma; el número de judíos que había emigrado a Roma era tal que éstos constituían una parte significativa de la población.[2] Sin embargo, aunque al principio la iglesia romana había sido formada exclusivamente por creyentes de trasfondo judío, se había añadido probablemente un importante número de gentiles ya en una etapa temprana. Muchos de los primeros convertidos gentiles procedían posiblemente de las filas de los «temerosos de Dios», aquellos gentiles que no se habían desarrollado plenamente dentro del judaísmo porque no se habían circuncidado, pero que asistían a la sinagoga y seguían las enseñanzas judaicas.

El carácter judío del cristianismo en Roma cambió repentina y drásticamente. En el año 49 d.C., el emperador Claudio, exasperado por las disputas entre los judíos sobre «Chrestus» (probablemente una referencia a las pretensiones de Jesús de ser el «Cristo»), promulgó un edicto que obligaba a todos los judíos a abandonar Roma.[3] Esta medida habría afectado también a los cristianos de origen judío (como Priscila y Aquila; cf. Hch 18:2). Por tanto, de la noche a la mañana, la membresía de la iglesia de Roma pasó a ser casi totalmente gentil.

En el tiempo en que Pablo escribe, a los judíos se les permitía volver a Roma (ver, de nuevo, Priscila y Aquila, Ro 16:3). Sin embargo, éstos llegaron a una iglesia dominada por cristianos gentiles. Es fácil imaginar la clase de tensión social que tal situación habría creado. Aquellos judíos, asentados en la herencia de la que el cristianismo había brotado y que habían sido en un tiempo dirigentes de la comunidad, representaban ahora una minoría. Varios acentos clave de la carta adquieren mucho sentido al situarnos en este trasfondo: la preocupación con la Ley judía y su lugar en la vida de los cristianos (p. ej., Ro 7), la reprimenda de Pablo a los cristianos gentiles por su arrogancia (11:18–23, 25; cf. 13–14), y, en especial, sus amonestaciones a los fuertes y a los débiles (14:1–15:13).[4]

La carta a los Romanos

Tras haber analizado brevemente las circunstancias de Pablo y la iglesia romana, estamos ahora en buena posición para hablar de la carta en sí. Es importante clarificar seis cuestiones que condicionan el modo en que leemos esta carta: su integridad, forma, receptores, propósito, tema y estructura.

---

2. Ver la obra de Filón, *Embajada a Gayo*. Véanse las exposiciones al respecto en W. Wiefel, «The Jewish Community in Ancient Rome and the Origins of Roman Christianity» [La comunidad judía en la Roma antigua y los orígenes del cristianismo romano], en *The Romans Debate,* ed. K. Donfried (2ª ed. Peabody, Mass.: Hendrickson 1991), 86-92.
3. La referencia al edicto de Claudio aparece en Suetonio, *Vida de Claudio* 25.2. La fecha del decreto es objeto de debate y algunos eruditos la sitúan en un periodo posterior al año 49 d.C. Sin embargo, los argumentos a favor del año 49 d.C. son convincentes y fueron mencionados primeramente por el escritor Orosio, del siglo V (p. ej., E. Mary Smallwood, *The Jews Under Roman Rule* [Los judíos bajo el gobierno romano], [Leiden: Brill, 1976] 210-16). La fecha del año 49 también encaja perfectamente con la cronología que se asume en Hechos 18:2.
4. En su obra, «Jewish Community» [La comunidad judía], Wiefel expone las implicaciones de este argumento.

Integridad

En un contexto literario, hablar de la integridad de un libro alude a su coherencia textual. En otras palabras, la pregunta es si los dieciséis capítulos del texto de Romanos que tenemos en la Biblia representan una sola carta escrita por Pablo para una misma ocasión. Algunos eruditos han cuestionado este punto, y tienen una cierta cantidad de pruebas en los manuscritos que apoyarían sus preguntas. Aunque solo algunos testigos tardíos e insignificantes dejan fuera algún fragmento sustancial de Romanos, varios antiguos e importantes manuscritos hacen una reorganización del texto. Uno, por ejemplo, sitúa la doxología (16:25–27) al final del capítulo 15 (el antiguo papiro P^{46}), mientras que varios otros la consignan después del capítulo 14 (los unciales A, P, y Y, así como varios manuscritos en minúscula).

Estas diferencias han dado origen a varias teorías sobre la forma original de Romanos. La más popular de tales hipótesis sostiene que el documento original de Pablo estaba formado por 1:1–15:33. El capítulo 16 se añadió cuando Pablo envió una copia de la carta a la iglesia de Éfeso. Esta teoría explica el gran número de saludos que encontramos en el capítulo 16; este rasgo parece extraño en una carta dirigida a una iglesia que Pablo no había visitado nunca, pero sería perfectamente lógico en un documento remitido a una congregación que conoce íntimamente.[5] Sin embargo, son pocos los eruditos modernos que sostienen esta teoría (o similares). No hay ningún manuscrito importante de Romanos que omita el capítulo 16. Las divergencias por lo que respecta a la ubicación de la doxología reflejan probablemente los esfuerzos de los editores por «generalizar» el mensaje de Romanos para la iglesia.[6] El que Pablo salude a tantas personas en Roma se explica por las muchas relaciones que el apóstol habría establecido durante el tiempo de su exilio. Prácticamente todos los comentaristas modernos tratan el texto impreso en los nuevos testamentos griegos de hoy —y que sirven como base para la traducción de nuestras versiones en español— sustancialmente como el texto original que Pablo escribió a los cristianos romanos.

Forma

Romanos es una carta, ¿pero qué clase de carta? En la Antigüedad se escribían muchos tipos de cartas: desde breves notas familiares («Querido papá: mándame dinero») hasta largas composiciones literarias para ser publicadas. Es evidente que las cartas de Pablo se sitúan entre estos dos extremos. Todas ellas —aun las dirigidas a individuos, como 1 y 2 Timoteo, Tito y Filemón— tienen amplios propósitos de carácter pastoral. Sin embargo, en ninguna se detecta la afectada preocupación literaria característica de las cartas «públicas». Todas ellas se dirigen a personas o iglesias específicas y tratan sobre cuestiones que afectaban concretamente (por no decir de manera exclusiva) a sus primeros destinatarios.

---

5. Ver especialmente T.W. Manson, «St. Paul's Letter to the Romans –and others» [La carta de San Pablo a los Romanos y a otros], en *The Romans Debate*, 3-15
6. Ver en especial el tratamiento exhaustivo de Harry Gamble Jr., *The Textual History of the Letter to the Romans: A Study on Textual and Literary Criticism* [La historia textual de la Carta a los Romanos: un estudio sobre la crítica literaria y textual] (Grand Rapids: Eerdmans, 1977).

No obstante, Romanos es evidentemente la carta menos específica (condición que comparte también Efesios). Su introducción (1:1-15) y despedida (15:14-16:27) la señalan claramente como una carta. Sin embargo, lo notable es el modo en que el cuerpo de la carta se va desarrollando mediante una lógica interna propia. Pablo no parece estar tratando cuestiones y problemas que le hayan sido presentados por la iglesia, sino exponiendo un argumento que se desarrolla por su propia inercia. Es evidente que, para Pablo, su argumento tiene relevancia para las situaciones que vive la comunidad romana. Esto se hace explícito en el capítulo 11, ya que utiliza su argumento sobre el lugar de Israel en la historia de la salvación para reprocharles su arrogancia a los gentiles de Roma. Además, 14:1-15:13 se dirige a una situación específica de Roma. Sin embargo, aun este texto, que encuentra un paralelo en 1 Corintios 8-10, se centra más en principios que en cuestiones específicas.

El cuerpo de Romanos, por tanto, tiene la forma de un tratado o ensayo. En él Pablo trata cuestiones teológicas esenciales con el trasfondo del cristianismo primitivo y con referencia a ciertas situaciones que afectan a la comunidad romana. Sin embargo, estos contextos sí desempeñan un importante papel para dictar los temas que desarrolla Pablo. La consideración tradicional de Romanos como una forma de mini-teología sistemática se desploma precisamente por este carácter selectivo. ¿Qué teología sistemática omitiría una significativa exposición de Cristología, Escatología, o Eclesiología, como hace Romanos? ¿O trataría de manera tan inexorable cuestiones como las relaciones entre judíos y gentiles, y el lugar de la Ley mosaica en la historia de la salvación?

En otras palabras, Romanos es un documento teológico hasta la médula, pero no se trata de un ensayo de teología sistemática, sino de un escrito de carácter circunstancial. La situación que vivía la Iglesia del primer siglo en general, y la comunidad de Roma en particular, llevaron a Pablo a desarrollar su teología sobre ciertas cuestiones específicas. Sin embargo, en la providencia de Dios, aquellas situaciones eran de tal naturaleza que Pablo acaba tratando cuestiones de perenne trascendencia teológica.

Receptores

La iglesia de Roma, como ya hemos visto, estaba formada por judíos y gentiles, y estos últimos se habían convertido recientemente en el grupo mayoritario. La carta de Pablo parece reflejar exactamente este equilibrio.

El apóstol asume el predominio gentil tratando a la iglesia en general como una comunidad gentil. Se dirige a ellos como «ustedes [gentiles]» (1:6; cf. el comentario sobre 1:5) y trata a la iglesia romana como una comunidad bajo su jurisdicción en tanto que «ministro de Cristo Jesús a los gentiles» (15:15-16; cf. 1:13). Se dirige directamente a los cristianos gentiles en 11:13-25. No obstante, el apóstol da también pruebas de tener en mente a los cristianos de origen judío. En el capítulo 16 saluda a varios de sus «parientes» (vv. 7, 11); y, por supuesto, Priscila y Aquila (16:3-4) son también judíos. Llama a Abraham «nuestro antepasado» (4:1) y en 7:1 afirma dirigirse a «quienes conocen la Ley». Y, sin duda, la carta está salpicada de temas especialmente significativos para los cristianos de origen judío:

el fracaso del antiguo pacto (cap. 2), la Ley mosaica (3:20, 31; 4:15; 5:13–14, 20; 6:14, 15; cap. 7; 9:30–10:8), y el lugar de Israel en la historia de la salvación (capítulos 9–11).

Algunos eruditos han intentado minimizar una u otra parte de esta evidencia, arguyendo que la carta se dirige únicamente a cristianos de origen judío,[7] o solo a cristianos gentiles.[8] Pero solo es posible llegar a tales conclusiones ignorando una parte de los datos. Concluimos, por tanto, junto con la gran mayoría de los eruditos modernos, que los receptores de Pablo en Romanos eran tanto cristianos de origen judío como de trasfondo gentil, y que éstos últimos constituían la mayoría.[9]

Propósito

¿Por qué escribe Pablo esta carta, concretamente a la iglesia romana? Puesto que el apóstol no ofrece una clara respuesta a esta pregunta en el texto de la carta, los eruditos se han despachado a gusto proponiendo las suyas. Podemos agrupar las opciones en dos categorías: Teorías que se centran en las circunstancias personales de Pablo, y aquellas que apuntan a las circunstancias de la iglesia romana.

Teorías centradas en las circunstancias de Pablo. Las tres principales teorías de esta categoría están relacionadas con los lugares que Pablo menciona explícitamente en Romanos 15 o que están implícitos en este pasaje.

Corinto. Como ya hemos visto, Pablo escribe desde Corinto. Hemos observado también que la estancia de Pablo en Corinto marca un importante punto de transición en su ministerio. Se ha tomado un respiro tras los frenéticos años de ministerio en Oriente y antes de encaminarse a Jerusalén, Roma y España. Así, una explicación de Romanos sería que se trata de una forma de resumen de las convicciones teológicas de Pablo que él compila durante un paréntesis en su obra misionera.[10] Estamos de acuerdo en que Romanos refleja el pensamiento maduro de un apóstol curtido por largos años de ministerio y controversias. Sin embargo, esta teoría no explica qué mueve a Pablo a enviar esta carta a Roma.

---

7. Este era el punto de vista de F.C. Baur, el influyente erudito de Tubinga (*Paul the Apostle of Jesus Christ: His Life and Work, His Epistles and His Doctrine* [Pablo, el apóstol de Jesucristo: su vida y obra, sus epístolas y su doctrina] [2ª ed., 2 vols.; Londres, Williams & Norgate, 1876], 1:331-65). Ver también, p. ej., F. Watson, *Paul, Judaism and the Gentiles* [Pablo, el judaísmo y los gentiles] (SNTSMS 56; Cambridge: Cambridge Univ. Press, 1986), 103-107.
8. Ver especialmente, J. Munck, *Paul and the Salvation of Mankind* [Pablo y la salvación de la Humanidad] (Londres: SCM, 1959), 200-209; A. Jülicher, *Introduction to the New Testament*, [Introducción al Nuevo Testamento], (Londres: Smith y Elder, 1904), 112-15.
9. Quienes deseen una declaración representativa de esta posición pueden ver, Werner Georg Kümmel, *Introduction to the New Testament*, [Introducción al Nuevo Testamento], (Londres: SCM, 1975) 309-11.
10. Ver especialmente Gunther Bornhkamm, «The Letter to the Romans as Paul's Last Will and Testament» [La Carta a los Romanos como testamento de Pablo], en *The Romans Debate*, 16-28.

Jerusalén. La siguiente parada en el itinerario de Pablo es Jerusalén, donde planea entregar a los cristianos de esta ciudad el dinero que ha venido recaudando de las iglesias gentiles establecidas por él. Es evidente que Pablo está preocupado por este ministerio y por su recepción por parte de la iglesia de Jerusalén (15:30–32). Él quiere que sea un testimonio tangible de la unidad entre judíos y gentiles dentro de la Iglesia. Por ello, como ha sugerido J. Jervell, Pablo está tan preocupado por este asunto que consigna en Romanos el discurso que espera pronunciar en Jerusalén.[11] También esta idea tiene algo a su favor. La recaudación de la ofrenda era un asunto importante para Pablo, y es posible que hubiera desempeñado algún papel en el propósito de Romanos. Sin embargo, esa cuestión no es tan importante. ¿Qué razón tendría Pablo para elegir a la iglesia de Roma como receptora de tal discurso?

España. El destino final de Pablo era España. Como él mismo indica claramente en 15:24, se dirige a Roma, entre otras cosas, para que los cristianos romanos le presten cierta ayuda en esta misión. Pero Pablo nunca había estado en Roma. Además, era un personaje polémico dentro de la Iglesia primitiva. Como fiel judío y precursor de Dios para iniciar el ministerio a los gentiles, Pablo había estado bajo constante sospecha. Los cristianos judíos pensaban que se estaba desvinculando excesivamente de las antiguas tradiciones, mientras que los gentiles pensaban que seguía siendo demasiado judío. A su alrededor se arremolinaban muchos falsos rumores acerca de sus enseñanzas y proceder (cf. 3:8). Por consiguiente, es probable que Pablo entienda que va a tener que clarificar un poco la situación si desea contar con el apoyo de los romanos. El argumento es, pues, que escribe Romanos para dejar claro qué es exactamente lo que cree.

Romanos es, en otras palabras, su «declaración doctrinal», enviada de antemano para demostrar que es ortodoxo y merecedor de apoyo misionero.[12] La mayoría de los eruditos concuerda en que este propósito desempeña cierto papel en Romanos. Por mi parte, pienso que se trata de una importante razón que motiva a Pablo a escribir esta carta. Sin embargo, sigue sin explicar todo lo que subyace tras Romanos. De hecho, cualquier explicación de la carta que no tenga en cuenta algunos de los pormenores acerca de los propios romanos es, en último análisis, inadecuada.

Teorías que giran en torno a las circunstancias de los romanos. Los eruditos modernos insisten en que Romanos, como verdadera carta que es, hubo de escribirse como respuesta a las necesidades de la congregación romana. Hasta aquí, de acuerdo; sin embargo, algunos eruditos —creo que de manera indebida— limitan tales necesidades a cuestiones prácticas. ¿No era acaso posible que los romanos tuvieran una necesidad general de información acerca de varias doctrinas cristianas, que Pablo satisficiera escribiéndoles un tratado teológico? No se puede desestimar la posibilidad de que Romanos sea un tratado teológico apelando simplemente a su formato epistolar.

---

11. Jacob Jervell, «The Letter to Jerusalem» [La carta a Jerusalén] en *The Romans Debate*.
12. Ver especialmente Leon Morris, *The Epistle to the Romans* [La Epístola a los Romanos], (PNTC; Grand Rapids: Eerdmans, 1988), 17.

No obstante, los datos mismos de la carta sugieren que al menos una circunstancia específica de la comunidad romana desempeñó un importante papel en el propósito de Pablo en Romanos. Me refiero a la sección acerca de los fuertes y los débiles (14:1–15:13). En general, los eruditos contemporáneos concuerdan en que el debate entre estos dos grupos de Roma refleja la división de la comunidad entre cristianos de origen gentil y judío. Pablo da a entender que estos dos grupos estaban divididos en el asunto de si los creyentes tenían o no que obedecer ciertas cláusulas de la ley mosaica. (Ver comentarios al respecto en la sección pertinente del comentario.) Así, una hipótesis popular en nuestros días sobre el propósito de la carta a los Romanos es que Pablo la escribió para ayudar a resolver esta división. Romanos 14:1–15:13 representa el corazón de la carta; la teología de los capítulos precedentes simplemente prepara el camino para este llamamiento culminante.[13]

La presencia misma de esta sección en la carta deja claro que hemos de incluir el deseo del apóstol de reconciliar a estos dos grupos de creyentes de Roma como parte de su propósito en Romanos. Además, el enfoque teológico relativo a judíos y gentiles en muchas partes de la carta encaja también con este propósito. Sin embargo, Pablo suscita otras cuestiones teológicas en Romanos, que no están tan evidentemente relacionadas con esta controversia (ver especialmente los capítulos 5–8). Además, si este fuera el único propósito de Pablo, sería difícil de explicar por qué consigna las exhortaciones en los capítulos 12–13.

El propósito de Pablo en Romanos, por consiguiente, no puede limitarse a ninguna de estas sugerencias. Tiene varias «razones para Romanos».[14] Pero estos diferentes propósitos comparten un denominador común: la situación misionera de Pablo.[15] Las batallas pasadas para definir y defender el Evangelio, la cercana crisis de Jerusalén, la necesidad de lograr una base logística para su visita misionera a España, la importancia de unificar a los cristianos romanos alrededor de una común visión del Evangelio, todos estos propósitos específicos contribuyen a que Pablo desarrolle por escrito su entendimiento del Evangelio.

¿En qué consisten las «Buenas Nuevas» de Jesucristo? ¿Por qué han de escucharlas las gentes? ¿Cómo pueden experimentarlas? ¿Qué significará para su futuro? ¿Y qué tienen que ver las Buenas Nuevas con la vida cotidiana? Estas preguntas básicas y trascendentales forman los propósitos de Pablo en Romanos: unos propósitos dictados por una combinación de circunstancias y propósitos.

---

13. Ver especialmente Paul S. Minear, *The Obedience of Faith: The Purpose of Paul in the Letter to the Romans* [La obediencia a la fe: el propósito de Pablo en la Carta a los Romanos] (Naperville, Ill.: Allenson, 1971); Willi Maxsen, *Introduction to the New Testament*, [Introducción al Nuevo Testamento] (Filadelfia, Fortress, 1968), 92-104; W. S. Campbell, «Why did Paul Write Romans?», *ExpTim* 85 (1974): 264-69; Karl Donfried, «A Short Note on Romans 16», en *The Roman Debate*, 46-48.

14. Este es el título de la monografía de J.M. Wedderburn, en la que este autor defiende precisamente este argumento (Edimburgo, T. & T. Clark, 1991).

15. Ver la obra de J.A. Jervis, *The Purpose of Romans: A Comparative Letter Structure Investigation* [El propósito de Romanos: una investigación comparativa de la estructura de la carta] (Sheffield: JSOT, 1991), esp. 158-63.

Estos mismos propósitos fuerzan a Pablo a concentrarse especialmente en una cuestión en concreto: ¿Qué significa el Evangelio para el flujo de la historia de la salvación? O, por dividirlo en uno de sus elementos específicos, ¿encajan el Antiguo Testamento y las Buenas Nuevas de Jesús en un plan de Dios coherente? ¿Qué sucede con la Ley de Moisés o con la promesa de Dios a Israel? La ruptura de la «frontera étnica» de Israel por la incorporación de los gentiles al pueblo de Dios hace de esta cuestión un elemento crucial para el modo en que el cristiano se define a sí mismo.

La cuestión de la salvación histórica, con sus varias facetas, estaba en el centro del movimiento cristiano primitivo que se esforzaba por autodefinirse frente al judaísmo y el paganismo. Tanto en Roma como en cualquier otro lugar, los cristianos de origen judío y los de trasfondo gentil tenían distintas opiniones acerca de estas cuestiones. Por consiguiente, en Romanos Pablo ha de analizar la naturaleza misma del Evangelio. Por cuanto lo hace, tiene un propósito que trasciende sus circunstancias inmediatas. Al tratar cuestiones teológicas tan fundamentales, Pablo escribe una carta que hace una permanente y vital aportación a los cristianos de todos los tiempos sobre la comprensión de su identidad y el contenido de su fe. Por consiguiente, como dijo Lutero:

> [Romanos] no es solo una carta digna de que cada cristiano la conozca palabra por palabra, de corazón, sino también de ser el objeto diario de su atención, como el pan diario del alma. Nunca puede leerse o ponderarse en exceso y, cuanto más se considera, más preciosa se hace y mejor sabe.[16]

Tema

De manera inevitable, hemos comenzado a analizar el tema de Romanos al considerar su propósito. Pero ahora vamos a estudiar este asunto de un modo más directo. Se hacen necesarias dos puntualizaciones preliminares. (1) Hemos de tener cuidado con el peligro del reduccionismo, es decir, la suposición de que Romanos ha de tener un solo tema general. Frecuentemente simplificamos en exceso los libros bíblicos cuando les adherimos una etiqueta clasificatoria. Filipenses trata del gozo; Efesios de la Iglesia; 1 Tesalonicenses trata de Escatología, etc. Aunque es cierto que estas etiquetas pueden ayudarnos a recordar una parte de las características clave de estos libros, éstas pueden también convertirse en una camisa de fuerza que hace que toda la carta entre a presión en un estrecho canal. Una carta no tiene por qué tratar una sola cuestión. Solo si podemos hacer encajar de manera honesta e imparcial la mayor parte del contenido de un libro bajo un cierto tema deberíamos proponerlo como una opción seria.

(2) Al hablar del tema de Romanos, estamos también entrando en un asunto importante y polémico del actual debate sobre la carta y, de hecho, de toda la teología de Pablo. El asunto no puede ser más fundamental: ¿De qué trata básicamente Romanos? ¿De la restauración del pecador individual a la comunión con Dios? ¿O acaso de la extensión de la Gracia de Dios a los gentiles en la nueva era

---

16. Lutero, *Comentarios de Martín Lutero Vol. 1: Romanos* (Prefacio).

de la historia de la salvación? ¿Está la carta a los Romanos orientada en sentido vertical (Dios-hombre), u horizontal (judíos-gentiles)?

Por supuesto, plantear la cuestión en términos tan absolutos representa una excesiva y burda simplificación. Casi todos los eruditos reconocen que ambos temas desempeñan cierto papel en la carta. Sin embargo, estas dos alternativas nos ayudan ciertamente a conceptualizar el asunto estableciendo los extremos del espectro de opinión. Nuestra respuesta a esta cuestión dictará nuestra estrategia de lectura y tendrá un gran impacto sobre nuestra interpretación, texto tras texto. Las piezas más pequeñas del rompecabezas solo tienen lógica en vista de la idea general.

Un rápido esbozo histórico introducirá algunas de las opciones y asuntos clave. Los reformadores y sus herederos han situado la esencia de Romanos en la relación del individuo con Dios. A menudo se ha aislado la «Justificación por la fe» como el concepto clave de la carta. Muchos de nosotros hemos absorbido esta manera de pensar sobre Romanos. Si se nos pregunta de qué trata básicamente Romanos, tendemos a responder en términos del plan de la salvación, a saber, de cómo alguien puede pasar de la ira a la gloria aceptando por la fe la obra de Jesucristo consumada en la Cruz.

Esta manera de leer Romanos recibió su primer serio desafío hacia finales del siglo XIX y a comienzos del XX, cuando algunos eruditos comenzaron a defender que la Justificación no es realmente un asunto importante en Romanos. Es poco más que una «doctrina de batalla» que Pablo formula en su debate con los judíos. El verdadero tema de Romanos no está en la terminología de la Justificación de los capítulos 1–4, sino en el concepto de la «unión mística» que encontramos en los capítulos 5–8.[17]

Sin embargo, la afirmación de que Pablo ni siquiera pensaba en estas categorías personales representa un golpe más serio al acercamiento individualista a Romanos. En un famoso artículo, Krister Stendahl argumentaba que muchas generaciones de eruditos han leído en Pablo, y en Romanos, una preocupación por el individuo que es moderna y que no existía en absoluto en tiempos de Pablo. La pregunta de Lutero era, «¿cómo podrá un pecador reconciliarse con un Dios airado?» Pero esta no es la pregunta que se hace Pablo. En consonancia con la típica concepción colectiva de aquel tiempo, el apóstol busca una respuesta a la cuestión: «¿Cómo es posible que judíos y gentiles puedan unirse en un solo pueblo de Dios?»[18]

El acercamiento general de Stendahl ha sido ampliamente adoptado en las investigaciones más recientes sobre Romanos. El corazón de la epístola no está en los capítulos 1–4 («Justificación por la fe») ni en 5–8 («la unión mística con Cristo»), sino en los capítulos 9–11: ¿Quién constituye ahora el pueblo de Dios? Este acer-

---

17. Ver especialmente Wilhelm Wrede, *Paul* [Pablo] (Londres: Philip Green, 1907), 123-25; Albert Schweitzer, *The Mysticism of Paul the Apostle* [El misticismo del apóstol Pablo] (Londres: A. & C. Black, 1931), 205-26.
18. Krister Stendahl, «The Apostle Paul and the Introspective Conscience of the West» [El apóstol Pablo y la introspectiva conciencia occidental] Harvard Theological Review 56 (1963): 199-215.

camiento es parte de una revolución más extensa en los acercamientos a Pablo y el judaísmo denominada la «Nueva perspectiva sobre Pablo». Uno de los mejores defensores de este acercamiento es James D.G. Dunn, y su comentario de la serie Word Biblical Commentary es el intento más razonable de explicar Romanos desde esta nueva perspectiva.

¿Qué podemos hacer dadas las circunstancias? Mientras escribo, estas cuestiones siguen siendo objeto de aguda controversia; no se ha llegado a un consenso significativo (quizá porque cada «parte» del debate tiene su porción de verdad). Los eruditos modernos que subrayan el elemento del «pueblo» en Romanos han señalado acertadamente un tema clave de la carta. Pablo está constantemente introduciendo el asunto de los judíos y los gentiles, a partir de los temas de la carta («de los judíos primeramente, pero también de los gentiles» [1:16]). Apenas pasa cuestión alguna sin que Pablo la vincule con esta faceta. Romanos 9-11 se dirige sin duda a este asunto. Hacer encajar estos capítulos en el acercamiento «individual», como hicieron algunos comentaristas del pasado, pretendiendo que el tema esencial es la predestinación no funciona.

Sin embargo, muchos eruditos modernos han llegado demasiado lejos en esta dirección, minimizando injustamente la gran cantidad de material que hay en Romanos sobre el individuo. Cuando Pablo esboza el conflicto humano en los capítulos 1-3, expresa el modo en que afecta concretamente a judíos y gentiles por igual. Sin embargo, este conflicto es, en el fondo, humano, no judío o gentil. La salvación que se nos ofrece en Cristo por medio de la fe (3:21-4:25) es también profundamente individual: todo ser humano ha de aceptarla de manera personal. De igual modo, en los capítulos 5-8 es el individuo quien, en Adán, es rescatado de la muerte por la obediencia de Cristo, y a quien se le promete gloria con Dios en el fin de los tiempos. El individuo, por supuesto, forma siempre parte de un cuerpo más extenso (ya sea «en Adán» o «en Cristo»). No pretendo minimizar la importancia del elemento colectivo en los escritos paulinos. Sin embargo, en última instancia, Pablo está preocupado por el individuo.

¿De qué, pues, trata Romanos? Me siento incómodo con las dos respuestas del «repertorio». La Justificación por la fe es, creo, una enseñanza absolutamente vital de la carta, sin embargo no pienso que sea lo suficientemente amplia como para «cubrir» el contenido de Romanos en su conjunto. La inclusión de los gentiles es asimismo una parte vital de la carta, pero es más un asunto que transcurre a lo largo de todo el texto que un tema específico. En mi opinión, el mejor candidato como tema de Romanos es el «Evangelio». Pablo subraya este concepto en la sección introductoria y en la despedida de la carta (1:1, 2, 9, 15; 15:16, 19), y es la palabra clave en su propia declaración del tema de la carta: «No me avergüenzo del Evangelio...» (1:16). Necesitamos un asunto tan amplio como el Evangelio para abarcar la gran diversidad de temas que el apóstol trata a lo largo de la carta. Además, como he defendido, Romanos surge de la situación misionera de Pablo, y el Evangelio que predica es el corazón de su trabajo misionero.

Estructura

J.C. Beker ha advertido sobre los peligros de forzar las estructuras «arquitectónicas» de las cartas del Nuevo Testamento, que nunca se concibieron con tal precisión lógica.[19] Su advertencia es acertada. Es muy fácil sacar el material fuera del marco que el autor había proyectado insistiendo en que encaja en el molde de nuestro «bosquejo». Sin embargo, a pesar de todas sus desventajas, los bosquejos nos ayudan sin duda a hacernos una imagen de la orientación del libro que queremos estudiar. En el caso de Romanos, precisamente por lo lógico de su orientación, nos invita a buscar su estructura y movimiento subyacentes.

Mi bosquejo refleja mi decisión sobre cuál es el tema de Romanos. Utilizo, por tanto, el «Evangelio» como elemento general de los encabezamientos. La mayoría de los eruditos concuerdan acerca de las divisiones del texto que consigno a continuación, aunque, por supuesto, este acuerdo no se extiende a los títulos que he puesto a las secciones. El mayor desacuerdo sobre la división del texto se produce en el capítulo 5. Muchos piensan que éste representa la conclusión de la primera sección de la carta en lugar del comienzo de la segunda (como creo yo). En el capítulo 5 explico las razones que me han llevado a dividir el texto de este modo.

---

19. J.C. Beker, *The Theology of Paul the Apostle* [La teología del apóstol Pablo] (Filadelfia, Fortress, 1980) 64-69.

Bosquejo

I. **Introducción de la carta (1:1–17)**
   A. Fórmula introductoria (1:1–7)
   B. Acción de gracias y ocasión: Pablo y los romanos (1:8–15)
   C. Tema de la carta (1:16–17)

II. **La esencia del Evangelio: Justificación por la fe (1:18–4:25)**
   A. El reinado universal del pecado (1:18–3:20)
      1. Todas las personas son responsables del pecado ante Dios (1:18–32)
      2. Los judíos son responsables del pecado ante Dios (2:1–3:8)
         a. Los judíos y el juicio de Dios (2:1–16)
         b. Las limitaciones del Pacto (2:17–29)
         c. La Fidelidad de Dios y el juicio de los judíos (3:1–8)
      3. La culpa de toda la Humanidad (3:9–20)
   B. Justificación por la fe (3:21–4:25)
      1. La Justificación y la Justicia de Dios (3:21–26)
      2. «Solo por la fe» (3:27–4:25)
         a. «Solo por la fe»: Afirmación inicial (3:27–31)
         b. «Solo por la fe»: Abraham (4:1–25)

III. **La certeza que proporciona el Evangelio: la esperanza de la salvación (5:1–8:39)**
   A. La esperanza de gloria (5:1–21)
      1. De la Justificación a la salvación (5:1–11)
      2. El reinado de la Gracia y de la vida (5:12–21)
   B. Libertad de la servidumbre del pecado (6:1–23)
      1. «Muertos al pecado» mediante la unión con Cristo (6:1–14)
      2. Libertados del poder del pecado para servir a la Justicia (6:15–23)
   C. Libertad de la servidumbre de la Ley (7:1–25)
      1. Liberados de la Ley, unidos a Cristo (7:1–6)
      2. La Historia y experiencia de los judíos bajo la Ley (7:7–25)
         a. La venida de la Ley (7:7–12)
         b. La vida bajo la Ley (7:13–25)
   D. Certeza de la vida eterna en el Espíritu (8:1–30)
      1. El Espíritu de vida (8:1–13)
      2. El Espíritu de adopción (8:14–17)
      3. El Espíritu de gloria (8:18–30)
   E. Celebración de la seguridad del creyente (8:31–39)

IV. **La defensa del Evangelio: el problema de Israel (9:1–11:36)**
   A. Introducción: tensión entre las promesas de Dios y el dilema de Israel (9:1–5)
   B. Definición de la promesa (1): soberana elección de Dios (9:6–29)
      1. El Israel dentro de Israel (9:6–13)
      2. Respuesta a las objeciones: la libertad y el propósito de Dios (9:14–23)
      3. Llamamiento de un nuevo pueblo por parte de Dios: Israel y los gentiles (9:24–29)
   C. El dilema de Israel: Cristo como clímax de la historia de la salvación (9:30–10:21)
      1. Israel, los gentiles y la Justicia de Dios (9:30–10:13)
      2. La responsabilidad de Israel (10:14–21)
   D. Resumen: Israel, los «escogidos» y los «endurecidos» (11:1–10)
   E. Definición de la promesa (2): el futuro de Israel (11:11–32)
      1. El propósito de Dios con el rechazo de Israel (11:11–15)
      2. La interrelación entre judíos y gentiles: advertencia a los gentiles (11:16–24)
      3. La salvación de «todo Israel» (11:25–32)
   F. Conclusión: alabanza a Dios en vista de su extraordinario plan (11:33–36)

V. **El poder transformador del Evangelio: la conducta cristiana (12:1–15:13)**
   A. El meollo del asunto: una transformación total (12:1–2)
   B. Humildad y servicio recíprocos (12:3–8)
   C. El amor y sus manifestaciones (12:9–21)
   D. El cristiano y el gobierno secular (13:1–7)
   E. El amor y la Ley (13:8–10)
   F. Vivir en vista del día (13:11–14)
   G. Una petición de unidad (14:1–15:13)
      1. ¡No se condenen los unos a los otros! (14:1–12)
      2. ¡No sean de tropiezo a sus hermanas o hermanos! (14:13–23)
      3. ¡Den prioridad a los demás! (15:1–6)
      4. ¡Recíbanse los unos a los otros! (15:7–13)

VI. **Despedida de la carta (15:14–16:27)**
   A. El ministerio de Pablo y sus planes de viaje (15:14–33)
   B. Saludos (16:1–16)
   C. Observaciones finales y doxología (16:17–27)

Bibliografía comentada

Como es fácil de imaginar, la bibliografía sobre Romanos es inmensa. En la lista que sigue, consigno solo una reseña de los comentarios más importantes y de algunas monografías clave. El lector observará que he escrito otro comentario de Romanos en la serie *New International Commentary* (Nuevo Comentario Internacional). Este comentario es mucho más extenso y detallado, y contiene más consideraciones de carácter académico. Aunque no aludo con frecuencia a esta obra de manera explícita, invito al lector a que la consulte cuando desee explicaciones más detalladas de las que aquí ofrezco.

Otra nota: las citas de la Biblia, a no ser que se indique lo contrario, son de la NIV (la NVI en la edición española). Las traducciones de los Apócrifos son de la NRSV. Las citas de los escritos seudo epigráficos proceden de la *Old Testament Pseudepigrapha* [Escritos Seudo Epigráficos Veterotestamentarios], ed. James H. Charlesworth (2 vols.; Nueva York: Doubleday, 1983, 1985). Las citas de las obras de Filón y Josefo son de la serie *Loeb Classical Library* [Biblioteca Clásica Loeb].

Comentarios Técnicos del texto griego

Cranfield, C.E.B. *A Critical and Exegetical Commentary on the Epistle to the Romans* [Un comentario crítico y exegético de La Epístola a los Romanos], Nueva serie ICC. 2 vols. Edimburgo: T. & T. Clark, 1975, 1979. Intensiva interacción con el texto griego, con un cuidadoso análisis gramatical. Sigue a Barth en su posición teológica y está escrito antes de la «nueva perspectiva».

Dunn, James D.G. *Romans 1-8, Romans 9-16* [Romanos 1-8, Romanos 9-16]. WBC. Waco, Tex.: Word, 1988. Especialmente detallado en la cuestión del trasfondo judío, con interacción constante con distintos puntos de vista eruditos. El mejor representante de la «nueva perspectiva» sobre Pablo en Romanos.

Fitzmyer, Joseph. *Romans* [Romanos]. AB. Nueva York: Doubleday, 1993. Bueno en los temas introductorios, la historia de la erudición y la bibliografía. Católico romano por lo que respecta a Teología, pero no muy beligerante.

Godet, Frederic Louis. *Commentary on Romans* [Comentario de Romanos]. 1879. Reimpresión. Grand Rapids: Kregel, 1977. Un excelente representante de la antigua tradición de cuidadoso análisis exegético y lógico. Especialmente importante por su perspectiva arminiana.

Käsemann, Ernst. *Commentary on Romans* [Comentario de Romanos]. Grand Rapids: Eerdmans, 1980. Una traducción de un clásico alemán, que representa la perspectiva post bultmaniana. Difícil de estudiar, pero con muchas buenas y profundas ideas sobre el significado y la aplicación del texto.

Sanday, William, y Arthur C. Headlam. *A Critical and Exegetical Commentary on the Epistle to the Romans* [Un comentario crítico y exegético de La Epístola a los Romanos]. Antigua serie ICC. Edimburgo: T. & T. Clark, 1902. Buen representante del antiguo acercamiento crítico, con breves comentarios exegéticos y textuales, pero con poco análisis teológico o lógico.

Schreiner, Thomas. *Romans* [Romanos]. BECNT. Grand Rapids: Baker, 1998. Un tratamiento excelente y equilibrado, que combina la exégesis con sólidas reflexiones teológicas. Una importante respuesta al acercamiento a Romanos de la «Nueva perspectiva».

Exposiciones

Barrett, C.K. *A Commentary on the Epistle to the Romans* [Un Comentario de La Epístola a los Romanos]. HNTC. San Francisco: Harper & Row, 1957. Una exposición frustantemente breve, pero directa, de un célebre erudito británico.

Bruce, F.F. *The Letter of Paul to the Romans* [La carta de Pablo a los Romanos]. TNTC. Grand Rapids: Eerdmans, 1985. Tratamiento general a cargo del más reconocido entre los eruditos paulinos evangélicos.

Calvino, Juan. *Commentaries on the Epistle of Paul the Apostle to the Romans* [Comentarios sobre la Epístola del apóstol Pablo a los Romanos]. 1540. Reimpresión. Grand Rapids: Eerdmans, 1947. Breve exposición de uno de los principales reformadores, la esencia del Evangelio.

Lloyd-Jones, D. Martyn, *Romans: An Exposition of Chapter 5: Assurance* [Romanos: una exposición del capítulo 5: Certeza]; *Romans: An Exposition of Chapter 6: The New Man* [Romanos: una exposición del capítulo 6: el Nuevo Hombre]; *Romans: An Exposition of Chapters 7:1–8:4: The Law: Its Functions and Limits* [Romanos: una exposición de los capítulos 7:1–8:4: la Ley: sus funciones y límites]; *Romans: An Exposition of Chapter 8:5–17: The Sons of God* [Romanos: una exposición de 8:5–17: los hijos de Dios]. Grand Rapids: Zondervan, 1971, 1973, 1974, 1975. Una profunda exposición orientada teológicamente.

Moo, Douglas J. *The Epistle to the Romans* [La Epístola a los Romanos]. NICNT. Grand Rapids: Eerdmans, 1996.

Morris, Leon. *The Epistle to the Romans* [La Epístola a los Romanos]. PNTC. Grand Rapids: Eerdmans, 1988. Una clara exposición desde un punto de vista evangélico amplio.

Murray, John. *The Epistle to the Romans* [La Epístola a los Romanos]. 2 vols. NICNT. Grand Rapids: Eerdmans, 1959, 1965. Una exposición sensata y de orientación teológica desde una perspectiva reformada.

Nygren, Anders. *Commentary on Romans* [Comentario de Romanos]. 1944. Reimpresión. Filadelfia: Fortress, 1949. Excelente ejemplo de un acercamiento teológico luterano a esta epístola, que incorpora agudas ideas de la moderna escuela de la «salvación histórica».

Stott, John. *Romans: God's Good News for the World* [Romanos: las Buenas Nuevas de Dios para el mundo]. Downers Grove, Ill.; InterVarsity, 1994. Clara exposición con aplicación.

Stuhlmacher, Peter. *Paul's Letter to the Romans* [La carta de Pablo a los Romanos]. Louisville: Westminster/John Knox, 1994. Traducción de una breve exposición por parte de un importante erudito paulino alemán de nuestro tiempo.

Algunas monografías importantes

Deidun, T.J. *New Covenant Morality in Paul* [Moralidad del Nuevo Pacto en Pablo]. Roma: Pontifical Biblical Institute, 1981. Estimulante estudio teológico de las estructuras básicas de la enseñanza moral de Pablo.

Donfried, Karl, ed. *The Romans Debate* [El debate de Romanos]. 2ª ed. Peabody, Mass.: Hendrickson, 1991. Valiosa recopilación de ensayos acerca del propósito y naturaleza de Romanos.

Fee, Gordon D. *God's Empowering Presence: The Holy Spirit in the Letters of Paul* [La presencia capacitadora de Dios: la presencia del Espíritu Santo en las cartas de Pablo]. Peabody, Mass.: Hendrickson, 1994. Un análisis completo y estimulante de la enseñanza de Pablo sobre el Espíritu Santo y la vida del cristiano.

Hays, Richard B. *Echoes of Scripture in the Letters of Paul* [Ecos de la Escritura en las cartas de Pablo]. New Haven, Conn.: Yale Univ. Press, 1989. Importante y agudo acercamiento a un elemento clave del argumento de Romanos.

Hultgren, A.J. *Paul's Gospel and Mission: The Outlook from His Letter to the Romans* [El Evangelio y misión de Pablo: las perspectivas de su carta a los Romanos]. Filadelfia: Fortress, 1985. Un valioso estudio, aunque con tendencia universalista, del Evangelio en Romanos.

Laato, Timo. *Paul and Judaism: An Anthropological Approach* [Pablo y el judaísmo: un acercamiento antropológico]. Atlanta: Scholars, 1995. Una respuesta muy provechosa a las cuestiones esenciales suscitadas por el acercamiento a Pablo de la «Nueva perspectiva», que gira en torno al crucial asunto de la Antropología.

Munck, Johannes. *Paul and the Salvation of Mankind* [Pablo y la salvación de la Humanidad]. 1954. Londres: SCM, 1959. Un estudio innovador de la importancia teológica de Pablo dentro de un acercamiento de la salvación histórica.

Piper, John. *The Justification of God: An Exegetical and Theological Study of Romans 9:1–23* [La Justificación de Dios: un estudio exegético y teológico de Romanos 9:1–23]. Grand Rapids: Baker, 1983. Excelente estudio exegético-teológico desde una perspectiva calvinista.

Ridderbos, Herman N. *Paul: An Outline of His Theology* [Pablo: un bosquejo de su teología]. Grand Rapids: Eerdmans, 1974. El mejor tratamiento de la teología de Pablo desde la perspectiva de la «salvación histórica».

Watson, Francis. *Paul, Judaism, and the Gentiles: A Sociological Approach* [Pablo, el judaísmo y los gentiles: un acercamiento sociológico]. SNTSMS 56. Cambridge: Cambridge Univ. Press, 1986. Un interesante intento de explicar el argumento de Pablo en Romanos con el trasfondo de las cuestiones de carácter social en la Iglesia.

Westerholm, Stephen. *Israel's Law and the Church's Faith* [La Ley de Israel y la fe de la Iglesia]. Grand Rapids: Eerdmans, 1988. Un compendio excelente de la «Nueva perspectiva» sobre este punto teológico clave con una defensa razonada de un acercamiento más tradicional.

_____. *Preface to the Study of Paul* [Prefacio al estudio de Pablo]. Grand Rapids: Eerdmans, 1997. Una provechosa ayuda docente, que aplica las reflexiones de Romanos al pensamiento posmoderno de nuestro tiempo.

Romanos 1:1-7

Pablo, siervo de Cristo Jesús, llamado a ser apóstol, apartado para anunciar el evangelio de Dios, 2 que por medio de sus profetas ya había prometido en las Sagradas Escrituras. 3 Este evangelio habla de su Hijo, que según la naturaleza humana era descendiente de David, 4 pero que según el Espíritu de santidad fue designado con poder Hijo de Dios por la resurrección. Él es Jesucristo nuestro Señor. 5 Por medio de él, y en honor a su nombre, recibimos el don apostólico para persuadir a todas las naciones que obedezcan a la fe. 6 Entre ellas están incluidos también ustedes, a quienes Jesucristo ha llamado. 7 Les escribo a todos ustedes, los amados de Dios que están en Roma, que han sido llamados a ser santos. Que Dios nuestro Padre y el Señor Jesucristo les concedan gracia y paz.

Las cartas de la Antigüedad comenzaban generalmente con una simple identificación del remitente, los receptores y un saludo. Las epístolas del Nuevo Testamento siguen este esquema, pero a menudo son más detalladas y añaden matices característicamente cristianos. No hay ninguna carta del Nuevo Testamento que exprese tantos detalles como Romanos. Puede que se deba a que Pablo escribe a una iglesia que no conoce personalmente, y por ello emplea seis versículos para identificarse antes de mencionar a los receptores (v. 7a) y de extenderles un saludo (v. 7b).

Pablo (1:1)

Pablo se presenta a los cristianos romanos aludiendo a su Señor, su oficio y su propósito. (1) Es un «siervo de Cristo Jesús». Aunque revela con claridad el sentido de sumisión de Pablo a su Señor (el término «siervo» [*doulos*] puede también traducirse «esclavo»), este título sugiere también su posición. La expresión veterotestamentaria «siervo del Señor» se aplicaba especialmente a personajes de excepcional relevancia en la historia de Israel, como Moisés (p. ej., Jos 14:7) y David (p. ej., Sal 18:1).

(2) En el versículo 1 Pablo señala también su oficio y autoridad: es «llamado a ser apóstol», uno de aquellos a quienes Jesús mismo había nombrado para representarle y poner el fundamento de su Iglesia (ver Ef 2:20).

(3) El asunto más importante que Pablo quiere expresar en este primer versículo tiene que ver con su propósito: «apartado para anunciar el Evangelio de Dios». Es posible que Dios hubiera apartado a Pablo para el ministerio del Evangelio ya desde la matriz (como había hecho con el profeta Jeremías [Jer 1:5]). Sin embargo, la «selección» a que hace referencia se produjo probablemente en el momento en

que Dios le llamó en el camino de Damasco para que estableciera una relación personal con Cristo y le proclamara tanto a judíos como a gentiles (Hch 9:1–19, especialmente vv. 15–16; observemos el uso de este mismo verbo en 13:2). El «Evangelio» es el elemento central y unificador de Romanos, y Pablo indica su importancia mencionándolo otras veces en la introducción de la carta (vv. 9, 15, 16). Dios ha nombrado a Pablo para la especial tarea de proclamar y explicar las Buenas Nuevas de la intervención de Dios en Jesucristo.

Pablo y el Evangelio (1:2–4)

El apóstol elabora ahora su breve introducción, describiendo el «Evangelio» en los versículos 2–4 y su llamamiento apostólico en 5–6. Lo primero que Pablo afirma sobre el Evangelio (v. 2) refleja otro tema clave de Romanos. A lo largo de la carta, el apóstol se esfuerza en demostrar que las buenas nuevas sobre Jesucristo están firmemente arraigadas en el terreno del Antiguo Testamento. Los «profetas» a los que se refiere no son únicamente los famosos oráculos que consignaron sus profecías por escrito, y cuyos libros forman ahora parte del Antiguo Testamento, sino los autores veterotestamentarios en general. Como dijera Lutero, para Pablo, «la Escritura es totalmente profética». Los versículos 3–4 describen el contenido del Evangelio: el propio Jesucristo. En dos afirmaciones paralelas, Pablo resume sucintamente la misión de Cristo:

Respecto a su Hijo,

versículo 3	*versículo 4*
que según la naturaleza humana era descendiente de David	que según el Espíritu de santidad fue designado Hijo de Dios con poder por la resurrección de entre los muertos:

Jesucristo, nuestro Señor

La traducción de la NVI sugiere que Pablo está contrastando las dos «naturalezas» de Cristo. Él es completamente humano, descendiente de David, y completamente divino, que por medio de su resurrección demostró ser el Hijo de Dios. Sin embargo, esto es probablemente incorrecto. Una mejor traducción del término que en el versículo 4 se traduce como «declarado» (*horizo*), es «nombrado».[1] Por ello, este versículo no significa que la resurrección dejara claro lo que Jesús ya era, sino más bien que ésta le llevó a alcanzar un posición completamente nueva. No obstante, esto no quiere decir que Jesús se convirtiera en Hijo de Dios en el momento de su resurrección; siempre lo fue. Pero sí llegó a ser «Hijo de Dios con poder».[2] En su vida terrenal, Jesús fue ciertamente el Mesías, descendiente de David, y Pablo no minimiza la importancia de esta posición. Sin embargo, la resurrección

---

1. Ver Lucas 22:22; Hechos 2:23; 10:42; 11:29; 17:26, 31; Hebreos 4:7.
2. La mayoría de los comentaristas modernos consideran que la expresión *en dynamei* (lit. «en poder») acompaña a «Hijo de Dios» en lugar de al participio *horisthentos*, «declarado» (ver Moo, *The Epistle to the Romans* [La Epístola a los Romanos], 48).

de Jesús, que concluía y daba validez a la tarea mesiánica de la redención, le dio un nuevo poder para dispensar la salvación a todos aquellos que creen en él (ver especialmente v. 16).

Por decirlo de otro modo, los versículos 3-4 no describen dos naturalezas de Cristo, sino dos etapas de su existencia. Esto se confirma por medio de otro contraste clave. La palabra que se traduce en la NVI como «naturaleza humana» es *sarx* (lit. carne). La NVI ha puesto correctamente en mayúsculas el término «espíritu» en la expresión «Espíritu de santidad» (ver, no obstante, la nota al respecto) que indica una referencia al Espíritu Santo. En Pablo, el contraste carne/Espíritu es un aspecto fundamental de su teología y aparecerá constantemente en Romanos. Lo clave en este texto es que, por regla general, el contraste en los escritos de Pablo es de carácter salvífico-histórico. «Carne» representa la antigua era que está próxima a su desaparición; «Espíritu» denota el nuevo periodo inaugurado por la obra redentora de Cristo y caracterizado por la nueva y poderosa obra del Espíritu de Dios.[3]

Las relativamente pocas alusiones específicas a la Cristología en el cuerpo de Romanos no significan que la persona de Cristo no sea importante para el Evangelio. Los versículos 3-4, que fácilmente se pasan por alto en el tema de la carta, introducen a Cristo como contenido del Evangelio. Al citar una tradición sobre Jesús que probablemente circulaba ya en la Iglesia primitiva (ver la sección «Construyendo puentes»), Pablo pone el fundamento para el Evangelio que irá explicando a lo largo de la carta y establece un terreno común con los cristianos romanos.

El ministerio apostólico de Pablo (1: 5-6)

En los versículos 5-6, Pablo da algunos detalles relativos a su posición apostólica. Ha recibido este «don apostólico» (con lo que se vincula estrechamente los términos «gracia» y «apostolado») para llevar a cabo dos propósitos. (1) Una de las tareas encomendadas es «persuadir a todas las naciones que obedezcan a la fe». Desde el tiempo de su conversión (ver Hechos 9:15), el Señor le dejó claro a Pablo que su misión principal sería llevar a los gentiles a la fe en Jesús. Sin embargo, en lugar de hacer una escueta referencia a la «fe», Pablo utiliza una expresión, que significa literalmente «la obediencia de la fe». La NVI, siguiendo a muchos comentaristas, considera que la «fe» (*pistis*) es la base para la obediencia: el compromiso con Cristo en la fe conduce a la obediencia en la vida.[4] Pero el término *pistis* puede también identificar a la obediencia que Pablo tiene en mente: «la obe-

---

3. Quienes deseen considerar una exposición más detallada acerca del contraste carne/Espíritu en Pablo, pueden ver especialmente la sección «Construyendo puentes» sobre 8:1-13.
4. La palabra *pisteos* (genitivo de *pistis*) es entonces un genitivo de fuente. Ver, p. ej., G.N. Davies, *Faith and Obedience in Romans: A Study in Romans 1- 4* [Fe y obediencia en Romanos: un estudio en Romanos 1- 4] (JSNTSup 39; Sheffield: JSOT, 1990), 25-30.

diencia que es fe». Pablo describe en ocasiones la fe en términos de obediencia, como cuando habla de personas que «obedecen» al Evangelio (Ro 10:16 NRSV).⁵

Ninguna de estas alternativas hace justicia a la interacción entre la fe y la obediencia características de Pablo. La primera puede implicar que la fe es la primera etapa de la experiencia cristiana, que va acompañada por la obediencia. Pero la fe es un elemento central en todas las etapas de la vida cristiana. En la segunda, la obediencia se desploma erróneamente dentro de la fe, mientras que en Pablo éstas son, por regla general, dos ideas bien diferenciadas. La mejor alternativa es, por tanto, utilizar la sencilla —aunque ambigua— expresión, «la obediencia de la fe», y explicar las palabras de esta frase como interpretándose mutuamente: la fe, cuando es genuina, siempre resulta en obediencia; la obediencia, para que agrade a Dios, siempre ha de ir acompañada por la fe (se dan más detalles al respecto en la sección «Significado contemporáneo»).

Es probable que Pablo utilice esta desusada formulación como una respuesta deliberada a la expresión judía «obras de la Ley». Lo que caracteriza al pueblo de Dios no son ya ciertas obras hechas en obediencia a la Ley, sino una obediencia que surge de la fe, acompañándola y expresándola. De forma significativa, Pablo termina esta carta en el mismo tono, haciendo de nuevo referencia en la doxología a «la obediencia de la fe» (16:26; la NVI consigna «para que todas las naciones obedezcan a la fe»). Si uno de los propósitos del ministerio apostólico de Pablo es horizontal, el segundo y final es vertical: Pablo sirve «en honor a su nombre». Dar gloria a Dios ha de ser siempre el propósito preeminente de todo ministerio.

(2) Los cristianos de Roma, afirma Pablo en el versículo 6, forman parte de los gentiles que se mencionan. Una de las preocupaciones de Pablo en esta larga fórmula es establecer su derecho a dirigirse a un grupo de cristianos a quienes no conoce personalmente. Por ello, el apóstol deja claro que los romanos pertenecen a la esfera de ministerio que Dios le ha asignado. Dios encomendó a Pablo la tarea de llamar a «gentes de entre todos los gentiles» a que obedezcan a la fe. Esta interpretación descansa en una traducción alternativa a la que encontramos en la NVI. Esta versión sugiere que la palabra «también» debería vincularse a «llamado»: Igual que Pablo (cf. v. 1), los cristianos de Roma han sido también llamados. Pero, teniendo en cuenta el versículo 5, lo más probable es que Pablo esté afirmando que los romanos están «también» entre los gentiles a quienes él ha sido enviado a proclamar el mensaje de «obediencia a la fe».⁶

Los cristianos romanos (1:7)

Finalmente, Pablo elude la identificación de los receptores de la carta. Son todos los cristianos de Roma, «amados de Dios [...] llamados a ser santos». Ambas descripciones reflejan el lenguaje veterotestamentario acerca de Israel. Como parte importante de sus propósitos en esta carta, Pablo da a entender que los cristianos romanos, aunque en su mayoría gentiles, han heredado los privilegios y promesas

---

5. La palabra *pisteos* es, por tanto, un genitivo epexegético. Ver, p. ej., Käsemann, *Commentary on Romans* [Comentario de Romanos], 14, 15.
6. Ver la obra de Moo, *The Epistle to the Romans* [La Epístola a los Romanos], 53

concedidos al pueblo veterotestamentario de Dios. El término «santos» traduce la palabra griega *hagioi*. Los cristianos romanos, como los israelitas de antaño, son «santos» porque Dios les ha apartado para que sean su pueblo. Estas palabras introductorias concluyen con el típico deseo de Gracia y paz. «Gracia» (*charis*) procede de la palabra (*chairein*), que a menudo aparece en las cartas griegas como un saludo (cf., p. ej. Santiago 1:1). El término «paz», por el contrario, es un reflejo del mundo semítico, un eco del *shalom* veterotestamentario que alude al bienestar de los justos.

Construyendo Puentes

Para poder apreciar la enseñanza de Pablo en estos siete primeros versículos —y a lo largo de toda la carta— hemos de discernir lo que el lenguaje que utiliza Pablo podría haber significado para los primeros lectores del documento. Las palabras tienen siempre un contexto, y solo cuando lo entendemos sustancialmente podemos apreciar su verdadero sentido. Hay dos cuestiones de carácter contextual de las que podemos no ser muy conscientes y que nos ayudarán a entender de un modo más completo las palabras de Pablo en estos siete primeros versículos.

Enseñanza cristiana temprana. Pablo refleja una enseñanza cristiana incipiente sobre Jesús y su relevancia. Esto es especialmente cierto en los versículos 3–4, en los que la mayoría de los intérpretes piensan que Pablo está citando palabras de un himno o credo sobre Jesús que circulaba ampliamente entre los primeros cristianos. Como hemos observado anteriormente, estos versículos pueden disponerse en dos «estrofas» con líneas aproximadamente paralelas. El paralelismo es más sorprendente en griego que en español, y consiste en la clase de analogía que cabe esperar de un himno. Además, estos versículos contienen un tipo de lenguaje, como por ejemplo «Espíritu de santidad», que Pablo no utiliza en ningún otro lugar, y ciertas ideas, como la descendencia davídica de Jesús, que no se destacan de manera especial en su enseñanza. Cuando a esto añadimos las consideraciones de un deseo natural por parte de Pablo de establecer un terreno común con los cristianos romanos, a quienes no conoce personalmente, la conclusión de que en estos versículos está citando palabras de otra fuente parece bien cimentada.

Por supuesto, hemos de ser prudentes con respecto a esta conclusión y a cualquier inferencia que de ella podamos derivar. Algunos intérpretes no creen que se trate en absoluto de una cita. Pablo podría haberse servido de ciertas palabras e ideas tradicionales al formular su afirmación cristológica semi-poética. Por otra parte, aunque creamos que se trata de una cita, hemos de reconocer que no tenemos suficiente información para justificar algunas de las conclusiones exegéticas a que han llegado los eruditos. Algunos, por ejemplo, distinguen entre la forma original de la cita y las añadiduras o modificaciones que hizo Pablo. Éstos sugieren que la «redacción» del apóstol delata su verdadero propósito al utilizar la cita, y dirige nuestra atención a aquellas partes con las que está de acuerdo y a aquellas otras que quizá rechaza. No obstante, hemos de interpretar las palabras en el contexto en que aparecen ahora.[7]

Aun así, creemos probable que Pablo esté citando un himno o un credo, y tal procedimiento es efectivo desde un punto de vista retórico, e inobjetable desde una óptica teológica. Un buen comunicador siempre intentará construir un puente con sus receptores utilizando palabras e ideas con las que éstos estén familiarizados. Igual que el predicador cita la estrofa de un himno popular para remachar una de las ideas que quiere transmitir, bien podría también Pablo citar algunas líneas de un antiguo y conocido himno cristiano para comunicar la verdad de Cristo a los cristianos romanos. Sin embargo, con frecuencia, las citas hacen mucho más que simplemente ilustrar un punto; una cita puede aclarar una idea de un modo que no podrá conseguirse con una simple afirmación en prosa. Teniendo en cuenta que se trata de una importante cuestión para la comprensión de Romanos, invertiremos un poco de tiempo para explicarlo.

Quiero comenzar con un ejemplo. Cuando mis hijos estaban creciendo, a menudo jugaba con ellos a baloncesto en la parte delantera de nuestra casa. Ahora que son adultos, me sigo aferrando vehemente a la tradición. No hace mucho tiempo, estaba jugando un mano a mano con Lucas, mi tercer hijo, que mide más de dos metros, pesa 108 kilos y juega en la liga universitaria de baloncesto. En tono jocoso le decía: «ten cuidado, Lucas, voy a entrar a canasta». Su respuesta fue: «Adelante, papá. ¡Alégrame el día!» Por supuesto, estas son las conocidas palabras que Clint Eastwood pronunciaba en la película *Harry el Sucio*. Lucas podría haberme dicho simplemente, «por mucho que lo intentes, papá, no vas a conseguirlo». Sin embargo, al utilizar esta frase en particular, trajo a nuestra situación el sentido de amenaza y acerada determinación características del contexto cinematográfico original.

En otras palabras, las citas y alusiones tienen en general la capacidad de traer a la memoria del lector algo del contexto del que proceden las palabras en cuestión. El matiz exacto es a menudo difícil de precisar, teniendo en cuenta que una buena parte del significado puede ser de carácter emocional. (Sé que las palabras de Lucas despertaron en mí ciertas emociones, en particular sentimientos que me llevaron a replantear mi intención de entrar a canasta). Hemos de reconocer que, con sus citas y alusiones, Pablo consigue frecuentemente atraer a sus lectores a su argumento de un modo que sus propias palabras no habrían nunca logrado.

El Antiguo Testamento. Puesto que no tenemos un conocimiento independiente de la tradición cristiana que Pablo podría estar citando en los versículos 3–4, no es posible determinar el efecto exacto que la cita podría haber tenido. Sin embargo, sí tenemos acceso a otra tradición que es mucho más importante para los propósitos de Pablo en Romanos; me refiero al Antiguo Testamento. Por cuanto una buena parte de Romanos trata de la relación entre los cristianos y el Antiguo Testamento, Pablo va introduciendo constantemente en su argumento citas y alusiones veterotestamentarias. Es muy fácil identificar las citas, teniendo en cuenta que el apóstol se sirve de una fórmula introductoria, o de un cambio en la sintaxis

---

7. Ver, p. ej., Schreiner, *Romans* [Romanos] 40.

para realzarlas. Sin embargo, el lector ocasional puede fácilmente pasar por alto las alusiones veterotestamentarias que, sin embargo, contribuyen de forma significativa al argumento de Pablo.

Consideremos, por ejemplo, el versículo 7. Pablo identifica a sus receptores como «amados de Dios» y «llamados a ser santos». Ambas expresiones se usan muchas veces en el Antiguo Testamento para referirse a Israel. Por ejemplo, en Isaías 5, la famosa analogía de la viña comienza identificando a Israel como «amada» de Dios (Is 5:1). El término «santos» es una de las maneras más comunes de describir el llamamiento de Israel (ver, p. ej., Éx 19:16: «Ustedes serán para mí un reino de sacerdotes y una nación santa»). Los primeros lectores de Romanos, aunque gentiles, estaban profundamente familiarizados con el Antiguo Testamento, quizá porque habían sido «prosélitos» del judaísmo antes de su conversión al cristianismo. Éstos habrían identificado inmediatamente el trasfondo de esta terminología y entendido que Pablo estaba declarando aquí algo sorprendente, a saber, que los gentiles, excluidos durante tanto tiempo del pueblo de Dios, formaban ahora parte de él. Es posible que hubieran ido aun más lejos en sus conclusiones, razonando que si ellos eran ahora los santos de Dios, Israel ya no lo era. De este modo, Pablo comienza ya aquí a insinuar el problema de Israel que tratará de manera exhaustiva en los capítulos 9–11.

Significado Contemporáneo

En esta sección introductoria, precisamente porque funciona como la obertura de una ópera, se oyen muchas de las notas que irán después sonando repetidamente en Romanos. La mayoría de ellas pueden apreciarse mejor en los contextos en que Pablo pasa a analizarlas de un modo más extenso. Sin embargo, dos de las notas que encontramos en este texto no se amplían de manera directa en ningún lugar de Romanos. Ambas merecen mención aquí.

La Gracia y el llamamiento apostólico. La primera es la relación que Pablo establece entre la «gracia» y su llamamiento apostólico (1:5). Como antes hemos observado, estas palabras han de considerarse de manera conjunta. Ser apóstol es un acto de la Gracia de Dios. Como Pablo deja claro en otro lugar (p. ej., los «dones» o «actos de gracia» de 1Co 12 y Ef 4), lo son también todos los ministerios. Servir a Dios y a su pueblo de un modo específico es un favor inmerecido de Dios. Cuando servimos al Señor y a la Iglesia, estamos haciendo algo a lo que no tenemos derecho por nuestra cuenta: hablar en el nombre de Dios, alcanzar a otros con su amor y dirigir a su pueblo. Solo el hecho de que Dios nos llama a ministrar y nos imparte la Gracia para hacerlo nos permite hacer algo de valor eterno.

Además, hemos de recordar que únicamente podemos servir por nuestra debilidad. Todas las capacidades y energía que poseemos para el ministerio proceden de Dios y no permiten ningún orgullo (ver 2Co 10–13). Ministrar a los demás puede convertirse fácilmente en fuente de orgullo e incluso de arrogancia. Recordar que nuestro servicio es un don de Dios nos ayudará a sofocar cualquier forma de orgullo y nos mantendrá en una actitud dependiente de Dios.

Obediencia y fe. La expresión «obedezcan a la fe» requiere también más explicación. Como se ha dicho anteriormente, en 16:26 Pablo utiliza de nuevo esta frase, y en el capítulo 6 considera también de forma significativa la cuestión de la respuesta del cristiano a la Gracia de Dios. Pero la frase en sí se ha convertido casi en un eslogan para distintos puntos de vista.

Como hemos explicado anteriormente, ni la traducción «obediencia que procede de la fe», ni «obediencia que es fe» hacen justicia a la intención de Pablo. La primera traducción sugiere un proceso de discipulado de dos etapas: primero se cree en el Evangelio y después, más adelante, uno se compromete con Cristo como Señor. Este modelo ha tenido siempre sus defensores, y en días recientes ha sido de nuevo sostenido con vigor (aunque dándole una forma ligeramente distinta) por parte de algunos eruditos que quieren desvincular completamente nuestra certeza como cristianos, de las obras. Si basamos nuestra seguridad en las obras, sostienen estos eruditos, nunca tendremos una verdadera certidumbre, puesto que éstas son siempre imperfectas e inconsistentes. Por tanto, es importante mantener una clara diferencia entre «fe» y «obediencia».

El otro extremo es el de fusionar ambas cosas, con lo que «fe» y «obediencia» se convierten en lo mismo. Este es el peligro de la otra traducción habitual de la expresión en el versículo 5. Acepto que la identificación de fe y obediencia tiene cierta base en los escritos de Pablo puesto que, en ocasiones, este parece utilizar indistintamente ambos conceptos (cf. Ro 1:8 y 16:19; 10:16a y 10:16b; 11:23; 11:30 y 11:31) e incluso habla de «obedecer» al Evangelio (Ro 10:16 NRSV; 2Ts 1:8; 3:14). La mayoría de los eruditos que defiende esta interpretación no llega a la conclusión de que Pablo identifique siempre estos dos conceptos. Sin embargo, en Romanos 1:5 esta expresión tiene un sentido casi programático para la carta en su conjunto, e identifica la fe con la obediencia, con lo cual establece un tono para la carta que minimiza el papel de la obediencia en el argumento de Pablo a lo largo de todo el texto. En contraste, la obediencia de los cristianos al Señor que les ha redimido es algo vital al Evangelio que predica Pablo, como dejan claro los capítulos 6 y 12–15.

Por esta razón hemos de evitar dos extremos teológicos: separar de tal manera la fe de la obediencia que éstas puedan existir la una sin la otra, o identificarlas de modo tal que la obediencia sea minimizada. No hay duda de que Pablo, junto con otros autores del Nuevo Testamento, subraya ciertamente la importancia esencial de la fe como medio para llegar a una relación con Dios (ver, p. ej., 3:28). Sin embargo, precisamente porque la fe no se ejerce en un vacío, sino que se deposita en aquel que es el Señor, el compromiso de obedecer está inextricablemente unido a ella (ver especialmente Stg 2). De manera que la fe y la obediencia son dos caras de la misma moneda. Han de distinguirse, pero no pueden separarse.

Cuando vamos a Cristo inicialmente, nos acercamos a alguien que demanda la más absoluta lealtad. Esta adhesión es algo que aprendemos a vivir a medida que Dios comienza su obra de transformar nuestra mente para que podamos hacer su voluntad (Ro 12:1–2). Pero nunca podemos obedecer sin creer. Si bien la obediencia está implícita desde el comienzo de nuestra fe, esta última es siempre esencial para cualquier obediencia verdadera. Es cierto que las personas pueden conformarse externamente a las demandas del Evangelio. Todos conocemos a no cristianos cuya conducta externa parece más cerca de las demandas de la Escritura que la de algunos cristianos. Sin embargo, en términos bíblicos, sin el compromiso interior del corazón, tal conformidad no tiene nada de obediencia.

Es posible que hayamos puesto en la simple expresión de Pablo «obedezcan a la fe» más peso del que es capaz de soportar. Sin embargo, esta frase, entendida según hemos propuesto, es un claro eslogan que resume la esencia de la vida cristiana. A medida que leemos la Escritura, adoramos a Dios, y oramos, nuestra fe en Cristo se hace más profunda. Esta fe creciente se manifestará inevitablemente en un estilo de vida más consistente y orientado hacia la semejanza con Cristo. Este es el mensaje que Pablo proclama a los gentiles en su «Evangelio»: no solo conversión inicial, sino transformación de vida.

Romanos 1:8-15

En primer lugar, por medio de Jesucristo doy gracias a mi Dios por todos ustedes, pues en el mundo entero se habla bien de su fe. 9 Dios, a quien sirvo de corazón predicando el evangelio de su Hijo, me es testigo de que los recuerdo a ustedes sin cesar. 10 Siempre pido en mis oraciones que, si es la voluntad de Dios, por fin se me abra ahora el camino para ir a visitarlos. 11 Tengo muchos deseos de verlos para impartirles algún don espiritual que los fortalezca; 12 mejor dicho, para que unos a otros nos animemos con la fe que compartimos. 13 Quiero que sepan, hermanos, que aunque hasta ahora no he podido visitarlos, muchas veces me he propuesto hacerlo, para recoger algún fruto entre ustedes, tal como lo he recogido entre las otras naciones. 14 Estoy en deuda con todos, sean cultos o incultos, instruidos o ignorantes. 15 De allí mi gran anhelo de predicarles el evangelio también a ustedes que están en Roma.

Pablo continúa adaptando el antiguo formato de carta a sus propósitos. Las cartas expresaban con frecuencia una acción de gracias a los dioses en el «*proemio*», la segunda parte importante de una carta. Pablo da gracias a Dios por los cristianos romanos y les asegura que ora a menudo por ellos. Utiliza su petición por su ministerio entre ellos como transición a una breve descripción de sus planes y motivaciones. Esta sección está caracterizada por una cierta duda y deferencia por parte de Pablo, en su deseo de evitar dar una impresión «autoritaria» a estos cristianos a quienes no condujo a la fe, ni ha visitado nunca. El apóstol escribe en un tono diplomático con el deseo de captar la atención de sus receptores para la exposición del Evangelio que seguirá.

Acción de gracias y oración (1:8–12)

La expresión «en primer lugar», que da comienzo a esta sección, no va acompañada de un «en segundo lugar» o «en tercer lugar». Es posible que Pablo simplemente se olvidara de la enumeración que había iniciado, o que el término que se traduce «en primer lugar» indique prioridad en lugar de secuencia: «antes que nada».

La acción de gracias de Pablo se expresa a «mi Dios» y se realiza «por medio de Jesucristo». Cristo ha creado el acceso a Dios que hace posible que Pablo se acerque a él en acción de gracias.[1] La razón de la gratitud de Pablo es la buena reputación que los cristianos romanos han adquirido por su fe. La frase «en el mundo entero se habla bien de su fe» es una hipérbole, sin embargo sería natural

---

1. Käsemann, *Commentary on Romans* [Comentario de Romanos], 17.

que los cristianos de todo el mundo mediterráneo supieran que el Evangelio se había establecido en la misma capital del Imperio. En los versículos 9-10, Pablo subraya el sentido de compromiso con los cristianos romanos que se insinúa en el versículo 8, subrayando sus constantes oraciones por ellos. El apóstol reitera uno de los temas clave en esta parte introductoria de la carta, afirmando de nuevo su compromiso con el Evangelio del Hijo de Dios.

Según la NVI, Pablo afirma que sirve a este Evangelio «de corazón». Sin embargo, la palabra griega que aquí se traduce como corazón es *pneuma* (espíritu), y Fee está probablemente en lo cierto al sostener que se trata de una referencia al Espíritu de Dios que mora en Pablo.[2] El espíritu de Pablo está en consonancia con el Espíritu de Dios, y éste sirve ahora en el Evangelio «en» el poder de este espíritu transformado y «por medio de» él. Cuando Pablo afirma que hace mención de los cristianos romanos en sus oraciones «sin cesar» (v. 9), lo que quiere decir es que, con regularidad, pone sus vidas ante el Señor, lo cual es un testimonio de la importante vida de oración de Pablo y de la amplitud de su alcance.

Un acento específico de la oración de Pablo por los romanos es la petición de que pueda finalmente visitar Roma para ministrarles (v. 10b). De manera específica (v. 11), el apóstol quiere ir a Roma para poder «impartirles algún don espiritual que los fortalezca». Lo que Pablo quiere decir con la expresión «don espiritual» no está claro. Es posible que tenga en mente un «don» específico de la clase que menciona en 1 Corintios 12-14, que tiene la esperanza de utilizar para beneficio de los cristianos romanos a su llegada a la ciudad.[3] Sin embargo, Pablo no utiliza en ningún otro lugar el lenguaje específico que tenemos aquí (*charisma pneumatikon*) para denotar este tipo de don, y el uso de un lenguaje tan indefinido («algún») hace que esta interpretación sea difícil.

Por otra parte, el apóstol podría estar aludiendo a una «bendición» espiritual de carácter general que esperaba impartir en Roma por medio de su ministerio (ver 15:27).[4] Sin embargo, el término «don» parece demasiado específico para esta interpretación, de modo que es posible que se trate de una referencia a una idea o capacidad impartida a Pablo por el Espíritu que él tiene la esperanza de compartir con los romanos. En cualquier caso, el propósito de compartir este don es «fortalecer» (ver también 1Ts. 3:2; 2Ts 2:17; 3:3) la fe de los cristianos romanos.

Pero Pablo matiza inmediatamente este propósito, revelando de nuevo su vacilación para arrogarse una autoridad excesiva sobre una comunidad que él mismo no ha fundado. No es que —se apresura a añadir Pablo (v. 12)— el beneficio espiritual vaya a fluir en una única dirección, de parte de Pablo a los romanos, sino que anticipa más bien un periodo de edificación mutua, puesto que la fe que Dios ha dado a cada individuo estimula y anima el crecimiento espiritual de los demás.

Planes de Pablo (1:13-15)

Al pensar en el ministerio que espera desarrollar en Roma, Pablo vuelve la atención de manera natural a los planes para su visita a la ciudad. Al parecer, es cons-

---

2. Fee, *God's Empowering Presence* [La presencia capacitadora de Dios], 485-86.
3. P. ej. Sanday y Headlam, *The Epistle to the Romans* [La Epístola a los Romanos], 21.
4. Cranfield, *The Epistle to the Romans* [La Epístola a los Romanos], 78-79.

ciente de que algunos cristianos de Roma podían tener una actitud crítica hacia él por «ignorarles» durante tanto tiempo. Quiere, pues, que entiendan que si no les había visitado todavía no era por falta de voluntad, sino de oportunidad. Pablo había planeado muchas veces visitarles, sin embargo habían surgido obstáculos que lo habían impedido. No sabemos con seguridad cuál era la naturaleza de tales impedimentos. Pero es probable que se tratara de cuestiones relacionadas con las urgentes necesidades del ministerio en el Mediterráneo oriental, donde Pablo había estado trabajando hasta aquel momento. Sin embargo, Pablo sigue con la idea de ir a Roma, donde desea disfrutar de un tiempo de edificación mutua en el Evangelio.

El deseo que tiene Pablo de predicar en Roma no responde a una preocupación de extender su «territorio» personal sino a un profundo sentido de que tiene la responsabilidad de predicar el Evangelio a toda clase de personas. «¡Ay de mí si no anuncio el Evangelio!» exclama el apóstol en otra ocasión (1Co 9:16). La traducción de la NVI sugiere una conexión bastante imprecisa entre Romanos 1:13 y 14. Es decir, lo que dirige este sentido de obligación de Pablo para predicar tanto a «griegos como a no griegos (NVI «cultos o incultos». N. del T.)», es únicamente la determinación general del apóstol de cosechar frutos espirituales entre los gentiles de Roma. Sin embargo, puede establecerse una conexión más estrecha si definimos de manera distinta este primer par de términos del versículo 14.

La palabra «griegos» es una fiel traducción de la voz griega *hellen*, no obstante el segundo término es *barbaros*, del que, obviamente, procede nuestra palabra «bárbaro». Los griegos ilustrados utilizaban esta palabra para burlarse de quienes no pronunciaban su idioma correctamente. Pero, por regla general, los autores judíos no se incluían entre los «bárbaros». Es pues probable que la expresión «griegos y no griegos» sea el modo en que Pablo hace referencia a toda la humanidad gentil.[5]

La relación entre este primer par de términos y el segundo («sabios y necios») no está clara, pero es probable que se refiera de nuevo solo a los gentiles. Esto, pues, explica (v. 15) que Pablo esté tan deseoso de «predicarles el evangelio también a ustedes que están en Roma». Pablo ha recibido la comisión de ser «apóstol a los gentiles» de parte del Señor y es este mandato divino, no ningún beneficio personal, satisfacción emocional o estrategia de mercadotecnia, lo que le lleva a buscar siempre campos más lejanos.

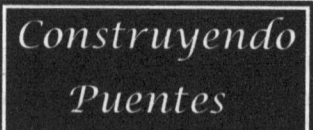

APLICACIÓN DE LA NARRATIVA BÍBLICA. Puesto que en estos versículos Pablo está hablando de sus planes y ministerio, aplicar la enseñanza general de esta sección dependerá considerablemente de la medida en que podamos utilizar legítimamente a Pablo como modelo de nuestro servicio cristiano. En muchos sentidos, por supuesto, el servicio que Pablo prestó al Señor fue único; nadie fue llamado del modo en que lo fue él, o recibió como él una comisión directa del Cristo resucitado. ¿Pero puede Pablo, de

---

5. Fitzmyer, *Romans* [Romanos], 250–51.

algún modo, servirnos de modelo? En caso afirmativo, ¿cómo podemos entender de qué maneras?

La pregunta que aquí se suscita representa una cuestión de carácter esencial en la interpretación de la Escritura. Una buena parte del texto bíblico nos llega en forma de narración, relatos que describen experiencias específicas del pueblo de Dios. ¿Cómo conseguimos que estas narraciones históricas sean relevantes para el pueblo de Dios de nuestro tiempo? Lamentablemente, muchos predicadores recurren a la analogía para establecer la conexión: Lo mismo que «x» hizo en este pasaje de la Biblia, podemos/debemos hacer nosotros hoy. Sin embargo, este tipo de acercamiento, si se sigue con demasiada rigidez, roba su poder a las narraciones bíblicas. Lo que persiguen tales narraciones es a menudo describir el fundamento histórico de la fe que ahora compartimos. Dios hizo ciertas cosas en la Historia para conseguir la salvación de su pueblo y revelar su gloria y su voluntad. El predicador que deja de ver y proclamar estos elementos de las narraciones a menudo pierde de vista su esencia.[6] Llevado a su conclusión lógica, ¡imaginemos un sermón sobre la crucifixión que pretenda enseñar a morir con dignidad!

Pero también hemos de conceder que las narraciones y relatos personales que encontramos en la Biblia, en ocasiones —quizá a menudo— tienen el propósito secundario de dar al pueblo de Dios un ejemplo a imitar. Por tanto, la cuestión es inevitable: ¿Cómo podemos saber lo que ha de servirnos de modelo y lo que no? Algunos intérpretes sugieren que prácticamente todo el material de una narración que no se considere moralmente erróneo en algún otro lugar de la Escritura debería ser modelo. En otras palabras, hemos de discipular a las personas del mismo modo que lo hizo Jesús o evangelizar como Pablo.

Podemos sin duda aprender muchas cosas de estos ejemplos, sin embargo creemos que transferir prácticamente todo aquello que no es moralmente reprobable en las narraciones es ir demasiado lejos. Por una parte, hemos de recordar que la cultura específica en la que trabajaron Jesús y Pablo desempeña un papel fundamental en los métodos y acercamientos que adoptaron. Es posible que su modo de proceder fuera el que fue por ser el más efectivo para alcanzar a personas moldeadas por el contexto social y religioso característico del primer siglo.

Un procedimiento más sano consiste en examinar con detalle las narraciones en vista del resto de la Escritura, y sacar conclusiones solo cuando la enseñanza específica o principios generales que aparecen en otros lugares de la Biblia legitiman su aplicación. En el caso de Pablo, pues, no deberíamos asumir que sus métodos específicos han de ser imitados a no ser que encontremos enseñanzas que refrenden la aplicación universal de los mismos.

Por otra parte, Pablo se presenta a menudo como alguien a ser imitado por sus convertidos (p. ej., 1Co 4:16; 11:1; Fil 3:17; 2Ts 3:7). Algunos eruditos piensan

---

6. Respecto a esto ver especialmente Sidney Greidanus, *Modern Preacher and the Ancient Text: Interpreting and Preaching Biblical Literature* [El predicador moderno y el texto antiguo: interpretar y predicar literatura bíblica] (Grand Rapids: Eerdmans, 1989).

que este llamamiento a imitarle se aplica solo a las cualidades generales de carácter moral y que, en general, a los cristianos no se les llama a una evangelización activa, sino pasiva, es decir, a vivir vidas piadosas que sirvan de luz para atraer a las personas al Evangelio. Sin embargo, Peter O'Brien ha mostrado que nuestro llamamiento es más amplio, y que incluye también el ministerio de la evangelización al que Pablo estaba entregado.[7] Aplicando, pues este criterio, los propios escritos de Pablo nos dan buenas razones para concluir que el sentido de obligación para predicar el Evangelio a quienes no lo han oído (Romanos 1:13–15) representa para nosotros un modelo a imitar.

Significado Contemporáneo

CELO POR LA EVANGELIZACIÓN.

Sentado este sólido fundamento hermenéutico, podemos ahora afirmar que el celo de Pablo por la predicación del Evangelio debe servirnos de modelo. Como pone de relieve este pasaje, el apóstol se sentía motivado a evangelizar y a establecer iglesias por un agudo sentido de obligación. Por supuesto, esta necesidad que sentía Pablo, tenía al menos una causa singular: la directa comisión de Cristo como «apóstol a los gentiles» en el camino de Damasco. Este suceso dio a su ministerio una clara base y una dirección especial.

Pocos de nosotros tendremos una dirección tan clara respecto al ministerio a que hemos sido llamados o sobre la dirección que éste ha de tomar. Sin embargo, el imperativo a evangelizar es una obligación, sugiere Pablo, que comparten todos los creyentes. En 1 Corintios 3–4, el apóstol describe su dedicación a la tarea de la evangelización (3:3–15), una tarea que le acarreó muchas dificultades (4:8–13). Pablo concluye con un llamamiento a los corintios a imitarle (4:16). De manera similar, en 2 Corintios el apóstol afirma que, conociendo el temor del Señor, se esfuerza en persuadir a las personas para que sigan a Cristo (2Co 5:11). ¿Y cuál es la razón de su compromiso? «El amor de Cristo nos obliga» (5:14).[8] La contemplación de los beneficios que nos otorga Cristo ha de motivarnos a todos a esforzarnos por compartir estos beneficios con los demás.

Pero hay otra motivación que aparece también constantemente en la exposición que hace Pablo de su ministerio: realzar el nombre y la gloria de Dios. Este interés ha aparecido ya en Romanos, en la afirmación de que su tarea apostólica era «por medio de él, y en honor a su nombre [de Jesucristo]» (1:5). En una sección culminante de Romanos, Pablo anuncia que la inclusión de los gentiles como parte del pueblo de Dios es para que éstos «glorifiquen a Dios por su compasión» (15:9; ver también 15:16; 2Co 4:15; Fil 1:11). La evangelización de Pablo, sugieren sus cartas, está movida por dos grandes motivaciones: un sentido de obligación derivado de lo que Dios ha hecho por él y de la comisión que le ha sido encomendada, y el deseo de que Dios sea glorificado por el mayor número posible de personas.

---

7. Peter T. O'Brien, *Gospel and Mission in the Writings of Paul: An Exegetical and Theological Analysis* [Evangelio y misión en los escritos de Pablo: un análisis exegético y teológico] (Grand Rapids: Baker, 1995).
8. Quiero dar las gracias a Peter Dybvad por llamar mi atención sobre estos textos.

Hemos de imitar a Pablo divulgando la Gracia de Dios en el Evangelio como lo hizo él.

No todos seremos llamados a un ministerio de plena dedicación en la evangelización; puede que nos sea difícil decidir si tenemos o no un «llamamiento» al ministerio, así como el ámbito en que hemos de servir. También tendremos nuestra lucha por equilibrar las demandas de la vida con las de la evangelización. Pero cada cristiano debería tener este mismo sentido de obligación que Pablo expresa en Romanos 1:14–15. Hemos de orar para que Dios imprima en nuestros corazones este sentir de responsabilidad a fin de convertirnos en imitadores de Pablo.

Discipulado. Hasta ahora hemos utilizado Romanos 1:14–15 como base para la participación en la evangelización. Sin embargo, quizá podemos dar un paso más. En este pasaje se pasa fácilmente por alto el hecho de que Pablo anuncia su intención de predicar el Evangelio «también a ustedes que están en Roma» (1:15). ¿Qué puede querer decir esto, teniendo en cuenta que escribe a personas que ya son cristianas (ver 1:7)? Algunos responden que aquí Pablo solo está reflexionando sobre sus planes pasados.[9] Otros sugieren que «ustedes» es de carácter general, de modo que Pablo está meramente indicando que quiere evangelizar en la ciudad de Roma.[10] Pero estas alternativas no hacen justicia al texto. Lo que Pablo parece insinuar es que, dentro del ámbito de la «predicación del Evangelio», se incluye la constante obra de discipulado que sigue a la evangelización.

No hay duda de que Pablo ejemplificó una amplia preocupación a lo largo de su ministerio, puesto que su obra evangelizadora inicial en los pueblos iba acompañada por regla general de enseñanza, exhortación pastoral y visitas posteriores. Como ha explicado Paul Bowers, en los escritos de Pablo, «el Evangelio no es solo una predicación inicial, sino toda la secuencia de actividades que dará como fruto iglesias sólidamente establecidas».[11] El apóstol solo sentía que podía avanzar a nuevos campos cuando las iglesias habían alcanzado una madurez suficiente para ser autosuficientes. La cuestión es evidente y se ha subrayado tanto en los últimos años que no es necesario entrar en detalles: la evangelización efectiva incluye el seguimiento. El discipulado de aquellos que han «pasado adelante» para recibir el Evangelio no es un complemento prescindible, sino un elemento necesario de la predicación inicial del Evangelio.

---

9. Stuhlmacher, *Paul's Letter to the Romans* [La carta de Pablo a los Romanos], 26.
10. Godet, *Commentary on Romans* [Comentario de Romanos], 90.
11. Paul Bowers, «Fulfilling the Gospel: The Scope of the Pauline Mission» [Hacer realidad el Evangelio: el campo de acción de la misión paulina], *JETS* 30 (1987): 198.

Romanos 1:16-17

A la verdad, no me avergüenzo del evangelio, pues es poder de Dios para la salvación de todos los que creen: de los judíos primeramente, pero también de los gentiles. 17 De hecho, en el evangelio se revela la justicia que proviene de Dios, la cual es por fe de principio a fin, tal como está escrito: «El justo vivirá por la fe.»

Estos dos versículos son de carácter transicional. Aunque es algo que en la NVI no se indica explícitamente, el versículo 16 comienza con la conjunción *gar* (la NVI consigna «A la verdad». N. del T.), que lo conecta con los versículos 13–15.

La línea de pensamiento es: «estoy deseoso de predicarles las Buenas Nuevas también a ustedes que están en Roma porque no me avergüenzo del Evangelio...». Desde esta perspectiva, por tanto, los versículos 16–17 forman parte de la introducción de la carta.

Pero estos versículos están también estrechamente relacionados con el cuerpo de la carta que viene a continuación, puesto que Pablo introduce el tema que desarrollará en los capítulos siguientes. Para muchos intérpretes, este tema se enuncia en el versículo 17: «la justicia que es por la fe». No obstante, aunque, como se mostrará, esta doctrina es muy importante para el argumento de Pablo, no es el tema general de Romanos. Si queremos saber cuál es este tema general, hemos de detenernos en la palabra que encabeza estos dos versículos: Evangelio. El argumento de estos versículos se desarrolla en una secuencia de varios «peldaños»:

No me avergüenzo del Evangelio,
    pues es poder de Dios para la salvación de todos los que creen:
        de los judíos primeramente, pero también de los gentiles.
    De hecho, en el evangelio se revela la justicia que proviene de Dios,
        la cual es por fe de principio a fin,
    tal como está escrito: «El justo vivirá por la fe.»

Recogiendo la palabra clave «Evangelio», que ha sido un tema esencial en los versículos introductorios (ver 1:1, 2, 9, 15), Pablo explica ahora brevemente por qué está tan comprometido con la extensión de las Buenas Nuevas y cómo este mensaje tiene la capacidad de transformar a los seres humanos.

La formulación negativa del versículo 16 —«no me avergüenzo»— puede ser únicamente un recurso literario (litotes), para expresar un sentido básicamente positivo: «estoy muy orgulloso de...». Es posible que Pablo tuviera una buena razón para expresar el asunto de este modo. Como sugiere su breve referencia a ciertas personas que le calumnian en 3:8, el apóstol sabe que está en el punto de mira de sus oponentes por su defensa de un Evangelio sin Ley para los gentiles. Una de las razones por las que escribe una carta tan larga y teológica a los cris-

Romanos 1:16-17

tianos romanos es la de aclararles algunas ideas erróneas acerca de su idea del Evangelio, que probablemente han oído. Por ello, es perfectamente lógico que se ponga aquí a la defensiva: no me avergüenzo del Evangelio que predico.

¿Por qué no se avergüenza? Porque sabe que el Evangelio que predica es el medio divinamente establecido para llevar la salvación al mundo. En Romanos, el sustantivo «salvación» (*soteria*; ver también 10:1, 10; 11:11; 13:11) y el verbo «salvar» (*sozo*; 5:9, 10; 8:24; 9:27; 10:9, 13; 11:14, 26) son importantes palabras. En ocasiones utilizamos este tipo de lenguaje para hablar únicamente de la conversión («¿Cuándo fuiste salvo?»), sin embargo Pablo lo utiliza con frecuencia para aludir a la liberación final del pecado y la maldad que experimentará el creyente tras la muerte o la parusía (ver especialmente 5:9-10; 13:11).

Anunciando lo que después se convertirá en una nota clave de esta carta, Pablo insiste en que la salvación que ofrece el Evangelio es para todo aquel que cree (3:22; 4:11, 16; 10:4, 11-13; cf. 11:32; 16:26). En un importante avance con respecto al Antiguo Testamento —que mira especialmente a Israel—, el alcance del Evangelio es de carácter universal. Sin embargo, Pablo añade inmediatamente un acento igualmente característico de Romanos: este Evangelio de la salvación es «primero para el judío». Algunos piensan que, con ello, Pablo solo quiere decir que, desde un punto de vista histórico, el Evangelio fue primero predicado a los judíos, como queda claro en el Libro de los Hechos. Sin embargo, el desarrollo de este punto en Romanos pone de relieve que el argumento de Pablo tiene un carácter más teológico. De algún modo, afirmará, los judíos siguen teniendo cierta prioridad dentro del plan de la salvación. Es posible que lo más que podamos decir al respecto es que los judíos son los primeros destinatarios de las Buenas Nuevas de Jesucristo. Es decir, Dios obró por medio de Israel para preparar el camino del Mesías, y las buenas noticias acerca de él se dirigen en primer lugar a este pueblo. La yuxtaposición de estas dos afirmaciones —«todo aquel que cree» y «primero para el judío»— dirige la dinámica teológica de Romanos.

¿Por qué imparte el Evangelio salvación a quienes creen? Pablo lo explica en el versículo 17, regresando a la terminología de la «justicia» para desarrollar su argumento. La expresión de la NVI «la justicia que proviene de Dios» refleja una de las posibles interpretaciones de una controvertida frase. El griego dice meramente *dikaiosyne theou*, literalmente, «Justicia de Dios». Pablo utiliza esta expresión solo nueve veces en sus cartas (ver también 3:5, 21, 22, 25, 26; 10:3 [2x]; 2Co 5:21). Puesto que ocho de ellas se dan en Romanos, es evidente que se trata de una expresión significativa para el argumento de la carta. Cada ocasión en que aparece ha de examinarse en su contexto, sin embargo la mayoría de eruditos concuerda en que las referencias aquí, en 3:21-22 y en 10:3 tienen el mismo significado y son clave para la carta. Hay tres interpretaciones especialmente populares.

(1) «Justicia *de* Dios» como un atributo de Dios. El término «justicia» puede referirse a la Justicia de Dios, pero, como en su día descubrió Lutero, saber acerca de la Justicia de Dios no es precisamente una buena noticia para los pecadores des-

obedientes. Por tanto, si se trata de un atributo de Dios, es más probable que sea una referencia a su Fidelidad.[1]

(2) «Justicia *procedente de* Dios» como una posición otorgada por Dios al ser humano. Esta interpretación fue abanderada por los reformadores y es el punto de vista tradicional entre los teólogos protestantes.[2] Cuando Dios «justifica» (el verbo es *dikaioo*, cognado de la palabra «justicia») al pecador, Dios le concede una nueva posición legal ante él, a saber, su «justicia».

(3) «Justicia *llevada a cabo por* Dios» como una acción de «enmendar». Este punto de vista, que sostiene un creciente número de eruditos, da un sentido dinámico a la palabra «justicia».[3] Se trata de la intervención de Dios para enmendar lo que se ha estropeado en su creación.

El contexto no apunta claramente en una dirección. La utilización del verbo «revelar», que tiene un sentido dinámico (llegar a ser, manifestar; ver 1:18) favorece el tercer punto de vista. Sin embargo, el hecho de que esta justicia, como Pablo sigue diciendo, se basa en la fe, favorece el segundo. Pero puede que la consideración más importante sea el uso de la frase «Justicia de Dios» en el Antiguo Testamento. Aquí descubrimos que los textos proféticos clave utilizan esta expresión para denotar la actividad salvífica escatológica de Dios (ver la sección «Construyendo puentes»). Creemos, pues, que Pablo anuncia la llegada a la Historia de esta actividad salvífica de Dios. Sin embargo, en el contexto de su enseñanza más extensa, y calificada como está aquí por la fe humana, esta actividad salvífica adquiere una forma específica: la acción por la que Dios pone a quienes creen en una correcta relación consigo.

Un tema central de Romanos, y del Evangelio de Pablo en general, es la insistencia en que solo se puede experimentar esta Justicia de Dios por medio de la fe. Pablo subraya este punto de dos formas. (1) Con la repetición de la palabra «fe»: (lit.) «Desde [*ek*] la fe a/hacia el interior de [*eis*] la fe», que probablemente está bien interpretada en la NVI como una construcción enfática, «por fe de principio a fin». (2) Pablo cita Habacuc 2:4 para explicar la conexión entre el justo, la fe y la vida. Es objeto de debate la naturaleza exacta de la relación que Pablo presenta entre estos tres elementos. ¿Está subrayando que las personas justas han de vivir por fe? (NVI; NASB; KJV)?[4] ¿O acaso lo que afirma es que únicamente la persona que es justa por la fe alcanzará la vida (NRSV; TEV; REB)?[5] La sintaxis puede indicar cualquiera de los dos sentidos, creo sin embargo que el argumento de la carta, en el que Pablo afirma una y otra vez que las personas son justas (o justificadas) solo por la fe, favorece esta segunda lectura.

---

1. Ver especialmente Sam K. Williams, «The 'Righteousness of God' in Romans» [La 'Justicia de Dios' en Romanos] *JBL* 99 (1980):241–90.
2. Ver, p. ej., Cranfield, *The Epistle to the Romans* [La Epístola a los Romanos], 91–99.
3. Ver, p. ej., Moo, *The Epistle to the Romans* [La Epístola a los Romanos], 70–75; Dunn, *Romans* [Romanos], 40–43.
4. Ver, p. ej., Godet, *Commentary on Romans* [Comentario de Romanos], 98; Murray, *The Epistle to the Romans* [La Epístola a los Romanos], 1:33.
5. Ver, p. ej., Cranfield, *The Epistle to the Romans* [La Epístola a los Romanos], 101–2.

LA JUSTICIA DE DIOS EN EL ANTIGUO TESTAMENTO. Como hemos visto en la sección «Construyendo puentes» de 1:8–15, para entender la enseñanza de Pablo en Romanos es imprescindible un concienzudo entendimiento del Antiguo Testamento. La carta trata la relación entre el Evangelio de Cristo y la Palabra de Dios en el Antiguo Testamento. Pablo asume que sus lectores conocen bien el Antiguo Testamento y, por ello, utiliza constantemente sus categorías y fraseología para desarrollar sus argumentos. Muchos de quienes hoy leemos Romanos no compartimos la misma familiaridad con el Antiguo Testamento; no conseguimos «oír» de manera natural las alusiones y referencias tan evidentes para los primeros lectores. Por ello, para captar las corrientes subyacentes del argumento de Pablo hemos de trabajar con una concordancia del Antiguo Testamento.

En ningún pasaje de Romanos es esto más importante que cuando se trata de interpretar las alusiones de Pablo a «la Justicia de Dios». La terminología de la justicia (el sustantivo *dikaiosyne*, el adjetivo *dikaios*, y el verbo *dikaioo*) era muy común en el griego normal, pero su importancia en el Nuevo Testamento se basa en el uso de estas palabras para traducir términos hebreos de la raíz *sdq* en la traducción griega del Antiguo Testamento (la LXX). Pablo y otros autores del Nuevo Testamento crecieron oyendo y leyendo este lenguaje, y su utilización de estos términos refleja decisivamente dicha influencia. Además, en Romanos Pablo da a entender que expresiones como «la Justicia de Dios» eran familiares tanto para él como para sus lectores. Algo sorprendente es que no explica la frase, sino que comienza con el anuncio de que la «Justicia de Dios» ha sido revelada (1:17). Pablo da por sentado que sus lectores saben lo que es esta «Justicia de Dios», y el Antiguo Testamento proporciona el necesario contexto.

La expresión *dikaiosyne theou* («la Justicia de Dios») no aparece nunca en la LXX, pero sí se habla dos veces de la «justicia del Señor» (cf. 1S 12:7; Mi 6:5). Sin embargo, la expresión «su justicia», en referencia a la Justicia de Dios, es bastante común (aparece en cuarenta y ocho ocasiones). Cuando la palabra «justicia» se utiliza de este modo, tiene tres significados distintos.

(1) Puede denotar la Justicia de Dios. El Salmo 50 presenta a Dios emplazando a su pueblo y a los impíos a presentarse delante de él. Israel es reprendido por su actitud frívola para con Dios, mientras que los impíos son condenados. El versículo 6 presenta el escenario para esta actividad de juicio: «el cielo proclama *la justicia divina*: ¡Dios mismo es el juez!» (cursivas del autor). Dios es absolutamente justo e imparcial, y determina de un modo equitativo los aciertos y errores de toda persona y situación (ver también Sal 7:17; 97:2; Is 59:17).

(2) Pero Dios no trata con su pueblo en un vacío. Él mismo ha establecido una relación contractual con ellos. Esta relación pactada es el contexto en el que Dios trata con Israel. Lo que es «correcto» para Israel se plantea en las obligaciones del Pacto. De manera similar, se enuncian también las obligaciones de Dios y su compromiso con su pueblo. Por consiguiente, en estos contextos la Justicia de Dios

adquiere con frecuencia la idea de «fidelidad», puesto que Dios reitera el compromiso que él ha contraído con su pueblo. La petición de David en el Salmo 31:1 es característica: «En ti, SEÑOR, busco refugio; jamás permitas que me avergüencen; en tu justicia, líbrame» (cursivas del autor; ver también Éx 15:13; Sal 71:2; Is 38:19; 63:7).

(3) Más importante aún, la Justicia de Dios puede también tener un sentido dinámico, equivalente a su actividad salvífica. Los textos más importantes son dos profecías de Isaías:

Mi justicia no está lejana; mi salvación ya no tarda.
¡Estoy por traerlas!
Concederé salvación a Sión,
y mi esplendor a Israel (Is 46:13, cursivas del autor).
Ya se acerca *mi justicia*,
mi salvación está en camino;
¡mi brazo juzgará a las naciones!
Las costas lejanas confían en mí,
y ponen su esperanza en mi brazo.
Levanten los ojos al cielo;
miren la tierra aquí abajo:
como humo se esfumarán los cielos,
como ropa se gastará la tierra,
y como moscas morirán sus habitantes.
Pero mi salvación permanecerá para siempre,
mi justicia nunca fallará.
Escúchenme, ustedes que conocen lo que es recto;
pueblo que lleva mi ley en su corazón:
No teman el reproche de los hombres,
ni se desalienten por sus insultos,
porque la polilla se los comerá como ropa
y el gusano los devorará como lana.
Pero *mi justicia* permanecerá para siempre;
mi salvación, por todas las generaciones. (Is 51:5–8, cursivas del autor).

Como deja claro el paralelismo de ambos textos, la «justicia» de Dios equivale a la «salvación» que él promete llevar a su pueblo. El término «justicia» denota aquí la actividad salvífica de Dios, por la que éste defiende lo que es «justo», vindicando a su pueblo y librándole de su angustia. La idea sería que Dios «hace justicia» de su pueblo.

Dos consideraciones me llevan a concluir que el significado de «justicia» que Pablo tiene en mente en 1:17 es este último. (1) Como ya hemos visto, el apóstol espera que sus lectores reconozcan lo que quiere decir cuando anuncia la llegada de la Justicia de Dios. Estos textos proféticos que acabamos de citar predicen con precisión esta llegada. (2) La profecía de Isaías, especialmente los capítulos 40–66, ejerció una enorme influencia sobre Pablo y los autores del Nuevo Testamento en general. Por tanto, en el anuncio de 1:17, los lectores de Pablo habrían «oído» la afirmación de que la intervención escatológica de Dios para salvar a su pueblo había tenido lugar.

Pero en este anuncio habrían «oído» igualmente dos notas un tanto inesperadas. (1) Esta vindicación del pueblo de Dios no es simplemente para Israel, como sugiere el Antiguo Testamento y asumían prácticamente todos los judíos; es más bien para «todos los que creen» (1:16). Como hemos observado en la sección «Sentido original», esta extensión de la actividad salvífica de Dios a los gentiles es un acento característico de Romanos.

(2) La justa actividad de Dios se «basa en» la fe humana. ¿Cómo puede ser esto? ¿Cómo puede la acción de Dios estar limitada por la respuesta humana? Aquí Pablo introduce una modificación clave de la idea veterotestamentaria de la Justicia de Dios. La Justicia de Dios es la «justicia de la fe». El resultado final es que, para Pablo, la «Justicia de Dios» es personal y relacional. No solo trata de la obra de Dios en la Cruz por medio de Cristo, sino, de un modo más directo, de su obra en vidas humanas individuales, puesto que aquellos que responden con fe al Evangelio se sitúan en una correcta relación con él.[6]

Significado Contemporáneo

Puesto que los versículos 1:16–17 anuncian el tema de la carta, contienen muchos de los temas que Pablo desarrollará en ella: somos justificados por la fe en Cristo (1:18–4:25), la Justificación conduce a la salvación final (capítulos 5–8), y el Evangelio es para todos y, al tiempo, para el «judío primeramente» (capítulos 9–11). Por tanto, esta sección sobre el significado contemporáneo de estos versículos ¡podría, sin duda, ser larga! Sin embargo, otros textos ofrecen una mejor base para explorar el significado de algunos de estos temas; aquí nos limitaremos a unas pocas palabras relativas a la Justificación por la fe.

Justificación por la fe. El versículo 17 no alude, si nos atenemos estrictamente a la palabras, a la «Justificación por la fe», sin embargo la idea está expresada con toda claridad: la Justicia de Dios es «por la fe de principio a fin»; el «justo por la fe» es quien conseguirá vida espiritual. Esta doctrina de la Justificación por la fe ha tenido una historia un tanto accidentada. Había sido prácticamente ignorada hasta que, durante la Reforma, fue elevada por Lutero a la cúspide de todas las doctrinas. Generalmente, los teólogos luteranos han seguido la dirección de su

---

6. Para más detalles sobre estas cuestiones, ver Moo, *The Epistle to the Romans* [La Epístola a los Romanos], 70–89.

fundador, proclamando la conocida expresión de que la Justificación por la fe es la doctrina «por la que la Iglesia está en pie o cae».

Aunque importante para los otros reformadores, la doctrina de la Justificación por la fe no recibió la misma importancia que le dio Lutero. Pero, generalmente, la tradición protestante ha hecho gran hincapié en esta doctrina. Un elemento esencial de la interpretación protestante ha sido la concepción judicial o forense de la Justificación, y el lenguaje de la justicia en general. Ser «justificado» no significa, insisten los teólogos protestantes, que uno sea «hecho» justo, sino que se le «declara» como tal. Lo que Dios hace por nosotros en la Justificación es parecido a lo que el juez realiza ante un tribunal: no cambia al acusado convirtiéndole en una nueva clase de persona, sino que más bien le declara inocente de las acusaciones que se le imputan. Esta concepción forense de la Justificación era a menudo negada por los intérpretes católicos romanos, quienes insistían en que el concepto de justicia ha de incluir siempre la transformación interior. Esta diferencia estableció las líneas en el debate entre católicos y protestantes durante muchos siglos.

Sin embargo, en nuestro tiempo la situación ha cambiado. La mayoría de los eruditos católicos romanos contemporáneos están de acuerdo en que los teólogos protestantes tienen razón al insistir en el carácter forense del lenguaje de la «Justificación» en los escritos de Pablo. Por otra parte, muchos intérpretes protestantes quieren ahora minimizar la relevancia de la doctrina de la Justificación por la fe. Han surgido nuevos debates sobre el asunto clave de la base para el veredicto divino de la Justificación. ¿Cómo puede Dios declarar «inocente» al pecador cuando en realidad no lo es? Volveremos a algunos de estos asuntos más adelante. Pero baste ahora subrayar brevemente dos puntos: la importancia de la Justificación y su significado esencial.

Bajo la tiranía de ser «relevantes», muchos predicadores de nuestro tiempo evitan la exposición doctrinal como la peste. Huele a libros antiguos y a ajados teólogos debatiendo sobre cuestiones incomprensibles. Pero, por supuesto, la doctrina es meramente la verdad que Dios nos ha revelado en su Palabra. Y para que la vida cristiana sea significativa, ha de estar firmemente arraigada en la verdad acerca de Dios y del mundo. Dios nos deja claro que el problema humano fundamental no es horizontal (distanciamiento en las relaciones humanas), sino vertical (distanciamiento del único Dios verdadero). La Justificación es la respuesta de Dios a este problema. A través del Evangelio Dios pone en acción un poder para cambiar a las personas, y lo hace en el punto crucial: en su relación con él. Cuando alguien responde con fe al mensaje de las Buenas Nuevas, Dios le «justifica»; es decir, le declara inocente delante de él, quitando la barrera que existe entre todos los seres humanos en su estado natural y Dios. Todo lo demás en la vida cristiana fluye de esta maravillosa experiencia.

No obstante, muchas personas no oyen estas Buenas Nuevas, y muchos cristianos no entienden bien lo que les ha sucedido. ¿Por qué? Porque demasiados predicadores no creen que un tema como la Justificación por la fe sea «relevante». Un nuevo compromiso por parte de todos los predicadores para presentar a sus audiencias lo que Dios, en su Palabra, ha considerado relevante hará mucho por llevar a la Iglesia hacia una conciencia más profunda de la verdad más importante: que el Dios del Universo está dispuesto a aceptarnos como hijos suyos simplemente por medio de nuestra fe.

En nuestro compromiso por llevar al pueblo de Dios la verdad de la Justificación, hemos de esforzarnos por hacerlo de un modo correcto. Es vitalmente importante recalcar que la Justificación es una acción forense. Como hemos explicado anteriormente, en la Justificación Dios no nos cambia, sino que nos acepta como somos. Por supuesto, él desea cambiarnos una vez que hemos sido aceptados, pero la aceptación siempre se produce en primer lugar.

Los cristianos que luchan por verse a sí mismos como «dignos» de estar en esta relación con Dios, tienen una especial necesidad de entender esta verdad. En nosotros mismos, nunca seremos dignos, ni siquiera los mejores. El Evangelio es precisamente eso: «Buenas Nuevas» (significado literal de la palabra griega *euangelion*) porque anuncia que Dios nos acepta a pesar de todo; solo hemos de recibir su ofrecimiento en fe (una fe que, por supuesto, debe, por su propia naturaleza, ir siempre acompañada de obediencia [cf. 1:5]). La Justificación nos recuerda que nuestra posición con Dios se basa en la Gracia y que la gratitud debería ser el distintivo de todos nuestros tratos con él.

Romanos 1:18-32

Ciertamente, la ira de Dios viene revelándose desde el cielo contra toda impiedad e injusticia de los seres humanos, que con su maldad obstruyen la verdad. 19 Me explico: lo que se puede conocer acerca de Dios es evidente para ellos, pues él mismo se lo ha revelado. 20 Porque desde la creación del mundo las cualidades invisibles de Dios, es decir, su eterno poder y su naturaleza divina, se perciben claramente a través de lo que él creó, de modo que nadie tiene excusa. 21 A pesar de haber conocido a Dios, no lo glorificaron como a Dios ni le dieron gracias, sino que se extraviaron en sus inútiles razonamientos, y se les oscureció su insensato corazón. 22 Aunque afirmaban ser sabios, se volvieron necios 23 y cambiaron la gloria del Dios inmortal por imágenes que eran réplicas del hombre mortal, de las aves, de los cuadrúpedos y de los reptiles. 24 Por eso Dios los entregó a los malos deseos de sus corazones, que conducen a la impureza sexual, de modo que degradaron sus cuerpos los unos con los otros. 25 Cambiaron la verdad de Dios por la mentira, adorando y sirviendo a los seres creados antes que al Creador, quien es bendito por siempre. Amén. 26 Por tanto, Dios los entregó a pasiones vergonzosas. En efecto, las mujeres cambiaron las relaciones naturales por las que van contra la naturaleza. 27 Así mismo los hombres dejaron las relaciones naturales con la mujer y se encendieron en pasiones lujuriosas los unos con los otros. Hombres con hombres cometieron actos indecentes, y en sí mismos recibieron el castigo que merecía su perversión. 28 Además, como estimaron que no valía la pena tomar en cuenta el conocimiento de Dios, él a su vez los entregó a la depravación mental, para que hicieran lo que no debían hacer. 29 Se han llenado de toda clase de maldad, perversidad, avaricia y depravación. Están repletos de envidia, homicidios, disensiones, engaño y malicia. Son chismosos, 30 calumniadores, enemigos de Dios, insolentes, soberbios y arrogantes; se ingenian maldades; se rebelan contra sus padres; 31 son insensatos, desleales, insensibles, despiadados. 32 Saben bien que, según el justo decreto de Dios, quienes practican tales cosas merecen la muerte; sin embargo, no sólo siguen practicándolas sino que incluso aprueban a quienes las practican.

El versículo 18 llega al lector como una verdadera sorpresa. Pablo acaba de anunciar el tema de su carta: el Evangelio como poder salvífico de Dios que revela su justicia a todos los que creen. Sin embargo, en lugar de la exposición de estas maravillosas verdades, nos encontramos con la terrible noticia de la ira de Dios contra el pecado. De hecho, Pablo no retoma los temas que plantea en 1:16–17 hasta 3:21, dos capítulos más adelante. ¿A qué se debe esto? Al parecer, Pablo considera que hay que dejar claro por qué es necesaria la revelación de la Justicia de Dios en el Evangelio. Solo entendiendo completamente las «malas noticias» podremos apreciar adecuadamente las buenas. Por esta razón, Pablo se extiende un tanto para detallar la verdadera naturaleza y dimensión del conflicto humano (1:18–3:20).

Su argumento se mueve en varias etapas claramente delimitadas. Encabezando toda la sección está el anuncio de la ira de Dios contra el pecado (1:18–20). Pero en este anuncio se recalca casi por igual que dicha ira es merecida: los seres humanos han obstruido la verdad de Dios. Pablo prosigue para mostrar que todos, gentiles (1:21–32) y judíos (2:1–29) por igual, han rechazado la verdad de Dios y se han hecho justamente acreedores de su ira. En 3:1–8 Pablo se aleja de la línea argumental principal para matizar lo que dice en el capítulo 2 sobre los privilegios de los judíos. Después, en 3:9–20, concluye su exposición con una acusación final de la Humanidad.

La sección específica que ahora estamos tratando se divide esencialmente en tres partes: la ira de Dios contra el pecado y su fundamento (1:18–20), la supresión de la verdad por parte de las personas y sus consecuencias (1:21–31), y una acusación final (1:32).

La ira de Dios contra el pecado y su fundamento (1:18–20)

A primera vista, el versículo 18 parece estar estrechamente relacionado con los versículos 16–17. Un *gar* («porque») conecta el versículo 18 con lo precedente, y tanto el versículo 17 como el 18 utilizan el verbo «revelar». Sobre esta base algunos intérpretes han concluido que la revelación de la Justicia de Dios (v. 17) y la revelación de su ira (v. 18) son parte del Evangelio (v. 16).[1] Pero la nota negativa de la ira de Dios no es compatible con la consistente utilización positiva del término «evangelio» por parte de Pablo. Es probable, entonces, que el «porque» con que comienza este versículo introduzca toda la sección que sigue: es necesario que Dios revele su justicia en el Evangelio porque ha considerado también preciso revelar su ira contra el pecado.

Algunas versiones modernas de la Biblia utilizan el término «enfado» (el autor hace referencia a las versiones en inglés. En castellano hay una mayor unanimidad respecto a la utilización del término «ira». N. del T.) en lugar de «ira» para traducir la palabra griega que se utiliza aquí (*orge*). Sin embargo, la palabra «ira», aunque un poco anticuada, preserva el sentido más objetivo que tiene la voz griega cuando se aplica a Dios. La reacción de Dios ante el pecado no es el «enfado» de una persona emocional, sino la necesaria reacción de un Dios Santo. En el Antiguo Testamento la ira de Dios sobre las personas es una constante, tanto en el trans-

---

1. Ver especialmente Karl Barth, *A Shorter Commentary on Romans* [Un comentario más breve sobre Romanos] (Richmond: John Knox, 1959), 42–43; Cranfield, *The Epistle to the Romans* [La Epístola a los Romanos], 106–8.

curso de la Historia (p. ej., Éx 32:10–12; Nm 11:1; Jer 21:3–7) como, en especial, al final de ésta. Pablo sitúa también, por regla general, la ira de Dios en la parusía (ver, p. ej., Ro 2:5, 8; 5:9; Col 3:6; 1Ts 1:10). Por esta razón, algunos intérpretes piensan que el verbo «viene revelándose» es un presente futurista, que significa «será revelada».[2] Pero Pablo está probablemente haciendo referencia de un modo general a la sentencia de condenación bajo la que está todo ser humano, una sentencia que, en ocasiones, Dios derrama en los acontecimientos de la Historia, pero que expresará definitivamente al final de ésta.

Pablo insiste especialmente en que la ira de Dios cae sobre quienes «obstruyen [suprimen] la verdad», concediéndole una gran relevancia a este hecho. Solo puede suprimirse algo de lo que se tiene conocimiento. Por ello, Pablo prosigue en los versículos 19–20 mostrando que esta palabra es del todo apropiada para describir la relación de las personas hacia la verdad de Dios. Ciertamente, los seres humanos tienen conocimiento sobre Dios. Él se lo ha revelado (v. 19b), manifestando algunas de sus cualidades divinas expresadas en el mundo que ha creado (v. 20). Además, las personas «perciben claramente» estas cualidades.

Pablo establece aquí la verdad de lo que solemos llamar «revelación natural»: Dios revela algo de su existencia y naturaleza a todos los seres humanos en la creación (hay una exposición más detallada al respecto en la sección «Significado contemporáneo»). No obstante, la segunda parte del versículo 20 anticipa ya la dirección negativa que tomará el argumento de Pablo sobre la revelación natural: «de modo que nadie tiene excusa». Más que guiar a las personas a una relación con Dios, la revelación natural les hace culpables. En la siguiente sección veremos la razón por la que esto es así y cómo ha sucedido.

La supresión de la verdad por parte de las personas y sus consecuencias (1:21–31)

Esta sección está dominada por una secuencia que se repite tres veces:

«cambiaron...». (vv. 22–23): «Por eso Dios los entregó...». (v. 24)

«cambiaron...». (v. 25): «Por eso Dios los entregó...». (v. 26)

«las mujeres cambiaron [...] asimismo los hombres» (vv. 27–26b), «él a su vez los entregó...». (v. 28b)

En cada caso, los seres humanos ponen a su «dios» o al pecado en lugar de la verdad que Dios les ha revelado. Dios reacciona «entregándoles» a las consecuencias de las decisiones que han tomado. No se expresa con claridad la exacta identidad de quienes hacen estos «cambios»; a lo largo del pasaje Pablo utiliza la fórmula general del pronombre de tercera persona plural (ellos).

Algunos exégetas han propuesto que Pablo puede estar hablando explícitamente de la decisión de la primera pareja humana en el jardín del Edén de dar la espalda a Dios. Sin embargo, aunque el relato de la Caída de la Humanidad sin duda ha servido para matizar la descripción de Pablo, lo que dice va mucho más allá de esta situación. Es mejor pensar que tiene en vista a los seres humanos en general,

---

2. Ver, p. ej., Sanday y Headlam, *The Epistle to the Romans* [La Epístola a los Romanos], 41.

proclives como son a alejarse de Dios por la caída original en el pecado. Lo que dice, en otras palabras, es característico de los seres humanos a quienes se les han dado algunas evidencias de la verdad de Dios en la Naturaleza que les rodea. Deciden no adorar a Dios, sino a dioses de su propia creación, lo cual les lleva a caer en el pecado de manera más profunda y a hacerse merecedores de la condenación de Dios.

El primer «cambio» (1:21–24) se centra explícitamente en la idolatría. Los seres humanos habían «conocido» a Dios (i. e., sabían acerca de él; cf. v. 20), sin embargo se negaron a reconocerle. «Se extraviaron en sus inútiles razonamientos» (v. 21b), se enorgullecieron de su propia sabiduría (v. 22), y cambiaron «la gloria del Dios inmortal» por las imágenes de su propia fabricación (v. 23). Pablo se hace eco del lenguaje que se utiliza en el Antiguo Testamento para referirse a la caída en la idolatría de Israel cuando el pueblo formó un becerro de oro para adorarlo (ver Éx 32). «Cambiaron al que era su motivo de orgullo por la imagen de un toro que come hierba». (Sal 106:20; ver también Jer 2:11). Pablo da a entender, por consiguiente, que su condenación de la idolatría en esta sección puede extenderse más allá de los gentiles para incluir, al menos en teoría, a los judíos.

Como castigo de esta idolatría, Dios «los entregó». No está claro lo que Pablo quiere decir con este lenguaje. Algunos le dan un sentido pasivo, como ilustra Godet: «Él [Dios] dejó de sujetar el barco cuando éste comenzó a ser arrastrado por la corriente del río».[3] Pero el lenguaje sugiere una participación más activa por parte de Dios. Este no se limita meramente a soltar la nave, sino que confirma su desastroso curso río abajo. Dios reacciona contra la decisión humana de darle la espalda sujetando a las personas a las consecuencias de sus acciones. Como Pablo mostrará, esto conlleva un creciente y progresivo ciclo de pecado, pero subraya los pecados de naturaleza sexual. La NVI interpreta acertadamente el sentido general de la palabra «inmoralidad» (*akatharsia*, lit. «inmundicia») como «impureza sexual». En consonancia con una extendida tradición judía que Pablo está adaptando en este pasaje (ver la sección «Construyendo puentes» de 2:1–11), muestra que el pecado de la idolatría conduce al trastorno del propósito de Dios en las relaciones sexuales.

La segunda «secuencia de cambio» (1:25–26) reitera la conexión entre la idolatría y el pecado sexual establecida en el versículo 24. El final del versículo 26 es, por tanto, de carácter transicional, puesto que Pablo presenta este pecado sexual en términos de homosexualidad e introduce asimismo la tercera «secuencia de cambio» (vv. 26b–28). Aquí separa a mujeres y hombres. Pablo utiliza las palabras griegas para «hembra» (*thelys*) y «varón» (*arsen*) a fin y efecto de subrayar la divina creación de los seres humanos en estos dos géneros y las implicaciones sobre la adecuada conducta sexual que fluye de esta distinción. El lenguaje de lo «natural» que Pablo utiliza en este pasaje transmite este mismo acento en la intención de la Creación. Las mujeres «cambiaron las relaciones naturales por las que

---

3. Godet, *Commentary on Romans* [Comentario de Romanos], 107. Crisóstomo, uno de los grandes comentaristas patrísticos sobre Romanos, sostenía un punto de vista parecido.

van contra la naturaleza» (v. 26b), y los hombres asimismo «dejaron las relaciones naturales con la mujer» (v. 27). Estas relaciones «naturales» son aquellas que Dios estableció para los seres humanos en su creación (hay más detalles sobre esta cuestión en la sección «Construyendo puentes»).

El enfoque de estos versículos sobre la práctica de la homosexualidad refleja de nuevo la tradición judía, que a menudo veía en la homosexualidad una evidencia especialmente sorprendente de la idolatría y depravación de los gentiles. Al final de esta sección, Pablo indica las consecuencias de la indulgencia en la práctica homosexual (en este caso, entre los hombres en particular), a saber, que «en sí mismos recibieron el castigo que merecía su perversión» (v. 27b). Puesto que en este pasaje Pablo parece detallar distintas formas en que la ira de Dios se expresa sobre los seres humanos, y teniendo en cuenta que el SIDA aqueja a menudo a los varones homosexuales, no es de extrañar que algunos intérpretes hayan pensado que esta enfermedad sea una manifestación de la ira de Dios contra el pecado humano. Sin embargo, esta conclusión es únicamente posible si reconocemos que, de hecho, todo lo malo o erróneo de nuestro mundo es también una manifestación de la ira de Dios. El SIDA es sencillamente una evidencia visible y letal de un mundo que ha dado la espalda a Dios y ha traído sobre sí tragedias de todas clases.

Al final del versículo 28, Pablo introduce finalmente la «entrega» que corresponde al «cambio» del versículo 26b. El apóstol ha enturbiado la estrecha relación entre ambas cosas en su deseo de subrayar en el versículo 28 la correspondencia entre el pecado y su resultado. Esta relación es insoportablemente extraña en español, pero sería algo así: puesto que los seres humanos no «aprobaron» (*edokimasan*; NVI, «estimaron que no valía la pena») tomar en cuenta el conocimiento de Dios, él les entregó a una mente «reprobada» (*adokimon*; NVI, «depravada»). El pecado afecta no solo a nuestras emociones (idolatría) y a nuestros sentidos (sexualidad), sino también a nuestro pensamiento.

Apartarnos del verdadero conocimiento de Dios significa cortarnos a nosotros mismos de cualquier concepción exacta de este mundo y de nuestro lugar dentro de él. ¡No es de extrañar que no se entiendan las posturas morales que adoptan los cristianos basándose en la verdad de Dios! Otro de los resultados no es tampoco sorprendente: Las personas acaban haciendo «lo que no debían [deben] hacer» (v. 28b). En los versículos 29–31, Pablo ofrece varias ilustraciones de la conducta pecaminosa en cuestión. Su enumeración puede dividirse en tres partes, que en la NVI se indican correctamente mediante su disposición en tres oraciones gramaticales:

- «Se han llenado de toda clase de maldad, perversidad, avaricia y depravación».

- «Están repletos de envidia, homicidios, disensiones, engaño y malicia».

- «Son chismosos, calumniadores, enemigos de Dios, insolentes, soberbios y arrogantes; se ingenian maldades; se rebelan contra sus padres; son insensatos, desleales, insensibles, despiadados».

La estructura sintáctica refleja también un cierto orden lógico. La primera oración gramatical contiene una enumeración de términos de carácter general para denotar el pecado; la segunda se centra en pecados esenciales que afectan a las relaciones humanas; y la tercera lista es un revoltijo de distintas conductas pecaminosas. En otros lugares del Nuevo Testamento se consignan similares enumeraciones de pecados—que normalmente se llaman «listas de vicios» (Mt 15:19; Gá 5:19–21; Col 3:5; 1Ti 1:9–10; 1P 2:1; 4:3) e imitan un formato muy extendido en la literatura secular de aquel tiempo.

Aunque algunos de los términos griegos de estas enumeraciones fueron evidentemente escogidos porque encajaban adecuadamente con el contexto, muchos se citan al azar. Pablo intenta sencillamente transmitir de manera general las diferentes formas que puede adoptar el pecado. Después de subrayar la idolatría y los pecados de naturaleza sexual, es posible que el apóstol pensara que algunos de sus lectores podrían concluir que únicamente los pecados realmente «importantes» eran un problema. Por ello, al final del párrafo añade una larga enumeración de pecados, convencido de que al menos uno de ellos haría su impacto en cada lector de la carta. Puede que no estemos adorando la estatua de un animal, ¿pero nos gusta chismorrear? Este último, aunque quizá no nos parece tan serio como el primero, es igualmente una indicación de la ira de Dios contra el pecado.

Acusación final (1:32)

Al final de esta sección, Pablo reitera sus temas clave. (1) Los seres humanos están en posición de entender la verdad de Dios. Antes Pablo se ha centrado en lo que podemos llamar conocimiento «ontológico» de Dios, a saber, que mediante la Creación, las personas llegan a entender algo de la existencia y naturaleza de Dios (v. 20). En el versículo 32 pasa, no obstante, a hablarnos del conocimiento «moral» que poseemos también los humanos: «Saben bien que, según el justo decreto de Dios, quienes practican tales cosas merecen la muerte» (cf. 2:14–16, donde Pablo da detalles de esta idea general introduciendo la facultad de la «conciencia»). No obstante, Pablo deja claro que las personas en general (el sujeto de la oración sigue siendo el impreciso «ellos») tienen un sentido innato del bien y el mal, y entienden que las malas acciones merecen un castigo.

(2) El siguiente tema clave que Pablo expresa por última vez es el hecho del castigo divino del pecado. Los pecadores «merecen la muerte». La muerte (*thanatos*) a la que se alude es una muerte espiritual, la condenación o ira de Dios, bajo la que está todo ser humano como consecuencia del pecado.

(3) La última parte del versículo 32 introduce un giro inesperado en el argumento de Pablo. El apóstol sugiere que es peor la «aprobación» de quienes practican los actos pecaminosos que la propia práctica de tales acciones. Pablo sería el último en minimizar la seriedad del pecado. Sin embargo, quiere al parecer censurar especialmente a aquellos que, aunque quizá no practican personalmente un pecado específico, estimulan a otros por medio de su aprobación. Como dice Murray: «no solo estamos empeñados en condenarnos a nosotros mismos, sino

que alentamos a otros en la práctica de cosas que sabemos desempeñan su papel en la condenación».[4]

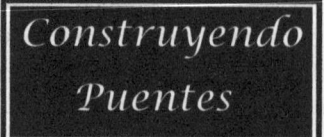

Puede que el obstáculo más importante para la exacta interpretación de la Escritura sea el conflicto que surge entre la cosmovisión del autor bíblico y sus primeros lectores por un lado, y el lector contemporáneo por otro. Los autores bíblicos tratan frecuentemente conceptos ampliamente aceptados en su propia cultura, pero que colisionan violentamente con la cultura del lector. En estos versículos se suscitan dos importantes asuntos que son un claro ejemplo de estas nociones: la ira de Dios y la homosexualidad.

Influencias culturales en nuestra comprensión de la ira de Dios. Una famosa reacción a la enseñanza de Pablo sobre la ira de Dios en Romanos 1:18 y ss. nos ayudará a enfocar correctamente el problema. C. H. Dodd, un erudito británico muy activo a mediados del siglo XX, hizo una importante aportación a nuestra comprensión del Nuevo Testamento. Pero tuvo sus luchas con la enseñanza de Pablo sobre la ira de Dios. Dodd fue un hombre profundamente formado en la antigua literatura griega. En esta literatura (como sucede, de hecho, en los escritos de muchas culturas) la «ira» de los dioses es de carácter apasionado y caprichoso, impulsada a menudo por el ego más que por un sentido de la Justicia.

Una persona, familia, pueblo, o toda una nación, podían, por ejemplo, ofender a un dios sin darse cuenta, por no ofrecer un sacrificio como es debido, o por no ser hospitalarios con un invitado. Esta acción «pecaminosa» podía ser la causa de la expresión de la ira divina; en este sentido, se podía decir que la ira estaba «justificada». Sin embargo, el grado en que se infligía la airada sentencia era del todo desproporcionada con la ofensa. Estas expresiones de ira no estaban motivadas por un deseo por parte del dios de establecer justicia, sino de aplacar su ofendido orgullo o dignidad. A Dodd se le hacía difícil creer que el Dios de la Biblia pudiera jamás actuar de tal manera. Por ello, para evitar cualquier indicio de emocionalismo o volubilidad en el concepto bíblico, defendía que la ira de Dios no era sino el «inevitable proceso de causa y efecto en un universo moral».[5]

Sin embargo, tal concepción de la ira de Dios está más en consonancia con el punto de vista deísta. Para los deístas, Dios es poco más que la causa original del Universo. Tras haberlo puesto en movimiento, está ahora satisfecho dejándole seguir su curso sin su intervención (la analogía habitual es la del relojero).

---

4. Murray, *The Epistle to the Romans* [La Epístola a los Romanos], 1:53. Es posible que Pablo esté aquí de nuevo reflejando la tradición judía: «Los farsantes reciben doble castigo por cuanto practican el mal y además se complacen con quienes lo hacen; éstos imitan a los espíritus de error y se unen a la lucha contra la Humanidad» (*T. Asher* 6:2).
5. C. H. Dodd, *The Epistle of Paul to the Romans* [La Epístola de Pablo a los Romanos] (Nueva York: Harper y Bros, 1932), 50. Aquellos que deseen considerar un acercamiento parecido pueden ver también la obra de A. T. Hanson, *The Wrath of the Lamb* [La ira del Cordero] (Londres SPCK, 1957), 84–85.

Pero la Biblia presenta a Dios como un ser personal, interesado en el curso de la Historia humana, e interviniendo en él de muchas maneras. Por supuesto, en la descripción bíblica de Dios hemos de tener en consideración el frecuente elemento antropomórfico. Los autores bíblicos utilizan con frecuencia las analogías con las emociones humanas para representar a Dios, y nos equivocamos si atribuimos estas emociones a Dios del mismo modo en que éstas se expresan en nosotros. Sin embargo, no podemos evitar el lenguaje característicamente personal que se utiliza para describir la relación de Dios con su mundo. Dios disciplina, prueba, se arrepiente, se regocija, y, sí, también se indigna.

Pero la ira de Dios no es como la nuestra, ni como la de los dioses griegos. Hay elementos coincidentes con estos últimos en el sentido de que el enojo de Dios está igualmente motivado por una ofensa en contra de las normas divinas, sin embargo, en él no es nunca una emoción egoísta, como si solo quisiera defender su dignidad. Tampoco es un sentimiento caprichoso, puesto que Dios actúa siempre con justicia, sobre la base de sus inmutables normas reveladas en su Palabra a los seres humanos. De hecho, en lugar de desechar por completo las nociones paganas de la ira de los dioses, deberíamos quizá ver en ellas un pálido reflejo de la verdad sobre la ira del verdadero Dios. En el impulso pagano de apaciguar a una deidad indignada, tanto en la Antigüedad como en nuestros días, podemos detectar una forma en que Dios ha dejado en su creación ciertas evidencias de sí mismo.

Pero si la inmersión en ciertas culturas puede llevarnos a interpretar la ira de Dios de un modo incorrecto, sumergirnos en otras puede llevarnos a rechazar completamente este concepto. Por supuesto, el materialismo moderno niega la posibilidad de la ira de Dios. Pero quizá un mayor peligro para la Iglesia sea la persistente tendencia en medio de un renovado interés en la «espiritualidad» de ver a Dios como un ser puramente benigno. Si Dios existe, parecen razonar muchas personas, será sin duda un ser bondadoso que se ocupa de nuestros intereses. ¡Sin duda, no podría nunca indignarse con nosotros o hacer nada que pudiera incomodarnos!

Este punto de vista de la deidad está lejos de la idea bíblica de un Dios santo y justo, cuya naturaleza demanda que reaccione negativamente ante el pecado. Por último, nuestra falta de apreciación de la santidad de Dios y sus implicaciones –ira contra el pecado– distorsiona, en general, nuestra concepción de la fe cristiana. Así, los creyentes que desean entender la exposición que hace Pablo del Evangelio en Romanos han de ajustar su propia perspectiva para que coincida con la cosmovisión bíblica. Leer y releer la Escritura es la única forma factible de impregnarnos de la concepción bíblica del mundo.

Influencias culturales en nuestra comprensión de la homosexualidad. La mayoría de las culturas modernas han experimentado un cambio radical y asombrosamente rápido con respecto a las ideas sobre la homosexualidad. Lo que veinte años atrás se condenaba ahora se acepta —de hecho, en ocasiones se defiende— como un «estilo de vida alternativo». Para los cristianos no es fácil orientarse ante cambios tan súbitos y radicales. Algunos se dejan llevar con demasiada rapidez e imponen el cambio cultural a la Biblia; otros se resisten con tanta firmeza que van más allá de lo que afirma la Escritura. Romanos 1:26–27 es uno de los tres pasajes más importantes del Nuevo Testamento sobre la homosexualidad (ver también 1Co 6:9-10; 1 Ti 1:10). Dada la vital importancia de entender el contexto de la enseñanza de Pablo para interpretar correctamente estos pasajes, vamos a tratar ahora este asunto.

Los eruditos concuerdan en que la cultura griega, en general, toleraba y en ocasiones hasta veía con aprobación las relaciones homosexuales, especialmente entre hombres, y que la cultura judía las condenaba de manera unánime. El punto de vista judío está bien resumido en los Oráculos Sibilinos 3.594-600: «Superando, ciertamente, a todos los humanos, éstos [varones judíos] son celosos de una vida conyugal santa, y no tienen perversas relaciones con niños varones, como hacen los fenicios, los egipcios y los romanos, la extensa Grecia y otras muchas naciones, los persas, los gálatas y todos los de Asia, transgrediendo la santa ley del Dios inmortal». La condenación de la homosexualidad por parte de los judíos está arraigada, por supuesto, en el Antiguo Testamento, que clara y reiteradamente denuncia esta práctica (ver, p. ej., Gn 19:1-28; Lv 18:22; 20:13; Dt 23:17-18). Pablo parece asumir el típico punto de vista judío, destacando la conducta homosexual como una indicación especialmente evidente de que los seres humanos se han apartado del único Dios verdadero.

Sin embargo, en su deseo de armonizar la Biblia con la cultura contemporánea, los modernos revisionistas sostienen que este no es el caso. Adoptan dos enfoques distintos, aunque en ocasiones superpuestos. (1) Algunos exégetas sugieren que Pablo podría estar citando la enseñanza judía sobre la homosexualidad, no porque esté necesariamente de acuerdo con ella, sino solo porque forma parte de la tradición que está utilizando en este momento.[6] ¿Pero utilizaría acaso Pablo una enseñanza con la que no estuviera de acuerdo? No está citando una fuente específica, de modo que tiene toda libertad tanto para utilizar como para omitir cualquier parte de la tradición que desee. Sin duda, su inclusión de esta parte de la tradición muestra que está de acuerdo con ella.

(2) Otros intérpretes han aprovechado la terminología «contra naturaleza» que Pablo utiliza en 1:26-27 para argumentar que, en este pasaje, Pablo solo condena a aquellos que practican la homosexualidad en contra de su naturaleza.[7] En otras palabras, sería erróneo que una persona de orientación heterosexual tuviera relaciones homosexuales, sin embargo, estas serían perfectamente lícitas para alguien con una orientación homosexual «natural». El problema de este punto de vista es que no entiende en su trasfondo lo que Pablo quiere decir cuando utiliza el concepto de la «naturaleza». Pablo está utilizando esta palabra igual que otros autores judíos, para referirse al orden natural que Dios instituyó. El historiador Josefo, por ejemplo, afirma que «la ley [de Moisés] no conoce otra relación sexual

---

6. Robin Scroggs, *The New Testament and Homosexuality* [el Nuevo Testamento y la homosexualidad] (Filadelfia: Fortress, 1983), 114-15.
7. Ver la obra de John Boswell, *Christianity, Social Tolerance and Homosexuality: Gay People in Europe from the Beginning of the Christian Era to the Fourteenth Century* [El cristianismo, la tolerancia social y la homosexualidad: los homosexuales en Europa desde el comienzo de la era cristiana al siglo XIV] (Chicago: Univ. of Chicago Press, 1993), 1980), 111.

sino el vínculo natural con una esposa» (*Contra Apión* 2.24). En este pasaje, la palabra «natural» no se refiere a la naturaleza u orientación humana individual, sino al mundo tal como Dios lo ha constituido. Practicar la homosexualidad significa violar la intención de Dios en su creación al crear a los seres humanos como hombre y mujer.[8]

Por consiguiente, Pablo da su apoyo al punto de vista judío y veterotestamentario: las relaciones homosexuales violan el orden de la creación que Dios ha establecido para todo ser humano. Los creyentes hemos de juzgar a nuestra cultura según el criterio de las normas bíblicas y no forzar a la Biblia para que encaje en el molde de nuestra cultura. No obstante, aunque es muy loable insistir en la observancia de las normas bíblicas, no hemos de llegar más lejos que la Escritura. La Biblia no contempla como pecaminosa una orientación homosexual como tal, sino solo la indulgencia de esta orientación en actitudes lujuriosas o relaciones sexuales explícitas.

Tampoco está tan claro que la Biblia presente la actividad homosexual como una perversión peor que cualquier otra (como han pensado tantos cristianos). Sin duda, Romanos 1 concede una atención especial a la actividad homosexual. Sin embargo, puede que el propósito de Pablo al hacerlo no se deba a que considere la práctica de la homosexualidad como un pecado más serio que los demás, sino porque lo ve como una ilustración especialmente clara de la violación del orden creado. En cualquier caso, no cabe duda de que se nos llama a ofrecer a los homosexuales el mismo amor y esperanza del Evangelio que a cualquier otra persona atrapada en otras formas de pecado.

En la sección «Construyendo puentes» hemos entrado ya en la aplicación de este párrafo a la vida contemporánea. Pero este pasaje es rico en implicaciones, y aquí exploraremos la relevancia de otras dos cuestiones que plantea Pablo en estos versículos.

La revelación natural. Fascinado y frustrado a la vez, el intérprete de Romanos se ve confrontado prácticamente en cada capítulo con uno de los textos más importantes de la Biblia acerca de un asunto teológico relevante y normalmente controvertido. La fascinación procede de tratar asuntos de tanta trascendencia; la frustración de la necesidad de estudiar tantos pasajes de la Escritura para llegar a una correcta comprensión del texto de Romanos. Ninguna enseñanza de

---

8. Una respuesta excelente a la interpretación de Boswell (que han adoptado otros muchos intérpretes), la encontramos en la obra de Richard B. Hays, «Relations Natural and Unnatural: A Response to John Boswell's Exegesis of Romans 1» [Relaciones naturales y desnaturalizadas: una respuesta a la exégesis de Romanos 1 de John Boswell] *JRE* 14 (1986): 184–215. Ver también la exposición más extensa que hace Hays de la homosexualidad en *The Moral Vision of the New Testament* [La visión moral del Nuevo Testamento] (San Francisco: Harper, 1996), 379–406.

Romanos 1 estimula más estas reacciones que la instrucción de Pablo acerca de la revelación natural.

Se trata de un asunto que en la Biblia no está muy claro, y que requiere el examen de muchos textos que no se mueven en la misma dirección. Además, el pluralismo religioso de nuestra cultura ha puesto todo el asunto de la revelación de Dios en otras religiones en un lugar prioritario de la agenda teológica. Ni tengo la competencia técnica, ni dispongo del espacio para tratar adecuadamente este asunto. Sin embargo, sí es posible establecer varios puntos a partir de lo que Pablo enseña en este primer capítulo de Romanos.

(1) La Revelación natural existe. Algunos eruditos, y en especial Karl Barth, el importante teólogo del siglo XX, han negado la existencia de ninguna verdadera revelación de Dios que no sea Cristo. Sin embargo, las palabras de Pablo parecen claras: «Porque desde la creación del mundo las cualidades invisibles de Dios, es decir, su eterno poder y su naturaleza divina, se perciben claramente a través de lo que él creó, de modo que nadie tiene excusa» (v. 20). No es solo que Dios haya dejado claras evidencias de sí mismo en el mundo que ha creado, sino que los seres humanos son capaces de percibirlas de un modo real: «se perciben claramente», dice el texto; «él mismo [Dios] se lo ha revelado» (v. 19).

Por consiguiente, la mayoría de los teólogos han concluido acertadamente que, junto a la revelación «especial» —los hechos de Dios y su autorizada interpretación en la Escritura— hemos de situar también la revelación «natural», a saber, la expresión de información sobre sí mismo por medio de la Creación. La realidad de la revelación natural y su alcance universal afecta a una de las preguntas que se plantean más a menudo sobre la Justicia de Dios: ¿Cuál es el destino de aquellos que «nunca han oído» el mensaje del Evangelio? Es una duda que yo mismo planteé a quienes me daban testimonio cuando estaba en la Universidad. No tiene una respuesta fácil. Sin embargo, hay algo que sí podemos decir basándonos en Romanos 1: Todos los seres humanos han oído. Dios ha revelado ciertas verdades acerca de sí mismo por medio de la Creación, y todas las personas tienen acceso a esta verdad. Todos somos culpables de rechazar este conocimiento universal de Dios.

(2) Lo que Dios revela por medio de la Naturaleza es limitado. En este contexto, Pablo se refiere a ciertas «cualidades invisibles» de Dios y a un reconocimiento de que los actos pecaminosos son dignos de muerte (v. 32). No se menciona ninguna otra verdad teológica que la revelación natural ponga de relieve. Por supuesto, este silencio no significa que Dios no pueda revelar también otras verdades a través de este medio. Sin embargo, la revelación natural es más bien limitada en la cantidad de información sobre Dios que transmite.

(3) Los resultados de la revelación natural son de carácter negativo. En este punto de Romanos hemos de recordar el propósito más extenso de Pablo. El apóstol está mostrando por qué es necesaria la revelación de la Justicia de Dios en el Evangelio: porque todas las personas están encarceladas bajo el poder del pecado (3:9) y son incapaces de librarse de sus garras. El paso tan drástico que Dios ha dado en el Evangelio —enviando a su Hijo a morir en una cruz romana—

sería sin duda innecesario si fuera posible conseguir la Redención de algún otro modo. Analizaremos este asunto con mayor profundidad cuando consideremos 2:14-16. Baste decir aquí que, en este punto de Romanos, todo el argumento de Pablo hace poco verosímil cualquier papel positivo de la revelación natural.

Más importante es lo que Pablo afirma explícitamente acerca de ella, puesto que el versículo 20 concluye: «de modo que nadie tiene excusa». El apóstol presenta la realidad de la revelación natural para justificar su afirmación de que las personas «obstruyen la verdad» (v. 18). Su propósito es vindicar a Dios demostrando que es perfectamente justo al infligir su ira sobre los seres humanos: tenían cierto conocimiento de Dios; se apartaron de tal conocimiento; de modo que no tienen «excusa» alguna ante Dios cuando éste derrama su ira sobre ellos.

Merece la pena citar extensamente el resumen que Calvino hace de este asunto:

> Veis, pues, cómo tantas lámparas encendidas en el edificio del mundo nos alumbran en vano para hacernos ver la gloria del Creador, pues de tal suerte nos alumbran, que de ninguna manera pueden por sí solas llevarnos al recto camino. Es verdad que despiden ciertos destellos; pero perecen antes de dar plena luz [...] Ahora bien, aunque estemos desprovistos de facultad natural para obtener perfecto y claro conocimiento de Dios, sin embargo, como la falta de nuestra cortedad está dentro de nosotros, no tenemos pretexto de tergiversación ni excusa alguna, porque no podemos pretender tal ignorancia sin que nuestra propia conciencia nos convenza de negligentes e ingratos.[9]

Pero no hemos de llevar demasiado lejos este punto negativo. Como declaró acertadamente Calvino, las verdades reveladas por Dios en la Naturaleza no pueden «por sí mismas» llevarnos a un verdadero conocimiento de Dios. Pero Pablo no niega que estas verdades puedan estimular a las personas para que busquen el verdadero conocimiento de Dios o que sirvan para ilustrar tal conocimiento. Respecto a este asunto, un importante pasaje es Hechos 17:22-34, donde Pablo utiliza la Revelación natural como un escalón para la exposición del Evangelio a los intelectuales de Atenas. Por tanto, los datos de la Escritura en su conjunto nos llevan a concluir que la Revelación natural tiene un claro propósito, aunque limitado. La belleza y complejidad del mundo pueden ayudar a que las personas entiendan que ha de haber un Creador; las tradiciones religiosas pueden reforzar las nociones de pecado, juicio y expiación; y la Historia puede apuntar a un orden providencial de los acontecimientos. Estas cosas pueden estimular una búsqueda del único Dios verdadero. Pero Pablo subraya que tal conocimiento es muy limitado; sin la Gracia de Dios, este no lleva a los seres humanos a adorar al único Dios verdadero; sin la ulterior revelación sobre Cristo y su obra en la Cruz hecha pública en el Evangelio, el conocimiento que aporta la Revelación natural no puede traer salvación.

Idolatría. Puede que se trate de una cuestión muy evidente, pero no podemos interpretar Romanos 1 de un modo completo sin recordar las numerosas y diver-

---

9. Juan Calvino, *Institución* 1.5.16 y 17.

sas formas que puede adoptar la idolatría. Pablo acusa al ser humano de dar la espalda a la «gloria» y «verdad» de Dios para abrazar imágenes y mentiras de su propia invención (vv. 23, 25). Pocos de nosotros adoramos imágenes, pero todos somos muy proclives a permitir que otras cosas desbanquen a Dios del lugar de su derecho. Este «ídolo» puede ser algo intrínsecamente malo. Sin embargo, frecuentemente el diablo es más insidioso y utiliza un placer perfectamente bueno e inocente para enturbiar la sincera y entusiasta devoción que Dios merece y demanda.

Recientemente, por ejemplo, se ha despertado mi antiguo interés por la fotografía y resulta que, puesto que casi todos nuestros hijos se han independizado, dispongo ahora de algo más de dinero (¡pero solo un poco!) que en las últimas dos décadas. De modo que he estado comprando algunos accesorios fotográficos (aunque, por supuesto, uno nunca tiene el equipo a su gusto) y leyendo libros sobre fotografía, charlando con otros fotógrafos en la Web, y desplazándome a lugares cercanos y no tan cercanos para sacar fotografías. Estoy convencido de que la fotografía es un pasatiempo bueno y creativo, una saludable alternativa para desconectar un poco de la lectura, el estudio y la enseñanza, y una maravillosa afición que mi esposa y yo podemos desarrollar juntos. Pero he visto también que la fotografía puede ocupar una parte excesiva de mi tiempo y dinero. La realidad es que puede llegar a ser un «ídolo» para mí.

Los ídolos acechan por todas partes, esperando a aquellos que no son plenamente conscientes del peligro que suponen. Aunque liberados de la idolatría en su sentido más explícito por la aplicación a nuestros corazones de la obra de Dios en Cristo, somos todavía vulnerables a los ídolos en el sentido de permitir que otras personas, cosas, o actividades desvíen nuestra adoración y servicio del único Dios verdadero.

Romanos 2:1-11

Por tanto, no tienes excusa tú, quienquiera que seas, cuando juzgas a los demás, pues al juzgar a otros te condenas a ti mismo, ya que practicas las mismas cosas. 2 Ahora bien, sabemos que el juicio de Dios contra los que practican tales cosas se basa en la verdad. 3 ¿Piensas entonces que vas a escapar del juicio de Dios, tú que juzgas a otros y sin embargo haces lo mismo que ellos? 4 ¿No ves que desprecias las riquezas de la bondad de Dios, de su tolerancia y de su paciencia, al no reconocer que su bondad quiere llevarte al arrepentimiento? 5 Pero por tu obstinación y por tu corazón empedernido sigues acumulando castigo contra ti mismo para el día de la ira, cuando Dios revelará su justo juicio. 6 Porque Dios «pagará a cada uno según lo que merezcan sus obras». 7 Él dará vida eterna a los que, perseverando en las buenas obras, buscan gloria, honor e inmortalidad. 8 Pero los que por egoísmo rechazan la verdad para aferrarse a la maldad, recibirán el gran castigo de Dios. 9 Habrá sufrimiento y angustia para todos los que hacen el mal, los judíos primeramente, y también los gentiles; 10 pero gloria, honor y paz para todos los que hacen el bien, los judíos primeramente, y también los gentiles. 11 Porque con Dios no hay favoritismos.

Al comenzar el capítulo 2, Pablo indica un cambio en su argumento al abandonar el uso de verbos en tercera persona del plural, que ha venido utilizando a lo largo de 1:18-32 (i. e., «conocían a Dios»; «cambiaron»; «saben bien que, según el justo decreto de Dios»), y conjugando ahora formas verbales en segunda del singular: «Por tanto, no tienes excusa tú, quienquiera que seas». Este cambio sugiere que ahora dirige su atención a un grupo distinto de personas. Por supuesto, el uso de la segunda persona podría significar que ahora habla directamente a los cristianos romanos. Pero ¿por qué habría de utilizar una forma singular en lugar de «vosotros/ustedes» si esta fuera su intención? Parece poco verosímil que se dirija a una sola persona dentro de la Iglesia.

De hecho, Pablo comienza aquí a utilizar una antigua y popular forma literaria, en la que el que habla o escribe instruye a sus receptores por medio de un supuesto diálogo entre él y un representante de otro punto de vista (ver la sección «Construyendo puentes» de este bloque). ¿Qué punto de vista representa la persona a la que Pablo interpela aquí? Algunos intérpretes piensan que tiene en mente a paganos cultivados, que se enorgullecían de ser superiores a las personas comunes y corrientes que Pablo condena en 1:18–32.¹ Sin embargo, lo más probable es que comience ahora a dirigirse a los judíos.²

Por supuesto, Pablo no alude directamente a su «oponente» como judío hasta 2:17. Pero el lenguaje que utiliza en los versículos 1–5 apunta sin lugar a dudas a una situación judía. En 1:21–32 Pablo ha mostrado que los gentiles han obstruido la verdad que Dios les reveló en la Naturaleza y, por consiguiente, no tienen «excusa» ante Dios. Ahora comienza a mostrar que también los judíos han obstruido la verdad que Dios les ha impartido y que tampoco ellos tienen excusa.

El argumento de Pablo en estos versículos se desarrolla en dos claras etapas, caracterizadas por un cambio de la segunda persona (vv. 1–5) a la tercera (vv. 6–11). En el primer párrafo, el apóstol denuncia como falsa la presunción de los judíos de superioridad sobre los gentiles. En el último plantea la base teórica de su denuncia, arguyendo que Dios evalúa a todas las personas según los mismos criterios.

Los arrogantes y santurrones judíos son tan culpables como los gentiles (2:1–5)

La expresión «por tanto» que inicia esta sección es una cláusula inesperada. ¿Cómo puede la acusación de Pablo a los judíos ser una conclusión de la que dirige a los gentiles en el capítulo 1? Dos consideraciones aportan la respuesta. (1) Como hemos sugerido en la interpretación de 1:23, el «blanco» de Pablo en 1:21–32 puede ser un poco más amplio que solo los gentiles. Lo que hace es mostrar el dilema del ser humano en vista de la revelación natural (y por supuesto, los judíos son también receptores de la revelación natural igual que los demás). Es, pues, bien posible que esté afirmando que la acusación general de 1:21–32 justifica la conclusión de que tampoco los judíos «tienen excusa» ante Dios.³

(2) Hay otra consideración que es incluso más directa. En el capítulo 2, Pablo no está retomando el argumento de 1:21–32, sino la acusación universal de 1:18–20: los judíos no tienen excusa porque, junto con el resto de la Humanidad, son culpables de detener la verdad. Encontramos, pues, un paralelismo general en el argumento de Pablo que está en consonancia con una preocupación clave a lo largo de esta sección: los judíos, como los gentiles (ver 1:20), no tienen «excusa» ante Dios y, por consiguiente, en el último análisis, no están en mejor situación que los gentiles.

Cuando Pablo escribe Romanos, ha estado predicando el Evangelio durante al menos veintidós años. Sabe exactamente cómo se responderá a las diferentes afirmaciones que hace. ¡Con cuánta frecuencia habría notado Pablo que los judíos

---

1. P. ej. Calvino, *The Epistle of Paul the Apostle to the Romans* [La Epístola del apóstol Pablo a los Romanos], 83–84; Barrett, *The Epistle to the Romans* [La Epístola a los Romanos], 42–43.
2. Así lo entienden la mayoría de comentaristas; Ver Moo, *The Epistle to the Romans* [La Epístola a los Romanos], 128.
3. Ver especialmente Cranfield, *The Epistle to the Romans* [La Epístola a los Romanos], 140–41.

de su audiencia se frotaban las manos con sus críticas a los gentiles, enorgulleciéndose de ser muy superiores a ellos! Por ello, al comenzar el capítulo 2, casi podemos ver a Pablo fijando su mirada en estos autocomplacientes judíos mientras les reprende en parecidos términos que a los gentiles.

¿Pero cómo puede Pablo afirmar que los judíos están haciendo «las mismas cosas» que los gentiles (2:1)? Es probable que se refiera a la misma clase de cosas. Los judíos del siglo primero no eran idólatras, y la homosexualidad no era común entre ellos. Sin embargo, sí eran culpables de muchos de los pecados que Pablo enumera en 1:29–31. Puede que piense incluso que su preocupación por la Ley es una forma de idolatría. En cualquier caso, el «juicio» que hacen de otras personas se vuelve directamente contra ellos. Al hacer las mismas cosas que estas otras personas, se condenan a sí mismos. Nadie puede escapar de este juicio.

(1) El juicio de Dios «se basa en la verdad» (*aletheia*; v. 2). Es justo e imparcial, y se fundamenta en hechos (Pablo desarrolla este punto en los versículos 6–11).

(2) Apelar a «las riquezas de la bondad de Dios, de su tolerancia y de su paciencia» para evitar el juicio no funcionará (vv. 3–4). La agrupación de estas palabras connota la Gracia de Dios y una disposición a perdonar. La palabra «bondad» (*chrestotes*) aparece de nuevo en Romanos 11:22, donde se contrasta con la «severidad» de Dios y aparece constantemente en los Salmos para denotar la bondad divina para con Israel.[4] El término «tolerancia» (*anoche*) solo aparece en otro lugar del Nuevo Testamento, donde se refiere de nuevo a la «longanimidad» de Dios (Ro 3:25). La utilización de este lenguaje por parte de Pablo sugiere que está pensando en el pueblo judío. Hemos de recordar que la suposición judía de superioridad sobre los gentiles no era una cuestión de ego o jactancia personal. De entre todas las naciones de la Tierra, Dios había escogido a Israel como su pueblo. Sin duda, era perfectamente posible que los judíos hubieran razonado que, como pueblo escogido de Dios, éstos eran inmunes al juicio: su «tolerancia» y «bondad» le llevaría siempre a pasar por alto sus pecados.

De hecho, tenemos un buen número de textos judíos, de este periodo más o menos, que expresan precisamente esta actitud (ver «Construyendo puentes»). Esta es la suposición que Pablo ataca aquí. Sin negar la bendición especial que implica formar parte de Israel, el apóstol critica a los judíos por «despreciar» (*kataphroneo*) la bondad de Dios para con ellos (v. 4). ¿De qué modo? La bondad de Dios, dice Pablo, pretendía llevarles al arrepentimiento. Sin embargo, según parece, los judíos la interpretaban como una licencia para pecar con impunidad. Por ello, concluye el apóstol, los judíos están «acumulando castigo» para el día de la ira, una ira que hallará expresión en el día del justo juicio de Dios (v. 5).

Dios juzga a cada ser humano de manera imparcial, sobre la misma base (2:6–11)

Este importante párrafo apoya una cuestión implícita, pero vital, respecto a la acusación de Pablo a los judíos en 2:1–5: Dios evalúa a judíos y gentiles según

---

4. Ver, p. ej., Sal 25:7; 31:19; 68:10; 119:48; 145:7; obsérvese también el libro intertestamentario *Salmos de Salomón* 5:18.

los mismos criterios. De hecho, sostiene Pablo, cuando se trata del veredicto final de Dios nos movemos en el mismo terreno de juego. El judío, por tanto, solo por ser judío no puede pretender inmunidad. El argumento de estos versículos es claro y lógico, y se expresa por medio de un patrón retórico llamado quiasmo. Esta palabra procede del nombre de la letra griega que se parece mucho a nuestra «X». Describe una estructura en la que la secuencia esencial sigue un patrón A-B-B'-A'. Obsérvese que los versículos 6–11 encajan en este patrón:

A   Dios juzgará a cada uno según sus obras (v. 6)

    B   Aquellos que hagan el bien alcanzarán la vida eterna (v. 7)

        C   Aquellos que practiquen el mal sufrirán ira (v. 8)

        C'   Ira para quienes hacen el mal (v. 9)

    B'   Gloria para quienes hagan el bien (v. 10)

A'   Dios juzga de manera imparcial (v. 11)

En ocasiones, la idea principal del quiasmo se expresa en la parte central. En este caso, sin embargo, la idea principal aparece en las líneas más externas. En el versículo 6 Pablo cita el Antiguo Testamento para mostrar que las «obras» serán la base del juicio de Dios. La exacta fuente de la cita de Pablo no es segura, puesto que varios versículos (especialmente Pr 24:12; cf. también Sal 62:12; Ec 1:14; Os 12:2) presentan un argumento parecido. La palabra «obras» (*erga*) es un término general que denota todo lo que hace una persona. La expresión clave para el argumento de Pablo es «cada uno», que significa tanto judíos como gentiles.

Pablo plantea un argumento parecido en el versículo 11 al insistir en que con Dios «no hay favoritismos». La palabra que se traduce como «favoritismos» (*prosopolempsia*, lit., «recibir el rostro») fue, según parece, acuñada por los cristianos para traducir una expresión hebrea que transmite vívidamente el sentido de parcialidad: tratar a alguien según su apariencia externa. Dios, afirma Pablo, no hace esto. No permitirá que alguien evada el juicio simplemente por alguna cuestión de carácter externo.

La imparcialidad de Dios no es una nueva idea de Pablo, porque muchos judíos afirmaban lo mismo (p. ej., Eclo. 35:15: «el Señor es el Juez, y con Él no hay parcialidad [lit., gloria del rostro]»). Sin embargo, la aparente aplicación de Pablo del principio de la «parcialidad» a los judíos en términos de sus privilegios contractuales y el juicio, sí es un concepto nuevo y radical. Pablo parece estar negando el propio Pacto y, de manera implícita, la propia revelación de Dios en el Antiguo Testamento. Ya, por consiguiente, vemos surgir la cuestión de la continuidad entre el Antiguo Testamento y el Evangelio que se convierte en algo central para el argumento de Romanos (ver especialmente 3:1–8; capítulos 9–11).

Hacia la mitad del quiasmo Pablo explica las implicaciones del imparcial juicio de Dios, según las obras, para dos clases opuestas de personas. Por un lado (v. 7), Dios dará «vida eterna» a aquellos «que por su perseverancia en las buenas obras, están buscando gloria, honor e inmortalidad» (traducción personal). Por otra parte (v. 8) están «los que por egoísmo rechazan la verdad para aferrarse a la maldad».

Romanos 2:1-11

La traducción de la NVI «por egoísmo» capta correctamente el sentido de la palabra griega (*eritheia*). La única ocasión en que aparece este término antes del Nuevo Testamento es en Aristóteles, que la utiliza para censurar abiertamente a los políticos que quieren ocupar posiciones de poder por ambición personal y no por el bien público.[5] Tales personas se hacen acreedoras de «ira e indignación». Estas dos palabras no tienen aquí significados distintos; más bien se combinan para subrayar el concepto de condenación.[6]

Por si no ha quedado claro, Pablo vuelve de nuevo, más brevemente, al mismo tema en los versículos 9 y 10. No obstante, al añadir en cada versículo la expresión «los judíos primeramente, y también los gentiles», el apóstol pone de relieve la aplicación que quiere que colijamos del argumento. De hecho, al aplicar esta expresión tanto a la salvación como a la condenación, Pablo extiende el principio de «los judíos primeramente» (cf. 1:16) en una dirección que ningún judío habría probablemente anticipado. El argumento de Pablo parece ser que, como pueblo escogido de Dios, los judíos son especiales destinatarios de la Palabra de Dios. Cuando responden positivamente, éstos son los primeros en recibir bendición. Pero, del mismo modo, serán también los primeros en ser juzgados por responder negativamente.

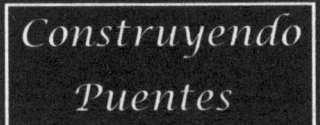

Para captar toda la fuerza de la enseñanza de Pablo en este párrafo hemos de abordar dos cuestiones, una de carácter hermenéutico y la otra de orden contextual. Comencemos con el asunto contextual.

Las tradiciones judías tras 1:18–2:5. La acusación que hace Pablo de los gentiles en 1:21–32 y su cambio de argumento en 2:1 solo puede apreciarse plenamente cuando reconocemos que está adaptando una extendida enseñanza judía acerca del pecado de los gentiles y las prerrogativas judías. Muchos pasajes judíos reflejan esta enseñanza en varios grados, pero el ejemplo más claro y detallado procede de un libro intertestamentario que es parte de la Apócrifa. En Sabiduría de Salomón 12:23–14:31, el autor censura a los gentiles por su depravación. No podemos citar toda esta sección, pero una selección servirá para poner de relieve el alto grado de similitud con la formulación de cargos en contra de los gentiles que consigna Pablo en Romanos 1:21–32.

Por eso, a los que en su locura habían llevado una vida injusta,
los atormentaste con sus propias abominaciones,
porque se habían extraviado demasiado lejos, por los caminos del error,
tomando por dioses a los animales más viles y despreciables
y dejándose engañar como niños sin juicio (12:23–24).

Sí, vanos por naturaleza son todos los hombres que han ignorado a Dios,

---

5. Gá 5:20; Fil 1:17; 2:3; Stg 3:14, 16.
6. Estos dos términos (*thymos* y *orge*) aparecen juntos sin ninguna distinción de significado en otros lugares tanto en el Antiguo Testamento (Sal 77:9; Dn 3:13; Mi 5:15) como en el Nuevo (Ef 4:31; Col 3:8; Ap 19:15).

los que, a partir de las cosas visibles,
no fueron capaces de conocer a «Aquel que es»,
y al considerar sus obras, no reconocieron al Artífice.
En cambio, tomaron por dioses rectores del Universo
al fuego, al viento, al aire sutil, a la bóveda estrellada, al agua impetuosa o a los
astros luminosos del cielo.
Ahora bien, si fascinados por la hermosura de estas cosas,
ellos las consideraron como dioses,
piensen cuánto más excelente es el Señor de todas ellas,
ya que el mismo Autor de la belleza es el que las creó.
Y si quedaron impresionados por su poder y energía,
comprendan, a partir de ellas, cuánto más poderoso es el que las formó.
Porque, a partir de la grandeza y hermosura de las cosas,
se llega, por analogía, a contemplar a su Autor (13:1–5).

Pero ni aún así son excusables:
si han sido capaces de adquirir tanta ciencia
para escrutar el curso del mundo entero,
¿cómo no encontraron más rápidamente al Señor de todo? (13:8–9)

La invención de los ídolos es el origen de la fornicación,
y su descubrimiento, la corrupción de la vida (14:12).

Pero no les bastó equivocarse en el conocimiento de Dios,
sino que, debatiéndose en la tremenda lucha provocada por la ignorancia,
ellos dan a tantos males el nombre de paz.
Con sus ritos infanticidas, sus misterios ocultos
y sus frenéticas orgías de costumbres extravagantes,
ya no conservan puros ni la vida ni el matrimonio;
uno elimina al otro a traición o lo aflige por el adulterio.
En todas partes reina el caos: sangre y muerte, robo y fraude,
corrupción, deslealtad, agitación, perjurio,
vejación de los buenos, olvido de los beneficios,
contaminación de las almas, perversión sexual,
desorden en el matrimonio, adulterio y libertinaje.
Porque el culto de los ídolos sin nombre
es principio, causa y fin de todo mal (14:22–27).

Pero tú, Dios nuestro, eres bondadoso y fiel,
eres paciente y todo lo administras con misericordia.
Aun cuando pecamos, pertenecemos a ti,
ya que reconocemos tu soberanía;
pero no pecaremos, sabiendo que nos has contado como tuyos.
Porque conocerte a ti es la perfecta justicia
y reconocer tu soberanía es la raíz de la inmortalidad. (15:1–3)

Igual que Pablo, el autor de este libro sapiencial judío critica a los gentiles por su idolatría, sugiere que ésta es el origen de otros muchas pecados («el origen de la fornicación», 14:12), afirma que los gentiles no «son excusables...» (13:8) porque tienen en la Creación abundantes evidencias de la existencia y carácter de Dios (13:1–5), y muestra que el rechazo del conocimiento de Dios por parte de los gentiles conduce a toda clase de maldad (14:22–27).

Este elevado grado de correspondencia en el argumento puede implicar que Pablo está dependiendo directamente de este libro del primer siglo a.C. para su enseñanza. Pero es también posible que tanto Sabiduría de Salomón como Pablo reflejen de manera independiente una extendida tradición judía acerca del mundo gentil. En cualquier caso, la dependencia paulina de esta enseñanza es evidente.

Cuando apreciamos el trasfondo de las palabras de Pablo se potencia la efectividad retórica de su argumento. Lo que el apóstol enseña sobre los gentiles en 1:21–32 no es probablemente nada nuevo para los cristianos romanos. Aunque la mayoría de ellos eran gentiles, estaban sin duda bien familiarizados con el Antiguo Testamento y con las tradiciones judías. Al leer esta parte de la carta, tuvieron quizá una reacción doble. Aunque la enseñanza les era familiar, es posible que les molestara el hecho de que Pablo, apóstol a los gentiles, repitiera esta típica diatriba judía acerca de los gentiles. ¿Acaso Cristo no había derribado las barreras entre judíos y gentiles, allanando el camino para que ambos pudieran acercarse a Dios por medio de la Cruz (Ef 2:11–18)? Por el contrario, posiblemente los cristianos de origen judío sentían una cierta satisfacción oculta de que Pablo continuara la tradicional invectiva contra los gentiles que tanto habrían oído en sus días en la sinagoga.

Sin embargo, la reacción de ambos grupos adquiere un giro espectacular con la lectura de Romanos 2. La secuencia normal de la tradición que se refleja en Sabiduría de Salomón 15 es que los gentiles son idólatras y fornicarios, condenados al infierno, no obstante, nosotros los judíos somos el pueblo de Dios, objeto de su amor aun cuando pecamos (15:2). Es precisamente esta suposición de la superioridad judía lo que Pablo ataca en Romanos 2:1–5. El apóstol insiste en que muchos judíos abusan de su posición dentro del Pacto al considerar que tal posición garantiza su protección de la ira de Dios al margen de lo que hagan.

Los profetas del Antiguo Testamento condenaron tal actitud (ver, p. ej., Jeremías 7), sin embargo, ésta persistió como una tendencia muy extendida que siguió hasta el periodo del Nuevo Testamento. No obstante, Pablo va más lejos que los profetas, puesto que da a entender que los judíos no tienen ninguna ventaja sobre los gentiles en absoluto (ver Ro 2:6–11). Esta clase de argumento alentaría a los cristianos gentiles de Roma y haría desfallecer a los de origen judío. ¿Está Pablo negando acaso la existencia del Pacto de Dios con Israel? ¿Cómo puede hacerlo sin negar el propio Antiguo Testamento?

En este momento Pablo no contesta estas preguntas, aunque 3:1–8 muestra que es consciente de ellas y los capítulos 9–11 abordan de lleno el asunto. En este punto, el propósito de Pablo es introducir un cambio repentino y espectacular hacia una tradición con la que los cristianos romanos están sin duda bien familiarizados, para hacer claramente patente su argumento, esencial al ámbito universal del Evangelio, de que todos los seres humanos son iguales ante Dios por lo que al juicio se refiere.

La relevancia hermenéutica de los judíos. La cuestión hermenéutica más importante a la que tiene que hacer frente el intérprete de Romanos que desea hacer pertinente su mensaje para la Iglesia de nuestro tiempo es el papel que desempeña el pueblo judío en el argumento de la carta. Aunque en el pasado no siempre ha sido plenamente valorado, el papel central del pueblo judío en Romanos se reconoce ahora de manera casi universal. La exposición que hace Pablo del Evangelio en esta carta tiene a los judíos como constante telón de fondo. Se refiere a ellos sin cesar, habla repetidamente acerca de su ley, la Torá, y les dedica tres de sus capítulos de manera específica (9-11). El apóstol quiere mostrar que, al igual que los gentiles, también los judíos son pecadores y necesitan el Evangelio; su ley no puede protegerles del juicio, y el Evangelio representa el verdadero cumplimiento de las promesas que Dios les hizo en el Antiguo Testamento.

Sin embargo, la relevancia de estos puntos para una congregación de nuestro tiempo, normalmente no judía, no está siempre tan clara. Por ejemplo, en 2:1-5 Pablo critica a los judíos por una actitud de superioridad que surge de una comprensión errónea de su relación contractual con Dios. ¿Pero qué pueden expresar los predicadores contemporáneos a sus congregaciones si en ellas no hay judíos?

El problema que hemos esbozado brevemente es serio, y tendremos que volver repetidamente a él en distintos contextos. Sin embargo, en este punto quiero sugerir dos principios generales que pueden darnos cierta idea acerca de cómo hemos de tratar estos distintos pasajes.

(1) No podemos equiparar a los judíos de Romanos con ningún otro grupo (excepto quizá con los judíos) de nuestro tiempo. La razón esencial por la que Pablo ha de pasar tanto tiempo hablando de los judíos en Romanos es porque, en virtud del pacto veterotestamentario, estos tienen una posición singular. Ningún otro pueblo ha sido escogido por Dios como lo fue Israel. Dentro del argumento de Pablo, ningún otro grupo puede ser sustituido por los judíos. Esto es lo primero que quiero decir, y también lo más importante, puesto que es una cuestión muy descuidada. En un comprensible deseo de hacer que el texto sea relevante, lo que Pablo dice acerca de los judíos en Romanos, algunos predicadores lo aplican rutinariamente a las personas en general, o a los cristianos. Como veremos más adelante, estas aplicaciones no son siempre erróneas. Pero, para ser fiel al texto, el predicador en cuestión ha de hacerse al menos la pregunta de si tal aplicación es o no legítima.

(2) Tenemos alguna base para pensar que, en Romanos, los judíos tienen una significación paradigmática. Notaremos varias afirmaciones del apóstol que parecen implicar que lo que se aplica a los judíos se aplica también a las personas en general (p. ej., 6:14; 7:4). En su condición de pueblo especialmente bendecido, con acceso a Dios y su Palabra, los judíos representan lo mejor de la Humanidad aparte de Cristo. Por consiguiente, sin olvidar ni por un momento que una buena parte de lo que Pablo afirma acerca de los judíos en Romanos se refiere solo a ellos, tenemos, creo, cierta razón para aplicar algunas de las verdades generales a toda la Humanidad. Es fácil abusar de esta «apertura» hermenéutica, de manera que hemos de ser prudentes por lo que respecta a las aplicaciones, que han de basarse sólidamente en el texto. Sin embargo, sugeriremos algunos lugares espe-

cíficos en los que las analogías de esta clase pueden ser procedentes (una de ellas en el propio texto que ahora nos ocupa).

Significado Contemporáneo

Abusar de la Gracia. Con gran prudencia quiero ahora aplicar el acercamiento hermenéutico esbozado anteriormente a 2:1–5. La idea principal del párrafo está bastante clara: los judíos no han de pensar que pueden pecar con impunidad por el mero hecho de que tienen una relación contractual con Dios. De hecho, en vista de los versículos 6–11, Pablo parece ir un paso más allá: los judíos no tienen ningún derecho a pensar que, intrínsecamente, el Pacto les concede una situación mejor que a los gentiles ante Dios.

Por supuesto, este punto sigue siendo del todo válido, y se aplica tanto a los judíos de hoy como a los del tiempo de Pablo. Para que los judíos respondan al Evangelio, a menudo se requiere que les ayudemos primero a sentir su necesidad del Evangelio: una necesidad que pueden no sentir si están convencidos de que su religión se encarga de resolver cualquier problema de pecado. Mientras escribo, se ha suscitado una controversia considerable en relación con un proyecto de la Convención de los Bautistas del Sur de desarrollar una campaña de evangelización en Chicago. Especialmente polémica ha sido la elaboración del material orientado a colectivos religiosos como los judíos. Se acusa a los promotores de la campaña de hacer «proselitismo», un término que tiende a tener el matiz negativo de forzar la conversión. Las críticas de este tipo serán cada vez más frecuentes durante los próximos años a medida que nuestra cultura devenga progresivamente intolerante con cualquier religión que pretenda tener la verdad y transmitirla a otras personas. Sin embargo, textos como éste nos recuerdan que los judíos necesitan experimentar la Gracia de Dios en Cristo.

¿Puede darse alguna otra significación a este párrafo? ¿Podemos aplicar este principio a otros grupos aparte de los judíos? Algunos intérpretes están seguros de que sí, porque piensan que en este texto Pablo se está dirigiendo a personas orgullosas de cualquier nacionalidad. Pero si, como he defendido, sus observaciones van dirigidas a los judíos, el problema sigue ahí.

Reconozco de buen grado que en el texto no hay ninguna indicación explícita que justifique una aplicación amplia. Pero pienso que el tratamiento paradigmático que Pablo hace de los judíos en otros lugares puede darnos cierta base para tal tipo de aplicación. Téngase en cuenta que, si bien la situación de los judíos es en cierto sentido única, en otros aspectos es similar a la que viven los practicantes de otras religiones, incluido el cristianismo. También nosotros podemos «mostrar desprecio» por la bondad de Dios hacia nosotros al utilizarla como un «ábrete sésamo» para el pecado. «Dios perdonará; ése es su trabajo», dijo Voltaire, el escéptico francés, en una ocasión; y muchos creyentes adoptan exactamente la misma actitud. Desarrollamos una actitud arrogante hacia nuestro pecado porque creemos que Dios lo pasará por alto por el amor que nos tiene en Cristo.

Pero el pecado es un asunto serio, estemos o no en Cristo. Creo, por supuesto, que la Escritura enseña que el creyente está eternamente seguro en Cristo; y esta seguridad sitúa al cristiano en una posición distinta a la del judío bajo el antiguo pacto. Pero la Escritura enseña también que una falta de preocupación por el pecado es incompatible con la verdadera fe. Por tanto, la advertencia que Pablo plantea en este texto acerca de «tomar a la ligera la Gracia de Dios» conlleva una advertencia tanto para los judíos como para los cristianos.

¿Salvación por obras? En los versículos 6–11 Pablo «pone al mismo nivel el terreno de juego» para judíos y gentiles. Ambos, afirma Pablo, serán juzgados por Dios de manera imparcial según sus obras. Hacer el mal traerá ira, pero hacer el bien resultará en «vida eterna» (v. 7).

¿Pero cómo puede Pablo decir que hacer el bien llevará a la vida eterna? ¿Acaso no deja claro en otros lugares que nuestras «obras» nunca pueden posicionarnos en una correcta relación con Dios (cf. 3:20; Ef 2:11)? Su punto de vista, aparentemente optimista, sobre la posibilidad de la salvación aparte de una explícita fe en Dios aflora más adelante en este mismo capítulo (2:13–16, 26–27). Constituye un asunto teológico explosivo, especialmente en nuestros días de pluralismo. Tendremos que enfrentarnos a cada uno de estos otros textos uno por uno, pero los intérpretes adoptan cinco acercamientos esenciales a este problema.

(1) Pablo puede estar haciendo referencia a judíos fieles y a gentiles de elevada moralidad que vivían antes de la venida de Cristo. Viviendo en su tiempo, no habrían tenido la oportunidad de responder al Evangelio; de modo que, Dios consideraba su persistencia en hacer el bien como una base suficiente para su salvación.[7]

(2) El apóstol puede estar aludiendo a cristianos cuyas obras, hechas por fe, son tenidas en cuenta por Dios en su veredicto salvífico final.[8]

(3) Puede que Pablo se refiera a personas en general que son salvas por sus obras. Por tanto, su enseñanza aquí contradeciría su doctrina de la Justificación por la sola fe que expone en otros lugares.[9]

(4) Es posible que haga referencia a personas que, sin llegar a conocer explícitamente a Cristo, son capacitadas por la Gracia de Dios para ser salvas y de este modo para realizar obras que Dios aprueba en el juicio.[10]

---

7. Este punto de vista fue especialmente popular durante el periodo patrístico; ver, p. ej., Crisóstomo.
8. Ver, con variaciones, Godet, *Commentary on Romans* [Comentario de Romanos], 119; Cranfield, *The Epistle to the Romans* [La Epístola a los Romanos], 151–53.
9. Ver, p. ej., E. P. Sanders *Paul, the Law, and the Jewish People* [Pablo, la Ley, y el pueblo judío] (Filadelfia: Fortress, 1983), 123–35. Él opina que esta tensión puede haberse suscitado porque, en el capítulo 2, Pablo ha adaptado una homilía de la sinagoga judía.
10. Ver, p. ej., Agustín, *De la gracia* 7.17; Klyne R. Snodgrass, «Justification by Grace: to the Doers. An Analysis of the Place of Romans 2 in the Theology of Paul» [Justificación por Gracia: a los hacedores. Un análisis del lugar de Romanos 2 en la teología de Pablo], *NTS* 32 (1986): 72–93.

(5) Puede que Pablo no aluda a nadie en particular. Su propósito aquí es enunciar la base sobre la que, fuera de Cristo, Dios juzga a las personas. El apóstol no explica si es posible que alguien pueda de hecho perseverar en la práctica de las buenas obras hasta el punto de ganarse la salvación. Su argumento posterior revela que nadie puede hacer tal cosa (ver 3:9, 20).[11]

Teniendo en cuenta que el punto de vista número 3 plantea una contradicción interna en la enseñanza de Pablo, debería ponerse de lado y considerarse únicamente como último recurso. No solo es poco verosímil que, dentro del mismo contexto, Pablo se contradiga a sí mismo en un asunto tan vital, sino que tal contradicción rebatiría también la veracidad de la Escritura que creemos atestiguada de un modo abundante. El primer punto de vista también ha de ponerse a un lado: no hay nada en el texto que permita suponer que Pablo esté mirando únicamente al pasado. La cuarta perspectiva ha de tomarse más en serio. Sus defensores insisten en que Dios juzgará a las personas según la luz que hayan recibido. Pero el contexto de Romanos 1–3 pone de relieve que solo la luz del Evangelio salva verdaderamente. La Gracia de Dios obra por medio de este Evangelio. Es, pues, poco probable que Pablo sancione la idea de que las personas puedan ser salvas aparte del Evangelio que expone aquí.

Nos quedan, por tanto, la segunda opción (que Pablo tiene en mente a los cristianos gentiles) y la quinta (que el apóstol se limita a plantear el criterio para la salvación aparte del Evangelio, sin dar a entender que alguien satisfaga tal criterio). Creemos que la última opción es mejor. Es cierto que, en el juicio, Dios tendrá muy en cuenta las obras llevadas a cabo por la fe (ver 2Co 5:10; Stg 2:14–26). Pero dar por sentado que, en este contexto, la fe es la base de las obras en cuestión es mucho suponer. Pablo no ha estado hablando acerca de la fe o de los cristianos, sino de la norma por la que Dios juzga a todos los seres humanos. Esa norma son sus obras (v. 6). Quienes practican malas obras sufrirán ira. Quienes persisten en hacer el bien ganarán vida eterna. En ambos casos, lo que Pablo tiene en mente es el criterio del juicio, no las personas que satisfacen este criterio. Hemos de recordar que Pablo está desarrollando un argumento que puede resumirse de este modo:

Tanto para judíos como para gentiles, la salvación es solo posible por la práctica del bien (2:6, 11, 13).

El poder del pecado impide la práctica del bien a ambos grupos (3:9–19).

Por tanto: Nadie puede ser salvo por hacer el bien (3:20).

Afirmar que en los versículos 8 y 10 Pablo ha de estar pensando en personas específicas que se ganan la salvación por obras es perder de vista el verdadero propósito de estos versículos en vista del argumento general.

Para concluir, pues: no pienso que estos versículos aporten razones para creer que la salvación pueda conseguirse aparte del Evangelio. El argumento de Pablo en 1:18–3:20 pretende establecer la razón por la que Dios ha desplegado su poder salvífico en el Evangelio. Los seres humanos están encerrados en el pecado y han de ser rescatados. Si en este punto Pablo introdujera la posibilidad de salvación aparte del Evangelio estaría debilitando su propio argumento.

---

11. Ver, p. ej., Murray, *The Epistle to the Romans* [La Epístola a los Romanos], 1:78–79.

¿Qué podemos, entonces, decir de quienes no han tenido la oportunidad de escuchar el Evangelio para aceptarlo o rechazarlo? ¿Están acaso tales personas excluidas automáticamente de la salvación? Esta fue una de mis objeciones más importantes al Evangelio cuando en la Universidad algunos amigos me enfrentaron a las afirmaciones de Cristo. La atmósfera pluralista de nuestro tiempo ha agudizado más, si cabe, esta cuestión. Algunos teólogos influyentes —y algunos dentro del movimiento evangélico— argumentan que quienes mantienen un compromiso moral genuino pueden ser salvos sin ejercer una fe explícita en Cristo. Karl Rahner, un influyente teólogo católico romano, ha acuñado el término «cristianos anónimos» para describir a tales personas.

Aunque atractivo por muchas razones, este punto de vista no concuerda con las afirmaciones de la Escritura. El argumento de Pablo en esta parte de Romanos es claro: todos los seres humanos están bajo el poder del pecado y solo pueden escapar de la ira que éste acarrea respondiendo con fe al Evangelio de la Justicia de Dios en Cristo (ver 3:9, 20, 21–22). Por supuesto, no siempre podemos saber los modos y maneras con que Dios puede revelar su Evangelio a las personas. Como demuestra poderosamente el propio ejemplo de Pablo, el medio normal por el que Dios da a conocer su Evangelio es la predicación de los misioneros y otros creyentes. Sin embargo, hemos de admitir que Dios puede tener otras formas de revelar su Evangelio que nosotros no conocemos o entendemos. De modo que, aunque hemos de insistir en que solo la fe en el Evangelio puede salvar, quizá tengamos que abrirnos a distintas formas por las que las personas pueden llegar a conocer el Evangelio.

Hay que tratar aquí una última cuestión, a saber, que el problema de quienes no han oído el Evangelio adquiere un cariz ligeramente distinto si se es calvinista o arminiano. En un sentido, es el arminiano el que tiene aquí un problema mayor, puesto que los arminianos creen que la Gracia proveniente de Dios hace que todas las personas estén en la posición de poder responder al Evangelio. Su respuesta es, por tanto, el factor crucial. Por el contrario, los calvinistas, aunque insisten en la necesidad de una respuesta, afirman también que la causa final de la salvación está en la elección de Dios, su selección específica de ciertas personas para salvación. El calvinista puede por tanto argumentar que, en su Soberanía, Dios se encargará de que todas las personas que ha escogido escuchen también, de uno u otro modo, el Evangelio. Habiendo determinado el fin, Dios establecerá también los medios.

He de confesar que no estoy mucho más cerca de una respuesta convincente a mi pregunta sobre aquellos que no han oído de lo que lo estaba cuando me convertí. Creo que la Escritura requiere que insistamos en la fe en Cristo como el necesario medio de la salvación. Y yo confío por completo en la absoluta equidad y justicia del Dios que se me ha revelado en Jesucristo. Me complace poder dejar mis preguntas en sus manos y esperar una más clara resolución de esta cuestión en el Cielo.

Romanos 2:12-16

Todos los que han pecado sin conocer la ley, también perecerán sin la ley; y todos los que han pecado conociendo la ley, por la ley serán juzgados. 13 Porque Dios no considera justos a los que oyen la ley sino a los que la cumplen. 14 De hecho, cuando los gentiles, que no tienen la ley, cumplen por naturaleza lo que la ley exige, ellos son ley para sí mismos, aunque no tengan la ley. 15 Éstos muestran que llevan escrito en el corazón lo que la ley exige, como lo atestigua su conciencia, pues sus propios pensamientos algunas veces los acusan y otras veces los excusan. 16 Así sucederá el día en que, por medio de Jesucristo, Dios juzgará los secretos de toda persona, como lo declara mi evangelio.

En este breve párrafo Pablo continúa su argumento de 2:1-11 y prepara el camino para la posterior exposición de 2:17-29. El asunto del juicio justo para judíos y gentiles por igual se viene desarrollando desde 2:1-11. Lo nuevo en estos versículos es la introducción del tema de la Ley. Es fácil de entender por qué este asunto aparece aquí. Pablo ha explicado en 2:6-11 que, por lo que respecta al juicio de Dios, judíos y gentiles están en la misma situación. Sin embargo, lo que Pablo parece ignorar alegremente es que los judíos no están en la misma situación que los gentiles. Estos tienen muchos privilegios y bendiciones de parte de Dios que no comparten con los gentiles. Uno de los más importantes entre ellos, especialmente para los judíos del primer siglo, era la Ley. Pablo pretende mostrar aquí que la posesión de la Ley por parte de los judíos no supone una ventaja decisiva sobre los gentiles (2:12). Lo hace arguyendo que (1) lo que cuenta es la práctica de la Ley, no su posesión (2:13), y (2) incluso los gentiles tienen «Ley» en cierto sentido (2:14-15).

La división que se consigna en el versículo 12 entre quienes «pecan sin conocer la ley», y quienes lo hacen «conociendo la ley» corresponde a la división clave de la Humanidad que Pablo desarrolla en la carta en su conjunto (1:16) y en el contexto inmediato (2:9-10): gentiles y judíos. La palabra «ley» (gr. *nomos*) alude a la ley de Moisés: los requisitos que Dios impuso a su pueblo en Sinaí por medio de Moisés. Esta Ley se le dio únicamente a Israel, y el pueblo fue hecho responsable de guardarla. Por consiguiente, cuando los judíos pecan, lo hacen «bajo» ella, o «en su esfera» (gr. *en*). Los gentiles, por el contrario, pecan «aparte de» esta Ley (gr. *anomos*).

En cualquier caso, no obstante, el resultado es el mismo: la condenación. El paralelismo que se expresa en este versículo 12 deja claro que la expresión «serán juzgados» (*krino*) de la segunda parte significa lo mismo que «perecerán» (*apollymi*) de la primera. ¿Pero por qué pecar «bajo la Ley» supone condenación? ¿Por qué no puede la Ley proteger a los judíos de la ira de Dios? Pablo lo explica en el versículo 13: «Porque Dios no considera justos a los que oyen la Ley sino a los que la cumplen». No fue Pablo el primero en enseñar esto; los rabinos de aquel tiempo afirmaban lo mismo: «Lo importante no es su exposición [de la Ley], sino su práctica».[1]

El versículo 13 plantea de nuevo la cuestión de si Pablo enseña que es posible tener una buena relación con Dios por medio de las obras. Citando Santiago 2:24, muchos intérpretes concluyen que lo que Pablo quiere decir es que, en el juicio, Dios justificará a los seres humanos por sus obras. Esto no contradice la enseñanza de Pablo en otros lugares, puesto que la utilización por parte de Pablo de la expresión «considera justos» describe la aceptación inicial del pecador ante Dios, una aceptación mediada únicamente por la fe.[2] Pero creemos que, como en 2:8 y 10, Pablo está simplemente declarando el criterio de la valoración de Dios (ver la sección «Significado contemporáneo» sobre 2:1–11). De hecho, nadie satisface la norma de obedecer la Ley que se requiere para acceder a una posición correcta con Dios.

Los versículos 14–15 son una unidad independiente que describe la relación de los gentiles con «la Ley». ¿Quiénes son estos gentiles? Hemos de considerar tres posibilidades que, a estas alturas, nos serán familiares por la situación similar que ha surgido en 2:8 y 10 (y, hasta cierto punto, en 2:13): gentiles que cumplen la Ley y son salvos aparte del Evangelio, gentiles que obedecen ciertas partes de la Ley pero que no son salvos, y cristianos gentiles. Si Pablo estuviera pensando en cristianos gentiles, entonces los versículos 14–15 explicarían probablemente la última parte del versículo 13: quienes obedecen la Ley y son considerados justos son aquellos cristianos gentiles que «cumplen por naturaleza lo que la Ley exige».[3] Pero aplicar el lenguaje de los versículos 14–15 a cristianos gentiles concede muy poca atención al trasfondo de la enseñanza de Pablo (ver «Construyendo puentes»), y aplica también una interpretación desnaturalizada a la expresión clave «por naturaleza». Los cristianos obedecen la Ley de Dios, no por una cierta capacidad innata que poseen, sino por el poder del Espíritu que mora en ellos.

De modo que, al parecer, Pablo está de nuevo describiendo a los gentiles en general. Sin embargo, y como veremos, el que éstos puedan ser salvos por su obediencia es una deducción incorrecta del versículo 15. Si en los versículos 14–15 Pablo está describiendo a los gentiles en general, éstos están entonces probablemente vinculados con la primera parte del versículo 12, donde Pablo afirma que los gentiles pecan «sin conocer la Ley». El apóstol quiere ahora matizar este comentario observando que, en cierto sentido, los gentiles sí tienen acceso a la Ley. Por supuesto que no tienen «la Ley», es decir, la Ley de Moisés, la Torá. Pero su frecuente conformidad a muchos de los requisitos de la Ley (p. ej.., no matan,

---

1. Ver *m. 'Abot* 1:17.
2. Ver la obra de Godet, *Commentary on Romans* [Comentario de Romanos], 122; Cranfield, *The Epistle to the Romans* [La Epístola a los Romanos], 154–55; Dunn, *Romans* [Romanos], 97–98.
3. Ver la obra de Cranfield, *The Epistle to the Romans* [La Epístola a los Romanos], 106–56.

roban, o cometen adulterio) muestra que tienen un conocimiento de los requisitos morales esenciales de Dios: «la Ley» de Dios en un sentido amplio.

La utilización por parte de Pablo del término «conciencia» (*syneidesis*) en el versículo 15 ayuda a explicar su argumento. Dios, sugiere Pablo, ha puesto en cada ser humano un sentido esencial del bien y el mal. Solo los judíos tienen la Ley de Dios en su forma escrita y completa, sin embargo todos los seres humanos tienen «la Ley» de Dios.

La expresión «escrito en el corazón lo que la Ley exige» del versículo 15 podría sugerir de nuevo que Pablo tiene en mente a los cristianos gentiles, quienes, en virtud del Nuevo Pacto (Jer 31:31–34) tienen la Ley escrita en el corazón. No obstante, es significativo que Pablo no diga que es la Ley lo que está escrito en el corazón, sino «lo que la Ley exige» (lit., «la obra de la Ley»). El conocimiento innato de la Ley de Dios que tienen los gentiles les lleva con frecuencia a hacer lo que está bien. Cuando esto sucede, su conciencia, junto con sus razonamientos, «los excusan», convenciéndolos de que están haciendo lo que Dios requiere.

Sin embargo, no siempre obedecen y, cuando no lo hacen, la conciencia tiene el efecto contrario: les «acusa». Algunos intérpretes piensan que Pablo está describiendo a dos tipos distintos de persona: una mayoría que no observa la Ley que Dios le ha dado y está condenada, y una minoría que responde positivamente a la Ley de Dios y es salva por ello. Sin embargo, es mucho más natural considerar el lenguaje de Pablo como una alusión a los mismos individuos. Todos los gentiles algunas veces cumplen la Ley y otras no y, por tanto, su conciencia les acusa y les defiende.

No es fácil integrar en su argumento la referencia de Pablo, en el versículo 16, al juicio de Dios en Cristo. La NVI consigna los versículos 14–15 entre paréntesis, sugiriendo que el versículo 16 acompaña a 12–13: «por la Ley serán juzgados [v. 12b] … el día en que, por medio de Jesucristo, Dios juzgará los secretos de toda persona». Pero es mejor vincular el versículo 16 a los últimos verbos del 15. La constante autocrítica de los gentiles encuentra su significado final en el juicio de Dios al final de la Historia. Este juicio, afirma Pablo, se lleva a cabo «por medio de Jesucristo», a quien Dios ha nombrado juez (ver, p. ej., «el tribunal de Cristo» en 2Co 5:10). Este juicio de orientación cristológica está completamente de acuerdo con el Evangelio que Pablo predica.

En consonancia con nuestro propósito en cada una de estas secciones, queremos considerar dos palabras de 2:12–16 que los lectores contemporáneos pueden «oír» de manera distinta que la audiencia original de Romanos: Ley y naturaleza.

Ley. El término «ley» se utiliza en una desconcertante variedad de formas. «Ley» denota conceptos que van desde las estipulaciones formales que el gobierno nos impone (p. ej., «las leyes del Estado») hasta las tendencias normales que se observan en el mundo material («las leyes de la Física»). Pocos de nosotros llevaríamos estas definiciones de «ley» a nuestra lectura de Romanos puesto que, obviamente, estamos tratando con un material religioso ajeno por completo a los códigos estatales o a los libros de texto científicos. Pero muchos de nosotros sí llevamos a Romanos un concepto de la Ley de Dios derivado de la Teología Sistemática, que la considera como la suma total de los requisitos divinos para una vida santa. La influencia de Lutero fue especialmente importante en esta manera de utilizar la palabra, y ha llegado a ser habitual entre los luteranos para dividir la Escritura en dos categorías: Ley (lo que Dios requiere de nosotros) y Evangelio (lo que Dios nos da).

Sin embargo, la utilización de Pablo del término *nomos* (ley) procede directamente del Antiguo Testamento y del mundo del judaísmo en que creció. *Nomos* era específicamente la Torá: la Ley que Dios le dio a Israel por medio de Moisés. De este modo, Pablo afirma, por ejemplo, que la Ley vino al mundo 430 años después de Abraham (Gá 3:17; ver Ro 5:13–14, 20). Además, como indican las reiteradas alusiones de Pablo a practicar (p. ej., Ro 10:5), obedecer (p. ej., 2:27) u observar (p. ej., 2:25) la Ley, el apóstol utiliza este término para aludir a los mandamientos de la ley de Moisés. En palabras del apóstol en Gálatas 3:12: «la Ley no se basa en la fe».

Para entender el argumento de Pablo en Romanos, donde utiliza el término *nomos* más de setenta veces, hemos de darnos cuenta de que casi siempre hace referencia concretamente a esta ley. Las primeras ocasiones en que aparece ponen ya de relieve este enfoque: los gentiles son aquellos que pecan «sin conocer la Ley» (2:12), puesto que «no tienen la Ley» (2:14); los judíos, por otra parte, son aquellos que conocen «la Ley» (2:12).

Pero, esporádicamente, Pablo utiliza el término *nomos* con un sentido general, o más amplio. En 2:14, por ejemplo, afirma que los gentiles que no tienen Ley (Torá) pueden, no obstante, convertirse en «ley para sí mismos». Aquí *nomos* tiene el sentido más general de la demanda divina sin atención a su forma específica. Un pasaje que pone de relieve este sentido de manera especialmente clara es 1 Corintios 9:19–21:

> Aunque soy libre respecto a todos, de todos me he hecho esclavo para ganar a tantos como sea posible. Entre los judíos me volví judío, a fin de ganarlos a ellos. Entre los que viven bajo la Ley me volví como los que están sometidos a ella (aunque yo mismo no vivo bajo la ley), a fin de ganar a éstos. Entre los que no tienen la Ley me volví como los que están sin Ley (aunque no estoy libre de la Ley de Dios, sino comprometido con la Ley de Cristo), a fin de ganar a los que están sin ley.

Aquí, como en Romanos 2:12, «los que están sometidos a ella [la ley]» son los judíos y «los que no tienen la ley» son los gentiles. El propio apóstol afirma que él mismo no vive «bajo la ley» en este sentido del término. No se siente ya obligado a seguir los específicos preceptos de la Ley de Moisés, la Torá. Sin embargo, añade rápidamente Pablo, esto no significa que esté «libre de la Ley de Dios». No cabe duda de que esta última utilización de «Ley» ha de comprender las demandas morales de Dios en general.

Pablo utiliza también el término *nomos* por sinécdoque (la parte por el todo) para aludir al Pentateuco (1Co 9:8, 9; 14:21, 34; Gá 4:21b) o incluso al Antiguo Testamento en su conjunto (Ro 3:19). Y, aunque es una cuestión controvertida, defiendo por mi parte que la evidencia sugiere que, ocasionalmente, utiliza también el término con el sentido de gobierno o principio en general (ver Ro 3:28; 7:23; 8:2).

Pero esta utilización general representa un porcentaje bajo (menos del 10 por ciento) de la utilización de Pablo de *nomos*. Su referencia es casi siempre a la Torá, el cuerpo de mandamientos que Dios impuso a Israel por medio de Moisés en Sinaí. Hemos de tener cuidado de no importar a esta palabra otros significados sin que éstos estén explícitamente justificados por el contexto.

Naturaleza. En 2:14 defendimos que, de hecho, tenemos una clara justificación contextual de un sentido más amplio del término «ley». Solo postulando esta referencia tiene lógica la afirmación de Pablo de que los gentiles que «no tienen ley» son «ley para sí mismos». Un segundo indicador que nos ayuda a entender el contexto del argumento de Pablo es su referencia a la «naturaleza» (*physis*). Para los griegos, la «ley natural» o «ley no escrita» era una importante idea, que establecía la base para unas normas morales universales y para la ley «positiva» promulgada en las ciudades estado. Los estoicos, una escuela de filósofos muy influyente en el tiempo de Pablo, fundamentaban esta ley en la naturaleza. Los judíos familiarizados con esta tradición utilizaron el término *physis* del mismo modo, para demostrar la aplicabilidad universal de las normas morales que encontramos en la ley de Moisés. Es evidente que Pablo refleja esta tradición en 2:14, y los lectores del primer siglo habrían entendido inmediatamente que estaba justificando esta extendida tradición acerca de la ley moral no escrita y universal.

Significado Contemporáneo

LEY NATURAL. Muchos de los puntos que Pablo trata en este párrafo son de gran importancia para nuestra comprensión de la verdad cristiana: la realidad del juicio (vv. 12, 16), la naturaleza escrutadora de este juicio («los secretos de toda persona», v. 16), y su norma (la obediencia a la Ley, v. 13). Sin embargo, algo característico de este pasaje es el respaldo que concede Pablo a la idea de la «ley natural», a saber, el conocimiento de las demandas morales básicas de Dios, común a todas las personas. Lo que Pablo no dice es cómo tienen las personas acceso a esta ley. Pero su referencia del versículo 15 a la «conciencia» y «razonamientos» sugiere que este conocimiento es innato, puesto en el ser humano por Dios mismo en la Creación.

Como sucedía en el capítulo 1 con la revelación natural, en nuestros días la ley natural es tema de mucho debate. En nuestro entorno pluralista se plantea intencionadamente cuál es la base para tales normas morales fundamentales por las que una sociedad se rige. La ley «positiva» —es decir, la legislación específica promulgada por un jurista o legislador— debe tener una base universal para ser universalmente aplicable o evitar la arbitrariedad. ¿Sobre qué base, por ejemplo, puede una sociedad democrática decidir que va a exigir a todos sus ciudadanos que se abstengan de robar? Teniendo en cuenta la increíble variedad de tradiciones étnicas, nacionales y religiosas representadas, por ejemplo, en los Estados Unidos, ¿qué código moral subyacente puede descubrirse para justificar una ley así?

Bajo el ímpetu de estos asuntos, cada vez se tiende más a basar la ley positiva en la idea del «bien común». Pero esta idea es resbaladiza y susceptible de ser impuesta a una minoría por la mayoría. Por ejemplo, el gobierno de Holanda ha decidido recientemente que forma parte del bien común permitir que las personas puedan terminar con la vida de sus parientes ancianos y enfermos.

La idea de ley natural que Pablo apoya aquí nos ayuda a establecer un fundamento para las normas morales universales y, consecuentemente, para la ley positiva, que no será menoscabada por los antojos de la sociedad o la conveniencia de la mayoría. Mientras escribo, un debate que se enciende cíclicamente en los Estados Unidos ha saltado de nuevo a la palestra pública. Una juez ha puesto los Diez Mandamientos en la sala donde imparte justicia, y se le ha ordenado que los retire.

Los teólogos cristianos han considerado desde hace tiempo los Diez Mandamientos como un reflejo de la ley natural y, por consiguiente, aplicable a todos los seres humanos. Sin embargo, en nuestra sociedad es cada vez más difícil separar esta ley natural de su contexto religioso. No estamos defendiendo que los Diez Mandamientos hayan de adoptarse como ley natural. Sin embargo, creemos que el debate se centra en la cuestión más extensa de las normas morales. La idea de la ley natural, muy extendida entre los griegos y los romanos, y adoptada por judíos y cristianos, puede ayudar a poner un cierto orden moral en el caos actual. Esta idea establece una serie de normas que está fuera de la sociedad y, por tanto, «por encima de ella».

La dificultad, por supuesto, estriba en encontrar tales normas. Los Diez Mandamientos están estrechamente relacionados con la herencia judeo cristiana, y es fácil de entender que personas con otras ideas religiosas no se sientan cómodas de que estén colocados en una sala de Justicia. Además, como se propondrá más adelante en este comentario, es hasta cierto punto cuestionable que los Diez Mandamientos (y especialmente la ley del sábado) siga siendo una representación directa de la ley moral cristiana. El desafío que estamos enfrentando en muchas culturas por todo el mundo es, pues, encontrar alguna base para la ley natural en una sociedad multicultural y multirreligiosa. Siempre que una nación no esté vinculada directamente a una sola religión (como sí sucede con algunos estados islámicos), será difícil consensuar una ley natural que todos los ciudadanos puedan suscribir.

Romanos 2:17-29

Ahora bien, tú que llevas el nombre de judío; que dependes de la ley y te jactas de tu relación con Dios; 18 que conoces su voluntad y sabes discernir lo que es mejor porque eres instruido por la ley; 19 que estás convencido de ser guía de los ciegos y luz de los que están en la oscuridad, 20 instructor de los ignorantes, maestro de los sencillos, pues tienes en la ley la esencia misma del conocimiento y de la verdad; 21 en fin, tú que enseñas a otros, ¿no te enseñas a ti mismo? Tú que predicas contra el robo, ¿robas? 22 Tú que dices que no se debe cometer adulterio, ¿adulteras? Tú que aborreces a los ídolos, ¿robas de sus templos? 23 Tú que te jactas de la ley, ¿deshonras a Dios quebrantando la ley? 24 Así está escrito: «Por causa de ustedes se blasfema el nombre de Dios entre los gentiles». 25 La circuncisión tiene valor si observas la ley; pero si la quebrantas, vienes a ser como un incircunciso. 26 Por lo tanto, si los gentiles cumplen los requisitos de la ley, ¿no se les considerará como si estuvieran circuncidados? 27 El que no está físicamente circuncidado, pero obedece la ley, te condenará a ti que, a pesar de tener el mandamiento escrito y la circuncisión, quebrantas la ley. 28 Lo exterior no hace a nadie judío, ni consiste la circuncisión en una señal en el cuerpo. 29 El verdadero judío lo es interiormente; y la circuncisión es la del corazón, la que realiza el Espíritu, no el mandamiento escrito. Al que es judío así, lo alaba Dios y no la gente.

Pablo comenzó su enseñanza sobre la posición espiritual de los judíos ante el Señor con un estilo de diatriba, haciendo que los cristianos romanos «alcanzaran a oír» el desafío que plantea a un hipotético, pero representativo judío (2:1-5). Los verbos en segunda persona del singular a lo largo de 2:17-29 revelan que en este pasaje el apóstol retoma este estilo. En el texto anterior, Pablo no menciona explícitamente al judío como su objetivo. Para conseguir un efecto retórico, dejó a sus lectores deducir la identidad de su hipotético interlocutor. Sin embargo, ahora se expresa abiertamente: «Ahora bien, tú que llevas el nombre de judío...» (v. 17). Esta sección se divide en dos unidades, la primera, que trata de la Ley (vv. 17-24) y la segunda, que se centra en la circuncisión (vv. 25-29).

La posesión de la Ley y la señal contractual de la circuncisión eran quizá los dos rasgos más distintivos de la identidad judía. Dadas por el propio Dios a Israel, tales marcas señalaban el hecho de que los judíos eran un pueblo especial, elevado por sobre todos los demás pueblos. Por tanto, en estos versículos, al considerar su valor, Pablo expresa la gran trascendencia de ser judío.

Recordemos el punto clave que el apóstol ha venido subrayando hasta ahora: los judíos, por cuanto hacen «las mismas cosas» que los gentiles, están, como ellos, sujetos a la ira de Dios (vv. 1–5). Sin embargo, al poner a gentiles y judíos sobre la misma base, podría acusarse a Pablo de ignorar el lugar especial que estos últimos ocupan ante Dios. De este modo, sin desechar del todo los privilegios de Israel (ver 3:1), el apóstol insiste en que las bendiciones que Dios dio a su pueblo no llevan consigo el rescate del juicio de Dios. A tales bendiciones hay que responder en obediencia. Como Pablo ha dejado ya claro (vv. 6, 13), por lo que respecta al juicio, lo que cuenta es hacer la voluntad de Dios, no solo conocerla o enseñarla. Precisamente en este punto, los judíos han fracasado.

La Ley (2:17–24)

En una serie de cláusulas, Pablo comienza enumerando muchos de los privilegios que disfrutan los judíos (vv. 17–20). Algunos eruditos piensan que Pablo se expresa aquí con cierto sarcasmo, como si estos privilegios fueran motivo de jactancia para los judíos, pero que en realidad no les correspondían en absoluto. Pero esta acusación pierde de vista el enfoque del texto.[1] Los privilegios que Pablo enumera son legítimos, y casi todos ellos encuentran una justificación explícita en el Antiguo Testamento. El problema no es que los judíos se jacten de manera ilegítima de lo que realmente no les pertenece. La cuestión es, más bien, que no están viviendo a la altura de lo que afirman. El estilo de diatriba elegido por Pablo, con su constante diálogo con un personaje a quien se dirige en segunda persona del singular, es particularmente apropiado para este tipo de argumento. Epicteto, un escritor del siglo segundo, utilizó este mismo estilo para responder a la pretensión de ciertos filósofos de ser «verdaderos estoicos» porque no vivían una práctica coherente con la filosofía que postulaban.[2]

En los versículos 17–20 Pablo enumera nueve privilegios que disfrutan los judíos:

(1) Llevan el nombre de «judío» (La palabra griega es *ioudaios*). Este primer privilegio es también el más general. El término judío aludía inicialmente a una persona de la región ocupada por los descendientes de Judá, sin embargo después del exilio comenzó a aplicarse en general al pueblo israelita. En el tiempo de Pablo, esta palabra se utilizaba ampliamente con este sentido más general. El sustantivo significaba que alguien pertenecía a este pueblo, distinto de todos los demás, que Dios había escogido para que fuera de su propiedad. Todos los otros beneficios fluyen esencialmente de éste.

(2) El segundo rasgo es que «dependen de la Ley». Como ya hemos visto, «la Ley» a la que se alude es la de Moisés, la Torá. Los judíos se sentían orgullosos de ser los únicos custodios de este registro del carácter y voluntad de Dios. Por consiguiente, tendían a «depender» de ella para ser librados del juicio. De manera implícita, Pablo afirma lo mismo que Miqueas seis siglos antes. Tras reprender

---

1. Ver la obra de Fitzmyer, *Romans* [Romanos], 315.
2. Ver especialmente *Diss.* 2.19–20; 3.7, 17. Sobre toda esta cuestión ver especialmente S. Stowers, *The Diatribe and Paul's Letter to the Romans* [La diatriba y la carta de Pablo a los Romanos] (Chico, Calif.: Scholars, 1981), 112.

a los dirigentes de Israel por su pecado, el profeta dijo: «¿No está el Señor entre nosotros? ¡No vendrá sobre nosotros ningún mal!» (Mi 3:11).

(3) Se jactan de su «relación con Dios». La palabra «alardear» que utiliza la NVI sugiere la idea de un orgullo impropio. Sin embargo, una mejor traducción del término griego *kauchaomai* sea quizá «jactarse». La jactancia no es siempre algo que carece de fundamento. La forma en que Pablo utiliza este término está influenciada decisivamente por Jeremías 9:23-24, un texto que cita en 1 Corintios 1:31 y 2 Corintios 10:17:

> Así dice el Señor: «Que no se gloríe el sabio de su sabiduría, ni el poderoso de su poder, ni el rico de su riqueza. Si alguien ha de gloriarse, que se gloríe de conocerme y de comprender que yo soy el Señor, que actúo en la tierra con amor, con derecho y justicia, pues es lo que a mí me agrada —afirma el Señor—».

La jactancia, en otras palabras, no es siempre errónea; depende de cuál sea su objeto. No parece erróneo que los judíos se jacten en su relación con Dios, puesto que fue Dios mismo quien estableció tal relación.

(4) Conocen la voluntad de Dios (v. 18). Pablo comenzó esta sección de la carta anunciando que Dios se ha dado a conocer a todas las personas (1:19). Ahora incluye específicamente a los judíos.

(5) Saben «discernir lo que es mejor». Aunque no se trata de una gran diferencia, esta frase puede también traducirse como «distinguir las cosas que son realmente importantes».[3] En cualquier caso, la cuestión es que los judíos son capaces de diferenciar lo bueno de lo malo. Y lo son, añade Pablo, porque son «instruido[s] por la Ley».

Las siguientes cuatro razones del orgullo judío fluyen de las prerrogativas que Pablo ha enumerado en 2:17-18. Cada una de ellas supone el sentido de superioridad judío en relación con otros pueblos.

(6) y (7) Son «guía de los ciegos» y «luz de los que están en la oscuridad» (2:19). Son dos formas de decir lo mismo. Un resultado natural del conocimiento de Dios que tienen los judíos por medio de la Ley es que están en posición de ayudar a otros a entender la verdad acerca de Dios. El lenguaje se hace eco de algunas descripciones veterotestamentarias de la misión de Israel a las naciones. Obsérvese, por ejemplo, Isaías 42:6-7:

> «Yo, el Señor, te he llamado en justicia; te he tomado de la mano.
> Yo te formé, yo te constituí como Pacto para el pueblo, como *luz* para las naciones, para abrir los ojos de los ciegos, para librar de la cárcel a los presos, y del calabozo a los que habitan en tinieblas» (cursivas del autor).

Aunque es cierto que Jesús dio un giro irónico a esta afirmación, llamando a los fariseos «guías ciegos» (Mt 15:14), nada hace pensar que Pablo esté aquí utili-

---

3. El verbo *diaphero*, que se utiliza en forma participial como objeto de «aprobar», puede significar «tener un valor mayor» (Mt 6:26; 10:31; 12:12; Lc 12:7, 24) o «diferir» (1Co 15:41).

zando una ironía similar. Los judíos están convencidos de que Dios les ha designado como instructores religiosos del mundo.

(8) y (9) El judío está también convencido de ser «instructor de los necios» y «maestro de niños» (v. 20a), otras dos afirmaciones que obviamente van juntas. El sentido del término «necio» que utiliza la NVI (NVI «ignorante», [*aphron*]) no es tan peyorativo como, por ejemplo, en Proverbios, donde este grupo de palabras denota a la persona que se rebela contra las normas de Dios y sigue su propio camino. Aquí se refiere a los gentiles como personas que, sin tener un conocimiento detallado de Dios y su Palabra, caen inevitablemente en formas de adoración y conducta erróneas (ver 1:22). De manera similar, desde un punto de vista judío, los gentiles son «niños» en términos de sensibilidad religiosa. Han de ser instruidos en el verdadero conocimiento de Dios.

Muchos textos de este tiempo muestran que esta actitud era muy característica entre los judíos. Podemos citar dos de ellos como ilustrativos: «En aquellos días, dice, 'el Señor será paciente y hará que escuchen los hijos de la tierra. Revélenselo con su sabiduría, porque son sus guías'» (1 Enoc 105:1). «El pueblo del gran Dios será de nuevo fuerte y guía en la vida para todos los mortales» (Oráculos Sibilinos 3.194–95).

El final del versículo 20 revela de nuevo en esta sección la preocupación de Pablo con la Ley. Su enumeración de las bendiciones judías de carácter general había terminado con las palabras «porque eres instruido por la Ley» (v. 18); ahora afirma: «pues tienes en la ley la esencia misma del conocimiento y de la verdad». Mediante la «revelación natural» los gentiles tienen conocimiento de Dios y, por tanto, son «sin excusa» cuando pecan (1:20). Los judíos tienen conocimiento de Dios por la revelación especial de su Ley de modo que tampoco ellos «tienen excusa» (2:1) cuando pecan.

Al final de 2:20 Pablo divide la frase condicional (la NVI señala esta división con un punto y coma). Lo hace para conseguir el máximo efecto retórico en la acusación que dirige ahora a los judíos. Al repetir en forma resumida algunos de los privilegios que enumeró en los versículos 17–20, Pablo subraya de manera efectiva el contraste entre pretensión y realidad:

> En fin, tú que enseñas a otros, ¿no te enseñas a ti mismo? Tú que predicas contra el robo, ¿robas? Tú que dices que no se debe cometer adulterio, ¿adulteras? Tú que aborreces a los ídolos, ¿robas de sus templos? Tú que te jactas de la ley, ¿deshonras a Dios quebrantando la ley?

Solo hay dos puntos que requieren comentario en estas acusaciones, cuyo sentido es, por lo demás, bastante evidente. (1) No está claro el significado que Pablo quiere dar a las palabras en que acusa a los judíos de robar en los templos (v. 22). La interpretación obvia, por supuesto, es que los judíos son culpables de robar en los templos paganos. Tenemos ciertas evidencias de que los judíos de aquel tiempo se tomaban bastante a la ligera las restricciones del Antiguo Testamento en contra de utilizar los metales preciosos procedentes de fundir figuras de ídolos. Es, pues, posible que Pablo esté citando esta práctica como evidencia de que la aversión que los judíos expresan contra la idolatría es poco sincera.⁴ Otros exégetas piensan que Pablo puede estar haciendo referencia al templo de Jerusalén, y que su robo consiste en el impago de los impuestos destinados a su mantenimiento. Una tercera posibilidad es que Pablo esté hablando metafóricamente del sacrilegio cometido por los judíos cuando, por ejemplo, elevan la Ley a una posición tal que desbanca a Dios de la suya.⁵ La primera interpretación es realmente la única que encaja en el contexto, puesto que la acción de robar en templos contrasta directamente con aborrecer a los ídolos.

(2) Obsérvese el carácter sinóptico del versículo 23. La NVI toma este versículo como si se tratara de una pregunta, pero podría ser una afirmación, lo cual le daría incluso más peso. Para Pablo, la esencia del asunto es: la legítima jactancia de los judíos (NVI «alardear»; ver comentarios sobre el v. 17) acerca de la Ley hace que su desobediencia deshonre a Dios. Al no expresar en la vida cotidiana las cualidades de la Ley que profesan amar, no solo no consiguen ser la luz que Dios quiere que sean sino que, de hecho, empañan la reputación de Dios.

En el versículo 24 Pablo subraya este punto con su cita de Isaías 52:5. Aunque en Isaías la blasfemia del nombre de Dios se produce por la opresión pagana de Israel, Pablo da un giro irónico a estas palabras atribuyendo tal blasfemia a la conducta pecaminosa de Israel entre los paganos. Sin embargo, el apóstol sigue siendo justo con el contexto más amplio del que extrae la cita, puesto que la opresión que las naciones paganas ejercen sobre Israel es el resultado de su pecado.⁶

Circuncisión (2:25–29)

Después de la Ley, la circuncisión era el distintivo más importante del carácter judío (ver la sección «Construyendo puentes»). Es, pues, natural que Pablo considere ambas cuestiones conjuntamente (2:17–24) en su constante intento de erosionar la confianza de los judíos en sus privilegios religiosos heredados.

Pablo no niega que «la circuncisión [tenga] valor» (un punto que reafirma en 3:1). Pero su valor depende de la obediencia: solo los judíos que «observan la Ley» se beneficiarán de ella. ¿Qué quiere decir Pablo cuando habla de observar la Ley? Muchos intérpretes piensan que alude a la típica enseñanza veterotestamentaria y judía en el sentido de que la relación contractual con Dios solo puede guardarse por medio de la observancia sincera y confiada de la Ley de Dios. No es necesaria una conformidad perfecta como, por supuesto, dejan claro las leyes relativas a la expiación; lo que Dios espera es un intento consistente y sincero de vivir por sus normas.⁷

---

4. Así lo entienden la mayoría de los comentaristas. Ver por ejemplo, Godet, *Commentary on Romans* [Comentario de Romanos], 129; Murray, *The Epistle to the Romans* [La Epístola a los Romanos], 1:84; Dunn, *Romans* [Romanos], 114–15.
5. Ver especialmente D. Garlington, «IEROSULEIN and the Idolatry of Israel (Romans 2.22)» [IEROSULEIN y la idolatría de Israel (Romanos 2:22)] *NTS* 36 (1990): 142–51; ver también la obra de Cranfield, *The Epistle to the Romans* [La Epístola a los Romanos], 169–70; Fitzmyer, *Romans* [Romanos], 318.
6. Schreiner, *Romans* [Romanos], 134–35.
7. Ver, p. ej., Murray, *The Epistle to the Romans* [La Epístola a los Romanos], 1:85–86; Cranfield, *The Epistle to the Romans* [La Epístola a los Romanos], 171–72.

Esta interpretación plantea dos problemas. (1) Pablo distingue de manera consistente entre «hacer», «practicar» u «observar» la Ley y la fe; nunca las mezcla (cf. 3:27-28 y los comentarios pertinentes; 4:2-5, 13-16; 10:5-8; Gá 3:12). (2) Este versículo ha de interpretarse en vista del destino final del argumento de Pablo, en el sentido de que nadie puede ser justificado «por hacer las obras que exige la Ley» (3:20). Por esta razón, hemos de ver en 2:25a un punto negativo: la circuncisión no tiene valor para redimir a los judíos de la ira de Dios porque su obediencia a la Ley nunca alcanza el nivel necesario para la salvación. La segunda parte del versículo 25 afirma meramente la derivación negativa de este punto: la falta de obediencia a la Ley puede anular el valor de la circuncisión.

El versículo 26 plantea una deducción natural del versículo 25: si lo que salva es cumplir la Ley, no la circuncisión, entonces los gentiles que aunque incircuncisos, obedecen la Ley pueden ser salvos. Aquí de nuevo, como en 2:8, 10, 14-15, enfrentamos el problema de identificar a estos gentiles «justos». Los eruditos dan las mismas respuestas: gentiles en general que son salvos porque viven vidas morales, cristianos gentiles y un grupo hipotético que sirve para explicar su argumento. Estoy de nuevo convencido de que el tercer punto de vista es el mejor.

Sin duda, en este pasaje es posible presentar mejor que en ningún otro texto la posición de que Pablo tiene en mente a los cristianos gentiles, puesto que el versículo 27 da una nota de realismo a la imagen, y los versículos 28-29 aluden al Espíritu, que solo poseen los cristianos.[8] Sin embargo, el realismo del versículo 27 es solo parte del efecto retórico que Pablo quiere producir. Tras presentar al judío con quien está debatiendo la figura de un gentil que ha cumplido la Ley y que, por consiguiente, ha pasado a formar parte del pueblo de Dios (v. 26), Pablo hace patente lo que quiere expresar con esta imaginería cuando dice que ese gentil «condenará» al desobediente judío. Todo esto forma parte de su esfuerzo por mostrar a los judíos que no pueden contar con que la circuncisión les salve del juicio. El apóstol deja claro en otro lugar que, de hecho, no hay nadie que pueda cumplir la Ley y salvarse por este medio (3:20). Por tanto, Pablo ha de estar de nuevo aquí hablando hipotéticamente, teorizando sobre la existencia de un gentil observante de la Ley y las consecuencias de este hecho.

Los versículos 28-29 son una forma de apéndice a este argumento. Pablo ha dejado claro que, en sí mismo, el hecho de estar circuncidado y en posesión de la Ley (v. 27b) no capacitan a una persona para formar parte del verdadero pueblo espiritual de Dios. Por supuesto, estas marcas externas pueden mostrar que una persona pertenece al Israel «físico». Pero el verdadero carácter judío no puede ser determinado por un nacimiento físico, una incisión en la piel, o por la devoción profesada a un libro en particular. Ser un «verdadero judío» es un asunto del interior. Es una identidad caracterizada por la «circuncisión del corazón», una circuncisión que se produce en el contexto del Espíritu, no de un «código escrito».

Evidentemente, la circuncisión del corazón no es un requisito nuevo. El propio Moisés hizo el siguiente llamamiento al pueblo de Israel: «circuncidad, pues,

---

8. Por consiguiente, Murray, que sostiene nuestro punto de vista sobre los vv. 8, 10, y 14-15, opina que aquí se tiene en mente a los cristianos gentiles (*The Epistle to the Romans* [La Epístola a los Romanos], 1:86-87).

vuestro corazón, y no endurezcáis más vuestra cerviz» (Dt 10:16; ver también Jer 4:4). El verdadero pueblo de Dios se ha caracterizado siempre por un confiado compromiso con Dios y no solo por la práctica de rituales externos. Pero Pablo va ciertamente más allá del Antiguo Testamento insistiendo en que esta circuncisión de corazón se lleva a cabo «en» o «por» (la preposición griega es «*en*») el «Espíritu» (*pneuma*) y no «en» o «por» la «letra» (*gramma*).

La expresión «mandamiento escrito» que usa la NVI es una buena traducción del término *gramma*, puesto que Pablo parece utilizar este término para describir la ley de Moisés según su naturaleza de ley escrita con letras sobre tablas de piedra (ver especialmente 2Co 3:6–7). En contraste con esta ley, la palabra *pneuma* ha de referirse, no al espíritu humano, sino al Espíritu de Dios. Esto es claramente lo que Pablo pretende expresar en los otros lugares en que contrasta los términos *gramma* y *pneuma* (Ro 7:6; 2Co 3:6–7). Lo que hace, pues, al final de este capítulo, es anticipar la dirección de su argumento. El apóstol mostrará que solo aquellos que, por medio de la fe en Cristo, han recibido el Espíritu de Dios constituyen el verdadero pueblo de Dios. Hay aquí implícita una radical redefinición del término «judío» que requerirá mucha más explicación a medida que Pablo avanza en el desarrollo de esta carta.

Construyendo Puentes

CIRCUNCISIÓN. La circuncisión fue en su origen instituida por Dios como señal de su pacto con Abraham en Génesis 17:9–13:

> Dios también le dijo a Abraham: —Cumple con mi pacto, tú y toda tu descendencia, por todas las generaciones. Y este es el pacto que establezco contigo y con tu descendencia, y que todos deberán cumplir: Todos los varones entre ustedes deberán ser circuncidados. Circuncidarán la carne de su prepucio, y ésa será la señal del pacto entre nosotros. Todos los varones de cada generación deberán ser circuncidados a los ocho días de nacidos, tanto los niños nacidos en casa como los que hayan sido comprados por dinero a un extranjero y que, por lo tanto, no sean de la estirpe de ustedes. Todos sin excepción, tanto el nacido en casa como el que haya sido comprado por dinero, deberán ser circuncidados. De esta manera mi pacto quedará como una marca indeleble en la carne de ustedes, como un pacto perpetuo.

A partir de entonces la circuncisión se practicó rutinariamente en Israel. Pero la crisis que tuvo lugar durante la Revuelta Macabea (166–160 a.C.) elevó este rito a un nuevo nivel de significación. En aquel tiempo había un creciente movimiento entre los judíos que fomentaba la adopción de las formas de pensamiento helenistas y el abandono de la fe judía. Por tanto, dice el historiador que escribió 1 Macabeos: «quitaron las marcas de la circuncisión, y abandonaron el santo pacto. Se unieron con los gentiles y se vendieron a hacer el mal» (1 Mac 1:15).

Antíoco IV Epífanes, el tirano seléucida que quiso erradicar la religión judía, era muy consciente del inmenso valor simbólico de este rito y, por ello, hizo de la circuncisión de los niños un delito punible con la pena de muerte (1 Mac 1:48, 58–61). Los judíos piadosos se alzaron contra estas medidas, «escogiendo la muerte antes que corromperse con la comida o profanar el santo pacto» (1:63). Con el tiempo consiguieron restaurar la fe judía y, comprensiblemente, los judíos piadosos concedieron a la circuncisión una importancia mayor incluso que la que tenía antes.

Por aquel mismo tiempo, un creciente número de judíos de la Diáspora se mezcló con los gentiles. En tal situación, los ritos físicos como la circuncisión adquirieron una mayor importancia como forma de mantener a los estrictos adherentes del judaísmo separados de las influencias paganas de alrededor. En nuestros días, podríamos hablar de la insistencia de los judíos ortodoxos en las formas tradicionales de vestir y llevar el pelo como una respuesta similar.

Con este trasfondo podemos, pues, entender que la circuncisión fuera un asunto tan importante, y que suscitara reacciones emocionales tan intensas en los debates entre judíos y cristianos, y entre los judaizantes y otros cristianos en los primeros días de la Iglesia (p. ej., Hechos 15; Gálatas). Permitir que los gentiles entraran a formar parte del pueblo de Dios sin ser circuncidados equivalía a negar la fe judía. Por otra parte, el término circuncisión se utilizaba en ocasiones para aludir a la fe judía en general (cf. Ef 2:11). La exposición que hace del rito en 2:25–29 surge de este trasfondo.

La polémica de Romanos 2. La mayoría de los cristianos que leen Romanos 2 aceptan probablemente la acusación de los judíos que hace Pablo como algo literal. Sin embargo, quienes conocen bien el judaísmo antiguo o el contemporáneo, y leen atentamente lo que Pablo está diciendo puede que tengan cierto malestar. Consideremos los versículos 17–24. ¿Cómo puede Pablo pronunciar una condenación tan generalizada de los judíos? Parece sugerir que se pasaban el día robando y cometiendo adulterio. Sin embargo, esto es evidentemente injusto, puesto que la mayoría de los judíos del tiempo de Pablo vivían, de hecho, una elevada moralidad y eran a menudo ciudadanos ejemplares.

En otros versículos de Romanos 2 surgen problemas similares. Como hemos visto en nuestra exposición, Pablo parece descartar que el pacto mosaico tenga verdadero valor, arguyendo que no da a los judíos ninguna ventaja real con respecto a los gentiles (vv. 6–11, 12, 25–27). Por otra parte, parece pintar una imagen muy halagüeña de los gentiles, atribuyéndoles al parecer la capacidad de obedecer la Ley y de ser salvos (p. ej., vv. 8, 10, 14–15, 26–27). En otras palabras, en su deseo de equilibrar las reglas de juego entre judíos y gentiles, Pablo parece haber criticado injustamente a los judíos y concedido a los gentiles un crédito excesivo.

¿Es pues Pablo culpable de exagerar injustamente? De ser así, ¿cómo puede su argumento en este párrafo tener algún efecto sobre personas que saben que las cosas no son como las plantea Pablo? Para que entendamos el asunto: ¿Cómo podemos dar crédito a un texto que parece recrearse en un ataque injusto contra la religión judía? En tanto que lectores contemporáneos, solo podremos entender y aceptar la enseñanza de este capítulo si conseguimos deshacernos de estos obstáculos para escuchar el texto.

Los eruditos han concedido mucha atención a estas cuestiones en las últimas décadas, y han llegado a conclusiones muy distintas. Ciertamente algunos han decidido que Pablo deforma la situación para hacer que el cristianismo parezca superior al judaísmo.[9] Pero yo creo que la polémica de Pablo en el capítulo 2 puede justificarse en su contexto cuando consideramos cuatro factores.

(1) En los vv. 21-22, Pablo no está describiendo a todos los judíos, ni siquiera a un judío típico. Lo que hace es, más bien, escoger una ilustración extrema de lo que quiere expresar, a saber, que la práctica de los judíos no es coherente con sus palabras. No es casual que dos de las actividades que el apóstol utiliza como ilustraciones —el robo y el adulterio— estén prohibidas en los Diez Mandamientos y se citen en otros lugares del Nuevo Testamento precisamente de este modo aleccionador (ver Mt 19:18; Ro 13:9). Algunos eruditos han reducido más aún la fuerza de estas acusaciones al sugerir que es posible que Pablo esté implicando en su acusación la interpretación «interiorizada» que Jesús hace de la Ley (Mt 5:21-48);[10] es decir, Pablo no está acusando a los judíos de cometer acciones externas de robo y adulterio, sino de actitudes interiores de avaricia y lujuria. ¿Qué judío —o ser humano en general— es inmune a tales pecados? No estoy seguro de que Pablo tenga en mente esta clase de sentido espiritual, pero sí de que no pretende sugerir que los judíos en general cometieran estos actos.

(2) Como hemos explicado detalladamente, muchos eruditos son culpables de insistir excesivamente en la enseñanza de Pablo en este capítulo acerca del potencial espiritual de los gentiles (ver especialmente la sección «Significado contemporáneo» sobre 2:1-11; también las notas en «Sentido original» de 2:13-15, 26-27). Pablo afirma claramente que los gentiles tienen acceso a la Ley moral de Dios (2:14-15) y que, en ocasiones, pueden mostrar una conducta tan excelente que avergüence a los judíos (2:26-27). Pero no asevera que puedan ser salvos aparte del Evangelio y, ciertamente no sugiere que, en general, se encuentren en una posición religiosa mejor que los judíos.

(3) Aunque nunca lo afirma con detalle, Romanos 2 indica claramente que Pablo sí niega que los judíos puedan ser salvos a través del pacto mosaico. Hemos de recordar que el punto de vista que ataca es éste: la extendida convicción entre los judíos de que su salvación estaba prácticamente garantizada por el mero hecho de ser judíos. Además, en el tiempo de Pablo, la identidad judía se vinculaba de manera creciente a la ley de Moisés. Incluso la circuncisión, aunque instituida mucho antes de que la Ley fuera entregada a Israel, estaba ligada en el pensamiento judío a la obediencia a ésta.[11] De modo que, al negar que la circuncisión, la marca del Pacto, carezca de valor si no se obedece la Ley, Pablo está negando, de hecho, que el pacto mosaico pueda salvar. Pero si fuera así, los judíos estarían, al menos en este sentido, en la misma posición que los gentiles: serían capaces de conseguir la salvación aparte del Evangelio, por medio de sus obras (una tarea imposible).

---

9. El ejemplo más claro de este acercamiento es H. Räisänen, *Paul and the Law* [Pablo y la ley] (Filadelfia: Fortress, 1983), ver especialmente pp. 99-108.
10. Ver, por ejemplo, la obra de Barrett, *The Epistle to the Romans* [La Epístola a los Romanos], 56-57.
11. Este punto está implícito en la afirmación de Pablo en Gálatas 5:35:3: «De nuevo declaro que todo el que se hace circuncidar está obligado a practicar toda la ley».

(4) Es vital tener en mente que, en este capítulo, Pablo no dice nada sobre los judíos que no diga sobre los gentiles. Pablo no es «antisemita», sino «anti-hombre natural». Cuando se entiende correctamente el pacto mosaico y el cambio que se produjo en la historia de la salvación cuando la venida del Mesías se entendió plenamente, se hace evidente que los judíos no son distintos de otras personas en materia de salvación. Sin duda, Pablo invierte mucho más espacio para hablar de los judíos que de los gentiles. Pero esto se debe a que el lugar especial que ocupan los judíos en la historia de la salvación les daba una razón mucho más sólida que a los gentiles para creer que no necesitaban el Evangelio.

Significado Contemporáneo

CRISTIANISMO Y JUDAÍSMO. En secciones anteriores hemos anticipado muchos de los asuntos de importancia permanente que Pablo ha explicado en esta sección. Su preocupación general es ayudar a los cristianos romanos —¡y a nosotros!— a entender la razón por la que los judíos necesitan a Cristo tanto como los gentiles. Pero hemos de considerar de nuevo este argumento en vista de algunas importantes corrientes culturales de nuestro tiempo.

El horror de la *Shoah* u Holocausto, ha planteado importantes motivos para analizar de nuevo las relaciones judeo cristianas. Muchos judíos culpan a los cristianos del Holocausto. Los cristianos se han preguntado acertadamente si tal acusación está justificada. Algunos han concluido que sí. Afirman que el Holocausto no fue culpa de los gentiles en general, una parte de los cuales pretendían ser cristianos o reconocían formar parte de la herencia cristiana. En última instancia la *Shoah*, fue más bien culpa de la fe cristiana en sí, al menos tal como se la entiende tradicionalmente. Porque, según ellos, el propio Nuevo Testamento es intrínsecamente antisemita, ya que niega validez a la fe judía, y ésta es inherente a la identidad del pueblo judío.

Según esta línea de pensamiento, pues, la Iglesia Cristiana solo puede evitar el antisemitismo (1) abandonando su fe o (2) reinterpretando radicalmente el Nuevo Testamento. En secciones posteriores miraremos más de cerca cómo se está llevando a cabo esta reinterpretación, especialmente por lo que respecta a Romanos. Pero por ahora nuestra preocupación es el asunto más extenso del antisemitismo. ¿Es Romanos 2 realmente antisemita porque desafía la concepción soteriológica de los judíos? ¿Cómo deberían los cristianos responder a sus amigos y vecinos judíos en vista de Romanos 2?

Don Hagner establece una útil distinción entre «antisemitismo» y «antijudaísmo».[12] El primero es un odio irracional hacia la nación o pueblo judío, mientras que el segundo sería oposición a la religión judía como expresión válida de la verdad. A pesar de algunos ingeniosos intentos de argumentar en sentido contrario, el Nuevo Testamento es ciertamente «antijudaico». Es decir, rebate la preten-

---

12. D. A Hagner, «Paul's Quarrel with Judaism» [la disputa de Pablo con el judaísmo] en *Anti-Semitism and Early Christianity: Issues of Polemic and Faith*, ed. C. A Evans y D. A Hagner (Minneapolis: Fortress, 1993), 128–50.

sión de que el Antiguo Testamento sea la expresión última de la verdad de Dios y de que las personas puedan encontrar la salvación eterna dentro de los límites establecidos por Abraham, Moisés, los profetas y la Torá. Romanos 2 es uno de los pasajes que dejan clara esta cuestión. Ni la circuncisión, como señal del Pacto, ni la Ley, como su centro, pueden redimir a un judío de la ira de Dios. Solo el Evangelio de Cristo es capaz de hacerlo.

Pero, por consiguiente, no hemos de permitir que se tache a los cristianos de «antisemitas». Los cristianos no detestamos o menospreciamos al pueblo judío aunque estemos convencidos de que su religión no les ofrece verdadera salvación. Ni tampoco detestamos a los árabes porque no creamos que el Islam salve, o a los indios porque cuestionemos la validez del hinduismo (o el budismo), o a los secularistas porque no creamos que el materialismo sea la respuesta última a la vida.

Sin embargo, hemos también de reconocer que el antisemitismo acecha a la vuelta de la esquina, especialmente cuando consideramos pasajes como Romanos 2. Hemos de sacar la misma conclusión que el propio apóstol colige de su exposición: que el pueblo judío no puede salvarse por su propia religión y tiene necesidad de escuchar y responder al Evangelio. Nunca deberíamos transigir en esta cuestión.

Por otra parte, también hemos de evitar cualquier indicio de triunfalismo cuando afirmamos estas cosas. Cuando entendemos correctamente el argumento de Pablo, reconocemos que nuestra situación es por naturaleza igual de difícil que la de los judíos: nos encontramos encadenados por el pecado y somos impotentes para salvarnos a nosotros mismos. De hecho, si somos fieles a las palabras de Pablo, reconoceremos que, desde un punto de vista natural, los judíos parten de una posición de ventaja con respecto a nosotros (3:1). Sin embargo, siendo como es nuestro rescate un asunto de la Gracia de Dios, no podemos atribuirnos ningún mérito al respecto.

Como en el caso de cualquier otra persona, hemos ser comprensivos en relación con el origen de los judíos. Precisamente porque muchos judíos resistieron a Jesús y a la Iglesia primitiva y porque los primeros cristianos hubieron de definirse frente a la fe judía, en el Nuevo Testamento encontramos mucha polémica con el judaísmo. La Historia está repleta de residuos de los debates y enfrentamientos judeo cristianos. Con este bagaje, es fácil construir una caricatura de la fe judía. De hecho, como están poniendo de relieve recientes investigaciones, los eruditos cristianos del pasado han sido muchas veces culpables de tergiversar la fe judía, presentándola como mucho más mezquina y legalista de lo que era en realidad. Tales tergiversaciones de los hechos se han ido filtrando a la Iglesia en general.

¿Qué podemos hacer con esta situación? Proponemos dos cosas. (1) Si estamos realmente interesados, deberíamos buscar un buen libro reciente sobre la fe judía.[13] (2) Siempre que surja la ocasión, hemos de procurar enterarnos de lo que creen los judíos preguntándoles directamente a ellos. El judaísmo moderno es, por supuesto, una religión diversa. Únicamente intentando entender lo que cree un judío en concreto podremos entrar en su mundo y compartir el Evangelio con sensibilidad y acierto.

---

13. Ver, por ejemplo, D. S. Ariel, *What Do Jews Believe?* [¿Qué creen los judíos?]. (Nueva York: Schocken, 1995); N. De Lange, *An Introduction to Judaism* [Una Introducción al judaísmo] (Cambridge: Cambridge Univ. Press, 2000).

Romanos 3:1-8

Entonces, ¿qué se gana con ser judío, o qué valor tiene la circuncisión? 2 Mucho, desde cualquier punto de vista. En primer lugar, a los judíos se les confiaron las palabras mismas de Dios. 3 Pero entonces, si a algunos les faltó la fe, ¿acaso su falta de fe anula la fidelidad de Dios? 4 ¡De ninguna manera! Dios es siempre veraz, aunque el hombre sea mentiroso. Así está escrito: «Por eso, eres justo en tu sentencia, y triunfarás cuando te juzguen». 5 Pero si nuestra injusticia pone de relieve la Justicia de Dios, ¿qué diremos? ¿Que Dios es injusto al descargar sobre nosotros su ira? (Hablo en términos humanos.) 6 ¡De ninguna manera! Si así fuera, ¿cómo podría Dios juzgar al mundo? 7 Alguien podría objetar: «Si mi mentira destaca la verdad de Dios y así aumenta su gloria, ¿por qué todavía se me juzga como pecador? 8 ¿Por qué no decir: Hagamos lo malo para que venga lo bueno?» Así nos calumnian algunos, asegurando que eso es lo que enseñamos. ¡Pero bien merecida se tienen la condenación!

En más de veinte años de ministerio, he enseñado el mismo tema muchas veces. A estas alturas puedo predecir con casi un cien por cien de exactitud las preguntas que plantearán los estudiantes y en qué momento de la clase. Cuando escribe Romanos, también Pablo ha estado predicando el Evangelio durante más de veinte años. El apóstol sabe que su enseñanza acerca de ciertos temas suscitará inevitablemente determinadas preguntas o incluso será causa de ciertas conclusiones erróneas entre sus oyentes. Por tanto, a medida que va presentando su Evangelio ante los cristianos romanos le encontramos repetidamente haciendo una pausa en su argumento para contestar a preguntas que sabe que sus lectores se estarán planteando, o rechazar falsas conclusiones que teme puedan estar sacando.

En ningún otro texto de Romanos es esto más evidente que en 3:1. Pablo acaba de pasar un capítulo explicando que la posición de los judíos ante Dios es la misma que la de los gentiles. Por tanto, si hemos seguido el argumento de Pablo, cuando en 3:1 pregunta: «Entonces, ¿qué se gana con ser judío, o qué valor tiene la circuncisión?» surge espontáneamente la respuesta «no se gana nada y no tiene ningún valor». Pero Pablo nos sorprende: «Mucho, desde cualquier punto de vista», responde categóricamente (v. 2a). Sabe que el argumento que ha desarrollado en el capítulo 2 puede llevar a la impresión de que todos los privilegios de los judíos han sido ahora revocados. Es también consciente de que muchos cristianos gentiles estarán muy predispuestos a sacar precisamente esta conclusión. Por consiguiente, sale al paso de posibles errores. Reconoce, por supuesto, que los privilegios de los judíos no les otorgan ninguna ventaja final sobre los gentiles en el juicio, puesto que Dios evaluará a judíos y a gentiles por igual sobre la base de lo que han hecho. Pero esto no significa que los judíos no tengan privilegios.

«En primer lugar» (*proton*) les han sido confiadas «las palabras mismas [*logia*] de Dios» (3:2b). La expresión de Pablo «en primer lugar» no va seguida por un «en segundo lugar». Algunos piensan que el término *proton* solo significa «lo principal» o «lo más importante».[1] Pero es más probable que Pablo pretenda continuar con una enumeración más extensa de los privilegios judíos (como los que se mencionan en 9:4–5), no obstante, su interés por clarificar las limitaciones del privilegio de los judíos como poseedores de la Palabra de Dios, le lleva a desviarse del tema principal.

Si esta sección comienza con una nota relativamente clara, no puede decirse lo mismo del resto. Los versículos 3–8 son algunos de los más difíciles de interpretar de toda la carta. El problema más importante es identificar a los distintos «interlocutores» que Pablo utiliza para sus explicaciones. No cabe duda de que el apóstol plantea preguntas que reflejan algún punto de vista opuesto al suyo, y que responde a estas preguntas. Sin embargo, no está claro en absoluto cuáles son las preguntas del oponente en cuestión, ni cuáles las respuestas de Pablo.

Algo crucial para nuestro punto de vista del párrafo en su conjunto es determinar la identidad de quienes en el versículo 5 interpelan a Pablo sobre «nuestra injusticia». ¿Son acaso personas que se interrogan de un modo general sobre la Justicia de Dios al juzgar a las personas cuando su pecado realza la gloria de Dios? ¿O son judíos que se preguntan cómo puede Dios ser «justo» cuando juzga los pecados de los judíos?

Probablemente es lo último. Pablo parece estar aquí tratando la común creencia judía de que la «justicia» de Dios, su «fidelidad contractual», concedía a los judíos una inmunidad virtual en relación con el juicio. En respuesta, Pablo afirma que la maravillosa bendición de conocer la Palabra de Dios (v. 2) es una espada de dos filos, puesto que la Palabra de Dios promete bendición para la obediencia, sin embargo advierte también sobre la maldición que traerá la desobediencia. Dios sigue siendo fiel (v. 3) y justo (v. 5) en todos sus tratos con su pueblo. Pero los judíos han de entender que el modelo final de la Justicia es el carácter santo de Dios, un carácter que le lleva a responder con ira al pecado (v. 6).

Sin embargo, el objetor judío sigue insatisfecho, y arguye ahora que es injusto que Dios condene a los judíos por hechos que realzan su gloria (v. 7). Pablo responde a su vez con otra pregunta que muestra lo absurdo de tal objeción (v. 8): ¿Debemos, pues, aceptar el punto de vista de que, en el último análisis, cualquier acto que resulte en algo bueno está por ello justificado?

Después de trazar las principales líneas del argumento, podemos ahora detenernos en varios detalles que requieren comentario. En vista del contraste con «la fidelidad» (*pistis*) de Dios, la «falta de fe» [*apistia*] de los judíos que se menciona en el versículo 3 es probablemente, no su negativa a creer, sino su fracaso en cumplir con sus obligaciones contractuales. Por medio de su Ley, Dios había impuesto a Israel los requisitos que ellos tenían que cumplir para mantener la relación contractual. Pero Israel en su conjunto no había guardado estos manda-

---

1. Godet, *Commentary on Romans* [Comentario de Romanos], 132.

mientos. ¿Cómo respondería Dios? ¿Dejaría acaso de ser fiel porque Israel no lo había sido? Con una enérgica negación característica del estilo de diatriba y de Romanos, Pablo rechaza cualquier idea de este tipo: «¡De ninguna manera!» (*me genoito*; ver también 3:6, 31; 6:2, 15; 7:7, 13; 9:14; 11:1, 11).

El fracaso de Israel, insiste Pablo, de ningún modo reduce el compromiso de Dios de cumplir con su parte de las disposiciones del Pacto (v. 4a). Dios será siempre «veraz» aunque todo ser humano sea «mentiroso». El contexto muestra que el uso del término «veraz» sirve para declarar la Fidelidad de Dios. Este uso del término está arraigado en el Antiguo Testamento, donde la palabra griega *aletheia* traduce al término hebreo *emeth*.

Al final del versículo 4, Pablo añade una cita del Salmo 51:4 para explicar la naturaleza de la Fidelidad de Dios. David escribió este salmo tras descubrirse su pecado con Betsabé. Las palabras que se citan expresan el propósito de su confesión de pecado: que quede claro que el castigo de Dios es correcto y justo.[2] En el Salmo 51:4, el hecho de que Dios tiene razón denota la justicia de su juicio. Pablo está dando a entender que su concepto de la Fidelidad de Dios (Ro 3:3–4a) es más amplio que el habitual punto de vista judío. En el tiempo de Pablo, los judíos tendían a concebir la Fidelidad de Dios como orientada positivamente hacia ellos: Dios iba a hacer buenas cosas para su pueblo. Sin embargo, les recuerda Pablo, Dios es también fiel cuando castiga el pecado de su pueblo, como reconoce el propio David.

Con este contexto en mente, podemos entender ahora la pregunta que en el versículo 5 Pablo pone en labios judíos. ¿Acaso Dios no es injusto cuando derrama su ira sobre los judíos cuando su infidelidad al Pacto llevó al establecimiento de su justicia en grado incluso mayor en Cristo? Tras esta pregunta hay cierto punto de vista judío de la Justicia de Dios (ver la sección «Construyendo puentes»). Pablo descarta tal objeción sugiriendo la inferencia que habría de seguir a este razonamiento: en tal caso Dios no podría nunca juzgar a nadie, puesto que en su providencia hace que todo pecado repercuta en la alabanza de su nombre. No obstante, las Escrituras enseñan que Dios juzgará al mundo (v. 6; ver Gn 18:25: «Tú, que eres el Juez de toda la tierra, ¿no harás justicia?»).

No está claro cómo encaja el versículo 7 en el desarrollo del argumento. Las palabras introductorias que aparecen en la NVI, «Alguien podría objetar», no responden a nada que se consigne en el texto griego. Han sido añadidas para mostrar que, en opinión de los traductores, Pablo está aquí citando de nuevo una objeción. Sin embargo, algunos intérpretes piensan que el versículo 7 continúa desarrollando el mismo argumento de Pablo desde el versículo 6. El apóstol ha afirmado que Dios ha de juzgar al mundo. Sin embargo, no podría hacerlo –señala– si se da legitimidad a la excusa de que «Dios utilizó mi pecado para bien». Cualquiera

---

2. Esta interpretación depende de entender el verbo *krinesthai* de la segunda línea de la cita del salmo, como una voz media, como lo hace la NVI (y la mayoría de los comentaristas. Ver Mt 5:40; 1Co 6:6), en lugar de como una pasiva, «cuando eres juzgado» (a favor de esta lectura, ver, p. ej., Käsemann, *Commentary on Romans* [Comentario de Romanos], 81).

podría plantear este subterfugio.³ En general, no obstante, la mayoría de comentaristas consideran que la interpretación representada por la NVI es mejor. El versículo 7 enuncia, entonces, una objeción a la lógica de Pablo parecida a la del versículo 5: es injusto que Dios condene a unas personas cuyo pecado repercute en su gloria.

El versículo 8 es difícil de traducir y de entender. Algunos eruditos piensan que Pablo continúa con la objeción del versículo 7, solo para rechazar todo el razonamiento al final del versículo: «¡Pero bien merecida se tienen la condenación!».⁴ Sin embargo, todo el desarrollo parece más lógico si se entiende el versículo 8 como una pregunta del propio Pablo, que pretende mostrar lo absurdo de la objeción expresada en el versículo 7. Si el objetor está en lo cierto, y si Dios no debe condenar a los judíos cuando pecan porque su pecado realza la gloria de Dios, entonces la deducción general sería que el pecado es justificado siempre que finalmente produzca algo bueno. La conclusión lógica de esta manera de ver el pecado sería pues: «hagamos lo malo para que venga lo bueno». En un giro irónico, Pablo añade un paréntesis, observando que algunas personas (probablemente judíos) han acusado a Pablo de enseñar ¡precisamente esto! Por consiguiente, Pablo concluye, que la «condenación» de quienes argumentan de este modo «es merecida». Los judíos no pueden excusar su pecado solo porque Dios lo utilice para bien dentro de su esquema histórico-salvífico.

Significado Contemporáneo

La Justicia de Dios. Una de las razones por las que a los lectores modernos les es tan difícil seguir el argumento de esta sección es que Pablo incide levemente en un asunto profundo y fundamental entre los judíos de su tiempo: la naturaleza de la Justicia de Dios. En el Antiguo Testamento, como hemos observado en la sección «Construyendo puentes» acerca de 1:16–17, la idea de la Justicia de Dios (la palabra griega utilizada es *dikaiosyne*; la hebrea, *sedeq* o *sedaqa*) está con mucha frecuencia vinculada a su pacto con Israel. La Justicia de Dios se refiere, pues, con frecuencia a su compromiso de cumplir las estipulaciones del Pacto con Israel y, en este sentido, da la impresión de que a menudo es prácticamente equivalente a su misericordia o fidelidad.

Obsérvese, por ejemplo, el Salmo 36:5–6:

> Tu *amor*, Señor, llega hasta los cielos; tu *fidelidad* alcanza las nubes.
> Tu *justicia* es como las altas montañas; tus *juicios*, como el gran océano. Tú, Señor, cuidas de hombres y animales; (cursivas del autor)

Aquí la «justicia» de Dios es paralela a su «amor» (o «misericordia» [La palabra griega es *eleos*]) y «la fidelidad» (*aletheia*) y es la base de su obra positiva de

---

3. Ver por ejemplo, Godet, *Commentary on Romans* [Comentario de Romanos], 137.
4. Yo adopté este punto de vista en mi anterior comentario; ver Moo, *The Epistle to the Romans* [La Epístola a los Romanos], 194–95.

cuidar «de hombres y animales». No es de extrañar, entonces, que muchos judíos llegaran a creer que la Justicia de Dios estaría siempre «de su parte», garantizando su liberación de mano de sus enemigos. Sin embargo, Israel sufrió entonces un golpe tras otro. La mayor parte del pueblo fue llevado al exilio por victoriosos poderes extranjeros, a Asiria en el siglo VIII a.C. y a Babilonia en el VI. Algunos judíos pudieron finalmente regresar y restablecer una presencia nacional (ver los libros de Esdras y Nehemías), sin embargo la nación siguió siendo pequeña e insignificante durante la mayor parte de su existencia. Por último, vinieron los romanos, que anexionaron Israel a su imperio.

Estas experiencias, tan contrarias a las expectativas judías sobre el poder de Dios y su fidelidad hacia ellos, trajo a la vanguardia el asunto de la teodicea: la Justicia de Dios. ¿Cómo podía Dios permitir que su pueblo sufriera bajo la tiranía extranjera? ¿Qué estaba haciendo? ¿Cuáles eran sus propósitos? De uno u otro modo, estas preguntas polarizaron la mayor parte de la labor teológica de los judíos durante aquellos siglos. Un concepto esencial en todo este debate era la naturaleza de la Justicia de Dios. La tendencia dominante fue la de reafirmar el sentido positivo de la justicia divina y verlo como un fundamento constante para la esperanza de Israel. Dios permitía que su pueblo experimentara dificultades y percances para corregirles y disciplinarles. Sin embargo, seguía comprometido con Israel; su justicia permanecerá para siempre. Este es el trasfondo que ha de orientar nuestra lectura de Romanos 3:3-8.

Pablo trata la idea judía imperante de que la Justicia de Dios seguía garantizando la inmunidad de Israel por lo que al juicio se refiere. En oposición a esta creencia, el apóstol adelanta de manera implícita una concepción alternativa a esta justicia. Según su punto de vista, la *dikaiosyne* de Dios nunca tuvo el Pacto con Israel como objeto final, sino su nombre y gloria.

Por supuesto, muchos eruditos han argumentado que las palabras de Pablo se dirigen esencialmente contra el punto de vista judío de que, en el Antiguo Testamento, la Justicia de Dios implica su relación con Israel y es completamente positivo en sus efectos.[5] Sin embargo, John Piper, entre otros que defienden lo mismo, ha mostrado que la interpretación más amplia de Pablo acerca de la Justicia de Dios es, en realidad, fiel a la idea veterotestamentaria.[6] La Justicia de Dios es, básicamente, su compromiso de actuar siempre de acuerdo con su carácter. Con respecto a Israel, esto significa que Dios mantendrá las promesas que ha hecho a su pueblo. No obstante, interesadamente, los intérpretes judíos pasan por alto el hecho de que, en el Pacto, Dios prometió tanto bendecir a Israel si obedecía como castigarles si no lo hacían.

Esto queda especialmente claro en las «maldiciones y bendiciones» de Deuteronomio 28 y la oferta de la vida frente a la muerte en 30:11–20. Otros

---

5. Ver por ejemplo, G. von Rad, *Old Testament Theology* [Teología del Antiguo Testamento] (2 vols.; Nueva York: Harper & Row, 1962), 1:370–77.
6. Piper, The Justification of God: An Exegetical and Theological Study of Romans 9:1 [La Justificación de Dios: un estudio exegético y teológico de Romanos 9:1-23], (Grand Rapids: Baker, 1983).

autores veterotestamentarios de periodos posteriores confirman que los efectos de la Justicia de Dios sobre Israel pueden ser tanto negativos como positivos. Obsérvese especialmente Nehemías 9:32–33:

Y ahora, Dios nuestro, Dios grande, temible y poderoso, que cumples el pacto y eres fiel, no tengas en poco los sufrimientos que han padecido nuestros reyes, gobernantes, sacerdotes y profetas, nuestros padres y todo tu pueblo, desde los reyes de Asiria hasta hoy. Tú has sido justo en todo lo que nos ha sucedido, porque actúas con fidelidad. Nosotros, en cambio, actuamos con maldad.

Dios es imparcial o justo incluso cuando castiga a su pueblo por su pecado.

Pablo trabaja con esta concepción más amplia de la Justicia de Dios para explicar la situación que ha traído la venida de Cristo a la historia de la salvación. El Evangelio de ningún modo deroga las prerrogativas de Israel (Ro 3:1–2). Sin embargo, insiste Pablo, hemos de entender correctamente tales prerrogativas. El que a Israel se le haya confiado la Palabra de Dios no ha significado nunca que sea inmune al juicio; de hecho, la palabra misma promete juicio por desobediencia. Según el punto de vista de Pablo, este juicio se ha producido ahora. Dios ha traído sus maldiciones sobre Israel y, en consonancia con las voces proféticas del Antiguo Testamento (ver especialmente Jer 31:31–34), el antiguo Pacto ha de ser sustituido por uno nuevo.

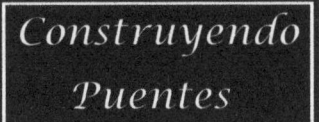

CONFIAR EN LAS PROMESAS. Puede que los judíos hubieran malentendido la naturaleza de la Fidelidad de Dios, sin embargo estaban en lo cierto al creer que todo lo que éste había prometido lo cumpliría. Pablo está de acuerdo: «Dios es siempre veraz, aunque el hombre sea mentiroso». Dios es absolutamente digno de confianza. Podemos estar seguros del cumplimiento, hasta el más mínimo detalle, de cada una de las promesas que nos ha hecho.

Eso sí, hemos de tener cuidado de interpretarlas correctamente. Muchos cristianos cometen el error de pensar que todas las promesas de la Biblia se dirigen cabalmente a ellos. De hecho, no obstante, muchas promesas se dirigen a personas específicas en circunstancias específicas. Consideremos, por ejemplo, la promesa tantas veces citada acerca del arrepentimiento y la restauración nacional: «si mi pueblo, que lleva mi nombre, se humilla y ora, y me busca y abandona su mala conducta, yo lo escucharé desde el cielo, perdonaré su pecado y restauraré su tierra». (2Cr 7:14). He oído a cristianos aplicar esta promesa a los Estados Unidos, y a otros a la Iglesia.

Esta última aplicación está, sin duda, más cerca del sentido original que la primera, sin embargo ambas son cuestionables. La promesa se le hizo a la nación de Israel, y durante la dedicación del templo al Señor por parte de Salomón. Ciertamente puede argumentarse que, por analogía, el principio de este versículo se aplica a otras situaciones. Sin embargo, la cuestión es que no podemos acercarnos a tales promesas y, olvidándonos del contexto y de los receptores originales, asumir siempre que son para nosotros.

Pero quedan muchas promesas que sí se aplican a nosotros: son promesas hechas a la Iglesia de Jesucristo y a los creyentes de manera individual. Más adelante consideraremos una de las más famosas de estas promesas: «Ahora bien, sabemos que Dios dispone todas las cosas para el bien de quienes lo aman, los que han sido llamados de acuerdo con su propósito» (Ro 8:28). Pablo nos recuerda en este capítulo que podemos tener la certeza absoluta de que Dios cumplirá estas promesas. En un mundo incierto, esta verdad nos aporta certeza; en un mundo sin fundamentos, aquí tenemos un cimiento hecho de roca maciza.

Sin duda, nuestra negativa a creer y obedecer puede condicionar algunas de las promesas que Dios nos ha hecho. Sin embargo, en última instancia ni siquiera nuestros fallos empequeñecen la Fidelidad de Dios para con nosotros. Como lo expresa Pablo en otro pasaje (2Ti 2:11-13):

Este mensaje es digno de crédito: Si morimos con él, también viviremos con él; si resistimos, también reinaremos con él. Si lo negamos, también él nos negará; si somos infieles, él sigue siendo fiel, ya que no puede negarse a sí mismo.

O, por citar el conocido himno:

Todas las promesas del Señor serán,
Gozo y fuerza en nuestra vida terrenal;
Ellas en la dura lid nos sostendrán,
Y triunfar podremos sobre el mal.

Falsa seguridad. La tendencia judía de pensar que el Pacto era una salvaguarda de cualquier amenaza de juicio encuentra paralelismos en la Iglesia cristiana. Yo creo que los verdaderos cristianos tienen seguridad; es decir, si realmente hemos conocido a Cristo, podemos estar absolutamente seguros de que apareceremos delante de él en gloria.

Pero plantear las cosas en términos de «seguridad eterna», como en ocasiones llamamos a esta doctrina, la hace susceptible de abusos. (1) Algunas personas pueden pensar que están seguras cuando en realidad no lo están, ya que nunca han creído verdaderamente. Han «pasado adelante», levantado la mano en una invitación, o se han bautizado, sin embargo nunca se han sometido verdaderamente a Cristo como Señor. Tales personas no están «seguras» en Cristo. Hemos de ayudarles a entender lo que es la verdadera conversión, y desafiar a quienes profesan ser creyentes a asegurarse de que su profesión concuerda con la realidad espiritual.

(2) Pero aun los auténticos cristianos pueden estar errados en este asunto. Creo que es cierto que las Escrituras prometen que Dios llevará indefectiblemente a la gloria eterna a quienes son verdaderamente suyos. Sin embargo, esta palabra deja también claro que nuestra gloria eterna depende de una vida de obediencia. Por supuesto, algunos teólogos intentan minimizar o incluso desestimar esta última idea. Pero hay demasiados textos (p. ej., 8:12-13) que lo enseñan con mucha clari-

dad. Poner en un mismo paquete la promesa de Dios de guardarnos y nuestra necesidad de ser obedientes para poder disfrutar esta promesa no es tarea fácil.

Los teólogos han pasado mucho tiempo debatiendo el modo de hacerlo. Pero lo que quiero decir aquí es relativamente simple: los creyentes no han asumir de tal modo su «seguridad» que dejen de hacer todo esfuerzo por poner sus vidas bajo obediencia a Cristo. Esta es precisamente la razón por la que muchos teólogos y predicadores contemporáneos prefieren hablar mejor de «perseverancia de los santos» que de «seguridad eterna». Tal preferencia se basa en que la primera contiene el recordatorio de que los santos han de perseverar si esperan alcanzar la gloria. Creemos que Dios nos brinda toda la ayuda necesaria para que podamos perseverar. Pero hemos de reconocer igualmente que nuestro compromiso y dedicación a la causa son también necesarios.

Romanos 3:9-20

¿A qué conclusión llegamos? ¿Acaso los judíos somos mejores? ¡De ninguna manera! Ya hemos demostrado que tanto los judíos como los gentiles están bajo el pecado. 10 Así está escrito: «No hay un solo justo, ni siquiera uno; 11 no hay nadie que entienda, nadie que busque a Dios. 12 Todos se han descarriado, a una se han corrompido. No hay nadie que haga lo bueno; ¡no hay uno solo!» 13 «Su garganta es un sepulcro abierto; con su lengua profieren engaños». «¡Veneno de víbora hay en sus labios!»14 «Llena está su boca de maldiciones y de amargura». 15 «Veloces son sus pies para ir a derramar sangre; 16 dejan ruina y miseria en sus caminos, 17 y no conocen la senda de la paz». 18 «No hay temor de Dios delante de sus ojos». 19 Ahora bien, sabemos que todo lo que dice la Ley, lo dice a quienes están sujetos a ella, para que todo el mundo se calle la boca y quede convicto delante de Dios. 20 Por tanto, nadie será justificado en presencia de Dios por hacer las obras que exige la Ley; más bien, mediante la Ley cobramos conciencia del pecado.

A partir de la extensa exposición sobre el pecado y la ira de Dios que ha desarrollado en 1:18–3:8, Pablo saca ahora una conclusión y de ésta, a su vez, una implicación, ambas cosas son fundamentales para su argumento en la carta en su conjunto. La conclusión se produce en el versículo 9: Todas las personas, tanto judíos como gentiles, están «bajo el pecado». Pablo expresa la implicación de este hecho al final del pasaje: «nadie será justificado en presencia de Dios por hacer las obras que exige la ley». En apoyo de la conclusión del versículo 9 hay una serie de citas veterotestamentarias (la más larga del Nuevo Testamento (vv. 10–18).

El formato de pregunta/respuesta del versículo 9 se parece al estilo de los versículos 1–8, y las preguntas están probablemente motivadas por lo que el apóstol ha enseñado en estos versículos. Sin embargo, para entender la conexión exacta, hemos de estar primero seguros de la traducción e interpretación de la segunda pregunta. A alguien que lea la NVI podría perdonársele que se preguntara lo que sucede con el griego, porque el texto dice: «¿Acaso [...] somos mejores?» mientras que la nota a pie de página sugiere precisamente lo contrario: «¿Acaso [...] somos peores?» La diferencia no tiene que ver con una variante textual, sino con la interpretación de un verbo griego (*proecho*), cuyo significado esencial es «sobrepasar». Por la forma verbal específica utilizada aquí (*proechometha*) podría tratarse tanto de la voz pasiva («somos acaso sobrepasados?»[1]) como de la media, con un significado activo («¿sobrepasamos acaso nosotros?»). El sujeto del verbo es «los

---

1. Ver las notas marginales de la NVI, NRSV, y REB; Sanday y Headlam, *The Epistle to the Romans* [La Epístola a los Romanos], 76; Fitzmyer, *Romans* [Romanos], 330–31

judíos» y el objeto implícito de la comparación, teniendo en cuenta el contexto, es casi con toda seguridad los gentiles.

Junto con la mayoría de las traducciones y comentarios en inglés, creo que, probablemente, Pablo quiere dar a sus palabras este último significado. Sin embargo, la cuestión es más o menos la misma en todas las traducciones. En cualquier caso, la pregunta es si, en el último análisis, hay alguna diferencia esencial entre judíos y gentiles. Podemos entender que la exposición que hace Pablo en los versículos 1-8 podría haber suscitado precisamente esta pregunta. En los versículos 1-2 el apóstol ha afirmado que los judíos tienen, sin duda, ciertos privilegios, mientras que en el capítulo 2 ha criticado a los judíos hasta tal punto que algunos pueden concluir que son peores que los gentiles.

La expresión «de ninguna manera» que consigna la NVI como respuesta de Pablo a esta pregunta, no traduce la misma expresión griega (*me genoito*) que encontramos en otros pasajes de Romanos (ver comentario sobre 3:4). Algunos intérpretes insisten, por tanto, en que la negación de Pablo aquí es más débil y tiene el sentido de «no del todo» (la expresión griega es *ou pantos*). Estos comentaristas argumentan que es necesaria una negación tan matizada, puesto que Pablo ha afirmado ya que, en cierto sentido, los judíos tienen ventaja sobre los gentiles: se les han confiado «las palabras mismas de Dios» (3:2).[2]

Sin embargo, no es necesario matizar la negación para armonizar los dos textos. El contexto deja suficientemente claro que la distinción que Pablo niega aquí (y a lo largo de todo el capítulo 2) tiene que ver concretamente con el rescate de la ira de Dios. Es precisamente este punto el que Pablo reitera como explicación (la NVI no traduce la partícula *gar*, «puesto que»), de su negación al final del versículo 9: «[Puesto que] ya hemos demostrado que tanto los judíos como los gentiles están bajo el pecado». Es importante prestar una minuciosa atención a la fraseología: los seres humanos no solo cometen pecados, sino que están «bajo pecado». Exploraremos el sentido de este tipo de lenguaje en la sección «Significado contemporáneo».

Con su fórmula introductoria característica, «Así está escrito», Pablo pasa ahora a una serie de citas veterotestamentarias que confirman el carácter universal del pecado. Pablo cita principalmente los Salmos e Isaías. A primera vista la disposición de las citas parece fortuita. Sin embargo, una mirada más detenida descubre cierta estructura. La expresión «no hay» (*ouk estin*) une las citas de los versículos 10b-12, que establecen el hecho general de la universalidad del pecado humano. En los versículos 13-14, Pablo se centra en pecados de lenguaje, haciendo referencia a distintos órganos del habla en cada una de las cuatro líneas. En los versículos 15-17 Pablo pasa a enumerar pecados de violencia contra los demás. El versículo 18, por último, regresa al punto de partida de Pablo, utilizando la expresión «no hay» (*ouk estin*) para afirmar la despreocupación esencial humana hacia Dios.

---

2. Ver, p. ej., Cranfield, *The Epistle to the Romans* [La Epístola a los Romanos], 190. La otra única ocasión en que esta expresión aparece en el Nuevo Testamento tiene este sentido matizado (1Co 5:10).

Algunos eruditos han propuesto que Pablo podría estar citando una antigua colección cristiana de pasajes del Antiguo Testamento.[3] Tenemos ciertas evidencias de que tales colecciones de «textos probatorios» del Antiguo Testamento (llamadas *florilegium*) existieron, o bien en forma oral o escrita, en la primera etapa de la Iglesia. Pero no podemos saber si lo que tenemos aquí es o no una de ellas.

Estas citas suscitan también un asunto hermenéutico. En su contexto original, algunas de las palabras que cita Pablo aluden, ciertamente, a los seres humanos en general (p. ej., versículos 10b–12). Pero en otros casos, los referentes originales son los enemigos impíos (versículos 13–14) o los perversos de Israel (versículos 15–17). ¿Cómo puede Pablo aplicar todos estos textos al ser humano en general? Algunos, de hecho, niegan que Pablo esté haciendo tal cosa; utilizan estas citas como evidencia de que, en este contexto, Pablo está solo condenando a los impíos judíos.[4] Sin embargo, el lenguaje de Pablo parece bastante claro: «judíos y gentiles por igual están bajo pecado» (v. 9); «no hay un solo justo» (v. 10, cursivas del autor). Puede, pues, que Pablo esté dando a entender que todos los judíos han de considerarse ahora como parte de la categoría de los «impíos» (ver «Construyendo puentes»).

El lenguaje de los versículos 10b–12 procede del Salmo 14:1–3 (cf. también Sal 53:1–3). La expresión «no hay nadie» resuena en estas líneas como una nota constante, remachando la idea que Pablo quiere subrayar, en el sentido de que todos, judíos y griegos por igual, están bajo el poder del pecado. Como la mayor parte de las citas de Pablo, también ésta parece tomada del Antiguo Testamento en griego, la Septuaginta (LXX). Pero una comparación entre el texto del Salmo y Romanos 3:10b–12 pone de relieve una diferencia significativa. El salmista afirma que «no hay uno solo que haga lo bueno», Pablo cita «no hay un solo justo» (*dikaios*). Algunos comentaristas piensan que este cambio se debe a que Pablo está también aludiendo a Eclesiastés 7:20: «No hay en la tierra nadie tan justo que haga el bien y nunca peque».[5] Sin embargo, la importancia de usar el término «justo» y derivados en esta parte de Romanos hace más probable que el propio apóstol haya introducido este cambio para adaptar más estrechamente la cita a su contexto.

Tras poner de relieve el carácter universal del pecado, Pablo prosigue ilustrando este punto mediante una enumeración de pecados representativos. La primera serie (vv. 13–14), que se centra en pecados de carácter verbal, procede de tres distintos Salmos: Salmo 5:9; 140:3b; y 10:7. Es posible que Pablo dispusiera los versículos para que coincidieran con los distintos órganos que utilizamos al hablar: garganta, lengua, labios, boca. Pablo utiliza las citas para trazar una vívida imagen de cómo se utilizan las palabras para dañar a los demás.

La siguiente serie de pecados representativos se concentra en la violencia en general (vv. 15–17). La cita es de Isaías 59:7–8a, con una posible alusión a Proverbios 1:16. La serie concluye con una última prueba general de la negativa

---

3. Ver, p. ej., Käsemann, *Commentary on Romans* [Comentario de Romanos], 86.
4. Ver la obra de Davies, *Faith and Obedience* [Fe y obediencia], 82–96.
5. Dunn, *Romans* [Romanos], 150.

humana de honrar a Dios: «No hay temor de Dios delante de su ojos» (Ro 3:18, citando Sal 36:1b).

En el versículo 19 Pablo anuncia la conclusión que hay que colegir de esta serie de citas: «Ahora bien, sabemos que todo lo que dice la Ley, lo dice a quienes están sujetos a ella, para que todo el mundo se calle la boca y quede convicto delante de Dios». La primera ocasión en que aparece la palabra «ley» ha de aludir a las citas que el apóstol acaba de terminar, muchas de las cuales proceden de los Salmos. Aquí tenemos, entonces, una de las pocas ocasiones en que Pablo utiliza el término «ley» (*nomos*) con un sentido canónico, para denotar la Escritura (ver la sección «Construyendo puentes» de 2:12–16). Sin embargo, en su segunda utilización de *nomos* en este versículo, Pablo regresa a su uso habitual: Aquellos que están «bajo la ley» son los judíos, responsables ante Dios de la ley de Moisés que él les ha impuesto.

La conclusión que Pablo saca de esto es interesante: «toda» boca «calle»; «todo el mundo» es responsable ante Dios. La imaginería es de carácter judicial. Hemos de imaginar al acusado cerrando la boca sin nada que decir en su defensa cuando el fiscal (i. e., las citas veterotestamentarias de los vv. 10b–18) termina la exposición de sus cargos. El acusado reconoce que está a merced del juez (Dios), quien se dispone a pronunciar la sentencia.

¿Pero cómo pueden estos versículos del Antiguo Testamento que, según Pablo, se aplican a los judíos («quienes están bajo la ley») condenar a toda la Humanidad? Algunos han pensado que esta conclusión universal requiere que la expresión «quienes están bajo la ley» incluya a todo ser humano. La palabra *nomos* aludiría, por tanto, a la Ley de Dios en general, tanto a la mosaica como a la «natural» (cf. 2:14).[6] Pero esta amplia aplicación de *nomos* es poco común en Pablo y no encaja con la propia expresión «bajo la ley». Por ello es preferible una interpretación alternativa. Pablo sabe perfectamente que lo más difícil de demostrar es que los judíos, que son receptores de la revelación de Dios y de la bendición del Pacto, son pecadores y responsables delante de Dios. Demostrando, pues, a partir del Antiguo Testamento que los judíos están bajo la condenación, Pablo cree legítimo extender el veredicto a todos los seres humanos.

La NVI, con su «por tanto» (*dioti*) sugiere que el versículo 20 es una conclusión que surge del versículo 19. Esto tiene sentido. Sin embargo, *dioti* puede también traducirse como «porque», y esto puede tener incluso más sentido. Pablo es consciente de que los judíos podrían querer excluirse de la acusación universal que ha hecho en el versículo 19. Podrían apelar a su relación con la Ley de Dios como una razón para estar exentos del veredicto de condenación. Por consiguiente, Pablo sale al paso de esta objeción afirmando que la Ley es impotente para cambiar la posición esencial de los judíos ante Dios: «nadie será justificado en presencia de Dios por hacer las obras que exige la Ley».

El lenguaje de Pablo aquí recuerda al del Salmo 143:2b: «[...] ante ti nadie puede alegar inocencia». Pero la añadidura más significativa, por supuesto, es la refe-

---

6. Murray, *The Epistle to the Romans* [La Epístola a los Romanos], 1:85–7.

rencia de Pablo a la Ley. La expresión de la NVI «hacer las obras que exige la Ley» traduce una expresión que ha sido el centro de un acalorado debate en años recientes: *erga nomou* (lit., «obras de la Ley»). Pablo es el único autor del Nuevo Testamento que utiliza esta expresión (ver también Ro 3:28; Gá 2:16; 3:2, 5, 10). En cada caso, el apóstol niega que la «justicia» (o su equivalente) pueda basarse en estas «obras de la ley».

Casi todos los exégetas modernos concuerdan en que, en esta frase, la «ley» es una referencia a la ley mosaica y que Pablo está hablando de alguna forma de observancia de la Torá. Sin embargo, los eruditos disienten con respecto a si el acento está en la palabra «obras» o en «ley». Si se trata de lo primero, entonces lo que Pablo quiere decir es que aun las obras hechas en obediencia a la ley de Moisés no pueden poner a nadie en relación con Dios. Por tanto, sería legítimo deducir que no existe ninguna clase de obras, hechas en obediencia a ninguna ley o impulso moral, que puedan justificar al hombre ante Dios. Sin embargo, si el acento está en la palabra «ley», Pablo podría estar refiriéndose, no a la práctica de la Ley, sino a la posesión en sí de ella. En este punto de vista, su argumento estaría centrado en los judíos y no podría extenderse más allá de ellos. El apóstol estaría arguyendo que la ley mosaica y el Pacto del que forma parte no pueden ya justificar.

Una poderosa fuerza a favor de este segundo punto de vista es una interpretación revisada del judaísmo que se ha extendido mucho en los últimos treinta años. Sin embargo, a pesar de esta fuerza, creemos que la primera interpretación es mejor. Algunos antecedentes judíos de la expresión «obras de la ley» sugieren que solo significa «cosas hechas en obediencia a la ley»; ningún otro matiz es justificado. Para Pablo, esta expresión parece funcionar como un equivalente a la simple palabra «obras» (cf. 3:20, 28 con 4:2, 3–5). Esta interpretación tiene lógica en el contexto del judaísmo del primer siglo (ver «Construyendo puentes»).

Después de decirnos lo que la Ley no puede hacer —llevarnos a una relación con Dios— Pablo concluye diciéndonos lo que ésta sí consigue: por medio de ella «cobramos conciencia del pecado». La expresión «cobramos conciencia» en la NVI traduce al sustantivo griego *epignosis*, «conocimiento». Sin embargo, puesto que, en la Biblia, «conocimiento» significa con frecuencia íntima familiaridad o entendimiento, la traducción de la NVI da aquí en el blanco. Al poner ante los seres humanos un detallado registro de la voluntad de Dios, la Ley nos hace vívidamente conscientes de lo lejos que estamos de cumplir con los requisitos de Dios. Por ello, nos hace cobrar conciencia de nuestra pecaminosidad.

Construyendo Puentes

Leer las citas veterotestamentarias en sus contextos. Hemos subrayado antes (ver la sección «Construyendo puentes» de 1:1–7) lo importante que es leer Romanos teniendo en mente el trasfondo del Antiguo Testamento. Esto es obviamente necesario en 3:10–18, donde tenemos una serie de citas explícitas. Sin embargo, es posible dejar de captar el matiz de la cita si descuidamos observar cuidadosamente el contexto del que Pablo la saca. Esto no significa que Pablo, u otros autores del Nuevo Testamento, citen siempre el Antiguo Testamento de manera que encaje en el contexto original. Pero el lector cuidadoso del Nuevo Testamento siempre ha de comprobar el contexto veterotestamentario para ver si éste puede arrojar luz a la aplicación del Nuevo Testamento.

Para ilustrarlo, a continuación consignamos en extenso los contextos del Antiguo Testamento de los que cita Pablo en los vv. 10–18 (el lenguaje que Pablo utiliza [o su equivalente] está en cursiva).

Salmos 14:1–8 (ver Ro 3:10b–12)

1 Dice el necio en su corazón:
«No hay Dios.»
Están corrompidos, sus obras son detestables;
¡no hay uno solo que haga lo bueno!
Desde el cielo el Señor contempla a los mortales,
para ver si hay alguien que sea sensato y busque a Dios.
Pero todos se han descarriado, a una se han corrompido.
No hay nadie que haga lo bueno; ¡no hay uno solo!
¿Acaso no entienden todos los que hacen lo malo,
los que devoran a mi pueblo como si fuera pan?
¡Jamás invocan al Señor!
Allí los tienen, sobrecogidos de miedo,
pero Dios está con los que son justos.
Ustedes frustran los planes de los pobres,
pero el Señor los protege.
¡Quiera Dios que de Sión venga la salvación de Israel!
Cuando el Señor restaure a su pueblo,
¡Jacob se regocijará, Israel se alegrará!

Salmo 5:5–10 (Ro 3:13a)

No hay lugar en tu presencia para los altivos,
pues aborreces a los malhechores.
Tú destruyes a los mentirosos
y aborreces a los tramposos y asesinos.
Pero yo, por tu gran amor
puedo entrar en tu casa;
puedo postrarme reverente
hacia tu santo templo.
Señor, por causa de mis enemigos,
dirígeme en tu justicia;
empareja delante de mí tu senda.
En sus palabras no hay sinceridad;

en su interior solo hay corrupción.
Su garganta es un sepulcro abierto;
con su lengua profieren engaños.
¡Condénalos, oh Dios!
¡Que caigan por sus propias intrigas!
¡Recházalos por la multitud de sus crímenes,
porque se han rebelado contra ti!

Salmo 140:1–4 (Ro 3:13b)

Oh Señor, líbrame de los impíos;
protégeme de los violentos,
de los que urden en su corazón planes malvados
y todos los días fomentan la guerra.
Afilan su lengua cual lengua de serpiente;
¡veneno de víbora hay en sus labios!
Selah Señor, protégeme del poder de los impíos;
protégeme de los violentos,
de los que piensan hacerme caer.

Salmo 10:4–7 (v. 14)

El malvado levanta insolente la nariz,
y no da lugar a Dios en sus pensamientos.
Todas sus empresas son siempre exitosas;
tan altos y alejados de él están tus juicios
que se burla de todos sus enemigos.
Y se dice a sí mismo: «Nada me hará caer.
Siempre seré feliz. Nunca tendré problemas.»
Llena está su boca de maldiciones,
de mentiras y amenazas;
bajo su lengua esconde maldad y violencia.

Isaías 59:4–10 (Ro 3:15–17)

Nadie clama por la justicia,
nadie va a juicio con integridad.
Se confía en argumentos sin sentido,
y se mienten unos a otros.
Conciben malicia y dan a luz perversidad.
Incuban huevos de víboras y tejen telarañas.
El que coma de estos huevos morirá;
si uno de ellos se rompe, saldrá una culebra.
Sus tejidos no sirven para vestido;
no podrán cubrirse con lo que fabrican.

Sus obras son obras de iniquidad,
y sus manos generan violencia.
Sus pies corren hacia el mal;
se apresuran a derramar sangre inocente.
Sus pensamientos son perversos;
dejan ruina y destrucción en sus caminos.
No conocen la senda de la paz;
no hay justicia alguna en su camino.
Abren senderos tortuosos,
y el que anda por ellos no conoce la paz.
Por eso el derecho está lejos de nosotros,
y la justicia queda fuera de nuestro alcance.
Esperábamos luz, pero todo es tinieblas;
claridad, pero andamos en densa oscuridad.
Vamos palpando la pared como los ciegos,
andamos a tientas como los que no tienen ojos.
En pleno mediodía tropezamos como si fuera de noche;
teniendo fuerzas, estamos como muertos.

Salmo 36:1–4 (Ro 3:18)

Dice el pecador: «Ser impío lo llevo en el corazón.»
No hay temor de Dios delante de sus ojos.
Cree que merece alabanzas y no halla aborrecible su pecado.
Sus palabras son inicuas y engañosas;
ha perdido el buen juicio y la capacidad de hacer el bien.
Aun en su lecho trama de hacer el mal;
se aferra a su mal camino y persiste en la maldad.

Lo que nos sorprende de inmediato al ver estos contextos es que cada uno de ellos (con la posible excepción de la cita de Isaías) trata de personas perversas o injustas, en contraste con el autor y otros israelitas justos. No hay duda de que nunca hubiéramos podido conocer esta información analizando únicamente las citas de Romanos.

¿Qué hemos de concluir a partir de esta observación? Como hemos observado anteriormente, algunos eruditos piensan que esto demuestra que en estas citas Pablo está haciendo referencia solo a los judíos impíos. Sin embargo, una explicación más probable es que, de manera deliberada, Pablo decidió tomar sus palabras de estos contextos para enseñar algo sutil pero importante: en vista de Cristo y su obra, todos los judíos han de considerarse ahora en la categoría de los «impíos». Los primeros lectores de Romanos serían muy conscientes de que las palabras que cita Pablo se aplican solo a los impíos, y es posible que al principio se preguntaran por qué las aplicaba el apóstol a todos los judíos. Sin embargo, después se darían cuenta de que Pablo se estaba sirviendo de un recurso retórico para afirmar que todos los judíos (y todos los gentiles) son «injustos».

Leer a Pablo en el contexto del judaísmo del primer siglo. Puesto que Dios se ha revelado a nosotros dentro del entramado espacio temporal de la Historia, esta Historia se convierte en un contexto imprescindible para la interpretación exacta de la Biblia. La mayoría de los cristianos entienden, por tanto, la necesidad de investigar los «trasfondos» en el estudio de la Biblia. En los últimos años se han publicado un buen número de libros excelentes que ayudan al lector normal de la Biblia a hacer precisamente esto.

Sin embargo, lo que puede que ciertos estudiantes de la Biblia no entiendan es lo controvertidos que son algunos de estos datos de trasfondo. El potencial para incurrir en un entendimiento erróneo de los textos bíblicos de funestas consecuencias es, por tanto, grande. Podemos concluir, por ejemplo, que un texto en concreto ha de tener cierto significado porque se redactó en un trasfondo específico. Pero, supongamos que el trasfondo en cuestión no es correcto. En este caso nuestra interpretación será también errónea. La respuesta a este problema no consiste en desestimar la información del trasfondo, sino en estar lo más seguro posible de que el trasfondo es riguroso, y ser prudentes no forzando los textos para que encajen en un trasfondo determinado.

En la interpretación bíblica, este problema del trasfondo es especialmente controvertido o importante en pasajes como Romanos 3:20. Al negar que se pueda ser «justificado por las obras de la ley» (trad. lit.), es evidente que Pablo está presentando sus argumentos a alguien que opina que la justificación de este modo es posible. ¿Pero quién es ese alguien? ¿Y qué es exactamente lo que reivindicaba?

En nuestros días, casi todos están de acuerdo en que la persona con la que Pablo debate es judía. Esto significa que la «ley» a la que Pablo se refiere es la ley mosaica, esa ley a la que los judíos concedían tanto valor. Pero ¿por qué utiliza la expresión «obras de la ley»? ¿Por qué no limitarse a hablar de la «ley»? Aquí es donde entramos en el asunto de los trasfondos judíos. En el pasado, la mayoría de los estudiosos de Pablo asumían, o defendían, que estos textos revelan un debate entre Pablo y los judíos legalistas. Estos pensaban que su observancia de la Ley les salvaba; Pablo insiste en que no es así y que únicamente la Gracia de Cristo puede salvarles.

Sin embargo, muchos exégetas contemporáneos ya no están seguros de que esto sea lo que está diciendo Pablo. Una de las razones de esta duda es que no piensan que los judíos del tiempo de Pablo creyeran ser salvos por la observancia de la Ley, sino porque Dios les había escogido. Por medio de su pacto con Abraham y Moisés, Dios entró en una relación con el pueblo judío. Él les escogió para que fueran su pueblo. De este modo, los judíos eran «salvos» por la Gracia de Dios dentro del Pacto. Entendían, por supuesto, que tenían que obedecer la Ley que Dios les había dado. Sin embargo, no obedecían para «salvarse», sino para mantener la salvación que Dios ya les había dado.

Esta forma de entender la salvación en el judaísmo antiguo había sido planteada por algunos eruditos del pasado. Pero ha sido especialmente en los últimos veinte años cuando se ha hecho popular. A este punto de vista se le ha llamado «nomismo contractual». La palabra «contractual» refleja, por supuesto, el acento de este punto de vista sobre la importancia esencial del Pacto para la salvación judía, y «nomismo» es un término escogido intencionadamente para establecer un contraste con «legalismo». Los judíos no eran «legalistas» (i. e., creer que hay que observar la Ley para ser salvos), sino «nomistas» (i. e., se esforzaban en obedecer la Ley para mantener la salvación y honrar al Dios que les había escogido).

La popularización del «nomismo contractual» ha creado una revolución en el estudio de Pablo. Es tanto lo que el apóstol escribe sobre la Justificación con un trasfondo judío que cualquier cambio de trasfondo cambia también la enseñanza de Pablo. Es como si, de repente, contempláramos un objeto familiar situado en un fondo completamente distinto. Tal objeto cambia de forma y de tamaño. ¿Cómo cambia la enseñanza de Pablo sobre la Justificación cuando la analizamos a partir de este trasfondo judío diferente? No todos están de acuerdo, pero una de las interpretaciones más populares dice más o menos esto:

1. La expresión «obras de la Ley» alude a las obligaciones contractuales de los judíos.

2. Los judíos insistían en que ellos, y solo ellos, podían ser «justificados ante Dios», porque únicamente ellos habían entrado en una relación contractual con Dios.

3. Por tanto, Pablo niega que los judíos tengan un «rincón» en la Justificación por su relación contractual. Este Pacto no les pone en relación con Dios, puesto que Dios ha decidido justificar a todo ser humano sobre la misma base, a saber, mediante la fe en Cristo.[7]

¿Qué podemos decir de esta nueva interpretación? Una buena parte de lo que afirma es correcto. El «nomismo contractual» es, ciertamente, un punto de vista más exacto de lo que creían sobre la salvación los judíos del tiempo de Pablo que muchas de las ideas tradicionales. Por ejemplo, recuerdo haber oído en mis primeros días de cristiano que los judíos creían poder salvarse haciendo más obras buenas que malas. Según se me enseñó, éstos creían que, en el juicio, Dios «pesaría» sus obras, y solo si las balanzas se inclinaban hacia el lado de las buenas serían salvos. Esto es poco más que una caricatura de lo que realmente creían los judíos. Esta idea pierde totalmente de vista el acento que encontramos en muchos escritos judíos sobre la importancia de la Gracia de Dios en el Pacto con su pueblo.

Los defensores del «nomismo contractual» están también en lo cierto al subrayar que Pablo estaba profundamente interesado en demostrar que Dios extendía su Gracia a todos los seres humanos. El apóstol escribió contra la suposición judía de poseer la exclusividad de los derechos a la salvación, e insistió en que gentiles y judíos compartían los mismos derechos (ver, p. ej., Ro 2; 3:28-30; 4:9-17). Pero, por lo que a mí respecta, no creo que podamos apoyar totalmente este nuevo punto de vista.

(1) Aunque el «nomismo contractual» representa en general una acertada imagen de la concepción judía de la salvación, no es un sistema exhaustivo. El material

---

7. El mejor representante de este acercamiento general en Romanos es Dunn, *Romans* [*Romanos*]; ver, p. ej., *Romans*, 158-60.

judío de este periodo pone de relieve muchas diferencias en lo que creían los judíos sobre lo esencial de su fe. Por supuesto, los defensores del nomismo contractual insisten en que prácticamente todos los escritos relevantes concuerdan acerca de este punto de vista. Sin embargo, otros eruditos no están tan seguros de ello, y pueden presentarse argumentos bastante convincentes en el sentido de que, al menos ciertos judíos, consideraban que la «observancia de la Ley» era algo mucho más importante para la salvación de lo que permite el «nomismo contractual». De hecho, casi cabría esperar esta clase de desarrollo doctrinal. En cualquier religión que concede tanto valor a la «Ley» —¡incluido el cristianismo!— el legalismo es un problema persistente.

Además, el propio nomismo contractual implica que la observancia de la Ley es esencial para la salvación. Los judíos consideraban el juicio de Dios como el momento en que se decidía definitivamente la salvación. Especialmente durante las persecuciones del periodo intertestamentario, se fue haciendo progresivamente evidente una división entre los judíos fieles y los apóstatas. Ambos nacieron como judíos y, por ende, herederos del Pacto; sin embargo, muchos judíos enseñaban que los fieles eran salvos y los apóstatas no. ¿Por qué? Porque los judíos fieles seguían la Ley de Dios y los apóstatas no. En este sentido, entre los judíos la fidelidad a la Ley era esencial para la salvación.

Si el punto de vista tradicional es culpable de insistir demasiado en el grado de legalismo que existía en la religión judía, el «nomismo contractual» lo es de pasarlo prácticamente por alto. En esencia es esto: no estamos convencidos de que el trasfondo que muchas generaciones de eruditos han utilizado como marco de referencia para interpretar la enseñanza de Pablo sobre la Justificación vaya tan desencaminado. Es necesario hacer ciertas correcciones, especialmente en algunas de las presentaciones más extremistas. Sin embargo, estas correcciones no son tan violentas como para que se haga necesaria toda una nueva interpretación de la enseñanza de Pablo.

(2) Otra de las razones por las que tengo reservas sobre el nuevo paradigma de Pablo es que no creo que en el último análisis ofrezca una interpretación convincente de la enseñanza del apóstol. A medida que vayamos trabajando en este comentario consideraremos muchos pasajes concretos. Pero quiero hacer dos rápidas puntualizaciones sobre el versículo 20. (a) Muchos defensores del nuevo paradigma insisten en que el principal asunto que trata Pablo es el de la relación entre judíos y gentiles dentro del pueblo de Dios. De modo que, en estos círculos se tiende a interpretar el término «justificar» como «aceptar en el pueblo de Dios». Sin embargo, esto no hace justicia al acento vertical de la enseñanza de Pablo sobre la Justificación. Como deja claro en el versículo 20, la cuestión final es la de la Justificación delante de Dios (NVI «en presencia de Dios»). La Justificación es el hecho de que Dios nos acepta; la pertenencia al pueblo de Dios es, pues, algo relativamente secundario.

(b) La expresión «obras de la Ley», como hemos explicado en la sección «Sentido original», significa «obras hechas en obediencia a la Ley». Los otros matices que los defensores del nuevo paradigma encuentran en esta expresión no están claramente presentes.

Concluimos, por tanto, que en el versículo 20 Pablo está combatiendo lo que podríamos llamar un punto de vista «sincretista» de la salvación muy extendido, al parecer, en el judaísmo del primer siglo. Dios, en su Pacto, había puesto la base para la salvación. Sin embargo, el individuo judío solo podía ser salvo por la fiel observancia de la Ley en respuesta a la elección contractual de Dios. En Romanos 2 Pablo muestra que los judíos no pueden depender del Pacto para la salvación, de modo que no pueden establecer una correcta relación con Dios por la observancia de la Ley. Sus «obras» están ahora en la misma categoría que las de los gentiles: son incapaces de proporcionarles la salvación por el profundo poder del pecado.

Significado Contemporáneo

Entender cabalmente el pecado. Es fácil pasar por alto la fraseología exacta del versículo 9 y su significado. Lo que Pablo dice no es que las personas «cometan pecados», como si hacer cosas contrarias a la voluntad de Dios fuera simplemente un problema circunstancial. Ni siquiera que todas las personas sean «pecadoras», sugiriendo que el pecado sea un problema profundo. Lo que dice es que todos están «bajo pecado». Pablo utiliza esta clase de lenguaje para expresar una situación de dominación o hasta de esclavitud. Ver, por ejemplo, Gálatas 3:22: «Pero la Escritura declara que todo el mundo es prisionero del pecado [lit., "prisionero bajo el pecado"], para que mediante la fe en Jesucristo lo prometido se les conceda a los que creen» (ver también Ro 6:14, 15; 7:14; 1Co 9:20; Gá 3:23, 25; 4:2–5, 9, 21; Ef 1:22). Para Pablo, pues, el dilema humano no consiste en que el hombre cometa pecados, ni siquiera en que tenga el hábito de hacerlo. El problema es la impotente esclavitud que le vincula al pecado.

¿Por qué es tan importante esta cuestión? Principalmente porque nuestra comprensión de un determinado problema dicta la respuesta que damos a dicho problema. Los marxistas, por ejemplo, creen que el problema humano esencial es la desigual distribución de los bienes materiales. Por tanto, su solución es ejercer desde el Estado un férreo control de la economía para que no haya ricos y pobres.

Por otra parte, muchos de los grandes filósofos y maestros de moral de la Historia han estado convencidos de que el problema esencial de los seres humanos es su ignorancia. ¿La solución? Conocimiento. Es decir, enseñemos a la población, y tendremos mejores personas, y los problemas del mundo desaparecerán. Esta creencia casi mística en el conocimiento impregna nuestra sociedad, y muchos políticos proponen programas en función de esta suposición. En los últimos meses, por ejemplo, en los Estados Unidos se ha producido un verdadero alud de espots publicitarios animando a los niños a no fumar. La suposición es clara: enseñemos a los niños lo absurdo y peligroso que es fumar y evitaremos que se inicien en esta práctica. Sin embargo, si Pablo está en lo cierto, el problema, siguiendo su analogía, no es que los niños sean tentados a fumar, sino más bien, que muchos de ellos forman parte de ambientes en que la presión de grupo les lleva a hacerlo. Es posible que estén de acuerdo en que fumar es un mal hábito y realmente no quieren comenzar. Sin embargo, no son capaces de resistir la presión social. Están, por así decirlo, esclavizados a esta presión.

Este es el análisis paulino y bíblico del dilema humano: las personas son, por naturaleza, adictas al pecado. Son sus cautivos e incapaces de librarse por sí mismos, hagan lo que hagan. Sabiendo pues, esto, Dios no nos ha enviado un maestro o un político, sino un liberador, alguien que tiene poder para salvarnos de nuestros pecados. Por supuesto, la enseñanza es algo muy bueno (¡más me vale, porque es a lo que me dedico!) Sin embargo, hemos de entender que, por sí misma, la enseñanza no puede ser nunca la solución final de los problemas de ninguna persona en particular ni del mundo en general.

Los gobiernos comunistas que llegaron al poder en el siglo XX ilustran vívidamente este problema. Imbuidos de la filosofía marxista, estos gobiernos forzaron a los ricos a distribuir sus recursos entre los pobres. Sin embargo, una nueva clase de privilegiados burócratas tomó el lugar de los ricos terratenientes. El comunismo cambió el rostro de la clase privilegiada, sin embargo no consiguió erradicar el egoísmo humano esencial que conduce inevitablemente a la acumulación de riquezas y a la defensa de las distinciones de clase.

Cuando realmente vemos a las personas que nos rodean —en el trabajo, en nuestros barrios, en el supermercado— como impotentes cautivos del pecado, estaremos mejor motivados para ayudarles a encontrar al verdadero liberador, el único capaz de redimirles de su cautividad. Únicamente Jesucristo, proclamado en el Evangelio, puede abrir brecha en las murallas del pecado que encarcelan a los seres humanos.

La pobreza de las obras. Tras nuestro análisis del versículo 20, concluimos que Pablo niega que los judíos puedan ser aceptados por Dios por la observancia de la Ley. Sus «obras», aquello que hacen en obediencia a la Torá, no pueden justificarles. ¿Pero puede la situación de los judíos y su Ley aplicarse de un modo más amplio? La mayoría de quienes defienden el nuevo paradigma niegan que pueda serlo. Sin embargo, mi opinión es que «obras de la ley» no es una expresión técnica que alude a un fenómeno exclusivamente judío, sino más bien un subconjunto de la categoría más extensa de las «obras». Lo que los judíos «hacen» en obediencia a la Ley no es sino una forma específica de lo que el resto de las personas «hacen» en obediencia a la Ley «natural», la «conciencia» o a cualquier autoridad moral que pueda reconocer.

Por ello, creo apropiado aplicar lo que dice Pablo en el versículo 20 a las personas en general. Los reformadores interpretaron sistemáticamente el lenguaje de Pablo de este modo y encontraron en estos versículos el cimiento sobre el que construir su idea del Evangelio. Nadie puede entrar en una relación con Dios por medio de lo que hace. La fe, y en concreto la fe en Jesucristo, es la única solución (ver 3:21 y ss.).

La teología esencial del argumento de Pablo acerca de este asunto puede verse rápidamente subrayando tres afirmaciones clave que el apóstol hace en estos capítulos:

«Porque Dios no considera justos a los que oyen la ley sino a los que la cumplen». (2:13)

«¿A qué conclusión llegamos? ¿Acaso los judíos somos mejores? ¡De ninguna manera! Ya hemos demostrado que tanto los judíos como los gentiles están bajo el pecado». (3:9)

«Por tanto, nadie será justificado en presencia de Dios por hacer las obras que exige la ley; más bien, mediante la ley cobramos conciencia del pecado». (3:20)

Si los consideramos fuera de su contexto, el primero y el tercero de estos versículos pueden parecer contradictorios. Sin embargo, entre ellos está 3:9, que afirma el dominio universal del pecado. Entendiéndolo como un argumento secuencial, 2:13 declara la norma por medio de la cual Dios juzga a todo ser humano: las obras. Pero el poder del pecado hace imposible que nadie pueda hacer aquellas obras que consigan la aprobación final de Dios. Por tanto, la conclusión es: nadie puede, de hecho, ser justificado por lo que hace.

La idea de que nuestros esfuerzos, por sinceros que sean, no pueden hacer que logremos lo que tanto queremos va en contra de nuestro innato orgullo humano. Tendemos a tener una elevada opinión de nosotros mismos, especialmente cuando las cosas marchan bien. Llevado al terreno de la religión, este impulso humano natural conduce a teorías de la salvación que otorgan un papel esencial al esfuerzo humano. Este punto de vista de la salvación es el que adoptan oficialmente algunas de las religiones importantes. Los cristianos que entienden que el esfuerzo humano no conseguirá nunca que las personas disfruten de una relación personal con Dios han de ayudarles a reconocer la pobreza de sus obras.

Sin embargo, los cristianos podemos también introducir a nuestra teología y práctica de la fe un acento igualmente exagerado en nuestros esfuerzos. Como Pablo dejará claro en Romanos 6 y 12, hemos de dedicarnos a producir obras agradables a Dios. Sin embargo, nunca podemos adjudicarnos mérito alguno por estas obras, ni pensar que ellas nos hacen aceptables a Dios.

Romanos 3:21-26

Pero ahora, sin la mediación de la ley, se ha manifestado la Justicia de Dios, de la que dan testimonio la ley y los profetas. 22 Esta Justicia de Dios llega, mediante la fe en Jesucristo, a todos los que creen. De hecho, no hay distinción, 23 pues todos han pecado y están privados de la gloria de Dios, 24 pero por su gracia son justificados gratuitamente mediante la redención que Cristo Jesús efectuó. 25 Dios lo ofreció como un sacrificio de expiación que se recibe por la fe en su sangre, para así demostrar su justicia. Anteriormente, en su paciencia, Dios había pasado por alto los pecados; 26 pero en el tiempo presente ha ofrecido a Jesucristo para manifestar su justicia. De este modo Dios es justo y, a la vez, el que justifica a los que tienen fe en Jesús.

Martín Lutero afirmó que esta sección era «el punto principal, y el mismísimo centro de la Epístola, y de toda la Biblia».[1] ¡Vaya afirmación! No vamos a intentar defenderla aquí, puesto que existen muchos otros grandes párrafos que podrían competir por este título. Sin embargo, sí podemos afirmar que se trata de un párrafo extraordinariamente importante. Rara vez se agrupan en tan pocos versículos de la Biblia tantas ideas teológicas importantes: la Justicia de Dios, la Justificación, el cambio en la historia de la salvación, la Fe, el pecado, la Redención, la Gracia, la Propiciación, el Perdón y la Justicia de Dios. Aquí, más que en cualquier otro lugar de Romanos, Pablo explica por qué la venida de Cristo significa «Buenas Nuevas» para los necesitados y pecaminosos seres humanos.

El Evangelio que aquí proclama Pablo expande la breve introducción al tema de la Justificación por la fe que encontramos en 1:17. Como ya hemos visto, en 1:18–3:20 Pablo se desvía de la línea principal de su argumento para mostrar por qué era necesaria la intervención de Dios en Cristo. Ahora el apóstol reanuda aquel argumento. Obsérvese la similitud entre 1:17 y 3:21:

> En el evangelio se revela la justicia que proviene de Dios. Pero ahora, sin la mediación de la ley, se ha manifestado la Justicia de Dios.

Los términos «justicia» (3:21, 22, 25, 26), «justificar» (vv. 24, 26), y «justo» (v. 26) dominan este párrafo. Todas estas palabras proceden de la misma raíz griega (*dikai-*), de modo que desarrollan un tema esencial. Pero parte del poder de estos versículos tiene que ver con el modo en que Pablo lleva a cabo varias variaciones acerca de este tema (ver especialmente los comentarios sobre 3:25b–26).

La Justicia de Dios por la fe (3:21-22a)

En los versículos 21–22a, Pablo subraya el corazón mismo de las Buenas Nuevas: la Justicia de Dios está a la disposición de todo aquel que pone su fe

---

1. Margen de la Biblia de Lutero, sobre 3:23 y ss.

en Jesucristo. Esta justicia es la misma que Pablo ha anunciado ya en 1:17. Con la expresión «la Justicia de Dios», Pablo se refiere a una «justicia» específica, a saber, el proceso por el que Dios actúa para poner a las personas en una correcta relación con él. La expresión «pero ahora» que da comienzo al párrafo, contrasta la situación en el periodo anterior a Cristo, que Pablo ha descrito en el capítulo anterior, con la que existe ahora después de su venida (ver también 2Co. 15:20; Ef 2:13; Col 1:22). En otras palabras, la venida de Cristo anuncia un cambio decisivo en la historia de la salvación.

El plan salvífico de Dios se va revelando por etapas —una «historia»— y la venida de Jesús el Mesías inaugura un nuevo escenario dentro del plan general. Pablo elabora esta idea sirviéndose de un contraste entre dos expresiones «sin la mediación de la ley» y «de la que dan testimonio la ley y los profetas». Algunos intérpretes piensan que Pablo está diciendo que Dios ha dado a conocer una nueva clase de justicia que se produce «sin la mediación [aparte] de la ley», es decir, una justicia que no se basa en la Ley (la traducción de la NVI da a entender esta interpretación). Sin embargo, encaja mejor con el enfoque de Pablo sobre la Historia de la salvación considerar esta expresión junto con el verbo «se ha manifestado»; observemos la traducción de la NAB, en el sentido de que «la Justicia de Dios haya sido manifestada aparte de la ley». En este caso el término «ley», alude, pues, como normalmente en Pablo, a la ley mosaica.

Con gran belleza, Pablo recoge en pocas palabras la continuidad y discontinuidad dentro del plan salvífico de Dios. ¿Discontinuidad? Dios revela su justicia en Cristo «sin la mediación [aparte] de» la Ley de Moisés. Como los «odres viejos» de la parábola de Jesús (Marcos 2:22), el pacto mosaico simplemente no puede contener el «nuevo vino» del Evangelio. ¿Continuidad? Todo el Antiguo Testamento («la Ley y los Profetas») da testimonio de esta nueva obra de Dios en Cristo. La Cruz no es una idea improvisada, una especie de «Plan B»; desde el mismo comienzo el propósito de Dios ha sido revelar su justicia salvífica enviando a su Hijo como sacrificio.

Al principio del versículo 22, Pablo reitera otra cuestión que ya ha explicado en 1:17: Esta Justicia de Dios solo es accesible «por fe». Ahora, sin embargo, Pablo es más explícito: la Justicia de Dios «llega, mediante la fe en Jesucristo, a todos los que creen». Casi todas las versiones modernas traducen la expresión griega *pisteos Iesou Christou* como «fe en Jesucristo». Sin embargo, esta controvertida construcción de genitivo puede también traducirse de otro modo: «fe de Jesucristo», y hay un creciente número de eruditos que apoya esta traducción. La construcción objeto de debate es el genitivo *pisteos Iesou Christou*. La NVI considera que se trata de un genitivo «objetivo»; es decir, «Jesucristo» es el objeto del sustantivo «fe». Sin embargo, puede ser perfectamente un genitivo «subjetivo», con lo cual Jesucristo sería el sujeto de la «fe» (obsérvese la idéntica construcción en 4:16, *pisteos Abraam*, que significa «la fe que Abraham ejerció»).[2]

---

2. Ver especialmente L. T. Johnson, «Ro 3:21–26 and the Faith of Jesus» [Romanos 3:21-26 y la fe de Jesús] *CBQ* 44 (1982): 77–90; R. B. Hays, «PISTIS and Pauline

Esta alternativa es particularmente atractiva aquí puesto que evita lo que de otro modo parece una repetición innecesaria: «fe en Jesucristo» y «a todos los que creen». Si aceptamos esta opción, Pablo estaría afirmando que nuestra salvación se produce tanto por la «fe» o «fidelidad» a la tarea que Dios asignó a Cristo como por nuestra fe en él. Esta idea es aceptable desde un punto de vista teológico, y Pablo utiliza ciertamente el sustantivo *pistis* para aludir a la Fidelidad de Dios en 3:3.

Sin embargo, por lo que a mí respecta, otras consideraciones me llevan a mantener aquí la traducción habitual, «fe en Jesucristo».[3] En este contexto Pablo utiliza sistemáticamente el término *pistis* para denotar la respuesta de los creyentes a Dios (ver, p. ej., 3:25, 26, 27, 28, 30, 31; también a lo largo de todo el capítulo 4). Además, el hecho de que Pablo nunca utilice el nombre Jesús como sujeto del verbo *pisteuo* (creer, encomendar) hace difícil pensar que *Iesou Christou* sea un genitivo subjetivo. Añadir «a todos los que creen» no es una repetición innecesaria, puesto que Pablo sigue estando especialmente interesado en mostrar que la obra de Dios en Cristo es para todo el mundo. Su justicia solo se «activa» en quienes creen, pero es también para todos los que creen.

La pecaminosidad universal como telón de fondo (3:22b–23)

¿Por qué ha de ser la Justicia de Dios accesible a todos los que creen»? Porque «todos han pecado». Pablo inserta aquí un breve recordatorio de su enseñanza en 1:18–3:20, que hemos de entender para apreciar las dimensiones universales del Evangelio. Como Pablo ha explicado, no hay «diferencia» o «distinción» (*diastole*; ver también 10:12) esencial entre las personas, especialmente entre judíos y gentiles. Todos están bajo el poder del pecado, y todos «están privados de la gloria de Dios».

En la Biblia la gloria (*doxa*) de Dios está primeramente vinculada a su impresionante presencia. Sin embargo, la Biblia enseña que el pueblo de Dios está destinado a compartir esta gloria. Así, el término *doxa* describe también el destino eterno de los creyentes (ver especialmente Ro 8:18; Fil 3:21; 2Ts 2:14). Los textos judíos afirman que Adán perdió «la gloria» de ser como Dios en la Caída y que, desde entonces, todos los seres humanos comparten su misma situación. Sin embargo, lo que el primer Adán perdió, el segundo Adán, Cristo, lo restaurará.

Justificados por medio de la gracia redentora (3:24)

Al poner una coma al final del versículo 23, la NVI da a entender que el 24 es una mera continuación del 23. Sin embargo, en este asunto es mejor seguir otras versiones (p. ej., la TEV) que hacen del versículo 24 una nueva oración gramati-

---

Christology: What Is at Stake?» [PISTIS y la cristología paulina: ¿Qué hay en juego?] en *SBL 1991 Seminar Papers* (ed. E. H. Lovering Jr.; Atlanta: Scholars, 1991), 714–29.

3. Este es el punto de vista de la mayoría de los comentaristas; ver especialmente Murray, *The Epistle to the Romans* [La Epístola a los Romanos], 1:363–74; Dunn, *Romans* [Romanos], 166–67; Schreiner, *Romans* [Romanos], 181–86.

cal. El verbo «justificar» (*dikaioo*) nos lleva de nuevo al tema inicial de la «justicia» (*dikaiosyne*) de Dios después de un paréntesis en los versículos 22b–23. En el versículo 22a, Pablo ha subrayado que la obra justificadora de Dios se hace efectiva por medio de la fe. Ahora el apóstol añade otros dos puntos: Somos justificados por medio de la Gracia de Dios y en virtud de su obra redentora en Jesucristo.

La idea de la «gracia» (*charis*) es una clave teológica en Pablo. El apóstol utiliza esta palabra para acentuar que todo lo que Dios hace a favor nuestro lo hace libremente y sin compulsión. Forma parte de la propia naturaleza de Dios ser libre de cualquier «requisito» externo que condicione su manera de proceder. Nada que podamos hacer requiere que él nos ponga en una correcta relación consigo mismo. Su obra la recibimos como un don.

La «redención» (*apolytrosis*) tiene el sentido esencial de «liberar mediante el pago de un precio». Esta palabra y sus derivados (p. ej., «rescate» [*lytron*]) se usan ampliamente en el Nuevo Testamento para describir la importancia de la muerte de Cristo (Mr 10:45; Lc 24:21; Ro 8:23; 1Co 1:30; Ef 1:7, 14; 4:30; Col 1:14; Tit 2:14; 1P 1:18). En el tiempo de Pablo estas palabras aludían a la posibilidad de comprar la libertad de los esclavos o prisioneros de guerra mediante el pago de un precio. Algunos eruditos dudan de que Pablo quiera dar este sentido original al término, pero es probable que así sea.[4] La connotación de liberar a un esclavo mediante el pago de un precio encaja perfectamente en su precedente utilización de la imaginería de la esclavitud para representar el dilema humano («bajo el pecado» en 3:9).

El sacrificio de Cristo vindica la Justicia de Dios (3:25–26)

Lo que explican estos versículos es que Dios podía redimir a las personas en Cristo (v. 25a) y la razón por la que lo hizo de este modo (vv. 25b–26). El medio de la Redención fue la muerte expiatoria de Cristo. Esto es casi lo único que podemos afirmar claramente con respecto al comienzo del versículo 25. Especialmente controvertido es el significado de la palabra que se traduce en la NVI como «sacrificio de expiación» (*hilasterion*). En el griego secular, esta palabra y sus cognados aluden con frecuencia a varios medios por los que la ira de los dioses podía ser «propiciada». Se ofrecía un sacrificio o se dedicaba un monumento, y con ello se conseguía «apartar» la ira de un dios. Muchos intérpretes opinan que Pablo utiliza la palabra con este sentido. Por ello, muchas versiones traducen esta palabra como «propiciación» (p. ej., la LBLA, SRV, KJV; NASB).[5]

C.H. Dodd, fiel a su aversión a la idea de la ira de Dios (ver la sección «Construyendo puentes» de 1:18–32), quería traducir *hilasterion* como «expiación» (ver RSV).[6] Esta palabra alude a limpiar o perdonar pecados; no hay en ella

---

4. Ver especialmente L. Morris, *The Apostolic Preaching of the Cross* [La predicación apostólica de la Cruz], (Grand Rapids: Eerdmans, 1965), 9–26.
5. Ver, p. ej., Ibíd. 136–56.
6. Ver especialmente C.H. Dodd, «ἱλάσκεσθαι, Its Cognates, Derivatives, and Synonyms in the Septuagint» [ἱλάσκεσθαι, sus cognados, derivados y sinónimos en la Septuaginta], *JTS* 32 (1931): 352–60.

ninguna alusión a la ira de Dios. Sin embargo, para entender esta palabra, hemos de comenzar en un punto distinto y preguntar a qué hace referencia *hilasterion*. Tanto en la otra ocasión en que aparece en el Nuevo Testamento (Heb 9:5) como en veintiuna de las veintisiete veces que aparece en la LXX, *hilasterion* se refiere a lo que en la NVI se llama «propiciatorio», a saber, la cubierta del arca donde se rociaba la sangre expiatoria como una forma de propiciar la ira de Dios. El propiciatorio adquiere una gran relevancia en Levítico 16, donde se describe el ritual del Día de la Expiación. Así, el «propiciatorio» vino a representar para los judíos el lugar en el que Dios trataba el problema del pecado de su pueblo, o el medio por el que lo hacía.

Para Pablo es perfectamente lógico aludir a este elemento central del ritual expiatorio de Israel.[7] Ahora, el lugar en el que Dios trata con los pecados de su pueblo es Cristo, en su sacrificio en la Cruz. El significado, pues, es amplio, y comprende tanto la expiación como la propiciación. La expresión «sacrificio de expiación» que utiliza la NVI (cf. también la NRSV) es probablemente una buena traducción. Pablo prosigue su argumento, subrayando de nuevo la importancia de la fe, añadiendo que recibimos el beneficio de este sacrificio «por la fe en su sangre» (o meramente «por la fe»; la expresión «en sangre» puede también considerarse como un complemento de «sacrificio»).

En los versículos 25b–26a, Pablo indica la razón por la que Dios hubo de redimir a los seres humanos mediante la costosa entrega de su Hijo como sacrificio: fue «para así demostrar su justicia [la de Dios]». «Justicia» traduce al término *dikaiosyne*, que Pablo ha utilizado en los versículos 21–22 para aludir a la justicia salvífica de Dios, el proceso por el que éste pone a las personas en una buena relación ante él. Algunos exégetas opinan que aquí Pablo ha de estar utilizando la palabra también con este sentido, no obstante el contexto apunta en una dirección distinta. Dios envió a Cristo a manifestar su *dikaiosyne* porque «anteriormente, en su paciencia, Dios había pasado por alto los pecados». Únicamente si aquí y en el versículo 26a *dikaiosyne* se refiere a la Justicia de Dios tiene lógica esta conexión.

En el periodo del Antiguo Testamento, Dios no castigaba los pecados con la severidad que estos requerían. Quienes pecaban debían haber sufrido la muerte espiritual, porque todavía no había un sacrificio adecuado que pudiera expiar sus pecados. Pero, en su misericordia Dios «pasó por alto» sus pecados. Al hacerlo, no obstante, Dios actuó en contra de su carácter, que requiere que responda al pecado con ira. De manera que la venida de Cristo «satisfizo» la Justicia de Dios. Al entregarse como «sacrificio de expiación», Cristo pagó el precio por los pecados de todo el pueblo, tanto antes de su tiempo (v. 25b) como después de él (v. 26a).

Por consiguiente, resume Pablo, podemos ver que Dios puede ser «justo y, a la vez, el que justifica a los que tienen fe en Jesús» (v. 26b). Dios acepta como justos delante de él a personas pecaminosas que tienen fe, y ello sin violar su carácter

---

7. Esta interpretación, que sostenían algunos comentaristas del pasado (p. ej., Lutero, Calvino y Bengel), está creciendo también en popularidad entre los modernos comentaristas (p. ej., Barrett, *Epistle to the Romans*, [Epístola a los Romanos], 77–78; Fitzmyer, *Romans* [Romanos], 349–50; Schreiner, *Romans* [Romanos], 193–94).

justo, ya que Cristo ha satisfecho plenamente la demanda de Dios de que todo aquel que comete pecado ha de morir. Por la fe en Cristo, estamos unidos a él, que se convierte en nuestro representante, y su muerte se nos cuenta a nuestro favor.

Hablar de Dios. Aunque Dios se acerca a nosotros en la encarnación de su Hijo, nuestro mundo y su «mundo» están en muchos sentidos lejos el uno del otro. Mientras formemos parte de este mundo material, nos será siempre difícil aprehender las cosas de Dios. Por tanto, para adaptarse a nuestra debilidad, Dios nos habla de maneras que podamos entender desde nuestra experiencia. A lo largo de la Biblia, encontramos analogías que sirven para comunicar realidades espirituales en términos terrenales. Especialmente evidentes son lo que llamamos «antropomorfismos»: atribuir a Dios la «forma» (*morphos*) de un ser humano (*anthropos*) para referirse a su carácter y acciones. Por ello, aunque Dios no tiene cuerpo, la Biblia nos dice que Dios ve con sus ojos (p. ej., Sal 11:4), oye con su oídos (Sal 130:2), y redime con su brazo poderoso (p. ej., Éx 6:6).

La Biblia utiliza también analogías para referirse al estado eterno que el pueblo de Dios disfrutará en la otra vida. Aunque algunos cristianos han pensado que el lenguaje que se utiliza en Apocalipsis 21 para describir la Nueva Jerusalén puede ser realmente una descripción de la realidad del cielo, la mayoría de los exégetas concuerdan en que lo que pretende es representar en términos terrenales un estado de existencia que no puede describirse directamente.

La mayoría de los lectores de la Biblia no tiene problemas para identificar el uso de la analogía en esta clase de pasajes. Pero la Biblia utiliza también analogías y metáforas para hacer entender la verdad teológica. Romanos 3:21–26 nos ofrece un maravilloso ejemplo. En este pasaje, Pablo se sirve de distintas experiencias humanas para representar el sentido de la muerte de Cristo. El lenguaje de «justicia» y «justificar» procede de la esfera de la jurisprudencia (ver la sección «Construyendo puentes» sobre 1:16–17). «Justificar» es lo que hace un juez al declarar inocente al acusado en el transcurso de un juicio. La expresión «justicia» de Dios lleva consigo la connotación legal de «vindicación». Cuando Dios interviene en Cristo, está vindicando su nombre y expresando su fidelidad al «contrato» que ha establecido con el mundo.

La palabra «redención», por el contrario, procede del mundo del comercio y la esclavitud. Se redime a los esclavos comprando su libertad. Pablo utiliza también la imaginería del sacrificio, al describir a Cristo en el versículo 25 como aquel en quien Dios actúa para hacerse cargo, de una vez y para siempre, del problema del pecado humano.

En nuestra sociedad, algunas de estas metáforas no se entienden tan bien como otras. En el mundo antiguo, sostienen algunos eruditos, la religión era sacrificio. Este era un aspecto central de las experiencias que la mayoría de las personas tenían en su religión. Sin embargo, en nuestros días los sacrificios no son comunes, de modo que el lenguaje expiatorio del Nuevo Testamento no nos habla tan directamente como a los lectores del primer siglo. Hemos de «profundizar» un poco para entender lo que eran y significaban los sacrificios para que el texto pueda hablarnos con todo su poder. En nuestros días tampoco la redención de esclavos es muy común, aunque existe y se produce. En días recientes, por ejemplo, se ha estado recaudando dinero en algunos países ricos para comprar la libertad de esclavos en algunas regiones de África y Oriente Medio. Este tipo de transacción es, de hecho, una redención, y arroja luz acerca de lo que Dios ha hecho por nosotros en Cristo.

Sin embargo, sean cuales sean las analogías o las metáforas, y al margen de lo lejos que pueda estar de nuestra experiencia, hemos de hacer frente a dos grandes peligros al interpretar este tipo de lenguaje. (1) Podemos entender erróneamente el sentido de la analogía bíblica si no reconocemos las diferencias entre el concepto bíblico y el moderno. El hombre moderno que piensa que Dios «redime» a las personas en el sentido de «redimir [canjear]» un cupón, por ejemplo, no entenderá lo que Pablo quiere decir (la expresión *redeem a coupon* literalmente «redimir [por canjear] un cupón de descuento» forma parte del argot comercial de muchos países anglófonos. N. del T.).

(2) Podemos elevar injustamente una metáfora por encima de otra. Naturalmente, la Biblia utiliza con tanta frecuencia ciertas metáforas para expresar la verdad teológica que es lícito que les concedamos mucho peso. Obsérvese, por ejemplo, cuán a menudo el Nuevo Testamento nos presenta a Dios como nuestro «Padre». Sin embargo, tanto los creyentes de a pie como los teólogos, hemos cometido en ocasiones el error de conceder mucha relevancia a una metáfora en perjuicio de otras igualmente importantes.

Por ejemplo, con frecuencia los teólogos protestantes han equiparado prácticamente la Salvación con la Justificación. La imaginería judicial de la Justificación tiene una importancia vital para nuestra comprensión de lo que Dios ha hecho por nosotros en Cristo. Sin embargo, no es la única metáfora que se utiliza para describir esta realidad. Dios también nos «reconcilia» (lenguaje relacional), nos «adopta» (lenguaje familiar), nos «santifica» (lenguaje cúltico), etc. Los teólogos católicos romanos han cometido en ocasiones un error parecido al subrayar de manera demasiado exclusiva la metáfora del «cuerpo de Cristo». Para comprender plenamente lo que Dios hace por nosotros en Cristo, hemos de hacer uso de todas las metáforas bíblicas.

(3) Una tercera manera en que podemos utilizar mal las analogías de la Escritura para comunicar la verdad teológica consiste en llevarlas más allá de su uso bíblico. Ninguna analogía es perfecta. Las analogías se utilizan porque guardan un paralelismo con el punto que se ilustra en algún aspecto vital, sin embargo tal paralelismo casi nunca se aplica a todos los aspectos. Por ejemplo, podemos decir que un ejecutivo que acaba de dimitir de su cargo en medio de una investigación de su compañía por fraude se ha «sacrificado» por el bien de la empresa. La analogía lo es en un punto clave: de igual modo que en un sacrificio alguien sufre por el bien de los demás, así el ejecutivo sufre por el de su empresa. Pero estaría fuera de lugar que nos preguntáramos a qué dios se sacrificó el ejecutivo o cómo pudo

sobrevivir a la experiencia. A esto se le llama extender una analogía de manera improcedente, forzando su sentido más allá de lo razonable.

La idea teológica de la «redención» ilustra bien esta tendencia. Como ya hemos visto, tanto Pablo como otros autores bíblicos describen el sacrificio de Cristo como un «rescate», a saber, el precio pagado para conseguir la liberación de cautivos. En su intento de comprender esta imaginería, algunos se han preguntado: «¿A quién pagó Dios este rescate?» La respuesta que dieron muchos teólogos, especialmente durante el periodo patrístico, fue que el rescate fue pagado a Satanás. Los Padres de la Iglesia defendían que el pecado humano daba derecho al diablo a mantener cautivas a las personas. Las personas pecaban y por consiguiente el diablo tenía control sobre ellas. Para conseguir su liberación, Dios hubo de pagar un rescate al diablo, la muerte de Cristo. Tan popular fue esta interpretación que Gustaf Aulen la llamó el punto de vista «clásico» de la expiación.[8]

Sin embargo, en ningún lugar enseña la Biblia que se haya pagado rescate alguno al diablo. Los autores bíblicos utilizan repetidamente el concepto de la redención para connotar que Dios en Cristo tenía que liberar a los seres humanos de la esclavitud del pecado, y que éste pagó un precio para conseguirlo. Estos son los puntos de contacto entre la redención «secular» y lo que Dios hizo en Cristo. Sin embargo, los autores bíblicos no especulan jamás acerca de a quién se pagó el rescate. Su silencio en este punto sugiere que este asunto no formaba parte de la analogía que utilizaban.

Sacrificio de expiación. En nuestra exposición anterior, defendimos que la controvertida palabra *hilasterion* que encontramos en el versículo 25 «alude» al propiciatorio del arca y «significa» sacrificio de expiación. Me gustaría ampliar esta interpretación de dos maneras.

(1) Obsérvese la distinción que hemos hecho entre «alude a» y «significa». Quienes estudian el lenguaje insisten en que se trata de una importante distinción. Aunque quizá no lo expresemos exactamente con estas palabras, se trata de una distinción que hacemos constantemente. Por ejemplo, cuando un político famoso es lícitamente derrotado en la que parece ser su última campaña, podemos afirmar que ha encontrado su «Waterloo». La palabra «Waterloo» alude a la batalla que Napoleón perdió en este lugar en 1815, no obstante significa una derrota decisiva y quizá final. Si insistimos en que esta palabra solo puede funcionar de una u otra manera estamos pasando por alto la flexibilidad del lenguaje tanto para «aludir» como para «significar».

Este es exactamente el error que cometen algunos intérpretes de Romanos 3:25. Quieren —creo que correctamente— mantener la idea de la propiciación en el lenguaje de Pablo. Sin embargo, piensan que si el término *hilasterion* alude al «propiciatorio», no pueden mantener esta importante idea desde un punto de vista teológico. Pero esto no es así. Puesto que en la experiencia de Israel, el «propiciatorio» llegó a representar el acto central de la expiación, la alusión de Pablo conlleva todo el sentido asociado a este acto de expiación. Una lectura imparcial del

---

8. Gustaf Aulen, *Christus Victor* [Cristo vencedor] (rpt.; Nueva York: Collier, 1986).

Antiguo Testamento deja claro que el ritual del Día de la Expiación incluía tanto la remisión de los pecados (expiación) como el aquietamiento de la ira de Dios (propiciación). La propia palabra «expiación» (de la raíz hebrea *kpr*) contiene tanto la idea de supresión del castigo debido al pecado como la de un cambio en la actitud de Dios hacia el pecador.[9]

En otras palabras, quiero todos los sentidos. La palabra *hilasterion* comprende los conceptos de propiciatorio, expiación y propiciación. Esta extensa interpretación está justificada cuando distinguimos entre «alusión» y «significado». Con solo oír el término *hilasterion,* los cristianos romanos habrían pensado inmediatamente en el ritual del Día de la Expiación y todo lo que éste significaba. Aquellos días anuales de la expiación hallaban ahora su pleno cumplimiento en el gran «Día de la Expiación», en que Cristo murió sobre una cruz romana por los pecados del mundo.

Significado Contemporáneo

«Pero ahora». Martin Lloyd-Jones, el gran predicador y expositor de Romanos, dijo en una ocasión que «no existen palabras más maravillosas en toda la Escritura que estas dos, 'Pero ahora'». ¿Por qué hizo una afirmación tan extravagante? Lloyd-Jones pensaba en las muchas ocasiones en que los autores del Nuevo Testamento utilizan estas dos palabras para contrastar el estado de las personas o del mundo fuera de Cristo, con la situación que disfrutamos en Cristo (cursivas del autor en las siguientes citas):

> Cuando ustedes eran esclavos del pecado, estaban libres del dominio de la justicia. ¿Qué fruto cosechaban entonces? ¡Cosas que ahora los avergüenzan y que conducen a la muerte! *Pero ahora* que han sido liberados del pecado y se han puesto al servicio de Dios, cosechan la santidad que conduce a la vida eterna (Ro 6:21–22).

> Porque cuando nuestra naturaleza pecaminosa aún nos dominaba, las malas pasiones que la Ley nos despertaba actuaban en los miembros de nuestro cuerpo, y dábamos fruto para muerte. *Pero ahora*, al morir a lo que nos tenía subyugados, hemos quedado libres de la Ley, a fin de servir a Dios con el nuevo poder que nos da el Espíritu, y no por medio del antiguo mandamiento escrito. (Ro 7:5–6).

> El Dios eterno ocultó su misterio durante largos siglos, *pero ahora* lo ha revelado por medio de los escritos proféticos, según su propio mandato, para que todas las naciones obedezcan a la fe. ¡Al que puede fortalecerlos a ustedes conforme a mi evangelio y a la predicación acerca de Jesucristo, al único sabio Dios, sea la gloria para siempre por medio de Jesucristo! Amén. (Ro 16:25–27).

---

9. Ver especialmente Paul Garnet, «Atonement Constructions in the Old Testament and the Qumran Scrolls» [Construcciones expiatorias en el Antiguo Testamento y los Rollos de Qumrán] *EvQ* 46 (1974): 131–63.

Antes, cuando ustedes no conocían a Dios, eran esclavos de los que en realidad no son dioses. *Pero ahora* que conocen a Dios —o más bien que Dios los conoce a ustedes—, ¿cómo es que quieren regresar a esos principios ineficaces y sin valor? ¿Quieren volver a ser esclavos de ellos? (Gá 4:8–9).

Por lo tanto, recuerden ustedes los gentiles de nacimiento —los que son llamados «incircuncisos» por aquellos que se llaman «de la circuncisión», la cual se hace en el cuerpo por mano humana—, recuerden que en ese entonces ustedes estaban separados de Cristo, excluidos de la ciudadanía de Israel y ajenos a los pactos de la promesa, sin esperanza y sin Dios en el mundo. *Pero ahora* en Cristo Jesús, a ustedes que antes estaban lejos, Dios los ha acercado mediante la sangre de Cristo (Ef 2:11–13).

Porque ustedes antes eran oscuridad, *pero ahora* son luz en el Señor. Vivan como hijos de luz (Ef 5:8).

En otro tiempo ustedes, por su actitud y sus malas acciones, estaban alejados de Dios y eran sus enemigos. *Pero ahora* Dios, a fin de presentarlos santos, intachables e irreprochables delante de él, los ha reconciliado en el cuerpo mortal de Cristo mediante su muerte (Col 1:21–22).

Ustedes las practicaron en otro tiempo, cuando vivían en ellas. *Pero ahora* abandonen también todo esto: enojo, ira, malicia, calumnia y lenguaje obsceno (Col 3:7–8).

En aquella ocasión, su voz conmovió la tierra, *pero ahora* ha prometido: «Una vez más haré que se estremezca no solo la tierra sino también el cielo» (Heb 12:26).

Ustedes antes ni siquiera eran pueblo, *pero ahora* son pueblo de Dios; antes no habían recibido misericordia, *pero ahora* ya la han recibido (1P 2:10).

Antes eran ustedes como ovejas descarriadas, *pero ahora* han vuelto al Pastor que cuida de sus vidas (1P 2:25).

Como ponen de relieve estos pasajes, la transición que expresa la frase «pero ahora» puede aludir a lo que Dios hizo en Cristo para introducir la nueva era de la salvación (p. ej., Ro 3:21; 7:5–6; 16:25–27; Ef 2:11–13), o a la experiencia personal de ser transferido de la antigua vida de pecado y muerte a la nueva de justicia y vida eterna (p. ej., Col 3:7–8). Al utilizar este lenguaje con tanta frecuencia, los autores del Nuevo Testamento sugieren que obtendremos un gran beneficio espiritual contemplando el contraste entre nuestra antigua vida y la nueva. «En otro tiempo» estábamos lejos de Dios, separados de él y de su pueblo, tropezando en la oscuridad y destinados al infierno. «Pero ahora» nos hemos allegado al Dios del Universo. Disfrutamos de todos los beneficios de pertenecer al pueblo de Dios. «Andamos en la luz», entendiendo la voluntad de Dios y esforzándonos en seguirle. Estamos destinados a la gloria.

Una de las cosas más sorprendentes de estos versículos es que son objetivos en su orientación. Es decir, no hablan mucho de diferencias en el modo en que nos sentimos, sino que se centran en las diferencias acerca de quiénes somos ante Dios. Un tema esencial de Romanos, que se expresa una y otra vez en esta carta, es la necesidad de que los cristianos entiendan quiénes son. Pablo dirá mucho más acerca de este tema en los capítulos 5–8. Sin embargo, el apóstol pone aquí el fundamento recordándonos el que fue momento decisivo de la Historia del Mundo: la revelación de la Justicia de Dios en Cristo, que inaugura una nueva era en la que todo ser humano tiene acceso a una relación restaurada con el Dios del Universo.

Yo disfruto de esta relación restaurada. La transición «pero ahora» de la antigua vida a la nueva es algo que he experimentado personalmente. En mi caso fue durante el último año que asistí a la Universidad; estaba emocionalmente confundido por problemas en las relaciones personales y me sentía inseguro sobre mi identidad y destino. En mi desesperación clamé: «Dios, si estás ahí ¡ayúdame!». Lo sorprendente es que lo hizo. Dios guió mis pasos hasta algunos estudiantes que compartieron el Evangelio conmigo, y yo respondí. Hace ya casi treinta años que soy cristiano, y no es siempre fácil recordar cómo era cuando estaba en la Universidad. Pero nunca olvidaré lo perdido que me sentía. Esto me ayuda a apreciar más aún lo seguro que me siento ahora, seguro porque soy un hijo de Dios que experimenta diariamente su cuidado paternal. Si estás leyendo estas palabras, es probable que también tú hayas tenido tu propia experiencia «pero ahora». Dedica un tiempo a recordar quién eras y contempla quién eres ahora.

Gracia. A medida que nuestra conversión se sumerge más y más en el pasado, a muchos de nosotros nos es difícil recordar lo gozosa que es la transición «pero ahora» de la que hemos estado hablando. Nos habituamos a las buenas nuevas, y perdemos la sensación de asombro y pasmo que experimentamos cuando entendimos que Dios nos adoptó en su familia. ¿A qué se debe esto? Existen muchas razones, pero, en estos capítulos, Pablo señala dos de ellas: sufrimos esta pérdida porque dejamos de recordar quiénes somos nosotros, y quién es Dios.

¿Quiénes somos nosotros? En nosotros mismos, aparte de Cristo, no somos sino impotentes esclavos del pecado, cautivos de un poder que nunca podremos vencer. ¿Y quién es Dios? Entre muchas otras cosas, es un ser santo y justo. Por ser santo, no puede tolerar el pecado. El pecado no puede existir en su presencia. Es ajeno a la esencia de su ser. Dios no puede existir en una atmósfera de pecado, como tampoco yo en una sin oxígeno. Puesto que es justo, ha de castigar el pecado. Dios lo puede todo, pensamos a veces. Pero no es así; Dios no puede actuar de maneras que violan su naturaleza; se «descompondría» si lo intentara. Aquí, pues, está el dilema al que Dios ha de hacer frente. Su amor se extiende hacia nosotros, rebeldes y pecadores; sin embargo, su santidad y justicia, hacen que para él sea imposible correr un velo sobre el pecado. Éste ha de ser castigado. En un libro clásico sobre la muerte de Cristo, James Denney, expresa de este modo el problema y su respuesta:

> No puede haber Evangelio sin Justicia de Dios para los impíos. Pero tampoco puede haberlo sin preservar la integridad del carácter de

Dios. El problema del mundo pecaminoso, el problema de todas las religiones, el problema de Dios al tratar con una raza pecaminosa, es cómo unir estas dos cosas. La respuesta cristiana al problema nos la da Pablo con estas palabras: «Jesucristo, a quien Dios envió como propiciación (o, como poder propiciatorio) en su sangre».[10]

C.S. Lewis explora esta misma idea de manera más imaginativa en la primera de sus novelas para niños, *El león, la bruja y el armario*. Movido por su egoísmo y avaricia, un muchacho ha caído en manos de una perversa hechicera. Aslan, el personaje que representa a Dios, no puede, a pesar de su inmenso poder, redimir al muchacho, puesto que ha de reconocer la «magia», la ley de la naturaleza, que le ha dado a la bruja poder sobre el muchacho. Sin embargo, existe una «magia más profunda desde la aurora del tiempo» que hace posible que cuando alguien muere voluntariamente por otra persona, pueda llevar sobre sí el castigo de ella y, de este modo, la deje libre. Así, Aslan permite que la malvada bruja lo ejecute.

La mayor parte de nosotros estamos familiarizados con esta manera de entender la muerte de Cristo. Naturalmente, a los teólogos modernos no les gusta la idea. Opinan que se trata de un vestigio de la Edad Media, cuando los teólogos estaban obsesionados con la legalidad. Piensan que esta idea convierte a Dios en un ser esquizofrénico que tiene que «sobornar» su Santidad con su Amor. Sin embargo, el punto de vista que acabamos de explicar está firmemente arraigado en este texto de Romanos y proporciona una explicación más satisfactoria de la Cruz que cualquier otra. Solo esta concepción hace verdadera justicia a la imagen bíblica de una Humanidad pecaminosa y un Dios santo. Pascal lo ha expresado muy bien: «La Gracia es ciertamente necesaria para convertir a un hombre en un santo; y quien lo pone en duda es que no sabe lo que es un santo ni un hombre».[11]

---

10. James Denney, *The Death of Christ* [La muerte de Cristo], (Londres: Tyndale, 1951), 98.
11. Pascal, *Pensamientos*, 508.

Romanos 3:27-31

¿Dónde, pues, está la jactancia? Queda excluida. ¿Por cuál principio? ¿Por el de la observancia de la ley? No, sino por el de la fe. 28 Porque sostenemos que todos somos justificados por la fe, y no por las obras que la ley exige. 29 ¿Es acaso Dios solo Dios de los judíos? ¿No lo es también de los gentiles? Sí, también es Dios de los gentiles, 30 pues no hay más que un solo Dios. Él justificará por la fe a los que están circuncidados y, mediante esa misma fe, a los que no lo están. 31 ¿Quiere decir que anulamos la ley con la fe? ¡De ninguna manera! Más bien, confirmamos la ley.

La pregunta que da comienzo a este párrafo sugiere que éste está estrechamente relacionado con 3:21-26. Por consiguiente, muchos comentaristas vinculan los versículos 27-31 con 21-26. Sin embargo, yo creo que los versículos 27-31 van más con el capítulo 4 que con 3:21-26, por dos razones: (1) Romanos 3:27-31 solo desarrolla una de las ideas de 3:21-26, a saber, la fe como única forma de experimentar la Justificación de Dios. Los otros conceptos teológicos significativos que se plantean en los versículos 21-26 (la Redención, la Gracia, la Propiciación, la Justicia de Dios) no se tratan. (2) Los temas tratados en 3:27-31 reflejan los que se recogen en el capítulo 4:

Romanos 3:27-31	Romanos 4
La jactancia queda excluida (v. 27)	Abraham no tenía derecho a jactarse (vv. 1-2)
Porque [...] somos justificados por la fe, y no por las obras que la ley exige... (v. 28)	porque Abraham fue justificado por la fe, no por obras (vv. 3-8)
Circuncidados e incircuncisos están unidos bajo el único Dios por medio de la fe (vv. 29-30)	Circuncidados e incircuncisos están unidos como los hijos de Abraham por medio de la fe (vv. 9-17).

Lo que Pablo hace en 3:27-31 es, pues, tocar rápidamente los puntos esenciales que quiere enseñar sobre la fe antes de desarrollarlos en mayor extensión en relación con Abraham.

En el versículo 27 Pablo regresa al formato de pregunta/respuesta tan popular en la diatriba. Esto sugiere que el apóstol está dialogando de nuevo con un interlocutor imaginario sobre el significado del Evangelio. ¿Quién es esa persona? Un ser humano en general, responden la mayoría de comentaristas: Pablo quiere que todos entiendan que la forma en que Dios justifica al ser humano —por Gracia— excluye cualquier posibilidad de atribuirnos el mérito de nuestra salvación. Sin embargo, otra posible identificación de esta persona es más específica: un judío. Pablo utilizó este mismo lenguaje de «jactarse» o «alardear» acerca de los judíos en 2:17, de modo que es posible que esté recordándoles que ya no pueden alardear acerca de su supuesta superioridad sobre los gentiles. Dios justifica a judíos y gentiles por igual sobre la misma base (ver vv. 29–30).[1]

Es bastante probable que Pablo tenga aquí en mente a un judío. Sin embargo, como muestran los versículos 27b–28, lo que el apóstol critica especialmente es la tendencia judía a enorgullecerse de su obediencia a la Ley. Como en otros lugares de Romanos, pues, la jactancia judía en las «obras de la Ley» es representativa de la jactancia humana en los logros en general. Toda esta jactancia es absurda en vista de la Gracia de Dios.

Al final del versículo 27 Pablo explica la razón por la que hay que descartar toda jactancia, pero la traducción e interpretación de sus palabras son un tanto controvertidas. El texto griego dice literalmente: «Por medio de qué ley [*nomos*]? ¿De las obras? No, sino por medio de la ley [*nomos*] de la fe [*pistis*]». La NVI refleja una interpretación popular al traducir la palabra *nomos* como «principio». En este caso, *nomos* se convierte en una especie de añadidura formal sin ninguna verdadera relevancia.

Este significado de la palabra es posible. Sin embargo, muchos comentaristas modernos se quejan de que dar al término *nomos* este sentido general no hace justicia al acento de Pablo sobre la ley mosaica en este contexto. Estos argumentan, por tanto, que Pablo está contrastando dos formas de ver o responder a la ley de Moisés: una manera que gira solo alrededor de las obras que ésta demanda, y otra que reconoce también en la Ley una demanda de fe.[2] Sin embargo, es probable que la interpretación de la NVI sea mejor, puesto que Pablo evita en general relacionar la fe con la ley mosaica (ver comentarios sobre 2:13 y 2:26–27).

Si esto fuera así, entonces el versículo 28 estaría descubriendo este «principio [...] de la fe [...] Porque sostenemos que todos somos justificados por la fe, y no por las obras que la ley exige». Una vez más, la expresión «por las obras que la ley exige» traduce aquí la frase griega *erga nomou*, «obras de la ley» (ver comentario sobre 3:20); como en este versículo precedente, la expresión significa «las obras hechas en obediencia a la ley de Moisés». Es significativo que, incluso en lo que parece un principio tan general, Pablo trate la obediencia de los judíos a la ley de Moisés. Su principal preocupación sigue siendo mostrar que los judíos necesitan el Evangelio, ya que, haciéndolo, el apóstol habrá mostrado que se trata de una necesidad de todo ser humano.

El versículo 28 es una famosa afirmación de la doctrina de la Justificación por la fe y, por influencia de Lutero, muchos de nosotros añadimos casi automáticamente un «sola» después de fe. La palabra no está, por supuesto, en el versículo. Sin embargo, pone legítimamente de relieve el sentido de lo que Pablo está diciendo

---

1. Dunn, *Romans* [Romanos], 185–86.
2. Ver especialmente Cranfield, *The Epistle to the Romans* [La Epístola a los Romanos], 219–20; Dunn, *Romans* [Romanos], 185–87.

(mucho antes de Lutero, Tomás de Aquino, el teólogo católico, ya la había también añadido). Puesto que al negar que ni siquiera las mejores obras humanas puedan justificarnos (p. ej., la obediencia de los judíos a la santa Ley de Dios) Pablo está, de hecho, negando que el ser humano pueda ser considerado justo ante Dios por nada de lo que haga.

Los versículos 29–30 ponen nuevamente de relieve uno de los temas centrales de la carta: la igualdad entre judíos y gentiles ante Dios. Pablo enfrenta la tan pregonada creencia monoteísta de los judíos con su tendencia a confinar la salvación a ellos mismos en exclusión de los gentiles. Puesto que si, como confiesan con arrogancia los judíos, hay solo un Dios, éste debe ser entonces Dios de gentiles y judíos por igual. Entendido correctamente, esto derriba cualquier diferencia final entre judíos y gentiles delante del Señor. Por tanto, concluye Pablo, Dios justificará tanto a «los que están circuncidados» (judíos) como a «los que no lo están» (gentiles) sobre una misma base: la fe.

La sensibilidad pastoral de Pablo se revela de nuevo en el versículo 31. Como hemos visto (ver comentario sobre 2:1), la secuencia de pensamiento de Romanos es dictada en cierta medida por las preguntas y objeciones con respecto al Evangelio que Pablo sabe que se suscitarán. El apóstol acaba de insistir en que la observancia de la Ley no contribuye nada a la Justificación. Pero él sabe que, a partir de esta enseñanza, algunos concluirán que la Ley no tiene nada de buena: ¿Quiere decir que anulamos la Ley con la fe? Por tanto responde: «¡De ninguna manera [*me genoito*]! Más bien, confirmamos la ley».

En otras palabras, puede que la ley mosaica no desempeñe papel alguno en la Justificación, pero Pablo no quiere que sus lectores piensen que tampoco lo hace dentro del plan salvífico de Dios. ¿Pero cuál es exactamente el papel de la ley mosaica? Pablo no explica claramente el modo en que su predicación «apoya» la Ley, sin embargo podemos conjeturar que el apóstol da más detalles en otros pasajes de la carta. Hay que considerar cuatro posibilidades principales:

1. Propugnamos la ley mosaica como testimonio del Evangelio (cap. 4).[3]
2. Propugnamos la ley mosaica como instrumento para crear convicción de pecado (3:19–20).[4]
3. Propugnamos la ley mosaica como fuente de dirección para la vida cristiana (13:8–10).[5]
4. Propugnamos la ley mosaica como norma de la santidad de Dios, cumplida ahora en Cristo (8:4).[6]

La primera posibilidad es bastante popular y puede parecer la lectura más plausible, puesto que Pablo prosigue en el capítulo 4 mostrando el modo en que la histo-

---

3. Ver la obra de Godet, *Commentary on Romans* [Comentario de Romanos], 166; Käsemann, *Commentary on Romans* [Comentario de Romanos], 105.
4. Ver la obra de Andrew J. Bandstra, *The Law and the Elements of the World* [La ley y los elementos del mundo] (Kampen: Kok, 1964), 99–100.
5. Ver la obra de Murray, *The Epistle to the Romans* [La Epístola a los Romanos], 1:124–25; Schreiner, *Romans* [Romanos], 207–8.
6. Ver la obra de Fitzmyer, *Romans* [Romanos], 367.

ria de Abraham da testimonio de la Justificación por la fe. Pero si esta hubiera sido la intención de Pablo, es sorprendente que el apóstol no utilice la palabra *nomos* (ley) en 4:2 para expresar esta conexión. También la segunda es poco probable, puesto que, al menos en este contexto, Pablo trata de la Ley como una autoridad moral. Tanto la tercera como la cuarta interpretación encajan en este acento, y lo que pretende Pablo no lo podemos determinar únicamente a partir de este contexto.

En vista del modo en que se desarrolla el argumento, mi opinión es que la más probable es la cuarta. Pablo afirma la legítima demanda que Dios hace a las personas en la Ley, una demanda que no puede ignorarse. Pero una de las cosas que hace Cristo es cumplir la Ley a nuestro favor. Por consiguiente, a quienes estamos en Cristo se nos imputa el cumplimiento de la Ley, y se nos exonera de las penas debidas a la desobediencia. Es, paradójicamente, la propia libertad de la condenación de la Ley lo que nos pone en una relación en la que puede producirse la verdadera obediencia, motivada y dirigida por el Espíritu.

El significado de «Ley». Como hemos observado al comentar la primera aparición del término *nomos* en Romanos (ver el análisis de 2:12), el lector contemporáneo ha de leer esta palabra en vista de su uso en el contexto de Pablo, no en el nuestro. La palabra «ley» la utilizamos de muchas maneras, y es fácil interpretar erróneamente a Pablo si leemos uno de esos significados cuando el apóstol quiere darle otro muy distinto. Hemos explicado que el apóstol utiliza esta palabra en un contexto completamente judío. Por supuesto, el propio Pablo es judío (un hecho que a veces olvidamos), su vocabulario ha sido formado por una larga e íntima familiaridad con el Antiguo Testamento, y en Romanos escribe sobre temas judíos. No cabe, pues, duda de que, por regla general, para Pablo *nomos* alude básicamente a la ley mosaica: la revelación de la voluntad de Dios para Israel mediada por Moisés en el Monte Sinaí.

No obstante, acabamos de explicar que *nomos* no tiene este significado en el versículo 27. ¿Es esto consistente? Hemos establecido el principio de asumir que Pablo utiliza *nomos* para referirse a la ley mosaica a no ser que haya indicadores contextuales que demuestren claramente otra cosa. Nuestras razones para considerar que en el versículo 27 *nomos* significa principio, gobierno o autoridad descansan en esta advertencia. Creemos que Pablo nos da suficientes claves en el contexto para que entendamos que no está utilizando este término en su forma habitual.

En primer lugar, por supuesto, hay que establecer que el significado alternativo del término existe realmente, puesto que, excepto en circunstancias fuera de lo común, el contexto no es nunca base suficiente para justificar un nuevo significado. De hecho, algunos intérpretes niegan que *nomos* tenga en ningún caso el sentido general de gobierno o principio (lo que podríamos llamar un significado «formal»). Sin embargo, hay suficientes ejemplos, incluso de autores judíos contemporáneos de Pablo, que muestran lo plausible de este significado.

Josefo, por ejemplo, un historiador judío que escribió después de la época de Pablo, habla de las «*nomoi* de guerra», o sea, las reglas (no escritas) que rigen la estrategia militar (J. W. 5.123). De igual modo, Filón, un filósofo judío del primer siglo, alude a las *nomoi* o normas de música (*De la Creación* 54, 70).[7] De manera que Pablo tiene a su disposición este significado para utilizarlo si quiere.

Sin embargo, ¿qué pruebas tenemos en el contexto de que esto es lo que el apóstol quiere, de hecho, expresar? Tres elementos apuntan en esta dirección. (1) El primero es el más general y débil; por sí mismo no es persuasivo. *Nomos* tiene a menudo un significado formal cuando va acompañado de una palabra impersonal en genitivo, como sucede aquí con «obras» (*ergon*) y «fe» (*pisteos*).[8] De hecho, de los otros cuatro lugares en que Pablo califica *nomos* de este modo, tres pueden muy bien tener este significado formal (Ro 7:25; 8:2; 9:31; Ef 2:15 es probablemente una referencia a la ley mosaica).

(2) En este contexto específico, Pablo separa la fe de la ley mosaica (v. 28). Esto hace que la combinación «Ley de la fe» sea inesperada.

(3) El argumento final es más amplio, y afecta al contexto teológico más general que Pablo establece y dentro del cual utiliza palabras como *nomos* y *pistis*. Cada vez que un autor utiliza una palabra concreta, ésta ha de interpretarse en vista del específico campo de uso que él mismo ha establecido. En su discurso, Pablo parece haber establecido un campo en el que *nomos* y *pistis* existen en categorías separadas. Esto se ve, por ejemplo, en el modo en que el apóstol contrasta «fe» y «ley» u «obras de la ley» (Ro 3:20; Gá 2:16; 3:2, 5, 10, 11–12; Fil 3:9). Otra indicación es que el apóstol frecuentemente habla de la Ley como algo a obedecer u observar, pero nunca como algo a creer (ver especialmente el contraste en Ro 10:5–6 y Gá 3:11–12).

Todo esto sugiere que los límites del discurso de Pablo no permiten un vínculo entre *pistis* y *nomos* (en el sentido de ley mosaica). Estos términos se sitúan en los extremos opuestos de sus categorías lingüísticas. Algunos responderán, por supuesto, que versículos como éste o como 8:2 y 9:31–32 muestran que esta distinción no siempre se sostiene. Por tanto, la decisión se convierte en un asunto de sopesar la fuerza de estos versículos en contraste con el uso preponderante de Pablo. Entiendo sin duda que los eruditos lleguen a distintas decisiones con respecto a este asunto. Sin embargo, quería esbozar brevemente aquí el método que subyace tras mi decisión de interpretar la expresión «Ley de la fe» en Romanos 3:27 como lo hago. Solo considerando todos estos factores podemos pasar correctamente del significado de Pablo a su aplicación en nuestros días.

Significado Contemporáneo

Jactancia. Uno de los pecados más comunes y quizá el más elemental de todos ellos es el orgullo ilícito que Pablo llama «jactancia». Nuestra paradójica tendencia como seres

---

7. La mejor presentación de estos datos está en la obra de Heikki Räisänen, «Sprachliches zum Spiel des Paulus mit NOMOS,» en *The Torah and Christ* [La Torá y Cristo], (Helsinki: Kirjapaino Raamattutalu, 1986), 119–47.
8. Ver la obra de Michael Winger, *By What Law? The Meaning of nomos in the Letters of Paul* [¿Por qué ley? el significado de nomos en las cartas de Pablo], (Atlanta: Scholars, 1992), 92.

humanos finitos, débiles y pecaminosos a tener un concepto demasiado elevado de nosotros mismos es endémica y difícil de cambiar. Juan la llama «la arrogancia de la vida» (1Jn 2:16). Fácilmente llevamos esta jactancia a nuestra relación con Dios. Además de ser pecaminosa, esta actitud conlleva dos grandes peligros:

(1) Sofoca nuestra adoración. Siempre que creamos, aunque sea de manera inconsciente, que hemos contribuido en algo a nuestra salvación, no estaremos poniendo a Dios en el plano que merece. Nuestro perfil aparecerá demasiado grande y el de Dios demasiado pequeño; no adoraremos con un absoluto sentido de humildad, dependencia y acción de gracias que siempre caracteriza la mejor adoración.

(2) El otro peligro está en el hecho de que los logros de que somos tentados a jactarnos son muy inconsistentes e imperfectos. Cuando las cosas van bien y nos sentimos encantados de habernos conocido, es fácil poner la confianza en nosotros mismos. Sin embargo, es inevitable que lleguen los tiempos difíciles, y si nuestra confianza está en nosotros mismos, no tendremos ningún buen fundamento sobre el que sostenernos.

Una forma más sutil de jactancia ilegítima consiste a menudo en desplazarnos solo un poco de lo que sería un lícito sentido de contentamiento por hacer la voluntad del Señor. Cuando obedecemos al Señor evitando un pecado que hemos sido tentados a cometer, o llevando a cabo un acto de bondad, es perfectamente apropiado que nos sintamos contentos y hasta satisfechos. Por lo que respecta a su ministerio, Pablo, por ejemplo, puede expresar un orgullo legítimo, aludiendo a sí mismo como «maestro constructor» (1Co 3:10) y gloriándose en el hecho de que «trabajó más» que los otros apóstoles (15:10). Sin embargo, es significativo que, en cada uno de estos textos, Pablo atribuya el valor de su ministerio a la obra de la Gracia de Dios. El orgullo vinculado a nuestras buenas obras o a nuestro ministerio ha de reconocer siempre que es Dios, no nosotros, la causa de todo lo bueno que podamos conseguir.

Sin embargo, esta perspectiva es difícil de mantener. Soy consciente de que difícilmente puedo llevar a cabo una «acción justa» sin estropearla al instante con el orgullo. Recientemente formé parte de un grupo de mi iglesia que se organizó para pintar la casa de un hermano que estaba muy enfermo. Mientras pintaba oí una voz persistente que decía: «estás haciendo una buena obra. Dios estará contento contigo». Puede que no haya nada malo en este sentimiento, al menos hasta ese momento. Sin embargo, rápidamente la voz da un paso más y sigue diciendo: «has de sentirte orgulloso de lo que estás haciendo. No hay duda de que Dios va a recompensarte por lo bueno que eres». En el mismo instante en que comenzamos a pensar que nuestras buenas obras nos hacen merecedores de algo delante de Dios, pasamos de un contentamiento legítimo a una jactancia ilícita. Todas nuestras obras, por buenas que sean —y en esta vida, todo lo que hacemos está inevitablemente corrompido por el pecado— son producto de la Gracia de Dios, mediante la obra del Espíritu en nosotros.

Romanos 4:1-8

Entonces, ¿qué diremos en el caso de nuestro antepasado Abraham? 2 En realidad, si Abraham hubiera sido justificado por las obras, habría tenido de qué jactarse, pero no delante de Dios. 3 Pues ¿qué dice la Escritura? «Le creyó Abraham a Dios, y esto se le tomó en cuenta como justicia». 4 Ahora bien, cuando alguien trabaja, no se le toma en cuenta el salario como un favor sino como una deuda. 5 Sin embargo, al que no trabaja, sino que cree en el que justifica al malvado, se le toma en cuenta la fe como justicia. 6 David dice lo mismo cuando habla de la dicha de aquel a quien Dios le atribuye justicia sin la mediación de las obras: 7 «¡Dichosos aquellos a quienes se les perdonan las transgresiones y se les cubren los pecados! 8 ¡Dichoso aquel cuyo pecado el Señor no tomará en cuenta!».

En 3:27–31, Pablo menciona brevemente dos implicaciones de la verdad de nuestra Justificación por la fe aparte de la observancia de la Ley (v. 28): No podemos jactarnos de nuestros logros religiosos (v. 27), y judíos y gentiles tienen igual acceso a la Justificación (vv. 29–30). En el capítulo 4 el apóstol desarrolla estos dos puntos en relación con Abraham (ver comentarios acerca de 3:27–31).

En 4:1–8, Pablo muestra que el propio Abraham no tenía ninguna base para jactarse ante Dios por cuanto, también él, fue justificado por la fe. A continuación, en 4:9–17, explica que la justificación por la fe de Abraham le faculta para ser padre espiritual de todos los creyentes, tanto judíos como gentiles. En los versículos 18–22 Pablo desarrolla la naturaleza de la fe de Abraham antes de concluir su exposición con una aplicación final para los cristianos (vv. 23–25).

A lo largo del capítulo, Pablo fundamenta su exposición en Génesis 15:6, el versículo clave que se cita en 4:3: «creyó Abraham a Dios, y esto se le tomó en cuenta como justicia». Se subraya especialmente la naturaleza y significado de la confianza de Abraham. Otro modo de ver el capítulo, pues, es hacerlo en términos de una serie de antítesis con las que Pablo pone de relieve la importancia de la fe de Abraham, y de la nuestra:

1. La fe es algo totalmente distinto de las «obras» (vv. 3–8).
2. La fe no depende de ninguna ceremonia religiosa (p. ej., la circuncisión) (vv., 9–12).
3. La fe no se relaciona con la Ley (vv. 13–17).
4. A menudo la fe descansa en una promesa que va en contra de lo natural y lo normal (vv. 18–22).

Como hace con frecuencia en Romanos (ver también 3:1, 9, 27; 4:9; 6:1, 15; 7:1, 7, 13; 9:14, 30; 10:14; 11:1, 11), Pablo utiliza una pregunta para introducir la siguiente etapa de su argumento. La pregunta que plantea el apóstol en 4:1: «¿qué diremos en el caso de nuestro antepasado Abraham?» tiene relación con el argumento de 3:27–31. Hay dos razones por las que Pablo introduce a Abraham en este punto. (1) Los judíos reverenciaban a Abraham como patriarca del pueblo de Dios y modelo de la fidelidad a la Ley. Para que el apóstol pueda convencer a los cristianos de Roma que conocen la historia y tradición del pueblo judío de que avalen el Evangelio de la Justificación por la fe, ha de demostrar que Abraham está en realidad de su parte en esta controversia.

(2) Abraham es una figura clave en el plan salvífico de Dios que se revela en el Antiguo Testamento. Uno de los propósitos de Pablo en Romanos es demostrar que el Evangelio tiene una clara continuidad con el Antiguo Testamento (ver, p. ej., 1:2; 3:21). Demostrar que la historia de Abraham encaja en la concepción que tiene Pablo de la historia de la salvación es un importante paso hacia esta meta.

Tras introducir a Abraham en 4:1, Pablo pasa ahora directamente al ataque: «En realidad, si Abraham hubiera sido justificado por las obras, [como, según parece, creían al menos algunos judíos], habría tenido de qué jactarse [y nuestro argumento de 3:27–31, en el sentido de que la jactancia queda excluida, se derrumba]». Pablo responde inmediatamente a su línea de argumentación: «pero no delante de Dios». Lo que Pablo quiere decir exactamente con esta respuesta no está claro. Podría significar que, de haber sido justificado por sus obras, Abraham habría tenido una razón para jactarse ante otras personas, «pero no delante de Dios».[1] Sin embargo, la lógica del argumento de Pablo, como se pone de relieve en 4:3–8, implica el rechazo absoluto de tal posibilidad. Por tanto, su respuesta significa probablemente algo parecido a «desde la perspectiva de Dios, Abraham no tiene ningún derecho a jactarse, por cuanto no fue, ni podía ser, justificado por las obras».[2]

Pablo fundamenta esta respuesta en la Escritura (4:3). Génesis 15:6 es un texto veterotestamentario fundamental para entender el característico acento de Pablo en la Justificación por la fe (ver también Gá 3:6). Este versículo consigna la respuesta de Abraham a la promesa de Dios de que su descendencia sería tan innumerable como las estrellas del firmamento. Sin embargo, esta promesa forma parte, a su vez, de una secuencia de similares promesas divinas hechas a Abraham acerca de su papel como fundador de una nación y mediador de una bendición de alcance universal (ver especialmente Gn 12:1–3). De modo que, probablemente, Pablo lee Génesis 15:6 como un resumen de la respuesta de Abraham a la promesa de Dios en general.

Pero ¿qué significa «contar [NVI «tomar en cuenta«]» la fe de Abraham «como justicia»? Algunos intérpretes opinan que el texto establece una equivalencia entre la fe de Abraham y la Justicia. Es decir, Dios considera la confianza de Abraham en su promesa como un acto de justicia. La tradición judía tendía a asumir esta interpretación. Sin embargo, la construcción hebrea de este versículo (que extra-

---

1. P. ej. Godet, *Commentary on Romans* [Comentario de Romanos], 169–70; Sanday y Headlam, *The Epistle to the Romans* [La Epístola a los Romanos], 99–100.
2. Ver, p. ej., Murray, *The Epistle to the Romans* [La Epístola a los Romanos], 1:129–30; Cranfield, *The Epistle to the Romans* [La Epístola a los Romanos], 228.

ñamente adopta el texto griego) sugiere una interpretación distinta. «Contar» por justicia la fe de Abraham significa «poner a su cuenta una justicia que no le pertenece intrínsecamente».[3] Cuando Abraham creyó a Dios, Dios le puso en una posición de «justicia»; le consideró «justo» ante Dios.

El propio apóstol se preocupa de explicar el sentido de este «contar» por justicia la fe de Abraham. Así, en 4:4–5 el apóstol explica la naturaleza de este acto de contar y en los versículos 6–8 nos ofrece más apoyo bíblico para esta idea. Obsérvese, por tanto, que Pablo regresa al lenguaje de «tomar en cuenta» tanto al final del versículo 5 como en el versículo 6, y de nuevo en la cita del versículo 8 (la palabra griega es *logizomai*).

La lógica de los versículos 4–5 no es fácil de entender a primera vista, porque Pablo no expresa la premisa fundamental de su argumento. Puede, pues, ser útil descifrar su lógica mediante una disposición de su argumento ligeramente distinta:

Cuando realizamos un «trabajo», se nos paga, no «como un favor sino como una deuda» (v. 4).

Dios es un Dios de Gracia, que da siempre de manera gratuita y sin restricciones; no puede nunca ser «obligado» por nadie (la premisa asumida en el argumento).

Por consiguiente, Dios no puede tomar nada «en cuenta» a los seres humanos en virtud de sus «obras» (v. 5).

La premisa que hemos añadido está implicada en el lenguaje del «don» en el versículo 4 y en la famosa afirmación del versículo 5 en el sentido de que Dios «justifica al impío». De hecho, es un axioma teológico de Pablo que Dios se relaciona siempre con sus criaturas de un modo libre y voluntario, por Gracia. Es decir, se trata de una idea fundamental acerca de Dios que el apóstol nunca discute, sino que asume como algo evidente en sí mismo. Si Dios tuviera que justificar a las personas en virtud de sus obras, este axioma sería violado: Dios estaría dando al ser humano algo que no se habría ganado. En el contexto, pues, de este argumento, la descripción que Pablo hace del cristiano como de alguien que «no trabaja» (v. 5) no pretende, como lo expresa Morris, «encomiar la pereza».[4] Como indica el contraste («sino que cree en el que justifica al malvado»), lo que Pablo quiere afirmar es el hecho de que los cristianos no basan su relación con Dios en sus acciones.

En un estilo característicamente judío, Pablo confirma ahora la verdad que ha encontrado en un texto de la «Ley» (Gn 15:6) con un texto de los «Escritos» (ver la sección «Construyendo puentes»). Cita el Salmo 32:1–2a. En estos versículos, David une su testimonio al de Moisés, revelando que los verdaderamente bienaventurados son aquellos a quienes «se les perdonan sus transgresiones, [...] se les borran sus pecados». Puesto que Pablo ve este versículo como una confirmación de su interpretación de Génesis 15:6, su cuidadosa fraseología muestra que el punto de vista de Génesis 15:6 que hemos defendido antes va por buen camino.

---

3. O. Palmer Robertson, «Genesis 15:6: New Covenant Exposition of an Old Covenant Text» [Génesis 15:6: una exposición del Nuevo Pacto de un texto del antiguo] *WTJ* 42 (1980): 265–66.
4. Morris, *The Epistle to the Romans* [La Epístola a los Romanos], 198.

Para Pablo, la clave de lo que dice David en el Salmo 32 es que los bienaventurados no son aquellos que han ganado algo de Dios, sino los que han recibido algo de él. Sus transgresiones son perdonadas, sus pecados «cubiertos», y Dios no toma en cuenta su pecado. Es evidente que estas personas siguen cometiendo pecados, pero Dios no se los toma en cuenta. Les acepta y les bendice. Por tanto, estos versículos confirman lo que Pablo ha explicado en Romanos 4:4–5: Dios «justifica al malvado». Es decir, «declara inocentes» a personas que, realmente, en sí mismas, no lo son. Les confiere una posición que no se han ganado, y que no merecen.

Aquí encontramos el corazón de las Buenas Nuevas: Dios nos acepta, por medio de nuestra fe, tal como somos. En su Gracia «cubre» nuestros pecados, no tomándonoslos en cuenta. Desarrollaremos más este punto en la sección «Significado contemporáneo».

El lector moderno que desconoce los métodos judíos de argumentación bíblica o el modo en que se entendía a Abraham en el tiempo de Pablo, no puede apreciar de un modo completo el argumento de los versículos 1–8. De modo que, vamos a resumir brevemente cada uno de estos puntos.

Abraham. La historia de Abraham que se consigna en Génesis 12–22 gira en torno a la promesa que Dios hizo al patriarca de Israel. Los elementos básicos de esta promesa se encuentran en Génesis 12:2–3. Dios promete que Abraham se convertirá en una gran nación, que exaltará y bendecirá a Abraham, y que éste será, a su vez, causa de bendición a «todos los pueblos de la Tierra». El tiempo pasa, pero Abraham sigue sin tener hijos. De modo que Dios responde a la preocupación de Abraham renovando su promesa de una fecunda descendencia y subrayando que ésta poseerá la tierra prometida de Israel. Después, Dios ratifica su promesa estableciendo un pacto con Abraham (cap. 15).

En Génesis 17 Dios da un paso más, y nos ofrece detalles de su promesa, subrayando especialmente el gran número de naciones que saldrá de Abraham (vv. 4–6) y la tierra prometida que tendrán sus descendientes por «posesión perpetua» (v. 8). A continuación Dios instituye la circuncisión como «señal del pacto» entre Dios y Abraham (v. 11). También promete que los descendientes del patriarca lo serán de su unión con Sara, aunque a ella le ha pasado ya el tiempo de dar a luz (vv. 15–16). Abraham se ríe de la idea de que Sara pueda tener un hijo (vv. 17–18), igual que la propia Sara cuando más adelante se renueva la promesa (18:10–12). No obstante, Dios cumple su palabra, y Abraham y Sara ven nacer a Isaac en su vejez (21:1–7).

La última etapa significativa de la historia de Abraham y de la promesa se produce cuando Dios prueba a Abraham pidiéndole que le ofrezca a Isaac en sacrificio, una orden que se anula en el último minuto (Gn 22). En el resto del Antiguo Testamento, el pueblo de Dios alude al pacto hecho con Abraham, Isaac y Jacob como fundamento de su existencia y esperanza para el futuro (p. ej., Éx 32:13; Dt 1:8).

En el tiempo de Pablo los judíos estaban en línea con esta tradición y seguían reflexionando al respecto. Reverenciaban a Abraham como «padre» (ver Is 51:1–2; *m. Qidd.* 4.14; cf. Ro 4:1), aquel con quien se había iniciado su posición única como pueblo del Pacto de Dios. Su vida era un ejemplo de verdadera espiritualidad. Los siguientes textos son representativos de la elevada idea que tenían los judíos de Abraham:

> Abraham fue perfecto en todas sus obras con el Señor, y agradable en justicia todos los días de su vida. (*Jubileos* 23:10)
>
> Abraham [...] no pecó contra ti. (*Oración de Manasés* 8)
>
> ¿No fue acaso Abraham hallado fiel cuando fue puesto a prueba, y le fue contado por justicia? (1 Mac 2:52)
>
> Abraham fue el gran padre de una multitud de naciones,
> y no ha habido otro como él en gloria.
> Él guardó la ley del Altísimo,
> y entró en pacto con él;
> confirmó el pacto en su carne,
> y cuando fue puesto a prueba demostró ser fiel.
> Por tanto, el Señor le dio certeza con el juramento
> de que las naciones serían bienaventuradas por medio de su descendencia;
> que le daría una descendencia tan numerosa como el polvo de la tierra,
> la exaltaría como las estrellas,
> y le daría una herencia que se extendería de uno al otro mar
> y desde el Éufrates hasta lo último de la Tierra. (Eclo. 44:19–21)

Sobre lo que Pablo dice de Abraham en Romanos 4 es especialmente importante la tendencia, revelada en estas fuentes, de vincular la justicia de Abraham al episodio de la «prueba» que se consigna en Génesis 22, y a trazar una conexión entre el pacto de Dios con Abraham y su obediencia a la Ley. En contraste, Pablo sostiene que *la fe de Abraham*, en respuesta a la promesa de Dios, fue la base de su justicia (Ro 4:3) y que la Ley no tenía nada que ver con su talla o con la promesa de que fue objeto (4:13–16).

Métodos para citar el Antiguo Testamento. La relevancia de Génesis 15:6 para todo el capítulo 4 es evidente. Pablo introduce este texto como base de su exposición (Ro 4:3), termina su argumento con otra referencia formal al versículo (4:22), y alude a su lenguaje a lo largo de todo el pasaje (vv. 5, 6, 8, 9). Romanos 4 es, pues, una exposición de Génesis 15:6 o, al menos, una reflexión teológica acerca de este pasaje del Pentateuco. Esta forma de explicación de un pasaje del Antiguo Testamento (que a menudo recibía el nombre de *midrash*) era muy común entre los judíos del tiempo de Pablo. Muchos eruditos utilizan este término para referirse a Romanos 4. Sin embargo, hay un considerable debate acerca del correcto significado y aplicación de este término, y por ello hemos de ser prudentes al utilizarlo aquí. No obstante, sí es evidente que el modo en que Pablo trata varios temas sobre un solo texto era familiar para sus primeros lectores.

En la utilización que Pablo hace del Antiguo Testamento en este capítulo hay también otro elemento específico que es familiar; me refiero a la corroboración de lo que dice sobre Génesis 15:6 apelando al Salmo 32:1–2a. En nuestros días, generalmente, los judíos dividen el Antiguo Testamento en tres partes básicas: la «Ley» (Torá, los primeros cinco libros del Antiguo Testamento, el Pentateuco), los «Profetas» (*nebi'im*, que incluye libros como Samuel y Reyes), y los «Escritos» (*ketubim*, Salmos, Proverbios, etc.). De hecho, una manera judía muy común de aludir al Antiguo Testamento es utilizar las tres primeras letras de estos nombres hebreos en la palabra «Tanak». En el tiempo de Pablo, los judíos juntaban a menudo la segunda y tercera parte del Antiguo Testamento.

Lo que quiero decir con todo esto es que un método común de argumentación a partir de la Escritura era citar pasajes tanto de la «Ley» como de los «Profetas y Escritos», lo mismo que hace Pablo. Por otra parte, Pablo sigue también una práctica judía habitual al utilizar una palabra común como conexión entre estos pasajes: tanto en Génesis 15:6 como en el Salmo 32:1–2a encontramos la palabra «tomar en cuenta» o «contar» (*logizomai*). Los judíos llamaban a esta técnica *gezerah shewa* («igual decisión»).

Por consiguiente, al margen de cómo lo llamemos, el método que Pablo seguía para citar el Antiguo Testamento era muy familiar para sus lectores romanos, quienes —aun aquellos que procedían de un trasfondo étnico gentil—, estaban bien versados en la tradición judía. No obstante, estas mismas técnicas judías pueden plantear algún problema a los lectores modernos, puesto que muchos no los reconocen hoy como métodos de interpretación legítimos. El problema es importante, y volveremos a él en otro momento. Baste decir aquí que las técnicas que Pablo utiliza en el capítulo 4 no deberían sernos de tropiezo. El significado que el apóstol encuentra en Génesis 15:6 es fiel al texto, y su relación de este pasaje con el Salmo 32:1–2a se basa más en un tema verdaderamente común que en una palabra coincidente.

Significado Contemporáneo

Justificar al malvado. La expresión que alude a Dios como aquel «que justifica al malvado» (v. 5) es una descripción famosa, perturbadora y polémica. Famosa, porque expresa de manera compacta lo esencial del punto de vista protestante tradicional de la Justificación, a saber, que cuando Dios nos justifica, no nos cambia moralmente, sino que nos confiere una nueva posición «legal» delante de él. La mayoría de los teólogos cristianos anteriores a la Reforma habían enseñado que la Justificación incluía tanto la aceptación de Dios como la transformación de nuestro ser. Por regla general, creían también que las personas tenían que «prepararse» para recibir el divino don de la Justificación, por el que Dios declaraba justos a quienes lo eran de un modo muy real por la previa obra de la Gracia de Dios en su vida.

Lutero, Calvino y otros reformadores insistieron en que Pablo había enseñado lo contrario. Separaron sistemáticamente la «justificación» de la «regeneración» y la «santificación», y defendieron la idea de que las personas no podían hacer nada a fin de prepararse para la obra justificadora de Dios. Es fácil de entender que Romanos 4:5 fuera un importante texto probatorio para el punto de vista de los reformadores. Al afirmar sin tapujos que Dios justifica a los «malvados», Pablo deja claro que la Justificación es el acto creativo y «sintético» de Dios por el que éste considera justo delante de sí a alguien que, en sí mismo, no lo es. La Justificación, como lo expresaron los reformadores en sus famosos lemas, es *sola gratia*, «únicamente por Gracia», y *sola fidei*, «únicamente por la fe».

Lo que puede ser perturbador en la idea de que Dios «justifica al malvado» es que parece hacer a Dios culpable de una injusticia. De hecho, con ello hace, precisamente, lo que mandó a los jueces del Antiguo Testamento que no hicieran (Pr 17:15; Is 5:23) y lo que él mismo promete no hacer: «porque yo no absuelvo [o justifico] al malvado» (Éx 23:7). La concepción de los reformadores ha sido, por tanto, criticada como una violación de los principios de la justicia, una «ficción legal» que no tiene ningún sentido.

Los reformadores respondieron a tales críticas proponiendo la idea de «justicia imputada». Aquellos a quienes Dios justifica no son justos en sí mismos. Sin embargo, puesto que están «en Cristo», les es imputada su perfecta justicia. En última instancia, la Justificación de Dios es pues «justa», porque se basa en la justicia que cada creyente tiene en Cristo. Incluso los teólogos que aceptan la posición general de la Reforma sobre la Justificación debaten si esta idea es o no correcta; yo mismo no estoy seguro acerca de ella, aunque es lógica y tiene cierto fundamento exegético (ver, p. ej., Ro 8:1–4; 2Co 5:20).

Sin embargo, es importante sacar a la luz una de las razones más importantes por las que muchos teólogos ponen reparos a la idea de la «justicia imputada»: se percibe como una concepción que releva a los cristianos de su responsabilidad en la búsqueda de la santidad. Si la justicia de Cristo nos es imputada y es él quien cumple la Ley en nuestro lugar, es entonces posible considerar que agradar o no a Dios es algo completamente irrelevante. ¿Acaso Cristo no lo ha hecho ya por nosotros? O, por relacionar esta objeción con la enseñanza general de la Reforma sobre la Justificación: Si cuando somos «malvados» Dios nos justifica, ¿por qué hemos de molestarnos en intentar que nuestras vidas sean santas? Dios ya nos ha aceptado, ¿no?

Esta objeción es muy antigua, como se pone de relieve en Romanos 6. Cuando lleguemos a este capítulo tendremos la oportunidad de explorar con cierto detalle la respuesta de Pablo. Sin embargo, lo que hay que decir aquí es que la enseñanza de Pablo acerca de que Dios «justifica al malvado» no puede verse de un modo aislado. Sí, está claro que Dios nos justifica delante de él cuando somos aún pecadores y que, intrínsecamente, esta justificación no cambia nuestra posición moral o naturaleza esencial. Sin embargo, Pablo insiste en que Dios hace algo más que justificarnos cuando nos convertimos en cristianos. También nos «regenera», «santifica», y nos imparte su Espíritu para que viva en nosotros. Estos actos de Dios nos cambian «desde dentro». Pablo se une a Santiago al insistir en que los auténticos cristianos tienen que expresar siempre la obra transformadora de Dios mediante una vida nueva de obediencia. Sin embargo, lo que los reformadores entendieron de manera tan clara —y, en mi opinión, tan acertada— era que ser cristiano es en primer lugar y sobre todo un cambio de nuestra posición ante Dios. Sentenciados a una muerte eterna por el pecado, Dios interviene en un puro acto de Gracia y nos declara inocentes delante de él.

¿Qué cambio produce en nosotros la verdadera apreciación de que somos justificados «solo por Gracia», «solo por fe»? Puede que lo más importante sea un abrumador sentido de asombro por lo que Dios ha hecho por nosotros, un asombro que inmediatamente se desborda en adoración. No es casualidad que algunos de nuestros himnos más elevados traten precisamente de este sentido de asombro por la Gracia de Dios. Cantamos «Sublime Gracia», «Sublime Amor» y es que, sin duda, es algo sublime y sorprendente que el Dios Todopoderoso y tres veces Santo nos haya concedido a nosotros, personas que vivimos en pecaminosa rebeldía contra él, una nueva posición de justicia, de manera totalmente gratuita.

Una vez que verdaderamente hemos entendido esto, la adoración es una consecuencia natural. Por ello es tan importante que nuestros cantos de adoración miren a Dios y no a nosotros mismos. Uno de los mayores estímulos para la adoración que Dios ha dado a su pueblo es el que nos proporcionan las letras bien musicadas y escritas con belleza y corrección teológica. ¡Utilicemos bien este don!

Romanos 4:9-12

¿Acaso se ha reservado esta dicha sólo para los que están circuncidados? ¿Acaso no es también para los gentiles? Hemos dicho que a Abraham se le tomó en cuenta la fe como justicia. 10 ¿Bajo qué circunstancias sucedió esto? ¿Fue antes o después de ser circuncidado? ¡Antes, y no después! 11 Es más, cuando todavía no estaba circuncidado, recibió la señal de la circuncisión como sello de la justicia que se le había tomado en cuenta por la fe. Por tanto, Abraham es padre de todos los que creen, aunque no hayan sido circuncidados, y a éstos se les toma en cuenta su fe como justicia. 12 Y también es padre de aquellos que, además de haber sido circuncidados, siguen las huellas de nuestro padre Abraham, quien creyó cuando todavía era incircunciso.

En este breve párrafo, Pablo pasa del sentido vertical de la fe de Abraham (su significado para nuestra relación con Dios) al horizontal (el que tiene que ver con la relación entre judíos y gentiles dentro del pueblo de Dios). Al principio del capítulo, Pablo ha introducido a Abraham con una fraseología típicamente judía: la expresión en primera persona del plural «nuestro antepasado», alude a Pablo y a otros cristianos de origen judío (4:1). No obstante, en esta frase Pablo añade una importante calificación (que no se traduce en la NVI): «según la carne». El apóstol deja ahora clara la razón por la que esta precisión era necesaria. Puesto que, desde el punto de vista de la fe, Abraham es mucho más que el progenitor del pueblo judío; el patriarca es también el padre de todos los que creen como él. Lo que determina al pueblo de Dios no es una descendencia biológica de Abraham, sino una filiación espiritual.

La «bienaventuranza» que Pablo menciona en 4:9 alude a la bendición que David pronunció acerca de aquellos «a quienes se les perdonan las transgresiones y se les cubren los pecados» (4:7-8). Esta bendición es, por tanto, la aceptación ante Dios. ¿Es acaso esta aceptación —pregunta Pablo— solo para «los que están circuncidados», es decir, para los judíos (como creía la mayoría de ellos)? ¿O se ofrece también a los «gentiles»? Antes de responder a su pregunta, Pablo nos recuerda el texto clave que viene utilizando para este propósito, a saber, Génesis 15:6 (cf. Ro 4:3), que parafrasea en 4:9b.

En el versículo 10, Pablo encuentra una respuesta a esta pregunta observando la relación cronológica entre la declaración de la justicia de Abraham por parte de Dios (Gn 15:6) y la institución de la circuncisión (Gn 17). La justificación de Abraham, señala Pablo, se produjo primero (veintinueve años antes de la circuncisión, según una tradición rabínica).

Sin embargo, la mera cronología no es un punto concluyente. Pablo prosigue en 4:11 explicando el verdadero significado de la circuncisión. Aludiendo a Génesis 17:11, el apóstol menciona la circuncisión como una «señal», un «sello de la justicia que se le había tomado en cuenta [a Abraham] por la fe». En el caso de Abraham, la circuncisión no era la base, ni siquiera la condición, de su posición justa ante Dios. El rito se limitó a poner un sello sobre lo que ya era verdadero.

En los versículos 11b–12 Pablo expresa el sentido de lo que ha dicho en el versículo 11a.

(1) Abraham «es padre de todos los que creen, aunque no hayan sido circuncidados». Los gentiles que tienen fe pueden apelar a Abraham como padre suyo. Al igual que él, creen, y también reciben la justicia como un don de Dios. Un regalo que no depende de que estén o no circuncidados. En este punto, el argumento de Pablo se mueve más allá del Antiguo Testamento. Al hacer de la circuncisión un requisito para todos los varones descendientes de Abraham, el Antiguo Testamento da ciertamente a entender que solo es posible formar parte del pueblo de Dios aceptando la circuncisión. Sin embargo, como veremos en 4:16–17, en Génesis hay otra corriente de enseñanza sobre Abraham que subraya su papel como «padre de muchas naciones». Con la percepción que le da la revelación de Dios en Cristo, Pablo puede ahora identificar a estas otras naciones como los gentiles que creen y pueden formar parte de la familia espiritual de Abraham sin ser circuncidados.

(2) Abraham es también «padre de aquellos que, además de haber sido circuncidados, siguen las huellas de nuestro padre Abraham, quien creyó cuando todavía era incircunciso». Como traduce la NVI, Pablo hace también de Abraham el padre de los cristianos de origen judío (aquellos que han sido circuncidados y que también creen como Abraham).

El texto griego es susceptible de otra interpretación. Según este punto de vista, los «circuncidados» formarían una amplia categoría inicial que Pablo divide después en dos elementos: los circuncidados y los que creen como Abraham. En tal caso, Pablo estaría haciendo referencia tanto a los judíos en general como a los cristianos de origen judío en particular. Los eruditos que abogan por esta interpretación observan que más adelante Pablo afirma que la promesa de Dios a los patriarcas sigue vigente tanto para el pueblo judío como para la Iglesia (Ro 9:5; 11:28).[1] Pero, en su argumento, Pablo no tiene todavía esto en mente. En su conjunto, la estructura de la oración gramatical de 4:12 apunta solamente a un grupo: aquellos que son circuncidados y tienen la fe de Abraham (i.e., los cristianos de origen judío).

Circuncisión y judaísmo. En la sección «Construyendo puentes» de 2:17–29, hemos considerado brevemente la importancia que llegó a tener la circuncisión para los judíos durante el periodo

---

1. Käsemann, *Commentary on Romans* [Comentario de Romanos], 116–17; Fitzmyer, *Romans* [Romanos], 381–82.

intertestamentario. Los judíos, siguiendo estrictamente el mandamiento de Dios en Génesis 17, insistían en la circuncisión como una marca esencial (para los varones, por supuesto) de pertenencia al pueblo judío. Aun Filón, que interpretó alegóricamente la mayoría de los rituales judíos, insistió en lo necesario del acto físico de la circuncisión. Por esta razón Pablo puede utilizar el término «circuncisión» para aludir a los judíos e «incircuncisión» para los gentiles (Ro 3:30; 4:9, 11–12).

¿Pero qué sucedía con los gentiles que querían convertirse en judíos? Ciertos eruditos opinan que, en el tiempo de Pablo, en algunos sectores del judaísmo se estaba restando importancia al requisito de que los gentiles se sometieran a la circuncisión para hacerse judíos. Fundamentan esta conclusión en un intrigante pasaje del historiador judío Josefo sobre la conversión de un rey pagano llamado Izates (*Ant.* 20.17–48). Pero no hay duda de que el punto de vista general era que solo los gentiles circuncidados podían considerarse como genuinos prosélitos.[2]

La demanda de la circuncisión hacía que pocos hombres gentiles, por atraídos que se sintieran hacia el judaísmo, se convirtieran. La circuncisión era una barrera física, hasta dolorosa, para los gentiles que querían identificarse con el pueblo de Dios. Los tales eran excluidos y, sin duda, dicha exclusión se les hacía muy punzante. Por mucho que se identificaran con la enseñanza y moralidad judías, seguían siendo excluidos. Pablo habla directamente de esta clase de alienación en Efesios 2:11–12:

> Por lo tanto, recuerden ustedes los gentiles de nacimiento —los que son llamados «incircuncisos» por aquellos que se llaman «de la circuncisión», la cual se hace en el cuerpo por mano humana—, recuerden que en ese entonces ustedes estaban separados de Cristo, excluidos de la ciudadanía de Israel y ajenos a los pactos de la promesa, sin esperanza y sin Dios en el mundo.

Cuando hoy leemos Romanos 4:9–12, podemos no apreciar lo que en su día significó que a los gentiles se les ofreciera la oportunidad de convertirse en miembros del pueblo de Dios, con los mismos derechos que los judíos de nacimiento. Por la fe éstos, junto con los judíos, pueden llamar «padre» a Abraham y disfrutar de los privilegios y bendiciones prometidas a sus descendientes.

Significado Contemporáneo

¿Circuncisión y Bautismo? Encontrar la relevancia de un texto como éste es un reto para el moderno lector o predicador cristiano. Trata de cosas que sucedieron hace ya mucho tiempo, y el tema —el valor religioso de la circuncisión— no parece tener mucho significado para la Iglesia de nuestro tiempo. Para hacer

---

2. Ver exposición al respecto en George Foot Moore, *Judaism in the First Centuries of the Christian Era* [El judaísmo en los primeros siglos de la era cristiana] (2 vols.; Nueva York: Schocken, 1971), 1:323–35.

frente a este problema, el acercamiento habitual parece ser esforzarse por encontrar analogías en el texto a situaciones o prácticas contemporáneas.

Algunos comentaristas han adoptado precisamente este acercamiento con la circuncisión. Su punto de partida es la opinión de que varios textos de Pablo sugieren que el apóstol entendía el bautismo y la circuncisión como rituales parecidos. A fin de cuentas, la circuncisión era la señal de que alguien formaba parte del pueblo del Antiguo Pacto, mientras que el bautismo parece ser la señal equivalente del Nuevo. Obsérvese, por ejemplo, la conexión entre el bautismo y la circuncisión que se plantea a partir de Colosenses 2:11–13:

> Además, en él fueron *circuncidados*, no por mano humana sino con la *circuncisión* que consiste en despojarse del cuerpo pecaminoso. Esta circuncisión la efectuó Cristo. Ustedes la recibieron al ser sepultados con él en el *bautismo*. En él también fueron resucitados mediante la fe en el poder de Dios, quien lo resucitó de entre los muertos. Antes de recibir esa circuncisión, ustedes estaban muertos en sus pecados. Sin embargo, Dios nos dio vida en unión con Cristo, al perdonarnos todos los pecados (cursivas del autor).

Otra razón para pensar que nuestro texto puede hacer referencia al bautismo se encuentra en la palabra «sello». Los cristianos del siglo II aplicaban esta palabra al bautismo (ver *Hermas, Similitudes* 8.6.3; *1 Clemente* 7:6; 8:6), y es posible que el propio Pablo esté aludiendo al bautismo en otros varios lugares donde utiliza este término (2Co 1:22; Ef 1:13; 4:30). Quizá, pues, podamos sacar cierta relevancia de Romanos 4:9–12 aplicando al bautismo una parte de lo que Pablo dice aquí.[3]

Sin embargo, nuestro deseo de ser relevantes nunca ha de llevarnos más lejos de lo que permiten los datos que aporta el texto. Suelo advertir a mis estudiantes de exégesis acerca de lo que llamo «conveniencia homilética», es decir, la tendencia a determinar el significado de un texto basándonos en lo bien que se presta para ser predicado. Pero no podemos (¡o al menos no deberíamos!) predicar algo que no está en el texto. Es poco probable que en Romanos 4:9–12 haya alguna referencia al bautismo,[4] Colosenses 2 no es una buena base para argumentar que Pablo piensa que el bautismo se corresponde con la circuncisión. En el texto de Colosenses, Pablo utiliza la circuncisión como una metáfora que hace referencia a la conversión y a continuación relaciona el bautismo con la conversión. La conexión entre sello y bautismo en los escritos de Pablo es tan tenue que tampoco podemos basar nada en este argumento.

¿Qué relevancia tiene, pues, este pasaje? Es evidente que la principal preocupación de Pablo es mostrar que la fe capacita a judíos y gentiles por igual para que se conviertan en descendientes de Abraham, es decir, para formar parte del pueblo de Dios en un plano de igualdad. Considerado junto a otros muchos pasajes de Romanos sobre este mismo tema (p. ej., 3:29–30; 4:16–17; 10:9–13), estos versículos encarnan el principio de un solo pueblo de Dios que abarca a toda clase de

---

3. Ver, p. ej., Käsemann, *Commentary on Romans* [Comentario de Romanos], 117.
4. Ver, p. ej., Dunn, *Romans* [Romanos], 209–10.

individuos. Si los gentiles pueden ser admitidos como parte del pueblo de Dios, el camino está entonces abierto para que cualquiera tenga el mismo acceso. Dios no es ya el Dios de los judíos desde un punto de vista étnico y limitado. El propio apóstol saca implicaciones de la inclusión de los gentiles en un texto parecido a Romanos 4, que concluye con estas palabras:

> Todos ustedes son hijos de Dios mediante la fe en Cristo Jesús, porque todos los que han sido bautizados en Cristo se han revestido de Cristo. Ya no hay judío ni griego, esclavo ni libre, hombre ni mujer, sino que todos ustedes son uno solo en Cristo Jesús. Y si ustedes pertenecen a Cristo, son la descendencia de Abraham y herederos según la promesa (Gá 3:26–29).

Descubrimos, por tanto, que la inclusión de los gentiles como parte del pueblo de Dios se convierte en la vanguardia que conduce a un principio más amplio: la caída de todas las distinciones externas ante la Gracia de Dios y la oferta universal del Evangelio. Las implicaciones para la Iglesia son de gran trascendencia. La Iglesia está llamada a ser una institución genuinamente «contracultural», donde las habituales barreras para las relaciones humanas —raciales, nacionales, socio-económicas, etc.— no tengan relevancia alguna.

No obstante, aunque definida de manera general, la Iglesia puede tener este aspecto, las comunidades locales rara vez lo tienen. Por lo que parecen buenas razones, nuestras iglesias tienden a ser monocromáticas: suburbanas, formadas por blancos de clase media —y alta—, por negros en barrios pobres, por hispanos, coreanos, etc. Es fácil entender la tendencia natural de sentirnos cómodos participando en la adoración con personas que son como nosotros. Pero uno de los propósitos de la Iglesia es forzarnos a salir de nuestro cascarón para que podamos beneficiarnos de la relación con otras personas con quienes compartimos una misma fe en Cristo, pero que son muy distintos de nosotros en todos los demás sentidos. Al derribar la barrera que separaba a judíos y gentiles, Cristo muestra que su deseo es construir una verdadera «coalición arco iris» entre su pueblo. Lamentablemente, es posible sofocar esta intención insistiendo en edificar iglesias locales que pretenden alcanzar a un solo tipo de persona.

Romanos 4:13-22

En efecto, no fue mediante la Ley como Abraham y su descendencia recibieron la promesa de que él sería heredero del mundo, sino mediante la fe, la cual se le tomó en cuenta como justicia. 14 Porque si los que viven por la Ley fueran los herederos, entonces la fe no tendría ya ningún valor y la promesa no serviría de nada. 15 La ley, en efecto, acarrea castigo. Pero donde no hay ley, tampoco hay transgresión. 16 Por eso la promesa viene por la fe, a fin de que por la Gracia quede garantizada para toda la descendencia de Abraham; esta promesa no es sólo para los que son de la ley sino para los que son también de la fe de Abraham, quien es el padre que tenemos en común 17 delante de Dios, tal como está escrito: «Te he confirmado como padre de muchas naciones.» Así que Abraham creyó en el Dios que da vida a los muertos y que llama las cosas que no son como si ya existieran. 18 Contra toda esperanza, Abraham creyó y esperó, y de este modo llegó a ser padre de muchas naciones, tal como se le había dicho: «¡Así de numerosa será tu descendencia!» 19 Su fe no flaqueó, aunque reconocía que su cuerpo estaba como muerto, pues ya tenía unos cien años, y que también estaba muerta la matriz de Sara. 20 Ante la promesa de Dios no vaciló como un incrédulo, sino que se reafirmó en su fe y dio gloria a Dios, 21 plenamente convencido de que Dios tenía poder para cumplir lo que había prometido. 22 Por eso se le tomó en cuenta su fe como justicia.

Esta sección se divide a menudo en dos partes. Hay cierta base para esta división, puesto que el enfoque de Pablo pasa de un contraste entre la Ley y la fe en los versículos 13-16 o 17 a una positiva descripción de la fe en los versículos 17 o 18-22. Sin embargo, el tema de la «promesa» confiere una unidad a toda esta sección.[1] El sustantivo «promesa» (*epangelia*) que en Romanos se utiliza por primera vez en este pasaje, aparece aquí cuatro veces (vv. 13, 14, 16, 20) y el verbo «prometer» (*epangello*) en una ocasión (v. 21).[2]

Como hemos observado en el estudio de la importancia de Abraham en la sección «Construyendo puentes» sobre 4:1-8, el concepto de la promesa es central a la historia de Abraham. Pablo afirma tres cosas sobre la «promesa» hecha a Abraham. (1) La promesa se basa en la fe, no en la Ley (vv. 13-15). (2) La promesa, por cuanto se basa en la fe, reúne a judíos y gentiles en un solo pueblo de Dios (vv.

---

1. Ver especialmente Halvor Moxnes, *Theology in Conflict: Studies in Paul's Understanding of God in Romans* [Teología en conflicto: estudios sobre la concepción paulina de Dios en Romanos] (Leiden: Brill, 1980), 113.
2 El verbo «prometió de antemano» (una sola palabra en griego) aparece en 1:2.

16–17). (3) La fe con que Abraham respondió a la promesa de Dios fue firme e inquebrantable (vv. 18–22). A continuación, y para que no nos olvidemos del punto de partida de toda esta exposición, en el versículo 22 Pablo la dirige de nuevo a Génesis 15:6.

La promesa se concede a la fe, no a la Ley (4:13–15)

Los cristianos romanos estaban, sin duda, familiarizados con el relato de la promesa que Dios hizo a Abraham; ésta fue promulgada cuando Dios llamó al patriarca a abandonar su hogar en Harán (Gn 12:1–3) y renovada y detallada en varias ocasiones. Sin embargo, lo interesante de la alusión de Pablo es el modo en que éste define la promesa, afirmando que Abraham sería «heredero del mundo». En Génesis se menciona repetidamente el hecho de que Abraham sería una bendición para todo el mundo; sin embargo, se suele pensar en sus descendientes biológicos y en la tierra que Dios les prometió. Los intérpretes judíos pusieron de relieve este elemento étnico de la promesa. Por ello, el enfoque de Pablo en el «mundo» podría tener una intención polémica, siguiendo con su insistencia de que Abraham es padre de todos los que creen (Ro 4:11–12).

La introducción del término «ley» (v. 13) tiene también un propósito polémico. Como hemos visto, muchos de los judíos contemporáneos de Pablo enseñaban que la talla espiritual de Abraham y el papel que desempeñó tenían mucho que ver con su obediencia a la ley de Moisés. Pablo quiere dejar claro que esto no es así. En Gálatas 3, donde desarrolla un argumento parecido, el apóstol alude a la cronología: la promesa hecha a Abraham no tenía nada que ver con la ley de Moisés, puesto que ésta fue promulgada 430 años después de Abraham (Gá 3:17). Aquí Pablo no dice nada sobre el tiempo de su promulgación, sino que subraya más el principio subyacente: la promesa no fue dada porque alguien obedeció la Ley, sino «mediante la fe, la cual se le tomó en cuenta como justicia».

Los versículos 14–15 explican por qué Abraham y quienes vinieron después de él no habrían podido nunca heredar las prometidas bendiciones de Dios por medio de la Ley. La expresión «los que viven por la Ley» describe a quienes pretenden basar su esperanza de bendición en la observancia que demandaba la ley mosaica. Si tales personas pudieran heredar la bendición, señala Pablo, «la fe no tendría ya ningún valor y la promesa no serviría de nada». Es posible que Pablo quiera decirnos que introducir la Ley en este asunto invalida el significado mismo de la «fe» y la «promesa». ¿Cómo puede la bendición ser pura promesa desde el punto de vista de Dios, y una cuestión de fe desde el humano, si es posible ganarla por medio de la obediencia a la Ley (cf. la distinción entre fe y obras en 4:4–5)?[3] No obstante, es más probable que Pablo quiera decir algo más simple: si el cumplimiento de la promesa depende de la obediencia a la Ley, ésta nunca se cumplirá, puesto que las personas no podrán nunca obedecer adecuadamente la Ley.[4]

---

3. Ver, p. ej., Barrett, *The Epistle to the Romans* [La Epístola a los Romanos], 94–95.
4. Ver, p. ej., Godet, *Commentary on Romans* [Comentario de Romanos], 176–77; Cranfield, *The Epistle to the Romans* [La Epístola a los Romanos], 240.

En la primera parte del versículo 15, Pablo corrobora lo que acaba de decir en el 14 mostrando lo que hace la Ley en contraste con lo que no puede hacer: la Ley «acarrea castigo». Esta afirmación es parte de un importante tema que se desarrolla en los primeros capítulos de Romanos (ver especialmente 3:20; 5:20; 7:5). Se trata de una afirmación sorprendente cuando recordamos que, generalmente, los judíos consideraban la ley mosaica como una de las bendiciones más sublimes que poseían. ¿Cómo puede afirmar Pablo que la Ley ha producido castigo? El final del versículo 15 nos da la respuesta de manera implícita: «Pero donde no hay ley, tampoco hay transgresión».

Algunos comentaristas opinan que Pablo está formulando aquí una afirmación general sobre la Ley: únicamente allí donde Dios ha revelado su voluntad puede acusar de cometer pecados.[5] Sin embargo, esta interpretación no hace justicia al significado de una palabra clave que Pablo utiliza aquí: «transgresión» (*parabasis*). Pablo solo utiliza esta palabra para aludir a la desobediencia a la Ley o un mandamiento de cuyo cumplimiento alguien ha sido hecho directamente responsable (ver también 2:23; 5:14; Gá 3:19; 1Ti 2:14). Por tanto, la transgresión es un pecado. Pero no todo pecado es una transgresión. Cada vez que no nos conformamos a la imagen de Dios, estamos pecando; sin embargo, solo cuando violamos directamente un mandamiento que Dios nos ha dado cometemos una transgresión. Por esta razón, pues, la transgresión es también una forma más seria de pecado, que merece un juicio mayor.

Si mis hijos adolescentes llegan a casa más tarde de su hora habitual, serán castigados. Sin embargo, si tras establecer claramente una hora de regreso con ellos antes de salir, llegan tarde, es muy probable que el castigo sea más severo. Es en este sentido como la Ley de Dios, paradójicamente, «acarrea castigo». Al establecer con detalle sus expectativas para Israel, Dios acrecentó el grado de responsabilidad. Después, cuando Israel pecaba, el castigo era mayor de lo que hubiera sido de otro modo.

Puesto que la promesa se concede a la fe, judíos y gentiles por igual tienen acceso a ella (4:16–17)

En el versículo 13 Pablo ha introducido una importante antítesis: la promesa «no fue [concedida] mediante la ley» sino «mediante la fe, la cual se le tomó en cuenta como justicia». Los versículos 14–15 explican la expresión «no fue mediante la ley»; los versículos 16–17 desarrollan ahora el significado de la frase «mediante la fe, la cual se le tomó en cuenta como justicia». Sin embargo, reflejando un acento clave que encontramos a lo largo de esta sección (ver también 3:29–30; 4:11–12), Pablo señala una consecuencia en particular, a saber, que la bendición prometida puede otorgarse a toda la «descendencia» de Abraham.

La palabra «descendencia» traduce al griego *sperma* (lit., semilla), un término importante tanto en los pasajes de la promesa de Génesis (Gn 12:7; 13:15–16; 15:5, 18; 16:10; 17:7–12, 19; 21:12) como en los escritos de Pablo (Ro 9:7, 8; Gá 3:16, 19, 29). Es una palabra colectiva que, por regla general hace referencia

---

5. P. ej. Murray, *The Epistle to the Romans* [La Epístola a los Romanos], 1:143.

a los descendientes físicos. Sin embargo, en Romanos 4:11-12, Pablo ha dado a esta idea un significado espiritual al hablar de Abraham como padre de los creyentes. Al final de 4:16, Pablo especifica los dos grupos que configuran esta semilla espiritual de Abraham: «los que son de la ley» y «los que son también de la fe de Abraham».

Al expresar las cosas de este modo, Pablo puede estar indicando que tiene en mente tanto a los judíos en general (i.e., «los que son de la Ley»), como a los creyentes gentiles.[6] Es cierto que en Romanos 9-11 Pablo sigue considerando a Israel en su conjunto como beneficiario de la promesa de Dios. Sin embargo, en este contexto, su preocupación es mostrar que la promesa hecha a Abraham es válida para todos los creyentes. Es casi seguro, pues, que el apóstol está haciendo referencia a los cristianos de origen judío y a los de trasfondo gentil. Al final de 4:16, Pablo afirma que Abraham es «el padre que tenemos en común», y en el versículo 17a apoya esta afirmación con pruebas bíblicas: «Te he confirmado como padre de muchas naciones». Esta cita procede de Génesis 17:5, que expresa una parte clave de la promesa. En el texto de Génesis no queda claro si la referencia es física o espiritual, pero Pablo la interpreta espiritualmente.

El final del versículo 17 está formado por una añadidura un poco extraña que alude al Dios en quien creía Abraham como aquel «que da vida a los muertos». En vista de 4:18-20, es casi seguro que esta expresión alude al milagro por el que Dios produjo vida en la matriz «muerta» (v. 19) de Sara. Sin embargo, lo que Pablo quiere decir al describir a Dios como aquel que «llama las cosas que no son como si ya existieran» no está tan claro. Puesto que el verbo «llamar» (*kaleo*) puede utilizarse para denotar la actividad creativa de Dios (Is 41:4; 48:13), es posible que Pablo esté haciendo referencia a la capacidad divina de crear algo de la nada (como ha hecho creando fe en los gentiles).[7] Sin embargo, lo más probable es que, aquí, este verbo solo signifique «nombrar, dirigirse a». Pablo está describiendo desde otra perspectiva el milagro que Dios llevó a cabo al dar hijos a Abraham y Sara. Cuando todavía no tenían descendencia, Dios habló de las «muchas naciones» que procederían de ellos como si éstas ya existieran.

El carácter de la fe de Abraham (4:18-22)

Pablo pasa de una descripción del Dios en quien creía Abraham a explicar el contenido de su creencia. Lo que dice Pablo sobre la fe de Abraham descansa en una tradición muy extendida, que encontramos también en Hebreos 11:11-12. El acento está en la convicción de Abraham (y Sara) de que Dios haría lo que había prometido, aun cuando todas las pruebas «físicas» apuntaban en la otra dirección.

La primera antítesis de 4:18 recoge con nitidez esta tensión: «Contra toda esperanza, Abraham [...] esperó». Desde un punto de vista humano, no había esperanza alguna de que Abraham y Sara pudieran tener hijos. Él tenía cien años, y la matriz de Sara estaba «muerta» (4:19). Abraham no ignoraba la realidad; por el contrario, hizo frente a los hechos, los tuvo plenamente en cuenta. Sin embargo, todo esto no

---

6. P. ej. Fitzmyer, *Romans* [Romanos], 385.
7. Ver, p. ej., Cranfield, *The Epistle to the Romans* [La Epístola a los Romanos], 244-45.

hizo que su fe se debilitara. ¿Por qué no? Porque su fe estaba también puesta en la esperanza, una esperanza que emanaba de la promesa de Dios (4:18b). Por consiguiente, Pablo concluye que «ante la promesa de Dios [Abraham] no vaciló como un incrédulo, sino que se reafirmó en su fe y dio gloria a Dios» (v. 20a).

Es posible que el atento lector del libro de Génesis se pregunte si esto es realmente así, ya que Génesis 17:17 nos dice que Abraham «se rió» al escuchar la promesa de Dios acerca de tener un hijo. Los intérpretes judíos —y algunos cristianos— han procurado eludir este aparente fracaso insistiendo en que la risa de Abraham era de gozo. Pero esto no es así. Lo que Pablo está afirmando es que, en términos generales, Abraham mantuvo una firme convicción en la promesa de Dios y obró en consecuencia. Es cierto que el patriarca tuvo sus dudas, pero fueron momentáneas, transitorias y siempre vencidas por su fe en el Dios que le había dado su palabra. Con esta actitud, Abraham glorificó a Dios porque tomó en serio lo que le había dicho (4:20b–21). Esta es la razón por la que Pablo concluye: «por eso se le tomó en cuenta su fe como justicia». Aquí, al final de su exposición de la fe de Abraham y sus consecuencias, el apóstol cita de nuevo el versículo clave con el que la inició (Gn 15:6; cf. Ro 4:3).

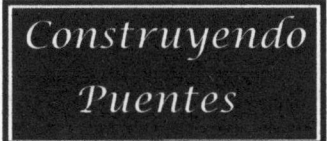

Tradiciones judías subyacentes a 4:13–22. En las secciones «Construyendo puentes» describo por regla general textos, tradiciones, o costumbres vigentes en el siglo primero y que ofrecen el contexto en que hemos de leer la enseñanza de Pablo. Espero no haber dado la impresión de que no podemos entender el mensaje esencial de la Biblia a no ser que conozcamos estos contextos. Sin duda, esto no es así. Los reformadores querían poner la Biblia en manos de cada creyente porque estaban firmemente convencidos de su «perspicuidad», a saber, que mediante el ministerio del Espíritu, cada creyente puede entender el mensaje esencial de la Escritura. Aun para quien no sabe nada sobre la tradición judía o el cristianismo del primer siglo, lo que Pablo afirma en 4:13–22 sobre la fe, la promesa y Abraham es perfectamente inteligible.

No obstante, yo sostengo que conocer el mundo del siglo primero puede elevar nuestra apreciación de lo que significa la Escritura e introducir matices que, de otro modo, no conseguiríamos captar. Esto es, creo, lo que sucede con 4:13–22. Conocer algunas de las tradiciones que subyacen tras este pasaje nos ayudará a escuchar el texto con mayor sintonía con los primeros lectores.

Al exponer el significado de la promesa de Dios a Abraham, el apóstol interactúa, prácticamente en cada versículo, con otro punto de vista con el que sus lectores estaban familiarizados. La insistencia de Pablo en la fe, no la Ley, como base para heredar lo que Dios había prometido (4:13–17) muestra que el apóstol está deseoso de contradecir la tendencia de los intérpretes judíos de subrayar la obediencia de Abraham a la Ley como fundamento de la promesa (ver la sección «Construyendo puentes» sobre 4:1–8). Los primeros lectores de Pablo estaban probablemente habituados a pensar en Abraham en términos de fe, obediencia y Ley, en un desordenado revoltijo. No obstante, con Cristo como referente, la lectura de los relatos de Génesis ha convencido a Pablo de que las distinciones entre estos aspectos de la relación de Abraham con Dios son un aspecto fundamental para entender correctamente el Evangelio. Por ello, el apóstol se explica con cierto detalle para clarificar al máximo estas distinciones.

Uno de los versículos que adquiere mayor relevancia en vista del trasfondo es Romanos 4:17. Aquí Pablo cita Génesis 17:5: «Te he confirmado como padre de muchas naciones». Es evidente que, en el contexto, el término «naciones» es sinónimo de «descendencia» (o «semilla») en Romanos 4:16. Es probable que podamos pasar por esta cuestión sin observar nada interesante al respecto. Sin embargo, cuando leemos el texto en su trasfondo veterotestamentario y judío, de repente nos damos cuenta de que Pablo está explicando un importante punto teológico, puesto que los intérpretes judíos del Antiguo Testamento tenían la tendencia a restringir el concepto de «semilla» de Abraham a Israel y, para ellos, las «naciones» eran los descendientes físicos del patriarca.[8]

Naturalmente, el pacto con Abraham incluía siempre, de algún modo, una bendición final, para las naciones (p. ej., Gn 12:3; 18:18; 22:18; 26:4). Sin embargo, parece evidente que hay que mantener una estricta distinción entre los descendientes (o semilla) de Abraham, sujetos al pacto con Dios, y las naciones, que reciben sus beneficios por medio de Abraham de un modo que no se especifica.[9] Pablo rompe ahora esta distinción: los gentiles forman parte junto con los judíos de la «descendencia» de Abraham. Éstos son ahora receptores en igualdad de condiciones con los judíos de las bendiciones del Pacto de Dios.

Otro versículo que consigna una alusión particularmente rica a ciertas tradiciones judías es 4:17, donde Pablo se refiere al Dios en quien creía Abraham como aquel «que da vida a los muertos y que llama las cosas que no son como si ya existieran».[10] Las palabras de 1 Samuel 2:5–6 son especialmente pertinentes para este versículo:

> Los que antes tenían comida de sobra se venden por un pedazo de
> pan; los que antes sufrían hambre ahora viven saciados. La estéril ha
> dado a luz siete veces, pero la que tenía muchos hijos languidece.
> Del Señor vienen la muerte *y la vida*; él nos hace bajar al sepulcro,
> pero también nos levanta (cursivas del autor).

Aquí el poder vivificador del Señor está ligado a la sanación de la esterilidad de una mujer. Los que conocían el Antiguo Testamento sabían que quien pronun-

---

8. Algunos comentaristas, no obstante, sí incluyen tanto a los descendientes espirituales de Abraham como a los físicos en las «naciones» del cap. 17 (ver, p. ej., G.C. Aalders, *Genesis* [2 vols; Grand Rapids: Zondervan, 1981], 1:305).
9. Ver, p. ej., Terrence L. Donaldson, *Paul and the Gentiles: Remapping the Apostle's Convictional World* [Pablo y los gentiles: un nuevo mapa de las convicciones del apóstol] (Minneapolis: Fortress, 1997), 98.
10. El poder vivificador de Dios se presenta en una liturgia con la que todos los judíos del primer siglo estaban familiarizados: el *Shemoneh Esreh*, o «Las dieciocho bendiciones».

ciaba estas palabras era Ana, la que fue estéril pero llegó a tener un hijo (Samuel) destinado a desempeñar un importante papel en la historia de la salvación. De modo que, esta descripción de Dios pone en marcha una serie de conexiones en las mentes de los lectores de Pablo que les llevan a situar el acto divino de «dar vida» a Abraham y Sara en un contexto más amplio.

Antes hemos hablado del posible significado de la descripción de Dios como aquel «que llama las cosas que no son como si ya existieran». Finalmente llegamos a la conclusión de que, en este contexto, la expresión alude probablemente a los descendientes no nacidos de Abraham. Sin embargo, los lectores de Pablo habrían detectado también en esta expresión ciertos matices procedentes de un uso frecuente de esta frase para aludir al poder creativo de Dios, concretamente a su capacidad para crear algo «de la nada» (creación *ex nihilo*). Filón, el filósofo judío, era especialmente proclive a esta idea y habla de Dios en estos términos a lo largo de sus escritos. Su obra, *De las Leyes Especiales* 4.187 se acerca especialmente a la fraseología de Pablo: «Porque esto es seguir a Dios, ya que también él puede hacer ambas cosas, pero quiere solo el bien. Esto se hizo manifiesto tanto en la creación del mundo como en su ordenación. Llamó a la existencia a lo que no existía y del desorden produjo orden».

Esta misma clase de lenguaje se aplicó también a la conversión de los gentiles. Un libro escrito más o menos por el tiempo de Pablo, *José y Asenet*, describe cómo José convirtió a Asenet, su esposa egipcia, al judaísmo. Obsérvese el lenguaje de 8:9, donde José ora por su consorte: «Señor Dios de mi padre Israel, el Altísimo, el Poderoso de Jacob, quien dio vida a todas las cosas y las llamó de la oscuridad a la luz […] haz que viva de nuevo por tu vida». Aunque no creo que Pablo esté utilizando el lenguaje exactamente de este modo, es bien posible que aluda a esta idea. Dios puede crear algo de la nada. Puede crear fe en el corazón de un gentil. La relevancia de esta idea para la exposición que hace Pablo de la inclusión de los gentiles en el pueblo de Dios por la fe es evidente.

Significado Contemporáneo

FE. Hay pocas palabras tan importantes para los cristianos como el término fe. Y así debe ser, puesto que, a medida que Pablo va explicando el Evangelio en Romanos, la fe está en el meollo de todo el asunto. Sin embargo, es muy posible hablar de la fe sin comprender realmente lo que significa. Algunos cristianos parecen equiparar la «fe» con un mero asentimiento intelectual a una serie de afirmaciones doctrinales. Otros piensan que la fe consiste en bautizarse y participar con regularidad de la comunión. Están también los que entienden la fe como una emoción que pueden estimular para conseguir lo que quieren de Dios. No podemos exponer aquí, de manera exhaustiva, la noción bíblica de la fe o tratar todas las perversiones actuales de esta palabra. Sin embargo, en 4:13–22 Pablo afirma tres cosas sobre la fe de gran trascendencia para ayudarnos a entender su significado.

(1) La fe es distinta de la Ley (4:13–14). Pablo reitera aquí una cuestión que ha afirmado ya varias veces en la carta (ver 3:20, 27–28; 4:4–5). La Ley es algo que

ha de ser «hecho», mandamientos que han de ser obedecidos. Por el contrario, la fe, es una actitud, una disposición a recibir. Calvino compara la fe a unas «manos abiertas». Creer significa alargar los brazos y abrir las manos para recibir el regalo que Dios quiere darnos. No hay ningún mérito en aceptar un regalo, ni tampoco, por tanto, en nuestra fe, puesto que la fe no es exactamente algo que «hacemos». Algunos teólogos luteranos extremistas estaban tan deseosos de distinguir la fe de lo que hacemos que hablaban de Dios creyendo *a través* de nosotros. Pero esto es algo que Dios nos pide a nosotros. Somos *nosotros* quienes creemos, aunque sea Dios quien crea la situación en que nuestra fe es posible. Sin embargo, nuestra fe es una respuesta a Dios, no una «obra» que le hace deudor nuestro.

En nuestro mundo tan orientado hacia los logros, conceder a la fe el lugar central que ha de ocupar en nuestras vidas no siempre es algo fácil. Estamos tentados a basar nuestra relación con Dios en lo que hacemos y a pensar que nuestras «obras» son tan impresionantes que Dios se verá forzado a bendecirnos por ello. Esta actitud hacia Dios genera serios problemas. Uno de mis antiguos estudiantes es consejero de una iglesia situada en una parte de Norteamérica donde se concede un valor desmesurado a la laboriosidad y a los logros humanos. Una de sus constantes tareas es aconsejar a creyentes que se sienten desesperados por su incapacidad de «vivir a la altura de lo que Dios espera de ellos». Su mensaje para estas personas puede resumirse en una palabra: fe. Dios nos acepta, no por lo que podamos hacer, sino porque nos hemos humillado delante de él y hemos recibido el don de la salvación que nos extiende. Hacer la voluntad de Dios es un necesario resultado de la fe, sin embargo nunca hemos de considerarlo como el pilar de nuestra relación con él.

(2) La fe no tiene poder en sí misma. Depende del carácter de aquel en quien la depositamos. Una de las frases más famosas de la historia deportiva norteamericana es la pregunta retórica de Al Michaels al final del partido de *hockey* en los Juegos Olímpicos de 1980 entre los Estados Unidos y la URSS: «¿Creen en los milagros?» Esta fraseología se ha convertido en un modo de hablar muy común. Su popularidad le debe mucho a la moda religiosa actual, que consiste en creer en alguna forma de poder sobrenatural que ejerce una influencia positiva en las vidas de las personas. El interés por los ángeles, atestiguado al menos por un popular programa de televisión, es otro indicador de esta moda. Pero el lenguaje de la Biblia no nos invita a creer en los milagros, sino en el Dios que obra milagros.

Esta es exactamente la terminología que utiliza Pablo para hablar de Dios cuando describe la fe de Abraham en 4:17–21. Abraham reconocía que Dios era aquel que puede poner vida donde no la hay y hablar de las cosas que no son como si ya existieran. Estas cuestiones tenían una aplicación específica a su propia situación. El patriarca tenía que creer que Dios podía impartir vida, darles un hijo, a pesar de la esterilidad de la matriz de Sara y de su propia impotencia. Tenía que creer que el cumplimiento de lo que Dios le había prometido era tan seguro que Dios podía hablar de ello como si ya existiera. El carácter y la persona de Dios guían nuestra fe y canalizan sus expectativas.

(3) La fe se basa en la Palabra de Dios, no en la evidencia de nuestros sentidos. Abraham era plenamente consciente de la imposibilidad física de que él y Sara pudieran jamás tener hijos, sin embargo esto no impidió que creyera que Dios haría exactamente lo que había prometido. Ni siquiera cuando, tras el nacimiento de su hijo, Dios ordenó que se lo sacrificara a él, Abraham dudó de que Dios cumpliría su promesa de crear un gran pueblo a través de aquel niño. Hebreos nos dice al respecto que Abraham creía que «Dios tiene poder hasta para resucitar a los muertos» (Heb 11:19).

La clave para una experiencia cristiana vigorosa y vibrante es la capacidad de seguir creyendo, día tras día, que la realidad última no es lo que vemos a nuestro alrededor, sino aquello que no podemos ver, a saber, la esfera espiritual. A esta esfera espiritual Pablo la llama «las regiones celestiales», una idea clave en su carta a los Efesios, precisamente por esta razón. Por tanto, como Abraham, hemos de creer «contra toda esperanza»: confiando en Dios y sus promesas aun cuando la evidencia vaya en contra.

Sin embargo, Pablo afirma también que Abraham creyó «en esperanza» (NVI «creyó y esperó»). Con esto quiere decir que la fe de Abraham se basaba en la esperanza que Dios le había dado mediante una promesa específica. Para subrayar el que, a menudo, la fe va en contra de lo que indican nuestros sentidos, algunos teólogos han llamado a la fe «un salto a oscuras». Sin embargo, esta no es una expresión acertada. Abraham no puso su fe en el Dios de Israel o pensó que tendría un hijo con Sara de manera arbitraria y sin fundamento. Dios le había hablado, y lo que le había dicho era la base de su fe.

De manera similar, hemos también de darnos cuenta de que nuestra fe descansa en la sólida realidad de la palabra escrita de Dios en la Escritura y en su Palabra viva, Jesucristo, activo para atraer nuestros corazones a él. Hemos de leer cuidadosamente la Escritura y esforzarnos en entender la obra del Espíritu de Dios en este mundo para que nuestra fe no esté mal encauzada. Pienso ahora en los muchos cristianos convencidos de que Dios les ha prometido salud, prosperidad, un trabajo específico, o un marido o esposa en particular, etcétera. Es probable que su fe, aunque sincera, no tenga fundamento en la Palabra de Dios. Nuestra fe no solo ha de dirigirse hacia el Dios en quien creemos, sino que también ha de estar documentada por lo que él nos ha revelado.

Romanos 4:23-25

Y esto de que «se le tomó en cuenta» no se escribió sólo para Abraham, 24 sino también para nosotros. Dios tomará en cuenta nuestra fe como justicia, pues creemos en aquel que levantó de entre los muertos a Jesús nuestro Señor. 25 Él fue entregado a la muerte por nuestros pecados, y resucitó para nuestra justificación.

Los versículos 23-24 son una continuación directa del versículo 22, donde Pablo cita las últimas palabras de Génesis 15:6: «Por eso se le tomó en cuenta su fe como justicia». A medida que Pablo va llevando a su fin la exposición de este texto del Antiguo Testamento, con lo que dice sobre la fe de Abraham, el apóstol expresa explícitamente lo que hasta ahora ha sido implícito, a saber, que tiene una aplicación directa para los cristianos. Igual que Dios «tomó en cuenta» la fe de Abraham «como justicia», lo hace también con nosotros. Y como Abraham, también nosotros creemos en el «Dios que da vida a los muertos» (v. 17). En el caso de Abraham, Dios reveló este poder creando vida en la estéril matriz de Sara. Para nosotros, este poder de Dios se manifiesta levantando de entre los muertos a Jesús nuestro Señor. A menudo, Pablo describe a Dios como aquel que resucitó a Jesús de entre los muertos (Ro 8:11; 10:9; 1Co 6:14; 15:15; 2Co 4:14), no obstante, rara vez presenta a Dios como objeto de nuestra fe. Aquí lo hace para asemejar al máximo la fe cristiana a la de Abraham.

En el versículo 25, Pablo añade una descripción de este Jesús a quien Dios resucitó de entre los muertos. La descripción se divide en dos líneas paralelas:

| él | fue entregado a la muerte | por nuestros pecados |
| y | resucitó | para nuestra justificación |

Este paralelismo, unido al uso de un lenguaje poco común en Pablo, sugiere que el apóstol podría estar citando una breve fórmula confesional que circulaba por la Iglesia primitiva. Es probable que la añada aquí porque continúa el acento en la resurrección de Jesús. La primera línea refleja el lenguaje acerca del Siervo Sufriente en la traducción griega (LXX) de Isaías 53, especialmente el versículo 12: «Él fue entregado por sus pecados». Este lenguaje de Isaías 53 fue aplicado por el propio Jesús a su muerte (p. ej., Mr 9:31; 10:33). El verbo «fue entregado» es probablemente una «pasiva divina», es decir, el sujeto implícito es Dios (ver Ro 8:32: Dios «lo entregó por todos nosotros»).

En la primera línea de esta confesión, la preposición «por» (*dia* más acusativo) significa probablemente «por causa de». No obstante, en la segunda línea es difícil darle el mismo significado a este término, puesto que la resurrección de Cristo no se basa en nuestra justificación ni es producida por ella. Es, pues, probable que el «*dia*» de la segunda línea tenga el sentido de «para conseguir». El paralelismo entre las dos líneas es de carácter retórico y no se extiende al significado de la palabra.

Solo una cuestión demanda comentario: el significado de la afirmación confesional en el versículo 25. Estas afirmaciones tradicionales aparecen también en otros lugares de Romanos (ver comentarios sobre 1:3-4). Para Pablo tiene sentido consignar en su carta estas formulaciones cristianas antiguas de amplia circulación, como una manera de establecer un terreno común con una iglesia que no conoce personalmente. Al utilizar un lenguaje que para sus lectores es familiar, el apóstol les está asegurando que es digno de confianza, al tiempo que también suscita una respuesta más personal a su enseñanza. Por otra parte, identificar este versículo como parte de una tradición hace que sea más fácil pensar que un mismo término pueda tener un significado distinto en cada línea.

Es probable que esta breve declaración cristológica formara parte de un himno, escrito para ser recordado, y quizá hasta cantado en la adoración. Por regla general, esta clase de género poético presenta construcciones y palabras paralelas a fin de conseguir un efecto retórico. A menudo, los paralelismos no tendrán la misma función o significado.

Significado Contemporáneo

La fuerte corriente de pluralismo que recorre nuestra cultura ha forzado a los cristianos a reexaminar toda una serie de cuestiones a fin de defender con mayor efectividad el carácter singular de la fe cristiana como único camino a Dios. Naturalmente, una cuestión de perenne actualidad es el destino de quienes nunca han oído el Evangelio de Cristo. Un argumento que se utiliza con frecuencia para apoyar la idea de que alguien puede ser salvo sin tener una fe explícita en Cristo es que los santos del Antiguo Testamento se salvaron precisamente en esta situación. Abraham, por ejemplo, fue «justificado» por su fe en Dios, no en Cristo, puesto que éste no había venido todavía. ¿Por qué, entonces, no es posible que también en nuestros días, como en el tiempo de Abraham, quienes no han oído hablar de Cristo, se salven también por la fe en Dios?

Algunos niegan esta línea de razonamiento insistiendo en que, de hecho, Abraham creyó en Cristo. Sin embargo, no tenemos una buena evidencia textual para apoyar esta idea. Lo que podemos decir es que Abraham creyó en el Dios que le había hecho ciertas promesas. Como Pablo deja claro, su fe no estaba orientada hacia «Dios» de una forma ambigua e imprecisa, sino a las promesas concretas que Dios le había hecho. En otras palabras, Abraham creía en Dios y en lo que él le había revelado acerca de sí mismo y de su plan. Quienes argumentan que, en nuestros días, se puede creer en Dios del mismo modo que Abraham, se equivocan en una importante cuestión, a saber, que a «Dios» hay que darle un contenido.

Se trata de una persona, no de una simple verbalización o concepto abstracto. Por ello, hemos de subrayar, en primer lugar, que en nuestros días, si alguien quiere ser salvo por creer en Dios igual que Abraham ha de creer también en el mismo Dios en quien él creía.

Pero podemos ir aún más lejos. Dios revela más y más de sí mismo a medida que su plan de salvación se va desarrollando. Cada una de estas revelaciones se convierte en parte del «contenido» de Dios. No se puede pretender creer en el Dios de la Biblia sin que este contenido esté presente. En nuestros días, Dios se ha revelado definitivamente en Jesucristo. Si Abraham viviera en nuestro tiempo, no podría se salvo sin tener fe en el Dios que se revela en Cristo. Por ello, hemos también de concluir que solo quienes creen en este Dios que se revela en Cristo tienen esperanza de salvación.

Romanos 5:1-11

En consecuencia, ya que hemos sido justificados mediante la fe, tenemos paz con Dios por medio de nuestro Señor Jesucristo. 2 También por medio de él, y mediante la fe, tenemos acceso a esta gracia en la cual nos mantenemos firmes. Así que nos regocijamos en la esperanza de alcanzar la gloria de Dios. 3 Y no sólo en esto, sino también en nuestros sufrimientos, porque sabemos que el sufrimiento produce perseverancia; 4 la perseverancia, entereza de carácter; la entereza de carácter, esperanza. 5 Y esta esperanza no nos defrauda, porque Dios ha derramado su amor en nuestro corazón por el Espíritu Santo que nos ha dado. 6 A la verdad, como éramos incapaces de salvarnos, en el tiempo señalado Cristo murió por los malvados. 7 Difícilmente habrá quien muera por un justo, aunque tal vez haya quien se atreva a morir por una persona buena. 8 Pero Dios demuestra su amor por nosotros en esto: en que cuando todavía éramos pecadores, Cristo murió por nosotros. 9 Y ahora que hemos sido justificados por su sangre, ¡con cuánta más razón, por medio de él, seremos salvados del castigo de Dios! 10 Porque si, cuando éramos enemigos de Dios, fuimos reconciliados con él mediante la muerte de su Hijo, ¡con cuánta más razón, habiendo sido reconciliados, seremos salvados por su vida! 11 Y no sólo esto, sino que también nos regocijamos en Dios por nuestro Señor Jesucristo, pues gracias a él ya hemos recibido la reconciliación.

La exposición que hace Pablo del Evangelio de Jesucristo toma un rumbo decisivo en 5:1. Hasta este momento, se ha centrado en el poder del Evangelio para poner en una correcta relación con Dios a personas que se encuentran sujetas al poder del pecado y bajo la sentencia de la ira de Dios. Por medio de la predicación de las Buenas Nuevas, Dios invita a todo ser humano —judío y gentil por igual— a creer en Cristo y entrar en esta nueva relación. Ahora Pablo vuelve su atención a lo que sigue tras la Justificación por la fe. Los capítulos 5–8 tratan dos cuestiones en particular: la certeza que podemos tener de que nuestra justificación conducirá a la salvación final, y el nuevo poder que Dios nos da en nuestra constante lucha contra el pecado y la Ley.

El primer tema —que los teólogos llaman «certeza»— domina el primer párrafo (5:1–11) y el último (8:18–39) de estos capítulos. Estas dos secciones configuran el argumento de Romanos 5–8, formando lo que llamamos una *inclusio*. El famoso argumento sobre Adán y Cristo (5:12–21) fundamenta la afirmación de la certeza en 5:1–11. Luego, en los capítulos 6–7, Pablo trata con dos amenazas constantes para nuestra certeza: el pecado y la Ley. En 8:1–17 el apóstol muestra que la obra del Espíritu de Dios vence estas amenazas. Como espero mostrar en las secciones que siguen, esta manera de entender el argumento de Romanos tiene más sentido que la división tradicional de la primera parte de la carta en secciones sobre «justificación» (capítulos 1–5) y «santificación» (capítulos 5–8).[1]

El tema de 5:1–11 no es fácil de clasificar, porque Pablo menciona un buen número de temas distintos: «paz con Dios», «reconciliación» (vv. 1, 10, 11), «acceso a esta gracia» (v. 2), esperanza en la gloria de Dios y para la salvación final (vv. 2, 5, 9, 10), gozo en el sufrimiento (vv. 3–4), y el Amor de Dios hacia nosotros (vv. 5–8). Es fácil entender por qué Murray, por ejemplo, utiliza un título descriptivo tan amplio como «las bendiciones de la Justificación».[2] Sin embargo, hay un tema específico que emerge como foco unificador del párrafo: la esperanza de la salvación final. Los versículos clave son:

v. 2b: «nos regocijamos en la esperanza de alcanzar la gloria de Dios»
v. 5a: «Y esta esperanza no nos defrauda»
v. 9: «Y ahora que hemos sido justificados por su sangre, ¡con cuánta más razón, por medio de él, seremos salvados del castigo de Dios!»
v. 10: «Porque si, cuando éramos enemigos de Dios, fuimos reconciliados con él mediante la muerte de su Hijo, ¡con cuánta más razón, habiendo sido reconciliados, seremos salvados por su vida!»

Los argumentos paralelos «con cuánta más razón» de los versículos 9–10 reiteran la esperanza que Pablo ha introducido antes en este pasaje. Todos los demás elementos giran alrededor de este tema de la esperanza. La Paz y la Gracia de los versículos 1–2a crean la transición desde el argumento de los capítulos 1–4 a la proclamación de la esperanza en 5:2b. El sufrimiento (5:3–4), lejos de constituir una amenaza para la esperanza, puede, de hecho, convertirse en un acicate para ella. Y nuestra esperanza es segura, no solo porque se fundamenta en la obra de Dios a favor nuestro (5:9–10), sino también porque está arraigada en su amor para con nosotros (5:5–8).

Ser justificados significa que tenemos paz y esperanza (5:1–4)

Con las palabras, «en consecuencia, ya que hemos sido justificados mediante la fe», Pablo indica una importante transición en su argumento. El apóstol ha esta-

---

1. Quienes estén interesados en el punto de vista tradicional, ver, p. ej., Godet, *Commentary on Romans* [Comentario de Romanos], 231; Murray, *The Epistle to the Romans* [La Epístola a los Romanos], 1:85–12. Varios comentaristas modernos, aunque no suscriben necesariamente las etiquetas de la «justificación» y la «santificación», defienden también una división importante entre los capítulos 5 y 6 (p. ej., Dunn, *Romans* [Romanos], 242–44. Para situar la división importante entre los capítulos 4 y 5, ver especialmente Nygren, *Commentary on Romans* [Comentario de Romanos], 187–89; Cranfield, *The Epistle to the Romans* [La Epístola a los Romanos], 252–54.
2. Murray, *The Epistle to the Romans* [La Epístola a los Romanos], 1:158.

blecido la verdad de la Justificación por la fe en los capítulos 1–4. Ahora explicará en detalle los resultados de la nueva posición que Dios nos ha otorgado en Cristo.

(1) Uno de tales resultados es «paz con Dios». El término bíblico «paz» posee una gran riqueza semántica. En consonancia con el uso del griego secular *eirene*, nuestra palabra española «paz», tiene a menudo un sentido negativo, y denota meramente una ausencia de hostilidad. Sin embargo, la concepción veterotestamentaria y judía de la paz, expresada con el término *shalom*, era mucho más positiva, y connotaba un sentido general de armónico bienestar. Obsérvese Isaías 32:17-18:

El producto de la justicia será la paz; tranquilidad y seguridad perpetuas serán su fruto. Mi pueblo habitará en un lugar de paz, en moradas seguras, en serenos lugares de reposo.

Esta paz es el objetivo estado de armonía con Dios que disfrutan los creyentes que han sido justificados. Como indica aquí la lectura marginal de la NVI, es difícil estar seguros acerca de lo que Pablo está diciendo exactamente en relación con esta paz. El problema está en una variante textual del texto griego. La mayoría de los manuscritos tienen el término *echomen*, un verbo en indicativo que significa «tenemos paz». La NVI, junto con la mayoría de las demás traducciones, asume esta lectura. Sin embargo, algunos manuscritos muy valiosos consignan el verbo en subjuntivo, *echommen*, con lo cual el sentido sería «tengamos paz» o «disfrutemos paz». Puede presentarse un buen argumento para defender que esta última lectura es la *lectio difficilior* (la lectura más difícil),[3] sin embargo creo que, en el último análisis, el contexto decide el asunto a favor de la traducción habitual.[4] Como sugiere 5:2, Pablo está en modo «indicativo», detallando a sus lectores los beneficios que nos aporta nuestra nueva posición como justificados.

(2) Otro maravilloso resultado de nuestra justificación es el «acceso a esta Gracia en la cual nos mantenemos firmes» (v. 2). La palabra griega que se traduce como «acceso» (*prosagoge*) sugiere la misma idea que nuestra palabra española cuando, por ejemplo, decimos que alguien tiene «acceso» al Presidente. Pero Pablo nos sorprende afirmando, no como cabría esperar, que ahora tenemos un constante acceso a Dios, sino que lo tenemos «a esta Gracia». Así, el apóstol da a entender de nuevo lo fundamental que es para él la idea de la Gracia. Sin embargo, aquí la palabra Gracia no alude, como en los versículos precedentes, a la libertad con que Dios actúa hacia sus criaturas. Es, más bien, un estado en el que vive el creyente. La gratuita generosidad de Dios no se detiene cuando nos convertimos en cristianos, sigue siendo derramada sobre nosotros, de modo que puede decirse que vivimos en un constante estado de Gracia (cf. 5:21; 6:14, 15).

---

3. Ver especialmente Sanday y Headlam, *The Epistle to the Romans* [La Epístola a los Romanos], 120; Murray, *The Epistle to the Romans* [La Epístola a los Romanos], 1:85–59. En Crítica textual, la *lectio difficilior* es con frecuencia la lectura preferida, puesto que en la transición de los manuscritos, los escribas tendían a simplificar la gramática más que a oscurecerla.
4. La mayoría de los comentaristas modernos concuerdan en ello.

(3) El tercer resultado de nuestro nuevo estado como justificados es que «nos regocijamos en la esperanza de alcanzar la gloria de Dios». El verbo «regocijarse» (*kauchaomai*) sugiere tanto la idea de «adquirir confianza en» como «alegrarse en»; algunas versiones traducen «jactarse» (ver comentarios sobre 2:17; 3:27). Pablo introduce el que será el tema de este párrafo: la esperanza que tenemos como cristianos de compartir la gloria de Dios.

Pero en un avance sorprendente Pablo añade rápidamente: «Y no sólo en esto, sino también [nos regocijamos o nos jactamos, de nuevo *kauchaomai*] en nuestros sufrimientos» (5:3). Habiendo ministrado a personas durante muchos años, Pablo sabe que, ante esta enumeración de bendiciones, habrá dos posibles reacciones. Algunos pensarán que el apóstol está prometiendo a los creyentes una existencia libre de problemas, un «lecho de rosas» ahora que pertenecen a Dios. Otros, que ya han sido cristianos durante un tiempo y saben que el sufrimiento no terminará con la conversión, podrían rechazar a Pablo por considerarle poco realista y soñador. Por ello Pablo pasa a la ofensiva. «Sí –dice–, ya sé que los cristianos seguirán sufriendo. Pero las dificultades de la vida no contradicen lo que he estado diciendo sobre las maravillosas bendiciones de ser cristiano; de hecho, Dios las utiliza para incrementar, si cabe, sus bendiciones».

La clave está en el modo en que respondemos a las difíciles pruebas que nos sobrevienen. Hemos de reconocer que Dios las utiliza para producir «perseverancia» en nuestras vidas (*hypomone*; cf. 2:7; 15:4–5), lo cual, a su vez, produce «carácter» (*dokime*, la cualidad fruto de haber sido «probado»; cf. 2Co 2:9; 8:2; 9:13; 13:3; Fil 2:22). Después podemos «regocijarnos» verdaderamente en el sufrimiento, sabiendo que Dios está obrando aún en estas situaciones difíciles para bendecirnos. Al final del versículo 4, Pablo afirma, paradójicamente, que el sufrimiento puede de hecho llevar a la «esperanza». Del mismo modo que cuando se opone resistencia a un músculo, éste se fortalece, también los desafíos a nuestra esperanza pueden fortalecerla.

Tenemos esperanza porque Dios nos ama en Cristo (5:5–8)

Tras regresar al tema de la «esperanza» al final del versículo 4, en el versículo 5 Pablo introduce el aspecto de esta virtud que dominará el resto del párrafo: la certeza de que los creyentes recibirán sin duda lo que esperan. Aunque la NVI traduce el verbo en presente, es mejor hacerlo en futuro: «La esperanza no nos decepcionará» (el verbo griego, *kataischynei*, puede indicar cualquiera de los dos tiempos). Esto es así porque Pablo está aludiendo a pasajes del Antiguo Testamento que hablan de personas que esperan que Dios no les desilusionará o avergonzará en el momento del juicio (ver Sal 22:5; 25:3, 20; Is 28:16 [citado por Pablo en Ro 9:33 y 10:11]). Nuestra afirmación de que Cristo nos redimirá de la ira de Dios será un día vindicada. Dios cumplirá su promesa.

¿Cómo podemos estar seguros? En Romanos 5:5b–10, Pablo ofrece dos razones esenciales: el Amor de Dios por nosotros en Cristo y su obra a nuestro favor en él (vv. 5b–8 y 9–10). Dios no nos reparte su amor con cuentagotas: lo «ha derramado» (*ekcheo*) en nuestros corazones. Este es el mismo verbo que se utiliza para referirse al «derramamiento» del Espíritu en el día de Pentecostés (Hch 2:17-18). Pablo está, pues, aquí, aludiendo al Espíritu de un modo muy perspicaz. Es el Espíritu, morando en el corazón de los creyentes, quien nos comunica el Amor de Dios (cf. Ro 5:5). En el capítulo 8, Pablo dirá mucho más acerca de este ministerio del Espíritu Santo y sobre el Amor de Dios por nosotros.

Junto a esta evidencia subjetiva del Amor de Dios, tenemos también la prueba objetiva de él en la Cruz de Cristo. En el momento determinado por Dios, en el punto exacto de la historia de la salvación, «Cristo murió por los malvados» (v. 6; cf. 3:26; 8:18; 13:11 donde también se alude a esta idea temporal).[5] El hecho de enviar a su Hijo para que muriera por personas que se negaban a adorarle (la connotación esencial del término «malvados») pone de relieve la magnitud del Amor de Dios por nosotros.

Para asegurarse de que entendemos esta cuestión, Pablo la refuerza en el versículo 7 con una analogía: «Difícilmente habrá quien muera por un justo, aunque tal vez haya quien se atreva a morir por una persona buena». La clave de la interpretación parece ser la diferencia entre «un justo» y «una persona buena», aunque se trata de un asunto controvertido. Al «justo» se le respeta, mientras que a la persona «buena» se la ama.[6] Rara vez alguien estará dispuesto a dar su vida por quien meramente respeta; sin embargo, en ocasiones, es posible encontrar a personas que mueren por alguien a quien aman: un soldado por sus compañeros, un padre o una madre por sus hijos, etc. El carácter impresionante del Amor de Dios hacia nosotros se ve en el hecho de que Cristo murió por nosotros «cuando todavía éramos pecadores» que odiábamos a Dios y estábamos en rebeldía contra él (v. 8).

Tenemos esperanza porque Dios ha obrado por nosotros en Cristo (5:9–11)

Como hemos observado en la introducción a 5:1–11, los versículos 9–10 son paralelos. Pablo inicia cada uno de estos versículos recordándonos lo que Dios ha hecho ya a favor nuestro mediante la muerte de Cristo: «hemos sido justificados» (v. 9) y «reconciliados» (v. 10). «Con cuánta más razón», concluye Pablo, podemos estar seguros de que Dios completará su obra salvándonos de la ira en el día final. Reconciliar a pecadores rebeldes con Dios es un sorprendente acto de amor (vv. 5–8). Ahora que ha hecho esto, sugiere Pablo, podemos estar absolutamente confiados de que hará lo que es, en este sentido, «más fácil», a saber, librar de la ira a personas a quienes Dios ya ha reconciliado consigo.

En estos versículos hay dos cuestiones que requieren comentario. (1) En su argumento Pablo utiliza indistintamente los verbos «justificar» y «reconciliar».

---

5. Ver, p. ej., Murray, *The Epistle to the Romans* [La Epístola a los Romanos], 1:167. Otros exégetas opinan que la expresión podría sugerir que era el «momento oportuno» en la historia del mundo para que Dios trajera la salvación (cf. Gá 4:4; obsérvese, p. ej., Sanday y Headlam, *The Epistle to the Romans* [La Epístola a los Romanos], 127).
6. El padre de la Iglesia Ireneo, por ejemplo, afirmaba que los gnósticos describían al Dios del Antiguo Testamento como «justo» y al del Nuevo como «bueno» (*Adv. Haer.* 1.27.1).

¿Sugiere acaso esto que son una misma cosa? De ninguna manera. Justificación y Reconciliación son más bien dos formas de describir lo que sucede cuando Dios nos acepta. Por un lado, nos declara inocentes y nos absuelve del castigo que merecemos por nuestros pecados («justificación») y, por otro, erradica la hostilidad que creaban estos pecados entre nosotros y él («reconciliación»). La primera idea es de naturaleza judicial, mientras que la última es relacional.

(2) Pablo afirma que ser «salvos» (el verbo es *sozo*) viene después de ser justificados y reconciliados. Esto puede parecernos un tanto anormal, puesto que a menudo utilizamos la palabra «salvar» para aludir a nuestra aceptación inicial por parte del Señor (por. ej., «yo fui salvo en 1971»). Ciertamente, Pablo utiliza el término de este modo (ver, p. ej., 8:34), sin embargo principalmente sirve para denotar la liberación final del creyente de la muerte y de la ira. En esta misma epístola, Pablo afirma más adelante que «nuestra salvación está ahora más cerca que cuando inicialmente creímos» (13:11; ver también 2Co 3:15; 5:5; Fil 2:12). El Evangelio, anunció Pablo en su presentación del tema de la carta, es «poder de Dios para la salvación» (Ro 1:16). Sin embargo, esta salvación no será completa hasta que hayamos dejado atrás el pecado y la muerte, y sido vindicados en el juicio. Ser justificados ante Dios y reconciliados con él es el paso crucial en el camino de la salvación; si éstas tienen lugar, la salvación final es segura.

En el versículo 11, Pablo retoma el tema del regocijo (ver los vv. 2–3) a medida que redondea su enseñanza de este párrafo. El gozo y la confianza (se utiliza de nuevo el verbo *kauchaomai*) deberían ser nuestra respuesta a las bendiciones que ya hemos recibido y a las maravillosas y verdaderas promesas de bendiciones que Dios todavía ha de impartirnos. Ya «hemos recibido la reconciliación», y esto significa que la salvación es segura. La «esperanza no nos defrauda», porque Dios está obrando a favor nuestro «por medio de nuestro Señor Jesucristo».

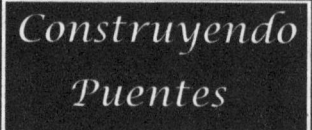

Paz. El término paz es considerablemente elástico. Como en la famosa analogía de la nariz de cera de Lutero, su sentido puede estirarse para significar muchas cosas diferentes. Recuerdo días ya muy lejanos en que todo el mundo hablaba de «paz», en la Universidad. Desconocidos jóvenes de pelo largo se saludaban unos a otros con una única palabra, «paz». La consigna de aquel tiempo era «dale una oportunidad a la paz». Tenía hasta su propio símbolo. A mi avanzada edad, me encuentro a mí mismo comenzando a anhelar «la paz» del retiro. Es, por tanto, evidente que todos llevamos un cierto bagaje cultural y experimental a la expresión «paz con Dios» que se consigna en el versículo 1. Algunos aspectos de este bagaje pueden ayudarnos a entender el verdadero sentido de la expresión; sin embargo, en su mayor parte, nos darán pistas falsas. Como siempre, en primer lugar, se trata de establecer lo que esta expresión significaba para un cristiano de origen judío del primer siglo como Pablo.

Comencemos donde lo hacemos por regla general cuando queremos saber el uso que Pablo le daba a una palabra concreta: en el Antiguo Testamento griego.

Los traductores de la LXX utilizaban la palabra griega *eirene* (paz) para traducir el término hebreo *shalom*, muy común y con un espectro de significados muy amplio. Como el término español «paz», *shalom* podía aplicarse al cese de hostilidades entre pueblos, como cuando Josué estableció un «tratado de paz» con los gabaonitas (Jos 9:15). Sin embargo, esta palabra tiene más frecuentemente un sentido religioso, que hace referencia al bienestar y prosperidad de las personas que han sido bendecidas por Dios.

El término *shalom* aparece con especial frecuencia en el contexto de bendiciones pronunciadas a favor de alguien, como cuando Elí responde a Ana: «Vete en paz [...] Que el Dios de Israel te conceda lo que le has pedido» (1S 1:17; ver también, p. ej., Gn 26:29; 44:17). Como sugiere esta bendición, a Dios se le considera el dador del don de la paz. Obsérvese también la conocida bendición: «el Señor te muestre su favor y te conceda la paz» (Nm 6:26).

Especialmente significativa para Pablo es la utilización que hacen los profetas del término *shalom* para aludir a la salvación que Dios traerá a su pueblo en los últimos días. Por ejemplo, en Isaías 52:7 convergen tres palabras de notable importancia teológica para Pablo (citado en Ro 10:15): «¡Qué hermosos son, sobre los montes, los pies del que trae buenas nuevas; del que proclama la *paz*, del que anuncia *buenas noticias*, del que proclama la *salvación*, del que dice a Sión: "Tu Dios reina"!» (cursivas del autor; ver también Is 54:10; Ez 34:25; 37:26). Cuando Dios interviene en los últimos días para librar de sus enemigos a Israel y establecerle con seguridad en la tierra, la nación disfruta de paz final. En consonancia con la típica perspectiva del Nuevo Testamento acerca del cumplimiento de estas profecías en Cristo, Pablo traslada el término paz desde la bendición nacional de Israel a la experiencia personal de cada creyente.

La paz que Dios nos da en Cristo tiene dos aspectos estrechamente relacionados, aunque susceptibles de ser diferenciados. En primer lugar se trata de «la paz de Dios», un sentido interior de seguridad y serenidad que fluye a nuestros corazones cuando valoramos las bendiciones que disfrutamos en Cristo (ver, p. ej., Fil 4:7). Sin embargo, en Romanos 5:1 Pablo se refiere al segundo aspecto: «paz con Dios», la posición objetiva en la que nos encontramos por cuanto Dios ha cesado de ser hostil hacia nosotros y nos ha reconciliado consigo (ver 5:10–11). Pablo utiliza con frecuencia la palabra paz en este sentido (ver especialmente Ef 2:14, 15, 17; también Ro 2:10; 8:6; 14:17).

Justificación y juicio. Como ya hemos visto, para Pablo el divino veredicto de la Justificación caracteriza la entrada en la vida cristiana. Cuando respondemos al Evangelio con fe, Dios nos declara inocentes y se inicia nuestra relación con él. Naturalmente, algunos textos paulinos (ver especialmente Gá 5:6) pueden sugerir que la Justificación no es únicamente un acontecimiento pasado para el creyente.[7] Sin embargo, como sugiere Romanos 5:1, en general, la Justificación es el punto de entrada de nuestra experiencia cristiana.

---

7. Respecto a esto, ver especialmente James D. G. Dunn, *The Theology of Paul the Apostle* [La teología de Pablo, el apóstol] (Grand Rapids: Eerdmans, 1998), 386.

En la teología judía, no obstante, la Justificación y su concepto contrario, la condenación, son veredictos que solo saldrán a la luz en el día del juicio. Jesús utiliza este lenguaje de un modo característicamente judío: «Porque por tus palabras se te absolverá, [justificará], y por tus palabras se te condenará» (Mt 12:37). La afirmación de Pablo en el sentido de que es posible ser justificado en esta vida, representa un alejamiento radical del pensamiento judío. De un modo algo característico de la perspectiva del Nuevo Testamento, el apóstol proclama que quienes creen en Cristo experimentan un acontecimiento escatológico.

Sin embargo, esto no significa que Pablo deseche completamente la típica enseñanza judía sobre un futuro Día del Juicio. El apóstol afirma que, un día, tanto cristianos como no cristianos tendrán que hacer frente a un juicio delante de Dios. Por supuesto, algunos teólogos piensan que, en aquel día, los cristianos solo recibirán el grado de recompensa que hayan merecido. Pero yo pienso que el Nuevo Testamento enseña que el destino eterno de todas las personas, creyentes o no, será decidido en aquel día (ver Mt 25:31–46; Ro 14:10; 2Co 5:10).

Teniendo en vista este escenario, comenzamos a entender mejor la razón por la que en estos versículos Pablo ha de subrayar el asunto de la certeza. Los cristianos, ha afirmado el apóstol, están «justificados». Sin embargo, todavía no hemos aparecido ante Dios en el día del juicio. ¿Cómo podemos saber que este veredicto de Justificación nos servirá de algo en aquel día? Es esta pregunta subyacente la que suscita su enseñanza aquí y a lo largo de estos capítulos. La respuesta del apóstol es clara: Al justificarnos, Dios ha pronunciado ya su veredicto sobre nosotros. No puede ser ni rescindido ni cambiado. Es cierto que todavía hemos de comparecer ante Dios para que se dicte la resolución de nuestro «caso». Sin embargo, podemos hacer frente al juicio de aquel día con absoluta confianza, puesto que Dios, en Cristo, ya ha decidido nuestra sentencia absolutoria. La Justificación nos libra de cualquier incertidumbre o temor sobre esta comparecencia.

Significado Contemporáneo

Vivir de la Gracia. Como hemos comentado anteriormente, la afirmación paulina de que tenemos constante «acceso» a la Gracia y que «nos mantenemos firmes» en ella pone de relieve la importancia que tiene para él esta palabra. La Gracia nos recuerda que Dios interviene a favor de su rebelde creación en un acto libre, y sin ninguna obligación (ver 4:4–5). Aunque Dios actúa siempre movido por su Gracia, su intervención a nuestro favor en Cristo es tan radical y de tanta trascendencia que esta palabra puede aplicarse especialmente al acontecimiento de la Justificación y sus consecuencias. Sin embargo, lo que a veces olvidamos, y lo que nos recuerdan las palabras de Pablo en 5:2, es que la Gracia domina toda la experiencia cristiana. No solo comenzamos nuestra relación con Dios por Gracia, sino que también la hemos de vivir día tras día sobre este mismo principio. Por ello, nunca hemos de caer en la trampa de pensar que podemos dejar la Gracia atrás.

La provisión diaria que yo disfruto no procede de mi esfuerzo y laboriosidad, sino de Dios, quien, en su Gracia, ha decidido bendecirme. Sea cual sea el fruto que consiga en mi ministerio, éste se debe a que, en su Gracia, Dios obra generosamente por medio de mí. Lo que yo hago es mantenerme «firme en la Gracia»; vivo mi vida de cada día, en todas sus dimensiones, dentro de la esfera de la bendición que Cristo ha ganado para mí. El famoso himno «Amazing Grace» (Sublime Gracia) lo expresa bien; sí, como nos recuerda su primera estrofa, la sublime Gracia de Dios ha «salvado a un miserable como yo». Pero esta misma Gracia sorprendente y sublime sostiene toda mi vida. En la cuarta estrofa seguimos cantando: «Es su Gracia la que me ha guardado hasta aquí, y su Gracia la que me llevará al hogar».

Paz y sufrimiento. Las personas dan muchos significados distintos a la palabra «paz» (ver la sección «Construyendo puentes»), sin embargo casi todo el mundo la desea. Las personas quieren estar «en paz» consigo, y esperan «descansar en paz». Sin embargo no es posible alcanzar una paz definitiva sin ponerse de acuerdo con Dios. Quienes buscan paz nunca la encontrarán hasta que consigan tener paz con Dios. La falta de esta clase de paz constituye el dilema humano esencial. Ciertamente, las personas se encuentran en un estado de hostilidad hacia él. Pablo se refiere a este estado en el versículo 10, llamándonos «enemigos de Dios».

Los eruditos debaten si tal enemistad se origina en nosotros[8] o en Dios.[9] Sin embargo, no es necesario decidirnos por ninguna de estas alternativas.[10] Como Pablo ha dejado claro, todos sentimos una hostilidad natural e inherente hacia Dios. A pesar de la revelación de su existencia y poder que nos transmite la Creación (cf. 1:19–22), nos apartamos de él, negándonos a adorarle o a darle gracias (1:20–21). Por su parte, Dios ha de mantenerse firme en su justa sentencia de ira sobre nosotros (1:18; 2:5).

La interrupción de nuestra relación con nuestro Creador concierne a todas las esferas de nuestra existencia. Nadie puede experimentar verdadera «paz» hasta tener la «paz con Dios», que se nos ofrece en Jesucristo, quien es, ciertamente, «nuestra paz» (Ef 2:14). Solo cuando desaparece la hostilidad entre Dios y nosotros, podemos tener el consuelo de la verdadera serenidad y bienestar que anhela todo ser humano. Solo nos es posible disfrutar la «paz de Dios» si primeramente se establece la «paz con Dios». Si estás leyendo este libro, es probable que ya creas en Jesucristo y tengas la «paz con Dios» que ofrece el Evangelio. Pero cabe también la posibilidad de que no hayas tomado esta decisión. Dios te invita a aceptar su oferta de paz y, por ello, a disfrutar el consuelo que procede únicamente de saber que estás en armonía con tu Creador.

Pero no entendamos mal lo que realmente significa la paz que Dios quiere darnos. Estamos tentados a pensar que la verdadera paz significa el fin de toda preocupación y problema. De hecho, algunos cristianos defienden esta definición

---

8. Ver, p. ej., Käsemann, *Commentary on Romans* [Comentario de Romanos], 139.
9. P. ej. Ralph Martin, *Reconciliation: A Study of Paul's Theology* [Reconciliación: un estudio de la teología de Pablo] (ed. rev.; Grand Rapids: Zondervan, 1989), 144.
10. La mayoría de los comentaristas concuerdan en que ambas están aquí incluidas.

de «paz con Dios». Enseñan que el cristiano, si exhibe una «fe verdadera», disfrutará de prosperidad material y de bienestar físico. Son agentes del «evangelio» de la salud y la prosperidad, que propagan sus ideas por medio de la radio, la televisión e Internet. Sin embargo, y aunque no apoyemos el extremo del evangelio de la salud y la prosperidad, tengo la sospecha de que la mayoría de nosotros, especialmente quienes vivimos en Norteamérica, somos proclives a la tendencia de rechazar el sufrimiento como una posibilidad más bien remota y a verlo quizá como algo básicamente incoherente con «la vida cristiana victoriosa».

Por ello, es importante tomar muy en serio lo que dice Pablo sobre el sufrimiento en los versículos 3–4. De manera implícita o explícita, en estos versículos se afirman cuatro cosas que pueden darnos una mejor perspectiva sobre el sufrimiento.

(1) El sufrimiento forma parte de una vida cristiana coherente. Tras establecer iglesias durante su primer viaje misionero, Pablo advirtió a sus nuevos convertidos, «es necesario pasar por muchas dificultades para entrar en el reino de Dios» (Hch 14:22). Jesús mismo prometió que «en este mundo afrontarán aflicciones» (Jn 16:33). Pablo llega incluso a definir el sufrimiento como don de la Gracia del Señor: «Porque a ustedes se les ha concedido no sólo creer en Cristo, sino también sufrir por él» (Fil 1:29).

Aquí y allá, el Nuevo Testamento da por sentado que los creyentes van a sufrir. Dios nos ha adoptado como hijos suyos; sin embargo, seguimos viviendo en un mundo hostil a Dios y a sus valores. Precisamente porque somos hijos de Dios, y en la medida en que vivamos según sus valores, sufriremos la hostilidad de quienes son contrarios a Dios. Pablo asume esta perspectiva al introducir el hecho del sufrimiento en el versículo 3 sin ningún preámbulo o explicación previa.

(2) Dios se sirve del sufrimiento para llevar a cabo sus propósitos. Lo que Pablo dice sobre el sufrimiento en los versículos 3–4 se repite esencialmente en Santiago 1:2–4 y 1P 1:6: las pruebas de la vida son un medio de poner a prueba nuestra fe y de dar sustancia y vigor a nuestro compromiso cristiano. Me gustaría que esto no fuera así. No experimento ninguna clase de siniestro placer cuando he de hacer frente a situaciones difíciles. Ciertamente, no siento ningún anhelo especial de vivir experiencias dolorosas que, sin embargo, indudablemente, vendrán. Pero, si soy honesto, he de reconocer también que con demasiada facilidad me amoldo a este mundo. Soy proclive a perder mi fervor por Dios y por su obra y a buscar seguridad y consuelo en esta vida a expensas de mis valores cristianos.

Sé por experiencia que las dificultades que atravieso aflojan mis vínculos con este mundo y me llevan más cerca del Señor. Un joven pastor de nuestra zona, padre de tres hijos aún no emancipados, se estaba muriendo de cáncer. Este hermano afirmó que el beneficio espiritual que aquella prueba estaba produciendo en su vida era tan maravilloso que la aceptaba de buen grado. En ocasiones pienso que me gustaría poder madurar como debiera en Cristo sin tener que sufrir. Sin embargo, en mi fuero interno sé que no estoy hecho así, y que solo el sufrimiento me ayudará a romper los vínculos con este mundo y sus placeres.

(3) Hemos de gozarnos en medio del sufrimiento, pero no en él. El pastor al que acabo de hacer referencia era sincero en lo que afirmó sobre el beneficio espiritual de su sufrimiento. Pero esto no significa que no sintiera una gran pesadumbre por tener que dejar a su familia, o que no sufriera el dolor físico. No pensaba que el cáncer fuera algo bueno ni motivo de gozo. Sin embargo algunos cristianos llegan casi a estos extremos en su aplicación de versículos como Romanos 5:3; es como si hubiéramos de alabar a Dios por el cáncer, la pérdida de un empleo o la muerte de un ser amado. Nunca hemos de alabar a Dios por las cosas malas, ni gozarnos en ellas. Dios aborrece estas cosas. No forman parte de su creación original, y algún día las erradicará. Pablo nos llama a gozarnos en medio de las aflicciones, e incluso a alegrarnos por ellas (sabiendo lo que Dios conseguirá por medio de ellas). Pero nunca nos pide que estemos contentos por la propia aflicción.

(4) El sufrimiento del que Pablo habla aquí incluye todas las dificultades de esta vida. La palabra que Pablo utiliza en el versículo 3 para hablar de los «sufrimientos» es el plural de *thlipsis* (tribulaciones). En ocasiones el apóstol utiliza esta palabra para aludir a la persecución en su sentido más estrecho, es decir, a las dificultades que se experimentan por causa del propio testimonio a favor de Cristo (p. ej., 1Ts 1:6). Algunos intérpretes opinan que la mayoría de los pasajes del Nuevo Testamento que tratan sobre el sufrimiento, incluido éste, tienen este sentido más restringido. Tienen sin duda razón al afirmar que se alude casi siempre al sufrimiento «por causa de Cristo» (ver, p. ej., 1 Pedro). Sin embargo, hasta en textos como estos, no estoy seguro de que podamos confinar la referencia a la persecución.

En cierto sentido, todo lo que un cristiano sufre es «por causa de Cristo». Las cosas malas que enfrentamos reflejan el conflicto entre «esta era», dominada por Satanás y el pecado, y «la era venidera», a la que el creyente ha sido transferido por la fe. Todo sufrimiento delata la presencia del enemigo y ataca nuestra relación con Cristo. Por otra parte, como hemos afirmado, el final del capítulo 8 y el comienzo del capítulo 5 están estrechamente relacionados. Esto significa que el sufrimiento que Pablo menciona en 5:3 está posiblemente relacionado con las pruebas que enumera en 8:35: «¿La tribulación, o la angustia, la persecución, el hambre, la indigencia, el peligro, o la violencia?» Estas cosas abarcan un ámbito más amplio que la mera persecución.

Romanos 5:12-21

Por medio de un solo hombre el pecado entró en el mundo, y por medio del pecado entró la muerte; fue así como la muerte pasó a toda la humanidad, porque todos pecaron. 13 Antes de promulgarse la ley, ya existía el pecado en el mundo. Es cierto que el pecado no se toma en cuenta cuando no hay ley; 14 sin embargo, desde Adán hasta Moisés la muerte reinó, incluso sobre los que no pecaron quebrantando un mandato, como lo hizo Adán, quien es figura de aquel que había de venir. 15 Pero la transgresión de Adán no puede compararse con la gracia de Dios. Pues si por la transgresión de un solo hombre murieron todos, ¡cuánto más el don que vino por la gracia de un solo hombre, Jesucristo, abundó para todos! 16 Tampoco se puede comparar la dádiva de Dios con las consecuencias del pecado de Adán. El juicio que lleva a la condenación fue resultado de un solo pecado, pero la dádiva que lleva a la justificación tiene que ver con una multitud de transgresiones. 17 Pues si por la transgresión de un solo hombre reinó la muerte, con mayor razón los que reciben en abundancia la gracia y el don de la justicia reinarán en vida por medio de un solo hombre, Jesucristo. 18 Por tanto, así como una sola transgresión causó la condenación de todos, también un solo acto de justicia produjo la justificación que da vida a todos. 19 Porque así como por la desobediencia de uno solo muchos fueron constituidos pecadores, también por la obediencia de uno solo muchos serán constituidos justos. 20 En lo que atañe a la ley, ésta intervino para que aumentara la transgresión. Pero allí donde abundó el pecado, sobreabundó la gracia, 21 a fin de que, así como reinó el pecado en la muerte, reine también la gracia que nos trae justificación y vida eterna por medio de Jesucristo nuestro Señor.

La cláusula consecutiva («por consiguiente» o «por tanto») que aparece al comienzo de este párrafo (los traductores de la NVI no la consignan. N. del T.) sugiere que Pablo va ahora a sacar una conclusión de lo que ha venido diciendo. Si esto es así, la conexión podría ser con el argumento que acaba de concluir en 5:1–11, es decir, la certeza de la salvación conduce al contraste entre Adán y Cristo como representantes.[1] Pero la cláusula consecutiva en cuestión podría también ser indicativa de un resumen del argumento de la carta hasta este punto. En otras palabras, Pablo podría estar comenzando una nueva sección de la carta en 5:12.[2]

---

1. P. ej. Cranfield, *The Epistle to the Romans* [La Epístola a los Romanos], 269; Morris, *The Epistle to the Romans* [La Epístola a los Romanos], 228.
2. Melanchthon adoptó este acercamiento.

Pero 5:12-21 no parece ser una conclusión de nada que Pablo haya argumentado anteriormente. Estos versículos subrayan el poder de Cristo como «segundo Adán», que trastoca e invierte por completo las consecuencias extremas del pecado del primer Adán, para asegurar que quienes están en él tendrán vida eterna (vv. 20-21). Este argumento funciona de manera natural como base de lo que ha dicho Pablo en los versículos 1-11: nuestra esperanza de compartir la gloria de Dios es segura porque estamos en Cristo, quien nos ha garantizado la vida. Esta parece ser la mejor lectura de la secuencia de pensamiento del capítulo 5. Podemos, por tanto, parafrasear las primeras palabras del versículo 12: «para dar cumplimiento a lo que acabo de enseñaros [p. ej., la certeza de la salvación]».[3]

Muchos cristianos que tienen un conocimiento general de la Biblia piensan inmediatamente en «el pecado original» cuando leen Romanos 5:12-21. Naturalmente, esta sección es probablemente el pasaje más importante de la Biblia acerca de esta polémica doctrina. Sin embargo, cuando observamos con cuidado su estructura nos damos cuenta de que Adán y su pecado no son el centro de la explicación de Pablo. El elemento fundamental del párrafo es una comparación introducida por las cláusulas «así como [...] así también». Pablo introduce esta comparación en el versículo 12 («así como»), sin embargo no la completa (la mayoría de versiones en inglés, entre ellas la NVI, señalan la división con una raya al final del versículo). Más adelante el apóstol reanuda la comparación y finalmente la completa en los versículos 18-19. La cuestión es esta: en cada caso, Adán, el pecado y la muerte que introdujo en el mundo su acto de desobediencia forman parte de la cláusula «así como»; por otra parte, Cristo, la justicia y la vida que él proporciona forman parte de la cláusula «así también».

Si pensamos por un momento, es evidente que la cláusula «así también» es la que expresa la idea principal. Si yo digo, por ejemplo, «así como los *Chicago Cubs* desilusionaron a sus seguidores este año, lo harán también en el próximo», estoy presentando un argumento a partir de algo que todo el mundo sabe: los *Cubs* son un modelo de irrelevancia, para llegar al punto que quiero subrayar, a saber, que seguirán siéndolo. Pablo parece asumir que sus lectores lo saben todo sobre Adán y el modo en que su pecado abrió la puerta al pecado y la muerte para toda la raza humana. El apóstol utiliza este conocido hecho para explicar aquello que realmente quiere hacer entender a sus lectores: Cristo es como Adán en el sentido de que también él afectó a toda la Humanidad. Sin embargo, a diferencia de Adán, que dio entrada a la muerte, Cristo trae la vida. Por consiguiente, todos los que forman parte de Cristo pueden tener confianza de que están bajo el «reinado» de la Gracia, que trae vida eterna (v. 21).

Como ya hemos observado, el meollo de este párrafo está en las comparaciones entre Adán y Cristo de los versículos 12, 18-19. Pablo interrumpe la comparación para expresar algo sobre el pecado y la Ley (vv. 13-14), y sobre las diferencias

---

3. La construcción griega es *dia touto*. Consideramos que *dia* indica una «causa final» y *touto* alude a la promesa de la salvación final en los vv. 9-10. Quienes deseen más detalles, pueden ver Moo, *The Epistle to the Romans* [La Epístola a los Romanos], 70-78.

entre Adán y Cristo (vv. 15-17). Los versículos 20-21 hacen evidente el argumento del párrafo.

Adán, el pecado, y la muerte universal (5:12)

En un versículo en el que cada palabra —¡de hecho, cada signo de puntuación! — es objeto de intensa controversia, hemos de poner a un lado algunas cuestiones y esforzarnos en entender sustancialmente lo que Pablo está enseñando. Un primer paso hacia esta meta es observar lo que parece ser una relación quiásmica entre las cuatro cláusulas del versículo:

A   El pecado entró en el mundo a través de Adán
   B   Con el pecado vino la muerte
   B´ La muerte se propagó a todas las personas
A´ Puesto que todos pecaron

Las dos primeras cláusulas plantean el escenario por medio de una afirmación general: La caída de Adán introdujo el pecado en el mundo, y la muerte apareció como resultado del pecado. La narrativa del Génesis deja muy claro este punto, cuando Dios advierte a la primera pareja humana: «pero del árbol del conocimiento del bien y del mal no deberás comer. El día que de él comas, ciertamente morirás» (Gn 2:17).

¿A qué clase de muerte se refiere? Los teólogos han debatido este asunto a lo largo de los siglos. Pero Pablo parece tener en mente tanto la muerte física como la espiritual: separación del cuerpo y distanciamiento de Dios. Ambas cosas son fruto del pecado.[4] Si consideramos los versículos 13-14, se hace evidente que en la muerte que se menciona existe un elemento físico. Sin embargo, los versículos 18-19, en los que Pablo sustituye la muerte del versículo 12 por la «condenación» y ser «constituidos pecadores», muestran que lo que tiene en mente es la muerte espiritual. Para la raza humana, el pecado que Adán introdujo en el mundo significó el desastre espiritual.

Las dos segundas cláusulas del versículo 12 subrayan la extensión universal de este nexo entre el pecado y la muerte. La muerte, afirma Pablo, afecta a todo ser humano por cuanto todos «pecaron». El apóstol ya ha explicado que, por causa del pecado, todos los seres humanos están bajo la sentencia condenatoria de Dios (ver especialmente 1:18-19; 3:9, 23). Es posible que Pablo esté diciendo únicamente que todos están alienados de Dios porque, en un momento u otro de su vida, todos han pecado.[5] Sin embargo, en los versículos 18-19, donde, como ya hemos visto, el apóstol repite y completa la comparación expresada en este versículo,

---

4. Beker llama a esta idea de Pablo «muerte total» (*Paul the Apostle* [Pablo el apóstol], 224). La mayor parte de los comentaristas concuerdan con esta idea. Sin embargo, solo Godet y Murray opinan que aquí se trata de la muerte. Ver Godet (*Commentary on Romans* [Comentario de Romanos], 205) y Murray (*The Epistle to the Romans* [La Epístola a los Romanos], 1:181-82).

5. Doy por sentado, con la mayoría de eruditos, que la construcción griega *eph' ho* significa «porque» (ver detalles y argumento en Moo, *The Epistle to the Romans* [La Epístola a los Romanos], 70-72).

sugiere una estrecha relación entre el pecado de Adán y la condenación bajo la que se encuentra todo ser humano: «una sola transgresión causó la condenación de todos» (v. 18a).

Por esta razón, y también para explicar por qué pecan todas las personas, muchos eruditos piensan que tras la expresión paulina «porque todos pecaron» hay más de lo que se ve en un primer momento. Algunos sostienen que esta frase significa «porque cada ser humano ha pecado personalmente por haber heredado de Adán una naturaleza pecaminosa».[6] Otros van más lejos: puesto que Pablo afirma que morimos porque hemos pecado (v. 12) y porque Adán pecó (v. 18), hemos de aunar estos dos conceptos: todos pecamos cuando Adán pecó y, por su condición de representante de la raza humana, el pecado de Adán es también el de todo ser humano.[7]

No corresponde a este apartado la explicación de estas cuestiones (ver las secciones «Construyendo puentes» y «Significado contemporáneo»). Aquí quiero explicar rápidamente dos puntos. (1) Los datos exegéticos no señalan inequívocamente a ninguna de estas perspectivas; por consiguiente, hemos de ser prudentes por lo que respecta a sacar conclusiones. (2) Creo que el contexto y el trasfondo (ver la sección «Construyendo puentes») favorece una tercera opción: «todos pecaron» significa «todos pecaron en y con Adán». Sin embargo, cualquiera que sea nuestra decisión sobre este punto de la controversia, hemos de ser claros sobre una cuestión: El pecado y la muerte espiritual que este produce son universales.

El pecado y la muerte incluso aparte de la Ley (5:13–14)

Ya en el versículo 12, Pablo ha comenzado a perder el control de la sintaxis incurriendo en una serie de imprecisiones en el nexo de las cláusulas. Al final del versículo lo abandona por completo. Al parecer, el apóstol está convencido de que algo que ha dicho en este versículo requiere más explicación antes de concluir la comparación que configura el centro de este párrafo. Por ello, como ha hecho a lo largo de los capítulos 1–4, introduce en el cuadro la ley mosaica.

¿Pero por qué lo hace aquí? Hay dos posibilidades. (1) Pablo podría estar explicando el reinado universal de la muerte. De hecho, si «el pecado no se toma en cuenta cuando no hay ley» (v. 13b) y si, aun así, las personas seguían muriendo en el periodo entre Adán y Moisés en que no había Ley (v. 14), la única explicación posible para la muerte de estas personas es, entonces, el propio pecado de Adán. Murieron porque pecaron «en» Adán y Adán, ciertamente, transgredió una «ley»:

---

6. Tanto Lutero como Calvino defienden este punto de vista (aunque Calvino parece ir más lejos en su *Institución* [2.1.5–8]). Muchos otros que no están de acuerdo con este sentido de la expresión opinan, no obstante, que al argumento de Pablo deberá añadirse una «conexión perdida»: todas las personas pecan (de manera individual) porque todas heredan, en virtud del pecado de Adán, una naturaleza pecaminosa (ver, p. ej., Sanday y Headlam, *The Epistle to the Romans* [La Epístola a los Romanos], 134; Cranfield, *The Epistle to the Romans* [La Epístola a los Romanos], 252–81).

7. Puede que la mejor defensa de este punto de vista sea la que hace John Murray, *The Imputation of Adam's Sin* [La imputación del pecado de Adán] (Grand Rapids: Eerdmans, 1959).

el mandamiento de no comer del fruto del árbol del bien y del mal en el jardín del Edén.[8]

(2) No obstante, aunque esta interpretación explica la lógica de estos dos versículos y encaja bien con nuestra interpretación del versículo 12d, ha de hacer frente a una objeción insuperable: Pablo afirma que, antes de Moisés, las personas morían por sus propios pecados (ver, p. ej., 1:32; obsérvese también Gn 6). Por esta razón, creemos que es preferible la segunda interpretación de estos versículos: Pablo está reforzando su enseñanza sobre la universalidad de la muerte. Muchos judíos creían que no podía haber pecado o muerte aparte de la Ley. Es posible que consideraran ilógica la afirmación de Pablo en el versículo 12 de que todos pecaron y murieron. De este modo, Pablo está afirmando que, de hecho, el pecado existía antes de que se promulgara la ley mosaica, y de que las personas fueran condenadas por su pecado. La presencia de una ley positiva convierte el pecado en «transgresión» (*parabasis*, la palabra que Pablo utiliza en el v. 14 y que la NVI traduce como quebrantar «un mandato»; ver notas sobre 4:15). Es posible que el pecado no fuera imputado a las personas (v. 13b) aparte de la Ley. Sin embargo, el pecado lo sigue siendo y acarrea la condenación y la ira de Dios.

El contraste entre Adán y Cristo (5:15–17)

Al final del versículo 14, casi como una digresión, Pablo expresa la premisa sobre la que se construye todo el argumento de los versículos 12–21: Adán era una «figura [o tipo, *typos*] de aquel que había de venir», es decir, de Cristo. Sin embargo, antes de proseguir con la similitud que existe entre ellos por esta relación, el apóstol observa algunas de estas diferencias, que se resumen en un hecho extraordinario: en Cristo, Dios trata con las personas sobre el fundamento de la Gracia.

La palabra «gracia» y el término relacionado «don» aparecen siete veces en estos tres versículos. Lo que ha sucedido como consecuencia del pecado de Adán es por completo «secundario». «Muerte» (vv. 15, 17), «juicio» y «condenación» (v. 16) siguen de manera inevitable y justa al pecado. Sin embargo, lo que ha sucedido como consecuencia de Cristo es bastante distinto. En lugar de condenación, Cristo trae «justificación» (v. 16). La condenación fue resultado de «un pecado», pero la Justificación vino tras «una multitud de transgresiones» (v. 16). En este hecho, concluye Pablo, vemos evidencias de la abrumadora Gracia de Dios. En palabras de Cranfield: «El que una sola transgresión tenga como respuesta el juicio, es perfectamente comprensible; sin embargo, que la respuesta de Dios a todos los pecados y la culpa acumulados de todos los tiempos sea un don gratuito, es el milagro de los milagros, algo que excede absolutamente a la comprensión humana».[9]

El poder de la Gracia de Dios operando mediante la obra de Cristo significa que hay un «cuánto más» en la cualidad de lo que Cristo consigue en comparación con

---

8. Ver, p. ej., Godet, *Commentary on Romans* [Comentario de Romanos], 209–10 (no obstante, él opina que la muerte es solo física).
9. Cranfield, *The Epistle to the Romans* [La Epístola a los Romanos], 286.

lo que Adán ha hecho (v. 17). Cristo cancela ampliamente los efectos del pecado de Adán: hace posible que quienes han recibido la «abundancia [de] la Gracia» y «el don de la justicia» no solo experimenten la vida sino que reinen «en vida».

La comparación entre Adán y Cristo (5:18–19)

Como muchos de nosotros, en ocasiones Pablo se enreda en su sintaxis y no termina las oraciones gramaticales que comienza (ver los comentarios introductorios de esta sección acerca del v. 12). Hay una diferencia, sin embargo, y es que Pablo sabe cuándo ha dejado inacabada alguna frase o idea. Por esta razón, en los versículos 18–19 el apóstol regresa a la idea del versículo 12 y la completa.

Los versículos 18–19 son similares por lo que respecta a su estructura. Ambos presentan a Adán en la primera cláusula («así como») y a Cristo en la segunda («así también»). Adán cometió una «transgresión» (v. 18); desobedeció (v. 19). Por el contrario, Cristo llevó a cabo un «acto de justicia» (v. 18); obedeció (v. 19). Mientras que Adán se apartó de Dios y violó su mandamiento, Cristo se volvió hacia su Padre e hizo constantemente su voluntad. El singular «acto de justicia» sugiere que Pablo tiene en mente una sola manifestación de obediencia de Cristo a su Padre, probablemente al someterse a la voluntad del Padre de morir en una cruz romana.

Por último, y más importante, cada versículo contrasta también los resultados del pecado de Adán con los de la obediencia de Cristo. En una explicación de la muerte mencionada en el versículo 12, Pablo afirma que la desobediencia de Adán condujo a la «condenación de todos» (v. 18) y que «muchos fueron constituidos pecadores» como consecuencia de lo que hizo Adán (v. 19). En el versículo 19, la traducción de la NVI «constituidos pecadores» y «constituidos justos» sugiere que lo que Pablo quiere decir aquí es que el pecado de Adán convirtió a los seres humanos en pecadores, mientras que Cristo les capacitó para hacer el bien y para guardar la Ley. Pero el verbo griego que se utiliza en ambos lugares (*kathistemi*) sugiere más bien una idea forense: Por el pecado de Adán, los «muchos» fueron «designados para» o «inaugurados en» un estado de pecaminosidad; y, por la obediencia de Cristo, los muchos «fueron designados para» una posición de justicia (i.e., fueron justificados).

¿Pero por qué habla Pablo de los «muchos»? La idéntica función que desempeña la palabra «todo» en el versículo 18 sugiere que en el versículo 19 el término «muchos» es un semitismo que significa «todo el mundo» (ver también el v. 15).[10] ¿Pero está entonces Pablo afirmando que todas las personas experimentarán la Justificación, que la Salvación es universal? Creo que no (ver explicación en la sección «Significado contemporáneo»).

Conclusión: ¡La Gracia reina! (5:20–21)

Pablo nos revela hasta qué punto le preocupa el lugar que ocupa la ley mosaica dentro del plan de Dios al sacarla de nuevo a colación al final de este párrafo. Es

---

10. Ver especialmente J. Jeremias, *TNDT*, 6:536–41. Sin embargo, Jeremias exagera la frecuencia de este uso.

fácil entender por qué lo hace. El apóstol ha delineado a grandes rasgos la historia religiosa del mundo. Adán selló el destino de toda la Humanidad; Cristo, el segundo Adán, capacita a las personas para evitar este destino y acercarse a Dios más de lo que nunca antes había sido posible.

Pero cualquier judío o estudiante del Antiguo Testamento podría objetar: ¿Qué sucede con todo lo que Dios hizo por Israel? ¿Cómo es posible que toda esta historia profética no cuente para nada? Naturalmente, Pablo cree con firmeza en el permanente valor del Antiguo Testamento. Sin embargo, está igualmente convencido de que su ley no altera esencialmente la situación que se describe en estos versículos. En un movimiento «ofensivo» característico de su argumento en Romanos, el apóstol afirma que Dios quiso dar a la ley mosaica un papel negativo en la historia de la salvación: fue añadida «para que aumentara la transgresión». La Ley no vino a aliviar la condición adámica de pecado y muerte, sino que de hecho la empeoró.

¿Pero cómo? Pablo podría estar pensando en la forma en que un mandamiento puede estimular la rebeldía en las personas. Hay algo en todos nosotros que se rebela contra una orden, haciendo que lo prohibido sea más atractivo que nunca antes. Esta idea del «fruto prohibido» se encuentra en otros textos antiguos.[11] Sin embargo, el uso del singular «transgresión» (*paraptoma*) va en contra de esta interpretación (es un término que Pablo utiliza en los vv. 15, 16, y 18 para aludir al pecado de Adán). Por tanto, lo que probablemente quiere decir en el versículo 20 es que la Ley ha hecho que la situación de pecado que Adán introdujo sea aún peor. Como hemos comentado en 4:15, Pablo cree que, al hacer responsables a las personas ante una específica y detallada serie de mandamientos, la ley mosaica acarrea un juicio mayor sobre tales pecados.[12]

Pero por mucho que el pecado pueda haberse «incrementado», o empeorado la situación, la Gracia de Dios ha compensado con creces por los perjuicios que éste ha traído. Bajo la Ley, los pecados se tomaban «en cuenta», es decir, se nos imputaban (v. 13), y por ello «reinó el pecado en la muerte». En el dominio de la muerte introducido por Adán, el pecado ejerce su autoridad sobre nosotros. Sin embargo, «por medio de la justicia», es decir, como consecuencia de ser justificados, «la Gracia [...] reina». Su benevolente gobierno hace que quienes hemos experimentado la justicia que se ofrece en Cristo seamos conducidos a «la vida eterna». Si estamos convencidos de que el pecado ha producido muerte e indecible devastación en el mundo, podemos tener una convicción aún mayor de que la Gracia de Dios que nos justifica nos salvará también de su ira en el juicio (ver 5:9–10).

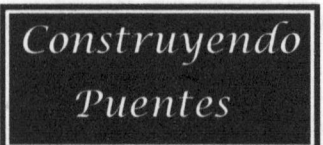

Adán en el tiempo de Pablo. Para el hombre moderno en general, la idea de que lo que Adán hizo hace miles de años pueda determinar nuestro destino eterno es repugnante y, en el mejor de los casos, difícil de entender o aceptar. No obstante, como ya

---

11. Ver, p. ej., Agustín, *Spirit and Letter* [Espíritu y letra] 4.6.
12. Ver especialmente Cranfield, *The Epistle to the Romans* [La Epístola a los Romanos], 292–93.

hemos visto, Pablo parece asumir que sus lectores están familiarizados con la significación del pecado de Adán. ¿Pero qué es lo que entendían al respecto? Con una respuesta específica a esta pregunta, estaremos en una posición mucho mejor de decidir lo que Pablo está enseñando sobre la relación entre el pecado de Adán y el pecado y la muerte de todos los seres humanos. Lamentablemente, no podemos estar seguros de las ideas de Pablo o sus lectores sobre estas cuestiones, porque nuestras fuentes no se ponen de acuerdo.

El relato de la caída en Génesis 3 no deja claro qué efectos tuvo el pecado de Adán sobre su posteridad. Sin embargo, es probable que al lector moderno se le escape un hecho muy importante sobre este relato: el nombre de «Adán» significa «hombre» o «ser humano». De hecho, para los traductores de la Biblia es muy difícil decidir en qué ocasiones de Génesis 2-5 este importante término hebreo (*'adam*) ha de traducirse como «hombre» o «ser humano» y en cuáles hay que consignar el nombre personal «Adán». El moderno lector de habla hispana puede tener una mejor percepción de cómo habría sonado el hebreo a los lectores del tiempo de Pablo sustituyendo por «hombre» cada ocasión en que aparece el término «Adán» en estos capítulos.

La cuestión, pues, es esta: la idea de que Adán es más que un individuo aislado está entretejida en la narrativa del Génesis; en cierto sentido él es «hombre». Cuando, por consiguiente, el Señor advierte al «hombre» de que si come del árbol del conocimiento del bien y del mal, «ciertamente morirá[s]» (Gn 2:17), puede también entenderse una advertencia de muerte universal.

Es hasta cierto punto sorprendente que el Antiguo Testamento no diga casi nada sobre Adán después de estos primeros capítulos de Génesis.[13] Sin embargo, los autores judíos elucubraron mucho acerca de él. Algunas de tales especulaciones eran un tanto extravagantes, y finalmente condujeron a concepciones de carácter esotérico y gnóstico. Pero una parte de la enseñanza judía trataba la cuestión del origen del pecado y la muerte y tiene una relevancia directa para lo que nos ocupa.

Encontramos datos para justificar, al menos, cuatro tradiciones distintas.

(1) Eva introdujo el pecado en el mundo y con ello hizo morir a todo ser humano. Ver Eclesiástico 25:24: «En una mujer tuvo el pecado su comienzo, y por su causa todos morimos».

(2) Satanás introdujo la muerte en el mundo. Ver Sabiduría 2:24: «Por la envidia del diablo la muerte entró en el mundo».

(3) El pecado de Adán produjo la muerte de todo ser humano. Ver especialmente el *Apocalipsis Siríaco de Baruc* 23:4: «Cuando Adán pecó se decretó una muerte contra quienes iban a nacer»; también de este mismo libro, 48:2: «¿Qué les hiciste tú [Adán] a todos los que nacieron después de ti?».

---

13. El único texto relevante es el que recoge la intrigante referencia a la ruptura del «pacto» por parte de Adán en Os 6:7.

(4) Todas las personas mueren por su propio pecado. Es interesante que esto se afirma explícitamente en el mismo libro que atribuye también a Adán la muerte universal. *Apocalipsis Siríaco de Baruc* 54:19: «Adán no es por tanto la causa (lo es solo para sí mismo), sino que cada uno de nosotros nos hemos convertido en nuestro propio Adán»; ver también 54:15: «Aunque Adán pecó primero y produjo la muerte de quienes no estaban en su tiempo, sin embargo, todos los que proceden de él han preparado para sí los tormentos venideros».

En Romanos 5, Pablo no hace mención del papel de Eva (ver, no obstante 2Co 11:3; 1Ti 2:14) o de Satanás. Sin embargo, como ya hemos visto, el apóstol parece atribuir la responsabilidad de la muerte universal tanto a Adán (Ro 5:18–19) como a cada individuo (5:12). Como revela claramente el *Apocalipsis Siríaco de Baruc*, precisamente en este punto la tradición judía era ambivalente. Los judíos reconocían el papel determinante de Adán en la introducción del pecado y la muerte en el mundo, sin embargo, insistían también en que cada persona era responsable de su propia muerte.

Pablo refleja esta misma ambivalencia.[14] Se debate si el apóstol resuelve la tensión sugiriendo una relación específica entre el pecado de Adán y el de todas las demás personas (ver las secciones «Sentido original» y «Significado contemporáneo»). Pero al menos podemos decir esto: es probable que los primeros lectores de Pablo asumieran sin argumentación específica que la persona de Adán tenía alguna forma de sentido representativo y que, por consiguiente, su pecado produjera la muerte de toda la Humanidad.

Una manera de pensar colectiva. Una de las razones por las que en ocasiones nos cuesta entender lo que enseña la Biblia es que muchos de nosotros vivimos en culturas cuyos presupuestos sobre «cómo funciona el mundo» son muy distintos de los que manejaban los autores bíblicos. A veces la enseñanza de la Escritura es como un iceberg: lo que el texto enseña en la superficie descansa sobre enormes suposiciones subyacentes. La enseñanza de Pablo acerca del significado colectivo de Adán y Cristo es un ejemplo clásico de esta colisión cultural. Quienes hemos crecido en el mundo occidental somos herederos de una tradición individualista. Como buen estadounidense, he sido imbuido desde mi más tierna infancia del «áspero individualismo» de mi cultura. Mis decisiones –se me ha enseñado por activa y por pasiva– determinan quién seré, qué haré y si tendré o no éxito en la vida.

Ciertamente, la Biblia no niega la responsabilidad individual. Sin embargo, es igualmente cierto que las Escrituras conceden un mayor peso a la idea de que las personas se relacionan unas con otras de tal modo que las decisiones de uno pueden afectar a otros muchos. El clásico ejemplo veterotestamentario es el pecado de Acán (Jos 7). Contraviniendo el explícito mandamiento de Dios, Acán se quedó con una parte del botín procedente de la batalla de Jericó. Cuando, a continuación, los israelitas intentaron tomar la ciudad de Hai, fueron derrotados. ¿Por qué?

---

14. Ver especialmente A.J.M. Wedderburn, «The Theological Structure of Romans V.12» [La estructura teológica de Romanos V.12] *NTS* 19 (1972–73): 338-39.

¡Porque Acán había pecado (7:20)! Obsérvese el comentario que encontramos en Josué 7:11: no es solo que todo Israel sufriera por causa del pecado de Acán, sino que el Señor llega a decir: «*los israelitas* han pecado y han violado la alianza que concerté con ellos» (cursivas del autor).

Esta noción de *solidaridad colectiva* es una parte importante del modo en que tanto los autores del Antiguo Testamento como los del Nuevo veían el mundo. Aun en Occidente, estamos comenzando a entender esta cuestión mejor que nunca. La psicología moderna ha puesto de relieve que nuestras supuestas decisiones «libres» están, en realidad, condicionadas por nuestro trasfondo y medio ambiente. Sin embargo, aun así tenemos problemas con la idea de que las acciones o decisiones de un tercero puedan afectarnos decisivamente. No obstante, el argumento de Pablo, aquí y en otros varios lugares de Romanos, da por sentada esta verdad. Para apreciar y aplicar su argumento, hemos de identificarnos con la perspectiva colectiva que asume su enseñanza.

Significado Contemporáneo

Muerte. En ocasiones no nos damos cuenta de las implicaciones de las decisiones que tomamos acerca de ciertos textos o cuestiones. Por lo que a mí respecta, no tenía conciencia alguna del campo de minas al que estaba entrando cuando comencé a estudiar el significado del término «muerte» en Romanos 5:12. Sabía, por supuesto, que la cuestión de si se trataba de una muerte física o espiritual tenía una gran relevancia para la comprensión de este texto, y era capaz de identificar algunas de las cuestiones teológicas que se suscitaban (p. ej., ¿me acarrea el pecado de Adán solo la muerte física o también la condenación?). Sin embargo, no tenía idea de que la interpretación de estos textos tuviera tanta relevancia sobre algunos de los intensos debates acerca del tiempo y la extensión de la Creación hasta que mi hijo me lo hizo ver.

Como biólogo y cristiano comprometido, mi hijo se ha esforzado en armonizar la Escritura y la Ciencia en este asunto. Sus estudios de Biología le habían llevado a inclinarse fuertemente por la idea de que Dios había creado el mundo sirviéndose de un largo periodo de tiempo y que Génesis 1 permite tal interpretación. Tenía, sin embargo, un problema para reconciliar esta interpretación con la evidente enseñanza bíblica de que la muerte entró en el mundo con Adán y Eva. Su problema radicaba en que la existencia y desarrollo de las plantas y animales, tal y como conocemos estas cuestiones, dependen de la muerte. Todo el grandioso proceso de la vida no puede existir sin la muerte. ¿Cómo, entonces, podían las plantas y animales haber existido durante miles de años si la muerte entró en el cuadro con Adán y no antes?

Una creación breve, «de siete días literales» podía resolver el problema. ¿Pero excluye realmente la conexión entre la muerte y el pecado humano un proceso creativo más extenso? Únicamente si Adán hubiera introducido la muerte física en el mundo por primera vez. Sin embargo, esto no está claro. Los eruditos del Antiguo Testamento debaten sobre el significado de «muerte» en Génesis 2; los estudiosos del Nuevo Testamento lo hacen en Romanos 5:12 y en otros pasajes; y los teólogos se esfuerzan en decidir si «la buena creación» de Dios es compatible con la existencia de la muerte física.

Mi inclinación personal, como he sugerido en la anterior sección «Sentido original», es interpretar la muerte que Adán introdujo como espiritual, aunque incluyendo también la muerte física como castigo. En otras palabras, considero posible que la muerte física existiera en el mundo antes de Adán, pero que el pecado de Adán convirtiera el proceso natural en una espantosa sentencia para toda su posteridad. Sin embargo, mi preocupación aquí no es decidir este asunto, sino señalar las inesperadas consecuencias que tienen en ocasiones las decisiones de interpretación que tomamos.

Pecado original. Aunque es cierto que Romanos 5:12–21 no trata sustancialmente la cuestión del «pecado original», sigue siendo aun así el pasaje más importante de la Biblia sobre esta incómoda enseñanza teológica. En los párrafos siguientes, quiero esbozar brevemente algunas de las explicaciones más importantes para, a continuación, sacar algunas consecuencias de lo que creo sobre este asunto.

Generalmente utilizamos la expresión «pecado original» para aludir a una enseñanza bíblica sobre la relación entre el primer pecado, o pecado original de Adán, y el pecado y la muerte del resto de la Humanidad. A riesgo de simplificar excesivamente, creo que podemos resumir las ideas que sobre este asunto sostienen los cristianos en tres categorías generales.

(1) *Imitación*. Pelagio, padre de la Iglesia primitiva, es el exponente más famoso de este punto de vista. Él no pensaba que hubiera una verdadera conexión entre nuestro pecado y el de Adán. Lo que hizo Adán fue establecer un mal ejemplo que el resto de nosotros hemos seguido. Este punto de vista se considera generalmente poco ortodoxo, o herético. ¿Por qué? (a) El punto de vista de Pelagio no consigue explicar los datos de Romanos 5. Pablo enseña claramente que existe alguna forma de relación entre el pecado de Adán y el nuestro. (b) Tampoco puede explicar el carácter universal del pecado. Yo tengo cinco hijos; No todos ellos me imitan del mismo modo. ¿Cómo puede ser que todas las personas que han existido, sin excepción, —la inmensa mayoría de las cuales ni siquiera han oído nunca hablar de Adán— le hayan imitado en el hecho de apartarse de Dios? No cabe duda de que ha de haber algún otro factor para explicar la insistencia de Pablo en el sentido de que «todos pecaron» (v. 12).

(2) *Infección*. Casi todos los cristianos concuerdan, entonces, en que el pecado de Adán introdujo una mancha en la naturaleza humana que inevitablemente conduce a los hombres a apartarse de Dios en lugar de acercarse a él. Esta «inclinación» fatal es fruto del pecado de Adán, y todos sus descendientes la poseen. Muchos pasajes del Antiguo y Nuevo Testamentos enseñan esta verdad esencial acerca de la Humanidad, pero en Romanos 5:12–21 no se expone de manera explícita.

No obstante, como hemos observado anteriormente, muchos exégetas opinan que está implícita en la lógica de 5:18–19. Pablo afirma, por ejemplo, que «una sola transgresión causó la condenación de todos» (v. 18). Lo que aquí encontramos, argumentan muchos en vista de la enseñanza bíblica de otros lugares, es una afirmación condensada que nos da únicamente la causa original y el desenlace final. Falta, sin embargo, el proceso que conecta ambas cosas. «Una transgresión» contaminó la naturaleza humana; esta «infección» ha sido transmitida a toda la posteridad de Adán. Por consiguiente, todos pecan, y todos están condenados.

(3) *Inclusión*. No obstante, muchos otros intérpretes, no están convencidos de que podamos asumir tantas cosas en el versículo 18. La relación entre el pecado de Adán y el de todas las demás personas es más estrecha. ¿Cómo puede Pablo decir en el mismo pasaje que todos mueren por cuanto todos pecaron (v. 12), y que todos mueren porque Adán pecó (v. 18)? Porque el pecado de Adán es, al mismo tiempo, también el pecado de todos. Creo que en Romanos 5:12–21 Pablo infiere esta idea de inclusión. Tres razones esenciales me llevan a inclinarme por esta concepción: (a) el repetido acento en el determinante significado del «solo» acto del «solo» hombre Adán (vv. 15, 16, 17, 18, 19); (b) el trasfondo colectivo del pensamiento de Pablo tal y como se ha delineado antes; y (c) el paralelismo más natural que crea entre Cristo y Adán.

Pero no quiero dedicar aquí mucho espacio defendiendo un punto de vista específico del pecado original. Prefiero extraer tres implicaciones de nuestra exposición, dos relativas a la idea inclusiva que sostengo y una que tiene que ver más en general con el asunto del pecado y la muerte en su conjunto.

(1) La interpretación inclusiva sufre un problema de credibilidad, bien expresado por el teólogo Wolfhart Pannenberg: «Es imposible que se me considere juntamente responsable de un acto que alguien llevó a cabo muchas generaciones atrás y en una situación radicalmente distinta de la mía, como si yo mismo fuera causa conjunta de él».[15] C.W. Carter expresa esta misma idea de un modo distinto: «La culpa surge de un acto culpable susceptible de ser imputado a una persona moralmente responsable».[16] Dicho sin ambages: no es justo que Dios me condene a la muerte eterna por un pecado que Adán cometió hace miles de años.

No hemos de minimizar esta objeción. Pero podemos decir dos cosas. (a) Cualquier punto de vista ortodoxo del pecado crea un problema parecido. Para explicar el carácter universal del pecado, hemos de asumir al menos que el pecado de Adán ha predispuesto a todas las personas a pecar. De manera que, en cualquier caso, las personas acaban condenadas por algo que hizo Adán. (b) Aunque es cierto que los teólogos que sostienen el punto de vista inclusivo debaten cuál es exactamente nuestra relación con Adán, todos ellos insisten en que se trata de una relación genuina y que, en un sentido que no podemos entender, realmente pecamos

---

15. Wolfhart Pannenberg, *Anthropology in Theological Perspective* [Antropología desde una perspectiva teológica] (Filadelfia: Westminster, 1985), 124.
16. C.W. Carter, «Hamartiology: Evil, the Marrer of God's Creative Purpose and Work» [Hamartiología: el mal, destructor del propósito creativo de Dios y de su obra] en *A Contemporary Wesleyan Theology* [Una teología wesleyana contemporánea] (ed. C.W. Carter; 2 vols.; Grand Rapids: Zondervan, 1983), 1:267.

cuando Adán lo hizo. No morimos por un pecado que cometió otra persona, sino por el que cometimos nosotros.[17]

(2) Potencialmente, la interpretación inclusiva tiene una gran importancia por uno de los asuntos teológicos y pastorales más difíciles: el destino de los niños y otras personas sin la capacidad mental de cometer ningún pecado o de responder al Evangelio. Aunque hay mucho debate sobre los detalles, los teólogos que opinan que Adán nos ha infectado a todos con el pecado, pero que en última instancia cada uno de nosotros morimos solo cuando pecamos de un modo personal, enseñan por regla general que los niños que mueren van al cielo. A fin de cuentas, no han cometido un acto personal de pecado.

Pero si uno sostiene el punto de vista inclusivo, la situación es bastante distinta. Puesto que todos han pecado en Adán, todos, incluidos los niños de cualquier edad, están ya condenados. ¿Significa esto que cualquier niño que no tiene edad suficiente para entender el Evangelio y responder a él está automáticamente perdido? No. Los teólogos que sostienen el punto de vista inclusivo adoptan tres posiciones distintas. Algunos opinan que Dios, en un acto de Gracia, acepta en el Cielo a quienes nunca han tenido ocasión de pecar por sí mismos. Otros piensan que los niños de padres creyentes serán salvos. Están también los que opinan que este asunto será determinado por la elección de Dios: aquellos niños escogidos por Dios para salvación desde la eternidad pasada, serán salvos, mientras que aquellos que no han sido escogidos no lo serán.

Yo he batallado personalmente con esta inquietante cuestión, en especial desde que mi sobrina nació con discapacidades tan severas que parecen sentenciarla a una muerte temprana. ¿Qué he de decirles a sus padres cuando muera? ¿Qué he de responderles cuando me pregunten a mí, el «teólogo de la familia», dónde pasará su hija la eternidad? Todo lo que hay dentro de mí desearía ser capaz de asegurarles que su hija está en el cielo. Sin embargo, todavía no estoy convencido de que la Escritura me dé este derecho. Y no quiero darles un «consuelo barato», transmitiéndoles una esperanza basada en mis emociones y no en la Escritura.

No tengo todavía una respuesta con la que esté cómodo. Pero sí puedo decir dos cosas. (a) Dios es justo y amoroso; podemos dejar confiadamente estas cuestiones en sus manos. (b) Sea cual sea la posición que adoptemos estará decisivamente influenciada por nuestra teología del pecado y la salvación. Éste es, al fin y al cabo, el propósito último de la teología. Recopilamos lo que Dios dice acerca de ciertas cuestiones para llegar a una conclusión sobre verdades que después podremos utilizar para consolarnos, reprendernos y exhortarnos, a nosotros mismos y a otros. Toda la teología es, en último término, teología pastoral.

(3) Mi último comentario acerca de la enseñanza sobre el pecado en este capítulo es esta: más allá del debate que suscita esta cuestión, hemos de desarrollar una profunda apreciación de la realidad del pecado y de la muerte. Un elemento

---

17. Anthony Hoekema hace una buena exposición de todo este asunto del pecado original en *Created in God's Image* [Creado a imagen de Dios] (Grand Rapids: Eerdmans, 1986), 154–67.

esencial de la cosmovisión cristiana es la concepción de una humanidad inherentemente inclinada contra Dios, con toda la tragedia que surge de este estado pecaminoso. De hecho, en esta cuestión, el cristianismo ofrece una explicación concisa y convincente del sufrimiento y el odio humano que vemos en el mundo que nos rodea. Es posible que el pecado original no tenga lógica para muchas personas; puede que lo encuentren irracional o hasta injusto. ¿Pero qué mejor explicación para la extensión y persistencia de los «crímenes contra la Humanidad»? ¿Cuándo nos daremos cuenta de que los genocidios de África o Yugoslavia no son cosas anormales sino, de hecho, tan solo una manifestación más de la clase de odio que ha caracterizado a los seres humanos a lo largo de los siglos? Pascal expresa bien está cuestión:

> El pecado original es locura ante los hombres, pero como tal lo considero. Por lo tanto, no me pueden reprochar el defecto de razón en esta doctrina, puesto que yo la considero como desprovista de razón.
> Sin embargo tal locura es más sabia que toda la sabiduría de los hombres, *sapientius est hominibus*. En efecto, sin eso, ¿qué diríamos que es el hombre? Todo su estado depende de ese punto imperceptible. ¿Y cómo lo habría advertido mediante su razón, puesto que es algo contra la razón, y puesto que su razón, en lugar de inventarlo según sus vías, se aleja de él cuando se lo presentan?[18]

Universalismo. Como hemos visto repetidamente en este comentario, uno de los vientos que sopla más intensamente en el panorama teológico actual consiste en las dos corrientes gemelas de la tolerancia y el pluralismo. A medida que nuestro mundo se empequeñece, tenemos más relación con personas de otras religiones. La caridad humana, estimulada por el acento en la tolerancia vigente en nuestro medio multicultural, hace que sea cada vez más difícil afirmar que Cristo es el único camino de salvación. En un clima así, no es de extrañar que entre los cristianos esté en auge una concepción soteriológica universalista.

El universalismo es la creencia de que todos los seres humanos serán finalmente salvos. Se presenta en toda una serie de formas, una parte de sus adherentes afirman que todas las religiones son un camino válido a Dios, otros que, después de la muerte, Dios será hallado por cualquier ser humano que no haya conocido a Cristo durante esta vida. Los adherentes del universalismo citan a menudo Romanos 5:18–19. Porque, ¿acaso no afirma Pablo aquí que igual que «todos» fueron condenados como consecuencia de la transgresión de Adán, así «todos» serán vivificados en Cristo? Si queremos aporrear el púlpito y denunciar a todo ser humano como pecador, ¿acaso no hemos de reconocer también que todos encontrarán también vida en Cristo?

El problema de este punto de vista, por supuesto, es que no se sostiene ante la sencilla enseñanza bíblica de que, de hecho, algunas personas no serán salvas; de que el infierno nunca será un lugar desierto (ver, p. ej., Ro 2:12; 2 Ts 1:8–9; cf. también todo el argumento de Ro 1:18–3:20). Incluso en este pasaje y precisamente en este punto, Pablo señala una importante distinción entre la obra de

---

18. Pascal, *Pensamientos*, 445 de la edición en inglés.

Adán y la obra de Cristo. A lo largo de 5:12–21, Pablo se esfuerza por acentuar al máximo los paralelismos entre Adán y Cristo. Por ello es más sorprendente, si cabe, la ruptura de este paralelismo al añadir el término «reciben» en el versículo 17: son solo –dice Pablo–, aquellos «que reciben en abundancia la gracia y el don de la justicia» quienes «reinarán en vida». ¿Qué ha de hacer una persona para experimentar la muerte que trajo Adán? Simplemente nacer. ¿Qué ha de hacer una persona para experimentar la vida que imparte Cristo? Recibir el don de Dios, es decir, responder al Evangelio con fe en Cristo (ver 3:21–26).

¿Qué, pues, hacemos con el aparente universalismo de los versículos 18–19? Se suelen plantear dos alternativas. (1) Pablo podría estar, únicamente, afirmando que Cristo ha hecho posible la vida para todas las personas. En su obra en la Cruz, Cristo libera a las personas del pecado y establece el fundamento para su nueva vida. Sin embargo, para que ello se haga real, cada cual ha de aceptar la oferta de libertad de la pena del pecado. (2) Pablo podría estar diciendo que así como «todos los que están en Adán» mueren, también «todos los que están en Cristo» vivirán (cf. 1Co 15:22). Todos los seres humanos están en Adán, y por ello todos mueren. Sin embargo, solo aquellos que «reciben el don» están en Cristo, y por ello solo éstos disfrutarán la vida. Cualquiera de las dos explicaciones encaja con el pasaje y con la enseñanza de Pablo en el resto de sus escritos. Considero, sin embargo, que el segundo encaja un poco mejor en el contexto.

El universalismo ejerce sin duda una fuerte atracción emocional y teológica. A la mayoría de nosotros nos gustaría pensar que nuestros vecinos, amigos y compañeros de trabajo van a ir al Cielo. La creencia de que todas las personas serán un día reconciliadas con Dios parece honrar su Señorío sobre toda la Creación. Sin embargo, esta doctrina no tiene apoyo bíblico.

Muchos de quienes están leyendo este comentario sintonizan sin duda con estos sentimientos. Sin embargo, muchos de nosotros tendemos de todos modos a ser universalistas «inconscientes», que realmente no creemos en nuestros corazones que toda esa «buena gente» que conocemos pueda estar camino del infierno. Esto hace que languidezca nuestro celo por compartir el Evangelio con ellos. El celo evangelizador debe estar arraigado en un amor hacia los seres humanos y un deseo de glorificar a Dios introduciendo a otros a una relación con él. Sin embargo, una profunda convicción de que, sin el Señor, las personas están, sin duda, perdidas aporta también una potente motivación.

Romanos 6:1-14

¿Qué concluiremos? ¿Vamos a persistir en el pecado, para que la gracia abunde? 2 ¡De ninguna manera! Nosotros, que hemos muerto al pecado, ¿cómo podemos seguir viviendo en él? 3 ¿Acaso no saben ustedes que todos los que fuimos bautizados para unirnos con Cristo Jesús, en realidad fuimos bautizados para participar en su muerte? 4 Por tanto, mediante el bautismo fuimos sepultados con él en su muerte, a fin de que, así como Cristo resucitó por el poder del Padre, también nosotros llevemos una vida nueva. 5 En efecto, si hemos estado unidos con él en su muerte, sin duda también estaremos unidos con él en su resurrección. 6 Sabemos que nuestra vieja naturaleza fue crucificada con él para que nuestro cuerpo pecaminoso perdiera su poder, de modo que ya no siguiéramos siendo esclavos del pecado; 7 porque el que muere queda liberado del pecado. 8 Ahora bien, si hemos muerto con Cristo, confiamos que también viviremos con él. 9 Pues sabemos que Cristo, por haber sido levantado de entre los muertos, ya no puede volver a morir; la muerte ya no tiene dominio sobre él. 10 En cuanto a su muerte, murió al pecado una vez y para siempre; en cuanto a su vida, vive para Dios. 11 De la misma manera, también ustedes considérense muertos al pecado, pero vivos para Dios en Cristo Jesús. 12 Por lo tanto, no permitan ustedes que el pecado reine en su cuerpo mortal, ni obedezcan a sus malos deseos. 13 No ofrezcan los miembros de su cuerpo al pecado como instrumentos de injusticia; al contrario, ofrézcanse más bien a Dios como quienes han vuelto de la muerte a la vida, presentando los miembros de su cuerpo como instrumentos de justicia. 14 Así el pecado no tendrá dominio sobre ustedes, porque ya no están bajo la ley sino bajo la gracia.

En el capítulo 5, Pablo nos ha asegurado que en virtud de nuestra nueva relación con Dios seremos salvos de su ira en el día del juicio. Puesto que estamos en Cristo, podemos tener la confianza de la vida eterna que él ha ganado para nosotros. ¿Pero qué significa esta nueva relación para nuestras vidas en el presente? ¿Acaso estamos en una especie de «limbo», esperando el día de la salvación final? En absoluto –ahora Pablo lo deja claro–, ya que Cristo nos ha liberado no solo del castigo del pecado, sino también de su poder. El Catecismo Mayor de Westminster explica el mismo punto en términos más teológicos:

Pregunta: ¿En qué se diferencian la Justificación y la Santificación?

Respuesta: Aun cuando la Santificación va inseparablemente unida a la Justificación, sin embargo, se diferencia en que en la Justificación

Dios imputa la justicia de Cristo, y en la Santificación el Espíritu infunde Gracia y capacidad para el ejercicio de ella. En la primera el pecador es perdonado, en la otra es subyugado.

Dios nos da esperanza para el futuro, pero quiere también transformar nuestra forma de vida hasta que alcancemos esta esperanza.

El contexto inmediato de la enseñanza de Pablo en el capítulo 6 es 5:20b: «Pero allí donde abundó el pecado, sobreabundó la gracia». Como ha venido haciendo a menudo en Romanos, Pablo anticipa el modo en que su argumento podría ser susceptible de malos entendidos. Por tanto, en 6:1 el apóstol pregunta: «¿Qué concluiremos? ¿Vamos a persistir en el pecado, para que la gracia abunde?». Pero es probable que su exposición en el capítulo 6 esté también inducida por una preocupación más amplia y de carácter más teológico. Las buenas nuevas de que el único modo de establecer una buena relación con Dios es por la fe, puede llevar fácilmente a la conclusión de que quienes creen no tienen ya necesidad de intentar vivir en obediencia a Dios. Pablo quiere evitar cualquier noción de que su Evangelio contemple siquiera una actitud tan apática hacia la moralidad.

El creyente no solo *no debería* pensar que la Gracia de Dios en Cristo excusa el pecado; el verdadero creyente *no puede* pensar así. Dios ha cambiado decisivamente la posición del cristiano en relación con el pecado. Como comenzó a hacer en el capítulo 5, Pablo presenta al pecado como un poder o un amo que ejerce su control sobre las personas (ver también 3:9). Pablo utiliza ahora la imaginería de la esclavitud, el dominio y la libertad para desarrollar su argumento. No tenemos por qué seguir «siendo esclavos del pecado» (6:6) puesto que hemos sido «liberados» de él y nos hemos convertido en «esclavos» de Dios y de la Justicia (6:17–22); el pecado no es ya nuestro «amo» (6:14a).

Unidos a Cristo en muerte y resurrección (6:1–5)

Con el formato de pregunta/respuesta, Pablo utiliza de nuevo el estilo de diatriba tan común en Romanos (6:1–2; ver especialmente 3:1–9, 27–31; 4:1–12). En este caso, sin embargo, la persona con la que mantiene su diálogo imaginario no es un judío, sino un cristiano. El propósito de Pablo es mostrar que ser creyente cambia de manera decisiva nuestra relación con el pecado.

Concretamente, dice Pablo, «hemos muerto al pecado» (v. 2). ¿Qué quiere decir con esto? Es evidente que el apóstol no desea dar a entender que los cristianos no sean tentados por el pecado o que seamos incapaces de pecar (como ponen de manifiesto sus mandamientos de los versículos 11–14). El apóstol utiliza la imaginería de la «muerte» por dos razones. (1) Crea un evidente punto de contacto con la muerte de Cristo, un importante paso en el argumento de Pablo (vv. 3–4). (2) Es una poderosa imagen de un cambio de estado decisivo. Cuando alguien se convierte en cristiano –da a entender Pablo–, el cambio de estado que experimenta tal persona en relación con el pecado es tan drástico como el que existe entre la vida y la muerte. El apóstol explica la implicación de este cambio con una pregunta retórica: «¿Cómo podemos seguir viviendo en él?» El sentido de esta pregunta podría expresarse mediante una afirmación: nosotros, los cristianos, no vivimos ya bajo la dominación del pecado. Por tanto, no podemos seguir viviendo en el pecado como antes de este cambio.

En los versículos 3–5, Pablo muestra que esta transferencia del estado de pecado a la nueva vida en Cristo ha tenido lugar. En el bautismo, somos unidos a Cristo y a su muerte y resurrección. Como Pablo dejará claro más adelante en este pasaje, la propia muerte de Cristo fue una muerte al «pecado» y su resurrección significó vivir «para Dios» (v. 10). Por consiguiente, quienes participan de la muerte y resurrección de Cristo también han muerto «al pecado» y viven ahora «para Dios».

La utilización del lenguaje del «bautismo» por parte de Pablo en los versículos 3–4 es en cierto modo sorprendente. En vista del realce que da a la fe en los capítulos 1–4, cabría esperar que el apóstol dijera «quienes hemos creído en Cristo Jesús hemos sido unidos con él en su muerte» (v. 3) y «fuimos sepultados con él en su muerte» (v. 4). ¿Pero por qué se menciona aquí el «bautismo»?

Algunos exégetas piensan que Pablo utiliza aquí el lenguaje de manera metafórica. *Baptizo*, el verbo griego, significa básicamente «sumergir en» (ver, p. ej., Mr 10:38–39 y pasajes paralelos; 1Co 10:2), es pues posible que Pablo esté únicamente expresando de manera vívida que los creyentes han sido «sumergidos» en Cristo.[1] Otros exégetas opinan que Pablo podría estar haciendo referencia al «bautismo en el Espíritu».[2] Pero, por lo general, Pablo utiliza el verbo *baptizo* para aludir al bautismo cristiano con agua (1Co 1:13–17; 12:13 [aunque controvertido]; 15:29; Gá 3:27). Además, el sustantivo «bautismo» (*baptisma* en griego) que aparece en el versículo 4 tiene casi siempre este significado.

Me uno, pues, a un amplio consenso de comentaristas, en el sentido de que aquí Pablo se refiere al bautismo en agua como el momento en que el creyente se une a Cristo (ver las secciones «Construyendo puentes» y «Significado contemporáneo» para un tratamiento más amplio). Cuando fuimos bautizados «en» Cristo (i. e., para unirnos con él), fuimos bautizados «en su muerte».

El versículo 4, explica pues que «fuimos sepultados con Cristo en su muerte». Puede que Pablo mencione aquí la sepultura porque tiene en mente las acciones físicas del bautismo como símbolo de la transferencia del creyente de la muerte a la vida. Igual que Cristo fue sepultado en su tumba, así el creyente desciende al agua para simbolizar su muerte a la antigua vida.[3] Sin embargo, aunque se trata de una interpretación muy popular, probablemente no es correcta. Ni aquí ni en ningún otro lugar del Nuevo Testamento hay nada que sugiera que las acciones del Bautismo (descender al agua y salir de ella) tengan un significado simbólico. Notemos también que Pablo no dice que fuéramos sepultados «como» Cristo, sino que lo fuimos «con él».

---

1. Ver la obra de Morris, *The Epistle to the Romans* [La Epístola a los Romanos], 246 (aunque no excluye que haga también referencia al bautismo en agua).
2. P. ej. Martin Lloyd-Jones, *Romans: An Exposition of Chapter 6* [Romanos: una exposición del capítulo 6].
3. Ver, p. ej., Bruce, *The Letter of Paul to the Romans* [La carta de Pablo a los Romanos], 129.

Lo más probable es, pues, que Pablo utilice el verbo «sepultar» porque tiene en mente que el cristiano está identificado con Cristo en los principales acontecimientos de su obra redentora. En 1 Corintios 15:3–4, Pablo repasa estos acontecimientos redentores esenciales: «Cristo murió por nuestros pecados según las Escrituras [...] fue sepultado, resucitó al tercer día según las Escrituras». Quienes creemos hemos participado con Cristo en cada uno de estos acontecimientos: morimos «con él» (Ro 6:3, 5, 6, 8); fuimos sepultados «con él» (6:4); resucitaremos «con él» (6:5, 8).[4] El Bautismo representa toda nuestra experiencia de conversión. Por medio de él, nos hemos situado en una posición de unión con Cristo y los poderosos acontecimientos de su obra redentora. Por consiguiente, los efectos de estos acontecimientos actúan en nosotros. Esto significa que ahora tenemos la capacidad de «vivir una nueva vida» (6:4b).

El versículo 5 afirma lo que Pablo ha implicado en el versículo 4: los creyentes no solo participan en la muerte de Cristo (para morir al pecado), sino también en su resurrección (para poder vivir una nueva vida). La NVI no expresa con claridad un interesante elemento del texto griego: Pablo habla de la «semejanza» o «forma» (*homoioma*) de la muerte y resurrección de Cristo. El propósito del apóstol al utilizar esta palabra es objeto de debate, sin embargo, es probable que quiera sugerir que la naturaleza de la muerte y resurrección de Cristo es tal que hace posible que otras personas participen de ella.[5]

Pablo utiliza el futuro para describir nuestra participación en la resurrección: «estaremos unidos con él» (6:5). Puesto que el apóstol sugiere aquí que los creyentes experimentan ahora nueva vida en Cristo (vv. 4, 13), este futuro puede ser «lógico», es decir, Pablo podría estar diciendo que a la participación en la muerte de Cristo sigue siempre una participación en su resurrección (ver Ef 2:6; Col 2:12).[6] Sin embargo, por mi parte, prefiero pensar que se trata de un futuro auténticamente temporal: aunque sin duda disfrutamos ahora una nueva vida, nuestro «ser resucitados con Cristo» se producirá en su *parousia*.[7] Las palabras de Filipenses 3:20–21 se asemejan especialmente a la idea que Pablo expresa aquí: «En cambio, nosotros somos ciudadanos del cielo, de donde anhelamos recibir al Salvador, el Señor Jesucristo. Él transformará nuestro cuerpo miserable para que sea como su cuerpo glorioso, mediante el poder con que somete a sí mismo todas las cosas».

Los resultados de morir con Cristo (6:6–7)

Aunque muchos comentaristas vinculan el versículo 6 con el 5 (obsérvese que en la NVI los versículos 5–6 forman parte del mismo párrafo), creo que tras el versículo 5 hay una división menor. En los versículos 3–5 Pablo ha establecido el hecho de que los creyentes participan en la muerte y resurrección de Jesús. Ahora

---

4. G. R. Beasley-Murray, *Baptism in the New Testament* [El Bautismo en el Nuevo Testamento] (Grand Rapids: Eerdmans, 1962), 133.
5. Se objeta igualmente a los otros usos de esta palabra por parte de Pablo; ver Ro 1:23; 5:14; 8:3; Fil 2:7.
6. P. ej. Godet, *Commentary on Romans* [Comentario de Romanos], 243–44; Cranfield, *The Epistle to the Romans* [La Epístola a los Romanos], 308.
7. La mayoría de los comentaristas concuerdan que el verbo es un verdadero futuro.

el apóstol explica con mayor detalle cada uno de estos hechos, el aspecto de la «muerte» en los versículos 6–7, y el de la «vida» en 8–10.

En el versículo 6, Pablo sustituye el «nosotros» de los versículos 3–5 con «el viejo ser» o «viejo hombre» («vieja naturaleza» en la NVI. En griego *anthropos*) y la idea de la muerte por la de la crucifixión. Por supuesto, Pablo alude a la crucifixión para subrayar nuestra propia participación en la muerte de Jesús (ver también Gá 2:20). La razón por la que utiliza la expresión «viejo ser» no está clara. Muchos exégetas opinan que la expresión «viejo ser» alude a la antigua naturaleza pecaminosa de la cual los creyentes se liberan cuando van a Cristo. Pero es probable que esto no sea muy acertado (ver la sección «Significado contemporáneo»). En vista de Romanos 5, esta expresión es posiblemente el modo en que Pablo hace referencia a lo que éramos en Adán. En palabras de John R. W. Stott: "lo que fue crucificado con Cristo no es una parte de mí, llamada «mi vieja naturaleza", sino todo mi ser como era antes de convertirme».[8]

Pablo tiene especial interés en que entendamos lo que sigue a esta acción. El resultado es que nuestro «cuerpo pecaminoso [i. e., el cuerpo dominado por el pecado]» pierde «su poder». La traducción de la NIV («para que nuestro cuerpo de pecado sea eliminado») es un poco fuerte; la lectura alternativa, «perdiera su poder» (que es la que sigue la NVI. N. del T.), encaja mejor con el sentido de este verbo.[9] Lo que Pablo está diciendo es que nuestra identificación con Cristo significa que ya no somos dominados por el pecado. El propósito es que «ya no siguiéramos siendo esclavos del pecado». Puesto que el poder del pecado sobre nosotros ha sido quebrado, hemos de reflejar esta nueva libertad en el modo en que vivimos. El pecado ya no ha de caracterizarnos. En el versículo 7 Pablo respalda lo que afirma en el 6, recordando a sus lectores un antiguo proverbio bastante extendido en el sentido de que «la muerte secciona el control del pecado sobre una persona».

Los resultados de ser resucitados con Cristo (6:8–10)

En el versículo 8, Pablo muestra que, tras morir con Cristo sigue automáticamente vivir con él. Una cosa incluye siempre la otra. Como en el versículo 5, muchos intérpretes opinan que este vivir con Cristo es algo que los creyentes ya han experimentado. Sin embargo, lo más probable es que, nuevamente, el uso del tiempo futuro aluda al día venidero en que los creyentes serán resucitados corporalmente con Cristo. Sin embargo, aunque nuestra resurrección corporal sea algo todavía futuro, ya ahora disfrutamos los beneficios de la resurrección de Cristo.

En el versículo 9 Pablo explica únicamente lo que significa la resurrección de Cristo: Él vive ahora en un estado en que la muerte no es ya posible y no tiene

---

8. John R.W. Stott, *Men Made New: An Exposition of Romans 5* [Hombres nuevos: una exposición de Romanos 5-8] (Londres: Inter-Varsity, 1966), 45.
9. El verbo en cuestión es *katargeo*, que en el Nuevo Testamento es característicamente paulino (Pablo lo utiliza 25 de las 26 ocasiones en que aparece). Quienes deseen considerar paralelismos de su uso aquí, pueden ver especialmente Ro 3:31; 4:14; 7:2, 6; Gá 3:17; 5:4; Ef 2:15.

poder sobre él: ha conquistado la muerte, y Pablo da a entender que quienes le pertenecemos tenemos también la certeza de triunfar sobre la muerte.

Pablo regresa a su idea principal en el versículo 10, que funciona como una especie de «conclusión» de mucho de lo que ha explicado en este párrafo. Cuando Cristo murió, «murió al pecado»; tras su resurrección, vive «para Dios». La afirmación de que Cristo «murió al pecado» es difícil, puesto que Pablo ha utilizado este lenguaje en el versículo 2 para aludir a los pecadores que han de ser rescatados de la dominación del pecado. ¿Por qué tenía Cristo –el que no conoció pecado– que «morir al pecado»? Por ello, algunos exégetas piensan que la muerte al pecado de que se habla en este versículo alude a su obra expiatoria: Cristo «actuó sobre el pecado» muriendo, llevando sobre sí el castigo de nuestro pecado.[10]

Sin embargo, es mejor entender el sorprendente lenguaje de la «muerte al pecado» en el mismo sentido a lo largo de todo el pasaje si es posible. Es cierto que Jesús no estuvo bajo el poder del pecado de un modo que le convirtiera en pecador. Sin embargo, como consecuencia de su verdadera identificación con los seres humanos, se sujetó al poder del pecado. Fue por tanto tentado como nosotros (Heb 2:14–17). En este sentido, también él hubo de «morir» al poder del pecado. Podemos, por tanto, mantener el paralelismo general entre la muerte de Cristo y nuestra muerte con él. De igual modo, Pablo no implica que Cristo haya vivido nunca sin buscar el bien y la gloria de Dios. Sin embargo, su resurrección le dio un nuevo poder para llevar a cabo la voluntad y propósitos divinos.

Nuestra nueva posición en acción (6:11–14)

La estructura general de 6:1–14 refleja un patrón común en Pablo: lo que Dios ha hecho a nuestro favor es la base e incentivo para lo que nosotros hemos de hacer por él. El modo «indicativo», con que Pablo nos habla de los maravillosos acontecimientos redentores, conduce al «imperativo», que nos dice cómo hemos de responder a tales acontecimientos. Sin embargo, el versículo 11 sugiere un paso intermedio entre estas dos cosas, a saber, es necesario entender bien la verdad de lo que Pablo ha estado enseñando. Solo viéndonos a nosotros mismos constantemente (el verbo griego está en tiempo presente) como personas que realmente han muerto al pecado y han sido vivificadas en Cristo seremos capaces de vivir a la altura de la nueva posición que Dios nos ha dado. Puesto que el propio Pablo utiliza la imaginería de la esclavitud, también nosotros podemos utilizar, por ejemplo, la analogía de un esclavo recientemente liberado después de la guerra civil de los Estados Unidos. Tal esclavo sabría, en cierto sentido, que había sido emancipado, sin embargo tendría que pasar algún tiempo para que esta verdad penetrara en su conciencia de un modo que produjera cambios de conducta.

En los versículos 12–13, Pablo pasa a la esfera de la acción. Comienza con un acento negativo: no hemos de permitir que el pecado «reine» en nuestras vidas. Algunos exégetas opinan que la construcción griega que utiliza Pablo significa

---

10. Ver, p. ej., Cranfield, *The Epistle to the Romans* [La Epístola a los Romanos], 313–14.

«dejen de permitir que el pecado reine»,[11] pero es probable que este no sea el sentido.[12] El mandamiento es simplemente: «No dejen que el pecado reine».

Se nos enfrenta aquí con la tensión entre el indicativo y el imperativo. En el versículo 14 Pablo afirma que el pecado no es ya nuestro dueño, de hecho, éste no reina. No obstante, esto no impide la orden de no permitir que el pecado reine. No es fácil aclarar la relación exacta que existe entre estas ideas. Pero sí podemos decir esto: la victoria sobre el pecado que Dios ha conseguido a nuestro favor en Cristo es algo de lo que debemos apropiarnos. Dominar los pecados que nos acosan no será un proceso automático, algo que sucederá sin nuestra cooperación. No, insiste Pablo, para que lo que ha sucedido en principio se haga realidad en nuestra experiencia se demanda una determinación de nuestra voluntad.

El versículo 13 expresa lo mismo de un modo distinto. Con las palabras «instrumentos» y «miembros de su cuerpo», Pablo pone ante nosotros una imagen de todas nuestras capacidades y habilidades, que ahora hemos de retirar del uso de nuestro antiguo dueño, el pecado, y poner a disposición de nuestro nuevo amo, Dios. Ahora hemos de servir a la «justicia»: la norma de conducta que Dios nos revela.

Por si acaso nos desviamos excesivamente hacia el aspecto imperativo, Pablo concluye con otro recordatorio del «indicativo»: «el pecado no tendrá dominio sobre ustedes». El verbo aquí es *kyrieuo*, de la misma raíz que el término *kyrios*, «Señor». Al expresar la idea esencial que ha explicado anteriormente (v. 6) en forma de promesa, Pablo subraya que nuestra libertad del poder del pecado es un estado constante que podemos disfrutar eternamente. ¿Por qué? «Porque ya no están bajo la ley sino bajo la gracia».

Estas últimas palabras se citan con frecuencia casi como un eslogan fuera de su contexto, sin embargo, hemos de determinar lo que Pablo pretende decirnos aquí con ellas. Un punto de vista popular puede eliminarse inmediatamente: Pablo no está diciendo que los cristianos no sean responsables de guardar ciertos mandamientos. Este punto de vista entiende el término «ley» en un sentido amplio como si hiciera referencia a cualquier ley, o la «ley» en general. Sin embargo, por regla general Pablo utiliza la palabra «ley» (*nomos*) para aludir a la ley mosaica, y este es también aquí su sentido. Otros intérpretes opinan que la expresión «bajo la ley» significa bajo la condenación que pronuncia la Ley, y «bajo la Gracia» la libertad de la condenación que experimentan quienes disfrutan la Gracia de Dios.[13] Sin

---

11. P. ej. Godet, *Commentary on Romans* [Comentario de Romanos], 250; Cranfield, *The Epistle to the Romans* [La Epístola a los Romanos], 316.
12. La construcción de *me* con el tiempo presente que encontramos aquí no siempre –ni siquiera normalmente– connota la idea del cese de una acción ya iniciada (ver especialmente J. Louw, «On Greek Prohibitions» [Sobre las prohibiciones griegas] *Acta Classica* 2 [1959]: 43–57).
13. Ver, p. ej., Calvino, *Epistle of Paul to the Romans* [Epístola de Pablo a los Romanos], 233; Murray, *The Epistle to the Romans* [La Epístola a los Romanos], 1:229; Cranfield, *The Epistle to the Romans* [La Epístola a los Romanos], 319–20.

embargo, no parece haber ninguna buena razón para añadir aquí el matiz de «condenación».

Lo más probable es que Pablo se refiera en general al hecho de que los creyentes no viven ya bajo la dominación de la ley mosaica. Puesto que estamos bajo el nuevo Pacto , la ley del antiguo ya no ejerce un control directo sobre nosotros. Por ello, el contraste entre «Ley» y «Gracia» es de carácter histórico-salvífico, es decir, la ley mosaica domina el antiguo régimen del que hemos sido liberados en Cristo, mientras que la Gracia domina el nuevo orden inaugurado por Jesús.[14]

Encontramos este mismo contraste esencial en el famoso pasaje de Juan 1:17: «pues la Ley fue dada por medio de Moisés, mientras que la gracia y la verdad nos han llegado por medio de Jesucristo». Pablo ha presentado la ley mosaica como un poder que fomenta el pecado (recordemos Ro 5:20: «en lo que atañe a la ley, ésta intervino para que aumentara la transgresión»). En otras palabras, para que los creyentes sean liberados del dominio del pecado (6:14a), lo han de ser también de la dominación de la ley.[15]

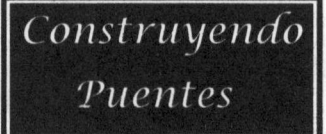

Pensamientos sobre el Bautismo. Romanos 6:1–14 es un pasaje rico tanto en teología como en discernimiento práctico. Nuestra comprensión de la vida cristiana le debe mucho a este texto. No obstante, uno de los elementos más polémicos del pasaje se menciona solo de paso: el Bautismo (vv. 3–4). El debate en torno al significado del Bautismo en estos versículos es un ejemplo clásico de cómo nuestro trasfondo y teología afectan nuestra lectura del Nuevo Testamento. En las secciones «Construyendo puentes» de este comentario hemos considerado a menudo el contexto del primer siglo. Sin embargo, la construcción de puentes requiere que en esta sección abordemos no solo el contexto de los autores, sino también el de los lectores del Nuevo Testamento.

Como se ha subrayado desde el posmodernismo (en ocasiones de manera excesiva y en un grado innecesario), cada lector lleva al texto su propio contexto. Cada uno de nosotros leemos el Nuevo Testamento a partir de nuestra propia situación: hijos de ciertos padres, miembros de una iglesia determinada, adherentes a una teología específica, etc. No podemos, por supuesto, escapar de nuestro contexto, pero sí podemos definirlo y tenerlo en consideración a medida que leemos el Nuevo Testamento para no imponer al texto nuestras propias tendencias. El significado del Bautismo en 6:3–4 es un clásico ejemplo de esto. Para interpretar correctamente estos versículos se hace necesario establecer el contexto del primer siglo, trazando los perfiles de la enseñanza general del Nuevo Testamento acerca del mismo. No obstante, antes incluso de dirigirnos a la situación del primer siglo, hemos de considerar brevemente los «contextos» que cada uno de nosotros llevamos a nuestra lectura del pasaje.

---

14. Así también Schreiner, *Romans* [Romanos], 326–27.
15. Analizaremos todo el asunto del cristiano y la Ley con mayor detalle junto con 7:1–6.

El Bautismo ha sido, y sigue siendo, un asunto polémico entre los cristianos. Muchos de nosotros hemos mantenido con firmeza nuestras convicciones sobre el Bautismo, establecidas, con frecuencia, en deliberada distinción de las ideas de otros cristianos. Mi propio peregrinaje espiritual refleja un patrón relativamente común en la comprensión del mismo. Durante mi infancia fui bautizado en la Iglesia Luterana, y en ella crecí. En las clases de Confirmación que siguieron en su momento se me presentó con claridad la verdad del Evangelio, pero yo no la entendí. A pesar de ello, fui confirmado y asumí que, con este paso, la parte espiritual de mi vida se había solucionado. Sin embargo, casi una década más adelante me di cuenta de que esto no era así. A través de ciertos amigos de la Universidad, el Espíritu me hizo ver que realmente no tenía una relación con Dios y que solo podría encontrarla entregándome a Jesucristo de un modo personal.

A medida que fui creciendo, mi obcecación espiritual favoreció mi incapacidad para entender esta dimensión personal de la fe cristiana. Sin embargo, también culpé a la Iglesia Luterana por no haberme enseñado más claramente este asunto. Una cuestión clave de mi acusación era la impresión que se me había dado de que los ritos del Bautismo, la Confirmación y la Comunión suplían todas mis necesidades espirituales. Por esta razón, cuando en la Universidad conocí verdaderamente a Cristo, me bauticé, convencido de que el bautismo de mi infancia no tenía absolutamente ningún valor. A lo largo de los últimos veinticinco años, tras conocer a miles de estudiantes en el Seminario, y entrevistarme con un buen número de solicitantes para la membresía de mi iglesia local, he oído esta clase de historia una y otra vez.

La cuestión, pues, es esta: entre los cristianos evangélicos hay una fuerte predisposición a reaccionar contra cualquier indicio de sacramentalismo. Poner un acento excesivo sobre ritos como el Bautismo y la Cena del Señor puede actuar en detrimento de la necesidad primordial de un compromiso personal y significativo con Dios en Cristo. El Bautismo ha de ser únicamente administrado a personas que han depositado su fe en Cristo de manera personal, y es solo un símbolo. ¿Qué sucede, pues, cuando llevamos esta clase de trasfondo a nuestra lectura de Romanos 6? Tendemos a hacer todo lo posible para minimizar el Bautismo. Intentamos desesperadamente dejar fuera del pasaje el agua. Interpretamos «bautismo» como una metáfora que expresa una experiencia abrumadora, o como una forma abreviada de aludir al «Bautismo del Espíritu».

Si no podemos excluir el agua de manera absoluta, confinamos entonces su significado a la esfera de lo simbólico. La enseñanza popular asegura que el Bautismo es una imagen de nuestra conversión. Al sumergirnos en el agua, simbolizamos nuestra muerte a la antigua vida, y al emerger de ella, nuestra entrada en la nueva vida de Cristo. En el Bautismo expresamos, por tanto, experiencias que Cristo vivió: De igual modo que él murió, fue sepultado y resucitado, así también nosotros lo manifestamos en el Bautismo.

Sin embargo, hay otro aspecto de nuestro contexto que hemos de considerar. Aunque el movimiento dominante entre los evangélicos se ha distanciado de las ideas sacramentales, es también evidente que recientemente se ha suscitado una corriente en sentido contrario: algunos evangélicos que crecieron en tradiciones no sacramentalistas han llegado a la convicción de que el Bautismo y la Cena del Señor son mucho más importantes de lo que pensaban. Estos cristianos, que pueden asistir a iglesias luteranas o episcopales, tienen un interés personal en encontrar el Bautismo con agua en Romanos 6 y, en general, a conferir a este rito un importante papel en la experiencia cristiana. Yo no estoy entre ellos. Sin embargo, ahora pienso que, en su día, mi reacción contra mi crianza sacramentalista fue un tanto desproporcionada llevado por mi alegre entusiasmo tras la conversión.

Por ello, como cualquier otro lector de Romanos 6, yo también llevo cierto bagaje cuando me acerco a este texto. Hemos de reconocer este bagaje y no permitir que determine nuestra interpretación. Los pensadores posmodernos más radicales están convencidos de que se trata de una tarea imposible y que, por ello, nuestras conclusiones sobre Romanos 6 se corresponderán exactamente con las premisas que llevamos al pasaje (teoría de la «respuesta del lector»). Por mi parte, yo soy más optimista con respecto a nuestra capacidad de ser objetivos sobre el significado de los textos, especialmente cuando dialogamos con partidarios de otras perspectivas, y cuando le pedimos al Espíritu Santo que nos guarde del error. Si he conseguido o no ser objetivo es algo que usted mismo tendrá que juzgar cuando considere lo que digo con respecto a este texto. Sin embargo, me gustaría reiterar brevemente por qué no creo que podamos excluir el bautismo con agua de este pasaje, o confinar este rito a un mero acto de naturaleza simbólica.

Considera cuidadosamente la redacción del versículo 4a: «Por tanto, mediante el bautismo fuimos sepultados con él en su muerte». Obsérvense estos tres puntos. (1) *Baptisma*, el término que se utiliza aquí, denota casi siempre el bautismo en agua (ver Mt 3:7; 21:25; Mr 1:4; 10:38, 39; 11:30; Lc 3:3; 7:29; 12:50; 20:4; Hch 1:22; 10:37; 13:24; 18:25; 19:3, 4; Ro 6:4; Ef 4:5; 1P 3:21).[16] (2) El Bautismo no simboliza nuestra sepultura con Cristo; es el medio por medio del cual fuimos identificados con él. (3) No somos sepultados como lo fue Cristo, sino que lo somos con él. Por consiguiente, considero que no podemos eludir la conclusión de que, aquí, Pablo presenta el bautismo en agua como el medio por el que se nos introduce a una relación con Cristo. Mi sensación de que en Romanos 6 se concede más importancia al Bautismo de lo que muchos evangélicos han reconocido, se confirma con otros textos que se mueven en esta misma dirección (ver especialmente Hch 2:38; 8:36, 38; Col 2:12; 1P 3:21).

¿Enseña entonces Romanos 6 un punto de vista completamente sacramental del Bautismo? Muchos intérpretes opinan que sí: en el Bautismo, Dios actúa por

---

16. Solo en Marcos 10:38–39 (paralelo de Lucas 12:50) el término *baptisma* no alude a la inmersión en agua. No obstante, aun en este texto, la aplicación que Jesús hace de este término a su muerte descansa en su bautismo en agua como punto de identificación con los pecadores (ver Douglas J. Moo, *The Old Testament in the Gospel Passion Narratives* [El Antiguo Testamento en las narraciones de la Pasión de los Evangelios] [Sheffield: Almond, 1983], 116–20). Respecto al término *baptisma*, ver especialmente J. Ysebart, *Greek Baptismal Terminology: Its Origin and Early Development* [Terminología bautismal griega: su origen y desarrollo temprano] (Nijmegen: Dekker & van de Vegt, 1962), 51–53.

Gracia para llevar a las personas a una relación consigo. Sin embargo, hay dos cosas que me hacen recelar de llegar tan lejos. (1) El propio Pablo no hace del Bautismo una parte destacada de su ministerio: «Pues Cristo no me envió a bautizar sino a predicar el evangelio, y eso sin discursos de sabiduría humana, para que la cruz de Cristo no perdiera su eficacia». (1Co 1:17). (2) Hasta este momento, Pablo ha subrayado en Romanos la decisión personal de fe como el medio crucial por el que llegamos a una relación con Dios. El Bautismo se menciona, incidentalmente, solo en estos dos versículos.

En este punto, pues, hemos de analizar cuidadosamente el otro «contexto», a saber, la enseñanza del Nuevo Testamento sobre el Bautismo. Aunque este asunto es objeto de debate, los estudios de James Dunn me han convencido de una cuestión crucial: el Nuevo Testamento presenta el bautismo en agua como uno de los elementos que configuran una experiencia más extensa, que Dunn llama «conversión-iniciación».[17] La fe, el arrepentimiento, el bautismo en agua, y el don del Espíritu Santo son los cuatro elementos clave de esta experiencia de «ir a Cristo».

Lo que es especialmente importante para nuestra comprensión de Romanos 6 es que los autores del Nuevo Testamento pueden referirse a uno de estos elementos y suponer los demás. Por consiguiente, podemos explicar por qué Lucas utiliza tal variedad de expresiones para referirse a quienes van a Cristo en el libro de Hechos: fe (Hch 14:1; 15:11; 16:1), arrepentimiento (3:19; 17:30; 26:20), arrepentimiento, bautismo con agua y el don del Espíritu (2:38), y el don del Espíritu y el bautismo con agua (10:45–48; 19:2–7). Este contexto más amplio del Nuevo Testamento nos da el derecho de suponer que cuando Pablo se refiere al Bautismo en Romanos 6:3–4, pretende incluir la fe, el arrepentimiento y el don del Espíritu.

Para Pablo y los demás autores del Nuevo Testamento, el Bautismo tenía relevancia como parte de una experiencia más extensa. Pone el sello sobre la conversión. Por consiguiente, en Romanos 6 el Bautismo representa, por sinécdoque, la totalidad de la experiencia de conversión. La relación con Dios se establece, no por el Bautismo en sí, sino por la conversión, de la cual el Bautismo es un elemento clave.

Significado Contemporáneo

El significado del Bautismo. Hasta ahora, no hemos hecho más que conceder una consideración superficial a un tema complejo. No cabe duda de que no estamos en condiciones de extraer conclusiones superficiales sobre el significado del Bautismo. Sin embargo, y a riesgo de rebasar el límite de nuestros datos exegéticos, quiero aventurar tres sugerencias.

---

17. James D.G. Dunn, *Baptism in the Holy Spirit* [El bautismo en el Espíritu Santo], (Londres: SCM, 1970), 145, etc. Ver también la obra de D.A. Tappeiner, «Hermeneutics, the Analogy of Faith and New Testament Sacramental Realism» [Hermenéutica, la analogía de la fe y el realismo sacramental del Nuevo Testamento] *EvQ* 49 (1977): 40–52. Mi idea personal sobre el Bautismo ha sido también muy influenciada por el excelente estudio de G.R. Beasley-Murray, *Baptism in the New Testament* [El Bautismo en el Nuevo Testamento] (Nueva York: Macmillan, 1962).

(1) Muchos evangélicos han de prestar más atención a la teología del Bautismo. Por las razones esbozadas anteriormente, muchos de nosotros somos suspicaces con el tema. Nos preocupa que alguien pueda pensar que puede convertirse en cristiano (o «cristianizar» a sus hijos) simplemente por someterse a un rito externo. Entiendo esta preocupación. Muchas iglesias presentan el Bautismo de este modo, y hay razones para temer la influencia narcotizante de un sacramentalismo externo en relación con la evangelización, la experiencia cristiana y la vida de la Iglesia.

Sin embargo, que nos preocupen los excesos en una dirección no justifica que los cometamos en otra. He asistido a iglesias en las que rara vez se menciona el Bautismo. Con mucha frecuencia, las iglesias practican o incluso subrayan el Bautismo, pero no explican por qué lo hacen. Cristo nos ordenó hacerlo, de modo que lo hacemos. Pero realmente no tenemos idea —o al menos eso parece— de por qué lo hacemos. La Iglesia Evangélica en su conjunto se caracteriza por una gran pobreza por lo que respecta a la teología del Bautismo y la Cena del Señor. Por supuesto, hay motivos para ello. El Nuevo Testamento dice poco explícitamente sobre el Bautismo; su significado ha de dilucidarse a partir de alusiones indirectas y amplias perspectivas teológicas. Pero quienes somos teólogos cristianos, pastores y dirigentes tenemos una responsabilidad para con la Iglesia de desarrollar una explicación bíblica y coherente del mismo.

(2) Si estoy en lo cierto acerca de Romanos 6, el Bautismo es una parte importante de la experiencia de la conversión. Por utilizar una imagen bíblica, pone un sello sobre esta experiencia. Por tanto, es probable que el bautismo en agua haya de administrarse lo antes posible después de que la persona haya puesto su fe en Cristo. Hechos 8 es un pasaje muy significativo en este sentido. Tras llevar a la fe al funcionario etíope, Felipe no le inscribe en una serie de clases preparatorias para el Bautismo, sino que, en aquel mismo momento, en pleno desierto, le bautiza (Hch 8:36–38).

Naturalmente, a menudo tenemos buenas razones para retrasar el Bautismo después de la conversión. En la Iglesia moderna, la logística puede plantear ciertos problemas: por ejemplo, hemos de esperar a que se llene la pila bautismal. Hay también preocupaciones teológicas: los nuevos convertidos, creemos, han de entender su bautismo antes de experimentarlo. Lo que practicamos será el reflejo de nuestra teología. Cuanto más subrayemos el valor simbólico del bautismo, más dependerá su eficacia de la capacidad de la persona que se bautiza de entender su significado. Por esta razón, creemos que es importante impartir cierto grado de instrucción previa.

Pero si creemos que el sentido del Bautismo está en algo que Dios está haciendo por nosotros, entonces nuestra capacidad de entenderlo no es tan crucial. Entendamos poco o mucho, Dios obrará. Por supuesto, no se trata meramente de administrar el rito, sin preocuparnos en absoluto de si la persona en cuestión lo entiende o no. Sin embargo, la instrucción adquiere una importancia menor.

(3) En este punto surge otro asunto difícil: ¿Qué sucede con los niños? ¿Deberíamos bautizar a los niños de corta edad si creemos que se han convertido genuinamente? No sería acertado plantear una conclusión de carácter general.

Hay muchos factores específicos que hacen que cada situación sea distinta. Por ejemplo, muchos niños querrán bautizarse por la presión que sus padres ejercen sobre ellos, o porque quieren hacer lo mismo que otros niños de su edad. Es evidente que se hace necesaria una evaluación cuidadosa y sabia del estado espiritual y motivaciones de cada niño. Sin embargo, mi convicción personal es que, cuando las circunstancias lo permitan, los niños que se han convertido genuinamente deberían ser bautizados.

Al perfilar brevemente mi propio peregrinaje espiritual en la sección «Construyendo puentes», mencioné que yo fui bautizado poco después de mi conversión en la Universidad. Esto no fue algo casual, ya que tras mi conversión comencé a asistir a una iglesia que insistía en que la salvación dependía del Bautismo. Desde entonces he dialogado muchas veces con pastores y teólogos que sostienen esta perspectiva (¡tras escuchar mis ideas piensan, al parecer, que creemos lo mismo!). Por mi parte respeto su punto de vista y entiendo su lógica. Sin embargo, creo que han llevado sus conclusiones más allá de lo que permiten los datos bíblicos.

Por supuesto, he defendido que el bautismo en agua forma parte de la experiencia de la conversión. Sin embargo, el término «experiencia» es importante. Cuando alguien le pregunta a Pablo lo que hay que hacer para ser cristiano, su respuesta es clara: creer en el Señor Jesús. Dios responde a nuestra fe (que, entendida correctamente, incluye el arrepentimiento) con el don de su Espíritu. A partir de este momento la persona en cuestión es cristiana, y está destinada a la salvación (ver Ro 5:9–10). A continuación debería administrarse el bautismo en agua. Es siempre peligroso poner palabras en la boca de un autor bíblico, creo sin embargo que si se le hubiera preguntado a Pablo acerca de un «creyente no bautizado», el apóstol habría respondido: «Bien, sí, tal persona es salva; ¿pero por qué no se ha bautizado?»

«Viejo ser»/«nuevo ser». En el versículo 6 Pablo proclama que «nuestra vieja naturaleza [ser] fue crucificada con él [Cristo]». Este versículo, junto con varios otros en los que Pablo utiliza una imaginería parecida (Ef 4:22–24; Col 3:9–11), ha sido la base de ciertas ideas populares sobre la vida cristiana. Quiero esbozar brevemente dos opciones populares y comentarlas a continuación en vista de Romanos 6.

Un punto de vista particularmente popular, que enseñan algunos teólogos y uno de los ministerios universitarios más efectivos en los Estados Unidos, es el acercamiento de las «dos naturalezas». Lo que Pablo enseña aquí es que la antigua «naturaleza pecaminosa» del creyente recibe un golpe mortal en la conversión. Esta naturaleza sigue existiendo, pero ya no ejerce dominio, puesto que el creyente posee también una nueva naturaleza. El progreso en la vida cristiana se produce a medida que se ejercitan las disciplinas espirituales para promover el crecimiento de la nueva naturaleza y la progresiva reducción de la antigua.

En el otro extremo está lo que podemos llamar la idea de «la nueva creación». Este lenguaje procede de 2 Corintios 5:17, uno de los textos clave que se utilizan para apoyar este punto de vista: «Por lo tanto, si alguno está en Cristo, es una nueva creación. ¡Lo viejo ha pasado, ha llegado ya lo nuevo!» Los adherentes de este acercamiento afirman que el primer punto de vista no hace justicia a Romanos 6:6, puesto que Pablo afirma aquí que el «viejo ser» (NVI, «vieja naturaleza») ha sido crucificado, no solo reducido en su poder, sino realmente muerto. Cuando alguien va a Cristo, este «viejo ser» es destruido; lo que queda es el «nuevo ser». El progreso en la vida cristiana se produce, por tanto, no por medio de una lucha (como los adherentes de este segundo punto de vista piensan que enseña el primero), sino «abandonándonos en manos de Dios y permitiendo que él» haga la obra. Puesto que somos una «nueva creación», solo hemos de dejar que nuestra nueva naturaleza «natural» se haga con el control. De este modo, haremos automáticamente lo que agrada a Dios.

En esta presentación de las diferencias entre estas dos ideas, me reconozco sin duda culpable de caricaturizar hasta cierto punto las posiciones. Muchos adherentes inteligentes de cada una de estas perspectivas alegarán que su posición tiene muchos más matices de los que yo he presentado. Sin embargo, he leído libros y oído sermones y conferencias que presentan estas ideas más o menos en los términos que las acabo de describir. La pregunta que hemos de hacernos aquí es: ¿cuál de estas perspectivas hace justicia a Romanos 6:6 y otros pasajes que hablan del «viejo y el nuevo ser»? Mi respuesta es que ninguna de ellas. Ambas perspectivas asumen que la expresión «viejo ser [naturaleza]» tiene un sentido en cierto modo «ontológico»: o bien se refiere a una parte de nosotros o a todo nuestro ser.

Lo que yo sugiero es que el concepto de «viejo ser» es relacional y colectivo. No alude a una parte de nosotros, o a una naturaleza radicada en nuestro interior, sino más bien, la forma en que Pablo describe nuestra condición pecaminosa como hijos de Adán. Lo que es crucificado, pues, es esta relación. Nuestro vínculo con Adán ha sido disuelto; ni él, ni el pecado y la muerte que representa son ya preceptivos para nosotros. Además, si el «viejo ser» es Adán como cabeza colectiva de la raza humana, entonces el «nuevo ser» es Cristo, cabeza colectiva de la Iglesia.

El lenguaje del «nuevo ser» que Pablo utiliza para referirse a Cristo (Ef 4:13) y a la comunidad cristiana (Ef 2:15; Col 3:10–11) sugiere que este pensamiento va por buen camino. El progreso en la vida cristiana se producirá a medida que aprendamos a vivir, en la práctica, la nueva relación en la que Dios nos ha puesto. Pertenecemos a una nueva estructura o régimen colectivo, dominado por Cristo y no por Adán. Esta nueva relación nos proporciona, por principio, todo el poder que necesitamos para dejar de pecar y vivir para la gloria de Dios.

Lo que algunas de las opciones tradicionales dejan, pues, de ver es la naturaleza colectiva y relacional del concepto de salvación y vida cristiana de Pablo. Especialmente en Romanos 5–8 Pablo utiliza el contraste de dos eras o regímenes para expresar la diferencia entre la vida fuera de Cristo y la vida en Cristo. Naturalmente, Dios está obrando para cambiarnos desde dentro, como Pablo mostrará en el capítulo 8 al hablar de la obra del Espíritu Santo. Sin embargo, en este punto, la idea dominante no es que Dios transforma nuestro ser interior, sino que nos traslada de un régimen a otro. Al morir al pecado, tenemos una nueva posición en relación con él. Éste ya no nos gobierna ni dicta nuestra conducta. En otras palabras, nuestro «viejo ser» ha sido crucificado; nuestra servidumbre adámica ha terminado de manera decisiva e irreversible.

La analogía de los dos campos de Martin Lloyd-Jones es la mejor ilustración que conozco de la idea general que Pablo desarrolla en Romanos 6. Lloyd-Jones nos pide que pensemos en un característico paisaje rural británico, con dos campos cercados por elevados muros de piedra. Todas las personas comienzan la vida en uno de esos campos: el gobernado por Satanás y el pecado. No tenemos ninguna posibilidad de escalar las murallas y escapar del campo por nosotros mismos. Pero Dios, en su Gracia, desciende, y sacándonos del campo dominado por Satanás nos traslada al campo adyacente: el gobernado por Cristo y la Justicia. Se ha producido un cambio decisivo en nuestra posición, y ahora estamos en una relación completamente nueva con el pecado.

No obstante, como señala Lloyd-Jones, seguimos oyendo a Satanás llamándonos desde el otro lado del muro en el campo donde vivíamos. El hábito arraigado en nosotros por tanto tiempo de práctica, hace que en ocasiones aún obedezcamos su voz, aunque no tenemos por qué hacerlo. Esta ilustración recoge bien la combinación del decisivo cambio de posición que se ha producido junto con la constante posibilidad de pecar que caracteriza la enseñanza de Pablo en Romanos 6. Si se me permite ampliar la ilustración, vencemos al pecado cuando nos alejamos más y más del muro que divide los campos, con lo cual la voz de Satanás se hace cada vez más débil.

Romanos 6:15-23

Entonces, ¿qué? ¿Vamos a pecar porque no estamos ya bajo la ley sino bajo la gracia? ¡De ninguna manera! 16 ¿Acaso no saben ustedes que, cuando se entregan a alguien para obedecerlo, son esclavos de aquel a quien obedecen? Claro que lo son, ya sea del pecado que lleva a la muerte, o de la obediencia que lleva a la justicia. 17 Pero gracias a Dios que, aunque antes eran esclavos del pecado, ya se han sometido de corazón a la enseñanza que les fue transmitida. 18 En efecto, habiendo sido liberados del pecado, ahora son ustedes esclavos de la justicia. 19 Hablo en términos humanos, por las limitaciones de su naturaleza humana. Antes ofrecían ustedes los miembros de su cuerpo para servir a la impureza, que lleva más y más a la maldad; ofrézcanlos ahora para servir a la justicia que lleva a la santidad. 20 Cuando ustedes eran esclavos del pecado, estaban libres del dominio de la justicia. 21 ¿Qué fruto cosechaban entonces? ¡Cosas que ahora los avergüenzan y que conducen a la muerte! 22 Pero ahora que han sido liberados del pecado y se han puesto al servicio de Dios, cosechan la santidad que conduce a la vida eterna. 23 Porque la paga del pecado es muerte, mientras que la dádiva de Dios es vida eterna en Cristo Jesús, nuestro Señor.

En esta sección Pablo sigue con el tema de 6:1-14. El apóstol continúa proclamando que los creyentes son liberados del pecado (vv. 18, 22). Sin embargo, el acento cambia ligeramente. Mientras que en los versículos 1-14 la libertad fue el tema dominante, la esclavitud pasa ahora a un primer plano. Pablo utiliza esta imaginería para recordarnos cuál era nuestro estado («esclavos del pecado», vv. 17, 20) y estimularnos a reconocer lo que somos ahora en Cristo («esclavos de la justicia», v. 18; «esclavos de Dios», v. 22). Por consiguiente, este párrafo examina la transferencia de un estado de esclavitud a otro, y las implicaciones que ella suscita.

Como hizo en 6:1, también ahora Pablo suscita una pregunta retórica sobre el estado de pecaminosidad que sigue vigente y la responde para plantear el argumento del párrafo (vv. 15-16). La estructura del párrafo está dominada por dos de sus entrañables contrastes «en otro tiempo»/«pero ahora» (versículos 17-18 y 20-23). En el versículo 19 el apóstol pasa al modo imperativo para exponer la respuesta que los creyentes han de dar a la transferencia de poder que describe en estos dos contrastes. Dios nos ha dado un nuevo amo, y ahora hemos de obedecerle a él.

Las preguntas que introducen las dos secciones principales de Romanos 6 ponen de relieve el tema común que desarrolla Pablo: «¿Vamos a persistir en el pecado, para que la gracia abunde?» (v. 1); «¿Vamos a pecar porque no estamos ya bajo la ley sino bajo la gracia?» (v. 15). Igual que la primera pregunta la suscita lo que Pablo ha dicho en 5:20 acerca del poder de la Gracia, así, la de 6:15 surge de lo que el apóstol acaba de decir al final del versículo 14. Proclamar que los creyentes han sido transferidos desde el régimen de la ley mosaica al de la Gracia puede llevar a ciertos cristianos a pensar que el pecado no tiene importancia. De hecho, el peligro de que los creyentes «abusen de la Gracia» y no sigan una vida de obediencia al Señor es un peligro siempre presente para la Iglesia.

Por regla general, Pablo utiliza la expresión introductoria: «¿Acaso no saben ustedes que...?» (v. 16) para citar un hecho que sus lectores ya conocen. En este caso, éstos reconocerán lo que dice Pablo como una verdad proverbial: cuando de manera habitual nos «ofrecemos» a alguien, nos convertimos en sus esclavos. El pecado es, pues, un asunto serio. Aunque ya hemos sido liberados de su mando, podemos de hecho convertirnos de nuevo en sus esclavos si nos entregamos a él.

Pablo eleva la seriedad de este asunto al final del versículo 16 dejando claro que, en última instancia, solo podemos escoger a dos amos a quienes servir: el pecado o la obediencia. Cabría esperar que en contraste con el pecado se pusiera a la Justicia o a Dios (ver vv. 18, 20–21). Pero es evidente que Pablo quiere subrayar la importancia de la obediencia y, por ello, utiliza esta palabra con un sentido positivo para denotar la demanda moral cristiana. Servir al pecado conduce a la muerte, sin embargo, ponerse al servicio de la obediencia «lleva a la justicia». Algunos intérpretes opinan que el término «justicia» tiene aquí un sentido forense y alude a la vindicación en el juicio (ver «vida» en vv. 22, 23).[1] Pero es evidente que en este contexto Pablo está utilizando *dikaio* con un matiz distinto del que le ha dado en los capítulos 1–4. En consonancia con su uso veterotestamentario y judío, la palabra justicia tiene un sentido moral, a saber, la conducta que agrada a Dios.[2]

De lo que Pablo ha dicho hasta ahora, podemos asumir que estamos en un estado de neutralidad con respecto a la elección de servir al «pecado» o a la «obediencia». De modo que, ahondando en el tema de 6:1–10, Pablo nos recuerda ahora que, ciertamente, este no es el caso. «Gracias a Dios» los creyentes han dejado la esclavitud del pecado y «se han sometido de corazón a la [forma de] enseñanza que les fue transmitida».

Dos elementos de esta afirmación requieren comentario. (1) ¿Por qué dice Pablo «forma de enseñanza»? Es poco verosímil que el apóstol tenga en mente alguna forma de enseñanza cristiana en contraste con otra, puesto que aquí habla muy en general. Lo más probable es que esté contrastando el patrón de enseñanza cristiano con el judío (ver 2:20).[3] Los creyentes no están «bajo» la ley de Moisés (6:14–15), sin embargo sí tienen un patrón de enseñanza del que son responsables.

(2) El otro rasgo digno de mención de esta oración gramatical es la forma pasiva del verbo: a los creyentes les ha sido «transmitida» o «han sido entregados» (*para-*

---

1. P. ej. Cranfield, *The Epistle to the Romans* [La Epístola a los Romanos], 322.
2. Ver, p. ej., Godet, *Commentary on Romans* [Comentario de Romanos], 255.
3. Käsemann, *Commentary on Romans* [Comentario de Romanos], 181.

didomi es el verbo que se utiliza en los Evangelios para indicar la «entrega» de Jesús a las autoridades romanas [p. ej., Mt 26:15-16; 27:2]). La elección de los creyentes no es entre servir a Cristo como Señor u obedecer la enseñanza que nos ha dado. Dios nos ha entregado ya a ella.

El versículo 18 prosigue, resumiendo el «indicativo» de la transferencia del creyente de una esfera a otra: del «pecado» a la «justicia». Se aclaran de nuevo las necesarias implicaciones morales de la conversión a Cristo: hemos sido hechos «esclavos» de esta conducta moral que Dios espera de su pueblo (ver comentarios sobre la «justicia» en el v. 16).

El versículo 19a es una especie de digresión, en la que Pablo explica por qué está utilizando la imaginería de la esclavitud: «por las limitaciones de su naturaleza humana». La expresión «naturaleza humana» traduce al término *sarx* (lit., carne), la palabra que Pablo utiliza normalmente para referirse a la condición humana apartada de Dios. Lo que sugiere, por tanto, es que las limitaciones de nuestro entendimiento humano hacen necesaria la utilización de analogías que, aunque imprecisas, son en cualquier caso apropiadas.

La segunda parte del versículo 19 es el centro de este párrafo. Se expresan dos recordatorios sobre la nueva situación en la que Dios nos ha puesto, uno inmediatamente antes de 19b (vv. 17-18), y otro inmediatamente después (vv. 20-23). Pero, como sucede en 6:1-14, Pablo no quiere que pensemos que el «indicativo» del acto de Dios menoscaba o anula la necesidad del «imperativo», o de nuestra respuesta. Utilizando el mismo verbo que en 6:13, Pablo nos llama de nuevo a «ofrecer» (*paristemi*) todas nuestras capacidades y habilidades «para servir a la justicia que lleva a la santidad».

El término «santidad» (*hagiasmos*) denota el estado de santidad o el proceso de santificación.[4] En cualquier caso, Pablo ve nuestro compromiso con la justicia como algo que resultará en nuestra semejanza con Dios. En una interesante comparación, Pablo sugiere que nuestro compromiso para servir a la justicia debería ser tan fuerte como nuestro anterior empeño con la «impureza» y la «maldad». Viene a la mente la resuelta búsqueda que lleva a algunas personas a desvivirse por conseguir fama, dinero, o poder. Nuestra determinación por conseguir justicia y santidad debería ser igual de contundente.

El mandamiento del versículo 19 se fundamenta en la transferencia que ha tenido lugar de la esfera del pecado y la muerte a la de la justicia y la vida (vv. 20-23). (El versículo 20 comienza con un *gar* [«puesto que»], que la NVI no traduce). Pablo contrasta de nuevo el «cuando» de nuestro pasado precristiano (vv. 20-21) con el «ahora» de nuestro presente cristiano (vv. 22-23). Los no cristianos se jactan a menudo de ser libres, frente a los cristianos, quienes, en su opinión, han perdido su autonomía humana al entregarse a Cristo. Pablo observa que los no cristianos tienen sin duda una libertad: la de no poder vivir vidas justas. La genuina autono-

---

4. Ver, p. ej., Murray, *The Epistle to the Romans* [La Epístola a los Romanos], 1:85-35, para la primera, y Sanday y Headlam, *The Epistle to the Romans* [La Epístola a los Romanos], 169, para la última.

mía no es una opción. Si uno no está sirviendo a Dios, sea o no consciente de ello, está sirviendo al pecado.

Para presentarnos de un modo aún más convincente el aspecto negativo de nuestro pasado precristiano, Pablo nos recuerda la vergüenza que sentimos ahora por las cosas que solíamos hacer. Es objeto de debate el modo en que el apóstol plantea esta cuestión en el versículo 21. La NVI sugiere que Pablo hace una pregunta retórica sobre el fruto que tenían de aquella forma de vida, dando a entender que la respuesta es «ninguno».[5] Sin embargo, es preferible seguir aquí la puntuación que adopta, por ejemplo, la NJB: «¿Qué ganaban viviendo de este modo? Experiencias de las que ahora se avergüenzan, puesto que esta clase de comportamiento acaba en muerte».[6] A partir de este punto la estructura del versículo se corresponde casi exactamente con la del 22:

	Posición	Resultado	Consecuencia
Antes de ser Cristianos (v. 21):	esclavos del pecado, libres de la justicia	fruto vergonzoso	muerte
Ahora que somos Cristianos (v. 22):	libres del pecado, esclavos de Dios	fruto que produce santificación	vida

El versículo 23 no solo explica las «consecuencia» contrastadas de la muerte y la vida, sino que también concluye apropiadamente el capítulo. Desde 5:12 el hecho de que el pecado lleva a la muerte ha sido un tema del trasfondo. Solo recordando el aspecto sombrío de la vida fuera de Cristo podemos apreciar verdaderamente la magnitud del «don» de Dios, el don de su Gracia que imparte «vida eterna en Cristo Jesús nuestro Señor». Como señala Lloyd-Jones, este versículo establece tres contrastes esenciales a la enseñanza de Pablo en esta parte de la carta:

El dueño al que se sirve: el pecado frente a Dios.

La consecuencia de dicho servicio: muerte frente a vida eterna.

Cómo se alcanza este resultado: una «paga» que se gana en contraste con un «regalo» que se recibe.

Dos regímenes como marco de referencia. Como hemos venido demostrando, en Romanos 5–8 Pablo intenta explicar la existencia cristiana a partir de un marco de referencia general: el contraste entre dos regímenes. Puesto que esta estructura es esencial para la mayor parte de lo que Pablo dice en estos capítulos, es fácil interpretar erróneamente los detalles si no la tenemos en cuenta.

Pablo adaptó este contraste entre dos regímenes del pensamiento apocalíptico judío. Para esta corriente del judaísmo, la Historia estaba dividida en dos eras: «la

---

5. Aquellos que deseen una defensa, pueden ver, p. ej., Murray, *The Epistle to the Romans* [La Epístola a los Romanos], 1:85–36.
6. Las últimas ediciones del Nuevo Testamento griego adoptan esta puntuación; ver especialmente Cranfield, *The Epistle to the Romans* [La Epístola a los Romanos], 328.

era presente», dominada por el pecado, los gentiles y Satanás; y «la era venidera», en la que Dios se vindicará a sí mismo y a su pueblo, hará desaparecer el mal y establecerá su reino eterno. Los escritos de Pablo están salpicados de trazas de esta extendida concepción judía, por ejemplo, en el contraste de «este mundo» y «el venidero» (Ef 1:21) y habla de «los gobernantes de esta era» (1Co 2:6, 8), «el dios de este siglo» (2Co 4:4), o «este mundo malvado», (Gá 1:4).

Pero el apóstol se ve forzado por las circunstancias de la obra de Dios a modificar este esquema, puesto que por medio de la muerte y resurrección de Cristo ha sido inaugurado el «nuevo siglo». Sin embargo, el presente mundo de maldad no ha llegado a su fin, ni el nuevo está todavía presente en su forma plena y definitiva. El mal y el pecado siguen existiendo, y los creyentes no han sido todavía perfeccionados. De manera que Pablo aplica este esquema, no solo a la historia de la salvación, sino también a la experiencia individual de los creyentes. En un sentido, el cambio de eras se produjo cuando concluyó la obra redentora de Cristo, pero en otro éste solo se lleva a cabo cuando las personas ejercen fe y hacen suyos los beneficios de la obra redentora de Cristo. En otras palabras, Pablo aplica este contraste de las dos eras tanto a la historia de la salvación como a la del individuo, y en ocasiones la superposición entre ambas puede ocasionar cierta confusión.

La evidencia de este esquema la encontramos a lo largo de Romanos 5–8, a medida que Pablo contrasta repetidamente los poderes de la antigua era con los de la nueva. Sin embargo, puesto que Pablo utiliza el tema del «gobierno» o la «autoridad» más que la categoría temporal, podemos hablar más correctamente de dos «regímenes» o sistemas:

El régimen antiguo	*El régimen nuevo*
Adán	Cristo
Pecado	Justicia. Obediencia
Muerte	Vida
Ley	Gracia
Carne	Espíritu

Pablo describe al creyente como alguien que ha sido transferido de un régimen a otro. Hemos sido puestos en una nueva situación, dominados por una nueva serie de poderes. Sin embargo, en consonancia con la escatología del Nuevo Testamento, la dominación de los nuevos poderes no significa todavía que hayamos sido rescatados de cualquier posible contaminación del antiguo régimen. Este régimen sigue existiendo, y nuestra constante participación en este mundo hace que pueda aún afectarnos.

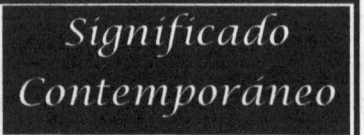

Lo que Dios da en contraste con lo que hacemos nosotros. La interacción entre lo que hemos llamado varias veces el «indicativo» y el «imperativo» es un tema constante a lo largo de Romanos 6. Con el primer modo, Pablo insiste en que Dios ha conseguido nuestra decisiva ruptura con el pecado: «hemos muerto al pecado» (v. 2); «nuestra vieja naturaleza fue crucificada con él» (v. 6); somos «muertos al pecado, pero vivos para Dios» (v. 11); hemos «vuelto de la muerte a la vida» (v. 13); «el pecado no tendrá dominio sobre ustedes» (v. 14); «liberados del pecado, ahora son ustedes esclavos de la justicia» (v. 18); «han sido liberados del pecado y se han puesto al servicio de Dios» (v. 22).

Sin embargo, en la batalla contra el pecado Pablo pone también la responsabilidad sobre nosotros intercalando constantemente imperativos entre los indicativos: «no permitan ustedes que el pecado reine» (v. 12); «No ofrezcan los miembros de su cuerpo al pecado como instrumentos de injusticia; al contrario, ofrézcanse más bien a Dios» (v. 13); «ofrézcanlos [los miembros del cuerpo] ahora para servir a la justicia que lleva a la santidad» (v. 19). La combinación de estos acentos plantea tanto un problema de orden teológico como práctico.

El problema teológico consiste en combinar los pasajes en indicativo e imperativo para conseguir una imagen coherente y que haga justicia a las enseñanzas de Pablo acerca de cuestiones relacionadas. Ningún teólogo pasa totalmente por alto uno de estos acentos en detrimento del otro, pero muchos sí subrayan el uno más que el otro. Una opción popular ha consistido en aislarlos en dos compartimentos distintos. Este es el acercamiento que siguieron los teólogos «liberales» de finales del siglo XIX y comienzos del XX, que hacían hincapié en la enseñanza ética de la Biblia a expensas de la «religiosa». Lo que hacían las personas se separaba de lo que creían. En el otro extremo están quienes prácticamente incorporan el imperativo al indicativo. Lo que Dios ha hecho es tan abrumadoramente poderoso que la obediencia cristiana se convierte en una forma de respuesta automática. Es casi como si Dios obrara a través de nosotros.

La mayoría de los eruditos reconocen estas dos ideas como extremas y exploran formas de integrar indicativo e imperativo sin desechar ninguno de los dos. Una cosa está clara en Pablo: el imperativo surge del indicativo. En Romanos 6, por ejemplo, Pablo no llama a las personas a librar una guerra contra el pecado con la esperanza de que Dios se pondrá de su parte y ganará la guerra en lugar de ellos. En toda su enseñanza y, ciertamente, a lo largo de toda la Biblia, Dios toma la iniciativa. En la Gracia, actúa para ayudar a su pueblo, y les pide una respuesta. Como se afirma en el título de uno de los ensayos más influyentes sobre este tema: «Ser es antes de hacer».[7] O, por utilizar una conocida expresión: los cristianos son llamados a «convertirse en lo que son».

Al mismo tiempo, las obras de Dios a nuestro favor aún no se han terminado. Él tiene más cosas que darnos y llevar a cabo en nosotros. Esto significa que podemos también hablar de «convertirnos en lo que seremos». Lo que Dios hará un día de nosotros debería ser un incentivo para acercarnos lo más posible a ese ideal.

---

7. Michael Parsons, «Being Precedes Act: Indicative and Imperative in Paul's Writing» [Ser es antes de hacer: indicativo e imperativo en los escritos de Pablo] *EvQ* 88 (1988): 99–127. Este ensayo se ha reeditado, junto con una excelente selección de otras investigaciones sobre la ética de Pablo, en *Understanding Paul's Ethics: Twentieth-Century Approaches* [Entender la ética de Pablo: acercamientos del siglo XX], ed. Brian S. Rosner (Grand Rapids: Eerdmans, 1995).

Aunque, pues, está claro que el imperativo se basa en el indicativo, hemos de tener cuidado de no separar ambas cosas, como si nuestra obediencia fuera únicamente producto de nuestro esfuerzo. «Justificación por la fe y santificación por medio de la lucha» es el eslogan que se ha acuñado para referirse a esta perspectiva de la vida cristiana. Hemos de reconocer que la misma Gracia y poder de Dios que actuaron para justificarnos siguen obrando ahora para santificarnos. Dios espera que le obedezcamos, pero nuestra propia obediencia es al fin y al cabo producto de su Gracia. El puritano Jeremiah Bourroughs lo expresó con estas palabras: «De él [Cristo], como de una fuente, fluye la santificación a las almas de los santos: su santificación no procede tanto de sus luchas, esfuerzos, votos y resoluciones, como de su unión con él».[8] O, por utilizar la imaginería del teólogo Helmut Thielicke, la responsabilidad de los creyentes consiste en abrir la boca para beber del río de la Gracia santificadora.

En la experiencia práctica de vivir la vida cristiana, encontramos también ambos extremos. A uno de esos extremos se le ha dado en llamar moralismo o legalismo. En su sentido más estricto, el legalismo es el esfuerzo por conseguir la salvación por medio de nuestros propios esfuerzos. Aunque ciertas religiones tienden hacia el legalismo, rara vez se encuentra, al menos en su forma más rigurosa, entre los cristianos. Sin embargo, sí es común encontrar un «legalismo» más suave: la creencia, quizá ni siquiera expresada claramente, de que podemos obedecer a Dios por medio de nuestros propios esfuerzos o por nuestro propio programa. Muchos creyentes bien intencionados caen en esta trampa, separando de manera implícita el indicativo de la Gracia de Dios del esfuerzo moral de los cristianos, de modo que estas cosas acaban estando prácticamente desconectadas. En estos días están de moda los programas de autoayuda, y los creyentes introducen fácilmente en su vida de fe esta perspectiva centrada en el hombre.

Para protegernos del moralismo hemos de arraigar toda nuestra obediencia en aquellas disciplinas de la vida cristiana que nos ponen en contacto con el poder de Dios: la lectura de la Escritura, la adoración y la oración. Dios ha prometido comunicarnos su Gracia a través de estos medios. Hemos de evaluar siempre nuestros programas personales de vida cristiana y los de la Iglesia con este criterio: ¿Son canales efectivos de la Gracia de Dios? Ningún programa que no pase esta prueba conseguirá ningún cambio real o permanente en las vidas de los creyentes.

En el extremo contrario del moralismo está lo que podemos llamar la idea mágica de la vida cristiana. Una vez más, encontramos a creyentes sinceros y dedicados que caen en esta trampa. Escriben libros y dan seminarios que esencialmente afirman lo mismo, a saber, que la clave para la vida cristiana victoriosa es simplemente dejar que nuestras nuevas naturalezas redimidas sigan su curso. El eslogan es: «Abandónate y deja que Dios haga». En este acercamiento se concede al indicativo un lugar de honor, y a menudo se presentan los postulados de manera atractiva como una alternativa al legalismo o al moralismo.

---

8. *Treasury* [El tesoro de los santos] 46, citado en E.F. Kevan, *The Grace of Law: A Study of Puritan Theology* [La Gracia de la Ley: un estudio de teología puritana] (Grand Rapids: Baker, 1976), 236.

Sin embargo, la idea mágica no subraya de manera suficiente la realidad del imperativo. Dios nos manda actuar, y el hecho mismo de que las cartas de Pablo estén tan salpicadas de mandamientos muestra que la obediencia no es algo automático. Es cierto que Jesús comparó al creyente con el árbol que produce automáticamente buen fruto. Sin embargo, como ha observado con sagacidad un teólogo: «las personas no son árboles». Los árboles no rechazan el agua que desciende hacia sus raíces; no abandonan el terreno fértil para arraigarse en otro yermo. Las personas sí, incluso los cristianos, hacen este tipo de cosas.

Así pues, hemos de escuchar los mandamientos de la Escritura y responder a ellos. La tendencia por parte de algunos cristianos a pensar que necesitan únicamente el indicativo es particularmente problemática. Si Dios me ha dado ya «todas las cosas» en Cristo (ver Ro 8:32), ¿por qué me he de molestar en obedecerle? Como hemos observado, Pablo ha sugerido ya (6:2) que ningún verdadero cristiano ha de pensar jamás de este modo, puesto que no vivimos ya en la esfera del pecado. Sin embargo, Pablo prosigue para dejar claro que nuestro disfrute de la vida eterna depende de nuestra obediencia (ver 8:12–13). Pablo está de acuerdo con Santiago: la fe sin obras es muerta; es incapaz de salvar (Stg 2:14–26).

Romanos 7:1-6

Hermanos, les hablo como a quienes conocen la ley. ¿Acaso no saben que uno está sujeto a la ley solamente en vida? 2 Por ejemplo, la casada está ligada por ley a su esposo sólo mientras éste vive; pero si su esposo muere, ella queda libre de la ley que la unía a su esposo. 3 Por eso, si se casa con otro hombre mientras su esposo vive, se la considera adúltera. Pero si muere su esposo, ella queda libre de esa ley, y no es adúltera aunque se case con otro hombre. 4 Así mismo, hermanos míos, ustedes murieron a la ley mediante el cuerpo crucificado de Cristo, a fin de pertenecer al que fue levantado de entre los muertos. De este modo daremos fruto para Dios. 5 Porque cuando nuestra naturaleza pecaminosa aún nos dominaba, las malas pasiones que la ley nos despertaba actuaban en los miembros de nuestro cuerpo, y dábamos fruto para muerte. 6 Pero ahora, al morir a lo que nos tenía subyugados, hemos quedado libres de la ley, a fin de servir a Dios con el nuevo poder que nos da el Espíritu, y no por medio del antiguo mandamiento escrito.

El efecto negativo de la ley mosaica ha sido un tema recurrente en Romanos. Pablo ha explicado que la posesión de la Ley no mejoró la situación de Israel delante del Señor. Lo que cuenta no es la posesión de la Ley sino la obediencia a ella, y en este terreno Israel fracasó (2:12-13, 17-24). Por ello, la Ley es incapaz de justificar (3:20, 28). De hecho, Pablo describe en términos negativos el impacto general de la Ley sobre Israel: estimula la conciencia de pecado (3:20), produce ira (4:15) e incrementa la transgresión (5:20). Para que los cristianos puedan ser libres del pecado, han de ser emancipados de la autoridad obligatoria de la Ley (6:14-15).

En 7:1-6 Pablo reúne estos puntos en una sección que trata directamente los efectos negativos de la ley mosaica y su relación con los creyentes. Directamente vinculados con el contraste «no ya bajo la ley sino bajo la gracia» de 6:14-15, estos versículos afirman que los cristianos han sido liberados de la vinculante autoridad de la ley mosaica (segmento central de 7:4). Los versículos 1-3 preparan el terreno para este punto central con un principio de carácter general y una ilustración; los versículos 5-6 ofrecen una explicación más detallada.

Una buena parte de lo que Pablo dice en este párrafo es análogo a lo que afirma en el capítulo 6: del mismo modo que los creyentes «mueren al pecado» (6:2) y son liberados de él (6:6), así también «mueren a la Ley» (7:4) y son emancipados de ella (7:6). Igual que la libertad del pecado conduce a servir a Dios y produce frutos agradables a él (6:18-22), así la libertad de la Ley lleva a «servir a Dios con el nuevo poder que nos da el Espíritu» (7:6) y a producir «fruto para Dios» (7:4). Estos paralelos pueden sugerir que el pasaje de 6:15–7:6 es una sola exposición en dos etapas de la nueva vida que produce la libertad del pecado y la Ley.[1] Sin embargo, es mejor entender los capítulos 6 y 7 como argumentos en cierto modo paralelos acerca de la relación del creyente con dos de los poderes clave del antiguo régimen: el pecado y la ley mosaica.

Esta sección comienza con un principio general: «Uno está sujeto a la ley [nomos] solamente en vida». La fórmula paulina «¿acaso no saben?» sugiere que se trata de un principio con el que sus lectores están bien familiarizados (ver comentarios sobre 6:16).[2] De hecho, el apóstol pretende estar hablando con «quienes conocen la Ley». Algunos intérpretes opinan que Pablo indica aquí un cambio de receptores. Hasta ahora, el apóstol se ha dirigido a todos los cristianos de Roma (ver 1:7); sin embargo, en este punto pasa a dirigirse a los cristianos de origen judío, que por su trasfondo están íntimamente familiarizados con la ley mosaica.[3] Otros sugieren que aquí el término *nomos* alude a la ley secular romana, o a la Ley como principio general.[4]

Pero a lo largo de todo este contexto, *nomos* se refiere a la ley mosaica. Esto no significa, sin embargo, que Pablo se dirija únicamente a los cristianos de origen judío. Probablemente, muchos de los cristianos gentiles de Roma habían sido «temerosos de Dios», es decir, gentiles favorables al judaísmo, pero no convertidos. Éstos conocían la ley mosaica tan bien como los cristianos judíos. Pablo podría entonces estar aludiendo a una máxima de los rabinos: «Los muertos, están libres de la Torá y del cumplimiento de los mandamientos».[5]

Algunos consideran los versículos 2–3 como una ilustración alegórica del versículo 4. La mujer cuyo marido muere, librándola de la «Ley del matrimonio», es como el cristiano que «muere a la Ley». Del mismo modo que la muerte de su marido le permite casarse con otro hombre, así la muerte del cristiano a la Ley le permite pertenecer a Jesucristo. Sin embargo, para que esta alegoría funcione, hemos de hacer algún malabarismo con los paralelos. En la ilustración es la muerte del marido la que trae libertad, sin embargo, en la aplicación el que muere es el creyente, no la Ley (= el primer marido). Se han hecho varios intentos más o menos ingeniosos para que la alegoría tenga sentido, pero es más sencillo entender los versículos 2–3, no como una alegoría, sino como una ilustración del versículo 1 con una cierta aplicación para el 4. Pablo solo quiere mostrar que la muerte puede ciertamente traer libertad de la Ley; al mismo tiempo, el apóstol da a entender que tal libertad puede conducir también a una nueva relación.

---

1. P. ej. Morris, *The Epistle to the Romans* [La Epístola a los Romanos], 260.
2. El griego es un poco distinto: una traducción literal de 6:16 es «no saben» (*ouk oidate*); aquí en 7:1 es «o acaso ignoran» (*e agnoeite*). En las cartas de Pablo esta última construcción aparece solo aquí y en 6:3 (otra concordancia menor entre los capítulos).
3. Ver especialmente la obra de Minear, *The Obedience of Faith* [La obediencia de la fe], 62, 64.
4. P. ej. Sanday y Headlam, *The Epistle to the Romans* [La Epístola a los Romanos], 172; Käsemann, *Commentary on Romans* [Comentario de Romanos], 187.
5. B. *Shabb.* 30a; bar. *Shabb.* 151.

En el versículo 4, clave del párrafo, Pablo saca una conclusión de los versículos 1-3: los creyentes han experimentado una muerte en relación con la Ley, una muerte que les emancipa de ella y les faculta para entrar en una nueva relación. La imaginería de morir a algo significa lo mismo que en 6:2 y 10, a saber, liberación de la esclavitud. Los creyentes no solo han sido puestos en libertad de la servidumbre al pecado, sino también de la esclavitud a la ley mosaica. Esta liberación se consiguió mediante «el cuerpo de Cristo», probablemente una referencia a la muerte de Jesús en la Cruz.

Sirviéndose de la misma imaginería de la ilustración de los versículos 2-3, Pablo observa un importante resultado de ser liberado de la Ley: los creyentes pueden ahora unirse a Cristo. Pablo da por sentado que una persona no puede, al mismo tiempo, estar sujeta a la Ley y a Cristo. Como en 6:14-15, el apóstol tiene en mente la ley mosaica como poder que regula el antiguo régimen. Si alguien vive bajo su autoridad absoluta, no puede de forma simultánea pertenecer a Cristo. Ha de ser, primeramente, puesto en libertad de la autoridad de la Ley y podrá después relacionarse con Cristo.

En el trasfondo de esta enseñanza de Pablo está su concepción histórico-salvífica. La era de la Ley ha tocado a su fin con la obra redentora de Cristo. Estar «bajo la Ley» significa, pues, estar inmerso en aquella antigua era y negar en términos prácticos que Cristo, «el fin de la Ley», ha venido (ver comentarios en la sección «Significado contemporáneo» donde se amplía y aplica esta cuestión). Lo último que consigna el versículo 4 –que no por ello es menos importante–, es el propósito por el que somos librados de la Ley y unidos a Cristo: «De este modo daremos fruto para Dios». De nuestra nueva relación han de fluir obras prácticas de servicio.

En los versículos 5-6 Pablo explica con mayor detalle el trasfondo histórico-salvífico que ha asumido en el versículo 4. Encontramos aquí otro de los contrastes «en otro tiempo»/«pero ahora» de Pablo. En el versículo 5 describe la vida en la antigua era o régimen. Algo esencial de aquella vida era el hecho de que éramos dominados por nuestra «naturaleza pecaminosa». Con la expresión «naturaleza pecaminosa» la NVI traduce el uso paulino del término *sarx* (lit., carne) en un sentido ético negativo. Esta palabra es difícil de trasladar correctamente al español (ver la sección «Construyendo puentes» sobre 8:1-13). En estos contextos el apóstol utiliza *sarx* para denotar la existencia humana aparte de Dios (tiene casi el mismo sentido que «mundo» en los escritos de Juan). Estar «en la carne», entonces, es vivir en un mundo definido por esta vida y sus preocupaciones: tomar decisiones y comportarse sin ninguna consideración por Dios o la esfera espiritual.

Los resultados de esta clase de vida son evidentes: «malas pasiones» y «muerte». Sin embargo, como Pablo ha repetido hasta la saciedad en esta carta, la Ley de Moisés no pudo aliviar los dolorosos frutos de la matriz del pecado y la muerte; de hecho empeoró la situación, porque –afirma Pablo–, la Ley «despertaba» aquellas pasiones pecaminosas. Como el apóstol explicará en los versículos 7-12, la Ley de Dios suscita el pecado al estimular la rebeldía. Es, pues, fácil entender por qué hemos de ser librados de esta Ley (v. 4) antes de poder servir a Dios.

Esta es precisamente la situación en el nuevo régimen (v. 6): «Pero ahora, al morir a lo que nos tenía subyugados, hemos quedado libres de la ley, a fin de servir a Dios con el nuevo poder que nos da el Espíritu, y no por medio del antiguo mandamiento escrito». La expresión «mandamiento escrito» traduce el término *gramma* (lit., letra). Pablo ha utilizado ya en Romanos el contraste «letra«/«Espíritu» (2:29), donde, como hemos explicado, *gramma* se refiere a la ley mosaica en contraposición al Espíritu Santo. Algunos comentaristas quieren a dar aquí a *gramma* un significado más matizado, que aludiría a la mala utilización de la Ley.[6] Sin embargo, el contexto muestra que ha de tener el mismo sentido que *nomos*. Pablo cambia a *gramma* porque este término connota de manera más evidente la naturaleza «externa» de la ley mosaica. Escrita en tablas de piedra, la Ley de Dios no puede cambiar el corazón humano; esto solo puede conseguirlo el Espíritu de Dios. Pablo desarrollará el tema del ministerio del Espíritu en el capítulo 8.

Interpretar la ilustración de los versículos 2–3. En nuestros comentarios sobre 3:21–26, hemos observado el peligro de hacer un mal uso de las analogías forzándolas para sacar de ellas más significado del que pretende el autor. La analogía del matrimonio que Pablo emplea en los versículos 2–3 es una buena ilustración de este punto. Probablemente, los lectores de Romanos han encontrado más significado del que Pablo quería dar a estas palabras de dos maneras.

(1) Como hemos observado anteriormente, algunos eruditos asumen que esta ilustración es una alegoría. Es decir, que con ella Pablo pretendería atribuir a cada detalle una conexión con todos los puntos teológicos que se expresan en el versículo 4. Como también hemos observado, este acercamiento no parece funcionar, puesto que los detalles de la ilustración y su aplicación no se corresponden. Pero esta dificultad no ha disuadido a ciertos intérpretes de proseguir con el acercamiento alegórico. Quienes persisten en este enfoque están convencidos de que una comprensión más matizada de los versículos 2–3 consigue mantener un estrecho paralelismo con el versículo 4.

Se han hecho muchas sugerencias específicas. La más popular, y, sin duda también la más atractiva, es la presentada por Godet. Este autor considera que la mujer representa el «verdadero ser», el primer marido el «viejo hombre», y el segundo, «Cristo». Lo que muere, por consiguiente, es nuestro «viejo hombre», y su muerte hace que la Ley no pueda ya impedir que entremos en una nueva relación con Cristo.[7] Los problemas de esta interpretación son evidentes. Nada en el texto sugiere que hayamos de interpretar el primer marido como el «viejo hombre». De hecho, esta interpretación de los versículos 2–3 realmente no armoniza bien con el versículo 4, el texto que los versículos 2–3 han de interpretar. Estas interpretacio-

---

6. Ver especialmente Cranfield, *The Epistle to the Romans* [La Epístola a los Romanos], 339–40; Dunn, *Romans* [Romanos], 366–67.
7. Godet, *Commentary on Romans* [Comentario de Romanos], 265. Ver también Sanday y Headlam, *The Epistle to the Romans* [La Epístola a los Romanos], 99–73.

nes, y otras de este tipo, son producto de una insistencia ciega en que cada detalle de la ilustración ha de tener una contrapartida teológica. Pero las ilustraciones y analogías rara vez «andan a cuatro patas» (ver la sección «Construyendo puentes» de 3:21–26). Insistir en que ha de ser así es añadir al texto aspectos que el autor no quiso expresar.

(2) Otra de las exageraciones en la interpretación de esta ilustración se da más a menudo entre quienes están fuera de los círculos académicos que entre los eruditos. En los cursos que imparto sobre Romanos, he descubierto que a la mayoría de mis alumnos no les preocupa excesivamente lo que Pablo enseña sobre la ley mosaica (que no les parece especialmente pertinente). Lo que les interesa de los versículos 2–3 es saber qué aportan estos textos al punto de vista bíblico del divorcio y el nuevo matrimonio. Muchos insisten en que estos versículos demuestran que cualquier nuevo matrimonio que no se deba a la muerte de uno de los cónyuges es una relación adúltera. Al margen de cuál creamos que sea la enseñanza bíblica más amplia sobre este asunto, estos versículos no pueden probablemente aplicarse de este modo. Pablo no está aquí desarrollando una enseñanza sobre el matrimonio o el divorcio, sino citando un ejemplo para explicar un argumento teológico.

Cuando se persigue este propósito, a menudo se generaliza sobre una situación para que la analogía sea sencilla y fácil de entender. Por ejemplo, a veces he ilustrado la base interna de la ética de Pablo comparando al cristiano con un avión, que se dirige a su destino guiado por un ordenador que controla el panel de mandos. Todos sabemos que muchos aviones no son pilotados por ordenador, puesto que son demasiado antiguos o demasiado pequeños, o porque el sistema electrónico se ha averiado. Sin embargo, estas numerosas excepciones no restan fuerza a la analogía. Así pues, es posible que Pablo reconociera circunstancias lícitas en las que una mujer podría no ser «adúltera» si se casara aunque su marido siguiera estando vivo. No hay duda de que tanto la Ley romana como la judía (a la que Pablo se refiere en el v. 1) permitían el nuevo matrimonio después de un divorcio legítimo.

Letra y Espíritu. Aunque un tanto oscurecido por la traducción de la NVI, hacia el final del versículo 6 Pablo contrasta la «letra» (*gramma*) con el «Espíritu» (*pneuma*). El sentido que Pablo da a este contraste —la Ley del Antiguo Testamento frente al don del Espíritu característico del Nuevo Pacto— puede ser difícil de percibir por la utilización histórica y contemporánea de este contraste. Los teólogos cristianos de la Edad Media aplicaban este contraste a distintas formas de leer el Antiguo Testamento. *Gramma* aludía al significado literal, superficial, mientras que *pneuma* hacía referencia al sentido más profundo o alegórico del texto. En nuestros días utilizamos este par de términos de un modo parecido, cuando hablamos, por ejemplo, de alguien que ha desobedecido «la letra de la Ley» pero que, sin embargo, ha respetado su «espíritu». Debería ser evidente que Pablo da poco o ningún apoyo a esta aplicación del lenguaje en ninguna de sus utilizaciones (Ro 2:29; 7:6; 2Co 3:6–7). Hemos de poner a un lado el uso moderno de esta terminología para poder entender correctamente lo que Pablo quiere decir con ella.

> **Significado Contemporáneo**

Los cristianos y la Ley. La afirmación central de 7:1–6 es que los creyentes han sido libertados de la Ley. ¿Qué significa esto en la práctica?

(1) Pablo no está enseñando que los cristianos no sean ya responsables de obedecer una serie de mandamientos. Obsérvese que la Ley a la que se refiere Pablo es la ley mosaica, la Torá. El apóstol utiliza de manera consistente el término *nomos* con este sentido a lo largo de toda la carta a los Romanos; en 7:7 cita incluso uno de los Diez Mandamientos para identificar claramente la Ley de la que está hablando. Cuando Pablo afirma que no estamos «bajo la Ley» (6:14–15) o que «hemos quedado libres de la Ley» (7:6), no quiere decir que ya no estemos de ningún modo bajo la Ley de Dios, sino que no nos debemos ya a ninguna forma específica de esa Ley.

Según 1 Corintios 9:19–21, Pablo considera la Ley de Moisés como un subconjunto de la Ley de Dios en general. Puede que los creyentes no estén sujetos a la ley de Moisés; pero en este texto Pablo da a entender que estamos sujetos a «la Ley de Cristo». La mayoría de nosotros podemos constatar que se ha hecho esta clase de utilización errónea de los textos verbalmente o por escrito. Poco después de mi conversión, participé en un grupo carismático extremista que realizaba actividades en el campus. Entre otras cosas, casi todos los del grupo hablaban en lenguas al mismo tiempo en las reuniones públicas, ¡todo ello muy babélico! Siendo como era yo un creyente sin experiencia y más bien ingenuo, cuestioné esta práctica en una reunión, citando el mandamiento de Pablo a los corintios de que las expresiones públicas en lenguas debían hacerse de uno en uno y alguien tenía que interpretarlas. Se me puso firmemente en mi lugar, y se me dijo que no estamos «bajo la Ley, sino bajo el Espíritu».

(2) Pablo enseña que los creyentes siguen bajo la obligación de obedecer los mandamientos que Dios les ha dado. Les recuerda a los corintios que «lo que importa es cumplir los mandatos de Dios» (1Co 7:19). También afirma que él mismo está «bajo la Ley de Cristo» (9:21). Tras proclamar a lo largo de toda la Epístola a los Gálatas que los cristianos no están ya bajo la ley mosaica, Pablo les advierte del peligro de sacar conclusiones erróneas de este hecho. Dios sigue esperando que los creyentes sigan el mandamiento del Amor (Gá 5:13–15) y cumplan «la Ley de Cristo» (6:2).

Lo que es exactamente esta «Ley de Cristo» no queda claro a partir de la enseñanza de Pablo. Algunos intérpretes opinan que consiste únicamente en el ejemplo de Cristo. Otros piensan que se reduce al mandamiento de amar a nuestro prójimo como a nosotros mismos. Sin embargo, el gran número de mandamientos que aparecen en las cartas de Pablo, junto con el uso en 1 Corintios 7:19 del término plural «mandatos», sugiere una interpretación más amplia: el ejemplo de Jesús y los mandamientos que establecen él y sus apóstoles como guía a la vida llena del Espíritu. Como veremos en los capítulos 8 y 12, Pablo subraya que la obediencia cristiana es un reflejo de la obra del Espíritu transformando nuestras mentes y corazones. Sin embargo, los mandamientos son necesarios para guiar esta obra transformadora. Por consiguiente, en el Nuevo Testamento Dios nos ha dado mandamientos específicos para dirigir nuestra conducta y mostrarnos cuándo nos estamos apartando de su voluntad moral.

(3) Un tercer asunto surge inevitablemente de estos dos primeros puntos: ¿Qué papel desempeña la Ley del Antiguo Testamento en esta «Ley de Cristo» que rige a los cristianos? Puede que entre los cristianos evangélicos la respuesta más popular sea la que surge de la tradición puritana. Los teólogos puritanos hicieron una distinción esencial entre dos funciones distintas de la ley mosaica. Por una parte, era un «pacto de obras» establecido por Dios entre él e Israel. Dios dio su Ley a Israel y demandó que la obedecieran; si no lo hacían, morirían. Por otra parte, la Ley funcionaba como una revelación de la voluntad moral de Dios.

Aplicando esta distinción a Pablo, los puritanos concluyeron que cuando Pablo afirmó que los creyentes no están ya «bajo la Ley» o que hemos sido liberados de ella, lo que quiere decir es que ya no estamos bajo la Ley como pacto de obras. Es decir, la Ley no tiene ya poder para condenarnos por nuestros pecados. Sin embargo, seguimos estando bajo la Ley como revelación de la voluntad moral de Dios. Naturalmente, ya no hemos de obedecer la Ley civil y ceremonial, puesto que estas partes de la Ley se han cumplido en Cristo. Pero un elemento importante, esencial de hecho, de la «Ley de Cristo» es la Ley moral del Antiguo Testamento, manifestada especialmente en los Diez Mandamientos.

Una amplia franja del evangelicalismo contemporáneo es heredera de esta tradición puritana. Puede que no utilicemos la misma terminología que ellos, sin embargo nuestro punto de vista de la ley mosaica es parecido. Esta posición, no obstante, descansa en dos distinciones que para Pablo no están tan claras como podríamos pensar. La primera es la distinción entre la Ley como revelación de la voluntad de Dios y como pacto de obras o, por usar otra expresión, entre la función autoritativa de la Ley y la condenatoria. Pablo no distingue claramente estas dos cosas. De hecho, en textos como 1 Corintios 9:19–21, está claro que no estar «bajo la ley mosaica» significa «no estar bajo sus mandatos», puesto que la cuestión que se trata en este contexto es el comportamiento de Pablo. En otras palabras, es difícil de mantener que estar «bajo la Ley» en Romanos 6:14–15 y quedar «libres de la Ley» en 7:6 no incluyen el elemento autoritativo de la Ley.

Igualmente cuestionable es la tradicional distinción entre la Ley moral, civil y ceremonial. Algunos intérpretes utilizan estas distinciones para argumentar, por ejemplo, que lo único que Pablo afirma en 6:14–15 y 7:4, 6 es que los creyentes no deben ya obediencia a las partes civil o ceremonial de la Ley, o a ninguna de las dos. Sin embargo, no hay duda de que los judíos no dividían la Ley según tales criterios, y los datos del Nuevo Testamento en el sentido de que los primeros cristianos sí lo hacían son bastante exiguos.

Concluimos, pues, que no podemos limitar la afirmación de Pablo en el sentido de que los creyentes han quedado «libres de la Ley» a ciertas funciones o partes de ella. El creyente ha sido liberado de la autoridad imperativa de la ley mosaica. Punto. Lo que esto significa en la práctica es que ninguna parte de la Ley del Antiguo Testamento sigue ya siendo, de manera directa y absoluta, una guía para la vida de los cristianos. Como la persona que ha quedado libre de las leyes del estado de Indiana porque ha trasladado su residencia a Illinois, así los cristianos somos libres de la Ley del Antiguo Pacto porque ahora formamos parte del Nuevo.

¿Incluye nuestra libertad de la Ley del Antiguo Testamento también los Diez Mandamientos? Sí y no. Sí en el sentido de que, como parte que son de la ley mosaica, tales mandamientos no están ya por encima de nosotros. Pero no, teniendo en cuenta que los autores del Nuevo Testamento recogen explícitamente la enseñanza de nueve de los diez mandamientos, y los hacen parte de «la Ley de Cristo». (El único mandamiento que no se recoge es, por supuesto, el del sábado). En la práctica, todo esto significa, pues, que, a fin de encontrar los mandamientos que expresan la voluntad moral de Dios para nosotros como cristianos del Nuevo Pacto, hemos de buscar en el Nuevo Testamento. Sus enseñanzas, correctamente interpretadas, han de obedecerse. Pero esto no significa que no tengamos ya que leer la Ley del Antiguo Testamento. Sigue siendo la Palabra de Dios, dada, como toda la Escritura, para nuestra iluminación (2Ti 3:16).

Además, aunque el creyente del Nuevo Pacto no esté directamente bajo la Ley del Antiguo Testamento, dicha Ley desarrolla una importante función ayudándonos a entender nuestras obligaciones. Las enseñanzas del Nuevo Testamento están informadas por la Ley del Antiguo Testamento. Por ejemplo, el Nuevo Testamento prohíbe la *porneia*, a saber, la conducta sexual ilícita. ¿Pero en qué consiste este comportamiento sexual pecaminoso? Los autores del Nuevo Testamento nunca lo expresan de manera explícita, puesto que el ámbito de esta conducta ya ha sido definido con toda claridad en las leyes del Antiguo Testamento. Por esta razón, seguimos leyendo la Ley del Antiguo Testamento como una guía para nuestra interpretación de la Ley del Nuevo.[8]

---

8. Quienes deseen más detalles sobre este punto de vista, y la respuesta de algunos eruditos con una perspectiva distinta, pueden ver *The Law, the Gospel, and the Modern Christian: Five Views* [La Ley, el Evangelio y el cristiano moderno: cinco perspectivas], ed. Wayne Strickland (Grand Rapids: Zondervan, 1993).

Romanos 7:7-12

¿Qué concluiremos? ¿Que la ley es pecado? ¡De ninguna manera! Sin embargo, si no fuera por la ley, no me habría dado cuenta de lo que es el pecado. Por ejemplo, nunca habría sabido yo lo que es codiciar si la ley no hubiera dicho: «No codicies.» 8 Pero el pecado, aprovechando la oportunidad que le proporcionó el mandamiento, despertó en mí toda clase de codicia. Porque aparte de la ley el pecado está muerto. 9 En otro tiempo yo tenía vida aparte de la ley; pero cuando vino el mandamiento, cobró vida el pecado y yo morí. 10 Se me hizo evidente que el mismo mandamiento que debía haberme dado vida me llevó a la muerte; 11 porque el pecado se aprovechó del mandamiento, me engañó, y por medio de él me mató. 12 Concluimos, pues, que la ley es santa, y que el mandamiento es santo, justo y bueno.

La negativa evaluación que hace Pablo del efecto de la ley mosaica llega a su crescendo en 7:1-6. El apóstol acusa a la Ley de suscitar el pecado (v. 5) y de impedir que quienes están bajo su autoridad lleguen a conocer a Cristo (v. 4) o a experimentar la nueva vida del Espíritu (v. 6). La liberación del creyente del poder de la Ley es una noticia tan buena como su liberación del poder del pecado (cap. 6). No es, pues, de extrañar que Pablo se pregunte si la Ley es pecado.

Pablo anticipa de nuevo el sentido que los lectores de Romanos van a dar a su argumento y les sale al paso con lo que podría parecer la conclusión lógica. «¡De ninguna manera!» responde el apóstol; de hecho «la Ley es santa, y el mandamiento es santo, justo y bueno» (v. 12). Es cierto que la Ley ha tenido un efecto desastroso, pero el problema no está en ella. Como explica Pablo en 7:7b-11, se trata del pecado, que utiliza la buena Ley de Dios para producir la muerte.

Con la expresión, «¿qué concluiremos?» se reanuda el estilo dialogal del capítulo 6 (cf. 6:1, 15). Como hizo en ese pasaje, Pablo anticipa una objeción clave a su exposición del Evangelio, puesto que, en versículos como 5:20 y 7:5 parece implicar que la Ley es un ente perverso. Sin embargo, si este fuera realmente su punto de vista, el apóstol perdería cualquier derecho a afirmar que el Evangelio es el cumplimiento del Antiguo Testamento. Como hicieron más adelante algunos gnósticos, el Antiguo Testamento sería cercenado del Nuevo, y el Dios de Israel separado del Dios de Jesucristo; en lugar de ser su cumplimiento, el Evangelio se constituiría en sustituto del Antiguo Testamento.

De este modo, Pablo niega con gran resolución cualquier idea de este tipo, volviendo a plantear la cuestión de manera positiva en 7:12. Esto no significa, sin embargo, que el apóstol esté echándose atrás de lo que dijo sobre los negativos efectos de la Ley. La palabra que la NVI traduce como «sin embargo» en el versículo 7 es *alla*, una conjunción adversativa que tiene el sentido de, «de hecho, no obstante»: «No, la Ley no es pecado, aunque sí es cierto que la Ley y el pecado están relacionados». ¿Cuál es esta relación?

Pablo afirma que él no se dio «cuenta de lo que es» el pecado, sino por medio de la Ley, y utiliza el décimo mandamiento para ilustrar su afirmación: «Por ejemplo, nunca habría sabido yo lo que es codiciar si la Ley no hubiera dicho: «No codicies». Este darse cuenta de lo que es el pecado que menciona Pablo, significa que el apóstol entendió la naturaleza del pecado porque la Ley se lo *definió*. Sin embargo, por regla general, Pablo utiliza el verbo «conocer» (aquí se usan *ginosko* y *oida*) con un simple objeto directo con el sentido de «llegar a entender» o incluso «experimentar». En 2 Corintios 5:21 el apóstol ilustra este último significado al decir que Jesús no *conoció* pecado, mientras que Romanos 11:34, «¿quién ha *conocido* la mente del Señor?», explica el primero. El significado de «llegar a entender» es el más común en Pablo y es probablemente el que aquí quiere dar el apóstol. La ley mosaica le ayudó a entender claramente la extensión y seriedad de su pecado.

¿Por qué cita Pablo esta prohibición específica? El verbo que utiliza es *epithymeo*, la palabra griega que se usa para «desear». Algunos intérpretes opinan que este término tiene aquí una connotación sexual, y que Pablo está haciendo referencia a su experiencia personal de despertar a la pecaminosidad en la época de su pubertad.[1] Sin embargo, Pablo rara vez circunscribe «deseo» a la esfera sexual. En consonancia con la tradición judía, el apóstol presenta una cita abreviada del décimo mandamiento (Éx 20:17; Dt 5:21) como adecuado resumen de la ley mosaica en su conjunto.[2]

En la primera oración gramatical del versículo 8, Pablo lleva el argumento un paso más lejos. No solo llegó a entender el pecado por medio de la Ley, sino que aquella misma Ley le llevó también a una más honda experiencia de pecado. Pablo no nos explica cómo sucedió esto exactamente. Sin embargo, es probable que el apóstol tenga en mente el poder que tiene una prohibición específica para estimular una reacción rebelde en el pecaminoso ser humano. Cuando se nos dice que no hagamos algo, el deseo de hacerlo se intensifica. Paradójicamente, la prohibición misma de un pecado genera una mayor práctica del mismo. De este modo, dice Pablo, el pecado utiliza a la Ley como una «oportunidad» o cabeza de puente (*aphorme*; cf. también 7:11; 2Co 5:12; 11:12; Gá 5:13; 1Ti 5:14) para llevar a cabo sus propósitos en las personas. Obsérvese que Pablo sigue representando al pecado como un poder.

---

1. Ver especialmente Robert H. Gundry, «The Moral Frustration of Paul before His Conversion: Sexual Lust in Romans 7:7 [La frustración moral de Pablo antes de su conversión: pasión sexual en Romanos 7:7],–25» [La frustración moral de Pablo antes de su conversión: pasión sexual en Romanos 7:7-25], en *Pauline Studies: Essays Presented to Professor F. F. Bruce on His 70th Birthday*, ed. Donald A. Hagner y Murray J. Harris (Grand Rapids: Eerdmans, 1980), 232–33.
2. Tanto Filón (*Decálogo* 142–43, 173) como el autor de 4 Macabeos (2:6) utilizan el décimo mandamiento para resumir la ley mosaica.

Hasta ahora, hemos evitado identificar la experiencia que Pablo está describiendo. Sin embargo, lo que explica en los versículos 8b–10a requiere que nos enfrentemos a esta polémica cuestión. La Ley se convirtió en una cabeza de puente para el pecado al describir los distintos destinos del «yo» y el «pecado»:

«*aparte de la Ley*»	«*cuando vino el mandamiento*»
«el pecado está *muerto*» (v. 8c)	«cobró *vida* el pecado» (v. 9b)
«yo tenía *vida*» (v. 9a)	«yo *morí*» (v. 10a)

La explicación que parece evidente es que Pablo hace referencia a una experiencia personal. Cuando se le hizo clara la verdadera significación de la Ley de Dios, el apóstol entendió que, sin lugar a dudas, estaba «muerto en sus pecados» (esto pudo haber sucedido en su pubertad,[3] inmediatamente antes de su conversión, o en el transcurso de ella).[4] Pero esta interpretación tiene un serio inconveniente: hemos de interpretar los verbos clave de un modo subjetivo. Antes de entender la Ley, Pablo creía estar «vivo»; después, sin embargo, «se dio cuenta de que estaba muerto».

No obstante, resolvemos airosamente este problema con una interpretación distinta, a saber, que Pablo está describiendo la experiencia de Adán en el jardín del Edén. Adán y Eva son los únicos seres humanos que verdaderamente han pasado de «vida» a «muerte» «cuando vino el mandamiento». Cuando desobedecieron el mandamiento de no comer del árbol del conocimiento del bien y del mal, pasaron de la vida a la muerte espiritual. Pablo ha subrayado ya el significado colectivo de las acciones de Adán en este contexto (cap. 5). Así, es posible que esté extendiendo esta línea de pensamiento, para mostrar que, tanto él mismo como toda la raza humana, experimentaron la muerte espiritual.[5] Pero este punto de vista presenta también un problema: Pablo no está hablando aquí de «Ley» en general, sino de la ley mosaica, un conjunto de leyes que Dios impartió mucho después del tiempo de Adán y Eva.

La mejor explicación, pues, es la que contempla estos versículos como una descripción por parte de Pablo de su propia experiencia y la de todos los judíos como parte del pueblo de Israel.[6] Los judíos del tiempo de Pablo tenían una viva conciencia de su participación en los grandes acontecimientos de la Historia de Israel (ver la sección «Construyendo puentes»). Sería natural que Pablo asociara su experiencia relativa al pecado y la Ley con la de su pueblo Israel. Como ha venido explicando claramente a lo largo de Romanos, la llegada del mandamiento (es decir, la entrega de la Ley de Moisés) significó para Israel no «vida», sino «muerte». Su pecado quedó al descubierto, sus dimensiones se agigantaron, y trajo mayor ira sobre ellos (4:15; 5:20).

---

3. Ver de nuevo Gundry, «Moral Frustration» [Frustración moral].
4. Agustín, *Réplica a las dos cartas de los pelagianos* 1.9; Calvino, *Epístola de Pablo a los Romanos*, (p. 255 del original en inglés); Murray, *The Epistle to the Romans* [La Epístola a los Romanos], 1:251.
5. Käsemann, *Commentary on Romans* [Comentario de Romanos], 196–97; Dunn, *Romans* [Romanos], 378–86.
6. Ver Moo, *The Epistle to the Romans* [La Epístola a los Romanos] 423–31.

Naturalmente, la Ley traía consigo la promesa de la vida (7:10). Como se enseña en Levítico 18:5 (citado por Pablo en Romanos 10:5 y Gálatas 3:12): «Observen mis estatutos y mis preceptos, pues todo el que los practique vivirá por ellos». Sin embargo, el poder del pecado extendido ya ampliamente por el mundo por medio de Adán, impidió que estas buenas intenciones se cumplieran. Los israelitas fueron incapaces de obedecer a la Ley (ver Ro 3:9). Por ello, la Ley encerró a Israel en su estado de pecado (ver Gá 3:23) y le condujo, de hecho, a la «muerte».

El versículo 11 reitera la misma idea sobre el pecado (en su utilización de la Ley como «cabeza de puente») que Pablo expresó ya en el versículo 8a; estas dos referencias actúan como una especie de «marco» alrededor de la narrativa de los versículos 8b–10. Con la expresión «concluimos, pues», del versículo 12, Pablo regresa a su idea principal. El pecado ha utilizado a la Ley para producir muerte en Israel. Sin embargo, la Ley es inocente; se limita a proporcionarle al pecado la «oportunidad». Por esta razón, puede concluirse que la Ley no es pecado (v. 7); es «santa, justa y buena».

Construyendo Puentes

«Conocimiento» de pecado y vocabulario griego. Cualquiera que haya leído libros o comentarios sobre la Biblia se ha topado con argumentos que dicen más o menos: «Aunque en ambos versículos aparece la misma palabra española, los términos griegos (o hebreos) son distintos en cada caso. Uno significa 'x' y el otro significa 'y'. Por consiguiente, los versículos tienen significados distintos». A menudo estos argumentos son válidos. Hay palabras en griego y en hebreo que tienen significados ligeramente distintos y que nosotros traducimos a nuestro idioma con un mismo término. En este comentario he señalado algunos de estos casos.

El problema es, no obstante, que a lo largo de la Historia se ha insistido demasiado en esta clase de distinciones. Algunos intérpretes asumen erróneamente que dos palabras griegas con significados similares en español tienen siempre un matiz distinto. Por tanto, especialmente cuando un escritor bíblico alterna el uso de dos de estas palabras, se asume automáticamente que pretende expresar una diferencia de significado. El versículo 7 es un claro ejemplo. Cuando Pablo dice: «yo no hubiera llegado a conocer el pecado» el verbo «conocer» (LBLA) traduce al griego *ginosko*. Sin embargo, cuando el apóstol sigue diciendo: «porque yo no hubiera conocido lo que es la codicia», (NIV) el término «conocer» traduce a *oida*. Por consiguiente, algunos comentaristas sostienen que Pablo tiene en mente un matiz distinto en ambas declaraciones. En la primera –afirman Sanday y Headlam–, alude a «una familiaridad íntima y experimental», mientras que el segundo verbo connota un «conocimiento simple de que existe la pasión como tal».[7]

No obstante, como han demostrado ciertos estudios lingüísticos contemporáneos, las palabras con un significado similar (i.e., sinónimas) pueden expresar matices diferenciados, pero en ocasiones se utilizan exactamente con la misma

---

7. Sanday y Headlam, *The Epistle to the Romans* [La Epístola a los Romanos], 179.

connotación. Una breve reflexión sobre ciertos usos del español aclarará esta cuestión. Por ejemplo, a lo largo de este comentario yo hablo de «intérpretes», «eruditos» y «comentaristas». En ocasiones escojo deliberadamente un término en lugar de otro por diferencias de significado. Puedo, por ejemplo, elegir «intérprete» en lugar de «comentarista» porque me refiero a alguien que ha escrito sobre Romanos, pero no en forma de comentario. O decidirme por «intérprete» en lugar de «erudito» porque hago referencia a un escritor de cuya «erudición» ¡no estoy seguro! Sin embargo, en la mayoría de casos, no pretendo establecer distinción alguna de significado. Puedo, por ejemplo, ser consciente de que he utilizado «erudito» en las dos frases anteriores y por ello escojo un sinónimo para utilizar un léxico variado.

La cuestión, pues, es esta: los oradores y los escritores varían con frecuencia su vocabulario no solo por razones de significado, sino también por consideraciones de estilo. En un artículo sobre estos dos verbos griegos que tienen el sentido de «conocer» (*ginosko* y *oida*) Moisés Silva ha observado que en ocasiones ambos parecen tener distintas connotaciones. Sin embargo, señala también que uno de los verbos se utilizaba mucho más a menudo en ciertas construcciones que el otro, sugiriendo que, a veces, los escritores utilizaban uno u otro simplemente por criterios de situación sintáctica.[8] Por consiguiente, lo que en última instancia es decisivo es el contexto: ¿Tiene lógica pensar en un contexto específico que el autor pretende dar a sus palabras un sentido diferente? En el versículo 7, y de acuerdo con la mayoría de intérpretes modernos, dudo de que Pablo pretenda utilizar estos dos verbos griegos para connotar dos formas distintas de «conocimiento».

«Yo» en el mundo de Pablo. A los modernos lectores de Romanos 7 puede excusársenos por preguntarnos cuál es el sentido de toda esta algarabía. ¿Por qué debaten los eruditos la referencia del término «yo» en los versículos 7–25? ¿No es este otro ejemplo del modo en que los eruditos malgastan sus energías dedicándose a problemas que no existen? El texto dice «yo»; el autor de Romanos es Pablo; por tanto, «yo» se refiere a Pablo. No puede estar más claro.

Por supuesto, todos conocemos situaciones en las que utilizamos el pronombre personal en primera persona del singular con un sentido retórico para aludir a una persona en general. El propio apóstol utiliza de este modo el pronombre en un lugar anterior de la carta: «Alguien podría objetar: "Si mi mentira destaca la verdad de Dios y así aumenta su gloria, ¿por qué todavía se me juzga como pecador?"» (Ver también 1Co 13:1–3). Pero por regla general señalizamos claramente esta utilización de «yo», a menudo con una construcción condicional (nótese el «si» de Ro 3:7 y 1Co 13:1–3). Pablo no utiliza este tipo de construcción en Romanos 7; el apóstol habla directamente de este «yo» en tiempo pasado en 7:7–12 y en presente en 7:13–25. ¿Qué posible base podría haber para pensar que se está refiriendo a algo que no fuera su propia experiencia? De hecho, existen dos.

---

8. Moises Silva, «The Pauline Style as Lexical Choice: ΓΙΝΩΣΚΕΙΝ and Related Verbs» [El estilo paulino como elección léxica: ΓΙΝΩΣΚΕΙΝ y verbos relacionados], en *Pauline Studies,* 184–207.

(1) La primera la consideraremos rápidamente, puesto que ya la hemos tratado en la sección «Sentido original»: en los versículos 8–10 Pablo describe una experiencia que él no podría haber tenido. El apóstol nunca habría podido estar «vivo» (en un sentido espiritual) aparte de la Ley por cuanto era pecador desde que nació y estaba condenado por el pecado de Adán (5:12–21), y como judío «bajo la Ley». Por la misma razón, tampoco había «muerto» «cuando vino el mandamiento». De modo que, en este punto, el propio texto nos estimula a ponderar lo que Pablo quiere decir cuando habla del «yo» en Romanos 7.

(2) La segunda base para una utilización más amplia del término «yo» es el contexto del mundo de Pablo. Como hemos explicado al comentar 5:12–21, la cultura de Pablo era mucho más receptiva a la dimensión colectiva de la vida de lo que lo somos nosotros. A las personas no se las consideraba tanto de un modo aislado, sino más bien como partes de unidades: la familia, la tribu, la nación, etcétera. A menudo, la propia naturaleza y destino se veían más como un producto de la participación en estas estructuras colectivas que de las propias decisiones personales. Los judíos en particular hacían mucho hincapié en la importancia de la solidaridad con la nación. En el ritual de la Pascua, el judío confiesa cada año que fue esclavo en Egipto y Dios le redimió mediante sus poderosas obras.[9] El individuo judío existe en solidaridad con la nación; lo que la nación ha experimentado, lo ha experimentado también el individuo judío.

Varios pasajes del Antiguo Testamento sugieren que «yo» puede utilizarse para denotar a la nación de Israel. Obsérvese, por ejemplo, la descripción que hace el profeta del juicio de Israel en Miqueas 7:7–10 (ver también Jer 10:19–22; Lm. 1:9–22; 2:20–22):

> Pero yo he puesto mi esperanza en el Señor; yo espero en el Dios de mi salvación. ¡Mi Dios me escuchará! Esperanza de redención. Enemiga mía, no te alegres de mi mal. Caí, pero he de levantarme; vivo en tinieblas, pero el Señor es mi luz. He pecado contra el Señor, así que soportaré su furia hasta que él juzgue mi causa y me haga justicia. Entonces me sacará a la luz y gozaré de su salvación. Cuando lo vea mi enemiga, la que me decía: «¿Dónde está tu Dios?», se llenará de vergüenza. Mis ojos contemplarán su desgracia, pues será pisoteada como el lodo de las calles.

No digo que Pablo esté aquí utilizando «yo» para aludir a la nación de Israel como tal. Como reconocen la mayoría de eruditos de nuestro tiempo, el estilo de Romanos 7 requiere que «yo» sea una referencia al propio apóstol. Pienso, sin embargo, que el pensamiento colectivo tan característico del mundo de Pablo nos abre la puerta para que consideremos en serio la posibilidad de que en este capítulo el apóstol no esté haciendo referencia únicamente a experiencias de su vida personal, sino a las que ha tenido en solidaridad con su pueblo Israel.

---

9. Ver, p. ej., *m. Pesah* 10, y la exposición en W.D. Davies, *Paul and Rabbinic Judaism* [Pablo y el judaísmo rabínico], (Londres: SPCK, 1948), 102–4.

Significado Contemporáneo

La muerte, la Ley de Moisés y nosotros. Nuestra interpretación de 7:7–12 en términos de la experiencia del pueblo judío con la Ley de Moisés plantea un desafío a la aplicación contemporánea de este pasaje. Este sería otro texto en el que la «conveniencia homilética» podría llevarnos a adoptar un punto de vista más fácil de aplicar en nuestros días. Si Pablo, por ejemplo, estuviera describiendo la experiencia de todos los seres humanos con la Ley o con los mandamientos en general, podríamos dar a sus palabras una aplicación universal.[10] Sin embargo, ¿de qué modo puede la narración de Pablo sobre la utilización de la ley mosaica por parte del pecado para llevar la muerte al pueblo judío ayudar al lector contemporáneo de Romanos? De dos maneras.

(1) Considerado en general, este párrafo, como «una apología de la Ley». Podría dar la impresión de que, lo que Pablo ha afirmado sobre los nefastos efectos de la Ley en la vida de Israel implica que ésta es perniciosa en sí misma, o que, cuando menos, representa un giro erróneo en la historia de la salvación. Durante una buena parte del siglo XX, la Biblia anotada por Scofield fue una de las más difundidas y utilizadas. Las notas que acompañan al texto bíblico en esta edición, de enfoque firmemente dispensacionalista, sugerían que la aceptación de la Ley de Dios por parte de Israel fue un error. La mayoría de los dispensacionalistas de nuestro tiempo no aprueban esta interpretación de la Ley de Dios en la vida de Israel. Sin embargo, este punto de vista negativo de la Ley sigue vigente en ciertos sectores de la Iglesia.

No obstante, el pasaje que nos ocupa nos recuerda que la Ley procede de Dios y comparte, por tanto, su carácter bueno, santo y justo. Dado el lugar específico en que se encontró el propio apóstol dentro de la historia de la salvación y los problemas concretos con que hubo de enfrentarse, Pablo tiende a presentar el aspecto negativo de la Ley. Sin embargo, el apóstol nunca pondría en duda el valor de la Ley como revelación de la santidad y el carácter de Dios. Ni tampoco sugeriría que la lectura de la Ley carezca de beneficios. Puede que ya no estemos «bajo» su autoridad directa; sin embargo, hemos de seguir meditando en ella como una forma de entender, por una parte, quién es nuestro Dios y qué es lo que valora y, por otra, cuál es nuestro lugar dentro del plan que Dios nos descubre en la Escritura.

(2) Una segunda aplicación de este párrafo surge de un argumento hermenéutico que he presentado en la sección «Construyendo puentes» de 2:1–16. Pablo describe la experiencia de Israel con la Ley de Moisés como paradigma de la que experimentan todos los seres humanos con cualquier tipo de «Ley». En un sentido, Israel representa un caso que sienta jurisprudencia. Dios obra en la Historia para crear a Israel como nación y darle un territorio. Expresa su poder a favor de la

---

10. Esta es, de hecho, la dirección que se adopta en uno de los libros más influyentes que jamás se han escrito sobre Romanos 7, Werner Georg Kümmel, *Römer 7 und die Bekehrung des Paulus* [Romanos 7 y la conversión de Pablo], (Leipzig: J.C. Hinrichs, 1929).

Romanos 7:7-12

nación y la colma constantemente de bendiciones. En respuesta a sus obras de misericordia, Dios le pide a Israel que obedezca la Ley que le dio.

No obstante, a pesar de las innegables pruebas de la realidad y el poder de Dios, y de la promesa de la bendición que vendría con la obediencia, el pueblo no guardó aquella Ley. Por el contrario, Israel se apartó una y otra vez de Dios, ignorando sus leyes y rechazando su Gracia. Es por ello que finalmente Dios juzga a su pueblo enviándole al exilio y le promete una nueva disposición en la que les capacitará para que obedezcan su Ley. Lo que pone de relieve la Historia de Israel con la Ley es la incapacidad del ser humano para obedecer a Dios. Si Israel, con todas sus bendiciones, no pudo obedecer la Ley que Dios le dio directamente, nadie puede esperar obedecer ninguna otra Ley.

La mayoría de las personas tienen un código personal de moralidad por el que intentan vivir. En ocasiones, y por la Gracia de Dios expresada en la Ley natural, este código refleja sus normas; otras veces, tales preceptos quedan lejos de la Ley de Dios. Sin embargo, este texto sugiere que, cualquiera que sea la Ley que se pretenda observar, el pecaminoso estado que afecta a todo ser humano hace imposible la obediencia. Nunca conseguimos estar a la altura de la Ley y, por tanto, ésta pone de relieve el poder del pecado, nuestra impotencia y la necesidad de alguien que pueda liberarnos de nuestro desdichado estado. Ciertamente la Ley, en cualquier forma, produce muerte. Darnos cuenta de esto nos ayuda a valorar más las buenas nuevas de Jesucristo. En sus reuniones de adoración algunas iglesias leen una porción de la Ley seguida de un texto del Evangelio. Esta práctica refleja en muchos sentidos el lugar de la Ley en la enseñanza de Pablo.

Romanos 7:13-25

Pero entonces, ¿lo que es bueno se convirtió en muerte para mí? ¡De ninguna manera! Más bien fue el pecado lo que, valiéndose de lo bueno, me produjo la muerte; ocurrió así para que el pecado se manifestara claramente, o sea, para que mediante el mandamiento se demostrara lo extremadamente malo que es el pecado. 14 Sabemos, en efecto, que la ley es espiritual. Pero yo soy meramente humano, y estoy vendido como esclavo al pecado. 15 No entiendo lo que me pasa, pues no hago lo que quiero, sino lo que aborrezco. 16 Ahora bien, si hago lo que no quiero, estoy de acuerdo en que la ley es buena; 17 pero, en ese caso, ya no soy yo quien lo lleva a cabo sino el pecado que habita en mí. 18 Yo sé que en mí, es decir, en mi naturaleza pecaminosa, nada bueno habita. Aunque deseo hacer lo bueno, no soy capaz de hacerlo. 19 De hecho, no hago el bien que quiero, sino el mal que no quiero. 20 Y si hago lo que no quiero, ya no soy yo quien lo hace sino el pecado que habita en mí. 21 Así que descubro esta ley: que cuando quiero hacer el bien, me acompaña el mal. 22 Porque en lo íntimo de mi ser me deleito en la ley de Dios; 23 pero me doy cuenta de que en los miembros de mi cuerpo hay otra ley, que es la ley del pecado. Esta ley lucha contra la ley de mi mente, y me tiene cautivo. 24 ¡Soy un pobre miserable! ¿Quién me librará de este cuerpo mortal? 25 ¡Gracias a Dios por medio de Jesucristo nuestro Señor! En conclusión, con la mente yo mismo me someto a la ley de Dios, pero mi naturaleza pecaminosa está sujeta a la ley del pecado.

Este pasaje es uno de los más controvertidos de Romanos. Desde el comienzo mismo de la Historia de la Iglesia, eruditos y laicos por igual han debatido cuál es la naturaleza exacta de la experiencia que Pablo describe. Este debate es de gran importancia, pues afecta a nuestra comprensión y práctica de la vida cristiana.

Si queremos entender correctamente estos versículos, hemos de comenzar donde lo hace Pablo: con la ley mosaica. Su mayor preocupación no es la Antropología, la vida cristiana, o las teorías de santificación. Estos temas se van tratando de manera incidental, sobre la marcha, sin embargo el propósito que tiene aquí el apóstol es explicar por qué la ley mosaica produjo la muerte de Israel. Tras 7:7–12 está el interés de explicar que el pecado ha utilizado a la Ley para llevar la muerte al pueblo de Dios del Antiguo Testamento. Sin embargo, una gran pregunta sigue sin respuesta: ¿Cómo ha podido el pecado hacer esto? La respuesta llega en 7:14: «yo soy meramente humano, y estoy vendido como esclavo al pecado». A fin de cuentas, el pecado no es una entidad independiente. Existe solo porque los seres humanos no consiguen alcanzar la santidad de Dios, y las personas están atadas al pecado porque han sido vendidas a él «como esclavos». En nuestro pensamiento estamos de acuerdo con la Ley de Dios, pero no podemos obedecerla (7:15–20).

Pablo resume esta lucha en 7:21–25: la buena Ley de Dios está en guerra con «la Ley del pecado». Teniendo en cuenta que las personas son cautivas de esta Ley del pecado, no pueden escapar —al menos, no por sí mismos— a la sentencia debida a su desobediencia, a saber, la muerte. Pero, ciertamente, Cristo nos redime de «este cuerpo de muerte» (vv. 24–25). Lo que Pablo explica en estos versículos es que la Ley se da a personas que son ya cautivas del pecado; por ello son, por supuesto, incapaces de obedecerla. Lo que explica el fracaso de la Ley es la incapacidad humana. En 8:3 Pablo resume esta cuestión diciendo: «la ley no pudo liberarnos porque la naturaleza pecaminosa anuló su poder».

Lo que Pablo afirma sobre la «debilidad» de la Ley es válido independientemente de cuál sea la experiencia que esté describiendo en estos versículos. La afirmación central de este texto no es susceptible de debate: la Ley no puede liberarnos de la muerte espiritual. Sin embargo, el asunto secundario de la identidad del «yo» en este texto sigue siendo importante. El debate sobre este asunto ha sido largo e intenso, y se han adoptado diferentes puntos de vista. Han surgido, no obstante, tres principales líneas de interpretación. Antes de sumergirnos en los detalles del texto, quiero explicar brevemente cada una de estas posiciones y prevenir al lector de cuál es mi acercamiento personal.

(1) Fuera del mundo académico, la mayoría de los cristianos opinan que Pablo está describiendo su experiencia como creyente maduro normal.[1] Tras explicar en 7:7–12 cómo conoció la Ley (verbos en pasado), el apóstol comparte ahora con nosotros su constante lucha (verbos en presente), como cristiano que desea cumplir la Ley de Dios. Aunque es verdad que Dios le ha redimido del pecado, no deja de estar en el cuerpo, sujeto a la tentación y a la constante lucha con «la naturaleza pecaminosa». Por ello, su obediencia no es perfecta. Sin embargo, el apóstol mira gozosamente hacia adelante esperando el día en que Dios transformará su cuerpo (7:24–25a). Mientras tanto, continúa sintiéndose dividido entre su servicio a la Ley de Dios y a «la Ley del pecado» (7:25b). En otras palabras, Pablo refleja en este pasaje la tensión «ya / todavía no» de la existencia cristiana. El nuevo régimen ha llegado, y los creyentes forman parte de él por la fe. Sin embargo, el antiguo régimen sigue existiendo y ejerce su influencia sobre los creyentes. La lucha con el pecado caracteriza inevitablemente nuestra vida en este mundo.

---

1. Muchos comentaristas concuerdan. Ver especialmente Murray, *The Epistle to the Romans* [La Epístola a los Romanos], 1:256–59; Nygren, *Commentary on Romans* [Comentario de Romanos], 284–97; Barrett, *The Epistle to the Romans* [La Epístola a los Romanos], 151–53; Cranfield, *The Epistle to the Romans* [La Epístola a los Romanos], 344–47; Dunn, *Romans* [Romanos], 387–89, 403–12; Morris, *The Epistle to the Romans* [La Epístola a los Romanos], 284–88.

(2) La mayoría de los eruditos paulinos opinan que Pablo nos habla de su vida como judío bajo la Ley.[2] Tras mostrar que él y los demás judíos fueron hechos cautivos de la Ley del pecado cuando recibieron la Ley (7:7-12), Pablo describe ahora la vida bajo la Ley. Aunque se deleitaban en la Ley de Dios y deseaban de todo corazón obedecerla, los judíos fueron incapaces de hacerlo. Fueron hechos cautivos del poder del pecado (7:14, 23). Únicamente Jesucristo, reconoce Pablo, puede salvar a los judíos de la muerte espiritual que ejerce su dominio sobre ellos (7:24b–25a). Sin embargo, hasta tanto no se den cuenta de ello, seguirán siendo cautivos de «la Ley del pecado» (7:25b).

(3) Hay una interpretación intermedia, igualmente popular, que combina elementos de cada una de estas perspectivas: según este punto de vista, Pablo estaría describiendo la experiencia de un cristiano inmaduro.[3] Los defensores de este acercamiento argumentan que hace justicia a dos elementos clave del texto: (a) la persona que describe Pablo parece ser creyente, puesto que «se deleita en la Ley de Dios» en su «ser interior», como solo puede hacer alguien verdaderamente regenerado. (b) Sin embargo, es evidente que tal persona no consigue vencer al pecado. ¿Por qué no? En este punto cabe observar un notable silencio del texto: la persona en cuestión no procura complacer a Dios por medio del Espíritu Santo. Pablo parece describir a un nuevo creyente que sigue intentando vivir la vida cristiana mediante la observancia de la Ley en lugar de hacerlo por el poder del Espíritu.

Por consiguiente, según este último punto de vista, los capítulos 7–8 en su conjunto contienen un mandamiento oculto: el creyente ha de «salir de Romanos 7 y entrar en Romanos 8». Los defensores del primer punto de vista argumentarían que el creyente está siempre tanto en Romanos 7 como en Romanos 8. Según la segunda perspectiva, es Dios en Cristo quien se ofrece a transferir al judío de Romanos 7 a Romanos 8.

Por mi parte, adopto el segundo punto de vista, a saber, que Pablo está describiendo su vida como judío bajo la Ley, antes de conocer a Cristo. Reconozco que cada una de estas posiciones puede reunir sólidos argumentos a su favor. Pero la balanza se inclina hacia la interpretación «no regenerada». En las secciones «Construyendo puentes» y «Significado contemporáneo», así como en la exposi-

---

2. No podemos aquí presentar las pruebas de esta afirmación. Pero, entre los comentaristas, ver especialmente Godet, *Commentary on Romans* [Comentario de Romanos], 292–93; Käsemann, *Commentary on Romans* [Comentario de Romanos], 199–212.
3. Este punto de vista se encuentra más entre exposiciones populares que en la literatura del mundo académico; quienes deseen considerar una buena defensa pueden ver, Lloyd-Jones, *Romans: An Exposition of Chapters 7:1–8:4* [Romanos: una exposición de los capítulos 7:1-8:4], 229–57. Otro punto de vista neutral sostiene que Pablo está describiendo la naturaleza proclive al pecado que hay en todas las personas, cristianas o no (Richard N. Longenecker, *Paul, Apostle of Liberty* [Pablo, apóstol de la libertad], [Grand Rapids: Baker, 1976], 109–16; Bandstra, *The Law and the Elements of the World* [La Ley y los elementos del mundo], 134–49; David Wenham, «The Christian Life: A Life of Tension? A Consideration of the Nature of Christian Experience in Paul» [La vida cristiana: ¿una vida de tensión? Una consideración de la naturaleza de la experiencia cristiana en Pablo], en *Pauline Studies,* 80–94).

ción que sigue inmediatamente, se analizan muchos de los argumentos específicos. Lo que me parece en última instancia decisivo es que la descripción que Pablo hace en 7:13-25 de la persona en cuestión contradice su descripción del cristiano en los capítulos 6 y 8. Observemos los contrastes siguientes:

«yo soy meramente humano, y estoy vendido como esclavo al pecado» (7:14)	«han sido liberados del pecado» (6:18, 22; cf. 6:2, 6, 14)
«la Ley del pecado […] me tiene cautivo» (7:23)	«por medio de él [Cristo] la Ley del Espíritu de vida me ha liberado de la Ley del pecado y de la muerte» (8:2)

Por supuesto, los defensores de las otras perspectivas tienen respuestas para estas aparentes contradicciones. Pero no las considero persuasivas. Por tanto, a partir de ahora, asumiré que Pablo está describiendo su experiencia como judío bajo la Ley.

Resumen y transición (7:13)

Este versículo resume lo que Pablo ha enseñado en 7:7-12, de modo que podemos considerarlo como la conclusión del párrafo anterior. El apóstol observa de nuevo que la Ley de Dios ha sido lo que nos permite ver verdaderamente lo que es el pecado: «para que el pecado se manifestara claramente, o sea, para que mediante el mandamiento se demostrara lo extremadamente malo que es el pecado». En otras palabras, la Ley se convierte en un instrumento que el pecado utiliza para producir muerte. No obstante, la forma de este versículo, similar a 7:7 con su pregunta y enérgica respuesta («¡De ninguna manera!»), sugiere que se trata de una introducción de lo que sigue. Por tanto, es un versículo transicional, que resume el argumento hasta aquí y plantea el nuevo enfoque: el problema del «yo».

El «yo» dividido (7:14-20)

En el versículo 14, Pablo describe a los dos «protagonistas» del drama que sigue. La Ley de Moisés, como Pablo ha dejado claro en el versículo 12, es «espiritual»; es decir, su origen es divino (ver 1Co 10:3-4, donde se utiliza el término «espiritual» en este sentido). Pero «yo soy meramente humano, y estoy vendido como esclavo al pecado». La expresión «meramente humano» traduce la palabra *sarkinos*, que significa «formado de carne». Pablo utiliza esta palabra para referirse a cristianos «carnales» (1Co 3:1-3), de modo que no significa necesariamente que el «yo» al que se alude no haya sido regenerado. Sin embargo, la descripción siguiente parece inclinar las balanzas en esta dirección. La frase «vendido como esclavo al pecado» (lit., «vendido bajo el pecado») puede significar simplemente que el creyente sigue expuesto a la influencia del pecado.[4] Sin embargo, «vendido», como sugiere la NVI, alude con frecuencia a ser vendido como esclavo (ver Mt 18:25), y Pablo ha utilizado la expresión «bajo el pecado» para referirse a la condición de todos los seres humanos aparte de Cristo (3:9).

---

4. P. ej. Cranfield, *The Epistle to the Romans* [La Epístola a los Romanos], 357-58.

En los versículos 15–20, Pablo describe gráficamente la lucha que experimenta en su interior para ser coherente con su convicción de que «la Ley es espiritual». En su análisis de esta lucha, el apóstol se siente consternado; no «entiende» lo que hace. Descubre que es incapaz de hacer lo que quiere. Está dividido entre lo que desea hacer y lo que hace, y esta tensión revela dos verdades.

(1) Al desear lo que es bueno muestra que reconoce la excelencia de la Ley (v. 6). Sabe que se trata de la Ley de Dios, la divina voluntad para su vida, y por ello se esfuerza al máximo en obedecerla.

(2) Sin embargo, descubre que no puede cumplir la Ley. Esto revela que «ya no soy yo quien lo lleva a cabo sino el pecado que habita en mí» (v. 17). Pablo no está rehuyendo la responsabilidad de sus acciones, sino solo intentando explicarlas revelando la fuerza interior que le lleva a actuar como lo hace. Esta fuerza es «el pecado», un poder que ha venido describiendo a lo largo de todo Romanos 5–7.

La primera parte del versículo 18 continúa con este análisis del pecado que mora en su interior: «Yo sé que en mí, es decir, en mi naturaleza pecaminosa, nada bueno habita [*sarx*; lit., 'carne']». Existen dos interpretaciones muy distintas de este versículo que responden a cada una de las dos perspectivas fundamentales sobre la identidad del «yo» en estos versículos. Quienes opinan que el «yo» en cuestión hace referencia a una persona regenerada insisten, por regla general, en que la aclaración «es decir» es de carácter restrictivo: hay una parte de Pablo –una naturaleza pecaminosa– que le predispone a pecar. Por otro lado, quienes opinan que esta palabra hace referencia a la etapa de Pablo anterior a la regeneración, consideran normalmente que la cláusula «es decir» es una definición: Pablo, el judío bajo la Ley, sigue siendo «carne»; o sea, el apóstol sigue estando «en la carne», una condición en la que las pasiones pecaminosas han sido avivadas por la Ley (ver 7:5). Personalmente me inclino hacia esta segunda interpretación porque encaja mejor con el modo en que Pablo utiliza el término *sarx* en este contexto. Sin embargo, la otra es sin duda posible.

En los versículos 18b–20, Pablo recoge de nuevo la lucha entre querer y hacer que revela su condición pecaminosa y le hace del todo imposible obedecer la Ley.

Conclusión: La Ley de Dios frente a la «Ley del pecado» (7:21–25)

Pablo saca la conclusión de esta lucha entre lo que quiere hacer y lo que hace, utilizando el término «Ley» (*nomos*), que aparece siete veces en estos versículos. Hasta este punto del capítulo el apóstol ha utilizado *nomos* en su sentido habitual para denotar el cuerpo de leyes dado por Dios a través de Moisés al pueblo de Israel. Sin embargo, en estos versículos Pablo usa el término de un modo que es incompatible con este sentido: «esta Ley» (v. 21), «otra Ley» (v. 23) y «la Ley del pecado» (v. 25).

La mayoría de los intérpretes convienen que, en el versículo 21, *nomos* significa «principio» o «regla». Aquí se trata de un principio que Pablo deriva de su lucha: «Cuando quiero hacer el bien, me acompaña el mal». El apóstol sigue explicando esta lucha en los versículos 22–23. «La Ley de Dios», en la que Pablo se deleita en su «ser interior», es la ley mosaica. Su utilización de la expresión «ser interior» (lit., «persona interior») es una de las razones por las que muchos intérpretes opinan que Pablo escribe aquí como cristiano, puesto que en el resto de sus escritos utiliza únicamente esta expresión para aludir a personas regeneradas (2Co 4:16; Ef 3:16). Sin embargo, la expresión en sí no tiene una aplicación técnica cristiana. En el griego secular se utilizaba ampliamente para referirse al «hombre [...] en su aspecto inmortal y orientado hacia Dios».[5] Pablo sigue subrayando los dos «aspectos» de las personas: *querer* frente a *hacer* (vv. 15–20), *ser interior* frente a *miembros* (vv. 22–23), *mente* en contraste con *carne* (NVI «naturaleza pecaminosa», v. 25).

Puesto que en el versículo 22 «la Ley de Dios» se refiere a la ley mosaica, cabría esperar que la expresión «otra ley» que encontramos en el versículo 23 denotara una ley completamente distinta. Esta ha sido la interpretación tradicional.[6] Con gran habilidad retórica, Pablo contrasta la Ley de Dios con otra «Ley», «la Ley del pecado». Del mismo modo que, por medio de su Ley, Dios reivindica su derecho sobre nuestras vidas, así el pecado, obrando por medio de nuestros miembros, ejerce sus demandas sobre nosotros; ambos luchan por conseguir nuestra lealtad. El resultado final, dice Pablo, es que somos «cautivos» de la Ley del pecado. La Ley de Dios no tiene poder para liberarnos del poder del pecado.

Aunque considero que esta interpretación es correcta, hay que decir que recientemente se ha popularizado una interpretación distinta. Según el punto de vista en cuestión, Pablo contrasta dos aspectos de la ley mosaica. Por un lado, está la revelación de la voluntad de Dios para nosotros, la Ley con la que nuestra mente está de acuerdo. Pero por otra parte, esta misma Ley también ha sido asimilada por el pecado que la ha utilizado para producir nuestra muerte.[7] Este punto de vista plantea un doble problema. (1) No es el modo más natural de interpretar el término «otra», que suscita la expectativa de una «ley» completamente distinta. (2) Confiere a la ley mosaica una función que no ha tenido antes en este contexto. En los versículos 15–20, la lucha se plantea entre la voluntad de Pablo para cumplir la Ley de Dios y el pecado que habita dentro de él. La Ley, que es «espiritual» (v. 14), se coloca siempre en el lado «bueno» de esta batalla. Sería anormal que Pablo cambiara aquí esta perspectiva.

Finalmente, en el versículo 24 Pablo reacciona ante la situación que acaba de describir: «¡Soy un pobre miserable! ¿Quién me librará de este cuerpo mortal?» ¿Cuál es el rescate que Pablo anticipa aquí? Algunos —especialmente quienes opinan que Pablo escribe como cristiano–, consideran que la expresión «cuerpo mortal [lit. cuerpo de muerte]» alude a nuestro cuerpo físico, condenado a morir

---

5. J. Jeremias, «ἄνθρωπος,» *TDNT* 1:365.
6. Ver la mayoría de comentaristas; nótese especialmente el argumento de Winger, *By What Law?* [¿Por qué Ley?]. 186–88.
7. Ver, p. ej., Dunn, *Romans* [Romanos], 395. Snodgrass, «Spheres of Influence: A Possible Solution for the Problem of Paul and the Law» [Esferas de influencia: una posible solución al problema de Pablo y la Ley], *JSNT* 32 (1988): 106 –7.

por causa del pecado. Por tanto, la liberación se produce con la resurrección.[8] Otros opinan que «muerte» se refiere al estado de frustración y condenación espiritual que Pablo ha descrito a lo largo de este capítulo. La afirmación de Pablo en 8:10 en el sentido de que el «cuerpo está muerto a causa del pecado» podría ciertamente favorecer el primer punto de vista. Sin embargo, en el capítulo 7 el apóstol ha venido utilizando sistemáticamente el término «muerte» para aludir al estado de frustración y condenación espiritual.[9] De modo que la redención que espera es probablemente la liberación del cuerpo dominado por el pecado, muerto espiritualmente por causa de éste (ver 6:6).

En el versículo 25a Pablo da gracias por la redención que nos llega por medio de «Jesucristo nuestro Señor». Aquí tenemos uno de los argumentos más importantes a favor de aplicar los versículos 14–25 a la experiencia cristiana, puesto que únicamente un cristiano puede dar gracias a Dios por su liberación en Cristo. Es significativo que la persona que da gracias por su liberación sigue de inmediato reiterando su estado dividido. Esto muestra sin duda que Pablo escribe como cristiano, confiado de su victoria final en Cristo (v. 25a), pero también profundamente consciente de la lucha que existe entre el poder del pecado y la Ley de Dios que caracteriza su existencia en esta vida, atrapada entre las «dos eras».

Acepto la fuerza de este argumento, pero creo que esta secuencia puede explicarse a partir del punto de vista que defiendo. Tras expresar su deseo de ser rescatado de la frustración de no ser capaz de cumplir la Ley de Dios que el apóstol había sentido como judío bajo la Ley, como cristiano, Pablo no puede abstenerse de intercalar una acción de gracias por la fuente de liberación que ha experimentado. En otras palabras, en el versículo 25b, el apóstol resume la lucha que ha venido describiendo a lo largo de los versículos 14–25.

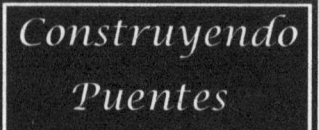

Una perspectiva más extensa. El debate sobre el significado de este texto nos ofrece un ejemplo clásico de cierto tipo de problema interpretativo. Creo que la mayoría de expositores reconocerían que los datos exegéticos (i.e., lexicográficos, gramaticales, etc.) no apuntan todos en la misma dirección. En apoyo de cada línea de interpretación de este pasaje pueden citarse pruebas dignas de consideración y una larga lista de ilustres defensores. Quien piense que la cuestión está bien definida carece de objetividad o de amor (¡o de ambas cosas!).

Así pues, lo decisivo en la interpretación de un texto como éste es la perspectiva más amplia que nos acompaña al hacerlo. Mi experiencia personal con este pasaje es una buena ilustración. En mis primeros años como profesor, sostenía con firmeza la idea de que Pablo hablaba desde la óptica de un cristiano maduro. Pero un trimestre tuve que enseñar una serie de textos acerca de la Ley. A medida

---

8. Ver especialmente Murray, *The Epistle to the Romans* [La Epístola a los Romanos], 1: 268; Dunn, *Romans* [Romanos], 397.
9. P. ej. Godet, *Commentary on Romans* [Comentario de Romanos], 289–90; Gundry, «Moral Frustration» [Frustración moral] 239.

que iba analizando aquellos textos, comencé a desarrollar una perspectiva distinta de la Ley de la que había tenido hasta entonces. Cuando llegué a Romanos 7 con este enfoque, el texto me parecía distinto. Con este nuevo marco de referencia, de repente comprendí que el texto se entendía mejor como una descripción de la experiencia precristiana de Pablo. Experimenté lo que comúnmente hoy llamamos (siguiendo a Thomas Kuhn) un «cambio de paradigma».

Dentro de esta perspectiva más amplia que llevamos al texto hay tres cuestiones especialmente importantes: el contexto, la enseñanza de otros pasajes, y en especial las presuposiciones que llevamos a la interpretación. Vamos a dar un vistazo a cada uno de estos elementos a fin de ayudar al lector moderno a enfrentarse a este polémico pasaje.

(1) *Contexto*. (a) Argumentos a favor del punto de vista regenerado. Casi todos los estudiosos concuerdan en que hemos de interpretar 7:14–25 dentro del contexto de los «dos regímenes» (fundamental a toda la enseñanza de Pablo y, de hecho, a la de todo el Nuevo Testamento), pero que es especialmente sobresaliente en los capítulos 5–8. Hemos descrito brevemente este marco de referencia en la sección «Construyendo puentes» de 6:15–23. Según este sistema referencial, la «nueva era» de la redención mesiánica ha irrumpido en la Historia, y los creyentes han pasado a formar parte de ella por medio de Cristo. No están ya «en Adán» (5:12–21), el poder que el pecado ejercía sobre ellos ha sido quebrantado (cap. 6), la ley mosaica no tiene autoridad final sobre sus vidas (7:1–6), el Espíritu habita en ellos, han sido adoptados en la familia de Dios, y destinados a la vida y gloria eternas (cap. 8).

Sin embargo, la «antigua era» no ha desaparecido. Sigue existiendo, y los creyentes siguen sujetos a su poder. Han, por tanto, de batallar contra la constante influencia del pecado (6:11–14, 19) esperando el día en que serán librados de la frustración y del cuerpo mortal (8:10–11, 19–23). Los eruditos describen a menudo las implicaciones de este marco de referencia para la perspectiva del creyente como la tensión «ya–todavía no». Estamos «ya» justificados, reconciliados y habitados por el Espíritu, pero «todavía no» hemos sido glorificados ni resucitados, y seguimos siendo vulnerables a la seducción del pecado.

¿Cómo encaja 7:14–25 dentro de este marco de referencia? La lucha que describe Pablo en estos versículos tiene mucha lógica como descripción de esta tensión escatológica en la que el creyente está de algún modo atrapado, como especialmente ha subrayado James Dunn.[10] Según este punto de vista Pablo estaría advirtiendo sobre los peligros de interpretar con desmesura su afirmación de que los creyentes han sido «liberados del pecado» (6:6, 18, 22). El apóstol no quiere que pensemos que el poder del pecado ha sido del todo eliminado y que la vida cristiana será coser y cantar. No, la realidad es que el pecado y la muerte siguen siendo poderosas fuerzas con las que el creyente ha de contar. Por tanto, en 7:14–25, Pablo hace todo lo que puede para representar la seriedad de la lucha que seguimos teniendo ante nosotros. Como ha venido haciendo a lo largo de la epís-

---

10. Ver su comentario, especialmente pp. 411–12; también su artículo, «Ro 7,14–25 in the Theology of Paul» [Ro 7:14–25 en la teología de Pablo], *TZ* 31 (1975): 257–73.

tola, Pablo responde a su enseñanza de 6:1-7:6 con otra perspectiva que estabiliza su conclusión. El contexto, pues, puede favorecer la interpretación que ve a Pablo hablando como cristiano.

(b) Argumentos a favor de que Pablo habla como no regenerado. Sin embargo, visto desde otra perspectiva, el contexto puede también favorecer el punto de vista que ve a Pablo narrando su experiencia como judío. Las palabras de 7:14-25 no serían pues una respuesta a la enseñanza del capítulo 6, sino más bien una continuación de la exposición sobre la ley mosaica de 7:1-6 y 7:7-12. El propósito de Pablo sería entonces vindicar la Ley; el apóstol quiere evitar que sus lectores concluyan que, basándose en 7:1-6, la Ley es algo malo. De este modo, el apóstol muestra que el culpable de la muerte que ha afectado a quienes están «subyugados» a la Ley (cf. v. 6), no es la Ley, sino el pecado. Sin embargo, quienes se esfuerzan por cumplir la Ley y se sienten frustrados al no conseguirlo son judíos. Se les describe como aquellos que están «bajo la Ley» (ver 2:12; 3:19).

Así, en 7:14-25, Pablo no puede estar aludiendo a la experiencia cristiana, puesto que los cristianos no se esfuerzan ya por guardar la ley mosaica; no están bajo su jurisprudencia (6:14, 15; cf. 7:4, 6). Dicho de otro modo, Pablo sigue sin duda describiendo los dos distintos regímenes de la historia de la salvación. No obstante, ha situado sistemáticamente la Ley dentro del antiguo régimen. Por ello, 7:14-25, que trata sobre la lucha que representa obedecer la Ley, ha de aludir al antiguo régimen. Romanos 7:5-6 nos proporciona una especie de «encabezamiento» para el argumento que sigue. En 7:7-25, Pablo explica con mayor detalle la situación que se describe en el versículo 5: «Porque cuando nuestra naturaleza pecaminosa aún nos dominaba, las malas pasiones que la ley nos despertaba actuaban en los miembros de nuestro cuerpo, y dábamos fruto para muerte». Más adelante, el capítulo 8 retoma el hilo de 7:6: «Pero ahora, al morir a lo que nos tenía subyugados, hemos quedado libres de la Ley, a fin de servir a Dios con el nuevo poder que nos da el Espíritu, y no por medio del antiguo mandamiento escrito».

Mi propósito aquí no es necesariamente elegir entre estos argumentos contextuales (aunque, por supuesto, me inclino por el segundo). Quiero más bien señalar que la decisión que tomemos aquí tendrá un efecto importante —decisivo incluso–, sobre nuestra interpretación última.

(2) *La enseñanza de otros pasajes*. Los eruditos coinciden en que Pablo enseña dos cosas sobre el creyente y el pecado: Ya no somos esclavos del poder del pecado, y continuaremos luchando con el pecado y cometiendo pecados. La dificultad estriba en saber cómo encaja exactamente 7:14-25 dentro de esta doble observación. Una de las características de la teología de Lutero es el reconocimiento de que el creyente es, como afirma la famosa expresión latina, *simul justus et peccator*, «justo y pecador a un tiempo». Esta es otra manera de expresar la tensión escatológica que hemos mencionado en la última sección.

Uno de los versículos que recoge esta perspectiva en una expresión clásica es Gálatas 5:17: «Porque ésta [la naturaleza pecaminosa] desea lo que es contrario al Espíritu, y el Espíritu desea lo que es contrario a ella. Los dos se oponen entre sí, de modo que ustedes no pueden hacer lo que quieren». Podemos decidir que la extensa exposición de la lucha que se consigna en Romanos 7:14–25 es solo una ampliación de este versículo. Esta lectura de la enseñanza de Pablo tiende a subrayar la constante lucha con el pecado que Pablo espera que experimente el cristiano. Cuanto más recalquemos este aspecto de la enseñanza de Pablo, más natural será hacer que 7:14–25 encaje en él.

David Wenham expresa con precisión el otro aspecto en su artículo sobre este pasaje.[11] Wenham reconoce abiertamente que Pablo enseña la realidad de la lucha constante con el pecado en la vida cristiana. Sin embargo, se pregunta si la lucha que se describe en 7:14–25 no llega acaso demasiado lejos, puesto que en estos versículos Pablo no solo describe una lucha, sino un conflicto que, al parecer, termina en derrota: «Esta Ley [la Ley del pecado] lucha contra la Ley de mi mente, y me tiene cautivo» (v. 23). En contraste, Pablo proclama vivamente que el creyente ha sido puesto en una posición completamente nueva con respecto al pecado. Tenemos un nuevo poder sobre el pecado (cap. 6), y este poder ha de manifestarse en una vida de justicia y santidad (6:21–23). Por tanto, cuanto más recalquemos la victoria sobre el pecado que Pablo proclama y espera del cristiano, más difícil nos será hacer que 7:14–25 encaje en la descripción que hace el apóstol de la vida cristiana.

(3) *Nuestras presuposiciones*. Es posible que este sea el factor más importante por lo que respecta a dirigir nuestra lectura de 7:14–25 en una u otra dirección. Antes hemos visto que nuestro estudio del Nuevo Testamento está siempre afectado por nuestra situación, trasfondo y cultura. Siempre llevamos cierto «bagaje» al texto que leemos, y éste puede influir decisivamente en las conclusiones que saquemos de él. Dudo que haya un texto bíblico que ilustre esto mejor que 7:14–25.

A día de hoy he estado enseñando la epístola a los Romanos durante más de quince años en toda clase de contextos: aulas de seminario, clases a distancia, clases de escuela dominical para jóvenes y adultos, retiros, etcétera. Invariablemente, cuando llegamos a 7:14–25 y pregunto a la clase lo que significa este pasaje y por qué un buen número de estudiantes responde más o menos en estos términos: «Este pasaje ha de tratar sobre la experiencia del cristiano normal o maduro, puesto que Pablo describe la misma clase de lucha con el pecado que yo tengo». Por regla general respondo, primeramente, señalando con amabilidad dos suposiciones clave de este argumento: que el que habla es un «cristiano maduro» y que solo un cristiano puede experimentar la lucha que describe el texto. Ambas cosas son suposiciones necesarias para que este argumento pueda funcionar.

¿Podemos sostener estas suposiciones? ¿No corremos el riesgo de forzar el Nuevo Testamento para adaptarlo a nuestro propio nivel de espiritualidad en lugar de dejar que sea el texto bíblico el que juzgue mi condición espiritual? Puede que mi lucha no sea la que deberían experimentar los cristianos maduros. No quiero sugerir con esto que los cristianos maduros no tengan sus luchas con el pecado. Ciertamente las tienen, y creo que en esta vida siempre las tendrán (ver la sección «Significado contemporáneo»). Sin embargo, creo que también hemos de hacer justicia a la insistencia del Nuevo Testamento cuando afirma que los verdaderos

---

11. Ver «The Christian Life: A Life of Tension?» [La vida cristiana: ¿una vida de tensión?].

creyentes producirán frutos que expresen la realidad de su nueva vida en Cristo, y que tales frutos son necesarios para poder salir airosos en el juicio venidero. Es peligroso asumir que yo soy un cristiano maduro para, acto seguido, concluir que cualquier pasaje que encaje en mi situación ha de describir también a un cristiano maduro.

Pero la otra suposición requiere también un cuidadoso examen. Si se me pone entre la espada y la pared, admito por regla general que los versículos 15–20 podrían, sin duda, describir la lucha de un creyente maduro para cumplir la voluntad de Dios en su vida. Sin embargo, estos versículos forman parte de un argumento cuya conclusión es que la lucha en cuestión termina en derrota (vv. 21–25). En otras palabras, los versículos 15–20 podrían describir la lucha que cualquier adepto religioso sincero experimenta para hacer lo que su dios le exige. Puede, sin duda, encajar con la experiencia de un cristiano; sin embargo, a no ser que encaje solo en la experiencia cristiana, la cuestión objeto de debate no queda demostrada.

He seleccionado un ejemplo de una de las posiciones para ilustrar el peligro de llevar nuestras suposiciones al texto sin ser conscientes de ello o concediéndoles demasiado valor. Y he escogido este ejemplo porque es el que casi siempre se me ha planteado. Sin embargo, quiero apresurarme a añadir que las suposiciones pueden ser exactamente igual de perniciosas en la posición contraria. Para mi ilustración tengo en mente el perfil de un enérgico defensor de la filosofía de la «vida cristiana victoriosa». De hecho, voy a mencionar a una defensora específica de este punto de vista como claro ejemplo de lo que quiero decir.

En mis primeros años como docente en Trinity (antes de haber «visto la luz»), mi posición era que 7:14–25 describe la experiencia de un cristiano maduro. Durante un curso en el que se trataba esta cuestión, una estudiante se levantó un día en clase, pasó serenamente al frente del aula, y rompiendo el silencio que se produjo por la sorpresa, afirmó: «Cualquiera que crea que este pasaje describe la vida cristiana es que no ha experimentado nunca la vida del Espíritu». Y acto seguido, tomó de nuevo asiento. No recuerdo lo que le respondí, aunque no creo que fuera muy profundo. Pero este incidente ilustra lo que quiero decir. Cada uno de nosotros lleva consigo a este texto una determinada idea de lo que «ha de ser» la vida cristiana. Si no sometemos esta idea al escrutinio de la Escritura, podemos hacernos culpables de forzar Romanos 7:14–25 poniendo el texto en un molde hecho por nosotros mismos. No podemos deshacernos del bagaje que llevamos con nosotros al texto. Sin embargo, hemos de reconocer la existencia de este bagaje y buscar un equilibrio procurando compensar su influencia.

Significado Contemporáneo

Cuando mis hijos eran pequeños, les gustaban los libros de la serie «Choose Your Own Adventure» [Elige tu aventura]. El libro comenzaba estableciendo la dirección básica de una historia, pero más adelante permitía que el lector decidiera el desarrollo de dicha historia a medida que ésta iba avanzando. Me siento tentado a titular esta sección «Elige tu aplicación». He defendido un determinado punto de vista de los versículos 14-25 en las secciones anteriores: Pablo describe la derrota que experimentaba cuando intentaba obedecer la ley mosaica antes de ser cristiano. Reconozco, sin embargo, que pueden presentarse buenos argumentos a favor de otras perspectivas del texto. Por consiguiente, me resisto a aplicar este texto como si mi posición fuera la única posible.

No obstante, me resisto igualmente a abrir la puerta a una especie de relativismo interpretativo en el que cada lector pueda elegir a su gusto el significado del texto bíblico. De modo que voy a trazar un camino intermedio. Basaré mi aplicación en mi interpretación del texto, pero, sobre la marcha, iré mencionando los puntos donde las otras interpretaciones ofrecen reflexiones válidas sobre este pasaje y la vida cristiana.

El judío, el cristiano y la Ley. La aplicación del texto ha de comenzar con la idea principal del pasaje: la debilidad humana que hace imposible que la ley mosaica nos redima del poder del pecado y de la muerte. La Ley fue impartida a personas que estaban ya encerradas bajo el poder del pecado. No podían obedecerla; al hacer responsables a las personas ante un modelo de conducta específico y claro, la Ley revelaba su estado pecaminoso y les hundía aún más profundamente en la desesperación y en la muerte.

Algunos comentaristas opinan que podemos extender los horizontes de nuestra aplicación entendiendo que «Ley», en este pasaje, no alude exclusivamente a la ley mosaica, sino a cualquier forma de la Ley de Dios: la Torá para Israel, la Ley natural y la conciencia para los gentiles, puede que incluso la Ley de Cristo para los cristianos. Sin embargo, parece más probable que en todo este pasaje Pablo siga aludiendo a la Ley de Moisés. Aun así, hemos de recordar que el apóstol considera la experiencia de los judíos con la ley mosaica de un modo paradigmático. Al describir su situación bajo la Ley de Moisés, el apóstol está describiendo implícitamente la situación de cada ser humano al ser confrontado con la «Ley». Por consiguiente, aunque Pablo no esté relatando específicamente su fracaso como cristiano para obedecer la Ley de Dios, de este pasaje surge un principio aplicable para todos, incluidos los cristianos: la Ley no puede nunca redimirnos de nuestro dilema. Romanos 7 representa una advertencia para que nunca pensemos que podemos complacer a Dios por nuestros propios esfuerzos. Jamás podremos cumplir su Ley; siempre tendremos que confesar nuestra deuda con la Gracia.

Con respecto al punto de vista del pasaje que he defendido, la principal aplicación de estos versículos tiene como objeto al no creyente. Los defensores de la interpretación del «cristiano maduro» argumentan con frecuencia que solo la persona regenerada puede afirmar: «me deleito en la Ley de Dios» (v. 22). Existe sin duda un sentido en que el creyente, ayudado por el Espíritu que mora en él, desarrolla una más profunda apreciación de la voluntad revelada de Dios. Sin embargo, los judíos piadosos también se deleitaban en la Ley de Dios: la estudiaban, reverenciaban y se esforzaban en obedecerla. Como dice Pablo en 10:2, los judíos «muestran celo por Dios». Como hemos visto, los judíos sirven para ejemplificar cierto tipo de persona.

Aunque considero que Rudolf Bultmann está desencaminado en su acercamiento existencialista a Romanos 7, creo que en última instancia tiene razón en un aspecto: Romanos 7 trata de la «persona religiosa». Pablo está analizando lo mejor de los seres humanos fuera de Cristo. Podemos, por tanto, pensar en aquellas personas de nuestros días que encajan en este perfil, seres humanos que tienen un deseo profundo y sincero de hacer el bien y de conseguir la aprobación de su dios. De hecho, dado el entorno pluralista de nuestro tiempo, vivimos rodeados de personas totalmente dedicadas a varias religiones y creencias. Sin embargo, la experiencia de Pablo y otros judíos bajo la Ley demuestra este punto: la sinceridad no basta. Mientras las personas sean «vendidas como esclavas al pecado», la sinceridad en sí misma no puede nunca llevarnos a un auténtico cumplimiento de la Ley de Dios.

Algunos intérpretes afirman que, en estos versículos, Pablo no puede estar hablando de su experiencia bajo la Ley por cuanto la lucha que aquí nos revela el apóstol no es compatible con su afirmación de que, por lo que se refiere a la «justicia legalista», era «intachable» (Fil 3:6). Sin embargo, en estos textos Pablo está hablando de dos cosas diferentes. En Filipenses el apóstol está describiendo su posición «oficial»: nacido dentro del judaísmo y esforzándose en guardar la Ley de Dios, el apóstol era «justo» según los cánones judíos. Sin embargo, en Romanos Pablo está describiendo su experiencia.

En este punto se cita a menudo la descripción paralela que hace Lutero de su vida de monje. Rememorando aquella época de su vida desde la perspectiva de su experiencia cristiana, el reformador afirmaba haber sido un monje fiel y obediente —«justo» según las normas de aquel tiempo— aunque lleno de dudas y desesperado. No hay duda de que Lutero, y Pablo antes que él, reconocen un grado de frustración y fracaso en su experiencia precristiana del que no eran plenamente conscientes mientras lo vivían.

Muchos de nosotros nos identificamos con esta vivencia. No es que estemos introduciendo en nuestro pasado un problema que no existió para «justificar» nuestra conversión (como argumentarían algunos sociólogos de la religión). Lo que sucede es, más bien, que nuestra nueva comprensión de la realidad espiritual nos ayuda a entender la naturaleza de la inseguridad, dudas y frustración que con frecuencia reprimíamos o ignorábamos en aquellos años.

A partir de esta visión retrospectiva surge otra clara aplicación del texto. Como hace Pablo, también nosotros tendríamos que prorrumpir en acciones de gracias a Dios cuando reconocemos el estado del que hemos sido rescatados. Recuerdo vívidamente la terrible inseguridad que sentía antes de entregarme a Cristo. En aquel entonces no reconocía la fuente de mi inseguridad, sin embargo, a posteriori la distingo muy claramente. No tenía el fundamento de una relación con Dios y lo buscaba en otros lugares, solo para ver cómo, tarde o temprano, se venía abajo. Quienes leemos Romanos 7 como cristianos podemos identificarnos, hasta cierto punto, con la lucha y la frustración que Pablo describe en este pasaje. Rememorar aquel tiempo tiene efectos positivos, puesto que nos lleva a alabar a Dios más aún por redimirnos en Jesucristo.

Como se ha dicho anteriormente, los defensores de la interpretación del «cristiano maduro», opinan que este texto justifica el pensamiento de que la vida cristiana estará caracterizada por una lucha constante con el pecado. Quiero dejar claro que, aunque no estoy de acuerdo con su interpretación de Romanos 7, sí lo estoy ciertamente con la idea más extensa que presentan. Pablo deja bien claro en otros pasajes (p. ej., Ro 6:11–13; Gá 5:17; Ef 6:10–17) que los creyentes tenemos por delante una interminable batalla para poner en práctica la victoria sobre el pecado que experimentamos en Cristo. Como he indicado anteriormente, mi problema para considerar que Romanos 7 es una descripción de esta lucha está en que Pablo describe un conflicto (p. ej., 7:15–20), que termina en frustración y derrota (7:21–25).

Esto no concuerda con la concepción que el apóstol tiene de la vida cristiana. Nuestra «muerte al pecado» (cap. 6), el poder del Espíritu Santo que mora en nosotros (cap. 8), y la renovación de nuestro entendimiento (12:1–2) significan inevitablemente que cada vez pecaremos menos. Sí, es cierto que en esta vida nunca seremos personas completamente inmaculadas, pero nuestra experiencia de salvación nos llevará ciertamente a pecar menos. En Romanos 7 Pablo no parece reflejar esto, sin embargo, el acento negativo de los versículos 21–25 tampoco encaja con la victoria final que es nuestra en Cristo.

Por tanto, sea cual sea nuestro punto de vista de Romanos 7, hemos de evitar lo que creo que todos los intérpretes estarían de acuerdo en calificar de mala utilización del texto: utilizarlo para justificar el pecado o el estancamiento en la vida cristiana. Con mucha frecuencia he conocido a creyentes que expresan esta actitud: «Tengo una lucha constante con un pecado que no consigo vencer. Pero no hay problema: a Pablo le pasaba lo mismo [Ro 7]». Es ciertamente posible que Pablo hubiera experimentado este problema. Pero esto no lo hace aceptable, ni para Pablo ni para nosotros. Jamás deberíamos considerar nuestros pecados con una actitud indulgente. No tienen razón de ser. Dios los aborrece, y nos ha dado el poder de superarlos.

Romanos 8:1-13

Por lo tanto, ya no hay ninguna condenación para los que están unidos a Cristo Jesús, 2 pues por medio de él la Ley del Espíritu de vida me ha liberado de la Ley del pecado y de la muerte. 3 En efecto, la Ley no pudo liberarnos porque la naturaleza pecaminosa anuló su poder; por eso Dios envió a su propio Hijo en condición semejante a nuestra condición de pecadores, para que se ofreciera en sacrificio por el pecado. Así condenó Dios al pecado en la naturaleza humana, 4 a fin de que las justas demandas de la Ley se cumplieran en nosotros, que no vivimos según la naturaleza pecaminosa sino según el Espíritu. 5 Los que viven conforme a la naturaleza pecaminosa fijan la mente en los deseos de tal naturaleza; en cambio, los que viven conforme al Espíritu fijan la mente en los deseos del Espíritu. 6 La mentalidad pecaminosa es muerte, mientras que la mentalidad que proviene del Espíritu es vida y paz. 7 La mentalidad pecaminosa es enemiga de Dios, pues no se somete a la Ley de Dios, ni es capaz de hacerlo. 8 Los que viven según la naturaleza pecaminosa no pueden agradar a Dios. 9 Sin embargo, ustedes no viven según la naturaleza pecaminosa sino según el Espíritu, si es que el Espíritu de Dios vive en ustedes. Y si alguno no tiene el Espíritu de Cristo, no es de Cristo. 10 Pero si Cristo está en ustedes, el cuerpo está muerto a causa del pecado, pero el Espíritu que está en ustedes es vida a causa de la justicia. 11 Y si el Espíritu de aquel que levantó a Jesús de entre los muertos vive en ustedes, el mismo que levantó a Cristo de entre los muertos también dará vida a sus cuerpos mortales por medio de su Espíritu, que vive en ustedes. 12 Por tanto, hermanos, tenemos una obligación, pero no es la de vivir conforme a la naturaleza pecaminosa. 13 Porque si ustedes viven conforme a ella, morirán; pero si por medio del Espíritu dan muerte a los malos hábitos del cuerpo, vivirán.

A Romanos 8 se le ha llamado «el santuario interior de la catedral de la fe cristiana». Nos presenta algunas de las bendiciones más maravillosas que disfrutamos como creyentes: ser libres de la condenación de Dios, habitados por el mismo Espíritu de Dios, adoptados en su familia, destinados a la resurrección y la gloria, y llenos de esperanza por el amor de Dios y por su promesa de hacernos bien en todas las circunstancias de la vida.

¿Cómo encaja en el argumento que Pablo desarrolla en estos capítulos este recital de los gloriosos beneficios de estar «en Cristo»? La primera parte del capítulo (8:1–13) tiene dos propósitos. (1) Explicar con detalle la referencia al «nuevo poder que nos da el Espíritu», en 7:6 después de la «interrupción» en la que Pablo responde a las preguntas sobre la Ley (7:7–25). En la exposición que hace Pablo de la existencia del creyente se ha echado de menos la referencia al Espíritu Santo, puesto que su presencia en la vida del cristiano es la marca por excelencia del Nuevo Pacto, y su ministerio es esencial a cualquier descripción de lo que significa ser cristiano. Aunque el tema de Romanos 8 no es específicamente el Espíritu Santo, Pablo le concede el papel clave como mediador de las bendiciones de nuestra nueva vida. En Romanos 8 Pablo utiliza el término *pneuma* (E/espíritu) en veintiuna ocasiones y, exceptuando dos de ellas (vv. 15a, 16b), las demás hacen referencia al Espíritu Santo.

(2) Los versículos 1–13 tienen un propósito distinto, más fundamental. Los capítulos 6 y 7 representan un leve desvío de la línea principal del argumento de Pablo, en la que el apóstol trata del pecado y la Ley, dos amenazas clave para la seguridad de nuestra nueva vida. Ahora está en posición de regresar a su tema principal reanudando su exposición de la seguridad del creyente en Cristo. De manera que en esta sección Pablo reafirma nuestra nueva vida en Cristo (vv. 1–4) y amplía las consecuencias para la vida moral (vv. 5–8), la futura vida de «resurrección» (vv. 9–11), y la responsabilidad del creyente (vv. 12–13).

Nueva vida mediante la obra liberadora del Espíritu (8:1–4)

La frase «por lo tanto, ya no hay ninguna condenación para los que están unidos a Cristo Jesús» nos lleva de nuevo a 5:12–21, donde Pablo mostró que aquellos que pertenecen a Cristo escapan de la «condenación» (*katakrima*) que el pecado de Adán produjo en todo ser humano (obsérvese que, en todo el Nuevo Testamento, la palabra *katakrima* aparece únicamente en 5:16, 18; 8:1). Pablo continúa utilizando la imaginería forense tan importante en su concepción del Evangelio. Puesto que somos justificados por la fe coincidiendo con nuestra unión con Cristo, eludimos la sentencia de muerte espiritual que en justicia merecen nuestros pecados. Transferidos al nuevo régimen de vida, no cabe ya el temor de que nuestros pecados puedan jamás condenarnos.

En el versículo 2 Pablo explica por qué no hemos ya de temer la condenación: «pues por medio de él [Cristo Jesús] la ley del Espíritu de vida me ha liberado de la ley del pecado y de la muerte». Hay otros dos pasajes de Romanos donde Pablo contrapone una Ley (*nomos*) a otra: 3:27 y 7:22–23. En los dos casos los eruditos están divididos acerca de si Pablo pretende contraponer una función de la ley mosaica a otra función de la misma ley, o si una o ambas de las menciones de la «Ley» pueden aludir a una Ley distinta de la mosaica (p. ej., a un principio o autoridad). En ambos textos he defendido la última posición (ver comentarios sobre 3:27; 7:22–23).

Lo mismo se aplica a este versículo. Considerando el argumento de Romanos 7, la expresión «ley del pecado y de la muerte» podría aludir a la ley mosaica, utilizada por el pecado para producir la muerte. Sin embargo, Pablo ha utilizado una expresión parecida en 7:23 para referirse a la autoridad o poder del pecado. Esto es probablemente lo que quiere decir también aquí. «La Ley del Espíritu», pues, denota la autoridad o poder ejercido por el Espíritu Santo.[1] El Espíritu ejerce un poder liberador mediante la obra de Cristo que nos aparta de la esfera del pecado y de la muerte espiritual a la que el pecado inevitablemente conduce.

Igual que el versículo 2 fundamenta el 1 («por lo tanto»), así también los versículos 3-4 constituyen el fundamento del 2 («pues»). La obra liberadora del Espíritu se lleva a cabo «por medio de él [Cristo Jesús]». Pablo se explica ahora con mayor detalle. Como ha mostrado en el capítulo 7, la ley mosaica era impotente para redimir a los seres humanos de la autoridad del pecado y la muerte. «La naturaleza pecaminosa anuló su poder»; es decir, sus demandas no podían ser satisfechas porque las personas a quienes se impartió la Ley estaban en la esfera de la «carne» (*sarx*; NVI «naturaleza pecaminosa»).[2] Pero Dios en Cristo intervino para conseguir lo que la Ley no podía.

Pablo se permite un juego de palabras con el término «carne» que en la NVI queda un tanto opacado. El poder de la Ley quedó debilitado «por la carne» y, sin embargo, Dios también «condenó el pecado en la carne». Consiguió su victoria sobre el pecado en la misma esfera en la que parecía gobernar de manera incuestionable, a saber, en la «carne». Al afirmar que Cristo vino «en semejanza de carne» a ofrecerse a sí mismo como sacrificio por nuestros pecados, Pablo equilibra cuidadosamente la plena humanidad de Jesús con su pureza. Ciertamente, Cristo se hizo completamente humano al tomar «carne». Sin embargo, calificar de «pecaminosa» a esta carne puede sugerir que Cristo adoptó la naturaleza humana caída. En este caso, no habría estado cualificado para ser nuestro inmaculado (sin pecado) Redentor. Así pues, Pablo clarifica añadiendo la importante palabra «semejanza».

En otras palabras, Cristo no sucumbió, como cualquier otra persona desde Adán, a la tiranía de la carne. Él no pecó, ni tampoco heredó la sentencia del pecado, a saber, la muerte. Pablo utiliza el lenguaje del «intercambio»: Cristo se hizo como nosotros para que nosotros podamos ser como él. Al «condenar» al pecado en Cristo como sacrificio nuestro, puede ahora, en justicia, evitar «condenar» a quienes están en Cristo.

---

1. Esta es la interpretación que aparece en la mayoría de los comentarios (p. ej., Godet, *Commentary on Romans* [Comentario de Romanos], 297; Cranfield, *The Epistle to the Romans* [La Epístola a los Romanos], 76; Fitzmyer, *Romans* [Romanos], 482-83. Y ver especialmente el artículo de Leander E. Keck, «The Law and 'The Law of Sin and Death' (Ro 8:1-4): Reflections on the Spirit and Ethics in Paul» [La Ley y 'la Ley del pecado y la muerte' (Ro 8:1-4): Reflexiones sobre el Espíritu y la ética en Pablo], en *The Divine Helmsman: Studies on God's Control of Human Events, Presented to Lou H. Silberman*, ed. J.L. Crenshaw y S. Sandmel (Nueva York: KTAV, 1980), 41-57. El punto de vista de que «la Ley del Espíritu» es la ley mosaica operando en el contexto del Espíritu no está todavía bien representado en los comentarios. Ver, no obstante, Dunn, *Romans* [Romanos], 416-18; obsérvese también Snodgrass, «Spheres of Influence» [Esferas de influencia], 99.
2. Obsérvese que a lo largo de este capítulo utilizaré frecuentemente el término «carne» como traducción de *sarx*, pero no haré referencia a ello en cada ocasión. La NVI utiliza esta traducción en contadas ocasiones.

El propósito de esta obra de Dios en Cristo se detalla en el versículo 4. La traducción de la NVI induce al error. Lo que afirma Pablo no es que las «justas demandas de la Ley» se cumplen en nosotros; dice que «la justa demanda de la Ley se cumplió en nosotros» (la palabra griega *dikaioma* está en singular). Puede que la diferencia no sea muy grande si Pablo tiene en mente al Espíritu como aquel que hace posible la obediencia de los cristianos a los mandamientos de la Ley (observemos el v. 7).[3] No obstante, el uso del singular, unido a la voz pasiva de «cumplir», sugiere una idea distinta, a saber, que Dios en Cristo ha cumplido todo lo que la Ley demanda de nosotros.[4]

Obsérvese que el propósito de Pablo aquí es mostrar que ya no estamos condenados. La razón es que, en Cristo, hemos cumplido de manera efectiva la demanda de Dios expresada en la Ley. Esto sucede a medida que «andamos en el Espíritu». Si Pablo está haciendo referencia al modo en que los cristianos cumplen la Ley en sus vidas, esta expresión será entonces instrumental: cumplimos la Ley al vivir en el poder del Espíritu. Sin embargo, la expresión puede, en mi opinión, ser una simple definición, es decir, las personas en quienes se cumple la Ley son aquellas que viven en la esfera del Espíritu.

Vida en el Espíritu frente a muerte en la carne (8:5–8)

Al final del versículo 4, Pablo introduce un contraste que rige los cuatro versículos siguientes: «La naturaleza pecaminosa» frente al Espíritu. Con la expresión «naturaleza pecaminosa» la NVI traduce la palabra griega *sarx* (carne), cuando esta palabra alude a la tendencia pecaminosa de los seres humanos. Sin embargo, la variedad de construcciones en la que aparece *sarx* en estos versículos fuerza a los traductores a utilizar varias paráfrasis. Por razones de continuidad del argumento, yo prefiero utilizar el término más literal «carne» en todo el texto (ver nota marginal 2; también la sección «Construyendo puentes»).

En los versículos 5–8, Pablo presenta, pues, una serie de contrastes entre carne y Espíritu. Su intención general está clara: mostrar que *sarx* produce muerte, mientras que el Espíritu trae vida (v. 6). Pablo nos lleva a esta afirmación clave trazando la forma de vida de las personas hasta su manera de pensar subyacente. En el versículo 4, el apóstol ha utilizado la antítesis de «vivir» (lit., «andar») por la carne/Espíritu. La primera parte del versículo 5 retoma esta misma idea con una construcción griega ligeramente distinta (simplemente «según la carne/el Espíritu»). El estilo de vida de la carne fluye de una mente orientada hacia la carne, mientras que el estilo de vida del Espíritu procede de una mente orientada al Espíritu. Y «la mentalidad de la carne es muerte» mientras que «la mentalidad del Espíritu [trae] vida y paz».

---

3. Ver, p. ej., Schreiner, *Romans* [Romanos], 404–8.
4. Ver, p. ej., Nygren, *Commentary on Romans* [Comentario de Romanos], 316; Fitzmyer, *Romans* [Romanos], 487–88; ver especialmente la excelente exposición de la ética de Pablo en Deidun, *New Covenant Morality in Paul* [Nueva Moralidad del Pacto en Pablo], 72–75.

El término «mente [NIV]» traduce *phronema*, que puede también verterse por «mentalidad»; denota la dirección esencial de la voluntad de las personas (Romanos 8 es el único pasaje del Nuevo Testamento en que aparece este sustantivo [vv. 6, 7, 27], aunque en Fil 1:7; 2:2, 5; 3:15, 19; 4:5 Pablo emplea un verbo cognado de este término). Romanos 8:7–8 explica por qué «la mente/mentalidad de la carne» produce la muerte. La orientación de la voluntad refleja los valores de este mundo como «hostil a Dios», lo cual se revela en el hecho de que las personas que tienen esa voluntad no pueden obedecer la Ley de Dios (v. 7). De ahí que quienes están «en la carne [NVI viven según la naturaleza pecaminosa] no pueden agradar a Dios» (v. 8).

Certeza del futuro, la vida de resurrección (8:9–11)

Pablo indica un cambio de trayectoria dirigiéndose directamente a sus lectores: «Sin embargo, ustedes no viven según la carne, sino según el Espíritu». En estas palabras se hace patente el marco de referencia teológico de los «dos regímenes» de Pablo. Lo que dice literalmente es: «no están en la carne, sino en el Espíritu». Carne y Espíritu son dos de los principales poderes que pertenecen, respectivamente, al antiguo y nuevo régimen (ver 7:5–6). Por medio de la Gracia de Dios en Cristo, los cristianos han sido trasladados de la esfera subyugada por la «carne», –la estrecha perspectiva humana que lleva al pecado— a la dominada por el Santo Espíritu de Dios. Está claro, pues, que el lenguaje «en la carne»/«en el Espíritu» es metafórico: una manera de indicar que las personas están dominadas por alguna de estas fuerzas.

Esto se hace incluso más claro al final del versículo 9, donde Pablo cambia al concepto metafórico contrario: estamos «en el Espíritu» si el Espíritu «vive en» nosotros. ¿En quién vive el Espíritu? En todo aquel que es genuinamente cristiano. No tener al Espíritu de Cristo es lo mismo que no pertenecer a Cristo. El Nuevo Testamento enseña que el don del Espíritu Santo es un beneficio automático que disfruta cualquiera que conoce a Cristo (ver comentarios acerca de 6:1–14). Hemos, pues, de conceder plena fuerza al modo indicativo del versículo 9: Todo cristiano está realmente «en el Espíritu», es decir, bajo su dominación y control. Puede que no siempre reflejemos ese dominio (ver 8:12–13), sin embargo es un hecho fundamental de nuestra existencia cristiana y base para una vida de confianza y obediencia al Señor.

En un esfuerzo característico de Romanos por mantener el equilibrio, Pablo prosigue hablando de una situación en la que el dominio del Espíritu puede no ser tan evidente: La prolongada existencia del creyente en un cuerpo físico que está condenado a muerte y sigue siendo demasiado susceptible a la influencia del pecado. Sí, dice Pablo, aun estando Cristo en nosotros, nuestros cuerpos siguen muertos «a causa del pecado». La muerte física es un castigo por el pecado que ha de seguir ejecutándose. No obstante, el cristiano puede tener confianza, puesto que «el Espíritu que está en ustedes es vida a causa de la justicia».

Según la traducción de la NIV, en el versículo 10 Pablo alude al «espíritu» humano («e» minúscula. [En la NVI esta se ofrece como traducción alternativa.

N. del T.]) que ha recibido una nueva vida espiritual. El contraste entre *pneuma* («espíritu») y *soma* («cuerpo») puede favorecer esta traducción.⁵ Sin embargo, en este capítulo *pneuma* refiere sistemáticamente al Espíritu Santo, y la palabra griega que en la NIV traduce «vivo» no es un adjetivo, sino un sustantivo: *zoe*, «vida». Además, el adjetivo «su» que acompaña a «espíritu» no aparece en el texto griego. Es pues probable que Pablo se refiera aquí al Espíritu Santo, el poder de la «vida» que ha venido a residir en cada creyente.⁶ Este poder de la vida dentro de nosotros es el que nos imparte la certeza de la resurrección futura. Puede que nuestros cuerpos estén condenados a muerte; sin embargo, el Espíritu, el Espíritu de vida, el Espíritu de Dios quien resucitó de los muertos a nuestro Señor Jesús, habita dentro de nosotros y garantiza que nuestros cuerpos no acabarán en la tumba. Por medio del Espíritu, Dios impartirá nueva vida a esos cuerpos.⁷

Nuestra obligación (8:12–13)

La mayoría de los comentarios y traducciones insertan una importante división entre los versículos 11 y 12 y colocan los versículos 12–13 en un mismo párrafo con los versículos 14–17. Sin embargo, los versículos 12–13 no son la introducción al tema de «los hijos de Dios» que se desarrolla en 14–17, sino la conclusión de la enseñanza de Pablo sobre la vida en Cristo por medio del Espíritu (8:1–11). El «Espíritu de vida» (v. 2) nos libera de la condenación para que podamos disfrutar de la nueva vida y, puesto que «el Espíritu es vida» (cf. v. 10), también se nos asegura la vida eterna en un cuerpo resucitado. Sin embargo, el divino don de la nueva vida por medio de su Espíritu lleva consigo una obligación. Tal obligación no es para con «la carne» (*sarx*; NVI naturaleza pecaminosa), el poder del antiguo régimen del que hemos sido liberados, sino para con el Espíritu, la energía del nuevo régimen.

Naturalmente, Pablo no declara este aspecto positivo de nuestra obligación. Divide la oración gramatical al final del versículo 12 para subrayar la importancia de nuestra obligación en el versículo 13. En última instancia solo heredaremos la vida nueva y eterna que Dios nos ha prometido si dependemos activamente del Espíritu para dar «muerte a los malos hábitos del cuerpo». Seguir viviendo «según la carne» significa que sufriremos la muerte espiritual. La tensión entre el «indicativo» de lo que Dios nos da y el «imperativo» de lo que hemos de hacer llega aquí a su punto crítico. Hablaremos más sobre esta tensión en la sección «Significado contemporáneo».

---

5. Ver, p. ej., Godet, *Commentary on Romans* [Comentario de Romanos], 305; Fitzmyer, *Romans* [Romanos], 491.
6. Así opinan la mayoría de los comentaristas contemporáneos; ver, p. ej., Cranfield, *The Epistle to the Romans* [La Epístola a los Romanos], 390; Dunn, *Romans* [Romanos], 431–32. Véase también la exposición de este asunto en Fee, *God's Empowering Presence* [La presencia capacitadora de Dios], 550–51.
7. «Por medio de su Espíritu, que mora en ustedes» reza en una cuestionada variante (*dia* más genitivo); la traducción alternativa, defendida vivamente por, p. ej., Fee (*God's Empowering Presence* [La presencia capacitadora de Dios], 543, 553) sería «por causa de su Espíritu, que mora en ustedes» (*dia* más acusativo).

En este punto pueden afirmarse brevemente tres cosas. (1) Pablo se toma muy en serio nuestra necesidad de activar y manifestar la nueva vida que Dios nos da. Lejos de ser optativa, nuestra respuesta es necesaria. (2) No obstante, nuestra respuesta misma es vigorizada por el Espíritu. Con nuestras propias fuerzas no podemos dejar de cometer pecados; solo es posible «por el Espíritu». (3) Pablo nunca sugiere que la herencia de la vida futura requiera que dejemos de pecar completamente. Lo que demanda en este versículo es un progreso a largo plazo en el que, de manera evidente, vamos dejando de ser como el mundo (i.e., «la carne») y nos parecemos más a Cristo.

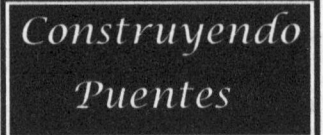

Entender la carne (*sarx*). A veces la vida hace justicia. Durante los últimos veinte años, siempre que he enseñado Romanos he criticado la decisión del equipo de la NIV de traducir *sarx* (carne) como «naturaleza pecaminosa» cuando Pablo utiliza este término con un sentido negativo. Mi argumento era que, al introducir la palabra «naturaleza» en estos contextos, los traductores fomentaban una confusión potencialmente grave de la concepción paulina de la existencia cristiana.

Sin embargo, hace tres años, se me designó como miembro del comité encargado de revisar la traducción de la NIV. Una de mis primeras acciones fue sugerir una traducción mejor de la palabra *sarx*. Sin embargo, no tardé en darme cuenta de las dificultades que esta cuestión planteaba a los traductores. En un principio, pensaba que bastaría con utilizar la palabra «carne» cada vez que Pablo usa *sarx*. Sin embargo, como observaron correctamente algunos de mis colegas, cuando oyen la palabra «carne» la mayoría de los lectores piensan en la materia orgánica que cubre los huesos, o en el pecado sexual. Ninguna de ellas se acerca, ni por asomo, a lo que pretende expresar Pablo. Intenté otras alternativas, pero no conseguí encontrar nada mejor que «naturaleza pecaminosa». De manera que la decisión se redujo a esto: ¿Debíamos seguir utilizando «naturaleza pecaminosa», a pesar de la impresión errónea que esta expresión puede dar en ocasiones? ¿O era mejor consignar la palabra «carne», aunque muchos lectores pudieran no entenderla? El comité decidió seguir con «naturaleza pecaminosa», al menos en la mayoría de textos.

Esta anécdota ilustra e introduce dos cuestiones relativas a esta palabra, *sarx*: la complejidad que entraña esta palabra en los escritos de Pablo, y los peligros de la traducción. Si queremos tender un puente entre el contexto de Pablo y el nuestro ambas cuestiones requieren un breve tratamiento.

(1) La utilización de *sarx* por parte de Pablo es uno de los puntos más controvertidos de su teología.[8] En ocasiones utiliza esta palabra para hacer referencia al cuerpo físico en su conjunto (1Co 6:16; 2Co 7:1; 12:7; Gá 5:13, 16; Ef 5:31),

---

8. Ver, p. ej., la historia de esta investigación en la obra de Robert Jewett, *Paul's Anthropological Terms: A Study of Their Use in Conflict Settings* [Términos antropológicos de Pablo: un estudio de su utilización en escenarios conflictivos], (Leiden: Brill, 1971), 49–95.

como en el griego secular. Sin embargo, este elemento físico a menudo se pierde en Pablo cuando el apóstol utiliza el término para aludir a la persona en general (ver traducción literal de Ro 3:20: «Por las obras de la ley ninguna carne será justificada»). Los griegos utilizaban *sarx* con este sentido, pero, probablemente, el uso de Pablo estuvo fuertemente influenciado por el Antiguo Testamento, puesto que *sarx* traduce el término hebreo *basar*, que a menudo se refiere a la humanidad en general (ver traducción literal de Gn 6:12b: «Toda carne ha corrompido su camino»).

Para entender el uso especial de *sarx* que hace Pablo, es particularmente importante señalar que, en la LXX, a veces connota aquello que es humano en contraste con Dios y la esfera espiritual: «Toda carne es [NVI todo mortal es] como la hierba. . . La hierba se seca y la flor se marchita, pero la palabra de nuestro Dios permanece para siempre» (Is 40:6–8). A menudo Pablo implica esta noción de lo «estrictamente humano» cuando utiliza el término *sarx*. Muchos eruditos dividen el uso paulino del término en dos categorías: la neutral y la ética. Sin embargo, estas dos categorías se dan más bien en distintos puntos dentro de un solo y continuo espectro.

Por tanto, aun cuando Pablo habla de Abraham como «nuestro progenitor según la carne» (Ro 4:1), o de Jesús como «un descendiente de David según la carne» (1:3, en ambos casos traducción literal), da a entender que lo que ha dicho no es exhaustivo. Abraham es el padre físico de los judíos, y esto no es intrínsecamente negativo. Sin embargo, como explica en Romanos 4, este es, en última instancia, un punto de vista demasiado limitado sobre el patriarca, puesto que es también padre de todos los que creen. De manera similar, es evidente que la existencia de Jesús en la carne no significa que éste fuera pecador, o que su condición humana fuera perniciosa. Sin embargo, de nuevo, hay más que decir al respecto, puesto que Jesús no es solo Mesías desde una perspectiva humana y física, sino también «Hijo de Dios en poder según el Espíritu de santidad» (1:4, traducción literal).

Hemos de procurar que este amplio trasfondo fundamentado en el Antiguo Testamento informe nuestra concepción de la utilización de *sarx* por parte de Pablo para aludir a la situación fuera de Cristo. Lo que el apóstol parece tener en mente es un estado, natural al ser humano, en el que Dios y la esfera espiritual quedan fuera de cualquier consideración. Estar «en la carne» (7:5; 8:8–9) es estar irremisiblemente atrapado en esta situación. Así, las personas piensan por naturaleza de un modo «estrictamente humano» («la mente de la carne», 8:5–6) y viven de manera «estrictamente humana» («viven [o andan] según la carne», 8:4–5). En contraste, los cristianos, que no están ya en esta condición, no deben obrar como si lo estuvieran. Deben dejar de vivir «según la carne» (8:13).

Pablo está de nuevo pensando en términos histórico salvíficos, ayudándonos a entender quiénes somos al contrastar el antiguo régimen de la carne del que hemos sido rescatados, con el nuevo régimen del Espíritu al que ahora pertenecemos. Solo leyendo cuidadosamente los pasajes importantes y comparando el uso que Pablo hace del término *sarx* a lo largo de sus escritos podemos franquear el vacío que separa el contexto de su tiempo del nuestro.

(2) Sin embargo, en la traducción la contextualización se hace más difícil. Los italianos tienen un famoso dicho sobre la traducción: *Traddutore, traditore*:

«Traductores, traidores». Lo que quieren decir es que ninguna traducción de un texto a otro idioma consigue captar todo el significado y matices del original. Los idiomas difieren entre sí de forma significativa. Lo que un idioma expresa elegantemente con una sola palabra puede no tener un solo término equivalente en otros idiomas; lo que en un idioma se expresa con un delicioso juego de palabras, no funciona en otro porque la gama de significados de los términos similares es distinta. Cualquiera que haya intentado traducir un texto sabe lo difícil que puede ser a veces esta tarea y que el traductor ha de tomar siempre decisiones difíciles.

La traducción del término *sarx* según el uso de Pablo es un claro ejemplo de ello. Naturalmente, se podría argumentar que debería preservarse el significado «literal» de esta palabra («carne»). ¿Pero, qué entendemos por «literal»? Tras este término se esconde una falsa suposición sobre la naturaleza de los idiomas, a saber, que todas las palabras tienen un equivalente exacto en la lengua de destino que el traductor ha de limitarse a insertar en su traducción. Muchos de quienes me preguntan cuál es la traducción «más literal» de la Biblia parecen tener esta impresión sobre los idiomas.

Pero las cosas no son tan simples. Las palabras tienen distintos significados y, a menudo, cada idioma utiliza distintas palabras para traducir tales significados. Por ejemplo, en español podemos utilizar el término «sierra» para aludir a la herramienta que sirve para cortar madera e igualmente para referirnos a una cordillera de montes o peñascos cortados. Sin duda, en otros idiomas se utilizan palabras distintas para expresar estos dos significados de una sola palabra española. ¡Imagínense qué confusión se produciría si yo me empecinara en traducir la palabra «sierra» con un solo término en otros idiomas!

Pero volvamos a la palabra carne. El diccionario de la Real Academia Española de la Lengua consigna los siguientes significados para esta palabra: 1. f. Parte muscular del cuerpo de los animales. 2. f. carne comestible de vaca, ternera, cerdo, carnero, etc., y muy señaladamente la que se vende para el abasto común del pueblo. 3. f. Alimento consistente en todo o parte del cuerpo de un animal de la tierra o del aire, en contraposición a la comida de pescados y mariscos. 4. f. Parte mollar de la fruta, que está bajo la cáscara o el pellejo. 5. f. Parte material o corporal del hombre, considerada en oposición al espíritu. 6. f. Uno de los tres enemigos del alma, que, según el catecismo de la doctrina cristiana, inclina a la sensualidad y lascivia. 7. f. Am. *cerne* (parte más dura y sana del tronco de los árboles).[9] Ninguno de estos sentidos es exactamente el que Pablo quiere dar cuando habla de *sarx*. Los números 5 y 6 son los que más se acercan, pero cabe preguntarse si el lector hispano corriente conoce significados tan concretos. Además, si el traductor decide utilizar «carne» cada vez que Pablo utiliza el término *sarx*, el lector hispano podría pensar que decir que Cristo vino «en la carne» tiene el mismo sentido que afirmar que las personas aparte de Cristo están «en la carne», eliminando de este modo la pureza de Cristo, o la pecaminosidad del ser humano.

---

9. *Carne*, Diccionario de la lengua española, (Vigésima segunda edición. Consulta en línea. http://buscon.rae.es/drael/SrvltGUIBusUsual?TIPO_HTML=2&TIPO_BUS=3&LEMA=carne).

Creo, por tanto, justificado afirmar que no existen buenas soluciones al problema que plantea la traducción de *sarx* en español. El traductor ha de decidir cuál de las alternativas plantea menos problemas, y se acerca más a lo que Pablo parece querer decir. Los lectores hispanos de la Biblia no deben dejarse llevar por el pesimismo: las buenas traducciones expresan el mensaje del texto bíblico de manera suficientemente clara. Sin embargo, han de entender también que, a menudo, aun la mejor traducción no consigue expresar del todo el significado del original. La comparación de diferentes traducciones y el uso de comentarios y otros materiales de referencia pueden ser de gran ayuda para vencer las inevitables deficiencias de una determinada versión española.

Significado Contemporáneo

La Trinidad en Romanos 8:1–13. La mayoría de los estudiantes de la Biblia saben que una de las grandes doctrinas características de la iglesia cristiana —la Trinidad— nunca se enseña explícitamente en la Biblia. La famosa formulación de Dios como «tres en uno», tres personas dentro de una sola deidad, no aparece en la Escritura. Lo que más se acerca son formulaciones como las que encontramos en Mateo 28:19, donde Jesús manda a sus discípulos que bauticen «en el nombre del Padre y del Hijo y del Espíritu Santo».

¿Por qué, pues, sostiene la Iglesia cristiana esta doctrina? Porque estamos convencidos de que la formulación trinitaria es la única forma de hacer justicia a todo lo que la Biblia enseña sobre Dios: Padre, Cristo y el Espíritu Santo. La noción de que «hay un solo Dios» se enseña con toda claridad tanto en el Nuevo Testamento como en el Antiguo (p. ej., Ro 3:30; 1Co 8:4–6; Stg 2:19). Sin embargo, igualmente clara es la enseñanza de que Jesús es Dios (p. ej., Jn 20:28; Ro 9:5; Tit 2:13; Heb 1:8) y de que el Espíritu Santo es Dios (Hch 5:3–4). Solo la doctrina de la Trinidad consigue explicar las afirmaciones que se hacen en todos estos textos.

Otro testimonio, aunque menos directo, a favor de la Trinidad es el gran número de pasajes configurados alrededor de un patrón trinitario. Es posible que, antes aun de haber desarrollado formalmente la concepción de la Trinidad, los autores del Nuevo Testamento escribieran sobre Dios de modo tal que se diera por sentado este punto de vista. Romanos 8:1–13 nos ofrece dos de los ejemplos más claros de esta conciencia trinitaria. (1) Obsérvese que Pablo implica a Padre, Hijo y Espíritu en la obra de la redención (vv. 2–3). Dios Padre envía a su Hijo para condenar al pecado (v. 3), y el Espíritu Santo aplica los beneficios de esta acción para liberarnos del pecado y de la muerte. La salvación es obra del Dios Trino. Las tres personas participan en nuestro rescate del pecado y nuestra introducción a la nueva vida. Por consiguiente, es apropiado dirigir nuestra acción de gracias y adoración a las tres personas. Muchos de los grandes himnos de la fe reflejan esta estructura trinitaria.

(2) Obsérvese también que, en los versículos 9–10, Pablo cambia su modo de hablar sobre la obra de Dios en nuestra corazones: «Sin embargo, ustedes no viven según la naturaleza pecaminosa sino según el Espíritu, si es que el Espíritu de Dios vive en ustedes. Y si alguno no tiene el Espíritu de Cristo, no es de Cristo. Pero si

Cristo está en ustedes, el cuerpo está muerto a causa del pecado, pero el Espíritu que está en ustedes es vida a causa de la justicia». Quien viene a vivir en nosotros es en primer lugar el «Espíritu de Dios», después el «Espíritu de Cristo» y, por último, «Cristo». Pablo no quiere decir que el Espíritu y Cristo sean dos nombres para aludir a la misma persona o que tales expresiones sean intercambiables. Lo que sucede es que ambos están tan íntimamente implicados en la obra de Dios en nuestras vidas que el apóstol cambia, de manera prácticamente inconsciente, de uno al otro.

De nuevo metáforas teológicas. En la sección «Construyendo puentes» de 3:21–26, hemos observado que los autores bíblicos se sirven de varias metáforas para captar la verdad teológica. Romanos 8:9 ilustra de nuevo esta cuestión, aunque la NVI oscurece un tanto este hecho. Comencemos, pues, con una traducción literal: «No están en la carne sino en el Espíritu, si el Espíritu de Dios habita en ustedes. Y si alguno no tiene el Espíritu de Cristo, tal persona no le pertenece». Obsérvese que, en estos dos versículos, Pablo cambia la metáfora de nuestro estar «en» el Espíritu a la del Espíritu que está «en» nosotros. Naturalmente, ninguna de ellas es verdadera desde un punto de vista ontológico. Sin embargo, ambas son imágenes de una verdad teológica: el creyente está bajo el dominio del Espíritu de Dios.

La facilidad con la que podemos utilizar las metáforas de la Escritura sin entenderlas se me hizo clara una día en que, al llegar a casa del trabajo, mi hijo David, que en aquel entonces tenía unos cinco años, vino corriendo hasta mí, exclamando con entusiasmo: «¡papá, papá, acabo de pedirle a Jesús que entre en mi barriga!». Una metáfora como la de «pedirle a Jesús que entre en el corazón» puede convertirse en un cliché que deja de tener sentido. No entendemos la verdad que la metáfora pretende expresar.

La importancia de nuestra mentalidad. Al hablar del versículo 6, sugerimos que una mejor traducción para la palabra griega *phronema* que Pablo utiliza en ese texto sería «mentalidad». Obsérvese cómo traduce la NVI el verbo cognado (*phroneo*) en el versículo 5: «fijan la mente en». Estas dos palabras griegas son característicamente paulinas. Veintitrés de las veintiséis ocasiones en que el término *phroneo* aparece en el Nuevo Testamento se consignan en los escritos de Pablo (Ro 8:5; 11:20; 12:3, 16; 14:6; 15:5; 1Co 13:11; 2Co 13:11; Gá 5:10; Fil 1:7; 2:2, 5; 3:15, 19; 4:2, 10; Col 3:2; ver también Mt 16:23; Mr 8:33; Hch 28:22), y las cuatro ocasiones en que aparece *phronema* están en este capítulo (vv. 6 [2x], 7, 27). Estas palabras incluyen la actividad intelectual («pensar» en su sentido estricto), pero van más allá de ella y aluden también a la voluntad. El término *phronema* hace referencia a nuestra orientación fundamental, las convicciones y actitud del corazón que dirigen el curso de nuestra vida.

Como tal, tener la «mentalidad» del Espíritu es el crucial paso «intermedio» entre la existencia en la esfera del Espíritu (v. 9) y vivir según el Espíritu (v. 4b). Si queremos vivir de un modo que agrade a Dios es necesario cultivar una disposición del corazón y de la mente guiada por el Espíritu y llena de él.

Por consiguiente, estos versículos plantean una pregunta fundamental: ¿Cómo estamos formando nuestra «mente»? ¿Qué estamos poniendo en ella? ¿A qué la estamos exponiendo? Aquellos cristianos que no leen sino las últimas novelas, no ven más que televisión y hablan solo con no creyentes nunca van a desarrollar la mentalidad del Espíritu. Todas las entradas proceden de una misma dirección, y reflejan el sistema de valores de la «carne». ¡No es pues de extrañar que con frecuencia pensemos y actuemos de maneras «carnales»!

Si nos tomamos en serio nuestro progreso en la vida cristiana, hemos de procurar nutrir cada día nuestra mente con alimento espiritual. Es sumamente fácil que nuestro «tiempo devocional» degenere en ejercicios rutinarios en los que la mente apenas participa. Leemos la Escritura, pero realmente no nos esforzamos en interactuar con ella preguntándonos lo que significa o cómo se aplica a nosotros. Oramos, pero seguimos siempre un mismo patrón. Nuestro tiempo con el Señor puede ser un instrumento para desarrollar la mentalidad del Espíritu, pero solo si la mente participa de manera activa.

El don de Dios y nuestra obligación. La yuxtaposición de los versículos 1 y 13 es un tanto discordante. En el primero, Pablo proclama con audacia que «ya no hay ninguna condenación para los que están unidos a Cristo Jesús». Sin embargo, en el último, el apóstol advierte, «si ustedes viven conforme a ella [la carne], morirán; pero si por medio del Espíritu dan muerte a los malos hábitos del cuerpo, vivirán». ¿Cómo pueden ser verdad ambas cosas? Si de verdad ya no hay «condenación» para los creyentes, ¿cómo podemos entonces advertirles de que pueden morir si viven de un modo erróneo? ¿Nos ha impartido Dios vida eterna de una vez y para siempre? ¿O acaso nos toca a nosotros ganárnosla?

Los teólogos han respondido a estas preguntas de maneras muy distintas, y sus puntos de vista se han filtrado hasta los cristianos. De ello surge que las personas tengan ideas muy distintas sobre la vida cristiana y el modo de vivirla. Lo importante es mantener un cuidadoso equilibrio entre lo que Dios nos da en Cristo y lo que hemos de hacer en respuesta a este don.

Algunos intérpretes han intentado resolver la tensión entre estos versículos por medio de lecturas particulares del versículo 13. Algunos opinan que aquellos a quienes Pablo se dirige («ustedes») podrían ser meros asistentes a la iglesia, que realmente no conocen al Señor. ¿Pero cómo puede Pablo entonces instarles a utilizar el Espíritu para luchar contra el pecado? Otros opinan que la muerte y la vida que se mencionan en este versículo son solo físicas. Pero es absurdo que Pablo afirme que la muerte física –el destino de quienes no viven hasta el regreso del Señor–, será solo el castigo de los cristianos que viven según la carne. La «muerte» de la que Pablo advierte y la «vida» que promete son espirituales, no físicas. Pablo afirma que sus lectores cristianos serán condenados si siguen los dictados de la carne.

Pero, ¿cómo, pues, se relaciona la necesidad de apartar de nosotros el pecado con la promesa del versículo 1? Aquí se dividen dos tradiciones teológicas. Tanto calvinistas como arminianos están de acuerdo en que el creyente ha de progresar en la batalla contra el pecado para alcanzar la vida eterna. Sin embargo, el arminiano cree que una persona regenerada puede, de hecho, llegar a estar tan engañada por la carne que deja de avanzar en la vida cristiana. En algún punto, pues, esta persona puede dejar de estar «en Cristo». Así, la promesa del versículo 1 no se aplica ya a esta persona. Los calvinistas, por el contrario, creen que la influencia del Espíritu en la vida del creyente es tan dominante que éste no puede caer permanentemente en un estilo de vida pecaminoso y perder por ello la promesa de que «ya no hay ninguna condenación» para él.

En otras palabras, cada una de estas tradiciones teológicas trata distintos aspectos de la verdad que Pablo presenta en estos versículos. El calvinista hace plena justicia al versículo 1 con su categórica promesa de «no condenación»; el arminiano hace plena justicia a la advertencia del versículo 13. Ambas palabras han de ser escuchadas si queremos mantener un equilibrio en nuestro andar cristiano. La seguridad sin responsabilidad produce pasividad, pero la responsabilidad sin seguridad conduce a la ansiedad.

Personalmente, he aconsejado a ambos tipos de cristianos. Durante el ejercicio de un ministerio pastoral transitorio, conocí a un anciano de la iglesia. Se consideraba un calvinista radical y se deleitaba hablando de teología reformada. Casualmente me enteré de que tenía relaciones sexuales fuera del matrimonio. Sin embargo, él no estaba preocupado por ello, puesto que tenía seguridad eterna en Cristo. Recuerdo también el caso de una mujer joven que tenía una perspectiva de la vida fuertemente orientada hacia el rendimiento. Al llevar esta actitud a su vida cristiana, estaba siempre desesperada porque no conseguía vivir al nivel de lo que el Señor esperaba de ella. No conseguía entender su seguridad en Cristo, es decir, que Cristo había llevado sobre sí sus pecados, y que su rendimiento no era ya la base de su aceptación.

La cuestión de la verdad no puede soslayarse. Hemos de mantener en equilibrio seguridad y responsabilidad. ¿Pero cómo podemos combinarlas de un modo que sea coherente y fiel a la Escritura? Por lo que a mí respecta, pienso, llegado el momento, que la fuerza de la certeza que Pablo da a los creyentes justificados en este pasaje (ver especialmente 5:9–10, 21; 8:1–4, 10–11, 28–30, 31–39) favorece la interpretación calvinista. Ningún creyente verdadero puede sufrir condenación. El veredicto de inocencia ha sido ya proclamado en el tribunal divino, y no puede ser alterado. Sin embargo, precisamente porque adopto este punto de vista, me esfuerzo al máximo en hacer justicia al aspecto de la responsabilidad de la enseñanza bíblica. Como dice el calvinista John Murray: «La muerte del creyente, de una vez y para siempre, a la Ley del pecado no le libera de la necesidad de mortificar el pecado en sus miembros, sino que hace *necesario* y *posible* que lo haga».[10]

La presencia del Espíritu en nuestras vidas produce inevitablemente frutos que agradan a Dios. Por ello estamos seguros. Pero el Espíritu no hace su obra aparte de nuestra respuesta. Me gusta mucho el cuidadoso equilibrio que consigue Pablo en el versículo 13: «Por medio del *Espíritu* [*ustedes*] *dan muerte* a los malos hábitos del cuerpo» (Cursivas del autor). Pablo pone directamente la responsabilidad sobre nuestros hombros: ustedes han de dar muerte al pecado. Pero, al mismo tiempo, deja claro que solo podemos hacerlo mediante el Espíritu.

---

10. Murray, *The Epistle to the Romans* [La Epístola a los Romanos], 1:294.

Romanos 8:14-17

Porque todos los que son guiados por el Espíritu de Dios son hijos de Dios. 15 Y ustedes no recibieron un espíritu que de nuevo los esclavice al miedo, sino el Espíritu que los adopta como hijos y les permite clamar: «¡Abba! ¡Padre!» 16 El Espíritu mismo le asegura a nuestro espíritu que somos hijos de Dios. 17 Y si somos hijos, somos herederos; herederos de Dios y coherederos con Cristo, pues si ahora sufrimos con él, también tendremos parte con él en su gloria.

Si en 8:1-13 Pablo habla del «Espíritu de vida», en 8:14-17 desarrolla el tema del «Espíritu de adopción». Dios nos ha hecho sus hijos mediante la obra de su Espíritu. Por ello, ahora nos gozamos en poder llamar «Padre» a Dios. Pero nos gozamos igualmente en saber que Dios, habiéndonos adoptado, nos ha hecho también sus herederos. Por consiguiente, podemos anticipar el futuro con confianza.

Pablo vincula los versículos 14–17 con el 13; obsérvese que en el versículo 14 la NVI continúa la misma oración gramatical del 13. El Espíritu nos guía y por ello podemos tener la confianza de que «viviremos». El reconocimiento de que somos hijos de Dios es otra razón más para nuestra certeza de que, ciertamente: «ya no hay ninguna condenación para los que están unidos a Cristo Jesús» (8:1).

En nuestro lenguaje popular, los cristianos utilizamos a menudo expresiones como «guiados por el Espíritu» para referirnos a su dirección: «Fui guiado por el Espíritu a darle testimonio». Pero esto no es probablemente lo que Pablo quiere decir aquí.[1] Como en Gálatas 5:18, donde aparece esta misma construcción, «ser guiado por el Espíritu» significa que «la orientación esencial de tu vida está determinada por el Espíritu».[2] Esta expresión es una manera de resumir las diferentes descripciones de la vida del Espíritu que encontramos en 8:4–9.

El esfuerzo de Pablo por equilibrar el indicativo y el imperativo es de nuevo evidente. Por la obra del Espíritu tenemos vida (8:1–11). Para alcanzar la vida eterna, hemos de servirnos del Espíritu para dar muerte al pecado (8:12–13). Y sabemos que viviremos porque el Espíritu ha tomado posesión de nosotros (8:14). En el argumento que desarrolla Pablo del Espíritu a la vida, el «término intermedio» es

---

1. Aunque la mayoría de los intérpretes cristianos antiguos entendían que el tema de este texto era la guía.
2. El griego utiliza el verbo en voz pasiva *ago*, «guiar/ser guiado», con el dativo *pneumati*, «por el Espíritu». Sobre sus significados, ver Brendan Byrne, *«Sons of God – "Seed of Abraham": A Study of the Idea of Sonship of God of All Christians in Paul Against the Jewish Background* [«Semilla de Abraham»: un estudio sobre la idea paulina de la adopción de todos los cristianos por parte de Dios en un trasfondo judío], (Roma: Instituto Bíblico Pontificio, 1979), 98.

«los hijos de Dios». La imaginería procede del Antiguo Testamento, donde a Dios se le presenta como el «padre» de Israel (p. ej., Dt 32:6; Is 64:8; cf. *Jubileos* 1:25) y a Israel como su «hijo» (Éx 4:22; Jer 3:19; 31:9; Os 11:1) o «hijos» (Dt 14:1; Is 43:6; Os 1:10 [citado en Ro 9:26]).

En 8:15–16, Pablo hace una pausa en su argumento para explicar la conexión que existe entre el Espíritu y la condición de hijos de Dios. El versículo 15 plantea un contraste entre dos espíritus distintos: «un espíritu que de nuevo los esclaviza al miedo» y «el Espíritu que los adopta como hijos». Los comentaristas han propuesto varias opciones para identificar a este «espíritu de temor»,[3] pero este enfoque es erróneo. Pablo está utilizando un recurso retórico para explicar la naturaleza del Espíritu que hemos recibido. Lo que está diciendo es que el Espíritu de Dios que hemos recibido no es un espíritu de temor, sino el Espíritu que nos hace hijos de Dios.

Como indica la traducción de la NIV, la palabra *huiothesia* (lit «filiación») puede también traducirse con la idea de «adopción» (esta palabra no aparece en la LXX; en el Nuevo Testamento ver también Ro 8:23; 9:4; Gá 4:5; Ef 1:5). Los judíos no practicaban el acto legal de la adopción, es, pues, casi seguro que Pablo utilizara la imagen de la práctica grecorromana por la que un hombre podía otorgar formalmente a un hijo adoptivo todos los derechos legales de un hijo biológico.[4] Esto, sugiere Pablo, es lo que el Espíritu de Dios confiere a cada creyente: los derechos y privilegios de los hijos de Dios.

Por ello somos movidos a exclamar en un espontáneo arranque: «¡Abba, Padre!» En ocasiones se afirma que los judíos nunca llamaron «Abba» a Dios. Esto no es estrictamente cierto, aunque sí era una manera poco común de hablar de Dios. Lo más importante es que el Espíritu nos capacita para experimentar esta misma clase de relación íntima con el Padre que tuvo Jesús, quien también llamó «Abba» a Dios (Mr 14:36). No es solo que el Espíritu nos confiera esta posición, sino que, mediante su testimonio a nuestro espíritu, nos imparte la certeza interior de ser los amados hijos de Dios.

Con el versículo 17 se reanuda el curso principal del argumento de Pablo en este párrafo, que sigue la secuencia «Espíritu», «adopción», «heredero». La transición es natural. Al hijo adoptado se le garantizan legalmente todos los beneficios del hijo natural, entre los que está ser el heredero de su nuevo padre. Sin embargo, precisamente porque el hijo adoptado es heredero, hay todavía algo incompleto en su posición. Aunque legalmente forma parte de una nueva familia, los hijos adoptados no poseen aún todos los beneficios de su nuevo estatus. Por ello, Pablo nos recuerda que los cristianos hemos aún de esperar la consumación plena de esta nueva posición. Un día tomaremos plena posesión de nuestra herencia, siguiendo

---

3. P. ej., el Espíritu Santo en el Antiguo Testamento, que creaba un sentido de esclavitud y temor en las personas por medio de la Ley (así opinan muchos puritanos; cf. Kevan, *Grace of Law* [La Gracia de la Ley] 88–89).
4. Ver especialmente Francis Lyall, *Slaves, Citizens, Sons: Legal Metaphors in the Epistles* [Esclavos, ciudadanos, hijos: metáforas legales en las Epístolas], (Grand Rapids: Zondervan, 1984), 67–99.

al Hijo que nos ha precedido. Participaremos en su glorioso estado. Mientras tanto, sin embargo, hemos de seguirle por el mismo camino que él transitó rumbo a la gloria: el camino del sufrimiento.

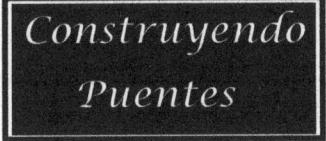

DE ESCLAVOS A HIJOS. Entender Romanos 8:14–17 es más fácil cuando reconocemos en el texto un patrón argumental que Pablo utiliza con mayor detalle en otros pasajes. Obsérvense los paralelismos entre Romanos 8:1–17 y Gálatas 4:3b–7:

Gálatas 4:3b–7	*Romanos 8:1–17*
Estábamos esclavizados por los principios de este mundo. 4 Pero cuando se cumplió el plazo, Dios envió a su Hijo, nacido de una mujer, nacido bajo la Ley, 5 para rescatar a los que estaban bajo la Ley, a fin de que fuéramos adoptados como hijos. 6 Ustedes ya son hijos [*huiothesia*]. Dios ha enviado a nuestros corazones el Espíritu de su Hijo, que clama: «¡Abba! ¡Padre!» 7 Así que ya no eres esclavo sino hijo; y como eres hijo, Dios te ha hecho también heredero.	Me ha liberado de la Ley del pecado y de la muerte (v. 2b). Por eso Dios envió a su propio Hijo en condición semejante a nuestra condición de pecadores (v. 3b) para que se ofreciera en sacrificio por el pecado (v. 3c) ustedes [...] recibieron el Espíritu que los adopta como hijos [*huiothesia*] (v. 15b) y les permite clamar: «¡Abba! ¡Padre!» (v. 15b) Cf. el Espíritu de Dios vive en ustedes (v. 9b). Y ustedes no recibieron un espíritu que de nuevo los esclavice al miedo (v. 15a) Y si somos hijos, somos herederos (v. 17a).

En ambos pasajes, Pablo afirma que los creyentes pasan de ser esclavos a hijos por medio de la muerte expiatoria de Cristo, «enviado» como uno de nosotros. A esta nueva posición se le llama «adopción» (*huiothesia*), y está estrechamente vinculada con el Espíritu, quien mora en nosotros y nos hace conscientes de que ahora somos los amados hijos de Dios y le pertenecemos. También en ambos textos, ser hijos de Dios conduce a ser sus herederos. Naturalmente, en Romanos 8 Pablo suaviza el denso argumento de Gálatas 4:1–7 tejiendo elementos de este pasaje en un contexto más amplio. Como sugiere el contexto de Gálatas, es posible que Pablo haya utilizado la imaginería del esclavo convertido en hijo para representar la nueva posición de Israel en Cristo. Si esto fuera así, el apóstol habría adaptado la imaginería y ensanchado su ámbito para incluir a todos los creyentes. Por tanto, vemos aquí de nuevo que Pablo considera la experiencia de Israel como paradigma de la situación de todos los seres humanos.

Hay otro elemento de este esquema conceptual que requiere comentario: el enfoque sobre «hijos» (8:14) y «adopción» (8:15). En los versículos 16–17 Pablo utiliza una palabra griega para hijos (*tekna*) que alude indistintamente a varones y a mujeres, a diferencia de la que ha venido utilizando (*huios*), que es masculina; esto sugiere que con la utilización de *huios* no pretende excluir a las mujeres de la posición que se describe. La utilización de la terminología masculina se debe a que en la cultura de Pablo era habitual que los varones fueran adoptados, y también a que el uso del masculino es una forma genérica de aludir a ambos géneros. En otras palabras, para trasladar este mensaje desde la cultura de Pablo a la nuestra, parece apropiado, como hace la NRSV, traducir la palabra *huioi* del versículo 14 como «hijos» (En inglés existen dos palabras distintas para traducir hijo: «child» [hijo/a] y «son» [hijo varón]. Los traductores bíblicos han utilizado, en general, la primera para traducir el término griego *teknos* y la segunda para *huios*. En nuestras traducciones no se aprecia esta diferencia puesto que ambos términos griegos se traducen como «hijos», con lo cual el lector hispano pierde algunos importantes matices. En este párrafo el autor explica cuestiones relativas a la traducción de estos términos al inglés. N. del T.) Es posible que esta sea la mejor alternativa, pero con ella puede perderse un importante punto. Puesto que nuestra posición como «hijos» (*huios*) está estrechamente vinculada, sugiere Pablo, a la de Jesús como el Hijo (8:3, 29; cf. Gá 4:4). Somos «hijos de Dios» (*huios*) por cuanto nos identificamos con Jesús, el Hijo. Esta resonancia se silencia si dejamos de utilizar aquí la terminología de hijo (El autor alude a las traducciones inglesas que traducen *huioi* como *children* en lugar de *sons*. N. del T.).

Significado Contemporáneo

Seguridad. El sentimiento provocado por el rechazo es muy común en nuestro mundo. Los maridos, rechazan a sus esposas y las esposas a sus maridos como muestran los elevados índices de divorcio. Los padres rechazan a los hijos y los hijos a los padres. En el instituto unos estudiantes rechazan a otros porque no encajan dentro de su «grupo excluyente». Probablemente, cada lector podría aportar su propia experiencia específica de rechazo. Lo triste del caso es que cada vez es más difícil encontrar relaciones personales seguras y permanentes. Por ello, las personas se sienten inquietas e inseguras. Conozco a mujeres que llevan veinticinco años casadas con maridos que las aman, y que encuentran difícil confiar en ellos por los matrimonios rotos que ven a su alrededor.

Naturalmente, ninguna relación humana puede ofrecer una seguridad definitiva. El cónyuge más fiel y bienintencionado puede morir en cualquier momento. Sin embargo, Dios puede brindarnos lo que nuestros semejantes no podrán jamás. En medio de nuestras dudas y desilusiones, él nos ofrece la relación más segura que podamos imaginar: la adopción para formar parte de su familia eterna. A través de nuestra fe en Cristo, el Hijo de Dios, nos convertimos en sus «hermanos y hermanas» (ver Heb 2:10–13), hijos de Dios y coherederos con Cristo de todo lo que Dios ha prometido a los que le aman. Formamos parte del «grupo» definitivo: los amados hijos del Dios del Universo, y no hemos de preocuparnos por la posibilidad de ser rechazados en esta relación. Como Pablo ha venido enseñando a lo largo de estos capítulos y recordará de nuevo en 8:18–39, nuestra adopción es permanente. Nada puede cambiarla; nada ni nadie pueden impedir que disfrutemos el favor y la bendición de Dios eternamente.

No es de extrañar que de manera espontánea exclamemos: «¡Abba, Padre!» ¿Cómo es posible que alguien que de verdad entiende que ha sido adoptado en la familia de Dios, y que ha recibido todos los privilegios que disfrutan sus hijos, no prorrumpa en una asombrada alabanza y acción de gracias? Algunos creyentes, molestos por los excesos que se cometen en grupos carismáticos extremistas, se retraen y no expresan ninguna emoción. Les preocupa que las personas basen su fe en las emociones en lugar de en la sólida roca de la obra de Dios en Cristo a nuestro favor. Tienen razón para preocuparse. Algunos cristianos parecen ser todo emoción, siempre montados en la montaña rusa de una fe que carece de la estabilidad que procede de una verdadera apropiación de la Palabra de Dios.

Sin embargo, la emoción debería formar parte de cualquier experiencia verdadera del Dios vivo. Sin duda cada uno expresará sus emociones de manera distinta. Algunos son desinhibidos por naturaleza y levantan las manos en la adoración pública sin ni siquiera darse cuenta. Puede que otros sean menos proclives a las expresiones públicas, aunque estén tan conmovidos como nuestros hermanos y hermanas más extrovertidos. Sin embargo, al margen de cómo los expresemos, el gozo y la alabanza que bullen dentro de nosotros cada vez que somos conscientes de nuestra posición en Cristo son inevitables.

Sin embargo, cabe la pregunta ¿valoramos correctamente esta posición? Es probable que nunca lo hagamos en la medida que debemos. La meditación en la Escritura puede ayudarnos a conseguirlo. El canto de buenos himnos y canciones sobre los dones de Dios en Cristo puede ayudarnos a entender de un modo nuevo y asombroso las maravillas de la Gracia de Dios en nuestras vidas. Uno de mis himnos preferidos es «And Can It Be?» (¿Y puede ser?). Hay una estrofa de este himno especialmente apropiada para concluir esta sección y avivar nuestras emociones:

> No temo ahora condenación alguna,
> ¡Jesús, y todo en él, es mío!
> Vivo en él, mi Cabeza,
> Vestido de divina justicia,
> Con libertad me acerco al trono eterno,
> Y reclamo la corona, por medio de mi Cristo.
> ¡Sorprendente amor! ¿Cómo puede ser
> que tú, Dios mío, murieras por mí?

Romanos 8:18-30

De hecho, considero que en nada se comparan los sufrimientos actuales con la gloria que habrá de revelarse en nosotros. 19 La creación aguarda con ansiedad la revelación de los hijos de Dios, 20 porque fue sometida a la frustración. Esto no sucedió por su propia voluntad, sino por la del que así lo dispuso. Pero queda la firme esperanza 21 de que la creación misma ha de ser liberada de la corrupción que la esclaviza, para así alcanzar la gloriosa libertad de los hijos de Dios. 22 Sabemos que toda la creación todavía gime a una, como si tuviera dolores de parto. 23 Y no sólo ella, sino también nosotros mismos, que tenemos las primicias del Espíritu, gemimos interiormente, mientras aguardamos nuestra adopción como hijos, es decir, la redención de nuestro cuerpo. 24 Porque en esa esperanza fuimos salvados. Pero la esperanza que se ve, ya no es esperanza. ¿Quién espera lo que ya tiene? 25 Pero si esperamos lo que todavía no tenemos, en la espera mostramos nuestra constancia. 26 Así mismo, en nuestra debilidad el Espíritu acude a ayudarnos. No sabemos qué pedir, pero el Espíritu mismo intercede por nosotros con gemidos que no pueden expresarse con palabras. 27 Y Dios, que examina los corazones, sabe cuál es la intención del Espíritu, porque el Espíritu intercede por los creyentes conforme a la voluntad de Dios. 28 Ahora bien, sabemos que Dios dispone todas las cosas para el bien de quienes lo aman, los que han sido llamados de acuerdo con su propósito. 29 Porque a los que Dios conoció de antemano, también los predestinó a ser transformados según la imagen de su Hijo, para que él sea el primogénito entre muchos hermanos. 30 A los que predestinó, también los llamó; a los que llamó, también los justificó; y a los que justificó, también los glorificó.

Pablo comenzó la segunda sección principal de su exposición del Evangelio afianzando a los creyentes en su segura esperanza de salvación en el juicio (5:1–11). Ahora regresa a su punto de partida, presentándonos el maravilloso hecho de nuestra esperanza como cristianos y la sólida base sobre la que ésta descansa. El incentivo inmediato es el final de 8:17, donde el apóstol nos recordaba que, si esperamos compartir la gloria de Cristo, hemos de participar también en sus sufrimientos. El tema de 8:18–30 es la futura gloria del creyente. El pasaje comienza («la gloria que habrá de revelarse en nosotros», v. 18) y termina («y a los que justificó, también los glorificó» v. 30) con esta nota.

En el cuerpo del texto, Pablo afirma dos cuestiones esenciales acerca de esta gloria. (1) Es el clímax del plan de Dios tanto para su pueblo como para su creación en general. Puesto que no hemos alcanzado este clímax, hemos de esperarlo con expectación y paciencia (vv. 18-25). (2) Dios mismo nos proporciona lo que necesitamos para esperar de este modo (con expectación y paciencia). El Espíritu nos ayuda a orar (vv. 26-27), y Dios promete supervisar el proceso para que todas las cosas contribuyan a nuestro bien (v. 28) según su plan para nosotros (vv. 29-30). La figura del Espíritu Santo no se destaca tanto como en 8:1-17. Sin embargo, aun así desempeña un papel muy importante como «puente» entre nuestra experiencia presente como hijos de Dios y nuestra adopción final en su familia (v. 23).

Anticipación de la gloria futura (8:19-25)

Como en el capítulo 5 (ver 5:3-4), Pablo no intenta esconder el hecho de que los creyentes sufren. De hecho, el apóstol lo subraya. Como personas que se identifican con alguien que vino a trastornar los valores de este mundo, los cristianos compartirán inevitablemente el rechazo y las pruebas que experimentó el propio Cristo. La vida cristiana comprometida siempre sacará de quicio al mundo en algún momento, y es inevitable que haya fricción.

Sin embargo, tales sufrimientos no tienen punto de comparación con la gloria «que habrá de revelarse en nosotros» (v. 18). Esta última frase es difícil de traducir. La preposición que Pablo utiliza (*eis*) no significa exactamente «en» ni «a» (p. ej., NRSV). Lo que Pablo está dando a entender es que la gloria de que está hablando ya existe; en palabras de Pedro, nuestra salvación final está «reservada en el cielo para ustedes, a quienes el poder de Dios protege mediante la fe hasta que llegue la salvación que se ha de revelar en los últimos tiempos» (1P 1:4-5). De manera que, lo que ahora existe ya, un día nos será dado «a» nosotros para que pueda venir a residir «en» nosotros, transformándonos a imagen de Cristo (ver Ro 8:29).

En los versículos 19-21, Pablo acentúa la importancia de esta revelación de gloria vinculando a ella la liberación de toda la Creación. Los intérpretes debaten a qué puede aludir exactamente esta «creación» (*ktisis*). Puesto que habla de un modo muy personal (p. ej., en v. 22, gime), muchos opinan que el apóstol solamente está haciendo referencia a los seres humanos, o quizá a los no creyentes. Pablo puede utilizar esta palabra para aludir a «criaturas» humanas (Gá 6:15; Col 1:23), sin embargo el apóstol la aplica por regla general a toda la Creación de Dios (Ro 1:20, 25; 8:39; 2Co 5:17; Col 1:15). La clave para entender su significado aquí está en la insistencia de Pablo en el sentido de que la «Creación» no es la responsable de la frustración que está experimentando. Hemos, por tanto, de excluir a todos los seres humanos, puesto que todos ellos tomaron parte en la Caída. Junto con la mayoría de los comentaristas modernos, concluimos que Pablo se refiere a toda la creación sub humana: plantas, animales, rocas, etcétera.[1]

Siguiendo el ejemplo de los salmistas, Pablo personifica el mundo creado, utilizando un lenguaje vívido y poético para hablar de su «frustración» (v. 20) y su «liberación» final (v. 21). El mundo creado no ha conseguido alcanzar su pro-

---

1. Ver especialmente Cranfield, *The Epistle to the Romans* [La Epístola a los Romanos], 410-13.

pósito original. El pecado humano es el responsable de que la Creación no sea lo que Dios quiso que fuera. La expresión «el que la sujetó» [NVI «el que así lo dispuso»] puede entonces aludir a Adán, a Satanás, o a Dios.[2] Sin embargo, solo Dios «sujetó» verdaderamente la Creación —en su decreto posterior a la Caída— y únicamente Dios lo hizo en «la firme esperanza de que la creación misma ha de ser liberada». Un día, Dios liberará al mundo creado de la decadencia que lo echa todo a perder tras la caída de los seres humanos en el pecado. El destino de la Creación está estrechamente vinculado al de la Humanidad. Puesto que la destrucción de la Creación se produjo a través del hombre, así, su restauración será también por medio de los hijos de Dios glorificados.

La Creación, pues, gime «como si tuviera dolores de parto». El dolor que experimenta una mujer que va a dar a luz un hijo es la vívida metáfora de un sufrimiento que tiene un resultado gozoso. Los autores bíblicos utilizan esta imaginería para dar un «giro» cristiano a las dificultades de esta vida (ver Mt 24:8; Mr 13:8; Jn 16:20–22). Desde una perspectiva cristiana, el sufrimiento no es sino algo momentáneo que resulta en gozo eterno (ver Ro 8:18). Por ello, los cristianos se unen a la Creación en este gemir (8:23).

Muchos intérpretes consideran que la expresión «que tenemos las primicias del Espíritu» tiene carácter concesivo, es decir, gemimos a pesar de que tenemos al Espíritu.[3] Pero la frase tiene más sentido dándole una interpretación causal: gemimos porque tenemos el Espíritu.[4] Una vez que el Espíritu, con su demanda de santidad, entra en nuestras vidas, sentimos como nunca antes lo que Dios quiere que seamos. Por ello, la presencia del Espíritu aumenta nuestra frustración por no satisfacer las normas de Dios y nuestro anhelo de ser lo que él quiere que seamos. ¿Qué es lo que esperamos? La expresión «redención de nuestro cuerpo» alude al rescate del cuerpo físico del pecado y de la muerte que tendrá lugar cuando sea resucitado de entre los muertos (ver 8:10–11).

¿Pero cómo puede Pablo sugerir que anhelamos también «nuestra adopción como hijos»? ¿Acaso no ha dicho que hemos sido ya adoptados (8:16)? Aquí encontramos un clásico ejemplo de la tensión «ya – todavía no» que impregna la enseñanza del Nuevo Testamento sobre la vida cristiana. Sí, somos ya hijos de Dios: justificados, reconciliados e incorporados a su familia. Pero todavía no somos hijos de Dios del modo en que un día lo seremos: poseyendo plenamente la herencia y disfrutando de perfecta santidad en cuerpos resucitados y glorificados.

En vista de esta tensión, queda, pues, claro que la «esperanza» es una parte inevitable de la vida cristiana. Fuimos «salvos» en esta esperanza; es decir, la esperanza ha sido una parte de nuestra salvación desde el tiempo de nuestra conversión. La naturaleza misma de la esperanza implica que esperamos algo que

---

2. A favor de Adán, cf, p. ej. G.W.H. Lampe, «The New Testament Doctrine of *Ktisis*» [La doctrina neotestamentaria de *Ktisis*], *SJT* 17 (1964): 458; a favor de Satanás, ver, p. ej., Godet, *Commentary on Romans* [Comentario de Romanos], 314 –15; a favor de Dios están casi todos los comentaristas modernos.
3. P. ej. Godet, *Commentary on Romans* [Comentario de Romanos], 318.
4. P. ej. Dunn, *Romans* [Romanos], 473–74.

ahora no vemos. Dios nos ha prometido gloria, una gloria que ya existe en el cielo para nosotros. Pero no podemos verla, oírla ni saborearla; sencillamente hemos de esperarla.

Sin embargo, nos asegura Pablo, ésta no es como las esperanzas humanas normales del tipo que dice: «espero que me toque la lotería». No, la esperanza cristiana se basa firmemente en Dios mismo. Por ello, podemos «esperarla con paciencia [*hypomones*]» o, quizá mejor, «con tenacidad». Esta palabra sugiere la capacidad de seguir adelante bajo las pruebas que nos sobrevienen (cf. Ro 5:3–4; Heb 10:36; 12:1; Stg 1:3–4; 5:11). La palabra «esperar», la misma que Pablo ha utilizado en relación con la Creación en Romanos 8:19, connota a una persona que estira el cuello para avistar a alguien o algo que se acerca. En los versículos siguientes (8:26–30), Pablo explicará por qué los creyentes pueden esperar el futuro con tanta expectación y confianza.

La provisión de Dios para este tiempo de espera (8:26-30)

Con frecuencia se piensa que la expresión «así mismo», que conecta estos versículos con su contexto, se relaciona con la idea de «gemir» que Pablo utiliza en este pasaje: la creación gime (v. 22), los cristianos gemimos (v. 23), y «así mismo» el Espíritu gime.[5] Sin embargo, existe una conexión más estrecha con el versículo inmediatamente anterior: igual que la esperanza nos sostiene en nuestro tiempo de sufrimiento (vv. 24–25), así el Espíritu nos sostiene en nuestro tiempo de debilidad.[6] La palabra «debilidad» alude entonces a las limitaciones de nuestra condición humana. Estas limitaciones hacen que no sepamos «qué pedir».

Nuestra percepción de la voluntad de Dios deja mucho que desear, y por ello en muchas situaciones nos sentimos desconcertados y no sabemos exactamente qué pedir. Pero el Espíritu viene en nuestra ayuda, intercediendo a nuestro favor «con gemidos que no pueden expresarse con palabras». Algunos intérpretes opinan que en este versículo Pablo podría estar haciendo referencia a hablar en lenguas.[7] Sin embargo, el don de lenguas lo reciben solo algunos cristianos (1Co 12:30). Otros sugieren que Pablo está utilizando una vívida imaginería para aludir a la oración del Espíritu en nuestros corazones al Señor.[8] Otros comentaristas opinan que Pablo se refiere a los gemidos audibles, pero sin palabras, del cristiano en su lucha en oración delante del Señor.[9]

Es difícil decidirse entre estas dos últimas alternativas. La idea de «gemir» se ha utilizado metafóricamente en el contexto (v. 22), de manera que la primera opción es sin duda posible. Además, la palabra que en la NVI se traduce como «que no pueden expresarse con palabras» puede significar, o bien «no expresadas»

---

5. P. ej. Godet, *Commentary on Romans* [Comentario de Romanos], 320; Dunn, *Romans* [Romanos], 476.
6. Ver especialmente Murray, *The Epistle to the Romans* [La Epístola a los Romanos], 1:85–11.
7. P. ej. Käsemann, *Commentary on Romans* [Comentario de Romanos], 239–42; Fee, *God's Empowering Presence* [La presencia capacitadora de Dios], 577– 86.
8. P. ej. Cranfield, *The Epistle to the Romans* [La Epístola a los Romanos], 422.
9. P. ej. Morris, *The Epistle to the Romans* [La Epístola a los Romanos], 326 –28.

o «inefables» (que no pueden articularse en palabras). Sea cual sea el sentido, la idea principal de Pablo está muy clara: estos gemidos del Espíritu están en perfecta armonía con la voluntad de Dios (v. 27). Por esta razón Dios, que conoce el corazón, oye y responde tales oraciones. Nuestra incapacidad para orar tan específicamente como nos gustaría no es obstáculo para que Dios pueda llevar a cabo su perfecta voluntad en nuestras vidas. Puede que no sepamos lo que hemos de pedir en una determinada situación, pero el Espíritu sí lo sabe. Sus peticiones están en perfecta consonancia con la voluntad del Señor para nosotros. Del mismo modo que Jesús intercede por nosotros ante el Padre (cf. 8:34), garantizando nuestra salvación, así el Espíritu intercede por nosotros en nuestros corazones, preparándonos para ella.

En este tiempo de sufrimiento expectante, la intercesión del Espíritu es un gran apoyo. La Providencia de Dios es otro soporte. Con la palabra «providencia» aludimos al benéfico gobierno de Dios sobre todos los acontecimientos de la vida. La famosa promesa de 8:28 es una de las grandes descripciones bíblicas de la Providencia. Las traducciones, afectadas por una variante textual, difieren considerablemente. Hemos de responder a tres preguntas. (1) ¿Cuál es el sujeto del verbo «*synergei*»? ¿El Espíritu (sujeto en los vv. 26–27; ver REB)?[10] ¿Dios (sujeto de la última cláusula del versículo. 27; ver NVI; NASB)?[11] ¿O «todas las cosas» (NRSV)?[12] La manera más natural de leer el versículo es con «todas las cosas» como sujeto de la oración. No obstante, en el último análisis, la identidad del sujeto gramatical no afecta mucho al sentido del versículo, puesto que solo Dios, por medio de su Espíritu, puede hacer que «todas las cosas» obren para nuestro bien.

(2) Otra cuestión es si el verbo (*synergeo*) debe traducirse «obrar conjuntamente» (la mayoría de las traducciones en inglés adoptan este sentido) o simplemente «obrar» (NIV). La NIV está probablemente en lo cierto. Por tanto traduciríamos, «sabemos que todas las cosas obran para el bien de quienes aman a Dios y son llamados según su propósito». En este contexto, el «bien» es especialmente la gloria final a la que Dios nos ha destinado. Pero incluye también los beneficios de ser hijo de Dios en esta vida (ver la sección «Significado contemporáneo»).

(3) Por último, ¿a quién se aplica esta promesa? A todos los creyentes. Pablo define a los cristianos desde un punto de vista humano como («quienes lo aman

---

10. Ver, p. ej., Fee, *God's Empowering Presence* [La presencia capacitadora de Dios], 588–90.
11. Esta sería la lectura requerida si la variante textual que añade *ho theos* («Dios») fuera correcta. Tiene apoyo en algunos buenos manuscritos (el antiguo papiro P[46], y los dos antiguos unciales alejandrinos A y B). Pero la mayoría de los exégetas modernos la desestiman como un intento temprano de clarificar el versículo por parte de los escribas (ver, p. ej., Bruce M. Metzger, *A Textual Commentary on the Greek New Testament* [Un comentario textual del Nuevo Testamento griego] [Nueva York: United Bible Societies, 1971], 518). Pero «Dios» podría, aun así, entenderse como sujeto del versículo (ver, p. ej., Sanday y Headlam, *The Epistle to the Romans* [La Epístola a los Romanos], 215; Byrne, *Sons of God* [Hijos de Dios], 113–14).
12. Ver especialmente Cranfield, *The Epistle to the Romans* [La Epístola a los Romanos], 424–29.

[a Dios]») y desde una perspectiva divina («los que han sido llamados de acuerdo con su propósito»). La expresión «quienes aman [a Dios]» es simplemente un modo de describir al pueblo de Dios (ver 1Co 2:9; 8:3; Ef 6:24); no es un requisito de la promesa, como si Pablo quisiera decir que Dios obra solo para beneficio de los creyentes que le aman lo suficiente.

El «propósito» de Dios se esboza en 8:29-30. Dios ha llevado a cabo una serie de acciones que crean a su pueblo, le sustentan, y le llevan a la gloria. La primera acción es la más polémica. El verbo griego «conocer de antemano» (*proginosko*) significa generalmente saber algo con antelación. Algunos intérpretes insisten en que, por tanto, también aquí ha de significar esto. Dios «supo algo» sobre nosotros antes de tiempo, y sobre esta base, nos «predestinó». Por regla general, lo que se piensa que Dios sabía de antemano es que cierta persona respondería positivamente al Evangelio y creería.[13]

Sin embargo, el uso bíblico de «conocer» y «conocer de antemano» crea una imagen distinta. En la Escritura el conocimiento de Dios alude a menudo al establecimiento de su relación con alguien. «Sólo a ustedes los he conocido [NVI escogido] de todas las familias de la tierra», afirma Dios (Am 3:2). Dios lo sabe todo sobre todas las familias de la Tierra, sin embargo solo con Israel ha entrado en relación. En cuatro de las seis ocasiones en que aparece en el Nuevo Testamento, el verbo «conocer de antemano» y su cognado, «presciencia», tiene este sentido (Hch 2:23; Ro 11:2; 1P 1:2; 3:17; cf. también Hch 26:5; 2P 3:17). Este es probablemente el significado que el verbo tiene aquí. Otro hecho añadido a la probabilidad de esta interpretación es que el verbo tiene un objeto personal («aquellos»).

Lo que Pablo está pues diciendo es que el plan de Dios para nosotros comenzó con la decisión de iniciar una relación con nosotros. Esto le llevó, a su vez, a la decisión de «predestinarnos». Como sugiere el término traducido en español, la palabra (*proorizo*) significa simplemente dirigir a una persona a una meta específica (el verbo aparece también en el v. 30; cf. Hch 4:28; 1Co 2:7; Ef 1:5, 11). Pablo explica la meta: «ser transformados según la imagen de su Hijo». La última etapa de la existencia cristiana es ser «transformados» según el glorioso cuerpo de Cristo (ver Fil 3:21). Dios inicia una relación con nosotros para que podamos alcanzar esta meta.

La referencia de Pablo a la transformación según la imagen de Cristo como meta de la predestinación interrumpe la secuencia de los verbos. En el versículo 30 el apóstol reanuda dicha secuencia, comenzando en el punto donde se había quedado, es decir, la predestinación. El verbo «llamar» no alude a la invitación general del Evangelio. Se trata de la efectiva llamada de Dios a establecer una relación consigo por medio de Cristo (ver 1:7). Tras colocarnos camino de la meta de la conformidad con Cristo, Dios en su Gracia y por su Espíritu nos toma y nos lleva a formar parte de su pueblo. A continuación nos «justifica», es decir, nos declara inocentes delante de él (ver caps. 1–4).

---

13. P. ej. Godet, *Commentary on Romans* [Comentario de Romanos], 324–25.

Por último, como punto culminante de esta serie, Dios nos «glorifica». Este verbo está en el mismo tiempo (aoristo) que todos los demás de esta secuencia, un tiempo que con frecuencia (aunque no siempre) alude a una acción del pasado. La razón por la que Pablo utiliza este tiempo aquí en un verbo cuya acción es todavía futura no está clara. Probablemente, la mejor explicación es que el apóstol ve estas cosas desde la óptica de Dios. Dios ha tomado ya la decisión de glorificar a todos aquellos a quienes ha justificado.

Esta secuencia de verbos se ha citado mucho en el debate soteriológico para tratar asuntos como la elección, la predestinación y la seguridad eterna (ver sección «Significado contemporáneo»). Pero no hemos de perder de vista la intención principal de Pablo, a saber, asegurar a los creyentes que Dios tiene un plan que está revelando, un proyecto que deja completamente resuelta la cuestión de nuestra gloria futura. Tras la lectura de este texto, el apóstol no quiere que nos quedemos con algunas preguntas teológicas, sino con un renovado sentido de certeza: el Dios que comenzó en nosotros la buena obra sin duda la terminará en el día de Cristo Jesús (Fil 1:6).

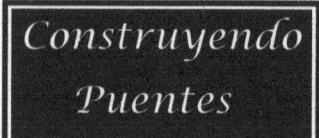

Seguir el argumento. Uno de los errores más importantes que podemos cometer en nuestra lectura de la Biblia es leer los párrafos como si fueran unidades aisladas entre sí. Lamentablemente, al seleccionar lecturas diarias de toda la Biblia, ciertos libros devocionales estimulan esta práctica. Pero los autores bíblicos deseaban que sus libros se leyeran como tales. Leer un párrafo escogido al azar de la mitad de, pongamos, 2 Reyes es como leer un párrafo aislado de la mitad de la última novela de John Grisham. Naturalmente, los géneros bíblicos no pueden compararse realmente con las novelas modernas, y algunos de tales géneros requieren mucha menos lectura secuencial que otros (p. ej., los Salmos). Pero, aun así, lo que acabo de decir es esencialmente válido. Solo podremos entender el significado completo de cualquier texto de la Escritura en la medida en que tengamos en cuenta la forma en que el autor pretendía que funcionase en el contexto de todo el libro.

El principio de la lectura contextual es particularmente importante en Romanos, puesto que en esta carta Pablo está desarrollando un argumento. El apóstol se esfuerza por convencer a los cristianos romanos del poder y verdad del Evangelio tal y como él lo predica. Una vez que entendamos el argumento general, comprenderemos mucho mejor el significado de sus partes específicas. Por otra parte, relacionar correctamente las partes entre sí nos ayudará a determinar el argumento general.

Los lectores modernos de las sociedades occidentales se pierden los matices del argumento de Pablo puesto que estamos acostumbrados a leer de manera lineal. Es decir, nuestra cultura nos ha educado para asumir que los escritores desarrollan su argumento siguiendo una secuencia sencilla:

Consideremos A

y consideremos B

y C

y por tanto, la conclusión, D

Pero la cultura de los autores bíblicos estaba mucho más habituada a estilos cíclicos de argumento. Especialmente común era la que se ha dado en llamar forma «quiásmica» de argumento:

Consideremos A

y por tanto B

B´ de nuevo

a causa de A´

En este ejemplo específico, la conclusión a la que el autor quiere llevarnos aparece hacia la mitad de su argumento. Pero puede también funcionar al revés y, en este caso, la idea principal aparecería en los extremos opuestos de la secuencia. En nuestra exposición de 5:1-11 y 8:18-39 hemos propuesto que estos dos párrafos funcionan como los «sujetalibros» del argumento de Pablo en los capítulos 5-8. Una comparación del vocabulario de estas dos secciones aporta más razones para apoyar esta relación:

	5:1-11	(5:12-8:17)	8:18-39
amor (de Dios/Cristo)	5:5, 8	–	8:35, 39
justificar	5:1, 9	6:7	8:30 [x2], 33
paz	5:1	8:6	–
gloria	5:2	6:4	8:18, 21, 30 (glorificar)
esperanza	5:2, 4, 5	–	8:20, 24 [x4], 25
tribulación/sufrimiento	5:3 [x2]	–	8:18, 35
salvar	5:9, 10	–	8:24
tenacidad/perseverancia	5:3, 4	–	8:25

Naturalmente, puede demostrarse cualquier cosa mediante estadísticas selectivas. Pero las anteriores son palabras clave en ambos párrafos. Aunque los acentos difieren, Pablo explica esencialmente lo mismo en cada una de estas secciones: el creyente justificado puede estar seguro de experimentar la salvación final debido al Amor de Dios, la obra de Cristo, y el ministerio del Espíritu Santo.

Reconocer la relación entre estas secciones tiene tres importantes consecuencias para nuestra lectura de esta parte de Romanos. (1) Refuerza la idea de que los capítulos 5-8 forman una sección integral dentro de Romanos. Sin separar por completo estos capítulos de lo que les rodea y reconociendo que hemos de apreciar la continuidad entre los capítulos 4 y 5 por un lado y 8 y 9 por otra, hemos, no obstante, de entender estos capítulos en una relación especial.

(2) Esto facilitará una interpretación más exacta del argumento en su conjunto. A lo largo de los siglos, los eruditos han debatido la aportación exacta de estos capítulos al argumento de Pablo en Romanos. Una vez que reconocemos la *inclusio* que enmarca estos capítulos, podemos concluir con cierta confianza que su propósito general es convencer a los creyentes justificados de que pueden tener confianza ante la perspectiva del juicio final.

(3) Habiendo aislado la idea principal, podemos entender mejor la aportación de cada sección individual. Como ya hemos visto, estaremos menos inclinados a pensar que 5:12-21 trata del pecado original si reconocemos su conexión con 5:1-11 y la explicación de la defensa de la certeza cristiana.

Creación y restauración. Las interesantes alusiones de Pablo a la creación subhumana en 8:19-22 han suscitado considerable interés. En ningún otro lugar del Nuevo Testamento tenemos un texto como éste, que trate de la caída y de la restauración, no solo de los seres humanos, sino del mundo en general. Como un primer paso hacia la aplicación de este pasaje, consideraremos aquí algunas enseñanzas del tiempo de Pablo que podrían haberle influenciado.

Particularmente importantes eran ciertas tradiciones de la Apocalíptica judía. Con el término «apocalíptica» se alude a un amplio movimiento dentro del mundo judío del tiempo de Pablo. Con sus orígenes en las crisis que el pueblo judío experimentó en los dos siglos antes de Cristo, el movimiento apocalíptico encontró consuelo para el sufrido pueblo de Dios en las realidades finales de la esfera espiritual. En la Tierra, el pueblo de Dios estaba atravesando un tiempo difícil. Sin embargo, desde la perspectiva celestial, se estaba desarrollando un plan divino que inevitablemente llevaría redención a los que se mantuvieran fieles. El término *apocalíptica* procede de la palabra griega que significa «revelación» (*apokalypsis*), y los escritores del movimiento apocalíptico insistían en poseer una revelación de lo que Dios estaba haciendo en la Historia. Aunque difiere en algunos aspectos importantes de las obras apocalípticas judías, el libro de Apocalipsis es ejemplo de esta literatura en el Nuevo Testamento.

¿Qué tiene todo esto que ver con Romanos 8? En un intento de dar sentido al mundo, los escritores apocalípticos solían contrastar agudamente el nuevo mundo de la obra redentora de Dios con el antiguo del pecado y de la muerte. La vindicación de sus santos por parte de Dios no tendría lugar de forma gradual por medio de los procesos de la Historia, sino de repente, en un espectacular despliegue del poder de Dios. Tan drástico era el cambio de este mundo al venidero que la obra redentora de Dios se representaba con frecuencia como una nueva creación que afectaría a la totalidad del Universo. Un reflejo de esta tendencia se evidencia también en la atención que se prestaba al modo en que el pecado humano afectaba al Cosmos. Observemos al respecto los siguientes textos:

> Porque yo hice el mundo para ellos, y cuando Adán transgredió mis estatutos, lo que había sido hecho fue juzgado. (4 Esdras 7:11)

> En aquellos días, los montes danzarán como carneros; y los montes saltarán como cabritos saciados de leche. Y el rostro de todos los

ángeles del cielo resplandecerá de alegría, porque en aquel día se ha levantado el escogido. Y la tierra se gozará, los justos morarán en ella y los escogidos caminarán sobre su faz. (1 Enoc 51:4–5)

Lo que sucederá en aquel tiempo afecta a toda la tierra. Por tanto, todos los que viven lo notarán [...] También los frutos de la tierra se multiplicarán por diez mil. Y una vid tendrá mil sarmientos, y cada pámpano mil racimos, y cada racimo mil granos de uva, y cada grano producirá un coro de vino. Y los que tienen hambre serán saciados y verán además maravillas cada día. Porque delante de mí irán vientos cada mañana para llevar la fragancia de los frutos aromáticos y nubes al final del día para destilar el rocío de la salud. Y sucederá en aquel tiempo que las reservas del maná descenderán de nuevo desde lo alto, y en aquellos años comerán de ellas porque estos son los que habrán llegado al fin de los tiempos (2 Apocalipsis de Baruc 29:1–2, 5–8).

No deberíamos, por tanto, estar tan tristes por el mal que ahora nos ha sobrevenido, sino mucho más (angustiados) por lo que deparará el futuro. Porque mayor que ambos males será el juicio en que el Todopoderoso renovará su Creación (2 Apocalipsis de Baruc 32:5–6).

Es fácil ver las similitudes entre la tradición reflejada en estos textos y Romanos 8:19–22. Los eruditos concuerdan generalmente en que Pablo fue influenciado por este movimiento apocalíptico en su concepción y exposición de la obra de Dios en Cristo.

Pero no hemos de descuidar una fuente potencialmente más importante para la idea paulina de la caída y restauración de la Creación, a saber, los últimos capítulos de Isaías. No existe ningún otro pasaje del Antiguo Testamento que haya tenido una influencia mayor sobre la teología de Pablo. Estos capítulos presentan la futura salvación de Dios como un acontecimiento que abarca todo el Universo. Ver, por ejemplo, Isaías 65:17–21, donde el Señor promete:

17 Presten atención, que estoy por crear
un cielo nuevo y una tierra nueva.
No volverán a mencionarse las cosas pasadas,
ni se traerán a la memoria.

18 Alégrense más bien, y regocíjense por siempre,
por lo que estoy a punto de crear:
Estoy por crear una Jerusalén feliz,
un pueblo lleno de alegría.

19 Me regocijaré por Jerusalén
y me alegraré en mi pueblo;
no volverán a oírse en ella
voces de llanto ni gritos de clamor.

20 Nunca más habrá en ella
niños que vivan pocos días,

ni ancianos que no completen sus años.
El que muera a los cien años
será considerado joven;
pero el que no llegue a esa edad
será considerado maldito.

21 Construirán casas y las habitarán;
plantarán viñas y comerán de su fruto.

La propia tradición apocalíptica se basa en los temas de la nueva creación de Isaías. Por tanto, como sucede por regla general en la historia de las ideas, encontramos una línea de enseñanza sobre este asunto que comienza en el Antiguo Testamento y se extiende hasta Pablo. Es difícil precisar exactamente la parte de la tradición de la que se sirve Pablo, y puede que ni siquiera él mismo lo supiera con precisión. En la cosmovisión judía de Pablo, el concepto de una renovación del mundo flotaba «en el aire».

Significado Contemporáneo

PREOCUPACIÓN POR EL MEDIO AMBIENTE. La preocupación por la salud y el futuro de la naturaleza es una de las fuerzas más poderosas que operan en nuestra cultura. En los últimos veinte años, el ecologismo ha pasado de ser un movimiento marginal a situarse en el centro de la vida contemporánea. Afecta a nuestras vidas en un sinnúmero de formas, desde el modo en que procesamos la basura en casa hasta el sentido de nuestro voto. No obstante, los evangélicos han sido en general lentos en advertir la relevancia de este movimiento, y lo poco que muchos conocen de él tiende a ser negativo. En mi experiencia, descubro que muchos creyentes tienen una actitud recelosa hacia el movimiento ecologista, y esto en el mejor de los casos, ya que muchas veces es de franca hostilidad.

No obstante, yo diría que pasajes como Romanos 8:19–22 deberían llevar a los creyentes a ser ecologistas. Estos versículos dejan claro que Dios pretende liberar —o redimir— junto con sus hijos también al mundo creado. La Creación no es ahora lo que Dios quiso que fuera; ha sido «sometida a la frustración» (v. 20). Pero un día, Dios la liberará de esta servidumbre y la conducirá a la gloriosa libertad de sus hijos (v. 21). Por supuesto, aun en este pasaje los seres humanos siguen siendo el centro de atención del plan de Dios. Sin embargo, Pablo pone de relieve que Dios está también interesado en todo el mundo que ha creado. Entendido con sencillez, esto conduce al ecologismo, es decir, a una preocupación por el medio ambiente en que vivimos.

Naturalmente, todo depende de lo que entendamos por ecologismo. La razón de la hostilidad cristiana es fácil de entender si conceptuamos al ecologismo a partir de sus defensores más extremistas. Sin duda, en una parte del pensamiento ecologista temprano se pone de relieve un evidente prejuicio anticristiano. Algunos teóricos del movimiento defendían que la cosmovisión cristiana consagraba un punto de vista antropocéntrico del Universo que justificaba la despreocupación por el mundo natural y su explotación más egoísta.[14] En su lugar, algunos ecologistas abogaban por un punto de vista *biocéntrico* que valora por igual todas las formas de vida. Edward Abbey, uno de los más populares activistas del ecologismo secular, expresó el lógico extremo de este pensamiento cuando dijo que antes mataría a un hombre que a una serpiente. Los creyentes que leen estas afirmaciones y oyen hablar de adorar a la «Madre Naturaleza» en las religiones paganas y en el movimiento de la Nueva Era concluyen que el cristianismo y el ecologismo son incompatibles.

Sin embargo, tal conclusión es miope y desafortunada. Bien entendida, la preocupación por el medio ambiente es un producto natural de la cosmovisión cristiana, como algunos eruditos han venido señalando desde hace muchos años.[15] Dios creó el mundo, lo declaró bueno y confió su cuidado a los seres humanos. Cierto, Dios otorgó al hombre y a la mujer el derecho de utilizar sus recursos para nuestro bien. Sin embargo, esta condición de «gobernantes» (Gn 1:26) del mundo creado, no nos da el derecho a hacer lo que nos plazca con él; nuestro papel es más bien el de administradores de la Creación. Nuestra gestión no ha de apuntar solo a nuestros intereses sino también a la creación misma, puesto que, como queda claro en pasajes como Romanos 8:19–21, ésta tiene un valor intrínseco, aparte de los beneficios que de ella podamos sacar los humanos.

Considero, de hecho, que algunas reacciones de los cristianos contra el ecologismo son profundamente «no cristianas», configuradas por una misma proporción de egoísmo y materialismo. La satisfacción de nuestros placeres y el mantenimiento de nuestro actual modelo de vida —frecuentemente lujoso— se hace más importante que cuidar del mundo que Dios ha creado y ocuparnos de garantizar que las generaciones futuras puedan seguir disfrutando de sus maravillosos recursos. Naturalmente, los creyentes seguirán debatiendo qué acciones son necesarias para cumplir con la tarea que Dios nos ha encomendado. Pero una parte de este cometido nos obliga, ciertamente, a estar informados, por las fuentes mejores y más neutrales que podamos encontrar, de cuáles son los verdaderos problemas, y dispuestos a hacer sacrificios para mantener el mundo que Dios nos ha confiado.[16]

Todas las cosas obran para bien. Cristianos de todas las generaciones han encontrado un inestimable consuelo en la maravillosa promesa de Romanos 8:28, y es fácil entender la razón. Se trata, sin duda, de una de las promesas más sublimes de Dios para su pueblo que se consignan en la Biblia. Sin embargo, es también una

---

14. Ver, p. ej., Roderick Nash, *Wilderness and the American Mind* [El desierto y la mente norteamericana], (3d ed.; New Haven, Conn.: Yale Univ. Press, 1982).
15. Ver sobre este texto, Fred van Dyke, et al, *Redeeming Creation: The Biblical Basis for Environmental Stewardship* [Redimir la Creación: base bíblica para la mayordomía medioambiental], (Downers Grove, Ill.: InterVarsity, 1996), 85–88.
16. Hay una excelente taxonomía de ideas cristianas sobre el medio ambiente en Raymond E. Grizzle, Paul E. Rothrock y Christopher B. Barrett, «Evangelicals and Environmentalism: Past, Present, and Future» [Los evangélicos y el ecologismo: pasado, presente y futuro] *TrinJ* 19 (1998): 3–27. Ver también otros artículos sobre el ecologismo en este volumen y también en *TrinJ* 18 (1997).

de las más malentendidas. Para comprender lo que Dios promete aquí, primero hemos de descartar dos interpretaciones erróneas sobre significado del versículo.

(1) Como ya observamos brevemente en la sección «Sentido Original», puede que este versículo no esté prometiendo que todas las cosas obrarán *juntamente* para bien. He oído mensajes sobre este versículo que tenían precisamente esta idea como acento esencial. Lo que promete Dios —explicaba el predicador— no es hacernos bien en todas las situaciones, sino que, cual cocinero que combina diferentes ingredientes para preparar una sabrosa comida, Dios mezcla las circunstancias de la vida de modo tal que en última instancia trae bien a nuestra vida.

Dos razones me llevan a resistirme un tanto ante esta idea de la «mezcla». (a) El verbo que aquí se utiliza (*synergeo*) puede no significar «obrar juntamente». Por supuesto, en las otras tres ocasiones en que esta palabra aparece en el Nuevo Testamento, parece tener este significado (ver 1Co 16:16; 2Co 6:1; Stg 2:22). Sin embargo, en el periodo en que escribe Pablo, este verbo perdía frecuentemente la idea de «concomitancia».[17] A diferencia de los demás pasajes del Nuevo Testamento en que aparece este verbo, el contexto de Romanos 8 no señala un claro objeto para la mencionada idea de «concomitancia». (b) Aun si traducimos «obrar juntamente», no es nada claro que sean «todas las cosas» las que actúan juntamente las unas con las otras. Es igualmente verosímil que Pablo quiera decir que todas las cosas obran juntamente con el Espíritu, con Dios, o con los creyentes para producir el bien último de los que aman a Dios.[18] En general, pues, las aplicaciones de 8:28 que se basan en esta idea de «concomitancia» se apoyan sobre un fundamento inseguro.

(2) Hay una segunda y frecuente interpretación errónea de esta promesa que es más grave. Probablemente, la mayoría de nosotros hemos oído aplicar Romanos 8:28 (¡quizá hasta nosotros mismos lo hayamos hecho!) del modo siguiente: «Sí, puede que hayas perdido el trabajo, pero puedes ser estar seguro de que vas a encontrar otro que será incluso mejor; porque 'todas las cosas están obrando para bien'» O, «No te angusties porque tu prometido/a haya roto su compromiso de casarse contigo: Dios debe de tener un marido o una esposa aun mejor para ti; Romanos 8:28 lo promete, etc.». El problema de este tipo de aplicación es que interpreta la idea de «bien» desde una perspectiva muy estrecha y a menudo materialista. Desde la óptica de Dios, «bien» ha de definirse en términos espirituales. El bien final es la gloria de Dios, y él es glorificado cuando sus hijos viven como Cristo (v. 29) y alcanzan la gloria para la que les ha destinado (v. 30; cf. vv. 31–39).

Como ya hemos visto en 5:3–4, Dios se sirve del sufrimiento para formar en nosotros el carácter cristiano, conformarnos a la imagen de Cristo, y prepararnos para la gloria final. Lo que nos promete, pues, en 8:28 no es que toda experiencia difícil nos llevará a algo bueno en esta vida. Es posible que el «bien» que Dios tiene en mente se sitúe completamente en la vida venidera. Puede permitir que perdamos un trabajo seguro y bien remunerado para librarnos de un estilo de vida materialista que no observa las prioridades bíblicas, y es posible que nunca volva-

---

17. Ver cualquier léxico al respecto.
18. Godet, *Commentary on Romans* [Comentario de Romanos], 322–23.

mos a tener un trabajo tan bueno. Puede querer librarnos de un compromiso para casarnos porque desea utilizarnos en un ministerio que sería muy difícil o imposible para una persona casada. Recordemos que será participando de los sufrimientos de Cristo como, finalmente, podremos compartir también su gloria (8:17).

Esto no quiere decir que las bendiciones materiales no puedan formar parte del «bien» que se promete en Romanos 8:28. Como deja especialmente claro el Antiguo Testamento, Dios se deleita en dar a su pueblo buenas cosas, tanto en esta vida como en la venidera. Hemos de tener cuidado de que, en nuestro esfuerzo por evitar una interpretación materialista de 8:28, no caigamos en el otro extremo, negando el interés de Dios en el mundo material. Esto sería sucumbir a un dualismo ajeno por completo a la perspectiva bíblica de un Dios que es tanto Creador como Redentor de este mundo. Lo que quiero decir es que tendemos a aplicar la promesa de este versículo de un modo puramente materialista. El error de este acercamiento es que no tiene en cuenta la esfera espiritual que, en última instancia, es más importante que la material.

Hemos hablado de dos cosas que Romanos 8:28 no significa. Pero no quiero dejar esta magnificente promesa con una nota negativa. Quiero, pues, concluir reflexionando de nuevo en lo que sí significa. Esencialmente, promete que no existe nada que pueda afectar a nuestras vidas y que no esté bajo el control y la dirección de nuestro amoroso Padre celestial. Todo lo que hacemos y decimos, todo lo que otros nos hacen y dicen de nosotros, cualquier experiencia que podamos jamás tener: todo ello Dios lo utiliza soberanamente para nuestro bien. No siempre entenderemos de qué modo obran para bien las cosas que vivimos y, sin duda, no siempre las disfrutaremos. Sin embargo, sí podemos saber que no hay nada que nos suceda que Dios no lo permita y utilice para sus benévolos propósitos. El propósito general de Pablo en Romanos 5–8 es darnos certeza para la vida futura. Sin embargo, versículos como 8:28 ponen de relieve que también quiere darnos confianza para la vida actual. Dios no ha ordenado solo el fin, sino también los medios.

El maravilloso plan de Dios. Si, pues, 8:28 nos imparte certeza para la vida presente, los versículos 29–30 miran de nuevo hacia el futuro. Dios tiene un plan, dice Pablo. Este plan comienza con su conocimiento anticipado de nosotros, que conduce a nuestra predestinación, llamamiento, justificación y glorificación final. Esta serie ha sido objeto de mucho debate teológico a lo largo de los años. No podemos aplicar realmente estos versículos hasta no entender exactamente la teología que subyace.

Los teólogos calvinistas opinan que estos versículos ofrecen pruebas en apoyo de dos enseñanzas características de esta perspectiva de la salvación: que, en última instancia, llegar a ser cristiano depende de la libre elección de Dios, y que aquellos a quienes Dios escoge y llegan a formar parte de su pueblo serán finalmente salvos. Por regla general estas doctrinas se llaman respectivamente, elección incondicional y seguridad eterna. Los calvinistas insisten en que el verbo «conocer de antemano» significa «elegir de antemano». De este modo, todo el proceso que termina con una relación personal entre Dios y un ser humano se inicia en el lado divino. Él escoge y, por ello, creemos y somos consecuentemente justificados. Argumentan también que la serie de verbos de los versículos 29–30 no es susceptible de desglose. Todo aquel a quien Dios escoge y justifica será también glorificado. No puede haber ningún cambio o variación: todo creyente justificado será finalmente salvo.

Es fácil entender cómo pueden los calvinistas utilizar estos versículos para apoyar su característico punto de vista de la salvación. ¿Pero cómo responderían los arminianos? En primer lugar, el teólogo arminiano insiste en considerar estos versículos dentro de todo su contexto. A lo largo de Romanos, Pablo ha proclamado que para ser salvos hay que creer en Jesucristo, y que creer es una decisión real que los seres humanos han de tomar. Por ello, todo este proceso no puede estar predeterminado.

Los arminianos observan también que la interpretación calvinista de 8:29–30 descansa en tres decisiones clave. (1) En primer lugar, está la decisión de interpretar «conocer de antemano» en términos de elección. Como hemos visto antes en la sección «Sentido original», este verbo puede significar también «saber con anterioridad». Lo que Pablo podría estar, pues, diciendo, es que Dios conoce la decisión que tomará cada persona por lo que respecta a creer o no; y él predestina, llama y justifica a aquellos que deciden creer. No es que creamos porque Dios nos ha escogido (como afirmaría el punto de vista calvinista), sino que somos escogidos porque creemos.

(2) Muchos arminianos (aunque no todos) impugnan también la decisión de los calvinistas de interpretar los versículos 28–29 en términos individuales. Lo que Pablo enseña aquí, aseveran, es que Dios ha escogido a la Iglesia. Es el cuerpo de Cristo en su conjunto lo que Dios ha elegido por su Gracia, y los individuos llegan a ser miembros de este cuerpo escogido por medio de su fe.[19]

(3) Los arminianos cuestionan también la licitud de considerar la serie de verbos que consignan estos versículos como una cadena indivisible. Lo que describe Pablo, afirman, son las decisiones que Dios ha tomado a nuestro favor. Él está resuelto a glorificar a todos los que ha justificado. Sin embargo, la Escritura enseña que los creyentes tienen la libertad de rechazar el don que Dios nos ofrece, pueden declinar su participación en la secuencia de decisiones que él ha tomado. Ciertamente, una persona verdaderamente justificada puede no alcanzar la gloria, no porque Dios no quiera que sea así, sino porque tal persona ha decidido rechazar lo que Dios desea.

La cuestión que aquí se suscita es de carácter monumental, y tendremos que volver de nuevo a ella cuando lleguemos a 9:6–29. Como ha revelado mi interpretación anterior, personalmente me pongo del lado calvinista. Creo que «conocer de antemano» significa «escoger de antemano», que Pablo está hablando de personas individuales, y que la voluntad de Dios de glorificar al creyente no puede ser

---

19. Una buena perspectiva general de este acercamiento se encuentra en R. Shank, *Elect in the Son: A Study of the Doctrine of Election* [Escogidos en el Hijo: un estudio de la doctrina de la elección], (Springfield, Mass.: Westcott, 1970), ver especialmente 45–55, 154–55. Ver también la obra de Karl Barth, *Church Dogmatics* [Dogmática de la Iglesia], 2.2.

frustrada, ni siquiera por nosotros. Naturalmente, esta decisión acerca del significado de los versículos afecta a mi aplicación. La idea de que podemos ser «calminianos», combinando en un solo sistema calvinismo y arminianismo, es atractiva pero irracional. Puedo, lógicamente, ser calvinista en una doctrina y arminiano en otra; pero no puedo ser ambas cosas cuando se trata de una misma doctrina. No puedo creer, en última instancia, que mi fe se basa en la elección de Dios y, al mismo tiempo, que la elección de Dios se basa en mi fe. O, al menos, no puedo creer estas dos cosas y seguir siendo racional. Sería como creer que lo negro es blanco.

Por ello, en mi aplicación de estos versículos quiero incluir algunos puntos específicos procedentes de mi exégesis calvinista. Por ejemplo, saber que Dios me ha escogido únicamente en virtud de su libre albedrío ha de estimular temor y admiración por lo que ha hecho y un sentido más profundo de acción de gracias por su don inmerecido.

Pero me gustaría concluir mis comentarios sobre este gran pasaje con una aplicación práctica que pueden suscribir tanto calvinistas como arminianos: Dios ha hecho todo lo posible por asegurar nuestra gloria eterna. Ha tomado ya la decisión: «a los que justificó, también los glorificó». Podemos no estar de acuerdo con que los creyentes puedan aceptar o negarse a aceptar esta decisión. Sin embargo, al menos desde el punto de vista de Dios, el asunto está ya decidido. Esto significa que ningún verdadero creyente ha de preguntarse jamás si «tiene lo necesario» para llegar al cielo. Nadie lo tiene. Pero, en el último análisis, esto no importa. Dios mismo ha provisto todo lo que necesitamos. Como hemos visto repetidamente en Romanos 5–8, Pablo se esfuerza en mantener un equilibrio en el que el don que Dios nos imparte no anula nuestra necesidad de respuesta. Este pasaje trata de ese don, y esto es lo que hemos de subrayar en nuestra aplicación.

Romanos 8:31-39

¿Qué diremos frente a esto? Si Dios está de nuestra parte, ¿quién puede estar en contra nuestra? 32 El que no escatimó ni a su propio Hijo, sino que lo entregó por todos nosotros, ¿cómo no habrá de darnos generosamente, junto con él, todas las cosas? 33 ¿Quién acusará a los que Dios ha escogido? Dios es el que justifica. 34 ¿Quién condenará? Cristo Jesús es el que murió, e incluso resucitó, y está a la derecha de Dios e intercede por nosotros. 35 ¿Quién nos apartará del amor de Cristo? ¿La tribulación, o la angustia, la persecución, el hambre, la indigencia, el peligro, o la violencia? 36 Así está escrito: «Por tu causa siempre nos llevan a la muerte; ¡nos tratan como a ovejas para el matadero!» 37 Sin embargo, en todo esto somos más que vencedores por medio de aquel que nos amó. 38 Pues estoy convencido de que ni la muerte ni la vida, ni los ángeles ni los demonios, ni lo presente ni lo por venir, ni los poderes, 39 ni lo alto ni lo profundo, ni cosa alguna en toda la creación, podrá apartarnos del amor que Dios nos ha manifestado en Cristo Jesús nuestro Señor.

Sentido Original

Esta magnificente celebración del eterno compromiso de Dios con su pueblo es bien conocida para la mayoría de los cristianos. Sin embargo, casi todos sabemos que a menudo este pasaje se arranca de su contexto y se convierte en un texto que se lee, por ejemplo, en los funerales. Naturalmente, es un pasaje apropiado para los funerales, no obstante, hemos de recordar que Pablo tiene un propósito específico para estos versículos dentro de su argumento en Romanos. El apóstol se sirve de todos los recursos retóricos de que dispone para conmover a sus lectores. Quiere que interioricemos la verdad que ha estado enseñando para llevarnos a un nuevo nivel de confianza en la provisión que Dios ha hecho para nosotros.

¿Qué parte de la carta llevan a su clímax los versículos 31–39? Puesto que con 9:1 se inicia una nueva etapa del argumento, el párrafo podría ser una conclusión de los capítulos 1–8.[1] En el otro extremo, algunos opinan que estos versículos concluyen únicamente el argumento inmediatamente anterior que se desarrolla en 8:29–30.[2] La mejor opción es ver esta sección como conclusión, de los capítulos 5–8. Como hemos señalado (ver comentarios sobre 8:18–30), los versículos 31–39

---

1. Ver, p. ej., Godet, *Commentary on Romans* [Comentario de Romanos], 329; Cranfield, *The Epistle to the Romans* [La Epístola a los Romanos], 434.
2. P. ej. E.H. Gifford, *The Epistle of St. Paul to the Romans* [La epístola de San Pablo a los Romanos], (Londres: John Murray, 1886), 161.

comparten varias palabras y temas clave con el comienzo del capítulo 5. Un llamamiento a celebrar nuestra seguridad en Cristo constituye una conclusión natural a lo que Pablo ha estado enseñando en estos capítulos. El apóstol aduce dos razones para que celebremos nuestra seguridad: la obra de Dios a nuestro favor en Cristo (vv. 31–34) y su amor por nosotros, expresado igualmente en Cristo (vv. 35–39).

La obra de Dios a nuestro favor en Cristo (8:31–34)

Como ha hecho muy a menudo en Romanos, Pablo inicia una nueva dirección con una pregunta: «¿Qué diremos frente a esto?» En griego, el término «esto» es, de hecho, una palabra plural (*tauta*, «estas cosas») que alude al gran número de razones que fundamentan nuestra confianza y que Pablo ha ido repasando en los capítulos 5–8. Todas estas razones pueden resumirse claramente en una afirmación: Dios está «por nosotros». ¿Quién, pues —pregunta acertadamente Pablo–, puede estar «contra nosotros?» Naturalmente, sabemos (y Pablo lo reconoce [ver 5:3–4; 8:17–18]) que seguimos teniendo distintos tipos de oposición: personas que detestan a los cristianos, las pruebas de la vida, el propio Satanás. Sin embargo, lo que Pablo nos dice es que, si Dios está de nuestro lado, esta oposición es en última instancia irrelevante. Como afirmó Crisóstomo:

> Sin embargo quienes están contra nosotros, lejos de abatirnos y trastornarnos, se convierten, sin quererlo, en causa incluso de coronas, e instrumentos de incontables bendiciones, de modo que la sabiduría de Dios se sirve de sus argumentos para nuestra salvación y gloria. ¡Observemos pues que, realmente, nadie está contra nosotros![3]

El versículo 32 no está explícitamente vinculado al 31, sino que refuerza más bien el argumento de Pablo. El hecho de que Dios está «por nosotros» alcanza su clímax en el acto de entregar a su amado Hijo. Si ha hecho algo así, podemos estar seguros de que también nos dará «todas las cosas» o, siguiendo los términos del versículo 31, nada puede en última instancia oponerse a nosotros. La muerte del Hijo de Dios como don divino y base de nuestra esperanza recuerda las palabras de 5:5–8. Sin embargo, el modo en que Pablo se expresa aquí sugiere una comparación entre Cristo e Isaac. Igual que Abraham no escatimó a su amado hijo Isaac, tampoco Dios se reservó al suyo (ver Gn 22). En la expresión «todas las cosas» que se nos garantizan como resultado de la muerte de Cristo por nosotros se incluye tanto nuestra gloria final como todo lo que Dios provee para llevarnos a ella (ver la idea de «bien» en Ro 8:28).

La puntuación de los versículos 33–34 es difícil de esclarecer. Los manuscritos griegos más antiguos del Nuevo Testamento no contienen ninguna puntuación, de manera que los editores de las Biblias modernas han de decidir cómo hacerlo. Existen al menos seis posibilidades distintas. La NVI refleja probablemente la mejor de las opciones, según la cual cada versículo presenta una pregunta con su respuesta.

La palabra «acusará» (v. 33) es la primera de otras varias del mundo judicial que Pablo consigna en este contexto. Una vez más, lo que Pablo quiere decir no es que

---

3. Crisóstomo, de su homilía sobre este pasaje de Romanos.

no vaya a haber intentos de acusarnos ante el tribunal de la justicia divina. Satanás, «el acusador», sin duda lo hará, y presentará nuestros pecados como evidencia de nuestra culpa. Pero su acusación no prosperará, porque Dios nos ha escogido para que seamos suyos y ya nos ha justificado, ha pronunciado sobre nosotros el veredicto de «inocente», que no puede ser revocado. En este punto, Pablo alude a Isaías 50:8–9a:

> Cercano está el que me justifica;
> ¿quién entonces contenderá conmigo?
> ¡Comparezcamos juntos!
> ¿Quién es mi acusador?
> ¡Que se me enfrente!
> ¡El Señor Omnipotente es quien me ayuda!
> ¿Quién me condenará?

El versículo 34 proporciona más pruebas del mismo punto. Nadie puede tener éxito en condenarnos porque Cristo ha muerto por nosotros y ha sido resucitado para ser nuestro intercesor delante del Padre. ¡Con un abogado así, no es de extrañar que la acusación pierda el caso!

El amor de Dios por nosotros en Cristo (8:35–39)

Con la pregunta de la primera parte del versículo 35 cambia el enfoque del párrafo. Es paralelo al del versículo 31, pero plantea el tono de los versículos 35–39 al introducir en el cuadro el amor de Cristo. Saber que hemos sido declarados inocentes de todas las acusaciones contra nosotros es una maravillosa certeza. Sin embargo, Cristo no solo nos defiende; él nos ama e inicia una relación con nosotros, y nada nos separará jamás de su amor. Para asegurarse de que entendemos la situación, al final del versículo 35, Pablo especifica algunas amenazas. Como se pone de relieve al comparar este pasaje con 2 Corintios 11:26–27 y 12:10, el propio apóstol experimentó la mayor parte de estas cosas, y había aprendido que éstas no podían perturbar su relación con Cristo.

Con la cita del Salmo 44:22 que consigna en el versículo 36 Pablo se desvía hasta cierto punto de la lógica de su argumento. Pero esta digresión revela dos de sus principales intereses: recordarnos que el sufrimiento es una parte natural y esperada de la vida cristiana (cf. 5:3–4; 8:17), y arraigar las experiencias de los cristianos en las del pueblo de Dios del Antiguo Pacto.

Con el versículo 37, Pablo regresa a la línea principal de su enseñanza en el versículo 35. En las diversas dificultades de la vida, somos «más que vencedores». Esta feliz traducción del verbo griego *hypernikao* («más que triunfar sobre algo») se remonta a la Biblia de Ginebra del siglo XVI. Es posible que Pablo hubiera escogido esta forma poco frecuente e intensiva del verbo simplemente para subrayar la certeza de nuestro triunfo. Pero también podría estar sugiriendo que los cristianos somos más que vencedores sobre la adversidad que, en manos de Dios, incluso conduce a nuestro «bien» (v. 28).

Romanos 8:31-39

Pablo concluye su celebración del Amor de Dios por nosotros en Cristo con su testimonio personal: «Pues estoy convencido». La enumeración que sigue está dispuesta en cuatro pares, y los «poderes» que se consignan entre el tercer y el cuarto par. Es fácil plantear una interpretación excesivamente minuciosa de esta enumeración, insistiendo en definiciones muy exactas que pierden de vista la retórica de Pablo. En general, no obstante, «la muerte» y «la vida» aluden a los dos estados esenciales de la existencia humana. «Ángeles» y «demonios» (*archai*, i.e., «los gobernadores»; una palabra que Pablo utiliza para denotar los seres espirituales de maldad [ver Ef. 6:12; Col 2:15]) resumen la totalidad del mundo espiritual.

Algunos intérpretes consideran que con las expresiones «cosas presentes» y «cosas por venir» (trad. lit.) el apóstol alude también a ciertos seres espirituales; sin embargo, no hay datos suficientes para sustanciar este sentido de los términos. Probablemente Pablo desea resumir toda la Historia, junto con las personas y acontecimientos que contiene, en una perspectiva temporal. No está claro por qué Pablo interrumpe su prolijo paralelismo introduciendo el término «poderes» en este punto, pero esta palabra alude de nuevo a seres espirituales (1Co 15:24; Ef 1:21).

«Lo alto» y «lo profundo» es el par de términos más difícil de identificar. Puesto que estas palabras se aplicaban al espacio visible por encima y por debajo del horizonte, y puesto que los pueblos de la Antigüedad conferían a menudo un significado espiritual a los fenómenos celestiales, es posible que Pablo esté haciendo referencia de nuevo a seres espirituales.[4] No obstante, Pablo utiliza un lenguaje similar en Efesios 3:18 en un sentido meramente espacial. Por tanto, es posible que el apóstol esté escogiendo otra manera de ayudarnos a entender que no hay nada en todo el mundo —ya sea que estemos muertos o vivos, se trate de cosas que estemos enfrentando ahora o que vayamos a enfrentar en el futuro, estén éstas por encima o por debajo de nosotros— que pueda separarnos del «amor que Dios nos ha manifestado en Cristo Jesús nuestro Señor». El capítulo comienza con la idea de «no condenación» (Ro 8:1), y termina con la de «no separación» (8:35, 39).

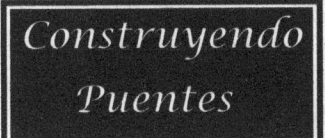

LENGUAJE RETÓRICO. En este comentario hemos utilizado el término *retórico* para aludir al lenguaje o argumento de Pablo. En el antiguo mundo grecorromano la Retórica gozaba de gran importancia, y se refería a la ciencia de la persuasión. Los retóricos, personas diestras en los métodos de persuadir y convencer a una audiencia, estaban muy solicitados. Se desarrollaron varios métodos de persuasión y, con frecuencia, los eruditos han identificado estas técnicas en el Nuevo Testamento.

El uso moderno del término retórico es más amplio, pero está sin duda arraigado en este antiguo uso. Hablamos, por ejemplo, de una «pregunta retórica», y con ello aludimos a una pregunta que no pretende la obtención de información, sino el desarrollo de un argumento. En este comentario hemos utilizado la palabra «retórico» en este sentido más amplio. Con ella hacemos referencia al lenguaje que

---

4. P. ej. Käsemann, *Commentary on Romans* [Comentario de Romanos], 251.

Pablo ha escogido no solo por su contenido sino por su capacidad de producir una determinada reacción en el lector.

Un ejemplo moderno puede sernos de ayuda. En su maravillosa novela corta, *El río de la vida* basada en los años de su infancia y juventud en la Montana rural, Norman Maclean reflexiona en las alegrías de aquellos años. «¡Qué mundo tan hermoso fue en otro tiempo», escribe.[5] Cuando leía este libro, esta frase arrestó inmediatamente mi atención. La imagen de un tiempo y lugar más sencillo, más cercano a la Naturaleza, y libre de las preocupaciones y ambiciones de la vida adulta relampagueó ante mí. ¿Por qué tuvo aquella frase tanta fuerza? En parte por el modo en que Maclean la redactó. Habría podido comunicar esta misma información diciendo, por ejemplo: «el mundo de aquellos días era hermoso»; o, «el mundo era un hermoso lugar en aquellos días». Sin embargo, ninguna de estas frases tiene la energía retórica de la fraseología que utiliza Maclean. Es difícil precisar con palabras dónde está exactamente la diferencia, sin embargo me parece evidente que la forma en que Maclean lo expresa nos fuerza a paladear la idea de un modo que otras formas de expresión no conseguirían.

Pablo hace esto mismo. No reconocer este importante aspecto del lenguaje de Pablo significará impedir que su lenguaje consiga los propósitos que le llevaron a utilizarlo. El apóstol no está simplemente transmitiéndonos información, sino intentando persuadirnos a aceptar lo que dice como cierto y a permitir que transforme nuestra manera de creer y de vivir.

En ningún otro pasaje de Romanos se hace más evidente la fuerza retórica del lenguaje que en 8:31–39. Es muy difícil reproducir en español toda la fuerza del lenguaje, sin embargo sí captamos una parte sustancial de ella a través de la traducción. Consideremos, por ejemplo, el gran número de preguntas que Pablo utiliza en estos versículos. El apóstol no está solicitando información de sus lectores; sino intentando atraernos a su exposición de un modo que una sencilla afirmación no conseguiría. Pablo habría podido decir simplemente: «nadie puede separarnos del amor de Cristo» (ver v. 35). Sin embargo, con la pregunta: «¿Quién nos apartará del amor de Cristo?» nos fuerza a hacer una pausa y a considerar esta cuestión. ¿Quién podrá conseguir tal cosa? ¿Mis perseguidores? ¿Los miembros no creyentes de mi familia? ¿Satanás? Este planteamiento nos implica, y nos lleva a hacer nuestra la respuesta final de Pablo: nada podrá separarnos. Somos más que vencedores.

Otro recurso retórico que utiliza Pablo es la omisión de partículas conectivas entre oraciones gramaticales. Esta técnica es menos evidente en español porque en las versiones modernas se dejan con frecuencia partículas y conjunciones griegas sin traducir; por ello, la ausencia de conectores ilativos en los versículos 31–39 no se hace especialmente notoria. Las preguntas y respuestas de Pablo se suceden unas a otras, casi ininterrumpidamente. Así, el tono de este párrafo es más el de una solemne proclamación que el de un argumento lógico. Se nos anima a detenernos y saborear cada uno de los maravillosos recordatorios de la Gracia de Dios para nosotros en Cristo.

---

5. N. Maclean, *El río de la vida* (Barcelona: Muchnik D.L. 1993), p. 56 de la edición en inglés.

Un tercer elemento del texto que tiene una función retórica es la lista de cosas susceptibles de separarnos del amor de Cristo que encontramos en el versículo 35 y en 38–39. En el Nuevo Testamento estas enumeraciones son bastante comunes, particularmente en pasajes que instan a los creyentes a evitar ciertas conductas y a adoptar otras. Los autores ilustran a menudo cada tipo de conducta citando ejemplos. En estas enumeraciones, los eruditos reconocen una forma característica de expresión utilizada ampliamente en el mundo antiguo. Las llaman (¡y no es de sorprender!), «listas de vicios» y «listas de virtudes». Las enumeraciones que encontramos en los versículos 35 y 38–39 no son, por supuesto, listas de vicios o virtudes. Sin embargo, funcionan de manera similar, puesto que Pablo intenta hacernos entender una idea general ilustrándola por medio de pormenores.

Como buen predicador que es, Pablo sabe que sus lectores tenderán a entender sus palabras en un nivel abstracto a no ser que ponga ante ellos ejemplos específicos. Pablo podría subrayar lo que quiere hacer respondiendo a su pregunta: «¿Quién nos apartará del amor de Cristo?» con un simple: «nada». Sin embargo, al entrar en aspectos concretos de lo que significa ese «nada», el apóstol hace que su argumento sea mucho más efectivo.

Es también importante entender otra de las características de estas listas: a menudo están configuradas de un modo bastante aleatorio. Por regla general, el autor no se sienta a elaborar la lista con un criterio organizado, sino mencionando más bien los ejemplos que se le van ocurriendo sobre la marcha. Para quienes leemos el texto, esto significa que hemos de evitar la tentación de pensar que tales enumeraciones son exhaustivas o que los elementos individuales se distinguen entre sí.

Por ejemplo, cuando Pablo responde a su pregunta de quién podrá separarnos del Amor de Cristo con su nueva pregunta: «¿La tribulación, o la angustia, la persecución, el hambre, la indigencia, el peligro o la violencia?» no deberíamos insistir en que las palabras «tribulación» (*thlipsis*) y «angustia» (*stenochoria*) expresan dos ideas marcadamente distintas. De hecho, una búsqueda rápida con una concordancia pone de relieve que ambas se utilizan a menudo conjuntamente para connotar la idea general de sufrimiento (ver, p. ej., Dt 28:53, 55, 57; Is 8:22; 30:6; Ro 2:9; 2Co 6:4). Insistir en que cada palabra tiene un significado peculiar implica pasar por alto el efecto retórico que tiene la combinación de ambos términos. Funciona de manera similar a nuestra expresión «vivito y coleando». Cuando decimos que alguien está «vivito y coleando» no queremos expresar que alguien está «vivo» y «coleando (en movimiento)». Ambas palabras actúan juntas para transmitir una sola idea.

Tampoco debemos pensar que Pablo pretenda enumerar exhaustivamente aquello que pudiera separarnos del Amor de Cristo. Además, a menudo, la propia fraseología de estas listas tiene más que ver con la retórica que con el contenido. Consideremos algunos de los «pares» del resto de esta lista de amenazas para nuestra seguridad en Cristo que se mencionan en los versículos 38–39. Cuando Pablo habla de «lo alto [y] lo profundo», es posible que no tenga en mente a poderes espirituales específicos (como opinan algunos intérpretes), ni siquiera alguna concepción bien definida de la estructura del Universo (una esfera por encima del mundo y otra por debajo). Es posible que esté sencillamente esforzándose por transmitir la idea de «totalidad» al utilizar una imaginería de carácter espacial.

El lector de la Biblia ha de ser, pues, muy consciente de la existencia de recursos retóricos. En un loable esfuerzo por entender todos los detalles de la Palabra que Dios nos ha encomendado, somos proclives a interpretar con excesivo detalle palabras y expresiones, y ello nos lleva, a menudo, a no reparar en el cuadro general. Y lo que es peor, podemos olvidar que los autores bíblicos intentan hacernos responder a lo que nos dicen. Eligen un cierto lenguaje y fraseología diseñados para despertar nuestras emociones y mover nuestras voluntades. Preocuparnos en exceso con las minucias del texto puede impedir que percibamos su verdadero propósito y energía.

Significado Contemporáneo

Fuerzas espirituales. Tres de las nueve amenazas potenciales contra nuestra seguridad en Cristo que Pablo enumera en los versículos 38–39 aluden a seres espirituales: «ángeles», «gobernantes» (NVI «demonios»), y «poderes». Otras dos —«lo alto» y «lo profundo»— podrían ser igualmente una referencia a las fuerzas espirituales (ver la sección «Sentido original). Podríamos pensar que se presta una atención desproporcionada a la esfera espiritual. Sin embargo, tal insistencia encaja con la situación del tiempo de Pablo y, cada vez más, del nuestro. En el siglo primero, la población prestaba cada vez menos atención a los dioses oficiales de Grecia y Roma y se implicaba más en distintas religiones orientales, las religiones mistéricas y la astrología. La mayoría de las personas creía que el mundo de la Naturaleza y la Humanidad estaban controlados por seres e influencias espirituales, incluidas las estrellas. No es de extrañar que en esta clase de atmósfera, Pablo dedique tanta atención a los seres espirituales. Sus lectores necesitan la certeza de que el Amor de Cristo es suficientemente poderoso para vencer a cualquier fuerza espiritual de que puedan tener conocimiento.

Las gentes de nuestra cultura se están también apartando de los dioses oficiales de la tradición judeocristiana para abrazar toda clase de religiones orientales, de la Nueva Era, y espiritualistas. La creencia en seres espirituales y su influencia sobre los asuntos humanos va en aumento y sustituye al racionalismo de la era científica. Los cristianos no son inmunes a esta tendencia. También nosotros estamos asistiendo a un despertar del interés en la esfera espiritual, como muestran y fomentan las novelas de Frank Peretti. Los demonios, se nos ha recordado, existen y siguen ejerciendo poder. Ante esta perspectiva, algunos creyentes han quedado casi paralizados por el temor.

Como observó sabiamente C.S. Lewis, tendemos o bien a ignorar a Satanás y sus secuaces o a concederles una excesiva atención. En nuestro tiempo, la Iglesia parece encontrarse en esta última fase. Por tanto, la Iglesia de nuestro tiempo necesita escuchar la enérgica afirmación de Pablo en el sentido de que ningún ser espiritual es capaz de separarnos de Cristo. Hemos de reconocer y proclamar que Dios, en Cristo, ha vencido a los «poderes y autoridades» (Col 2:15), y que estos no tienen ahora ningún poder para impedir que heredemos la salvación que Dios ha prometido a todos los que le aman. No hay nada, ni en la Tierra ni en el Cielo, que pueda separarnos del amor de Dios en Cristo.

Ángeles. Hay un aspecto de todo este asunto que sigue siendo un tanto desconcertante: ¿Por qué incluye Pablo a los «ángeles» entre las potenciales amenazas para nuestra seguridad? ¿No son acaso los ángeles «espíritus dedicados al servicio divino, enviados para ayudar a los que han de heredar la salvación?» (Heb 1:14)? ¿Cómo es posible que puedan «separarnos del amor de Dios»? Algunos intérpretes han querido resolver el problema sugiriendo que Pablo podría tener en mente a los ángeles caídos (cf. 2P 2:4; Jud 6) o a seres espirituales de todas clases (cf. 1Co 4:9; 6:3 [?]; 13:1). Pero, por regla general, Pablo utiliza el término *angelos* para aludir a los «ángeles buenos»; cuando aparece junto al término «gobernantes» (NVI «demonios»), esto parece especialmente claro.[6] ¿Por qué, entonces, los incluye en esta enumeración de poderes susceptibles de amenazar la seguridad en Cristo del creyente?

Recordemos que los elementos de las listas como ésta no siempre tienen un significado específico e independiente. Se escogen muchas veces para producir un efecto retórico, sin ánimo de atribuirles un significado exacto. Por ello la expresión «ni los ángeles ni los demonios» puede ser meramente el modo en que Pablo resume la totalidad de la esfera espiritual. Es posible que no haya pensado mucho sobre el papel específico de los ángeles en este asunto.

No obstante, es significativo que en esta enumeración Pablo decida incluir toda la esfera espiritual, no solo el lado malo. El apóstol parece sugerir que incluso los seres espirituales buenos pueden de algún modo constituir una amenaza para nuestra relación con Cristo. Es posible que podamos entender esto considerando rápidamente el papel que se concede a los ángeles en Colosenses y en nuestra cultura.

Pablo escribe a los cristianos de Colosas para dar respuesta a las falsas doctrinas que habían invadido la comunidad. Uno de los elementos de estas falsas doctrinas era un exacerbado interés en los ángeles. Al parecer, los falsos maestros hablaban de un modo tan desproporcionado de estos ángeles que la singularidad de Cristo estaba en peligro de verse eclipsada. Por ello, Pablo insiste en que Cristo es superior a cualquier ser espiritual: «porque por medio de él fueron creadas todas las cosas en el cielo y en la tierra, visibles e invisibles, sean tronos, poderes, principados o autoridades: todo ha sido creado por medio de él y para él» (1:16); «y en él, que es la cabeza de todo poder y autoridad, ustedes han recibido esa plenitud» (2:10).

Los falsos maestros estaban tan implicados con estos ángeles que, al parecer, los adoraban (Col 2:18).[7] Lo que Pablo rebate en su carta a los Colosenses es, en realidad, una persistente tendencia en la Historia del Cristianismo. Casi en todas

---

6. Ver, p. ej., Murray, *The Epistle to the Romans* [La Epístola a los Romanos], 1:85–33.
7. La frase griega, *threskeia ton angelon*, es objeto de debate. Algunos comentaristas opinan que significa «la adoración que expresan los ángeles»; sin embargo es probable que se refiera a la adoración que algunos cristianos ofrecían a los ángeles. Ver

las épocas los creyentes han sucumbido a una fascinación por el reino espiritual, especulando sobre los ángeles, sus características y su relevancia. En ocasiones, este interés en los ángeles se ha hecho tan intenso que se ha convertido prácticamente en un culto.

También en nuestro tiempo se ha suscitado un renovado interés en los ángeles. Las populares novelas de Frank Peretti han hecho que la atención de muchos cristianos se dirija intensamente a la importancia del reino espiritual en general y al papel de los ángeles en particular. Fuera de los límites de la cultura cristiana, los programas de televisión sobre ángeles, como *Touched by an Angel* [tocado por un ángel], se han hecho especialmente populares. Naturalmente, este interés en los ángeles ha tenido algunos resultados positivos. Esta presentación de la realidad de la intervención angélica en los asuntos de los humanos ha supuesto un desafío para el estricto materialismo de los no cristianos. Las convicciones de los creyentes sobre la relevancia final del reino espiritual se han visto fortalecidas.

Sin embargo, este interés en los ángeles puede también desviar a cristianos y no cristianos por igual del verdadero asunto espiritual. Creer en los ángeles es perfecto para quienes quieren una religión que les ofrezca esperanza y consuelo sin ninguna obligación. Los ángeles nos bendicen de distintas formas, pero no demandan nada. A los no cristianos, pues, su interés en los ángeles les ofrece un sentimiento cálido y ambiguo de religiosidad o espiritualidad que, al tiempo, sofoca cualquier interés en conocer la fuente de la única verdadera experiencia espiritual, el Dios que se nos ha revelado en Jesucristo.

Para los cristianos, un acento excesivo en los ángeles puede conducir a la clase de problema que Pablo denuncia en Colosas. Pueden interesarse tanto por estos seres espirituales que dejan de dar a Cristo la suprema posición espiritual que solo él debería tener. Por ello, los ángeles podrían constituir una amenaza para la seguridad en Cristo del creyente. Si Satanás no consigue desviar nuestra adoración del Señor por medio del pecado, pretenderá conseguir lo mismo haciendo que demos una atención excesiva a personas o cosas que son buenas, pero secundarias.

Murray J. Harris, *Colossians and Philemon* [Colosenses y Filemón], (Grand Rapids: Eerdmans, 1991), 120–21.

Romanos 9:1-5

Digo la verdad en Cristo; no miento. Mi conciencia me lo confirma en el Espíritu Santo. 2 Me invade una gran tristeza y me embarga un continuo dolor. 3 Desearía yo mismo ser maldecido y separado de Cristo por el bien de mis hermanos, los de mi propia raza, 4 el pueblo de Israel. De ellos son la adopción como hijos, la gloria divina, los pactos, la ley y el privilegio de adorar a Dios y contar con sus promesas. 5 De ellos son los patriarcas, y de ellos, según la naturaleza humana, nació Cristo, quien es Dios sobre todas las cosas. ¡Alabado sea por siempre! Amén.

Tras la grandiosa celebración por parte de Pablo de la fidelidad de Dios hacia nosotros en Cristo (8:31-39), cabría esperar que la sección teológica de Romanos hubiera concluido. A partir de ahora puede continuar explicando las implicaciones de esta teología para la vida cristiana, y esto es lo que comienza a hacer a partir del capítulo 12. ¿Pero, qué hay de los capítulos 9-11? ¿Cuál es su lugar dentro de la carta?

Algunos comentaristas han pensado que la exposición que Pablo hace de Israel en estos capítulos es una forma de digresión o incluso un excurso, es decir, una sección que no encaja en la carta.[1] Otros solo han conseguido hacer encajar esta sección vinculándola a la enseñanza soteriológica de Pablo en 8:29-30; es decir, en realidad los capítulos 9-11 tratan sobre la predestinación.[2] Pero ninguna de estas perspectivas hace justicia a lo que el apóstol persigue realmente en Romanos. Desde el comienzo de la carta, Pablo ha querido demostrar que el Evangelio, el tema de la carta, es «el Evangelio de Dios», a saber, Buenas Nuevas enviadas por el Dios del Antiguo Testamento y, por tanto, unas Buenas Nuevas «que por medio de sus profetas ya había prometido en las Sagradas Escrituras» (1:2). De hecho, para Pablo no puede haber Buenas Nuevas en Cristo a no ser que lo que Dios ha hecho forme parte del plan maestro que el Antiguo Testamento nos revela.

Precisamente por esta razón, Pablo ha de hablar del papel de Israel en vista de las Buenas Nuevas de Cristo, puesto que, para el tiempo en que escribe ya se ha hecho meridianamente claro que la mayoría de los judíos no han respondido a las Buenas Nuevas. Una y otra vez, Pablo predicó a los judíos, y la respuesta que vio fue mínima. No obstante, cuando se volvió a los gentiles, la respuesta fue mucho mayor. De modo que ahora se dirige a una iglesia que es en gran medida

---

1. Ver, p. ej., Dodd, *Epistle to the Romans* [Epístola a los Romanos], 149-150; Sanday y Headlam, *The Epistle to the Romans* [La Epístola a los Romanos], 225.
2. Este era el punto de vista de Agustín (ver análisis en P. Gorday, *Principles of Patristic Exegesis: Romans 9-11 in Origen, John Chrysostom, and Augustine* [Principios de exégesis patrística: Romanos 9-11 en Orígenes, Juan Crisóstomo y Agustín] [Nueva York: Edwin Mellen, 1983], esp. 1-3, 190-91, 232-33).

gentil. ¿Cómo, pues, encaja tal situación con las promesas de Dios en el Antiguo Testamento? ¿Acaso Dios no prometió mandar a su Mesías a Israel, para glorificar a su pueblo, y para bendecirle en el reino que estaba a las puertas? ¿Cómo puede esta promesa cumplirse en una iglesia que es en gran medida gentil? Dios parece haber prometido «A» y haber hecho «B». ¿Puede entonces «B» vincularse realmente con «A» como cumplimiento de las promesas veterotestamentarias?

Estas son las cuestiones que Pablo desea responder en los capítulos 9–11 (las dejó entrever en 3:1–8). El apóstol quiere que sus lectores entiendan que, de hecho, la obra de Dios en el Evangelio de Cristo está perfectamente de acuerdo con lo que él prometió en el Antiguo Testamento. Naturalmente, los judíos necesitaban este mensaje. Para abrazar el Evangelio, han de ver que éste es en verdad el cumplimiento del Antiguo Testamento. Los judíos cristianos también han de saber, sin lugar a dudas, que su fe en Cristo no significa que hayan dejado de creer en el Dios del Antiguo Testamento o que no tengan una herencia judía. Pero los cristianos de origen gentil han de ver también que existe una conexión entre el Antiguo y el Nuevo Testamento por lo que al plan de la salvación se refiere. Han de ver que las raíces de su fe se hunden profundamente en suelo veterotestamentario.

Además, como Pablo declara explícitamente en el capítulo 11 (vv. 13, 17–24, 25), hay una razón práctica por la que los gentiles han de tomar en serio este mensaje. Son una mayoría en la Iglesia Cristiana Primitiva, tanto en Roma como en el resto del Imperio. Tienen la tendencia a jactarse de su posición y menospreciar a los cristianos de origen judío. Así que Pablo quiere menoscabar su arrogancia, mostrándoles que sus bendiciones espirituales son fruto de lo que Dios ha hecho a través de su pueblo Israel.

En última instancia, pues, Romanos 9–11 no trata de Israel, sino de Dios. El tema de la sección se encuentra en 9:6: «Ahora bien, no digamos que la Palabra de Dios ha fracasado». Dios, sostiene Pablo, es coherente y absolutamente fiel a sus promesas. Para demostrar esta tesis, el apóstol desarrolla en estos capítulos tres ideas esenciales relativas al pasado, presente y futuro de Israel. (1) Las promesas dadas por Dios a Israel en el pasado son consistentes con lo que está haciendo ahora al salvar solo a algunos judíos y gentiles (9:6–29). En 9:30–10:21, Pablo abandona la línea principal de su argumento para analizar con mayor detalle el sorprendente giro de los acontecimientos: que muchos judíos se han negado a creer en Jesús el Mesías mientras que muchos gentiles sí lo han hecho. (2) En 11:1–10, Pablo pasa a hablar del presente de Israel, mostrando que Dios está en este mismo momento cumpliendo su promesa al salvar a muchos judíos. (3) El clímax viene en el futuro (11:11–32), cuando «todo Israel será salvo» (v. 26). Pablo concluye esta sección con un himno alabando el maravilloso plan de Dios (11:33–36).

Esta sección (9:1–5) establece el escenario para el desarrollo de este grandioso argumento. Hablando de un modo personal, Pablo contrasta las prerrogativas de Israel con su dilema. Habiéndosele prometido tanto (vv. 4–5), Israel se encuentra bajo maldición y desvinculado de Dios como consecuencia del Evangelio. La tensión suscitada por esta situación dirige el argumento de estos capítulos.

Los primeros cinco versículos del capítulo 9 ponen de relieve que Pablo estaba hondamente preocupado por las cuestiones que trata en estos capítulos. Estos versículos también revelan un hecho sobre Pablo que olvidamos con facilidad: el apóstol era judío y jamás perdió su sentido de identidad ni su amor por sus compatriotas judíos. En el versículo 1, se esfuerza al máximo por acentuar la sinceridad de su preocupación. Expresa su afirmación de manera positiva —«Digo la verdad en Cristo»— y negativa —«No miento»— y añade el testimonio de su conciencia como una realidad que el Espíritu Santo confirma.

¿Por qué una afirmación tan enérgica de veracidad? Probablemente porque Pablo sabe bien que muchos de sus conciudadanos judíos albergan dudas sobre su lealtad y patriotismo. Puesto que Dios le había utilizado para introducir a muchos gentiles al pueblo de Dios, un buen número de judíos consideraba que Pablo era un traidor y alguien que había perdido cualquier afecto natural por su pueblo. Esto Pablo lo niega. De hecho, el apóstol experimenta «una gran tristeza y [...] un continuo dolor» (v. 2). El apóstol nunca menciona explícitamente lo que le ha llevado a una pena tan profunda. Algunos intérpretes modernos, convencidos de que Pablo cree que Israel se salva a través de su pacto con Dios, opinan que el dolor del apóstol está motivado por la negativa de Israel a extender sus privilegios a los gentiles (hay más detalles al respecto en la sección «Significado contemporáneo»). Sin embargo, lo que Pablo afirma en el versículo 3 muestra que el problema es más esencial: ¡Israel no es salvo!

Al plantearse «ser maldecido y separado de Cristo por el bien de mis hermanos, los de mi propia raza», Pablo da a entender que Israel está bajo juicio. En su negativa a aceptar a Jesús como Mesías y el cumplimiento del divino plan de la redención para ellos, la mayoría de los judíos se han apartado del pueblo de Dios y de la salvación que promete a su pueblo. La palabra griega que se traduce como «maldecido» es *anathema*, un término transliterado en español (anatema) que denota a alguien que es excomulgado. En el Nuevo Testamento, se refiere a una persona excluida del pueblo de Dios y que está bajo sentencia de condenación (ver 1Co 12:3; 16:22; Gá 1:8–9).

A muchos intérpretes les perturba la idea de que Pablo pudiera desear realmente ser condenado para salvar a su pueblo. Por tanto, algunos se aferran al hecho de que el verbo griego que se utiliza en la primera parte del versículo 3 está en tiempo imperfecto para sugerir que lo único que Pablo quiere decir es que solía orar de este modo, o que oraría así si pudiera (la traducción de la NVI «desearía» da a entender esta idea).[3] Pero estas interpretaciones son demasiado sutiles. Deberíamos entender el deseo de Pablo meramente como una forma de indicar su profundo amor por sus compatriotas. Si pensaba o no que Dios podía concederle su petición simplemente no se contempla.

Aunque la traducción de la NVI lo oscurece, Pablo describe a los judíos en la última parte del versículo 3 como sus (lit.) «familiares según la carne [*sarx*]». Como Pablo expresa muchas veces, *sarx* connota un punto de vista humano o mundano (ver comentarios sobre 8:1–13). En contraste, Pablo describirá ahora a sus compatriotas judíos desde el punto de vista de la promesa divina. Éstos son, en primer lugar, «israelitas» (NVI «el pueblo de Israel»). El nombre es importante.

---

3. Cranfield, *The Epistle to the Romans* [La Epístola a los Romanos], 454-57; Moo, *Epistle to the Romans* [Epístola a los Romanos], 558.

En muchos libros intertestamentarios judíos, los extranjeros utilizan la palabra «judío» como una simple expresión nacional, sin embargo, cuando los judíos hablan de sí mismos y de su especial posición en la historia de la salvación, se autodenominan «israelitas».[4]

Como israelitas que son, los judíos han sido bendecidos con «la adopción como hijos, la gloria divina, los pactos, la ley y el privilegio de adorar a Dios y contar con sus promesas». La mayor parte de estas prerrogativas está suficientemente claras, sin embargo dos de ellas merecen un tratamiento más completo. La afirmación de Pablo en el sentido de que los judíos disfrutan la «adopción» (*huiothesia*) es muy sorprendente en vista de 8:16, 23, donde el apóstol ha aplicado esta bendición a los cristianos. Probablemente piensa que la «adopción» de Israel es una bendición nacional que no imparte salvación a los judíos individuales (ver, p. ej., Éx 4:22; Dt 14:1; Is 63:16; Os 11:1).[5] Sin embargo, la aplicación que hace Pablo de esta misma palabra a los creyentes regenerados y al Israel «según la carne» en un espacio de veinte versículos resume la tensión entre las promesas de Israel y la bendición de la Iglesia que transmiten estos capítulos.

Sucede lo mismo con la siguiente bendición, la «gloria divina» (o simplemente la «gloria»; *doxa*, en griego). En este contexto, Pablo se refiere sin duda a la presencia de Dios con el pueblo de Israel (ver, p. ej., Éx 16:7; 24:16; 40:34–35). Sin embargo, el lector de Romanos no habrá olvidado que Pablo acaba de atribuir esta característica a los cristianos (8:18, 30).

Tras una ruptura sintáctica, Pablo concluye en el versículo 5 con dos bendiciones finales que Israel disfruta: «los patriarcas» y el Mesías. La importancia de los patriarcas —Abraham, Isaac y Jacob especialmente— no radica en ellos mismos como personajes, sino en el hecho de que Dios estableció un solemne pacto con ellos. Este pacto tendría vigencia perpetua entre Dios y sus descendientes para siempre. En 11:28 Pablo regresa a este mismo punto, que configura a continuación una especie de paréntesis con esta mención de los patriarcas aquí en los primeros versículos del argumento de Pablo sobre Israel.

La mayor bendición prometida a Israel fue el Mesías, es decir, el Cristo. Desde un punto de vista estrictamente humano («según la carne» de nuevo; NVI «según la naturaleza humana»), el Mesías había de surgir del pueblo de Israel. Sin embargo, desde el punto de vista divino, es más; de hecho, es Dios. Al menos, esta es la lectura que encontramos en varias traducciones en inglés (NIV; KJV; NASB; JB; NRSV). Tomemos, por ejemplo, la NRSV: «De ellos, según la carne, procede el Mesías, quien es sobre todas las cosas, Dios bendito para siempre. Amén». Aquí al Mesías se le identifica como «Dios».

Otras traducciones inglesas no hacen esta identificación. Notemos, por ejemplo, la RSV: «De su linaje, según la carne, es el Cristo. Dios, quien es sobre todo, sea bendito por siempre. Amén» (véase también el texto de NEB y TEV). Como se hace evidente a partir de estas traducciones discordantes, el problema esencial está en

---

4. Este patrón se ve especialmente claro en 1 Macabeos; ver Moo, *Epistle to the Romans* [Epístola a los Romanos], 561.
5. Ver especialmente Murray, *The Epistle to the Romans* [La Epístola a los Romanos], 2:4-5

la puntuación del versículo. Puesto que la mayoría de los manuscritos antiguos no consignan puntuación, los exégetas modernos han de decidir si ponen una coma o un punto después de «Mesías». El asunto es complicado, pero tanto la sintaxis como el contexto favorecen la coma.[6] Este versículo merece, por tanto, contarse entre los pocos textos del Nuevo Testamento que llaman explícitamente «Dios» a Jesús.

PABLO COMO MOISÉS Y COMO MÁRTIR. El lector de Romanos que conoce bien la Biblia localizará de inmediato en el versículo 3 una de aquellas alusiones al Antiguo Testamento que hemos subrayado como especialmente importantes en Romanos. En Éxodo 32, el pueblo de Dios cae en la idolatría formando y adorando un becerro de oro. Cuando Moisés descubre el pecado del pueblo, suplica de todo corazón a Dios que no los destruya:

> Al día siguiente Moisés dijo al pueblo: «Ustedes han cometido un gran pecado. Pero voy a subir ahora para reunirme con el Señor, y tal vez logre yo que Dios les perdone su pecado». De manera que Moisés se acercó de nuevo al SEÑOR y le dijo: «¡Qué pecado tan grande ha cometido este pueblo al hacerse dioses de oro! Sin embargo, yo te ruego que les perdones su pecado. Pero si no vas a perdonarlos, ¡bórrame del libro que has escrito!» (Éx 32:30-32)

La identificación de Moisés con el pueblo es tan intensa que está dispuesto a sufrir la condenación con ellos, si Dios así lo quisiera. Pablo se identifica del mismo modo con Israel, hasta el punto de estar dispuesto a «ser maldecido y separado de Cristo», por el bien de sus hermanos. El gran número de referencias directas y alusiones a la historia de Moisés que encontramos en estos capítulos (p. ej., Ro 9:14-18; 10:19; 11:13-14) indican, casi con toda seguridad, que Pablo tiene a Moisés como modelo de su posición intercesora entre Dios e Israel. Esto sugiere, a su vez, que, como Moisés, Pablo se veía a sí mismo como un personaje decisivo de la historia de la salvación.[7]

Sin embargo, el lector cuidadoso observará también que Pablo va un paso más allá que Moisés: se ofrece para sufrir la maldición de Dios en lugar de Israel. En el contexto, está claro que la expresión «por el bien de» (en griego *hyper*) quiere decir «en lugar de». Pablo se ofrece como sustituto del pueblo de Israel. Las tradiciones

---

6. Ver especialmente Bruce M. Metzger, «The Punctuation of Ro 9:5» [La puntuación de Ro 9:5], en *Christ and Spirit in the New Testament: In Honour of Charles Francis Digby Moule* (ed. B. Lindars y S. Smalley; Cambridge: Cambridge Univ. Press, 1973), 95-112; Murray J. Harris, *Jesus as "God": Theos as a Christological Title in the New Testament* [Jesús como «Dios»: *Theos* como título cristológico en el Nuevo Testamento], (Grand Rapids: Baker, 1992), 144-72.
7. Esta misma perspectiva surgirá de nuevo en Romanos 11, donde Pablo habla de su ministerio a los gentiles y, de manera indirecta, a los judíos (11:13-14). Johannes Munck ha subrayado muy especialmente el significado histórico-salvífico de Pablo (p. ej., *Paul and the Salvation of Mankind* [Pablo y la salvación de la Humanidad], [Londres, SCM, 1959]), aunque Munck lleva esta idea demasiado lejos.

del periodo intertestamentario bien podrían nutrirse de esta idea. La severa persecución que cayó sobre los judíos en días de Antíoco IV Epifanes en el año 168 a.C. produjo muchos mártires entre ellos. Para encontrar significado a estas terribles muertes, algunos escritores judíos especularon con la idea de que el sufrimiento de estos mártires tenía un valor expiatorio para Israel. Por medio de su sufrimiento, los mártires estaban borrando los pecados de Israel y llevando salvación y bendición al pueblo. Puede que el pasaje más famoso sea el de 4 Macabeos 17:17–22:

> El propio tirano y todo su consejo se admiraron de su tenacidad [de los mártires], por lo cual ahora están delante del trono divino y viven la vida de eterna bienaventuranza. Porque Moisés dice: «todos los que están consagrados están bajo tus manos». Estos, pues, que se han consagrado por la causa de Dios, son honrados, no solo con este honor, sino también por el hecho de que por causa de ellos nuestros enemigos no gobernaron más a nuestra nación, el tirano fue castigado, y nuestra tierra purificada, convirtiéndose éstos, por así decirlo, en un rescate por el pecado de nuestra nación. Y mediante la sangre de esos devotos y su muerte como un sacrificio expiatorio, la divina Providencia preservó a Israel que antes había sido maltratado e injuriado.

Al expresar estas tradiciones veterotestamentarias y judías en su oración, Pablo sugiere que también él está experimentando un tiempo de crisis en la vida del pueblo de Dios. La amenaza no procede de un tirano secular, como en el periodo macabeo, sino del propio pecado del pueblo, como en días de Moisés. No obstante, como saben sus lectores, estas historias tienen ambas un final feliz: el pueblo de Dios fue preservado y el plan de Dios avanzó. Así también, puede que Pablo prefigure el final positivo de su lucha por la salvación del pueblo de Dios.

Significado Contemporáneo

En estos versículos, Pablo plantea la tensión que generará el argumento de los capítulos siguientes: Dios ha bendecido a Israel y les ha prometido muchas más bendiciones (vv. 4–5), sin embargo, Israel está bajo la maldición de Dios (v. 3). Este no es el momento de anticipar los pormenores del argumento que se desarrolla en estos capítulos, pero sí de introducir un asunto que iremos mencionando repetidamente a medida que vayamos siguiendo la lógica de Pablo: la posición de Israel a la luz del Evangelio.

Los intérpretes han asumido tradicionalmente que el fracaso de Israel que motiva la reflexión teológica de Pablo es su negativa a aceptar el divino don de la salvación en Cristo. Naturalmente, muchos judíos sí aceptaron este don, y Pablo quiere que recordemos este hecho (ver 11:1–10). Sin embargo, la mayoría no lo ha hecho y, por ello, a lo largo de los capítulos 9–11 Pablo lamenta la situación de Israel en su conjunto.

Pero, en nuestro tiempo, un fuerte movimiento revisionista ha desafiado este punto de vista tradicional sobre el dilema de Israel. Nada de lo que Pablo dice en estos capítulos, argumentan sus defensores, sugiere que Israel no sea ya el pueblo de Dios, destinado al juicio. Por supuesto que Israel ha pecado. Pero su pecado no le ha separado de Dios, porque el Amor de Dios por su pueblo es inquebrantable y la promesa de su pacto irrevocable. El pecado de Israel es más bien el pecado de egoísmo. Al querer la Gracia de Dios solo para sí, los judíos se han negado a reconocer que Dios envió a Jesús para ofrecer salvación a los gentiles. Lo que motiva el dolor de Pablo es esta falta de reconocimiento por parte de los judíos de lo que Dios ha hecho en Cristo a favor de los gentiles y por medio de su predicación.[8]

Algo esencial a esta interpretación de Israel en Romanos 9-11 es la suposición de que el pacto de Dios con el pueblo de Israel es salvífico y eterno. El pueblo judío es salvo por medio de su «pacto de la Torá», mientras que los gentiles lo son a través del «pacto de Cristo». Este punto de vista que se ha dado en llamar perspectiva «bi-contractual» surgió a finales de la década de 1800, pero se hizo especialmente popular en las últimas décadas del siglo XX.

Dos factores externos al texto han propulsado la popularidad de esta interpretación alternativa. (1) La primera es el Holocausto. El Holocausto es —muchos judíos y cristianos están de acuerdo—, la terrible conclusión lógica de la insistencia de la Iglesia en el sentido de que solo hay salvación en Cristo. Al excluir a los judíos de la salvación, los cristianos niegan de hecho el valor del judaísmo y abren la puerta de la persecución. Para ser verdaderamente «cristiana», pues, la Iglesia ha de repudiar sus ideas exclusivistas. (2) Igualmente involucrado está el pluralismo de nuestra era. Toda religión, se nos dice, no es sino un camino distinto al mismo Dios. El judaísmo ha de considerarse tan válido como el cristianismo.

Hemos hablado acerca de estas tendencias en otros lugares de este comentario, y consideraremos sus pormenores en vista de los datos exegéticos de otros textos en los capítulos 9-11. Sin embargo, antes de comenzar a trabajar en estos capítulos quiero poner sobre la mesa una preocupación. Nuestra interpretación de la Escritura se ve siempre afectada por factores externos al texto: desde las peculiaridades de nuestras personalidades y trasfondos a las generalidades de los movimientos e influencias culturales. El significado contemporáneo de Romanos 9-11 dependerá considerablemente de que seamos capaces de reconocer tales influencias y de nuestra capacidad, mediante la ayuda del Espíritu, de permitir que el texto les hable a ellas y lo haga también a través de ellas.

Como he defendido antes en este comentario, confío que Dios puede capacitarnos para escucharle aun en medio de todos nuestros prejuicios personales y culturales. Pero hemos de esforzarnos activamente en permitírselo: con humildad, desarrollando una disposición a escucharle y, sobre todo, buscando sinceramente la ayuda y dirección del Espíritu.

---

8. Ver especialmente Lloyd Gaston, *Paul and the Torah* [Pablo y la Torá] (Vancouver: Univ. of British Columbia Press, 1987), 135-150; John Gager, *The Origins of Antisemitism: Attitudes Toward Judaism in Pagan and Christian Antiquity* [Los orígenes del antisemitismo: actitudes hacia el judaísmo en el paganismo y cristianismo antiguos], (Nueva York, Oxford Univ. Press, 1983), 197-212; S.G. Hall III, *Christian Antisemitism and Paul's Theology* [Antisemitismo cristiano y teología de Pablo], (Minneapolis: Fortress, 1993), 88-93, 113-27.

Romanos 9:6-13

Ahora bien, no digamos que la Palabra de Dios ha fracasado. Lo que sucede es que no todos los que descienden de Israel son Israel. 7 Tampoco por ser descendientes de Abraham son todos hijos suyos. Al contrario: «Tu descendencia se establecerá por medio de Isaac.» 8 En otras palabras, los hijos de Dios no son los descendientes naturales; más bien, se considera descendencia de Abraham a los hijos de la promesa. 9 Y la promesa es ésta: «Dentro de un año vendré, y para entonces Sara tendrá un hijo.» 10 No sólo eso. También sucedió que los hijos de Rebeca tuvieron un mismo padre, que fue nuestro antepasado Isaac. 11 Sin embargo, antes de que los mellizos nacieran, o hicieran algo bueno o malo, y para confirmar el propósito de la elección divina, 12 no por las obras sino por el llamamiento de Dios, se le dijo a ella: «El mayor servirá al menor.» 13 Y así está escrito: «Amé a Jacob, pero aborrecí a Esaú.»

En 9:6a, Pablo declara la tesis de los capítulos 9–11. Después, en 9:6b–29 presenta su primera respuesta al problema de la Fidelidad de Dios a la promesa hecha a Israel. Trata del pasado de Israel y explora el significado y ámbito exactos de dicha promesa. Esencialmente, Pablo quiere mostrar que Dios nunca prometió salvación a todo Israel. Siempre escogió a un grupo dentro del Israel nacional para que fuera su verdadero pueblo, que los profetas llamaban «remanente» (ver v. 27). Si, pues, solo una minoría de judíos ha respondido al Evangelio y se ha unido al pueblo escatológico de Dios, no hay contradicción alguna con el Antiguo Testamento.

Pero Pablo va un paso más allá. Dios siempre se ha reservado el derecho de determinar quiénes serán su pueblo; es un Dios libre y soberano. Esto significa que puede también invitar a los gentiles para que se unan a su pueblo escatológico. De hecho, el mismo Antiguo Testamento predice que esto sucederá.

El argumento que acabamos de trazar se desarrolla en tres etapas. Romanos 9:6b–13 y 24–29 siguen la línea principal del desarrollo. El primer párrafo comienza con una referencia al «llamamiento» de Dios, un paréntesis que revela la idea clave de la sección (v. 7), y el último termina del mismo modo (vv. 27–29). En ambos párrafos, Pablo muestra que Dios es libre de llamar a quien quiere para que forme parte de su pueblo. El párrafo que media entre estos dos (9:14–23) recoge la cuestión suscitada inevitablemente por esta enseñanza: la equidad de Dios.

Los versículos 6–13 comienzan hablando del llamamiento de Dios en la era patriarcal, cuando Dios estaba formando a su pueblo. Presenta dos secciones paralelas, cada una de las cuales analiza el modo en que el llamamiento de Dios afectó a dos hermanos: Isaac e Ismael en los versículos 7–9, y Jacob y Esaú en 10–13.

En cada una de ellas Pablo cita dos veces el Antiguo Testamento para demostrar su argumento.

La tesis de los capítulos 9–11: La veracidad de Dios (9:6a)

En el versículo 6a oímos la tesis que Pablo defiende en estos tres capítulos: «Ahora bien, no digamos que la Palabra de Dios ha fracasado» Este asunto se suscita porque el estado de maldición en que se encuentra Israel (9:3) parece contradecir las bendiciones y promesas que Dios le había otorgado (9:4–5). Para defender el Evangelio, Pablo ha de defender la fidelidad de Dios a sus promesas a Israel. Porque si Dios se ha retractado de la palabra dada a Israel, entonces se abre una profunda sima entre el Antiguo Testamento y el Nuevo, y las buenas nuevas no pueden ya reclamar al Dios de Israel como su autor. Todo el plan de la salvación sufre un colapso.

La tesis de 9:7–29: El «Israel» dentro de Israel (9:6b)

El versículo 6b plantea la tesis de los versículos 7–29: «Lo que sucede es que no todos los que descienden de Israel son Israel». No cabe duda de que Pablo distingue entre dos «Israel»: el que podríamos llamar un Israel «físico», en función de la descendencia, y un Israel «espiritual». ¿Cuál es el Israel «espiritual» que Pablo tiene en mente? Aunque se trata de una cuestión controvertida, creo probable que en Gálatas 6:16 Pablo se refiera a la totalidad de la Iglesia como «Israel». Esto concuerda con la traducción de la NIV: «Paz y misericordia desciendan sobre todos los que siguen esta norma, es decir, sobre el Israel de Dios». Con esta traducción y puntuación, la expresión «Israel de Dios», equivale a «todos los que siguen esta norma», que en el contexto hace referencia tanto a cristianos de origen judío como gentil.[1] Esto, pues, puede ser lo que Pablo quiere decir aquí: no todos los judíos de nacimiento forman parte del «Israel de Dios», la Iglesia.[2]

Pero este uso de la palabra «Israel» está bastante fuera de lugar en Romanos 9–11, donde Pablo está muy interesado en salvaguardar los permanentes privilegios de Israel. Tampoco encaja en el desarrollo del argumento de 9:7–13, que habla de la elección por parte de Dios de un pueblo espiritual procedente del Israel físico. Es casi seguro, entonces, que el «Israel» que se menciona al final del versículo 6 es el Israel espiritual que se encuentra dentro del Israel físico. Todos los judíos de nacimiento forman parte del Israel más amplio, sin embargo solo aquellos judíos llamados por Dios pertenecen al verdadero Israel.

---

1. Quienes deseen considerar los argumentos sobre este texto y una defensa de la conclusión que aquí se adopta pueden ver la obra de Richard N. Longenecker, *Galatians* [Gálatas], (Waco, Tex.: Word, 1990), 297–99. Aquellos que quieran analizar un punto de vista alternativo, que interpreta la expresión «Israel de Dios» como una referencia a los cristianos de origen judío, pueden ver especialmente, Peter Richardson, *Israel in the Apostolic Church* [Israel en la iglesia apostólica], (Cambridge: Cambridge Univ. Press, 1969), 74–84.
2. Ver, p. ej., N.T. Wright, *The Climax of the Covenant: Christ and the Law in Pauline Theology* [El clímax del Pacto: Cristo y la Ley en la teología paulina] (Edimburgo: T. & T. Clark, 1991), 238.

La elección de Dios de Isaac en lugar de Ismael (9:7–9)

No es sorprendente que Pablo se dirija primero a Abraham para demostrar esta cuestión. A fin de cuentas, Abraham era el padre del pueblo judío en su conjunto (ver Gn 12:1–3; Ro 4:1). No obstante, los judíos pertenecen a Abraham de maneras diferentes, afirma Pablo. Todos aquellos que pueden reclamarle como padre físico son sus «hijos», sin embargo, solo quienes le tienen por padre espiritual son también su «descendencia». El lector de la NIV podría sentirse un tanto desconcertado en esta cuestión, porque no estoy utilizando las palabras como lo hacen los traductores de esta versión. Mi forma de expresar este asunto refleja una decisión exegética y de traducción crucial para seguir el argumento de Pablo.

La NIV traduce la misma palabra griega, *sperma* (semilla), como «descendientes» en el versículo 7 y «progenie» en 8–9. A fin de seguir el argumento de Pablo más correctamente, utilizaré siempre la palabra «progenie». Exegéticamente, la NIV sugiere en su traducción del versículo 7 que «descendientes»/«progenie» es la categoría más amplia, mientras que «hijos» es la concisa, la espiritual. Sin embargo, en los versículos 8–9 utiliza «progenie» para aludir al grupo más reducido. Por consiguiente, puesto que el griego lo permite, yo prefiero considerar «progenie» en el versículo 7 también como una referencia a los descendientes espirituales de Abraham: «No es que todos los hijos de Abraham sean su *progenie*».[3]

Una cita de Génesis 21:12 fundamenta esta afirmación. Dios determinó que la progenie de Abraham fuera «llamada» (*kaleo*; NIV «contada»). La palabra *kaleo* es clave en el argumento de Pablo. Dios habló estas palabras a Abraham cuando este último expresó su reticencia a desterrar a su otro hijo, Ismael. Por ello, está claro, concluye Pablo en el versículo 8, que solo los «hijos de la promesa» son considerados «progenie de Abraham». Es decir, únicamente aquellos descendientes de Abraham procedentes de la línea de Isaac pueden considerarse «Israel» en el sentido más estricto.

Pablo finaliza este argumento de los hijos de Abraham con una última cita bíblica (v. 9), una traducción un tanto libre de Génesis 18:10 ó 18:14 (o quizá de ambos versículos). La cita nos recuerda la benevolente y milagrosa intervención de Dios a fin de capacitar a Sara, que era estéril, para dar a luz al hijo de la promesa (ver Ro 4:18–20). La iniciativa, Pablo deja claro de nuevo, es de Dios. Heredar la promesa no es solo una cuestión de nacimiento; depende de la benevolente intervención de Dios.

La divina elección de Jacob en lugar de Esaú (9:10–13)

Este mismo punto se hace incluso más claro en 9:10–13, porque se puede argumentar que Isaac e Ismael se distinguen por una diferencia física clave: el primero nació de Sara y el último de Agar. Por tanto, para disipar cualquier idea de que la descendencia física tiene algo que ver con la promesa, Pablo nos sitúa una generación después para que consideremos el caso de dos niños nacidos de los mismos padres y al mismo tiempo. «Los hijos de Rebeca», nos recuerda Pablo, nacieron fruto de un único acto de concepción. Esta forma de traducir la construcción

---

3. Ver, además Moo, *The Epistle to the Romans* [La Epístola a los Romanos], 575.

griega del versículo 10 es natural y proporciona el necesario progreso del argumento de los versículos 7–9. Porque lo que hace de Jacob y Esaú distintos de Ismael e Isaac no es solo que tuvieran unos mismos progenitores, sino que fueron concebidos al mismo tiempo.

La sintaxis de los versículos 11–12 es bastante confusa, pero la NVI se expresa del mejor modo posible. La cláusula principal es la que aparece al final de esta larga y compleja oración gramatical: «se le dijo a ella: El mayor servirá al menor». Esta cita (de Gn 25:23) expresa con minuciosidad el punto clave de Pablo, a saber, que la elección de Dios trastocó el orden natural del nacimiento. Sin embargo, para dejar claro el asunto, Pablo antepone su cita, con dos cláusulas subordinadas a la cláusula principal: una que nos recuerda las circunstancias en las que las palabras de Dios llegaron a Rebeca, y otra que expresa el propósito de esa situación.

Antes de su nacimiento Dios señaló a Jacob en lugar de Esaú para que a través de él continuara la línea de la promesa, y ello antes de que hubieran hecho «algo bueno o malo» (v. 11a). De esta manera se confirmó «el propósito de la elección divina» (v. 11b). La palabra griega que se traduce como «elección» (*ekloge*) procede de la raíz *kaleo* (llamar) y significa emplazar, escoger.

La primera frase del versículo 12, «no por las obras sino por el llamamiento de Dios», puede expresar el propósito de la elección (así lo entiende la NIV) o, más probablemente, sigue explicando las circunstancias de la revelación de Dios a Rebeca que el apóstol inició en el versículo 11a: puesto que Dios escogió a Jacob en lugar de Esaú antes de haber nacido o hecho cualquier cosa, está claro que la posición de Jacob se fundamenta, no en las obras, sino en el Dios que llama. En los escritos de Pablo, siempre que Dios es el sujeto del verbo «llamar», se refiere a un llamamiento efectivo. Dios no se limita a invitar a Jacob, o a otras personas, a un cierto privilegio o posición, sino que les introduce a él. Así, antes del nacimiento de los mellizos, Dios pudo decir a Rebeca qué papel desempeñaría cada uno de ellos. Este asunto no quedó en manos del azar; sino que fue determinado por el llamamiento de Dios.

Pablo concluye su exposición de Jacob y Esaú con otra cita: «Amé a Jacob, pero aborrecí a Esaú». Dentro del debate sobre este pasaje y sus implicaciones teológicas, esta cita (de Mal 1:2–3) es una especie de pararrayos. El primer asunto a decidir es el significado del término «aborrecí». Algunos opinan que, entendido como un modismo semítico, «aborrecer» puede significar meramente, «amar menos».[4] Sin embargo, el contexto veterotestamentario apunta en una dirección distinta. El contexto es claramente contractual, de modo que «amar» significa, de hecho, «elegir», mientras que «aborrecer» quiere decir «rechazar».[5]

El otro asunto es el significado de los nombres de «Jacob» y «Esaú». Muchos exégetas modernos, observando que en Malaquías estos nombres representan, respectivamente, las naciones de Israel y Edom, insisten en que este es también el

---

4. P. ej. Fitzmyer, *Romans* [Romanos], 563.
5. Ver R.L. Smith, *Micah-Malachi* [Miqueas-Malaquías] (Waco, Tex.: Word, 1984), 305; Cranfield, *The Epistle to the Romans* [La Epístola a los Romanos], 480.

sentido que Pablo quiere darles. El apóstol está reflexionando sobre el hecho de que Dios actuó en la Historia para elegir a Israel como pueblo suyo, mientras rechazaba a otras naciones, como Edom.[6] Esta conclusión afectará a nuestra interpretación de todo el pasaje. Sin embargo, es difícil resistirse a la conclusión de que Pablo está pensando aquí en Jacob y Esaú como individuos. En los versículos 11–12, ha repasado concretamente sus historias personales, haciendo referencia a su nacimiento y a sus «obras». Es difícil pensar que, en el versículo 13, Pablo pase de esta referencia personal a una colectiva, sin previo aviso.[7] Consideraremos el significado de esta decisión exegética en la sección «Significado contemporáneo».

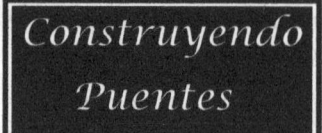

Citas paulinas del Antiguo Testamento. Teniendo en cuenta el propósito de Pablo en Romanos 9–11, no ha de soprendernos que estos capítulos estén llenos de citas veterotestamentarias. Es difícil establecer un cómputo exacto puesto que no siempre está claro lo que ha de contabilizarse como cita (a diferencia de las alusiones), y por las dificultades de contar las citas combinadas. No obstante un cálculo aproximado arroja un número de veinticuatro citas en Romanos 9–11. Cuando consideramos que en todas las cartas de Pablo hay solo unas ochenta citas, se trata de una cifra muy notable. En otras palabras, el 30 por ciento de las citas veterotestamentarias de Pablo se encuentran en estos tres capítulos.[8] Por tanto, una interpretación exacta demanda que observemos con cuidado el modo en que Pablo se sirve del Antiguo Testamento para apoyar e ilustrar su argumento. Vamos ahora a preparar el terreno analizando la función de las cuatro citas de los versículos 6–13.

Estas cuatro referencias citan pasajes del Antiguo Testamento que describen el modo en que Dios ha actuado en la Historia para crear la «línea de la promesa». Por medio de Abraham, Dios dio existencia a un pueblo que sería bendecido por él y, a su vez, se convertiría en una bendición para las naciones (Gn 12:1–3). Conocedor de esta promesa y de que su esposa, Sara, era estéril, Abraham tuvo un hijo, Ismael, con Agar, la sirvienta de Sara (Gn 16). Sin embargo, Dios insistió en que el pueblo de la promesa tendría su origen en un hijo de Sara (17:15–16), y en Romanos 9:9 Pablo cita esta promesa (Gn 18:10, 14).

---

6. Ver, p. ej., Cranfield, *The Epistle to the Romans* [La Epístola a los Romanos],480–81; Fitzmyer, *Romans* [Romanos], 562–63; y la útil, y más extensa exposición, en William W. Klein, *The New Chosen People: A Corporate View of Election* [El nuevo pueblo escogido: un punto de vista colectivo de la elección] (Grand Rapids: Zondervan, 1990), 173.

7. Ver especialmente Schreiner, *Romans* [Romanos], 497–503; Piper, *The Justification of God* [La justificación de Dios], 45–54.

8. Quienes deseen ver las estadísticas, con un análisis, ver Christopher D. Stanley, *Paul and the Language of Scripture: Citation Technique in the Pauline Epistles and Contemporary Literature* [Pablo y el lenguaje del la Escritura: técnica de citas en las epístolas paulinas y la literatura contemporánea] (Cambridge: Cambridge University Press, 1992).

Cuando Sara dio a luz a su hijo, Isaac, quiso alejar a Agar e Ismael para que éstos no compitieran por la herencia. Abraham se resistía a tomar esta medida, pero Dios le dio confianza prometiéndole hacer una nación de Ismael y asegurándole que la descendencia de Abraham «se contaría» a través de Isaac. Pablo cita esta promesa (de Gn 21:12) en Romanos 9:7. Así, en su contexto veterotestamentario, estos textos subrayan que Dios seleccionó a Isaac para ser aquel a través de quien crearía un pueblo especial que daría cumplimiento a su promesa y bendeciría a todas las naciones.

Los textos sobre Jacob y Esaú (en los vv. 12–13) son similares. Una vez más encontramos a Dios seleccionando a un individuo en lugar de otro para dar continuidad a la línea de la promesa. El papel decisivo de Dios al elevar a Jacob sobre Esaú se ve en su predicción a Rebeca, su madre, en el sentido de que el mayor de los mellizos serviría al menor (Gn 25:23, citado en Ro 9:12). Cientos de años más tarde, hablando de la tensión que existía en aquel entonces entre las naciones de Israel y Edom, el profeta Malaquías recordaría al pueblo que Dios había decidido bendecir a «Jacob» (= Israel) y rechazar y condenar a «Esaú» (= Edom) (Mal 1:2–3, citado en Ro 9:13).

Lo que parece claro es que ninguno de estos textos dice nada directamente acerca del destino espiritual de los individuos Isaac, Ismael, Jacob y Esaú. El Antiguo Testamento no trata —al menos en estos textos— si fueron o no salvos; únicamente se preocupa de los roles que tales individuos desempeñan en la historia de la salvación. Su elección por parte de Dios no lo fue para salvación, sino para desempeñar cierto papel dentro del plan divino en desarrollo. Si Pablo está utilizando estos textos de acuerdo con su propósito original, también él reflexionaría sobre el hecho de que Dios ha escogido a algunas personas, o naciones, para desempeñar papeles positivos y negativos en la historia de la salvación. Isaac, Jacob e Israel contribuyeron al plan de Dios llevando a cabo su promesa. Ismael, Esaú y Edom contribuyeron también a este plan oponiéndose a Dios y a su pueblo y dándole la oportunidad de desplegar su gloria.

Como saben la mayoría de los estudiantes de la Biblia, esta conclusión tiene importantes ramificaciones para la teología de Romanos 9, porque este pasaje ha sido una fuente de apoyo esencial para el punto de vista calvinista sobre la elección. Sin embargo, si Pablo aplica los textos del Antiguo Testamento según su propósito original, la apelación a Romanos 9 por parte de los calvinistas se ve menoscabada y quizá habría que desestimarla por completo. Así pues, los intérpretes calvinistas han cometido el error de ver la elección para salvación en un texto que no trata en absoluto este asunto.[9]

En la sección «Significado contemporáneo», evaluaremos esta pretensión. Pero aquí, como un primer paso en esta dirección, queremos considerar el sentido de las citas veterotestamentarias. El problema de la línea de argumentación que hemos

---

9. Quienes deseen considerar este acercamiento de manera general, pueden ver especialmente Klein, *The New Chosen People* [El nuevo pueblo escogido]; H.L. Ellison, *The Mystery of Israel: An Exposition of Romans 9–11* [El misterio de Israel: una exposición de Romanos 9-11] (Grand Rapids: Eerdmans, 1966).

esbozado en este último párrafo es simplemente esta: Pablo no siempre aplica sus citas veterotestamentarias según su propósito original. La cuestión del «uso del Antiguo Testamento en el Nuevo» es complicada y controvertida. Pero la mayoría de los eruditos concuerdan en que, en los pasajes del Antiguo Testamento que citan Pablo y también otros autores del Nuevo Testamento, encuentran un significado que trasciende a su sentido original.

La cita de Oseas 2:23 y 1:10 en Romanos 9:25-26 constituye un ejemplo excepcional de este «cambio de aplicación». Pablo aplica a los gentiles un pasaje del Antiguo Testamento acerca de las tribus norteñas de Israel. En los escritos de Pablo se producen frecuentemente cambios de este mismo tipo. No creo que Pablo cite el Antiguo Testamento de manera arbitraria o que sea injusto con el significado del texto original. Por el contrario, el apóstol ve un significado más profundo en el texto del Antiguo Testamento leyéndolo en vista del clímax de la historia de la salvación en Jesucristo.[10] Sin embargo, la conclusión es que no podemos dar por sentado que Pablo aplique los textos que cita exactamente con el mismo sentido que tienen en su contexto original.

Naturalmente, esto no significa que Pablo no lo haga muchas veces. Los intérpretes que, teniendo en cuenta los textos del Antiguo Testamento que Pablo cita en 9:6-13, niegan que éste pueda estar hablando de salvación individual, pueden tener un argumento legítimo, pero no decisivo. No podemos estar seguros de que Pablo aplique estos textos a los orígenes históricos de la línea de la promesa. El apóstol podría estar tratando a Isaac y Jacob por un lado y a Ismael y Esaú por otro, no desde una óptica histórica, sino como tipos de la salvación y la condenación.[11] O es posible que esté citando la historia de la promesa para aislar un principio del soberano llamamiento de Dios que el apóstol aplica en su tiempo a la salvación individual.[12] Solo una cuidadosa valoración de los versículos 6-13 en su contexto puede decidir este asunto.

Significado Contemporáneo

La Fiabilidad de Dios. ¿Podemos confiar en lo que Dios dice? Esta es la pregunta que, en el último análisis, Pablo pretende responder en los capítulos 9-11. Los tratos de Dios con Israel suscitan este interrogante, pero sus implicaciones van mucho más lejos. Si Dios prometió que bendeciría a Israel y luego dio un giro, y en lugar de ello bendijo a la Iglesia, puede hacer lo mismo de nuevo. Sus promesas a la Iglesia pueden hallar su cumplimiento, por ejemplo, en una entidad totalmente distinta. Puede que tampoco las promesas de las que yo soy receptor como creyente individual sean fidedignas. Un aspecto fundamental de nuestra

---

10. Sobre esta cuestión ver mi ensayo «The Problem of Sensus Plenior» [El problema de Sensus Plenior] en *Hermeneutics, Authority, Canon,* ed. D.A. Carson y J.D. Woodbridge (Grand Rapids: Zondervan, 1986).
11. Käsemann, *Commentary on Romans* [Comentario de Romanos], 261-66.
12. Piper, *The Justification of God* [La justificación de Dios], 45-54.

seguridad como creyentes es la absoluta confianza de que Dios llevará a cabo lo que ha prometido.

En Romanos 8, Pablo ha mencionado algunas de estas maravillosas promesas: Dios hace que todo lo que afecta a nuestras vidas obre para bien (8:28); nuestros sufrimientos presentes no son comparables con la gloria que Dios nos dará (8:18); nada impedirá que finalmente podamos disfrutar de esa gloria (8:29–30; cf. vv. 31–39). ¿Guardará Dios las promesas que nos ha hecho? ¡Sin lugar a dudas! Porque Dios es absolutamente digno de confianza y Todopoderoso. Nada puede impedir que haga lo que ha dicho. Por regla general, nuestros padres humanos quieren lo mejor para nosotros, sin embargo no tienen el poder de hacer que sus deseos se lleven a cabo. Otras personas vinculadas a nosotros sí tienen la capacidad de cumplir sus promesas (mi jefe puede darme el aumento de sueldo que me prometió; el gobierno puede cumplir con sus responsabilidades cuando me llegue la jubilación); sin embargo, tales personas o instituciones no son siempre dignas de confianza. Dios combina ambas cosas en su paternal preocupación por nosotros, sus amados hijos.

La elección de Dios. A lo largo de este comentario, el significado contemporáneo que hemos derivado del texto ha sido a menudo de naturaleza teológica. No pido disculpas por ello, puesto que el texto demanda con frecuencia este tipo de aplicación. Pablo desea ayudarnos a entender el Evangelio, y quiere que nuestros pensamientos sean correctos. El apóstol desea modelar la mente del cristiano.

Naturalmente, la configuración de nuestra mente tiene importantes ramificaciones prácticas. La teología que enseña Pablo es siempre práctica: verdades sobre Dios que deben cambiar nuestra perspectiva y, en última instancia, también nuestra conducta. Por ello, me he esforzado en mostrar adónde puede conducirnos la teología de Pablo por lo que a cuestiones de actualidad y estilo de vida cristiano se refiere. Sin embargo, me he esforzado deliberadamente en no dar la impresión de que, de algún modo, lo que *piensa* el creyente no merece ser intrínsecamente significativo.

Los versículos 6–13 son un claro ejemplo de ello. El propósito de Pablo no es proponernos a Abraham, Isaac o Jacob como personas cuya conducta hemos de imitar. Cualquier aplicación de este pasaje que siga estas líneas traiciona su integridad. Lo que Pablo está haciendo es intentar convencernos de una verdad teológica recordándonos el modo de proceder de Dios en el pasado. La relevancia del pasaje dependerá de que determinemos cuál es exactamente esta verdad.

Como hemos observado anteriormente, Romanos 9:6–23 se ha utilizado durante mucho tiempo para apoyar lo que generalmente conocemos como un punto de vista calvinista de la elección. He descrito brevemente lo esencial de este punto de vista al comentar 8:29–30. A modo de recapitulación: los calvinistas piensan que Dios escoge individuos para salvación basándose únicamente en su libre decisión. Nada de lo que alguien haya hecho o pueda hacer —ni siquiera la fe— tiene relación alguna con la elección de Dios. En palabras de Agustín, que en cierto modo fue un precursor del calvinismo: «Dios no nos elige porque creemos, sino para que podamos creer».¹³ ¿Pero enseña realmente esto Romanos 9:6–23? En nuestra exposición de los versículos 14–23 abordaremos el volátil asunto de la «doble predestinación». Aquí centraremos nuestra atención en el asunto de la elección para salvación.

Es fácil entender por qué opinan los calvinistas que los versículos 6–13 apoyan su idea de la elección. Pablo dice explícitamente que está hablando de la «elección» (v. 11), y utiliza dos veces el lenguaje relacionado del «llamamiento» (vv. 7, 12). A lo largo del pasaje, deja claro que el llamamiento de Dios no tiene nada que ver con la descendencia natural (v. 8) o con las obras (vv. 11–12). La iniciativa está claramente de parte del Dios que «llama» (v. 12), no de lo que hace la persona.

Naturalmente, los arminianos, convencidos de que Dios escoge a las personas basándose en su conocimiento previo de quiénes van a creer y quiénes no, no piensan que este pasaje enseñe la «elección incondicional» de la soteriología calvinista. En su interpretación de estos versículos tienden a dividirse en dos grupos.

(1) Algunos piensan que, sin duda, Pablo está enseñando acerca de la salvación individual; opinan, sin embargo, que no hay nada en el pasaje que excluya la idea de que la elección de Dios se base en su visión anticipada de la fe de las personas. Pablo se esfuerza en negar que las obras tengan algo que ver con la elección de Dios, pero no dice nada sobre la fe. En vista del papel vital que Pablo adjudica a la fe humana en los capítulos 1–4, está plenamente justificado que la asumamos en este pasaje.¹⁴

(2) Sin embargo, la mayoría de los intérpretes arminianos contemporáneos siguen el enfoque que hemos ya mencionado en la sección anterior: el texto no trata la cuestión de la salvación individual. Pablo está hablando de que Dios ha actuado en la Historia para crear a su pueblo y promover su plan de salvación. En última instancia, no trata de individuos, sino de naciones: Israel y los gentiles. Allí donde aparecen individuos, o bien representan a naciones, o bien se considera su papel en la Historia, no su destino eterno.

Los intérpretes arminianos tienen razón en sus protestas contra la tendencia que se observa en muchos exégetas de llevar temas de teología cristiana posterior al texto paulino del primer siglo. Con demasiada facilidad leemos a Pablo en el marco de nuestra herencia individualista y perdemos de vista el interés hacia el colectivo característico del siglo primero (ver comentarios sobre 5:12–21). Como hemos observado anteriormente, los textos del Antiguo Testamento que cita Pablo pueden sugerir que el apóstol tiene en mente el destino de las naciones en la Historia, no el de los individuos en la otra vida. No obstante, una vez concedidas estas cuestiones, creo que 9:6–13 sí apoyan un punto de vista calvinista de la elección. Dos aspectos son particularmente importantes.

---

13. *Predestination of the Saints* [La predestinación de los santos], 17.34.
14. Ver especialmente Sanday y Headlam, *The Epistle to the Romans* [La Epístola a los Romanos], 248–50; Godet, *Commentary on Romans* [Comentario de Romanos], 348-49; Jack W. Cottrell, «Conditional Election» [Elección condicional] en *Grace Unlimited* (ed. Clark Pinnock; Minneapolis: Bethany, 1975), 51–73.

Romanos 9:6-13

(1) Las palabras que Pablo utiliza a lo largo de estos versículos son términos que en otros pasajes el apóstol aplica a la salvación individual:

Ser «descendencia» (*sperma*) de Abraham (9:7–8) — cf. 4:13, 16, 18; Gá 3:16, 19, 29 (la única excepción es 2Co 11:22)

«Considerado [o contado] como» (*logizomai eis*) (9:8) — cf. 2:26; 4:3, 5, 9, 22 (Gn 15:6); cf. también Ro 4:4, 6, 8, 10, 11, 23, 24; Gá 3:6 (Gn 15:6)

Ser «hijos de la promesa» (9:8) — cf. Gá 4:28

«Llamar» (*kaleo*), cuando Dios es el sujeto (9:12; cf. v. 7) — cf. 8:30; 9:24–26; 1Co 1:9; 7:15, 17–18, 20–22, 24; Gá 1:6, 15; 5:8, 13; Ef 4:1, 4; Col 3:15; 1Ts 2:12; 4:7; 5:24; 2Ts 2:14; 1Ti 6:12; 2Ti 1:9

«No por obras [o aparte de ellas]» (9:12) — cf. 4:6; 9:32; 11:6; Ef 2:9

Considerado en su conjunto, este variado vocabulario apunta sin lugar a dudas al asunto de la salvación. Es particularmente evidente que existe un contacto con Romanos 4, donde Pablo muestra que a Abraham y sus descendientes se les atribuyó justicia por la fe y no por las obras.

(2) Encaja mejor con el contexto una referencia al modo en que Dios salva a los individuos. Pablo intenta mostrar por qué existe un Israel espiritual dentro del Israel físico (v. 6b). La referencia a la divina elección de Israel como nación no sirve a este argumento, ni tampoco un análisis del modo en que Dios ha utilizado a las personas en la historia de la salvación. Lo que el apóstol pretende mostrar es que la promesa de Dios a Israel nunca pretendió garantizar la salvación de todos los judíos. Los versículos 6–13 solo hacen avanzar este argumento si Pablo está aplicando lo que dice a la posición de los judíos individuales. Estoy, pues, de acuerdo con la tesis esencial de John Piper en su cuidadoso análisis de este pasaje: Pablo se sirve de la historia veterotestamentaria de la soberana selección de Isaac y Jacob por parte de Dios para establecer un principio esencial sobre el modo en que éste selecciona a las personas.[15] El lenguaje que utiliza el apóstol y el contexto de los versículos dejan claro que está aplicando este principio a la elección de individuos para salvación.

Sin embargo, tenemos toda razón para preguntar: ¿qué sucede con mi fe? ¿Es que acaso no tiene valor? ¿Se trata solo de una respuesta mecánica y sin sentido que Dios fuerza en mí? En este punto la protesta del arminiano es perfectamente legítima. No obstante, no creo que en los versículos 6–13 podamos introducir la fe como base sobre la que Dios escoge. Pablo no solo declara de manera negativa que Dios no elige según las obras, sino que afirma también positivamente que su elección se basa en su decisión de elegir (v. 12a).

No obstante, la fe no puede omitirse de la ecuación de la salvación. Por mucho que pretendamos que la salvación se basa en la elección de Dios, hemos de insistir igualmente en que la decisión humana de creer es también real y perentoria. No somos marionetas en las manos de Dios, que nos movemos pasivamente a medida

---

15. Piper, *The Justification of God* [La justificación de Dios], 45–54.

que él va dirigiendo. Somos seres humanos responsables, llamados por Dios a ejercer fe en su Hijo. Los datos de la Escritura nos impulsan a mantener un delicado equilibrio en esta cuestión. En pasajes como 9:6-13 la Biblia enseña que Dios es quien en última instancia determina, por su libre decisión, quiénes han de ser salvos. Sin embargo, enseña también que cada ser humano está llamado a dar una respuesta de fe a la oferta de la salvación.

El propio Pablo se esfuerza por mantener este equilibrio en estos capítulos. En 9:6-29, sostiene que Israel ha quedado a un lado por decisión de Dios. Sin embargo, en 9:30-10:21, el apóstol arguye que ello ha sucedido por su deliberada negativa a creer. Cuando se trata de la salvación, la Soberanía de Dios y la responsabilidad humana se sitúan en cierta tensión la una con la otra, pero no son lógicamente contradictorias.[16] Para ser verdaderamente bíblicos, hemos de mantener un cuidadoso equilibrio en el que ambas cosas reciben plena consideración.

En el último análisis, qué importa –podemos preguntarnos finalmente–, si creo o no en el punto de vista calvinista de la elección incondicional? En esta cuestión hemos de ser muy cuidadosos. Por una parte, tanto el calvinismo como el arminianismo son puntos de vista completamente ortodoxos. Ambas posiciones pueden reunir un impresionante apoyo bíblico a su favor. Estoy muy contento de enseñar en una institución y de adorar en una iglesia en las que estos dos puntos de vista gozan de una fuerte representación y donde sus proponentes aceptan y honran a quienes sostienen el punto de vista contrario. Por otra parte, no quiero sugerir que no importa el punto de vista que creamos o que ambas ideas encuentren igual apoyo en la Biblia.

En cuanto a soteriología, soy en general (aunque no de manera consistente) calvinista. Creo que la Biblia apoya mi punto de vista, y por supuesto que cambia las cosas. ¿De qué modo? Principalmente al hacer plena justicia a la presentación bíblica de un Dios que es Todopoderoso y totalmente libre en sus acciones. En un texto estrechamente relacionado con Romanos 9, Pablo afirma que la elección de Dios no puede ser «por obras», puesto que, si lo fuera, «la gracia ya no sería gracia» (11:5-6). Mis hermanos y hermanas arminianos insistirán en que una fe que Dios ve de antemano, como producto de la «gracia previniente», no tiene por qué ser ninguna amenaza para la Libertad y la Gracia de Dios. Sin embargo, al hacer de la decisión humana de creer el punto crucial de la distinción entre quienes son salvos y quienes no lo son, convirtiendo de este modo la elección de Dios en una respuesta a la decisión humana, esta perspectiva minimiza, en mi opinión, el poder de la Gracia y su carácter extraordinario.

---

16. Acerca de los asuntos teológicos y filosóficos más amplios que surgen de esta cuestión, ver especialmente John Feinberg, «God Ordains All Things» [Dios ordena todas las cosas] en *Predestination and Free Will* (ed. D. y R. Basinger; Downers Grove, Ill.: InterVarsity, 1986), 17-43; D.A. Carson, *Divine Sovereignty and Human Responsibility* [Soberanía de Dios y responsabilidad humana], (Atlanta: Knox, 1981), 201-22.

Romanos 9:14-23

¿Qué concluiremos? ¿Acaso es Dios injusto? ¡De ninguna manera! 15 Es un hecho que a Moisés le dice: «Tendré clemencia de quien yo quiera tenerla, y seré compasivo con quien yo quiera serlo.» 16 Por lo tanto, la elección no depende del deseo ni del esfuerzo humano sino de la misericordia de Dios. 17 Porque la Escritura le dice al faraón: «Te he levantado precisamente para mostrar en ti mi poder, y para que mi nombre sea proclamado por toda la tierra.» 18 Así que Dios tiene misericordia de quien él quiere tenerla, y endurece a quien él quiere endurecer. 19 Pero tú me dirás: «Entonces, ¿por qué todavía nos echa la culpa Dios? ¿Quién puede oponerse a su voluntad?» 20 Respondo: ¿Quién eres tú para pedirle cuentas a Dios? «¿Acaso le dirá la olla de barro al que la modeló: «¿Por qué me hiciste así?» 21 ¿No tiene derecho el alfarero de hacer del mismo barro unas vasijas para usos especiales y otras para fines ordinarios? 22 ¿Y qué si Dios, queriendo mostrar su ira y dar a conocer su poder, soportó con mucha paciencia a los que eran objeto de su castigo y estaban destinados a la destrucción? 23 ¿Qué si lo hizo para dar a conocer sus gloriosas riquezas a los que eran objeto de su misericordia, y a quienes de antemano preparó para esa gloria?

Como hemos observado en otros pasajes de Romanos, Pablo escribe esta carta siendo ya un experimentado maestro. Sabe cuáles son las preguntas que suscitará su enseñanza y sale al paso para evitar malentendidos. Sabe que su exposición de la Soberanía de Dios en la elección planteará preguntas y objeciones. De hecho, es fácil anticipar las preguntas; son las mismas que nos hacemos cuando hacemos frente a la elección incondicional de Dios: «¿Acaso es Dios injusto?» (cf. v.. 14); y «¿por qué todavía nos echa la culpa Dios [si él es quien determina lo que sucede]?» (cf. v. 19). De modo que, antes de proseguir con su enseñanza sobre la selección de unos pocos judíos para ser salvos junto a muchos gentiles (vv. 24-29), el apóstol hace una pausa para tratar las preguntas en cuestión.

Dios es justo porque actúa para su gloria (9:14-18)

Las preguntas retóricas, unidas a una enérgica respuesta negativa en el versículo 14, muestran que Pablo regresa al estilo de diatriba para clarificar las objeciones a su enseñanza. El apóstol ha enseñado que Dios escogió a Jacob y rechazó a Esaú sencillamente porque así lo quiso; nada que hubiera en ellos le llevó a actuar como lo hizo (9:10-13). En respuesta a esta enseñanza es natural plantear la pregunta «¿acaso es Dios injusto?».

Algunos lectores de Romanos se sienten desconcertados al observar que en los versículos 15-18 Pablo no parece responder realmente esta cuestión. Sin embargo, si la entendemos correctamente, veremos que de hecho sí lo hace. La clave es poner el asunto de la Justicia de Dios en su contexto bíblico. Determinar qué está bien y qué mal, qué es justo y qué no lo es, demanda un modelo de medición. En última instancia, esa norma es nada menos que el propio carácter de Dios (ver comentarios sobre 3:25-26). Por consiguiente, Dios actúa justamente cuando lo hace de acuerdo con su persona y plan. Esto es precisamente lo que Pablo afirma en 9:15-18. El argumento se divide en dos partes paralelas, cada una de ellas con una cita del Antiguo Testamento (vv. 15 y 17), y una conclusión que se establece a partir de la cita («por lo tanto/así que», vv. 16, 18).

(1) Pablo cita en primer lugar Éxodo 33:19, donde Dios revela a Moisés un aspecto fundamental de su carácter: él es libre de conceder misericordia a quienquiera que desee. Esto significa, señala Pablo, que «no depende del deseo ni del esfuerzo humano sino de la misericordia de Dios» (Ro 9:16). . ¿Pero qué es lo que «no depende del deseo ni del esfuerzo humano [...]»? Probablemente, en vista del versículo 15, la divina concesión de misericordia a las personas.[1] Recibir el favor de Dios no depende de nada que alguien pueda desear o hacer, sino solo de la propia voluntad de Dios para mostrar misericordia. El que Pablo mencione tanto el «deseo» como el «esfuerzo» apoya nuestra conclusión en el sentido de que el apóstol excluye la fe y las obras como fuentes de la elección (ver v. 12).

(2) Una segunda cita refuerza la libertad de Dios para actuar libremente, pero ahora desde una óptica negativa (v. 17). El relato de la divina liberación de Israel de la esclavitud en Egipto es una parte esencial de la línea argumental de la Biblia. Este mensaje de Dios sobre su misericordia le fue expresado originalmente a Moisés, el instrumento humano que Dios utilizó para liberar a su pueblo (v. 15). Puede que por esta referencia, Pablo recurra ahora a Faraón, el antagonista de Moisés en esta narración, y cite una palabra que Dios le habló a él (Éx 9:16). La esencia del mensaje es que Dios llevó a Faraón al escenario de la Historia («te he levantado») para cumplir sus propósitos, es decir, para desplegar su poder y proclamar su nombre. Al resistirse a la divina determinación de liberar a su pueblo de la cautividad, Faraón forzó a Moisés a obrar una serie de milagros, que culminó con la división del «Mar de los Juncos», para sacar a Israel de Egipto. Esa demostración del poder de Dios se hizo bien conocida por toda aquella parte del mundo (cf. Jos 2:10).

La conclusión expresada en el versículo 18 no solo afecta al versículo 17, sino también a 15-16. Resume la libertad de Dios en su impacto sobre los seres humanos tanto en su aspecto positivo como en el negativo. Del mismo modo que el mensaje divino a Moisés muestra que Dios es libre para mostrar misericordia a quien lo desee, así su palabra a Faraón muestra que lo es también para «endurecer» a quien quiera. Cualquiera que conozca la historia del Éxodo reconocerá la importancia que tiene dentro de este relato la palabra «endurecer». «Endurecido»

---

1. Ver, p. ej., Cranfield, *The Epistle to the Romans* [La Epístola a los Romanos] 484 – 85.

estaba el corazón de Faraón, y por ello siguió resistiendo la voluntad de Dios ante demostraciones milagrosas cada vez más espectaculares.

La palabra «endurecer» (gr. *skleryno*) alude a un estado de falta de sensibilidad hacia Dios, su Palabra y su obra. En el libro de Éxodo no queda clara la relación entre la divina decisión de endurecer el corazón de Faraón, y el propio endurecimiento de su corazón por parte de Faraón. Sin embargo, esta cuestión es irrelevante, puesto que Pablo atribuye claramente a Dios la iniciativa. ¿Pero a qué alude ese «tener misericordia» y «endurecer» de Dios? Tenemos aquí las mismas opciones que en el asunto similar de la elección de Dios en 9:7-13. Muchos piensan que Pablo se refiere a los roles que desempeñaron Moisés (e Israel) y Faraón (y Egipto) en la historia de la salvación. Sin embargo, creo de nuevo que lo que dice aquí tiene una relevancia directa sobre el asunto de la salvación personal. Es Dios quien determina quién ha de ser salvo y quién ha de permanecer en un estado de ceguera espiritual.

Dios es libre de utilizar a sus criaturas como lo desee (9:19–23)

Esta nueva afirmación por parte de Pablo de la Soberanía de Dios en la salvación (v. 18) suscita otra pregunta/respuesta (nuevamente el estilo de diatriba). El imaginario contertulio de Pablo pregunta: «¿por qué todavía nos echa la culpa Dios? ¿Quién puede oponerse a su voluntad?» Una vez más, Pablo no responde como cabría esperar. El apóstol no ofrece ninguna explicación lógica de cómo se armonizan la determinante voluntad de Dios y la responsabilidad humana. Tampoco sugiere que la voluntad de Dios sea una mera respuesta a las decisiones humanas (como cabría esperar si, de hecho, la divina voluntad de salvar se basara en el conocimiento anticipado de la fe). No, en lugar de ponerse a la defensiva, Pablo sigue adelante pisando el acelerador con otras declaraciones sobre la divina libertad de hacer como le plazca con sus criaturas.

Al dirigirse a su contertulio como «hombre» (*anthropos*; lit., ser humano), Pablo le recuerda su condición de criatura. ¿Qué derecho —pregunta Pablo—, tiene ese ser creado a cuestionar los caminos de Dios y a quejarse del modo en que lo ha hecho (v. 20)? Aludiendo a una rica tradición veterotestamentaria y judía (ver la sección «Construyendo puentes»), Pablo se sirve de la imaginería del alfarero y su barro para representar la relación de Dios con los seres humanos. Como sucede con cualquier analogía, el paralelismo no es en modo alguno perfecto. Los seres humanos, creados a imagen de Dios, tienen las facultades de pensar y tomar decisiones; son mucho más que barro inerte. Sin embargo, la analogía funciona bien en el único punto vital que el apóstol quiere enseñar aquí: el derecho que tiene Dios a formar del barro la clase de vasos que quiere. Algunos serán vasos de «honra» (*time*; NVI «para usos especiales»), otros de «deshonra» (*atimia*; NVI «para fines ordinarios»).

Pablo utiliza un lenguaje similar para referirse a los distintos roles que los creyentes tienen dentro de «la familia de Dios» (ver 2Ti 2:20). Así, el apóstol podría estar describiendo de nuevo los distintos roles que desempeñan las personas en la historia de la salvación.² Sin embargo, el paralelismo con las expresiones «objetos de su castigo» y «objetos de su misericordia, y a quienes de antemano preparó para esa gloria» (Ro 9:22-23) sugiere más bien que el apóstol tiene en mente la libertad de Dios para elegir a algunas personas para salvación y dejar a otras en su estado espiritual de muerte.³

Pablo concluye su excurso sobre la libertad de Dios para conceder y retener la salvación como mejor le parezca con una última y complicada pregunta. Renunciaremos aquí a elaborar un compendio de las muchas sugerencias para desenredar el complejo entramado de la sintaxis de Pablo.⁴ La traducción de la NIV refleja la mejor opción. Toma las siguientes decisiones. (1) Los versículos 22-23 forman una sola pregunta que no tiene una respuesta directa (La NVI elabora dos preguntas con un mismo planteamiento inicial «¿Qué si Dios?» N. del T.). La expresión «¿qué si?» del comienzo sugiere que Pablo está diciendo, de hecho: «¿Qué sucedería si Dios hubiese actuado de esta manera? ¿Quién cuestionará la autoridad de Dios?».

(2) La palabra «queriendo» tiene una función más causal que concesiva. Pablo no está diciendo que Dios haya sido paciente con los perversos aunque quería «mostrar su ira y dar a conocer su poder» descargando instantáneamente su castigo sobre ellos (ver NASB). Por el contrario, Dios ha obrado de este modo porque quiere demostrar públicamente su ira y poder. Al reservar la externa demostración de su ira contra los pecadores hasta el fin de la Historia, Dios puede hacer que su juicio se haga más evidente.

(3) La tercera decisión que se refleja en la NIV es hacer del versículo 23 el propósito más amplio de Dios al soportar a los perversos. Dios ha tolerado a los pecadores no solo para poder demostrar su ira y poder de manera más evidente; lo ha hecho especialmente para «dar a conocer sus gloriosas riquezas a los que eran objeto de su misericordia, y a quienes de antemano preparó para esa gloria» (v. 23).

Tras los versículos 22-23 hay una tradición judía que se preguntaba por qué Dios estaba esperando tanto para juzgar a los pecadores y establecer justicia en el mundo. El clamor de los mártires en Apocalipsis 6:10 expresa esta misma pregunta: «¿Hasta cuándo, Soberano Señor, santo y veraz, seguirás sin juzgar a los habitantes de la tierra y sin vengar nuestra muerte?». Pablo responde a esta pregunta mostrando que Dios está utilizando este tiempo antes del fin, para preparar una demostración aún mayor de su poderoso juicio y glorificar a su pueblo esco-

---

2. Ver, p. ej., Morris, *The Epistle to the Romans* [La Epístola a los Romanos], 366; Cranfield, *The Epistle to the Romans* [La Epístola a los Romanos], 491 – 92; H.H. Rowley, *The Biblical Doctrine of Election* [La doctrina bíblica de la elección] (Londres: Lutterworth, 1950), 40–42.

3. Ver la obra de Murray, *The Epistle to the Romans* [La Epístola a los Romanos], 2:32-33; Piper, *The Justification of God* [La justificación de Dios], 174–83.

4. Quienes deseen una exposición detallada pueden ver Moo, *The Epistle to the Romans* [La Epístola a los Romanos] 604-5.

gido. Encontramos, pues, en estos versículos, un último contraste, que recuerda a los que Pablo ha venido utilizando a lo largo de este pasaje:

«Amé a Jacob, pero aborrecí a Esaú» (v. 13)

«Así que Dios tiene misericordia de quien él quiere tenerla, y endurece a quien él quiere endurecer» (v. 18)

«Vasijas para usos especiales y otras para fines ordinarios» (v. 21)

«Objeto de su castigo destinados a la destrucción/objeto de su misericordia, preparados de antemano para gloria» (vv. 22–23)

El contraste entre ira y gloria muestra que, por un lado, Pablo alude a individuos destinados al juicio y, por otro, a individuos destinados a la gloria. La cuestión de fondo es la salvación. Lo que se hace explícito en este último contraste está también implícito en los demás.

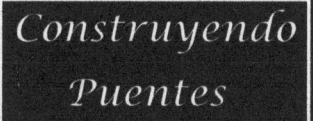

El endurecimiento del corazón de Faraón. Puede defenderse que la expresión, «[Dios] endurece a quien quiere endurecer» (v. 18b) es una de las afirmaciones más polémicas de la Escritura. Antes de que podamos analizar su sentido teológico, hemos de considerar el trasfondo veterotestamentario que informa la afirmación de Pablo. El verbo «endurecer» entra de repente en escena en el versículo 18. Sin embargo, el lector que conoce la Escritura reconocerá que la cita del Antiguo Testamento sobre el propósito de Dios con Faraón en el versículo 17 es el que suscita su utilización de la palabra. El «endurecimiento» es, a fin de cuentas, un tema esencial en la narración de Faraón y del Éxodo.

El autor del Pentateuco se refiere al endurecimiento del corazón de Faraón veinte veces en Éxodo 4–14. Se usan tres verbos hebreos distintos (de las raíces *hzq*, *qsh* y *kbd*), traducidos por tres distintos verbos griegos en la LXX (*skleryno*, que Pablo utiliza en Ro 9:18, *katischyo* y *baryno*). Lo que es especialmente importante para nuestra valoración del significado de la teología paulina del endurecimiento es la interacción de Dios y Faraón en el endurecimiento de este último.

La primera referencia al endurecimiento de Faraón es una predicción que Dios hace a Moisés en Éxodo 4:21: «El Señor le había advertido a Moisés: 'Cuando vuelvas a Egipto, no dejes de hacer ante el faraón todos los prodigios que te he dado el poder de realizar. Yo, por mi parte, endureceré su corazón para que no deje ir al pueblo'» (ver también 7:3). En la narrativa que sigue, el endurecimiento de los corazones de Faraón y sus funcionarios se expresa de tres maneras distintas. (1) Siguiendo el patrón de 4:21 y 7:3, Dios endurece los corazones de Faraón y sus funcionarios (9:12; 10:1, 20, 27; 11:10; 14:4, 8, 17). (2) Faraón endurece su corazón (8:15, 32; 9:34; 13:15). (3) El endurecimiento se expresa en voz pasiva, dejando abierta la identidad del iniciador de la acción (p. ej., 7:13: «de modo que el corazón de faraón se endureció y, tal como el Señor lo había advertido (traducido literalmente de la NIV)»; ver también 7:22; 8:19; 9:7, 35.

¿Qué significan estos datos? Muchos intérpretes argumentan que el endurecimiento de Dios no es sino su reacción judicial a la decisión previa de Faraón de endurecer su corazón. Observan que Dios no endurece el corazón de Faraón (9:12) hasta que primeramente no lo ha hecho Faraón mismo (8:15, 32). Este punto de vista representa la suposición esencial en la explicación de Romanos 9:18 que he leído frecuentemente en libros populares de «Dificultades bíblicas» y oído en sermones y conferencias. El endurecimiento de las personas por parte de Dios se explica sencillamente como su reacción a la decisión de tales personas de endurecer sus corazones.[5]

Sin embargo, aparte del problema que suponen las palabras de Pablo: «endurece a quien él quiere endurecer», este punto de vista no está claramente apoyado en el relato del Éxodo. Antes de que Faraón endurezca su corazón, tenemos dos predicciones de que Dios endurecerá a Faraón (4:21; 7:3) y tres referencias al endurecimiento en voz pasiva (7:13, 14, 22). Como sucede a menudo en la Escritura, el sujeto implícito en estos casos (verbos en pasiva) bien podría ser Dios.[6] Creo, pues, suficientemente justificado afirmar que el texto del Éxodo no deja clara la relación entre el endurecimiento inducido por Dios y el provocado por el propio Faraón. Ambas cosas se enseñan claramente, sin embargo no puede determinarse cuál de ellas precede a la otra. Por consiguiente, esto significa que, por lo que respecta a Romanos 9:18, no podemos dar por sentada una relación específica entre las iniciativas divinas y humanas en el endurecimiento. Tendremos que permitir que el texto hable por sí mismo.

La imaginería de Dios como alfarero. Como hemos mencionado en la sección «Sentido original», la alusión de Pablo a Dios como alfarero, y de los seres humanos como barro en los versículos 20–21, hace uso de una extendida tradición judía y veterotestamentaria. Esta tradición puede esclarecer el propósito de Pablo al utilizar la imaginería en cuestión. Los textos más cercanos a 9:21 son Isaías 29:16 y 45:9:

> ¡Qué manera de falsear las cosas! ¿Acaso el alfarero es igual al barro? ¿Acaso le dirá el objeto al que lo modeló: «Él no me hizo»? ¿Puede la vasija decir del alfarero: «Él no entiende nada»?

> ¡Ay del que contiende con su Hacedor! ¡Ay del que no es más que un tiesto entre los tiestos de la tierra! ¿Acaso el barro le reclama al alfarero: «¡Fíjate en lo que haces! ¡Tu vasija no tiene agarraderas!»?

---

5. Ver, p. ej., Godet, *Commentary on Romans* [Comentario de Romanos], 355; Morris, *The Epistle to the Romans* [La Epístola a los Romanos], 361–62. Ver también la obra de Klein, *New Chosen People,* [Nuevo pueblo escogido], 166–67.

6. Quienes deseen considerar esta línea de interpretación pueden ver especialmente, Greg K. Beale, «An Exegetical and Theological Consideration of the Hardening of Pharaoh's Heart in Exodus 4–14 and Romans 9» *[Una consideración exegética y teológica del endurecimiento del corazón de Faraón en Éxodo 4-14 y Romanos 9] TrinJ* 5 (1984): 129–54.

Sin embargo, cuando se trata de Romanos 9:22, Jeremías 18:6–10 y especialmente Sabiduría de Salomón 15:7, son los más cercanos:

> Pueblo de Israel, ¿acaso no puedo hacer con ustedes lo mismo que hace este alfarero con el barro? —Afirma el Señor—. Ustedes, pueblo de Israel, son en mis manos como el barro en las manos del alfarero. En un momento puedo hablar de arrancar, derribar y destruir a una nación o a un reino; pero si la nación de la cual hablé se arrepiente de su maldad, también yo me arrepentiré del castigo que había pensado infligirles. En otro momento puedo hablar de construir y plantar a una nación o a un reino. Pero si esa nación hace lo malo ante mis ojos y no me obedece, me arrepentiré del bien que había pensado hacerles.

Un alfarero amasa la arcilla blanda y modela piezas de toda clase para nuestro servicio. Del mismo barro modela los objetos destinados a usos nobles y los destinados a usos ordinarios: los hace todos del mismo modo. Y es él quien determina la utilidad de cada uno.

Los intérpretes evalúan el significado de estos paralelismos de maneras diferentes. Algunos destacan que al menos dos de los pasajes (Is 45:9 y Jer 18:6–10) utilizan esta imaginería para referirse al derecho de Dios de utilizar y rediseñar a las naciones como mejor le parece, lo cual aportaría más evidencias de que, en este pasaje, Pablo está hablando de la divina utilización de las naciones en la historia de la salvación y no de la salvación de individuos. Sin embargo, otros textos (especialmente Is 29:16) denuncian la soberbia de ciertas personas que se atreven a cuestionar los caminos de Dios. Es posible que el conocimiento que el apóstol tuviera de este pasaje respondiera a su familiaridad con la enseñanza de Jesús (en forma oral, por supuesto). El Señor utiliza un versículo dentro de este mismo contexto (29:13) para reconvenir a los escribas y los fariseos (ver Mt 15:8–9; Mr 7:6–7). El hecho es que la imaginería de Dios como alfarero era tan común que es imposible estar seguros de cuál es el texto o textos que Pablo podría tener en mente (Ver también, p. ej., Job 10:9; 38:14; Is 64:8; Eclo. 33:13; *T. Naph.* 2.2, 4; *1QS* 11:22). Hemos, pues, de evitar, nuevamente, imponer a Romanos ideas procedentes de textos veterotestamentarios o judíos específicos.

Significado Contemporáneo

El lado sombrío de la elección. He explicado que Romanos 9:6–23 enseña que las personas se convierten en cristianas solo porque Dios, en un libre acto de su voluntad, las escoge y predestina para la fe y la gloria. Acudir a Cristo con fe es una verdadera decisión que tomamos nosotros, y es esencial para poder ser salvos; sin embargo, solo vamos a Cristo porque Dios nos ha elegido. Muchos buenos exégetas y teólogos disputan esta conclusión por encontrarla incompatible con la enseñanza bíblica sobre la libertad de los seres humanos y el llamamiento universal a responder en fe al Evangelio. También muchos creyentes de a pie reaccionan contra esta doctrina por un impreciso sentido de que no es justa.

Sin embargo, si la idea de la elección incondicional de Dios para salvación provoca controversia, imaginémonos los niveles de reacción contra la idea de que Dios puede también decidir mandar personas al infierno en virtud de su soberana decisión. No obstante, no podemos dejar de considerar si, de hecho, Pablo enseña este «aspecto sombrío» de la elección, porque tres textos clave de Romanos 9:6–23 parecen sugerir esta idea:

> Amé a Jacob, pero aborrecí a Esaú. (9:13)

> Así que Dios tiene misericordia de quien él quiere tenerla, y endurece a quien él quiere endurecer. (9:18)

> ¿Y qué si Dios, queriendo mostrar su ira y dar a conocer su poder, soportó con mucha paciencia a los que eran objeto de su castigo y estaban destinados a la destrucción? ¿Qué si lo hizo para dar a conocer sus gloriosas riquezas a los que eran objeto de su misericordia, y a quienes de antemano preparó para esa gloria? (9:22–23)

En cada uno de estos textos, Pablo parece sugerir que Dios escoge a ciertas personas para ser condenadas del mismo modo que escoge a algunas para ser salvas. De ahí que los teólogos, particularmente los de persuasión calvinista, hablen de «doble predestinación.

¿Se enseña realmente esta idea en el pasaje? Por mi parte, concluyo cautelosamente que sí, aunque de forma distinta a la que sostienen muchos calvinistas. Como he defendido, los textos recién citados aluden o se aplican a la obra de Dios en las vidas de las personas. Dios escoge a ciertos individuos y rechaza a otros en virtud de su voluntad (vv. 15, 18), no por razones de descendencia física (vv. 8, 10), por nada que hayan hecho o puedan hacer (vv. 12, 16), o por lo que puedan desear (v. 16). Quien determina esta cuestión es «el Dios que llama». Pero si Dios ha escogido de manera incondicional a algunos para que sean salvos, el paralelismo sugiere que, de un modo igualmente incondicional, destina a otros para la ira.

Por supuesto, algunos intérpretes sostienen que Pablo interrumpe dicho paralelismo de maneras significativas. Afirman que el endurecimiento de 9:18, teniendo en cuenta el trasfondo del Éxodo, se basa en el previo endurecimiento de uno mismo, una afirmación que hemos hallado dudosa. Más directa es la diferencia que se expresa en 9:22–23 entre los que eran «objeto de su castigo y estaban destinados a la destrucción» y los que lo eran «de su misericordia, y a quienes de antemano preparó para esa gloria». Este último texto es claro: Dios mismo «preparó de antemano» a aquellas personas que reciben su misericordia y alcanzan la gloria. Sin embargo, la descripción que hace Pablo de los «objetos de ira» es sustancialmente distinta: el apóstol utiliza un participio que está en voz pasiva o media (*katertismena*). Si se trata de la voz media, podría significar que estas personas «se prepararon a sí mismas» para la destrucción;[7] si, por el contrario, es un participio

---

7. P. ej. F. Prat, *The Theology of Saint Paul* [La teología de San Pablo] (2 vols.; Westminster, Md.: Newman, 1952), 1:257.

en voz pasiva, significaría que su preparación para la ira fue obra de sus propios pecados[8] o de Dios.[9]

Es imposible estar seguros de ello, sin embargo, el cambio de construcción podría sugerir que Pablo considera la elección de Dios para salvación y la predestinación para la ira como cosas de algún modo distintas (ver más adelante). No obstante, esta consideración no es suficiente para invalidar la impresión general de que tanto la salvación como la condenación humanas son actos soberanos de Dios.

Sin embargo, antes de concluir que los dos actos son totalmente paralelos, hay que considerar otro factor. Pablo enseña que todas las personas son partícipes en el pecado de Adán y están por consiguiente bajo sentencia de muerte por su pecado (Ro 5:12-21). La decisión de Dios de destinar a algunas personas a la ira se produce, creemos, después de (en un sentido lógico) este pecado.[10] Por tanto, el «endurecimiento» que tiene a Dios por agente no produce insensibilidad espiritual; mantiene a las personas en el estado de pecado que ya han escogido. Cuando Dios escoge a alguien para que sea salvo, actúa por pura Gracia, concediendo una bendición a una persona que de ningún modo la merece. Sin embargo, cuando destina a alguien a la ira, lo sentencia al destino que tal persona ha escogido ya por sí misma. Solo quizá por esta razón, considero que el cambio de construcción de 9:22-23 y el hecho de que Pablo nunca utiliza las palabras «llamamiento» o «elección» en este contexto, aluden a la decisión de Dios de dejar a las personas en sus pecados y la ira que merecen. Por esta misma razón, prefiero no utilizar la frase doble predestinación; esta expresión daría a entender que ambos actos divinos de predestinación son de la misma clase.

Al reflexionar en el significado contemporáneo de esta doctrina, hay que explicar dos cosas. (1) Como hemos observado anteriormente, la idea de que Dios destina personas al infierno suscita —y es comprensible— una fuerte reacción. De manera instintiva, la mayoría de nosotros sentimos que hay algo injusto en el hecho de que Dios decida redimir a algunos del pecado y destinar a otros a la destrucción. Sin embargo, en algún punto, hemos de analizar cuidadosamente esta reacción y decidir si está o no justificada. Hace algunos años me encontraba impartiendo un seminario que incluía esta doctrina en el plan de estudios. Como sucede siempre, esta idea encontró mucha resistencia. Una estudiante en particular era muy expresiva, e insistía en que «Dios no podía ser así».

Esta respuesta puede o no estar justificada. Puedo entender y hasta simpatizar con alguien que afirma: «mi estudio de la Biblia me ha llevado a un punto de vista de Dios que es sencillamente incompatible con esta doctrina». Sobre esta base puede establecerse un diálogo en el que procuramos llegar a un entendimiento mutuo sobre la relación entre la enseñanza de Pablo sobre Dios en Romanos 9 y

---

8. P. ej. Godet, *Commentary on Romans* [Comentario de Romanos], 361-62; Morris, *The Epistle to the Romans* [La Epístola a los Romanos], 368.
9. P. ej. Käsemann, *Commentary on Romans* [Comentario de Romanos], 271-72; Piper, *The Justification of God* [La justificación de Dios] 194.
10. La secuencia lógica de la divina decisión de crear al ser humano, la Caída y la decisión de condenarle es un asunto de controversia entre los teólogos calvinistas. Considero que queda fuera de nuestros propósitos entrar aquí en este asunto.

la perspectiva bíblica general. Puede que el estudiante tenga que ajustar su idea en vista de Romanos 9, o que yo tenga que revisar mi interpretación de este capítulo de Romanos en vista de la enseñanza de la Escritura en otros pasajes.

Pero la estudiante en cuestión no planteaba este tipo de objeción. Lo que realmente estaba diciendo era: «Esta doctrina no encaja en mi idea de cómo ha de ser Dios». En este punto hemos de hacernos una pregunta muy importante: ¿De dónde procedía su idea de Dios? Puesto que no citaba ninguna prueba bíblica, la única conclusión posible es que estaba reflejando una imagen de Dios procedente de su cultura general y quizá de su propia tradición eclesial. Sin embargo, no hemos de permitir que tales ideas se constituyan en jueces de la Escritura. Creer en la autoridad de la Biblia implica que hemos de sujetarnos a lo que ésta enseña, y ajustar nuestras propias percepciones e ideas a la Escritura.

(2) Esto nos lleva a mi segundo punto. Aunque comparto con la mayoría de los creyentes algunos de los mismos problemas y preguntas acerca de esta doctrina, opino también que, en última instancia, ésta encaja bien con la idea bíblica de Dios. El título del popular libro que hace unos años escribió J. B. Phillips, *Your God Is Too Small* [Tu Dios es demasiado pequeño], representa una crítica que podría hacerse merecidamente a muchos cristianos e iglesias. El orgullo personal y el basado en los propios logros, unido a una creencia inducida por nuestra cultura que nos lleva a vernos como «señores de nuestro destino», hace que nos sea muy difícil darle a Dios lo que es debido.

No obstante, la Biblia presenta a Dios como aquel que planta y desarraiga naciones (p. ej., Is 40:12–31; Daniel), y cuya palabra determina el desenlace de las batallas. Él determina el resultado de todos los acontecimientos de la Historia humana, grandes y pequeños. La Soberanía de Dios aun sobre los acontecimientos negativos es especialmente pertinente para el asunto que estamos considerando. Dios, nos enseña la Escritura, envió a su Hijo para que fuera crucificado por personas perversas (Hch 2:23); Dios decidió que Judas traicionara maliciosamente a Jesús (p. ej., Lc 22:22). Impregnando todo lo que Pablo dice en estos versículos sobre la Soberanía de Dios en la elección, y expresándose explícitamente en Romanos 9:20–21, está este punto de vista bíblico de un Dios que actúa con absoluta libertad hacia sus criaturas.

Ciertos eruditos critican enérgicamente lo que Pablo subraya en este punto. J. C. O'Neill, por ejemplo, califica el argumento de Pablo en este pasaje de «completamente inmoral».[11] En estas palabras escuchamos la reacción de una humanidad arrogante, que protesta contra cualquier invasión de sus «derechos», sea de Dios o de cualquier otro ser. Esta misma reacción invade fácilmente a la Iglesia, rebajando la calidad de nuestra adoración al rebajar nuestra imagen de Dios. Puede que podamos convertir en virtud lo que parece un problema, permitiendo que la exposición que hace Pablo de la Soberanía de Dios en la elección y la perdición estimule en nosotros una nueva apreciación de la grandeza de Dios y de sus incomprensibles propósitos.

---

11. J.C. O'Neill, *Paul's Letter to the Romans* [La carta de Pablo a los Romanos] (Baltimore: Penguin, 1975), 158.

Romanos 9:24-29

Ésos somos nosotros, a quienes Dios llamó no sólo de entre los judíos sino también de entre los gentiles. 25 Así lo dice Dios en el libro de Oseas:

«Llamaré "mi pueblo" a los que no son mi pueblo;
y llamaré "mi amada" a la que no es mi amada»,
26 «Y sucederá que en el mismo lugar donde se les dijo:
Ustedes no son mi pueblo»,
serán llamados «hijos del Dios viviente».

27 Isaías, por su parte, proclama respecto de Israel:

«Aunque los israelitas sean tan numerosos como la arena del mar,
sólo el remanente será salvo;
28 porque plenamente y sin demora
el Señor cumplirá su sentencia en la tierra».

9 Así había dicho Isaías:

«Si el Señor Todopoderoso
no nos hubiera dejado descendientes,
seríamos ya como Sodoma,
nos pareceríamos a Gomorra».

Colocar una división de párrafo entre 9:23 y 9:24 puede parecernos extraño, puesto que la oración gramatical que Pablo comenzó en el versículo 22 continúa en el versículo 24: Al decir, «Ésos somos nosotros» Pablo retoma la referencia a los «objetos de su misericordia» a los que alude en el versículo 23. Sin embargo, la imprecisa continuidad sintáctica oculta el hecho de que, en el versículo 24, Pablo está volviendo al curso principal de su argumento. Ahora oímos de nuevo el tema que ha dominado 9:6–13: el llamamiento de Dios es la única base para la inclusión en el verdadero pueblo de Dios. En palabras de N.T. Wright: «lo que cuenta es la Gracia, no la raza».[1]

Pablo va ahora un paso más allá llevando este principio a su conclusión lógica. Puesto que lo que cuenta es la Gracia de Dios, él es entonces libre de llamar a los gentiles a su reino igual que a los judíos. El apóstol hace esta afirmación en el versículo 24, que es el «título» del párrafo. A continuación el apóstol fundamenta su afirmación con citas de la Escritura. El párrafo está dispuesto según una estructura quiásmica, en la que los versículos siguen un patrón A B B´ A´:

---

1. Wright, *The Climax of the Covenant* [El clímax del pacto], 238.

A   Dios llama a algunos judíos (v. 24a)
B   Dios llama a los gentiles (v. 24b)
B´ el Antiguo Testamento confirma el llamamiento de Dios a los gentiles (vv. 25-26)
A´ el Antiguo Testamento confirma el llamamiento de Dios de algunos judíos (vv. 27-29)

El verbo «llamar» (*kaleo*) tiene su sentido habitual cuando Dios es el sujeto: su llamamiento eficaz para entrar en relación con él. Es otra forma de describir lo que Pablo ha dicho en 9:23, en el sentido de que las personas a quienes Dios muestra misericordia han sido «preparadas [de antemano]» por él para esa bendición y para la gloria final. En el tiempo de Pablo, esas personas eran tanto judíos como gentiles. De hecho, en Roma y en otros lugares del campo de misión, era cada vez más frecuente que los gentiles superaran en número a los judíos. Lo que Pablo está aquí intentando reconciliar con el Antiguo Testamento es únicamente esta inesperada circunstancia. Por tanto, cita la Escritura para demostrar los dos aspectos de esta situación.

Puesto que ha mencionado a los gentiles en último lugar, Pablo comienza con ellos. Sus citas en los versículos 25 y 26 proceden del libro de Oseas. Cita libremente de Oseas 2:23 en el versículo 25, y literalmente de la LXX de Oseas 1:10a en el versículo 26. Aunque la promesa de inclusión al pueblo de Dios que se consigna en Oseas se dirige a las tribus del norte de Israel, Pablo la aplica a los gentiles. Por el misericordioso llamamiento de Dios, han sido transferidos de la posición de «no mi pueblo» y «no mi amado» a la de «pueblo mío», «amado mío» e «hijos del Dios vivo».

Bajo el Antiguo Pacto, como lo expresa Pablo en Efesios 2, los gentiles estaban «excluidos de la ciudadanía de Israel y ajenos a los pactos de la promesa, sin esperanza y sin Dios en el mundo» (Ef. 2:12). Aunque Dios en su Gracia había extendido su pacto a algunos gentiles (p. ej., Rahab, Rut; ver también el libro de Jonás), su pueblo procedía mayoritariamente de Israel. Bajo el Nuevo Pacto, sin embargo, todo esto ha cambiado. Dios no muestra distinción alguna, impartiendo su Gracia a judíos y gentiles por igual. Esto, insiste Pablo, fue predicho en el mismo Antiguo Testamento (en la sección «Construyendo puentes» se amplía la cuestión del uso que Pablo hace de Oseas).

Si la tradición judía y veterotestamentaria hacen que para Pablo sea importante justificar la inclusión de los gentiles, esta misma tradición le exige también una explicación del porqué no todos los judíos están siendo admitidos. Por ello, en los versículos 27-29, las citas sobre Israel no tratan del divino llamamiento de los judíos en sí, sino de la llamada selectiva de una minoría de judíos por parte de Dios. Isaías 10:22-23, citado en parte en Romanos 9:27-28, es uno de los grandes textos veterotestamentarios sobre el «remanente». La concepción del remanente surgió en los profetas como un mensaje de juicio y esperanza al tiempo; juicio, porque la permanente pecaminosidad de Israel atrajo la sentencia de Dios sobre el conjunto del pueblo, lo cual resultó en la salvación de tan solo una parte de él;

esperanza, por cuanto, a pesar de la pecaminosidad de Israel, Dios mantuvo su compromiso con el pacto y prometió salvar al menos a una parte del pueblo.

En la cita de Isaías 10 se escuchan ambas notas. Por una parte, aunque el pueblo de Israel es numeroso, Dios salvará solo al remanente. (No hay ninguna palabra del texto griego que corresponda directamente a «solo», sin embargo es una legítima glosa contextual.) Por otra parte, este remanente será salvo. El versículo 28, que cita Isaías 10:23, es difícil de interpretar. Sin embargo, probablemente refuerza la nota de juicio de Romanos 9:27: Dios consumará el juicio que ha decretado contra Israel con certeza y prontitud.

Pablo termina su serie de citas con otra referencia a Isaías (Is 1:9, citado en Ro 9:29). Lo que probablemente atrajo su atención a Isaías 1:9 es la palabra «descendientes» (*sperma* en griego), que es la palabra clave de la parte inicial de esta sección (ver comentarios sobre Ro 9:7–8). Esta palabra es mucho más positiva; ofrece esperanza a Israel porque Dios está decidido a preservar «descendientes» de la nación, personas que heredarán la promesa hecha a Abraham. Así pues, este versículo anticipa el mensaje de esperanza sobre Israel que Pablo expresará en el capítulo 11.

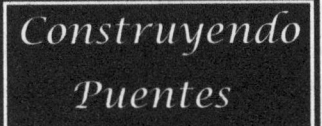

Oseas, Isaías y Pablo. Como hemos afirmado repetidamente en este comentario, si queremos entender en profundidad el significado de Romanos, hemos de prestar una cuidadosa atención al modo en que Pablo utiliza el Antiguo Testamento. La serie de cuatro citas consignadas en 9:25–29 es un ejemplo fascinante de esta lectura «más profunda» de la carta.

Lo que sorprende en primer lugar al lector atento es que Pablo parece haber aplicado de un modo erróneo sus citas de Oseas 2:23 y 1:10 en Romanos 9:25–26. Oseas profetiza acerca de la misericordia que Dios mostrará a las rechazadas tribus norteñas de Israel; Pablo aplica estas profecías a la inclusión de los gentiles. Podemos evitar el conflicto que se suscita si interpretamos Oseas como una referencia a los gentiles[2] o sostenemos que Pablo alude a los judíos.[3] Sin embargo, ninguna alternativa hace justicia a los textos respectivos. Otros piensan que Pablo cita por una cuestión de analogía: el llamamiento de Dios a los gentiles funciona sobre el mismo principio que la prometida renovación divina de las diez tribus del Norte.[4] Pero Pablo precisa más que una analogía para justificar de acuerdo con la Escritura el divino llamamiento a los gentiles para que sean su pueblo. ¿Cómo,

---

2. Ver T. Laetsch: «Con toda claridad Dios profetiza aquí el reconocimiento de los paganos en las relaciones contractuales con Dios» (*Bible Commentary on the Minor Prophets* [Comentario bíblico de los Profetas Menores] [St. Louis: Concordia, 1956], 75).
3. J.A. Battle Jr., «Paul's Use of the Old Testament in Romans 9:25–26», [La utilización del Antiguo Testamento por parte de Pablo en Romanos 9:25-26] *GTJ* 2 (1981): 115–29.
4. Ver, p. ej., S. Lewis Johnson, «Evidence from Romans 9–11», [Evidencias de Romanos 9-11] en *A Case for Premillennialism: A New Consensus* (ed. D.K. Campbell y J.L. Townsend; Chicago: Moody, 1992), 207–10; J. Ridderbos, *Isaiah* [Isaías] (Grand Rapids: Zondervan, 1985), 565–66.

pues, explicamos lo que Pablo hace aquí? ¿Es culpable de sacar las palabras de su contexto para que sirvan a su argumento?

Creo que no. Es cierto que Pablo no está citando a Oseas en estricta conformidad con el «sentido original» de las profecías. Sin embargo, considerándolas en el marco más amplio de la historia de la salvación, las profecías adquieren un significado más extenso según el modo en que Pablo las aplica. La clave es la historia de Abraham. En especial, las promesas divinas que son esenciales a esta historia, ofrecen a Pablo la clave de la historia de la salvación y, por consiguiente, la clave también para su hermenéutica veterotestamentaria. De hecho, a riesgo de exagerar, podemos casi afirmar que la continuidad con Abraham es la clave para entender el argumento de Pablo sobre los gentiles en Romanos.

Abraham es, por supuesto, la base para Romanos 4; pero es también central en el argumento sobre la naturaleza y extensión del pueblo de Dios en Romanos 9–11. Los capítulos comienzan con el recordatorio de que Israel posee las promesas y los patriarcas (9:4–5), y todo el resto de la exposición es, en un sentido, una explicación más detallada de lo que estas promesas, vinculadas a los patriarcas, significan realmente. Por ello, el criterio para determinar quiénes son los «descendientes» de Abraham es central en Romanos 9. La cuestión, entonces, sobre las profecías de Oseas es ésta: son un eco de la promesa «abrahámica» de Génesis.

Las primeras palabras de Oseas 1:10 (que Pablo no cita) predicen que «los israelitas serán tan numerosos como la arena del mar, que no se puede medir ni contar». Este tema de los descendientes innumerables es un constante estribillo en los textos de la promesa de Génesis, y la analogía del «polvo de la tierra» o «la arena del mar» se utiliza cuatro veces (Gn 13:16; 22:17; 28:14; 32:12). Según, pues, la reconstrucción de la lógica que hace Douglas Stuart, Pablo puede citar Oseas para aludir a los gentiles ya que «quienes están en Cristo constituyen la semilla de Abraham, y son el objeto de esta predicción de gran crecimiento...».[5]

Que nuestra explicación del uso de Oseas que hace Pablo va por buen camino se confirma por el hecho de que las alusiones a Abraham asoman también en las otras dos citas de estos versículos. Isaías 10:22, citado en Romanos 9:27, utiliza el lenguaje de «la arena del mar» de Génesis. E Isaías 1:9, citado en Romanos 9:29, retoma la palabra clave «descendientes» (*sperma*) en la historia de Abraham (ver 4:13, 16, 18; 9:7–8). Pablo comenzó esta sección (ver comentarios sobre 9:7–9) afirmando que Dios selecciona a los verdaderos «descendientes» de Abraham de entre todos sus «hijos». Concluye declarando que entre los descendientes de Abraham están también quienes no tienen ningún vínculo biológico con él. Todos los que tienen fe son en última instancia hijos de Abraham (4:10–12).

Significado Contemporáneo

Leer el relato de la Escritura. La lectura que Pablo hace del Antiguo Testamento en el marco de un amplio trasfondo teológico nos enseña algo sobre nuestra lectura de las Escrituras.

---

5. Douglas Stuart, *Hosea-Jonah* [Oseas-Jonás] (WBC; Waco, Tex.: Word, 1987), 41.

Entre los eruditos se debate si los cristianos de nuestro tiempo han de interpretar y aplicar el Antiguo Testamento con el mismo grado de creatividad que lo hicieron los autores del Nuevo Testamento. Pero sin duda hemos de seguir su estela por lo que respecta a leer el Antiguo Testamento como un solo relato integral sobre el plan redentor de Dios que halla su cumplimiento en Cristo. No obstante, muchos de nosotros no conocemos suficientemente bien la historia para poder hacerlo. Con el paso del tiempo acabamos leyendo fragmentos aislados del Antiguo Testamento, pero con frecuencia carecemos de una perspectiva general que integre todas las partes. ¿Leeríamos de este modo una novela de Dickens, abriendo al azar un capítulo o una página para ver lo que «podemos sacar»?

Es cierto que la Biblia no puede, en última instancia, compararse con una novela, y que podemos aprender mucho de la lectura de un solo capítulo de los Salmos, Proverbios, o de un libro. Sin embargo, no apreciaremos el sentido de ciertos textos hasta no tener una idea de su lugar dentro del argumento. Hace algunos años, los predicadores y maestros podrían asumir que la mayor parte de sus receptores conocían esta línea argumental. Se dirigían a personas que, por su asistencia a la Iglesia o por la mera influencia de la cultura circundante, estaban mínimamente familiarizadas con el relato bíblico. Pero esto es algo que ya no se puede asumir en nuestra sociedad postcristiana. En el seminario donde enseño hemos tenido que rediseñar nuestro plan de estudios, introduciendo algunos requisitos de conocimientos bíblicos básicos para los estudiantes de licenciatura porque hemos aprendido que no podemos dar por sentado que conocen el relato bíblico.

Por consiguiente, quienes tenemos un ministerio de predicación y enseñanza, hemos de tener en cuenta la importancia de que aquellos a quienes servimos puedan tener una clara idea general del maravilloso relato del plan redentor de Dios consignado en la Biblia. Hemos de ofrecer clases que presenten una visión amplia del relato de la Escritura. Es sumamente importante que mostremos cómo ciertos textos específicos informan a las Escrituras en su conjunto y son informadas por ellos. Y todos nosotros —predicadores, maestros y laicos por igual— hemos de aprender de tal modo la «antigua historia» que podamos deleitarnos en la maravillosa interrelación entre todas las partes de la Escritura.

Romanos 9:30–10:13

¿Qué concluiremos? Pues que los gentiles, que no buscaban la justicia, la han alcanzado. Me refiero a la justicia que es por la fe. 31 En cambio Israel, que iba en busca de una ley que le diera justicia, no ha alcanzado esa justicia. 32 ¿Por qué no? Porque no la buscaron mediante la fe sino mediante las obras, como si fuera posible alcanzarla así. Por eso tropezaron con la «piedra de tropiezo», 33 como está escrito:

«Miren que pongo en Sión una piedra de tropiezo
y una roca que hace caer;
pero el que confíe en él no será defraudado.»

1 Hermanos, el deseo de mi corazón, y mi oración a Dios por los israelitas, es que lleguen a ser salvos. 2 Puedo declarar en favor de ellos que muestran celo por Dios, pero su celo no se basa en el conocimiento. 3 No conociendo la justicia que proviene de Dios, y procurando establecer la suya propia, no se sometieron a la justicia de Dios. 4 De hecho, Cristo es el fin de la ley, para que todo el que cree reciba la justicia. 5 Así describe Moisés la justicia que se basa en la ley: «Quien practique estas cosas vivirá por ellas.» 6 Pero la justicia que se basa en la fe afirma: «No digas en tu corazón: ¿Quién subirá al cielo?» (es decir, para hacer bajar a Cristo), 7 o «¿Quién bajará al abismo?» (es decir, para hacer subir a Cristo de entre los muertos). 8 ¿Qué afirma entonces? «La palabra está cerca de ti; la tienes en la boca y en el corazón». Ésta es la palabra de fe que predicamos: 9 que si confiesas con tu boca que Jesús es el Señor, y crees en tu corazón que Dios lo levantó de entre los muertos, serás salvo. 10 Porque con el corazón se cree para ser justificado, pero con la boca se confiesa para ser salvo. 11 Así dice la Escritura: «Todo el que confíe en él no será jamás defraudado». 12 No hay diferencia entre judíos y gentiles, pues el mismo Señor es Señor de todos y bendice abundantemente a cuantos lo invocan, 13 porque «todo el que invoque el nombre del Señor será salvo».

Con 9:30, llegamos a una importante división dentro del argumento de Pablo. A primera vista, podría parecer más lógico poner esta división en el inicio mismo del nuevo capítulo, donde Pablo dice «hermanos».[1] Sin embargo, una mirada más detenida muestra que 9:30 es, sin duda, el lugar

---

1. P. ej. Gifford, *The Epistle of St. Paul to the Romans* [La epístola de San Pablo a los Romanos], 182.

apropiado para establecer la división.[2] Esto se ve, en primer lugar, en el planteamiento de la pregunta «¿qué concluiremos?», que en Romanos indica con frecuencia un cambio de argumento (ver 4:1; 6:1; 7:7; 8:31; 9:14). Se confirma con un característico cambio de vocabulario. Comenzando en el versículo 30, las palabras «justicia» y «fe»/«creer» se hacen dominantes. Estas palabras están en el centro del argumento de Pablo en 9:30–10:13. Tres veces contrasta Pablo dos clases de justicia:

«Justicia que es por la fe», frente a «una ley que le diera justicia» (9:30–31)

«La justicia que proviene de Dios» frente a «la suya propia [justicia]» (10:3)

«La justicia que se basa en la fe» (10:6) frente a «la justicia que se basa en la ley» (10:5)

Estos contrastes son el eje de los tres párrafos en los que se divide esta sección: 9:30–33; 10:1–4; y 10:5–13. En cada uno de ellos Pablo explica que Israel no ha disfrutado las bendiciones de la salvación mesiánica por haber ido tras una justicia basada en la ley. Por otra parte, los gentiles, llegan al reino en grandes números porque han abrazado una justicia basada en la fe. En esta sección Pablo hace una pausa para reflexionar en el desconcertante giro que se produce en la historia de la salvación y que ha descrito en 9:6–29: solo un remanente de judíos está siendo salvo, mientras que los gentiles, que en otro tiempo «no eran pueblo», son ahora llamados «hijos del Dios vivo». El apóstol se sirve del núcleo esencial del Evangelio —la justicia por la fe— para explicar este giro de los acontecimientos. Todo la sección que cubre 9:30–10:21 es, entonces, una especie de excurso dentro del argumento de los capítulos 9–11.

La falsa búsqueda de Israel (9:30–33)

En 9:6–29, Pablo ha explicado la composición étnica del pueblo de Dios en aquel momento como consecuencia de la divina elección. Dios «llama» a su reino mesiánico a judíos y gentiles por igual. Ahora el apóstol explica esta misma circunstancia desde la óptica contraria: la decisión de creer que han de tomar los seres humanos. Los gentiles han podido disfrutar las bendiciones de Dios precisamente por esta razón. Ellos no se esforzaban por establecer su propia justicia; ignorantes de las promesas de Dios y excluidos del Pacto, no tenían idea de lo que significaba estar en una posición correcta ante Dios. Sin embargo, cuando Dios se la ofreció en su Gracia y por medio de la predicación del Evangelio, éstos respondieron en fe y la obtuvieron.

La situación de Israel contrasta, no obstante, con la de los gentiles (9:31). Pablo habla de Israel en general, puesto que la gran mayoría de los judíos se negaron a responder al Evangelio. Naturalmente, muchos lo han hecho, y Pablo subrayará este hecho en la siguiente etapa de su argumento (11:1–10). Sin embargo, el contraste entre las maravillosas promesas hechas a Israel y el reducido número de

---

2. Así lo ven casi todos los comentarios modernos.

judíos que han reconocido su cumplimiento en Cristo es tan grande que Pablo cree aceptable hablar del fracaso de «Israel» en su conjunto.

Cabría esperar que Pablo estableciera un claro contraste con los gentiles afirmando que Israel fue tras la justicia, pero no la obtuvo. En lugar de ello, sin embargo, lo que el apóstol afirma es que perseguían «una ley de justicia» y que no «la» obtuvieron (i.e., esta «ley»). ¿Por qué interrumpe Pablo este paralelismo para poner la «ley» en un primer plano? Las respuestas a esta cuestión varían. Algunos comentaristas opinan que aquí, el término «ley» (*nomos*) tiene un sentido formal: principio o autoridad. Lo que Pablo estaría diciendo es que Israel buscaba el principio de justicia pero no consiguió alcanzarlo.[3] Desde este punto de vista, casi podemos omitir la palabra «ley» sin perder nada sustancial del significado de Pablo.

Aunque es una perspectiva atractiva y hace justicia a la prominencia de la justicia en esta parte de la carta, hemos de rechazar este punto de vista. Cuando Pablo utiliza *nomos* en un sentido formal en otros pasajes, lo hace siempre como un contraste retórico con la «ley» en referencia específica a la ley de Moisés (ver 3:27; 7:21-25; 8:2). Por mi parte, yo no veo aquí tal contraste. Es pues probable que *nomos* se refiera a la ley de Moisés, como sucede por regla general en los escritos de Pablo. Además, Pablo prosigue en 9:32 afirmando que Israel no alcanzó la ley porque fue tras ella «como si fuera posible alcanzarla así [por las obras]» y no por la fe.

Pablo podría, pues, estar sugiriendo que la ley de Moisés, cuando se la interpreta correctamente, demanda fe y no solo obras. El problema de Israel es que estaba tan absorto con estas últimas que se olvidó de la primera.[4] Sin embargo, como hemos visto antes (ver comentarios sobre 2:25-29), Pablo confina sistemáticamente *nomos* a los mandamientos que Dios dio a Israel por medio de Moisés. Es cierto, por supuesto, que el Pentateuco en su conjunto demanda fe, pero no así los mandamientos. Éstos prescriben obras. De modo que, probablemente, con su formulación «ley de justicia» Pablo pretende decir dos cosas a la vez: Israel iba tras la justicia, pero no la obtuvo porque la elevó a una posición central. Por consiguiente, el pueblo de Israel, con la mira puesta estrictamente en las obras que demandaba la ley, pasó por alto las demandas de Dios de sujetarse a él en fe. Por ello no alcanzaron la justicia.[5]

En 9:32b-33 Pablo explica de nuevo este problema esencial, aunque lo hace en términos distintos. El apóstol pinta el cuadro de un caminante tan decidido a llegar a cierta meta que tropieza y cae sobre una roca que encuentra en su camino.

---

3. P. ej. Sanday y Headlam, *The Epistle to the Romans* [La Epístola a los Romanos], 279; Murray, *The Epistle to the Romans* [La Epístola a los Romanos], 2:43.
4. Cranfield, *The Epistle to the Romans* [La Epístola a los Romanos] 407-10; Daniel P. Fuller, *Gospel and Law: Contrast or Continuum? The Hermeneutics of Dispensationalism and Covenant Theology* [Evangelio y Ley: ¿Contraste o continuidad? La hermenéutica del dispensacionalismo y la teología del pacto] (Grand Rapids: Eerdmans, 1980), 71-79.
5. Quienes deseen considerar este acercamiento general ver, p. ej., Schreiner, *Romans* [Romanos], 536-38; Westerholm, *Israel's Law* [La ley de Israel] 127.

Así, Israel, concentrándose en la Ley y sus demandas, pasó por alto a Cristo, la «piedra» que Dios puso en su camino. Esta imaginería procede de Isaías 8:14 y 28:16, que Pablo cita en Romanos 9:33. Estos mismos textos, junto con otro versículo que utiliza la misma metáfora (Sal 118:22), se citan juntos en 1P 2:6–8, sugiriendo que otros cristianos antes de Pablo habrían podido juntarlos por el nexo común de la palabra «piedra».[6]

La falta de conocimiento de Israel (10:1–4)

Los cuatro versículos de este párrafo se desarrollan en una secuencia escalonada, en la que Pablo justifica cada una de sus declaraciones en el versículo inmediatamente posterior. (Aunque no se aprecia en la traducción de la NVI, cada uno de los versículos comienza con la partícula *gar*, partícula griega que introduce una razón «puesto que»). Si rellenamos las conexiones lógicas que Pablo deja implícitas, el argumento es más o menos el siguiente:

anhelo la salvación de Israel (v. 1);

y es mi obligación, porque tienen celo por Dios, pero les falta conocimiento (v. 2);

lo cual se ve en el hecho de que van en busca de su propia justicia e ignoran la de Dios (v. 3);

y buscar su propia justicia, por medio de la ley, es erróneo, puesto que Cristo es la culminación de la ley (v. 4)

Como en los demás párrafos de esta sección (9:30–33; 10:5–13) el elemento central de éste es un contraste entre dos clases de justicia: «la suya propia» y «la de Dios» (v. 3).

Como lo hizo ya en 9:1–2, Pablo deja claro lo mal que se siente por el hecho de que Israel no abrazó la salvación que Dios ofrece en Jesús (10:1). El versículo 2 explica por qué Pablo continúa orando por la salvación de Israel: los judíos tienen celo por Dios, pero les falta conocimiento. La idea de «celo» por el Señor encuentra un excepcional ejemplo veterotestamentario en Finees, que mató a un israelita y a su amante pagana por desafiar ostentosamente las leyes de Dios (Nm 25). Sin embargo, el celo se convirtió en una virtud especialmente sobresaliente e importante durante el periodo intertestamentario, cuando la existencia misma de Israel se vio amenazada por la persecución.

En el tiempo de Pablo, el espíritu de violenta resistencia a la opresión extranjera pervivía en el movimiento zelote. Jesús mismo expresó su celo por el Señor cuando purificó el templo (Jn 2:17). Por consiguiente, no puede haber dudas de que Pablo considera el celo de sus compatriotas israelitas como algo bueno. El problema, sin embargo, es que —como en el caso de Pablo antes de su conversión (Hch 22:3; Fil 3:6)— su celo no era dirigido por el conocimiento. Como Pablo deja claro en Romanos 10:3–4, lo que los judíos no entendían era que ahora Dios

---

6. Ver, p. ej., Barnabas Lindars, *New Testament Apologetic: The Doctrinal Significance of the Old Testament Quotations* [Apologética del Nuevo Testamento: Significado doctrinal de las citas veterotestamentarias] (Londres: SCM, 1961), 177–79.

está ofreciendo una correcta relación con él mediante la fe en Jesucristo, la culminación de la historia de la salvación.

Por ello, en lugar de someterse a la Justicia de Dios, los judíos se esforzaban por «establecer» la suya. La expresión «justicia de Dios» alude al acto por el que Dios declara justas ante él a personas pecaminosas (ver también 1:17; 3:21, 22; ver comentarios sobre 1:17). ¿Pero, qué significa en este versículo el otro elemento del contraste («la suya propia [justicia]»)? James Dunn considera que se trata de la correcta posición ante Dios que Israel en su conjunto intentó guardar para sí y no compartir con los gentiles. Su interpretación de esta expresión refleja su concepción de la crítica que Pablo dirige a los judíos a lo largo de Romanos. Pablo no echa la culpa a los judíos, sostiene Dunn, porque éstos intenten alcanzar la justicia por la observancia de la Ley. Les culpa más bien por no querer ver que Dios está ahora ampliando su oferta de Justicia a los gentiles.[7]

No hay duda de que Dunn señala correctamente uno de los elementos de la crítica de los judíos que hace Pablo (ver, p. ej., 3:29–30). Yerra, sin embargo, al hacer de este asunto una preocupación tan importante para Pablo. La crítica de Israel que, en el último análisis, hace Pablo no es de carácter meramente histórico-salvífico, es decir, los judíos no consiguieron ver que Dios estaba haciendo algo nuevo con los gentiles. Es también una crítica antropológica: los judíos no buscaron una relación con Dios del modo correcto. Ambas se encuentran en este contexto. El apóstol acusa a los judíos de no reconocer a Cristo como culminación del plan de Dios (10:4) y como la roca sobre la que ha de construirse su nuevo pueblo (9:33). Pero Pablo también les echa la culpa de ocuparse excesivamente de las obras y descuidar la fe (9:32).

Romanos 10:3 se refiere a estos dos problemas. Al no sujetarse a la Justicia de Dios, los judíos eran culpables de haberse perdido el giro decisivo en la historia de la salvación que había llegado con Cristo, puesto que, para Pablo, la justicia de Dios está sin duda vinculada a Cristo (ver 1:17; 3:21–22). Sin embargo, al pretender establecer su propia justicia, se hicieron también culpables de confiar en sus obras.

Solo en otro pasaje alude Pablo a la idea de la propia justicia: Filipenses 3:9. Aquí describe su antigua vida como judío, afirmando haber poseído su «propia justicia que procede de la ley». Como judío –da a entender Pablo–, estaba convencido de que su obediencia a la Ley era necesaria para confirmar el divino don de la justicia por medio del Pacto. Era culpable de pensar que sus obras eran necesarias para mantenerse en su relación contractual. En Romanos 10:3, la expresión «la suya propia [justicia]» ha de significar lo mismo. Pablo culpa a Israel por intentar encontrar una relación con Dios por medio de la Ley.[8]

El versículo 4 explica la razón por la que esto es erróneo. La búsqueda por parte de Israel de una justicia basada en la Ley pierde totalmente de vista la cuestión de

---

7. Dunn, *Romans [Romanos]*, 587–88. Naturalmente, muchos otros sostienen el punto de vista de Dunn acerca de este asunto.
8. Ver especialmente, Schreiner, *Romans* [Romanos], 843–44; ver también la obra de Westerholm, *Israel's Law* [La ley de Israel], 114–16.

que la era de la Ley ha terminado. Porque «Cristo es la culminación de la Ley, para que la Justicia pueda estar al alcance de todo aquel que cree» (mi traducción personal). Así es, al menos, como yo entiendo este polémico versículo.

Dos decisiones exegéticas conducen a esta interpretación. (1) Estoy asumiendo que la frase preposicional que termina el versículo (*eis dikaiosynen* [...]) declara el propósito de la primera cláusula en lugar de ser una restricción de la palabra «ley». Quienes entienden la cláusula en este último sentido piensan que Pablo está anunciando el «final» de la Ley como una forma de alcanzar la Justicia.[9] Pero la sintaxis favorece mi traducción.[10]

(2) Estoy interpretando la palabra *telos* como una combinación de las ideas de «final» y «meta». Muchos eruditos optan por uno u otro significado. Pablo utiliza con frecuencia la palabra *telos* con el significado de «final», en el sentido de cese (ver, p. ej., 1Co 15:24: «Entonces vendrá el fin [*telos*], cuando él entregue el reino a Dios el Padre, luego de destruir todo dominio, autoridad y poder»). Este significado encaja con el propósito de Pablo en el contexto: los judíos están en un error al buscar su propia justicia, basada en la Ley (v. 3) porque la Ley ha sido terminada (v. 4).[11] Otros, no obstante, apuntan al hecho de que, por regla general, fuera del Nuevo Testamento, *telos* significa «meta», y que Pablo utiliza también esta palabra con este significado (ver, p. ej., 1Ti 1:5: «El fin [*telos*] de este mandamiento es el amor, que procede de un corazón puro, de una buena conciencia y de una fe sincera»). Éstos insisten en que la traducción «final» da a entender que Cristo suprime la Ley, y que Pablo no enseña esto.

Los intérpretes que traducen «meta» están divididos acerca del significado exacto que tiene aquí. Algunos opinan que Pablo está haciendo referencia a Cristo como «significado interior» de la Ley, la meta a la que apunta toda la Ley.[12] Sin embargo, la mayoría piensa que el apóstol contempla este asunto desde una perspectiva histórico-salvífica.[13] Con la venida de Cristo, la meta hacia la cual apuntaba la Ley ha sido alcanzada. Creo que esta última idea es cercana a lo que Pablo

---

9. Ver, p. ej., Murray, *The Epistle to the Romans* [La Epístola a los Romanos], 2:49–51; Morris, *The Epistle to the Romans* [La Epístola a los Romanos], 379–81. La mayoría de quienes sostienen este punto de vista opinan que Pablo está viendo la Ley desde una perspectiva judía: Cristo termina con la falsa concepción de la Ley como forma de salvación.
10. Ver especialmente Mark A. Seifrid, «Paul's Approach to the Old Testament in Ro 10:6 [El acercamiento de Pablo al Antiguo Testamento en Romanos 10:6-8], *TrinJ* 6 (1985): 8–9, quien realiza un concienzudo estudio de la construcción que encontramos en el versículo 4.
11. Quienes deseen considerar este punto de vista pueden ver, p. ej., Godet, *Commentary on Romans* [Comentario de Romanos, 376; Käsemann, *Commentary on Romans* [Comentario de Romanos], 282–83; Nygren, *Commentary on Romans* [Comentario de Romanos], 379–80.
12. Ver especialmente Cranfield, *The Epistle to the Romans* [La Epístola a los Romanos], 516–19.
13. Ver especialmente Robert Badenas, *Christ, the End of the Law: Romans 10:4 in Pauline Perspective* [Cristo, el final de la Ley: Romanos 10:4 en la perspectiva paulina] (Sheffield: JSOT, 1985); cf. también Fitzmyer, *Romans* [Romanos], 584–85.

quiere decir. Pero, si lo pensamos por un momento, veremos que la idea de «final» está también estrechamente vinculada a este significado. Pablo bien podría estar aquí pensando en la imaginería que ha utilizado en 9:30-32 («buscar» y «alcanzar»). Imaginemos a Israel como el corredor, a la Ley como la carrera, y a Cristo como la línea de meta. Lo que Israel no ha entendido –está diciendo Pablo– es que la línea de meta ha sido alcanzada. Ha llegado el Mesías y la salvación que trae consigo. De este modo, la «carrera» ha llegado a su final y meta o, por utilizar las palabras que mejor expresan en español el sentido de estos términos, su «culminación» o «clímax».[14]

La venida de Cristo y el hecho de que la Ley haya llegado a su culminación, ponen ahora la Justicia al alcance de todo aquel que cree. Cristo abre una nueva fase en la historia de la salvación, en la que Dios extiende su oferta de una correcta relación consigo tanto a gentiles como a judíos. Al margen del origen étnico o de las obras, la fe es la única base para experimentar este don que Dios ofrece al mundo en Cristo.

Justicia para todo aquel que cree (10:5-13)

Los versículos 5-13 dan más detalles sobre los dos asuntos clave que Pablo ha explicado en el versículo 4: Cristo finaliza la era de la Ley, poniendo ante nosotros una justicia que se consigue por medio de la fe (vv. 5-10); y esta justicia está ahora disponible para cualquiera que cree (vv. 11-13).

En los versículos 5-6 encontramos el tercer contraste entre dos clases de justicia. La «la ley de justicia» de 9:31 y «la suya propia [justicia]» de 10:3 se describe ahora como «la justicia que es por la ley»; mientras que, como en 9:30, «la justicia de Dios» (10:3) se define como «la justicia que es por la fe». Pablo, pues, identifica a cada una de las justicias por medio del Antiguo Testamento.

En Romanos 10:5, el apóstol cita Levítico 18:5 para referirse a la justicia legal: «Quien practique estas cosas vivirá por ellas». Pablo no sugiriere aquí que Moisés hubiera enseñado que fuera posible ser salvo por la observancia de la Ley. En el contexto del Antiguo Testamento la palabra «vivir» alude al disfrute de los privilegios del Pacto y no necesariamente a la vida eterna.[15] Por el contrario, lo que Pablo quiere decir es que cualquier justicia basada en la Ley es, por definición, algo solo accesible por medio de las obras. Porque la esencia de la Ley es «hacer», como queda claro en Levítico 18:5 (ver también Gálatas 3:12, donde Pablo cita Levítico 18:5 con una aplicación similar).[16]

---

14. Quienes deseen considerar este acercamiento general, pueden ver especialmente, Barrett, *The Epistle to the Romans* [La Epístola a los Romanos], 197-98; Dunn, *Romans [Romanos]*, 589-90. Para más detalles sobre estas cuestiones, ver Moo, *The Epistle to the Romans* [La Epístola a los Romanos],638-41.
15. Ver, p. ej., Walter J. Kaiser Jr., «Leviticus and Paul: 'Do This and You Shall Live' (Eternally?)» [Levítico y Pablo: 'Haz esto y vivirás (¿Eternamente?)] *JETS* 14 (1971): 19-28; cf. también Gordon Wenham, *A Commentary on Leviticus* [Un Comentario de Levítico], (Grand Rapids: Eerdmans, 1979), 253.
16. Ver para este acercamiento general, Murray, *The Epistle to the Romans* [La Epístola a los Romanos], 2:249-51; Bryce L. Martin, *Christ and the Law in Paul* [Cristo y la Ley

En contraste con esta justicia legal, pues, está «la justicia que es por la fe». Pablo se sirve de una figura literaria, con palabras de Deuteronomio 9:4 y 30:10–14 que pone en boca de esta justicia. La idea general que quiere transmitir sobre la justicia que es por la fe, es muy evidente: al hacer bajar a Cristo a la Tierra (i.e., su encarnación, Ro 10:6) y hacerle subir de entre los muertos (10:7), Dios ha puesto la Justicia a nuestro alcance (10:8). No hace falta ascender al cielo o sondear las profundidades del mar para descubrirlo. Lo único que hay que hacer para alcanzar la Justicia es responder con fe al Evangelio cuando es predicado.

No obstante, la elección de palabras de Deuteronomio 30:10–14 para expresar esta idea es un tanto provocativa, porque este pasaje trata de la Ley, no del Evangelio. Una vez más, Pablo pone de relieve su audacia hermenéutica al leer el Antiguo Testamento en vista de Cristo. Parece estar dando a entender que la Gracia de Dios ofrecida a Israel en el Antiguo Pacto está ahora disponible para todos por medio del Nuevo Pacto (para más detalle, ver la sección «Construyendo puentes».[17]

En los versículos 9–10 Pablo saca conclusiones de lo que acaba de decir sobre «la justicia que es por la fe» (versículos 6–8). Deuteronomio 30:14, que Pablo cita en Romanos 10:8, alude a la «boca» y el «corazón». En el versículo 9 explica lo que quiere decir. Con la boca uno confiesa «Jesús es el Señor». La confesión: ¡Jesús es el Señor! es uno de los rasgos distintivos más esenciales de la identidad cristiana (ver especialmente Fil 2:11; cf. 1Co 12:3). Con el corazón uno cree que Dios resucitó a Jesús de entre los muertos. El cumplimiento de estas dos condiciones trae salvación. El versículo 10 explica un poco más este asunto, solo que ahora en orden inverso (quiasmo): el corazón primero y después la boca. Creer con el corazón produce justificación, confesar con la boca, salvación.

El versículo 11 es transicional. Aporta un fundamento para el versículo 10 mostrando por medio del Antiguo Testamento que confiar en Cristo hará que seamos vindicados en el juicio. La cita procede de Isaías 28:16, que Pablo ha citado ya en Romanos 9:33. Como pone de relieve una cita completa del versículo, el pronombre «él» alude de hecho a la «piedra»: «Por eso dice el Señor Omnipotente: '¡Yo pongo en Sión una piedra probada!, piedra angular y preciosa para un cimiento firme; el que confíe no andará desorientado'». Pero Pablo ha identificado de manera implícita esa «piedra» con Cristo en 9:32–33 (ver también 1P 2:6–8). En el versículo 11, la palabra «confíe» traduce el verbo griego *pisteuo* (creer), con lo cual queda claro el vínculo con el verbo creer en Romanos 10:10a. En la Biblia, el término «defraudado [o avergonzado]» es a menudo una metáfora que expresa condenación en el juicio. Obsérvese, por ejemplo, Isaías 50:7–8:

---

en los escritos de Pablo] (Leiden: Brill, 1989), 139–40.

17. Quienes deseen considerar perspectivas parecidas, ver especialmente Seifrid, «Paul's Approach» [El acercamiento de Pablo], 35–37; Godet, *Commentary on Romans* [Comentario de Romanos], 378–83; Murray, *The Epistle to the Romans* [La Epístola a los Romanos], 2:52–53; Cranfield, *The Epistle to the Romans* [La Epístola a los Romanos], 524–26.

Por cuanto el Señor Omnipotente me ayuda, no seré humillado. Por eso endurecí mi rostro como el pedernal, y sé que no seré avergonzado. 8 Cercano está el que me justifica; ¿quién entonces contenderá conmigo? ¡Comparezcamos juntos! ¿Quién es mi acusador? ¡Que se me enfrente![18]

Además de volver la vista al versículo 10, la cita del versículo 11 anticipa también lo que ha de venir, puesto que subraya que la fe que lleva a la vindicación en el juicio está abierta a «cualquiera». En el versículo 12, Pablo lo explica con mayor detalle volviendo a su afirmación central en el sentido de que el Evangelio abre las puertas de la salvación a todos los seres humanos sobre esta misma base. Como hace en otros pasajes en Romanos, el principio de la «no diferencia [acepción]» entre las personas ha de aplicarse especialmente a la división clave entre judíos y gentiles creada por el Antiguo Testamento (1:16; 2:9, 10, 11; cf. 3:22–23). La confesión «Jesús es el Señor» unifica a ambos grupos en una misma fe y esperanza, puesto que Jesús es «Señor de todos y bendice abundantemente a cuantos lo invocan».

Es probable que la utilización del verbo «invocar» (*epikaleo*) lleve a Pablo a citar otro texto del Antiguo Testamento que pone de relieve el carácter universal de la oferta de Dios en el Evangelio (Jl 2:32): «porque 'todo el que invoque el nombre del Señor será salvo». En Joel, el «SEÑOR» es Yahveh, el nombre de Dios que se usa en el contexto del Pacto. Pero Pablo identifica a este «Señor» con Jesús (ver Ro 10:9, 12), la «piedra» de Isaías 28:16 (Ro 10:11). El versículo 13 es, pues, una prueba importante de que los primeros cristianos identificaban a Jesús con Dios.

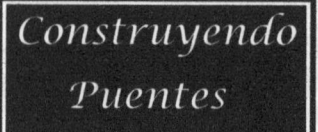

La «palabra» de Dios en el Antiguo Testamento y su «palabra» en el Nuevo Testamento. La aplicación a nuestro tiempo del mensaje de Pablo sobre «la justicia que es por la fe» en 10:6–8 requiere que investiguemos por qué el apóstol utiliza la fraseología de Deuteronomio 9:4 y 30:10–14 para explicar su argumento. La razón principal por la que hemos de considerar este asunto es que, a primera vista, estos textos parecen aplicarse de un modo muy inapropiado. Como hemos observado ya anteriormente, el pasaje de Deuteronomio 30 trata de la ley mosaica y, sin embargo, Pablo utiliza su fraseología para describir las características de la justicia en contraste con la Justicia que es por la Ley (v. 5). ¡No hay duda de que una proeza así merece nuestra atención! Y de hecho ha suscitado la de muchos eruditos. El provocativo y estimulante trabajo de Richard Hays sobre la utilización del Antiguo Testamento por parte de Pablo comienza con este pasaje como una especie de «caso que sienta jurisprudencia».[19] Hagámonos primero una idea de la situación comparando los textos del Antiguo Testamento y Romanos 10:6–8:

---

18. Obsérvese también los paralelismos entre este texto y 8:33–34.
19. Hays, *Echoes of Scripture* [Ecos de la Escritura].

Deuteronomio 9:4	Romanos 10
9:4 Cuando el Señor tu Dios los haya arrojado lejos de ti, no vayas a pensar: «El Señor me ha traído hasta aquí, por mi propia justicia, para tomar posesión de esta tierra». ¡No! El Señor expulsará a esas naciones por la maldad que las caracteriza 30:10[...] siempre y cuando obedezcas al Señor tu Dios y cumplas sus mandamientos y preceptos, escritos en este libro de la ley, y te vuelvas al Señor tu Dios con todo tu corazón y con toda tu alma. 11 Este mandamiento que hoy te ordeno obedecer no es superior a tus fuerzas ni está fuera de tu alcance. 12 No está arriba en el cielo, para que preguntes: «¿Quién subirá al cielo por nosotros, para que nos lo traiga, y así podamos escucharlo y obedecerlo?» 13 Tampoco está más allá del océano, para que preguntes: «¿Quién cruzará por nosotros hasta el otro lado del océano, para que nos lo traiga, y así podamos escucharlo y obedecerlo?»; cf también Salmos 107:26: «que subían a los cielos y bajaban al abismo. Ante el peligro, ellos perdieron el coraje» 14 ¡No! La palabra está muy cerca de ti; la tienes en la boca y en el corazón, para que la obedezcas;	V. 6a «No digas en tu corazón: V.6b «¿Quién subirá al cielo?» (es decir, para hacer bajar a Cristo), V. 7 o «¿Quién bajará al abismo?» (es decir, para hacer subir a Cristo de entre los muertos). V. 8 ¿Qué afirma entonces? «La palabra está cerca de ti; la tienes en la boca y en el corazón.» Ésta es la palabra de fe que predicamos.

Pablo es selectivo por lo que respecta a las porciones de Deuteronomio que cita, tan selectivo que algunos eruditos no creen que esté citando, sino tan solo utilizando algo de la fraseología de estos textos.[20] Sin embargo, con las expresiones «es decir» (6b y 7a) y «esta es [...]» que introducen su aplicación del texto, Pablo indica claramente que está citando. Estas o parecidas expresiones aparecen en otros pasajes de la literatura judía para introducir interpretaciones de textos del Antiguo Testamento.

La primera referencia (Dt 9:4) es muy clara. Cabe pensar que se trata de tan pocas palabras que no puede precisarse que, al decir, «no digas en tu corazón»,

---

20. P. ej. Sanday y Headlam, *The Epistle to the Romans* [La Epístola a los Romanos] 287-88; Fitzmyer, *Romans* [Romanos], 589-91.

Pablo quisiera citar el texto de Deuteronomio. Sin embargo, éste es el único lugar del Antiguo Testamento en que aparecen estas palabras, y por ello son muy características.[21] Por otra parte, son también especialmente apropiadas para la aplicación de Pablo. Moisés advierte a los israelitas sobre el peligro de suponer que el Señor les ha bendecido por su justicia, igual que, en Romanos 10:3, Pablo ha recriminado a los judíos por querer establecer «la suya propia».

El asunto de las referencias a Deuteronomio 30 es mucho más complicado. Pablo cita tres frases de este pasaje y, a continuación, aplica las palabras a los acontecimientos del Evangelio. No obstante, es evidente que la segunda frase es diferente: en lugar de hablar de «cruzar el mar» como dice en Deuteronomio 30:13, Pablo habla de «bajar al abismo». Por consiguiente, algunos eruditos piensan que el apóstol podría pasar a citar el Salmo 107:26 (ver texto del Antiguo Testamento en la tabla comparativa).[22] Sin embargo, los autores veterotestamentarios y judíos intercambiaban frecuentemente la imaginería del «mar» y el «abismo» (*abyssos*); observemos la paráfrasis aramea de Deuteronomio 30:13 que hemos citado anteriormente. Es, pues, probable que, animado por el fácil intercambio entre «mar» y «abismo», Pablo esté adaptando el lenguaje del texto de Deuteronomio, para aplicarlo a la resurrección de Cristo.

La pregunta más importante —y más difícil de responder— es, ¿por qué ha aplicado Pablo un pasaje que utiliza un lenguaje de «mandamiento» a «la justicia que es por la fe»? ¿Qué principio hermenéutico concebible puede justificar que haga este tipo de aplicación? Muchos aducen que Pablo actúa de manera arbitraria: saca el lenguaje de su contexto para hacer que signifique algo completamente distinto. En Romanos, sin embargo, hemos tenido ocasión de ver una y otra vez que el apóstol basa su aplicación del Antiguo Testamento en una sólida lectura desde un punto de vista teológico. Algunos intérpretes opinan que Pablo está trabajando con una implícita identificación de Cristo con la Ley, para poder aplicar a éste lo que el Antiguo Testamento dice sobre la Ley.

Creo, sin embargo, que cuando consideramos el verdadero propósito de la utilización de este lenguaje de Deuteronomio por parte de Pablo surge una explicación más probable. Tal explicación se hace clara en el versículo 8: el mensaje de la justicia por fe, predicado por Pablo y los demás apóstoles, es asequible y comprensible. La idea de la «palabra» de Dios es el concepto clave para la contextualización. En Deuteronomio la palabra se presenta en forma de mandamiento; aquí en Romanos, esta palabra es el mensaje de la fe. Dios hizo asequible su voluntad para su pueblo en el Antiguo Pacto, y del mismo modo lo hace ahora para su pueblo en el nuevo. No obstante, la palabra del Nuevo Pacto tiene un elemento añadido de «cercanía». Como consumador de la Ley (v. 4), Cristo la escribe también en el corazón de los cristianos, como predijo Jeremías en su famosa profecía del «Nuevo Pacto» (Jer 31:31-34). De manera que, en Cristo, la Ley se ha acercado al pueblo de Dios de un modo que nunca antes lo había hecho. Lo único

---

21. Al menos, en la LXX, de la que Pablo parece haber citado en general, aparece únicamente aquí.
22. P. ej. Fitzmyer, *Romans* [Romanos], 589.

que ahora se requiere de los seres humanos es que acepten con fe la Palabra de Dios.

Entender las razones que subyacen tras la apropiación de Deuteronomio 30 por parte de Pablo esclarece vívidamente sus propósitos en este pasaje. El apóstol quiere que veamos que existe una clara relación de continuidad entre la Palabra de Dios en el Antiguo Testamento y en el Evangelio. Desde una perspectiva, aquella palabra del Antiguo Testamento, como «ley», demandaba una obediencia que era imposible (v. 5). Sin embargo, desde otro enfoque, la Palabra del Antiguo Testamento era una expresión de la Gracia de Dios, puesto que éste se revela a sí mismo y su voluntad a un pueblo pecaminoso y rebelde. Ahora, en Cristo, Dios ha llevado a su clímax esta palabra de Gracia, y lo único que las personas han de hacer es aceptar el don de la Justicia que él ofrece por medio de la fe.

¿Confesar con la boca? Cuando mi esposa y yo vivimos en St. Andrews, Escocia, conocimos a una apasionada (probablemente en exceso) evangelista. Recorría las calles todo el día y parte de la noche, abordando a las personas y proclamándoles vivamente su fe y la necesidad que tenían de «creer» antes de «arder». En una ocasión, le pregunté por qué tenía aquel celo por la evangelización. Ella citó Romanos 10:10b: «con la boca se confiesa para ser salvo». Confesar con la boca, defendía ella, era claramente un requisito para ser salvo, y ella estaba decidida a cumplir tal condición.

Creo que su forma de utilizar este texto es un claro ejemplo de exageración fruto de de no entender los propósitos retóricos del texto. Las palabras «corazón» y «boca» se encuentran en la cita de Deuteronomio 30:14 y en Romanos 10:8. A continuación, Pablo juega con estos dos términos en los versículos 9–10 para mostrar que el texto de Deuteronomio encuentra su cumplimiento específico en la predicación del Evangelio. Nada de lo que dice en otros pasajes de sus cartas sugiere que para ser salvo se requiera una profesión verbal. Es evidente que Pablo espera que sus convertidos estén activos compartiendo el Evangelio, y también que la evangelista de St. Andrews hace que la mayoría de nosotros nos sintamos avergonzados. Pero Pablo deja también claro que lo único necesario para llegar al reino de Dios es creer de corazón. Insistir en la confesión verbal como requisito para la salvación es una interpretación errónea de la retórica de Pablo en Romanos 10:10.

Significado Contemporáneo

La importancia de la Biblia en su totalidad. La permanente relevancia de Romanos se debe en parte a su constante atención a uno de los grandes asuntos de la teología cristiana: la relación entre el Antiguo Testamento y el Nuevo. Es un asunto de importancia primordial para el establecimiento de la identidad del movimiento cristiano primitivo. ¿Tenía que ser una secta del judaísmo, como al parecer querían algunos de los cristianos procedentes del fariseísmo (Hch 15:1, 5)? ¿O, por el contrario, una nueva religión, que tenía poca o ninguna relación con el Antiguo Testamento y el judaísmo, como quería Marción, el hereje del siglo segundo?

En Romanos, Pablo aprovecha la oportunidad para tratar de lleno el asunto, ya que la iglesia de Roma tenía necesidad de dirección en este asunto. Al parecer, los cristianos de origen judío estaban insistiendo en la importancia permanente de la observancia de la Ley; los cristianos gentiles no veían la necesidad de cargarse con estos requisitos. Los cristianos de origen judío pensaban que el Antiguo Testamento les garantizaba la entrada a la salvación; los cristianos gentiles, solazándose por ser una mayoría en la Iglesia, pensaban que tenían la sartén por el mango. Por ello, a medida que va presentando su Evangelio a esta iglesia que no conoce personalmente, se refiere una y otra vez a su relación con el Antiguo Testamento. En el transcurso de la carta, el apóstol va construyendo un equilibrado punto de vista en el que se integra tanto la continuidad entre el Antiguo Testamento y el Nuevo, la Ley y el Evangelio, como su discontinuidad.

A lo largo de este comentario y a medida que los hemos ido encontrando en el texto, hemos tenido ocasión de hacer referencia a específicos puntos de continuidad y discontinuidad. Ahora es un buen momento para estudiar el cuadro completo. Naturalmente, nuestra idea de la teología que Pablo está enseñando es algo fundamental. Pero, igual que para los cristianos romanos, también para nosotros la teología de la relación entre el Antiguo y el Nuevo Testamento tiene innumerables implicaciones prácticas. En lo que sigue, pues, consideraremos estas implicaciones prácticas con la teología como telón de fondo.

(1) Hemos de seguir leyendo, estudiando y meditando en el Antiguo Testamento. Aunque Cristo hubiera dado cumplimiento al Antiguo Testamento y llevado la Ley a la meta que ésta perseguía (Ro 10:4), Pablo habla muy claro sobre su permanente valor para los creyentes. La Ley y los Profetas dan testimonio de la revelación de la Justicia de Dios en Cristo. Si no los entendemos, seremos incapaces de entender el Evangelio, puesto que éste se presenta en términos que solo pueden entenderse por medio de un cabal conocimiento del Antiguo Testamento.

Consideremos, por ejemplo, el gran resumen del Evangelio en Romanos 3:21–26. Las palabras clave son «justicia de Dios» (vv. 21, 22), «fe» (vv. 22, 26), «pecado» (v. 23), «la gloria de Dios» (v. 23), «redención» (v. 24), «gracia» (v. 24), «sacrificio de expiación» (v. 25), y «justicia [de Dios]» (vv. 25, 26). No podemos esperar entender ninguna de estas palabras aparte del Antiguo Testamento, y para ello se requiere más que una superficial búsqueda en una concordancia.

- Únicamente podremos comprender el verdadero significado del pecado si nos empapamos de la historia de la Caída y los constantes fracasos de Israel.
- Solo es posible entender lo que quiere decir que Dios es «justo» y el consecuente problema que provoca el pecado humano si hemos reflexionado sobre la naturaleza del Dios que se revela como «el Santo» y si hemos absorbido las lecciones de las numerosas manifestaciones de su intensa ira contra el pecado humano.
- Tener cerca de nuestro corazón «la antigua y tosca cruz» nos lleva a nuevas profundidades de emoción cuando comprendemos que Cristo fue señalado por Dios para ser el sacrificio del último y gran «Día de la Expiación».

- Es imposible apreciar lo que Pablo está diciendo sobre «la justicia que es por la fe» en Romanos 10:6-8 sin estar familiarizado con Deuteronomio y su enseñanza sobre la Gracia de Dios en el pacto con Israel.

En Romanos 15:4, Pablo expresa lo que estamos diciendo de este modo: «De hecho, todo lo que se escribió en el pasado se escribió para enseñarnos, a fin de que, alentados por las Escrituras, perseveremos en mantener nuestra esperanza». En estas palabras Pablo se refiere al Antiguo Testamento. «Todo» lo que hay en él, afirma Pablo, se escribió para enseñarnos, y su propósito es que mantengamos con firmeza «nuestra esperanza». La Escritura lleva a cabo este propósito creando en nosotros la capacidad de seguir adelante en tiempos difíciles («perseverancia») y el gozo que procede de conocer el permanente compromiso de Dios con su pueblo («ánimo/aliento»).

No hay ningún otro lugar del Antiguo Testamento en el que encuentre tantos estímulos a la perseverancia y al ánimo como en los Salmos. En una ocasión, Lutero expresó su sorpresa de que los cristianos no conocieran de memoria el libro de los Salmos. Confieso que yo no lo he memorizado, aunque dedico más tiempo a este libro del que debiera (en comparación con el resto del Antiguo Testamento). Sin embargo, «alcanzar a oír» a los salmistas expresando sus quejas sobre la injusticia, sus lamentos por la aparente despreocupación de Dios por su situación, y sus acciones de gracias por la seguridad por su presencia y actividad estimula extraordinariamente mi devoción personal.

De maneras diferentes, todo el Antiguo Testamento cumple este mismo propósito. No obstante, descubro que muchos creyentes de nuestros días tienen un desconocimiento increíble del Antiguo Testamento. Si leen algo de la Biblia, a menudo es solo el Nuevo Testamento. Recuerdo que en una ocasión sugerí a mi grupo de estudio bíblico en la iglesia que podíamos estudiar Miqueas durante algunas semanas. Tuve la impresión de haber propuesto el estudio del Código de Hammurabi en sus idiomas originales. La reacción me dejó asombrado: ¿A quién se le ocurre que un profeta del Antiguo Testamento, que además tiene un nombre sumamente extraño, pueda tener algo que decirnos a nosotros hoy? Pablo deploraría sin duda esta actitud, ya que al descuidar el Antiguo Testamento descuidamos la única fuente que tenemos para aportar contenido al significado del Evangelio y hacer que sean más que simples palabras para nosotros.

(2) Ya no estamos obligados a obedecer los mandamientos de la Ley del Antiguo Testamento. Muchos cristianos generalmente están de acuerdo en esto, sin embargo la relación exacta entre la Ley del Antiguo Testamento y el creyente cristiano ha sido un punto de división entre los diferentes sistemas teológicos protestantes. Los luteranos y los dispensacionalistas, en distintos grados y con ciertos matices, tienden a incluir todas las leyes del Antiguo Testamento en la afirmación anterior. Aquellos que se sitúan en el campo reformado, siguiendo a Calvino, Zwinglio, a los teólogos de Westminster, y a la mayor parte de los puritanos, insisten por regla general, en que al menos los Diez Mandamientos siguen siendo directamente aplicables para el cristiano. Argumentan que en estos mandamientos se nos da la eterna ley moral de Dios; por tanto, igual que Dios no puede cambiar sus eternas normas morales, tampoco tales mandamientos pueden ser revocados.

Sería necesario todo un volumen para tratar adecuadamente estas cuestiones.²³ Por mi parte, he esbozado mi punto de vista y algunas de las pruebas exegéticas que lo apoyan en la sección «Significado contemporáneo» sobre 7:1–6. De modo que, ahora me concentraré en las implicaciones prácticas de mi perspectiva.

Para evitar que me ponga rápidamente de lado como a un fanático poco realista, quiero mencionar dos factores que reducen el impacto práctico de la idea que estoy defendiendo. Lo que hago es sencillamente aplicar a una pequeña parte de la Ley del Antiguo Testamento lo que casi todos los cristianos hacen ya con la mayor parte de ella. Estamos de acuerdo en que el cumplimiento de la Ley por parte de Cristo significa que no hemos ya de observar «la ley ritual» ni la «civil». No tenemos que degollar corderos en la iglesia, ni apedrear a los adúlteros.²⁴ La mayor parte de las leyes de Éxodo, Levítico, Números y Deuteronomio se sitúan dentro de estas categorías. Yo entiendo que este principio solo se extiende a lo que en ocasiones se llama ley «moral».

Como antes he defendido, los autores del Nuevo Testamento tratan la ley de Moisés como una unidad. Si ha sido cumplida (Mt 5:17), lo ha sido en su totalidad. Cristo es «la culminación» de la Ley (no solo una parte de ella). De modo que, cuando Pablo afirma que hemos «muerto» a la ley (Ro 7:4) y que ya no estamos «bajo» ella (6:14–15), hemos de aceptar que, como creyentes del Nuevo Pacto, hemos sido completamente librados de cualquier obligación para con la ley del Antiguo. Sin embargo, el efecto de este punto de vista es que leemos toda la ley del Antiguo Testamento como leíamos ya la mayor parte de ella.

Otro importante factor atenuante es el hecho de que, en la ley del Antiguo Testamento, la ley moral se introduce y reitera en «la ley de Cristo». De los Diez Mandamientos, nueve se repiten explícitamente en el Nuevo Testamento como vinculantes para los creyentes. La excepción es el mandamiento de la celebración del *Sabat*, y ésta es en cierto modo la razón por la que los cristianos han protagonizado tantos desacuerdos sobre el día de adoración del Nuevo Pacto (p. ej., los Adventistas del Séptimo Día) y acerca de la conducta apropiada para este día.²⁵ Cuando los estudiantes me preguntan qué diferencia práctica implicaría adoptar mi punto de vista en contraste con la típica perspectiva de «la ley moral», les respondo: «No mucha. Las diferencias están más en el modo en que disponemos los Testamentos que en lo que en realidad hemos de hacer o evitar».

A riesgo de generalizar en exceso, podemos concluir, por tanto, que en Romanos Pablo pronuncia un enérgico «sí» al Antiguo Testamento pero un matizado «no»

---

23. Si se desea considerar un útil compendio de las perspectivas más importantes, ver, *Five Views on Law and Gospel* [Cinco perspectivas sobre Ley y Evangelio], ed. Wayne Strickland (Grand Rapids: Zondervan, 1996).
24. Por supuesto, estoy al corriente de lo que sostienen ciertos cristianos, por lo general llamados «teonomistas», que mantienen la relevancia de la ley civil (ver artículo de Greg Bahnsen en, *Five Views on Law and Gospel*, [Cinco perspectivas sobre Ley y Evangelio]). Sin embargo, este punto de vista se limita a una pequeña minoría de creyentes.
25. Trataremos más a fondo el asunto del *Sabat* en la sección «Significado contemporáneo» del capítulo sobre 14:1–12.

a la Ley. Digo «matizado» porque Pablo concede sin duda a los judíos, «nacidos bajo la ley», el derecho a seguir obedeciendo la Ley como un modo de expresar su devoción. Obedecer la Ley de Dios no es algo malo; sencillamente no puede insistirse en que los gentiles lo hagan también. Y la Ley, junto con el resto del Antiguo Testamento, ha de seguir leyéndose y estudiándose por la luz que arroja sobre el carácter de Dios y los requisitos morales del Evangelio.

Buenas Nuevas para todos. Otro de los grandes temas de Romanos es el carácter universal del Evangelio. Desde la primera declaración del tema de la carta (1:16), Pablo ha dejado claro que el Evangelio que predica es para judíos y gentiles por igual. En los versículos que acabamos de interpretar, Pablo replantea este tema en términos nada ambiguos:

Todo el que confíe en él no será jamás defraudado (v. 11; cf. Is 28:16)

No hay diferencia entre judíos y gentiles, pues el mismo Señor es Señor de todos y bendice abundantemente a cuantos lo invocan (v. 12)

porque «todo el que invoque el nombre del Señor será salvo» (v. 13; cf. Joel 2:32)

Pablo habla en concreto de judíos y gentiles por el trasfondo veterotestamentario y por la específica situación de la iglesia romana. Sin embargo, es evidente que el principio de «no diferencia», aunque aplicado específicamente a judíos y gentiles, es de alcance universal. En la sección «Significado contemporáneo» sobre 4:9–12, aplicamos este principio a la vida de la Iglesia, mientras que aquí, el contexto nos lleva más a aplicar esta cuestión a su obra misionera.

La conclusión lógica del principio que vemos en estos versículos es el ofrecimiento del Evangelio a todas las naciones y grupos étnicos. La Iglesia de Cristo en general se ha comprometido con esta ingente y todavía inacabada tarea. Sin embargo, nos desviamos con facilidad de esta meta. Irónicamente, una de las causas de este problema en los últimos años ha sido una teología que ha nacido en el seno del propio movimiento cristiano misionero. Algunos de sus teóricos han presentado lo que en ocasiones se ha llamado acercamiento del «iglecrecimiento» a las misiones. Eminentemente pragmático, este acercamiento sostiene —con una lógica comprensible— que la Iglesia ha de concentrar sus recursos en grupos de personas receptivos al Evangelio. Naturalmente, el resultado es una falta de atención a aquellos grupos de personas que ahora no son receptivos, de lo cual el mundo islámico es un ejemplo perfecto.

Los estrategas del iglecrecimiento son sinceros en su preocupación por ganar para Cristo al máximo número posible de personas, y subrayan que a estos otros grupos étnicos también les llegará su momento. Sin embargo, por mi parte me pregunto si esta adjudicación con criterios pragmáticos de los recursos misioneros que defienden estos misionólogos hace justicia al principio de universalidad que Pablo enuncia en pasajes como éste. Las decisiones acerca del destino de los misioneros no son fáciles, sin embargo no podemos predecir dónde Dios llamará a su pueblo a servir, y tampoco deberíamos dirigir o desviar este llamamiento por razones de pragmatismo.

Romanos 10:14-21

Ahora bien, ¿cómo invocarán a aquel en quien no han creído? ¿Y cómo creerán en aquel de quien no han oído? ¿Y cómo oirán si no hay quien les predique? 15 ¿Y quién predicará sin ser enviado? Así está escrito: «¡Qué hermoso es recibir al mensajero que trae buenas nuevas!» 16 Sin embargo, no todos los israelitas aceptaron las buenas nuevas. Isaías dice: «Señor, ¿quién ha creído a nuestro mensaje?» 17 Así que la fe viene como resultado de oír el mensaje, y el mensaje que se oye es la palabra de Cristo. 18 Pero pregunto: ¿Acaso no oyeron? ¡Claro que sí!

«Por toda la tierra se difundió su voz,
¡sus palabras llegan hasta los confines del mundo!»

19 Pero insisto: ¿Acaso no entendió Israel? En primer lugar, Moisés dice:

«Yo haré que ustedes sientan envidia de los que no son nación;
voy a irritarlos con una nación insensata.»

20 Luego Isaías se atreve a decir:

«Dejé que me hallaran los que no me buscaban;
me di a conocer a los que no preguntaban por mí.»

21 En cambio, respecto de Israel, dice:

«Todo el día extendí mis manos
hacia un pueblo desobediente y rebelde.»

El punto de partida inmediato del párrafo es la cita de Joel 2:32 en Romanos 10:13. Esta profecía promete salvación a «todo aquel que invoque el nombre del Señor». En los versículos 14-21, Pablo empieza con esta referencia a «invocar al Señor» y va desarrollando los pasos que preceden a esta declaración: creer → predicación del Evangelio → ser enviado a predicar el Evangelio (vv. 14b-15).

A continuación, Pablo regresa explícitamente a la situación de Israel que se describe en los versículos 16-21. El apóstol reitera de nuevo la necesidad de que el mensaje sea proclamado para que las personas puedan creer (vv. 16-17). Después, con dos citas veterotestamentarias, el apóstol muestra que, sin duda, Israel ha oído (v. 18) y entendido (v. 19) el mensaje. Con otras dos citas del Antiguo Testamento concluye el párrafo, de modo que la sección de 9:30-10:21 termina en el mismo tono que comenzó: los gentiles, que no buscaban a Dios, le están encontrando (10:20; cf. 9:30), mientras que Israel, aun teniendo la Gracia de Dios a su alcance, continúa rechazándola con obstinación (10:21; cf. 9:31-32). Aunque 10:13 es, entonces, el desencadenante inmediato de estos versículos, en última instancia el párrafo retoma la formulación de cargos contra Israel que Pablo planteó en 10:2-3. A pesar de su celo, Israel es culpable de no comprender la Justicia de Dios en Cristo y de no someterse a ella, y no tiene excusa por no haber respondido.

En 10:14-15a, Pablo se sirve de cuatro preguntas retóricas para trazar la secuencia que ha de darse para que alguien sea «salvo» (cf. v. 13). Los pasos están en el orden contrario en que Pablo los consigna: El envío de predicadores, la predicación, la escucha del mensaje de Cristo, creer en Cristo y la invocación del «nombre del Señor». Las preguntas se expresan en tercera persona del plural («ellos»), pero no queda claro a quiénes tiene específicamente en mente Pablo. Puesto que una buena parte del párrafo se dirige contra Israel, muchos opinan que el sujeto elíptico de 10:14-15 es «los israelitas».[1] Pero lo más probable es que Pablo esté planteando su acusación contra Israel en 10:16 y ss., hablando primeramente de manera general de lo que se requiere para que alguien (obsérvese la expresión «todo el que» en el v. 13) sea salvo.[2]

La cita de Isaías 52:7 al final del versículo 15 cumple dos funciones. (1) Confirma que la predicación de las Buenas Nuevas es necesaria para que las personas oigan y sean salvas. (2) Sin embargo, sugiere también, que la condición última para la salvación que Pablo enumera en los versículos 14-15a ha sido satisfecha: se han enviado predicadores. Pablo se sentía sin duda atraído hacia el texto de Isaías, tanto por su contexto (ver «Construyendo puentes») como por su utilización de terminología vinculada al término «Evangelio» (*euangelizomenon agatha*, lit., «quienes predican buenas nuevas de cosas buenas»). El texto habría tenido una relevancia escatológica aún mayor si Pablo estuviera entendiendo la palabra *horaioi* con el sentido de «oportuno» más que de «hermoso», pero no queda claro que fuera así.[3]

Al traducir «israelitas» en el versículo 16, la NVI está tomando una decisión exegética, puesto que el texto griego solo consigna imprecisos verbos en tercera persona («ellos»). Es, pues, posible que Pablo esté solo continuando su exposición de los versículos 14-15 acerca de lo que es necesario, en general, para que alguien sea salvo. Sin embargo, la cita de Isaías 53:1, que en Juan 12:38 se aplica a los judíos, sugiere que la interpretación de la NVI es correcta: Pablo se vuelve ahora a Israel. La mención de las «buenas nuevas» le lleva al asunto central: aunque Israel ha oído las Buenas Nuevas (vv. 17 y ss.), no ha «creído».

---

1. P. ej. Sanday y Headlam, *The Epistle to the Romans* [La Epístola a los Romanos], 295; Cranfield, *The Epistle to the Romans* [La Epístola a los Romanos], 533.
2. Ver, p. ej., Käsemann, *Commentary on Romans* [Comentario de Romanos], 294; Murray, *The Epistle to the Romans* [La Epístola a los Romanos], 2:60; Dunn, *Romans* [Romanos], 620.
3. Fuera del griego del Nuevo Testamento, *horaios* significa por regla general «oportuno» (BAGD), y la relevante palabra hebrea de Isaías 52:7 puede también tener este significado (*nawu*; cf. BDB). Pero las otras tres ocasiones en que aparece *horaios* en el Nuevo Testamento significa siempre «hermoso/a» (Mt 23:27; Hch 3:2, 10).

La expresión «no todos» del versículo 16 es un recurso literario llamado lítotes; quiere decir «solo algunos». Pero es probable que Pablo se sirva de este lenguaje específico para hacerse eco de la teología del «remanente» que introdujo en 9:6b: «Lo que sucede es que no todos los que descienden de Israel son Israel» (ver también 9:27). Después de su prematura condenación de Israel en 10:16, Pablo reanuda el desarrollo lógico de los pasos necesarios para la salvación en 10:17. Comienza repitiendo el segundo paso que se menciona en 10:14: la fe viene por el oír. Puesto que la palabra griega que se traduce como «oír» es la misma que la que se traduce como «mensaje» en la cita de Isaías (*akoe*), esta afirmación se fundamenta también sobre esa cita (la frase de la NVI «oír el mensaje», intenta expresar esta conexión). Así, la última parte del versículo 17 replantea el tercer paso de la secuencia de la salvación (v. 14c): La forma de oír que lleva a la fe solo puede producirse cuando se proclama una específica palabra salvífica de parte de Dios. Esta palabra es «la palabra de Cristo», el mensaje sobre su señorío y resurrección (vv. 8–9).

Puesto que en el versículo 17 Pablo ha subrayado el hecho de oír, es natural que en el versículo 18 se ocupe de este paso crucial. Como indica la traducción de la NVI, la pregunta, «¿acaso no oyeron?», anticipa una respuesta positiva (la partícula griega *ouk* lo indica). Pablo contesta explícitamente —«¡Claro que sí!»— y, acto seguido, cita el Salmo 19:4 para confirmar su afirmación: «por toda la tierra resuena su eco, ¡sus palabras llegan hasta los confines del mundo!» Pablo muestra de nuevo la libertad con que trata el Antiguo Testamento, ya que el Salmo 19 habla de cómo Dios revela su carácter por medio de la Naturaleza. No obstante, el apóstol aplica este pasaje a la predicación del Evangelio (en la sección «Construyendo puentes» hay un tratamiento más amplio de esta cuestión).

La aparente afirmación de Pablo en el sentido de que el mensaje se ha extendido por «toda la tierra» es igualmente desconcertante. Puesto que en la LXX la segunda línea del versículo 4 (Salmo 19) utiliza la palabra *oikoumene*, «tierra habitada», es posible que esté limitando implícitamente la referencia al Imperio Romano de su tiempo. Y sin duda Pablo no está pensando de manera individual sino colectiva, a saber, que el Evangelio se está proclamando a cada grupo étnico o región dentro del Imperio.[4] Sin embargo, tenemos pocas razones para pensar que la predicación del Evangelio se hubiera propagado hasta este punto en el año 57 d.C. Por ello, probablemente hemos de entender la aplicación que Pablo hace de este versículo como una hipérbole. El apóstol se sirve simplemente del lenguaje que aporta la cita para afirmar que el Evangelio había sido proclamado tan extensamente que los judíos no tienen excusa por no responder (ver también Col 1:23).

La expresión, «pero insisto» (v. 19) se corresponde con el «pero pregunto» de la primera parte del versículo 18. Habiendo demostrado que Israel ha oído, Pablo quiere ahora indagar más profundamente en la naturaleza de este «oír». ¿Era un oír superficial? De ninguna manera. Israel –afirma Pablo– entendió; entendió que, dentro de sus planes, Dios podía perfectamente incluir a los gentiles dentro

---

4. P. ej. Johannes Munck, *Christ and Israel: An Interpretation of Romans 9–11* [Cristo e Israel: una interpretación de Romanos 9-11] (Filadelfia: Fortress, 1967), 95–99.

de su pueblo y traer juicio sobre su pueblo Israel (vv. 19–21). Moisés –afirma Pablo– fue el «primero» de una larga línea de profetas en sugerir que Dios extendería finalmente su Gracia más allá de los confines de Israel. Aquellos que no son «nación» (cf. «los que no son mi pueblo» en 9:26) provocarán los celos de Israel, predice Moisés en Deuteronomio 32:21. Pablo anuncia un tema al que se dedicará más adelante cuando explique las oscilaciones entre judíos y gentiles dentro de la historia de la salvación (11:11–14).

Isaías es otro de los profetas que predijo también la inclusión de los gentiles: «Me di a conocer a los que no preguntaban por mí; dejé que me hallaran los que no me buscaban. A una nación que no invocaba mi nombre, le dije: '¡Aquí estoy!'» (Is 65:1). Esta profecía alude a la oferta de la Gracia de Dios a un Israel rebelde. Sin embargo, como hizo ya en Romanos 9:25–26 con Oseas 1:10 y 2:23, Pablo aplica este versículo a los gentiles. Es probable que, de manera deliberada, el apóstol regrese a la nota con que comenzó esta sección: los gentiles que no estaban buscando la Justicia la han encontrado (9:30); los gentiles que preguntaban por Dios le han encontrado (10:20).

En 10:21 Pablo regresa finalmente al fracaso de Israel, el asunto que ha dominado esta sección. Cita Isaías 65:2 para afirmar dos cosas: Dios continúa ofreciendo su Gracia a Israel («extendí mis manos»), e Israel sigue rebelándose (son un pueblo «desobediente y rebelde»).

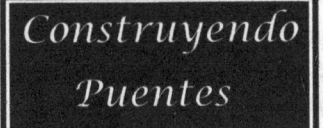

Más sobre Pablo y el Antiguo Testamento.
Considerar de nuevo el uso que hace Pablo del Antiguo Testamento puede parecernos una exageración, puesto que hemos tratado este asunto en los dos últimos apartados. Sin embargo, la extensa utilización del Antiguo Testamento que el apóstol hace en este párrafo —seis citas en ocho versículos— demanda que prestemos atención a este asunto, y cada nueva cita nos permite entender mejor los métodos y propósitos de Pablo en la elaboración de conexiones entre el Antiguo Testamento y el Nuevo.

Las citas de 10:14–21 ponen de relieve tres importantes suposiciones sobre la utilización del Antiguo Testamento por parte de Pablo. El apóstol espera que reconozcamos y compartamos estas suposiciones de modo que podamos entender lo que quiere enseñar sobre la relación del Evangelio con el Antiguo Testamento. Podemos formular estas tres suposiciones como estrategias de lectura que hemos de utilizar cuando llegamos a las citas.

(1) Hemos de prestar una cuidadosa atención al contexto veterotestamentario del que proceden las citas de Pablo. A menudo, dicho contexto explicará o clarificará (o ambas cosas) su utilización de las palabras que encontramos en el texto. En ocasiones, tales palabras no son sino la punta del iceberg, y el contexto del Antiguo Testamento nos ofrece una importante información sobre lo que Pablo está enseñando. Tres de las citas que encontramos en 10:14–21 ilustran esta primera estrategia.

Isaías 52:7, que se cita en Romanos 10:15b, procede de un pasaje rico en implicaciones teológicas por lo que respecta al cumplimiento del Nuevo Testamento (ver Is 52:4–10):

> Porque así dice el Señor Omnipotente: «En tiempos pasados, mi pueblo descendió a Egipto y vivió allí; en estos últimos tiempos, Asiria los ha oprimido sin razón». Y ahora —afirma el Señor—, ¿qué estoy haciendo aquí? Sin motivo se han llevado a mi pueblo; sus gobernantes se mofan de él. No hay un solo momento en que mi nombre no lo blasfemen. Por eso mi pueblo conocerá mi nombre, y en aquel día sabrán que yo soy quien dice: «¡Aquí estoy!» ¡Qué hermosos son, sobre los montes, los pies del que trae buenas nuevas; del que proclama la paz, del que anuncia buenas noticias, del que proclama la salvación, del que dice a Sión: «Tu Dios reina»! ¡Escucha! Tus centinelas alzan la voz, y juntos gritan de alegría, porque ven con sus propios ojos que el Señor vuelve a Sión. Ruinas de Jerusalén, ¡prorrumpan juntas en canciones de alegría! Porque el Señor ha consolado a su pueblo, ¡ha redimido a Jerusalén! El Señor desnudará su santo brazo a la vista de todas las naciones, y todos los confines de la tierra verán la salvación de nuestro Dios.

Obsérvese que Pablo ya citó Isaías 52:5 en Romanos 2:24. Probablemente no es una simple casualidad que Pablo cite dos veces este texto en la misma carta; este pasaje contiene el esquema esencial de la historia de la salvación que Pablo presenta en Romanos: pecado y desobediencia de Israel en el presente (Is 52:4–5), que cambiará cuando Dios envíe las buenas nuevas de «salvación» a Sión (52:7), y tanto Israel (52:9) como los gentiles («todos los confines de la tierra» 52:10) sean salvos. Estas citas explícitas deberían estimular al lector atento de Romanos a examinar de nuevo esta gran profecía de Isaías, permitiendo que el profeta veterotestamentario y Pablo se interpreten mutuamente.

Un segundo ejemplo de la importancia del contexto es la cita de Isaías 53:1 en Romanos 10:16. La aplicación que Pablo hace del texto es muy directa. Sin embargo, el lector reconocerá que Pablo es guiado a este texto porque todo el capítulo 53 de Isaías, el cuarto Cántico del Siervo, se aplicaba a Jesús en la Iglesia primitiva (ver la cita de este mismo canto en Romanos 15:21).

Vemos este mismo acercamiento en la utilización que hace Pablo de Deuteronomio 32:21 en Romanos 10:19. En su contexto original, este versículo declara la respuesta «equivalente» de Dios a la idolatría de Israel: Por cuanto Israel provocó los celos de Dios con «lo que no es dios» (Dt 32:21a), Dios despertará los celos de Israel con «los que no son mi pueblo». La expresión «los que no son pueblo» es probablemente la frase que atrae la atención de Pablo, puesto que cita la profecía de Oseas sobre quienes «no son mi pueblo» y llegan a serlo en Romanos 9:25–26.[5]

Sin embargo, parece que Deuteronomio 32, donde se recapitula la historia de los benevolentes actos de Dios a favor de Israel y la obstinada y pecaminosa respuesta

---

5. Bruce, *The Letter of Paul to the Romans* [La carta de Pablo a los Romanos], 198.

del pueblo, es un pasaje que también Pablo valora como una importante confirmación de su perspectiva de la historia de la salvación. Por consiguiente, el apóstol ve en estas palabras una profecía de la misión a los gentiles: la inclusión de los gentiles como parte del nuevo pueblo de Dios provoca los celos de los judíos y hace que Israel reaccione con ira contra este movimiento de la historia de la salvación. Los eruditos del Antiguo Testamento debaten si la expresión de Deuteronomio 32:21 «los que no son pueblo» alude a una nación indigna de llevar el nombre de «pueblo»,[6] o si tiene más sentido teológico aplicándolo a un pueblo a quien Dios no ha escogido.[7] Si se trata de esta última opción, la utilización del texto que hace Pablo no está lejos de su sentido original.

(2) Hemos de entender que Pablo no siempre cita el Antiguo Testamento para «demostrar» algo. Los textos suelen citarse con propósitos mucho más amplios, como ilustré con el ejemplo de mi hijo al citar a Harry el Sucio (ver la sección «Construyendo puentes» sobre 1:1–7). Pablo no es una excepción. Cuando le encontramos haciendo referencia a un pasaje del Antiguo Testamento sobre el carácter universal de la revelación natural y aplicándolo al Evangelio (Sal 19:4 en Ro 10:18), no hemos de apresurarnos a preguntar si esta utilización del salmo es o no válida. Puede que éste sea un enfoque completamente erróneo de la cuestión. Es posible que Pablo esté meramente utilizando el lenguaje del salmo, con los «ecos» que suscita sobre la divina revelación universal, para sugerir que lo que Dios hizo por medio de la revelación natural lo está haciendo ahora en el Evangelio.[8] Puede que también le atrajera al Salmo 19:4 el hecho de que la expresión «confines de la tierra» es parecida al lenguaje que Isaías utiliza para referirse a la extensión de la Gracia de Dios entre los gentiles (ver Is 45:22; 49:6; 52:10; 62:11).

(3) A menudo hemos de mirar bajo la superficie para descubrir el fundamento para la aplicación de las citas veterotestamentarias de Pablo. Su utilización de Isaías 65:1 en Romanos 10:20 ilustra este principio. Naturalmente, Pablo aplica este pasaje a los gentiles: aquellos que no iban en busca de Dios ni preguntaban por él le han encontrado. Algunos eruditos opinan que la utilización que hace Pablo del pasaje es fácil de entender porque, sostienen, Isaías 65:1 trata de la inclusión de los gentiles en el pueblo de Dios.[9] Sin embargo, la mayoría de los eru-

---

6. Ver, p. ej., S. R. Driver, *A Critical and Exegetical Commentary on Deuteronomy* [Un comentario crítico y exegético de Deuteronomio] (Edimburgo: T. & T. Clark, 1895), 365–66.
7. Ver, p. ej., C. F. Keil y F.. Delitszch, *Commentary on the Old Testament* [Comentario del Antiguo Testamento], vol.1: *The Pentateuch* (reimpresión; 3 vols. en uno; Grand Rapids: Eerdmans, n.d.), 3:477–78.
8. Ver especialmente Hays, *Echoes of Scripture* [Ecos de la Escritura], 175. La ausencia de una fórmula introductoria, en contraste con las introducciones de los vv. 16, 19, 20 y 21, puede sugerir que Pablo no pretende dar exactamente una «prueba» de la Escritura. Este es el punto de vista de muchos de los padres griegos; y ver también las obras de Godet, *Commentary on Romans* [Comentario de Romanos], 388; Dunn, *Romans* [Romanos], 624; Fitzmyer, *Romans* [Romanos], 599.
9. Ver la obra más reciente de J. A. Motyer, *The Prophecy of Isaiah* [La profecía de Isaías], (Downers Grove, Ill.: InterVarsity, 1993), 523. Estos eruditos sostienen que la segunda parte del versículo 1 debería traducirse «una nación no llamada por mi

ditos del Antiguo Testamento afirman que este versículo trata de Israel, y parecen tener razón.[10]

Como en 9:25–26, a continuación Pablo aplica de nuevo a los gentiles una profecía del Antiguo Testamento sobre Israel. ¿Acaso ha interpretado mal el Antiguo Testamento, o es que no le importa el sentido original del pasaje? No. Pablo tiene demasiado respeto hacia el Antiguo Testamento, y lo conoce demasiado bien como para proceder de un modo tan arbitrario. Si analizamos la cita con mayor profundidad, teniendo en cuenta las estructuras teológicas subyacentes de Pablo, entenderemos mejor por qué éste aplica el texto del modo en que lo hace.

Cuando tratamos la sorprendente aplicación que Pablo hace de Oseas 1:10 y 2:23 a los gentiles (ver la sección «Construyendo puentes» de 9:25–26), descubrimos que en la raíz del asunto estaba la historia de la promesa de Dios a Abraham. Sin embargo, habiendo considerado estos textos de Oseas en la órbita de la promesa abrahámica de la inclusión de los gentiles, podemos entender cómo Isaías 65:1 habría podido encontrar su lugar dentro de este mismo acercamiento hermenéutico. El asunto es que el lenguaje de Oseas, «no son mi pueblo» y «no es mi amada», es similar a la fraseología de Isaías «no me buscaban» y «no preguntaban por mí». Aunque es imposible de demostrar, creo probable que Pablo esté usando una interpretación de las promesas abrahámicas como una clave a través de la cual entiende Isaías 65:1.

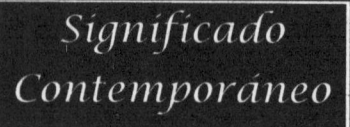

Extender nuestros horizontes al leer el Nuevo Testamento. De la exposición que acabamos de concluir surge un aspecto evidente del significado contemporáneo de este texto: muchos de nosotros hemos de ampliar el espectro de nuestra búsqueda de conexiones entre el Antiguo Testamento y el Nuevo. Podemos comenzar leyendo el Nuevo Testamento como un libro normal.

No quiero que me malinterpreten. No estoy sugiriendo ni por un momento que reduzcamos nada de la posición única de la Biblia como Palabra inspirada e inerrante de Dios. Ningún otro libro tiene su autoridad. Sin embargo, creo que nuestra insistencia en el papel único de la Biblia en la vida de la Iglesia puede cegarnos al hecho de que ha sido escrita como cualquier otro libro, y así ha de leerse. Los buenos exégetas reconocen este hecho y, por ello, para el estudio de la Biblia utilizan los mismos métodos que se aplican para estudiar cualquier otro libro: definición de palabras, análisis sintáctico, estudio del contexto, etcétera.

---

nombre» (la lectura del texto masorético) y que el versículo se refiere, por tanto, a los gentiles (cf. KJV).

10. Este es el punto de vista mayoritario entre los comentaristas del Antiguo Testamento. Ver el reciente trabajo de John Oswalt, *The Book of Isaiah: Chapters 40–66* [El libro de Isaías: capítulos 40-66] (NICOT; Grand Rapids: Eerdmans, 1998), 636. Esta mayoría opina que la última frase del versículo debería traducirse «una nación que no invocó mi nombre», como sugieren los editores del texto hebreo moderno (BHS) y la LXX parece seguir (cf., p. ej. NIV, NRSV).

La mayoría de nosotros reconocemos también que la Biblia se sirve de técnicas literarias presentes en casi cualquier tipo de literatura del mundo. La Biblia exagera para llamar la atención (hipérbole), se sirve de símiles y metáforas, y utiliza distintos géneros (poesía, narrativa, parábola, etc.). Como sucede con otras obras literarias, la Biblia utiliza también lenguaje e ideas procedentes de obras más antiguas. A los autores bíblicos les gusta en especial citar la propia Biblia: los escritores del Antiguo Testamento aluden a pasajes veterotestamentarios anteriores, y los autores del Nuevo hacen referencia al Antiguo Testamento y a textos más antiguos del Nuevo. Estas referencias no siempre funcionan como «textos probatorios», es decir, no pretenden reivindicar que lo que afirman es cierto porque tal o cual texto anterior enseña lo mismo.

Por supuesto, los autores del Nuevo Testamento utilizan con frecuencia el Antiguo Testamento de este modo. Sin embargo, creo que muchos de nosotros asumimos, erróneamente, que este es el único propósito que subyace tras las citas veterotestamentarias. Esto es estrechez de miras. Como cualquier otra obra literaria, en ocasiones el Nuevo Testamento cita o alude al Antiguo para evocar un estilo o tradición. Consideremos, por ejemplo, las alusiones clásicas que T. S. Eliot urdió en su poema de 1922, *La Tierra Baldía*. O el modo en que alguien que conoce bien la Escritura utiliza el lenguaje bíblico en sus oraciones. O pensemos de nuevo en uno de mis himnos preferidos, que ya mencioné antes en el comentario, «*And Can It Be?*» (¿Y puede ser?). En la tercera estrofa, Charles Wesley, el autor, describe la conversión en estos términos:

> Largo tiempo yació mi encarcelado espíritu
> Atado al pecado y a la noche.
> Tu mirada irradió un rayo de vida:
> Que llenó mi mazmorra de luz
> Cayeron mis cadenas, respiró mi corazón,
> Me levanté, y te seguí.

Hace muchos años, un antiguo colega, David Dunbar, me hizo notar que, en esta estrofa, Wesley utilizó terminología del relato del encarcelamiento y liberación de Pedro en Hechos 12 (ver especialmente los versículos 6–9, y obsérvense las palabras en cursiva):

> Y cuando Herodes le iba a sacar, aquella misma noche estaba Pedro durmiendo entre dos soldados, *sujeto con dos cadenas*, y los guardas delante de la puerta custodiaban la cárcel. Y he aquí que se presentó un ángel del Señor, y *una luz resplandeció* en la cárcel; y tocando a Pedro en el costado, le despertó, diciendo: Levántate pronto. Y *las cadenas se le cayeron de las manos*. Le dijo el ángel: Cíñete, y átate las sandalias. Y lo hizo así. Y le dijo: Envuélvete en tu manto, y sígueme. Y saliendo, le seguía; pero no sabía que era verdad lo que hacía el ángel, sino que pensaba que veía una visión. (RV60)

¿Pensaba Wesley que Hechos 12 describe una conversión cristiana? Es casi seguro que no. No aludió a este texto para demostrar nada sobre la conversión cristiana; sin embargo, puso en marcha una serie de resonancias en nuestra mente que nos hacen percibir el himno de un modo más rico. Sé que no puedo cantar este himno sin pensar en algunas de las alusiones bíblicas que suscita, y mi apreciación de lo que estoy cantando se agudiza en gran manera.

En Romanos 10:18 Pablo podría estar utilizando el lenguaje del Salmo 19 de un modo parecido. Entendemos erróneamente a Pablo si le vemos afirmando que las palabras del salmista pronosticaban la predicación de los evangelistas cristianos. Como sostiene Richard Hays, «la cita del Salmo 19:4 no demuestra que los judíos hubieran tenido la oportunidad de escuchar el Evangelio; lo que hace más bien es poner en manos de Pablo el 'vocabulario de un segundo y más elevado poder' con el que afirmar que lo han oído [el Evangelio]».[11] Pablo utiliza el lenguaje del Salmo 19, y no el suyo, porque el primero lleva consigo el aroma del texto en cuestión, con su acento en el despliegue por parte de Dios de su maravillosa naturaleza. Nuestra lectura del Nuevo Testamento ganará mucha profundidad si aprestamos el oído a esta clase de alusiones. Estas tienen un gran poder para conformar nuestras emociones y reacciones según el texto.

Las misiones y la Palabra de Dios. Antes de estudiar o enseñar la Carta a los Romanos, había oído muchas veces 10:14-15 en sermones misioneros para demostrar la necesidad de «enviar» misioneros. Como muchos de quienes escuchaban tales sermones, no tenía una clara idea del contexto original de estos versículos. Cuando estudié dicho contexto, descubrí que la aplicación habitual de estos versículos no iba bien encaminada. El texto no está alentando a la Iglesia a enviar misioneros. Afirma más bien que Dios ya lo ha hecho, enviando a personas como Pablo y los otros apóstoles a predicar las Buenas Nuevas. Israel ha oído estas buenas noticias, pero no las ha creído. Este es el asunto que se trata en Romanos 10.

Sin embargo, este texto sigue teniendo importantes verdades que enseñarnos sobre las misiones, y es un mensaje al que la Iglesia ha de prestar una minuciosa atención en este nuevo milenio. Porque, aunque Pablo no está llamando a la Iglesia a mandar misioneros con el mensaje del Evangelio es, no obstante, evidente la idea implícita de que ha de hacerse. Las personas solo pueden creer en Jesús si oyen hablar de él, y solo pueden oír si alguien les presenta las Buenas Nuevas. «Así que la fe viene como resultado de oír el mensaje, y el mensaje que se oye es la palabra de Cristo» (v. 17).

Una de las mayores fuerzas impulsoras del moderno movimiento misionero, que comenzó a principios del siglo XIX y que sigue aún desarrollándose en nuestro tiempo fue la absoluta necesidad de que las personas escuchen la predicación del Evangelio para poder ser salvos. No obstante, en muchas iglesias y denominaciones, el vínculo entre la predicación del Evangelio y la salvación está siendo cercenado. Cediendo a las turbulentas corrientes del malestar posmoderno y temerosas de parecer intolerantes, muchas iglesias han perdido celo misionero. Naturalmente,

---

11. Hays, *Echoes of Scripture* [Ecos de la Escritura], 175. Las cursivas son originales, y cita de la obra de Thomas M. Greene, *The Light in Troy: Imitation and Discovery in Renaissance Poetry* [La luz de Troya: Imitación y descubrimiento en la poesía del Renacimiento] (New Haven: Yale Univ. Press, 1982), 39.

las razones son variadas. Pero algunos enseñan que otras religiones son también caminos válidos para llegar a Dios, ¿por qué, pues, molestarse enviando misioneros si es posible ser salvo dentro de la propia religión? Otros enseñan que Dios se revela a todas las personas de maneras distintas, y por ello es innecesario presentar el Evangelio oralmente o por escrito.

Sin embargo, el texto que estamos considerando muestra que tales puntos de vista son en realidad falsas doctrinas o fáciles generalizaciones. Pablo vincula la salvación con la fe, que a su vez está relacionada con la escucha del mensaje de Cristo. Para que el mensaje pueda ser proclamado a todas las personas algunos han de ser «enviados». El propio apóstol estaba, por supuesto, entre quienes Dios había enviado. Su vida misma, marcada por penosos viajes, ilustra la teología de Pablo: las personas han de escuchar el Evangelio para poder ser salvas.

No quiero minimizar los problemas inherentes a una teología que vincula la salvación con la respuesta a la Palabra de Dios. También yo tengo mis luchas con la cuestión de la ecuanimidad, preguntándome por aquellos que no han tenido nunca la oportunidad de responder a la Palabra de Dios. Y no quiero dogmatizar más allá de lo que dice el texto sobre cómo Dios puede llevar su mensaje a las personas.

Sin embargo, sí pienso que, en el contexto de la vida y teología de Pablo, Romanos 10:14-21 enseña que la única forma de ser salvo es responder a la Palabra de Dios, y que enviar a personas a que proclamen esta palabra es la forma que Dios ha escogido para llevar este mensaje «hasta lo último de la tierra». La Iglesia del siglo XXI ha de abrazar esta teología y defenderla resueltamente contra los numerosos ataques que sin duda aumentarán. También hemos de traducir esta teología en práctica para que el envío de misioneros pueda convertirse de nuevo en una prioridad para la vida de la Iglesia. Muchas iglesias gastan muchísimo en sí mismas y muy poco en las misiones. Con demasiada facilidad nos centramos en cuestiones eclesiales internas y nos preocupamos de nuestros propios problemas y posibilidades, descuidando a los millones que nunca han oído la Palabra, y el maravilloso potencial de darle gloria a Dios mostrándoles el camino del reino.

Romanos 11:1-10

Por lo tanto, pregunto: ¿Acaso rechazó Dios a su pueblo? ¡De ninguna manera! Yo mismo soy israelita, descendiente de Abraham, de la tribu de Benjamín. 2 Dios no rechazó a su pueblo, al que de antemano conoció. ¿No saben lo que relata la Escritura en cuanto a Elías? Acusó a Israel delante de Dios: 3 «Señor, han matado a tus profetas y han derribado tus altares. Yo soy el único que ha quedado con vida, ¡y ahora quieren matarme a mí también!» 4 ¿Y qué le contestó la voz divina? «He apartado para mí siete mil hombres, los que no se han arrodillado ante Baal». 5 Así también hay en la actualidad un remanente escogido por gracia. 6 Y si es por gracia, ya no es por obras; porque en tal caso la gracia ya no sería gracia. 7 ¿Qué concluiremos? Pues que Israel no consiguió lo que tanto deseaba, pero sí lo consiguieron los elegidos. Los demás fueron endurecidos, 8 como está escrito: «Dios les dio un espíritu insensible, ojos con los que no pueden ver y oídos con los que no pueden oír, hasta el día de hoy.» 9 Y David dice: «Que sus banquetes se les conviertan en red y en trampa, en tropezadero y en castigo. 10 Que se les nublen los ojos para que no vean, y se encorven sus espaldas para siempre.»

En su primera respuesta a la cuestión de la fidelidad de Dios a las promesas dadas a Israel (9:6a), Pablo explicó lo que aquellas promesas no significaban. En concreto, tales promesas no eran una garantía de salvación para todos los descendientes físicos de Israel. Dios no se ha comprometido a ello. Tiene toda libertad para elegir solo a algunos judíos para salvación y también para salvar a los gentiles. Ahora, no obstante, tras su excurso de 9:30–10:21 para explicar la exclusión de los judíos y la inclusión de los gentiles, Pablo está preparado para explorar el significado de la promesa de Dios a Israel.

Las palabras de Romanos 11:1–32 están flanqueadas por declaraciones del permanente compromiso de Dios con Israel: «Dios no rechazó a su pueblo, al que de antemano conoció» (v. 2a); «si tomamos en cuenta la elección [los israelitas], son amados de Dios por causa de los patriarcas» (v. 28b). En este sentido, todo el capítulo desarrolla un tema de gran amplitud. Sin embargo, entre los versículos 10 y 11 se produce una importante división. Como ha hecho en todas las principales secciones de esta parte de la carta (ver también 9:25–29; 10:18–21), Pablo señala el final de la sección con una combinación de citas del Antiguo Testamento (vv. 8–10) y el comienzo de la sección siguiente con una pregunta retórica (9:30; 11:1, 11). Por consiguiente, Pablo desarrolla su enseñanza de la permanente fidelidad de Dios para con Israel en dos etapas.[1] Si en 9:6–29 ha analizado la historia de la promesa de Dios en el pasado, en 11:1–10 trata del presente y en 11:11–32 del futuro. En este momento, Dios está demostrando su constante preocupación por Israel impartiendo su salvación a un remanente (v. 5), sin embargo, en el futuro «todo Israel será salvo» (v. 26).

Por tanto, el centro del primer párrafo es el versículo 5: «Así también hay en la actualidad un remanente escogido por gracia». Pablo prepara el terreno para esta afirmación citando la evidencia de su propio compromiso cristiano (v. 1b) y el Antiguo Testamento (vv. 2b–4) para mostrar la divina preservación de un remanente. El apóstol hace el seguimiento de su principal afirmación ahondando en la cuestión de la Gracia (v. 6) y reiterando a continuación su argumento de 9:6–29, concluye mostrando que la presente condición de Israel es fruto de la soberana elección de Dios (vv. 7–10).

La fidelidad de Dios para con Israel expresada en el remanente (11:1–6)

Lo que motiva la pregunta de Pablo en el versículo 1: «¿acaso rechazó Dios a su pueblo?» es su condenación de Israel en 9:30–10:21. El apóstol ha afirmado que Israel tropezó en la roca de Cristo (9:33), apartándose obstinadamente de la Justicia de Dios en Cristo (10:3). ¿Significa esto —pregunta Pablo— que Israel ha perdido ahora sus derechos a las promesas de Dios? Pablo rechaza categóricamente cualquier conclusión de este tipo —«¡De ninguna manera!»— y continúa con una solemne afirmación en 11:2a: «Dios no rechazó a su pueblo, al que de antemano conoció».

Como en 8:29, el verbo «conocer de antemano» (*proginosko*) quiere decir «elegir antes de tiempo» (ver comentarios al respecto en las explicaciones sobre este texto). Para el sentido de esta afirmación, la colocación de la coma es crucial. Algunos comentaristas quitan la coma y con ello consideran la expresión «al que de antemano conoció» como una cláusula «restrictiva», es decir, una cláusula que limita la palabra que modifica al identificarla. Según este punto de vista, Pablo estaría afirmando que Dios no ha rechazado a quienes escogió. Esta afirmación se fundamentaría en la idea del «remanente» expresada en 9:6–29, declarando que Dios sigue siendo fiel al «Israel dentro de Israel» a quien ha escogido para salvación.[2] Sin embargo, casi todas las versiones modernas, siguiendo a la mayoría de los comentarios, añaden correctamente la coma, convirtiendo la cláusula en no restrictiva. La expresión «al que de antemano conoció» no alude al «pueblo» del que habla Pablo, sino que explica más bien la razón por la que Dios sigue siendo fiel a este pueblo.

Pablo, en otras palabras, tiene aquí en mente a todo Israel (físico), y está reafirmando la común enseñanza veterotestamentaria de que Dios escogió a Israel como

---

1. Ver especialmente Scott Hafemann, «The Salvation of Israel in Romans 11:25–32: A Response to Krister Stendahl» [La salvación de Israel en Romanos 11:25-32: una respuesta a Krister Stendahl] *Ex Auditu* 4 (1988): 45–46.
2. Ver, p. ej., Calvino, *La Epístola a los Romanos*, 410–11 de la edición en inglés.

pueblo suyo (ver, p. ej., Amós 3:2a: «Sólo a ustedes los he escogido [lit. conocido] de entre todas las familias de la tierra»). Lo que el apóstol hace en el capítulo 11 es mostrar lo que esta elección colectiva de Israel en su conjunto significa para la salvación de los judíos tanto en su tiempo como en el futuro.

Para Pablo, la existencia de un «remanente» representa una prueba contundente de la fidelidad de Dios a esta elección de Israel en su tiempo (vv. 5–6). Sin embargo, el apóstol prepara el terreno para esta afirmación con dos cuestiones preliminares. (1) El apóstol comienza con su propio ejemplo (v. 1b). El recordatorio a sus lectores de su ascendencia judía podría tener tres propósitos distintos. (a) Es posible que esté explicando la razón por la que rechaza tan firmemente la idea de que Dios haya desechado a Israel: como israelita que es, el apóstol no puede aceptar ninguna idea de este tipo.[3] (b) Es posible que esté recordando a sus lectores que el hecho mismo de que Dios escogiera a un judío para que fuera apóstol a los gentiles indica su permanente interés por Israel.[4] (c) O es posible que solo quiera recordarnos que el apóstol mismo es judío y cristiano, lo cual es prueba fehaciente de que Dios no ha abandonado a su pueblo.[5] Esta última explicación encaja mejor en el contexto, como Pablo da a entender ya al tratar el tema del remanente en los versículos 5–6.

(2) En los versículos 2b–4, Pablo añade fundamento a su afirmación sobre el remanente presentando un pasaje veterotestamentario «sobre Elías», como ilustración. El apóstol alude al relato del ataque del rey Acab a los profetas de Yahveh en 1R 19:1–18. Tras conocer por boca de Acab que los profetas de Baal han sido degollados, su pagana esposa, Jezabel, amenaza a Elías con el mismo destino (vv. 1–2). El profeta huye al desierto, donde se lamenta de su suerte (vv. 3–14) y donde Dios le reconforta asegurándole que él sigue obrando según su plan a favor de Israel y las naciones (vv. 15–18).

De este pasaje del Antiguo Testamento, Pablo cita el lamento de Elías por haber quedado solo tras la matanza de los profetas de Baal (Ro 11:3; cf. 1R 19:10, 14) y la certeza que, de nuevo, el Señor expresa a Elías en el sentido de que él ha preservado un remanente de siete mil personas que no han entregado su lealtad a Baal (Ro 11:4; cf. 1R 19:18b). En otra sección del comentario hemos considerado algunas razones para pensar que Pablo se habría identificado con Moisés (9:2–3). Puede que ahora se esté identificando de manera implícita con Elías, porque, como este profeta, Pablo se ve confrontado con la evidente decadencia del Israel espiritual, pero encuentra una nueva esperanza en la divina preservación de un remanente de verdaderos creyentes.[6]

---

3. Sanday y Headlam, The Epistle to the Romans [La Epístola a los Romanos, 309; Dunn, Romans [Romanos], 635.
4. Cranfield, The Epistle to the Romans [La Epístola a los Romanos] 544–45.
5. Así lo entienden la mayoría de comentaristas; ver, p. ej., Godet, Commentary on Romans [Comentario de Romanos], 391–92; Käsemann, Commentary on Romans [Comentario de Romanos], 299.
6. Ver, p. ej., Munck, Christ and Israel [Cristo e Israel], 109.

Pablo saca ahora una conclusión: «Así también hay en la actualidad un remanente escogido por gracia» (11:5). El apóstol preserva el cuidadoso equilibrio que ha mantenido a lo largo de estos capítulos en que desarrolla el tema de Israel. La Palabra de Dios declara un permanente papel de Israel en la historia de la salvación. Sin embargo, Israel no puede reivindicar este papel como un derecho, puesto que se debe únicamente a la acción de la Gracia de Dios. Esta polémica idea se hace explícita en el versículo 6. «Gracia» significa que las «obras» no desempeñan papel alguno, que Dios es completamente libre de conceder su bendición a quien desee. Si tales bendiciones dependieran de nuestras obras, Dios no sería libre en la concesión de su bendición, y «la Gracia ya no sería Gracia».

La situación presente de Israel: un resumen (11:7–10)

Con la pregunta retórica, «¿qué concluiremos?» Pablo introduce la conclusión que quiere extraer de su exposición sobre el remanente. Sin embargo, su conclusión es también un resumen imparcial de la situación de Israel en el tiempo de Pablo tal como él la ha desarrollado en los capítulos 9–10. (1) Que «Israel no consiguió lo que tanto deseaba», (11:7). Este lenguaje refleja las palabras de 9:31: «Israel, que iba en busca de una ley que le diera justicia, no ha alcanzado esa justicia». Este paralelismo nos permite identificar lo que Israel «tanto deseaba» (11:7a), a saber, una correcta posición ante Dios, que se había esforzado mucho en obtener, pero que no había alcanzado.

(2) A continuación, Pablo divide la situación de Israel en dos entidades específicas. (a) Una es el «remanente». A pesar del rechazo de Israel en su conjunto, muchos judíos han respondido individualmente al Evangelio. Éstos son el Israel dentro de Israel (9:6), el «remanente escogido por gracia» (11:5). Estos judíos, «los escogidos» (11:7), han obtenido la correcta posición ante Dios que Israel en su conjunto se esforzaba en obtener. (b) El otro grupo, más extenso, de judíos está formado por aquellos que no han conseguido esta correcta posición. Han sido «endurecidos».

El verbo griego que se traduce como «endurecido» es *poroo*, que en el griego secular alude a menudo a un endurecimiento de la piel (callo) o al de un hueso cuando sana tras haberse fracturado. Sin embargo, en el Nuevo Testamento, esta palabra tiene siempre un significado metafórico, que alude a una obcecación espiritual (Mr 6:52; 8:17; Jn 12:40; 2Co 3:14; cf. la forma sustantivada en Mr 3:5; Ro 11:25; Ef 4:18). Aunque el verbo griego de 9:18 es otro (*skleryno*), la idea que aquí se transmite es la misma. Dios confirma la falta de sensibilidad espiritual que aprisiona a las personas por su pecado en Adán.

Las citas veterotestamentarias de 11:8–10 apoyan la idea de que es Dios quien endurece a las personas. Pablo, siguiendo el precedente judío, extrae sus citas de todas las partes del canon hebreo: la Ley, los Profetas y los Escritos. La cita del versículo 8 es una combinación de textos. En su mayor parte procede de Deuteronomio 29:4, pero la expresión «espíritu insensible» viene de Isaías 29:10. Es probablemente también la influencia de Isaías 29:10 lo que lleva a Pablo a cambiar la formulación negativa del texto de Deuteronomio («el Señor no les ha dado...») en una positiva: «Dios les dio...». Naturalmente, este cambio encaja también mejor con la aplicación de Pablo, puesto que el apóstol está documentando la iniciativa de Dios al endurecer a su pueblo.

En 11:9-10, Pablo da más apoyo a esta idea citando uno de los famosos salmos imprecatorios. En el Salmo 69, David se lamenta por la injusta persecución que está experimentando y le pide a Dios que juzgue a sus enemigos (69:22-23). Estos son los versículos que Pablo cita. Lo que David pidió que experimentaran sus perseguidores, Dios lo ha traído sobre la mayoría de judíos de su tiempo. Es posible que este pasaje hubiera llamado la atención de Pablo porque, al parecer, la Iglesia del Nuevo Testamento aludía explícitamente al Salmo 69 y lo utilizaba ampliamente (ver Mr 3:21; 15:23; Lc 13:35; Jn 2:17; 15:25; Hch 1:20; Ro 15:3; Fil 4:3; Ap 3:5; 16:1).

Los comentaristas debaten sobre la exacta aplicación que Pablo tiene en mente cuando consigna la frase «sus banquetes se les conviertan en red y en trampa». Las sugerencias más populares son que Pablo alude a las ceremonias expiatorias de los judíos,[7] o a la dependencia judía de la Ley.[8] Pero no está claro que Pablo pretenda ninguna de estas dos cosas, o cualquier otra aplicación específica. El lenguaje es el del texto del Salmo, y es posible que Pablo no hubiera considerado ninguna aplicación para su tiempo.

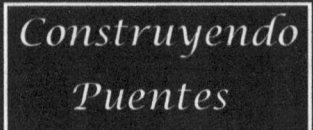

Elección y remanente. Como sucede a lo largo de Romanos 9-11, Pablo da por sentado que sus lectores están bien familiarizados con el Antiguo Testamento y sus enseñanzas cuando escribe 11:1-10. Sin embargo, en la Iglesia contemporánea pocos conocemos el Antiguo Testamento como es debido. Sin duda, carecemos de la clase de experiencia íntima y diaria con el texto veterotestamentario que tenían los primeros lectores de Pablo. Naturalmente, en Roma, los cristianos de origen judío habían sido criados en el Antiguo Testamento. Sin embargo, es probable que muchos de los cristianos gentiles —puede que incluso la mayoría de ellos—, tuvieran también un amplio conocimiento del Antiguo Testamento como asistentes habituales que eran de la sinagoga. Para entender bien lo que Pablo enseña en los versículos 1-10, es especialmente importante que comprendamos dos conceptos veterotestamentarios: elección y remanente. Puesto que, tanto en el Antiguo Testamento como en el argumento de Pablo estos dos temas están estrechamente entretejidos, podemos considerarlos conjuntamente.

Pablo se refiere concretamente a la elección de Israel en el versículo 2 hablando del conocimiento anticipado que Dios tiene de los seres humanos. He defendido que aquí Pablo aplica la elección de Dios al pueblo de Israel en su conjunto (ver también 11:28). Los lectores cuidadosos de Romanos (¡o de este comentario!)

---

7. P. ej. Käsemann, *Commentary on Romans* [Comentario de Romanos], 302; Dunn, *Romans* [Romanos], 643.
8. Sanday y Headlam, *The Epistle to the Romans* [La Epístola a los Romanos], 315; Morris, *The Epistle to the Romans* [La Epístola a los Romanos], 404.

pueden preguntarse cómo se relaciona la divina elección de Israel como pueblo, con la afirmación de Pablo en el capítulo 9 en el sentido de que el «propósito de Dios en la elección» se refiere solo a algunos judíos, al «Israel dentro de Israel» (cf. 9:6), el remanente (9:27; cf. 9:24). Pablo parece estar afirmando ambas cosas. A fin de vindicar la fidelidad de Dios, el apóstol reafirma la elección de la nación de Israel (cap. 11). Sin embargo, para explicar la exigua respuesta de los judíos de su tiempo, insiste en que Dios solo elige a algunos judíos (cap. 9).

Pero Pablo no es el oscuro pensador que algunos de sus críticos le han acusado de ser. Su pensamiento se basa en una tradición que se remonta al Antiguo Testamento y que se desarrolló extensamente durante el periodo intertestamentario. Una noción esencial de esta tradición es la distinción entre elección colectiva e individual. Algunas explicaciones tradicionales de Romanos 9–11 han subrayado excesivamente la perspectiva individual, que ve estos capítulos como una exposición de la predestinación. Pero algunos acercamientos contemporáneos se equivocan en la dirección contraria. La situación a la que Pablo se enfrenta requiere que integre ambas perspectivas o, mejor, que interprete a la una en vista de la otra.

Pablo heredó de las Escrituras y de su herencia judía la enseñanza de una elección colectiva de todo Israel. Esta es la nota dominante sobre la elección en sí en el Antiguo Testamento. Las referencias son demasiado numerosas para citarlas en su totalidad, pero Deuteronomio 7:6 es representativa de esta noción: «Porque para el Señor tu Dios tú eres un pueblo santo; él te eligió para que fueras su posesión exclusiva entre todos los pueblos de la tierra».[9] Esta corriente de enseñanza veterotestamentaria explica que Dios por su Gracia inició una relación con la nación de Israel. A esta relación se le llama pacto, un acuerdo vinculante entre Dios e Israel. Dios, por su parte, crea a Israel como pueblo, escogiendo a Abraham, dándole descendientes, sacando a los israelitas de Egipto, y estableciéndoles en la tierra prometida. Israel, por su parte, ha de honrar a Dios guardando la ley que le ha sido dada. Dios promete bendecir a Israel si obedece, pero castigarle si no lo hace.

No obstante, casi desde el comienzo (como señala Pablo en el cap. 9), también se hace clara otra corriente de enseñanza sobre la elección. La elección de Israel como nación por parte de Dios proporciona las bendiciones temporales y una oportunidad de entrar a participar en una genuina comunión espiritual por medio de un sincero compromiso con el Señor. Sin embargo, en y por sí mismo no ofrece salvación. A medida que la historia de Israel se va desarrollando, esto se va haciendo cada vez más claro. Un creciente número de judíos, aunque escogidos como miembros de Israel, se rebelaban contra Dios, quebrantando su ley y sirviendo a otros dioses. Por ello, adquirió cada vez una mayor relevancia la idea del «remanente»: aquellos israelitas que permanecieron leales a su compromiso con el Dios de Abraham, Isaac y Jacob.

El propio apóstol cita dos de los textos veterotestamentarios más importantes sobre el remanente, Isaías 10:22–23 (en Ro 9:27–28) y 1R 19:18 (en Ro 11:4; ver

---

9. Aquellos que deseen considerar una exposición detallada pueden ver el trabajo de H. H. Rowley, *The Biblical Doctrine of Election* [La doctrina bíblica de la elección] (Londres: Lutterworth, 1950), y Klein, *The New Chosen People* [El nuevo pueblo escogido].

también Esd 9:8, 13–15; Is 37:31, 32; Jer 23:3; 31:7; 42:2; Mi 2:12; 4:7; 5:7, 8).[10] Naturalmente, el lenguaje de la elección no se aplica por regla general a este remanente. Estrictamente hablando, en el Antiguo Testamento la elección es un fenómeno colectivo. Sin embargo, la idea de que dentro de esta elección colectiva se produce una elección individual está presente, al menos en germen.

Las tribulaciones que sufrió la nación en el periodo entre los Testamentos hizo que muchos judíos se vieran forzados a desarrollar la idea de un Israel fiel y verdadero dentro del Israel nacional. Bajo la tensión de la persecución, muchos judíos renunciaron a su fe, y muchos más se avinieron a las demandas de sus perseguidores de un modo inaceptable para sus piadosos hermanos y hermanas. Por ello, los «grupos» judíos de este periodo individualizaron la elección insistiendo en que formar parte del verdadero pueblo de Dios estaba reservado a ciertas personas y no a toda la nación. En la comunidad de Qumrán, por ejemplo, la membresía era pactada y se reservaba a los «hijos de luz», y en los Salmos de Salomón a los «piadosos».[11]

Pablo responde a la crisis de Israel en su tiempo con una idea parecida. Únicamente aquellos a quienes Dios ha escogido por un acto de su Gracia son verdaderos miembros del pueblo de Dios. De hecho, Dios está escogiendo soberanamente a algunos judíos para salvación, mientras que el número de gentiles escogidos es mucho mayor. Pablo ve esto de acuerdo con que lo que enseña el Antiguo Testamento acerca del divino propósito de crear un «Israel dentro de Israel». Sin embargo, a diferencia de algunos de los judíos de su tiempo, Pablo sigue también afirmando la divina elección a la totalidad de Israel. Dios no ha abandonado totalmente a la nación para concentrarse solo en un pequeño grupo dentro de ella. Las promesas que hizo a los patriarcas siguen siendo válidas (11:28). De hecho, el capítulo 11 explica básicamente cuáles son las permanentes implicaciones que la elección colectiva tiene para Israel.

Significado Contemporáneo

En una sección anterior de este comentario, hemos sugerido que en Romanos (y, de hecho, en la Biblia en su conjunto) el pueblo judío desempeña un papel paradigmático (ver la sección «Construyendo puentes» de 2:1–11). Lo que el pueblo judío hace o experimenta representa, en ciertos aspectos, una condición universal. Por supuesto, podemos abusar fácilmente de este principio si ignoramos aquellos aspectos en los que Israel posee una posición única en Romanos. Sin

---

10. Acerca del remanente ver especialmente Gerhard F. Hasel, *The Remnant: The History and Theology of the Remnant Idea from Genesis to Isaiah* [El remanente: historia y teología de la idea del remanente de Génesis a Isaías], (Berrien Springs, Mich.: Andrews Univ. Press, 1972).

11. Ver especialmente Mark Seifrid, *Justification by Faith: The Origin and Development of a Central Pauline Theme* [Justificación por la fe: origen y desarrollo de un tema paulino central], (Leiden: Brill, 1992), 81–133.

embargo, la historia bíblica de la elección de Dios y el modo en que ha sido entendida, no está exenta de lecciones para la Iglesia contemporánea.

Como acabamos de ver, la Biblia enseña, por un lado, una elección de Israel como nación para servir a Dios y disfrutar de ciertos privilegios, y por otro una elección de algunos israelitas (y también gentiles) para salvación. A lo largo de la historia de Israel, encontramos a quienes subrayaron excesivamente la una a expensas de la otra. Con cierta cautela, sugiero que en la Iglesia de nuestro tiempo encontramos esta misma clase de desequilibrio.

Algunos judíos cometieron el error de dar por sentado que la divina elección de Israel garantizaba prácticamente beneficios espirituales para todos los miembros de la nación. Nacer en esa nación, la circuncisión (para los varones), y una razonable fidelidad en la observancia de la Ley era todo lo que se necesitaba para asegurar la propia salvación. En algunos sectores de la Iglesia se tiene esta misma clase de actitud. Las personas asumen que, siempre que tengan en su haber ciertos actos externos como el Bautismo, la Confirmación, la asistencia a la iglesia, la participación en la misa y la práctica de actos de servicio, tienen el cielo asegurado.

Las iglesias que subrayan los sacramentos y practican la liturgia son más vulnerables a esta clase de problema que las que no lo hacen. Por lo que a mí respecta, crecí en una iglesia así. A pesar de mi bautismo cuando era un niño, la fidelidad de mis padres al presentarme el Evangelio por medio de la confirmación, y de mi regular asistencia a la iglesia, no tenía un sincero y genuino compromiso con Cristo. La fe no se había despertado en mí. Naturalmente, el responsable de esta situación era yo. Sin embargo, la iglesia contribuyó al problema al no hacerme entender a mí, de un modo personal, mi necesidad de responder a la Palabra de Dios y a los sacramentos que constantemente presenciaba. Estaba asumiendo una forma de elección colectiva, de la que los miembros de mi iglesia o familia formaban parte automáticamente.

En la historia del pueblo judío, se desarrolló un punto de vista sectario por el que solo aquellos que satisfacían los estrictos requisitos de una determinada secta tenían alguna esperanza de salvación. De manera similar, algunas comunidades locales de nuestro tiempo enseñan que solo puede haber salvación para quienes cumplen ciertas expectativas. Aunque por regla general no lo dicen abiertamente, muchas de estas iglesias enseñan implícitamente que solo se puede ser salvo si has tenido un cierto tipo de experiencia de conversión. No basta con experimentar un crecimiento progresivo en la fe si no puede identificarse específicamente el momento de la conversión; uno ha de tener una específica experiencia de la Gracia de Dios, preferiblemente emocional.

He conocido también iglesias que miraban de soslayo a cualquiera que no utilizara la versión *King James*. ¡Sin duda, los escogidos han de conocer la Biblia «autorizada»! En el otro extremo de cierto espectro, la enseñanza oficial de la Iglesia Católica Romana sigue siendo que «fuera de la Iglesia no hay salvación». La teología posterior al Concilio Vaticano II ha relajado un poco estos parámetros, que ahora incluyen también a quienes se ha dado en llamar participantes «inconscientes» de la Iglesia. Sin embargo, el principio sigue estando ahí.

Ante estos impulsos contradictorios se hace necesario un nuevo compromiso con la enseñanza de la elección que encontramos en estos capítulos. Dios escoge a aquellos que son verdaderamente suyos. Su elección no se basa en nada que hayamos hecho o podamos hacer. No está determinada por la nación en la que vivimos, la familia en la que nacimos, o la iglesia a la que asistimos. No tiene nada que ver con la frecuencia de nuestra asistencia a misa o con las veces que hemos «pasado adelante» en una cruzada de Billy Graham. No podemos poner restricciones a la elección de Dios, ni predecir a quién escogerá. Aquellos que son escogidos ejercen fe en Cristo como único requisito para la salvación (podemos aparcar por ahora la polémica cuestión de si lo que viene antes es la elección o la fe). La fe ha de definirse en términos bíblicos, y siempre hemos de recordar que de la fe fluyen, necesariamente, muchas cosas. Sin embargo, hemos de resistirnos a cualquier intento de minimizar la fe en Cristo como la marca central de los escogidos de Dios.

Por utilizar una metáfora del ámbito político norteamericano, la carpa de la elección no ha de ser ni más grande ni más pequeña que la extensión de la genuina fe en Cristo. Nuestra cultura tira de nosotros hacia el primer extremo, la perspectiva de un cristianismo de la «carpa grande». El acento en la tolerancia hacia otras ideas y una posmoderna falta de preocupación por los detalles nos presionan a ampliar la carpa de la salvación para incluir a personas que no dan señales de ser escogidos. Sin embargo, es también fácil reaccionar de forma exagerada contra nuestra cultura y confinar la salvación a una carpa muy pequeña, cubierta por la lona de nuestro particular caballito de juguete.

Romanos 11:11-24

Ahora pregunto: ¿Acaso tropezaron para no volver a levantarse? ¡De ninguna manera! Más bien, gracias a su transgresión ha venido la salvación a los gentiles, para que Israel sienta celos. 12 Pero si su transgresión ha enriquecido al mundo, es decir, si su fracaso ha enriquecido a los gentiles, ¡cuánto mayor será la riqueza que su plena restauración producirá! 13 Me dirijo ahora a ustedes, los gentiles. Como apóstol que soy de ustedes, le hago honor a mi ministerio, 14 pues quisiera ver si de algún modo despierto los celos de mi propio pueblo, para así salvar a algunos de ellos. 15 Pues si el haberlos rechazado dio como resultado la reconciliación entre Dios y el mundo, ¿no será su restitución una vuelta a la vida? 16 Si se consagra la parte de la masa que se ofrece como primicias, también se consagra toda la masa; si la raíz es santa, también lo son las ramas. 17 Ahora bien, es verdad que algunas de las ramas han sido desgajadas y que tú, siendo de olivo silvestre, has sido injertado entre las otras ramas. Ahora participas de la savia nutritiva de la raíz del olivo. 18 Sin embargo, no te vayas a creer mejor que las ramas originales. Y si te jactas de ello, ten en cuenta que no eres tú quien nutre a la raíz, sino que es la raíz la que te nutre a ti. 19 Tal vez dirás: «Desgajaron unas ramas para que yo fuera injertado.» 20 De acuerdo. Pero ellas fueron desgajadas por su falta de fe, y tú por la fe te mantienes firme. Así que no seas arrogante sino temeroso; 21 porque si Dios no tuvo miramientos con las ramas originales, tampoco los tendrá contigo. 22 Por tanto, considera la bondad y la severidad de Dios: severidad hacia los que cayeron y bondad hacia ti. Pero si no te mantienes en su bondad, tú también serás desgajado. 23 Y si ellos dejan de ser incrédulos, serán injertados, porque Dios tiene poder para injertarlos de nuevo. 24 Después de todo, si tú fuiste cortado de un olivo silvestre, al que por naturaleza pertenecías, y contra tu condición natural fuiste injertado en un olivo cultivado, ¡con cuánta mayor facilidad las ramas naturales de ese olivo serán injertadas de nuevo en él!

Como Pablo ha resumido hábilmente en 11:7, la predicación del Evangelio ha dividido a Israel en dos grupos: una minoría (el «remanente»), que ha obtenido salvación, y la mayoría, que se ha endurecido. Pablo pregunta ahora si esta situación es permanente. Su respuesta básica es que no lo es. El rechazo de Israel por parte de Dios no es definitivo; se ha producido para el avance de su plan histórico-salvífico. Inicialmente, este plan consiste en llevar la salvación a los gentiles, sin embargo, en última instancia pretende volver atrás y beneficiar también a Israel. Esta secuencia de rechazo judío → bendición gentil → nueva bendición judía es el centro de estos versículos. Pablo recorre tres veces esta secuencia (y dos veces más en los versículos 25–32), añadiendo una cuarta etapa en otros dos textos:

- versículo 11: gracias a su transgresión ha venido la salvación a los gentiles, para que Israel sienta celos.
- versículo 12a: su transgresión ha enriquecido al mundo,
- versículo 12b: su fracaso ha enriquecido a los gentiles, ¡cuánto mayor será la riqueza que su plena restauración producirá!
- versículo 15: el haberlos rechazado dio como resultado la reconciliación entre Dios y el mundo, ¿no será su restitución una vuelta a la vida?
- versículos 17–23: algunas de las ramas han sido desgajadas. Tú, siendo de olivo silvestre, has sido injertado entre las otras ramas. Dios tiene poder para injertarlos de nuevo.

Esta secuencia ha suscitado un debate considerable. ¿La ve acaso Pablo como una permanente oscilación, que se repite muchas veces en el curso de la Historia cuando judíos y gentiles interactúan entre sí? ¿O la considera quizá como una secuencia lineal única, que va desde el rechazo judío y la aceptación gentil de su tiempo hasta el clímax de una mayor respuesta judía al Evangelio en los últimos días? Por mi parte prefiero esta última opción, y explicaré el porqué a medida que vayamos avanzando con la exégesis.

Pablo deja claro que el argumento de estos versículos tiene un propósito práctico. El apóstol reprende a los cristianos gentiles de Roma por su arrogante jactancia para con los judíos (vv. 13, 18–22). Aflora aquí lo que fue probablemente uno de los propósitos esenciales para la redacción de la carta a los Romanos. Los gentiles se habían convertido en una mayoría dentro de la iglesia de Roma y también dentro de la Iglesia en general. Estaban siendo tentados a enorgullecerse indebidamente por su nueva posición, hasta el punto de pensar que ahora habían sustituido a los judíos en los planes de Dios. Pablo les quita de la cabeza esta noción, explicando que, por un acto de pura Gracia, habían sido añadidos a Israel. No hay, pues, razón alguna para la jactancia, porque su propia salvación forma parte del divino plan de ofrecer su misericordia a todos los seres humanos.

El propósito de Dios con el rechazo de Israel (11:11–15)

Romanos 11:11–32 comienza exactamente del mismo modo que los versículos 1–10: «Digo por tanto» (trad. lit.), seguido por una pregunta retórica que espera una respuesta negativa y que concluye con la frase, *me genoito*, («¡de ninguna manera!» en 11:1 y en 11:11). En el versículo 1, Pablo pregunta, de hecho, si el rechazo de Israel era total. Ahora pregunta si es definitivo: «¿Acaso tropezaron para no volver a levantarse?». El antecedente más cercano de «ellos» (el sujeto elíptico de la oración) es «los demás [aquellos que] fueron endurecidos» (vv.

7b–10).[1] Sin embargo, Pablo inicia un nuevo pensamiento en el versículo 11, y en el versículo 12 el «su» se refiere a Israel como un todo. Es, pues, probable que este «ellos» sirva para singularizar la referencia a Israel del versículo 7a.[2] Aunque, en este momento, Israel no ha conseguido la justicia que buscaba, los israelitas no han caído en una irreparable ruina espiritual por esta misma razón.

El propósito de Pablo en los versículos 11–32 es explicar la razón por la que esto no es así. La «transgresión» (v. 11) que supone rechazar la Gracia de Dios en Cristo ha llevado a la salvación de los gentiles. Tal y como se presenta en el libro de los Hechos, el propio ministerio de Pablo revela que esto sucedió históricamente. Una y otra vez el apóstol predicó el Evangelio en las sinagogas, donde solo encontró una respuesta moderada y donde finalmente fue rechazado. A continuación, se volvía, junto con sus compañeros, a los gentiles, quienes, generalmente, recibían bien su mensaje 13:44–47; 14:1–3; 18:4–7; 19:8–10; 28:23–29).

Este patrón fue más que un mero accidente histórico. Como Pablo deja claro en el libro de los Hechos citando la Escritura en su apoyo, y demuestra ahora en Romanos revelando el propósito de Dios detrás de los últimos acontecimientos, el rechazo de los judíos y la aceptación de los gentiles eran el plan de Dios para la salvación de todo el mundo. En respuesta a su pregunta del versículo 11, Pablo deja claro que la salvación de los gentiles no es el final del asunto. Sirviéndose del lenguaje de Deuteronomio 32:21 (citado en Ro 10:19), Pablo afirma que la salvación de los gentiles tiene el propósito de despertar los celos de Israel.

En el versículo 12, Pablo explica la secuencia introducida en el versículo 11. En la primera parte del texto, el apóstol se refiere de nuevo a la amplia negativa de los judíos a creer en Cristo como «su transgresión», pero en la segunda parte le llama «su pérdida». La palabra griega que se traduce como «fracaso [pérdida]» (*hettema*) podría tener un sentido cuantitativo (disminución en número), sin embargo es más probable que tenga un matiz cualitativo: «derrota» o «pérdida».[3] Del mismo modo, las expresiones «ha enriquecido al mundo»/«ha enriquecido a los gentiles» sustituye a la «salvación» que ha venido a los gentiles. Sin embargo, la explicación clave está en el último paso. Pablo ha hablado vagamente de hacer sentir «celos» a Israel (v. 11); ahora habla de «su plena restauración».

La palabra griega que se traduce como «plena restauración» es *pleroma* y, al igual que *hettema*, puede tener un sentido cuantitativo o cualitativo. Con el primero, *pleroma* aludiría a un gran número de judíos (TEV) «el completo número de los judíos»[4]; con el último, a la restauración de Israel a las bendiciones del reino.[5] El

---

1. Sanday y Headlam, *The Epistle to the Romans* [La Epístola a los Romanos], 320; Cranfield, *The Epistle to the Romans* [La Epístola a los Romanos] 544-45.
2. Barrett, *The Epistle to the Romans* [La Epístola a los Romanos], 212; Hafemann, «Salvation of Israel» [La salvación de Israel], 50.
3. Las otras únicas ocasiones conocidas en que aparece esta palabra tienen este significado (Is 31:8; 1Co 6:7); ver BAGD.
4. Godet, *Commentary on Romans* [Comentario de Romanos], 401; Cranfield, *The Epistle to the Romans* [La Epístola a los Romanos] 557-58.
5. P. ej. Murray, *The Epistle to the Romans* [La Epístola a los Romanos], 2:79.

significado más probable es el segundo, sin embargo el contexto sugiere también que la bendición que Israel ha de experimentar se expresará en un aumento del número de judíos que son salvos (v. 25).

En los versículos 13-14, Pablo interrumpe su esbozo del plan de Dios para la historia de la salvación para insinuar el propósito práctico de lo que está diciendo. El apóstol se dirige directamente a los cristianos gentiles de la Iglesia de Roma para hacer que se den cuenta de que Dios no ha abandonado a Israel (vv. 17-22, 25) y, por ello, como gentiles, no tienen razón alguna para jactarse ante sus hermanos de origen judío. Lo que dice sobre su ministerio en los versículos 13b-14 tiene este mismo propósito. Aunque el llamamiento original de Dios a Pablo era que éste ministrara tanto a judíos como a gentiles, como «apóstol de los gentiles» se convirtió en «punta de lanza» de Dios para que el mundo gentil se abriera al Evangelio. Por consiguiente, es fácil imaginar a los cristianos de origen gentil aludiendo a la concentración de Pablo en un ministerio a los gentiles como una prueba más de que Dios había dado la espalda a Israel. Por ello, Pablo deja claro que su trabajo entre los gentiles no significa que se haya despreocupado de su pueblo. Su propósito último al llevar el Evangelio a los gentiles es suscitar la envidia de Israel y salvar, de este modo, a «algunos de ellos».

El versículo 15 regresa a la principal línea de argumento, puesto que Pablo reitera de nuevo la secuencia histórico-salvífica que domina este pasaje. La expresión «rechazo» de Israel es un tanto ambigua: podría aludir tanto al rechazo o «desecho» (*apobole*) de Dios por parte de Israel,[6] como al rechazo de Israel por parte de Dios.[7] Probablemente, la intención de Pablo sea esto último, puesto que con ello se plantea un mejor contraste con la «aceptación» de Israel por parte de Dios que surge más adelante en el versículo, y encaja con la preocupación del apóstol de vincular el dilema de Israel con el propósito de Dios. En una estructura parecida al versículo 12, Pablo argumenta de menor a mayor. Si el rechazo de Israel por parte de Dios ha traído «la reconciliación del mundo» (ver 5:10-11), ¿no será entonces «su restitución una vuelta a la vida»? Para los gentiles, la nueva «aceptación» de Israel por parte de Dios traerá una bendición mucho mayor que la oferta de una nueva relación con él.

¿Pero cuál será esta bendición? La expresión «vida de entre los muertos» tiene dos posibles significados. Podría ser una metáfora para hacer referencia a una renovada vida espiritual.[8] Cuando el padre de la parábola del hijo pródigo da la bienvenida a su hijo arrepentido, exclama: «porque este hijo mío estaba muerto, pero ahora ha vuelto a la vida» (Lucas 15:24). Pablo alude a los creyentes como personas que han pasado «de muerte a vida». Sin embargo, «vida de entre los muertos» tiene probablemente un sentido más literal. De las cuarenta y siete ocasiones en que la expresión «entre los muertos» (*ek nekron*) aparece en el Nuevo

---

6. Fitzmyer, *Romans* [Romanos], 612.
7. Así lo entienden la mayoría de comentaristas; ver, p. ej., Godet, *Commentary on Romans* [Comentario de Romanos], 403; Dunn, *Romans* [Romanos, 657].
8. Muchos comentaristas (p. ej., Godet, *Commentary on Romans* [Comentario de Romanos], 404; Murray, *The Epistle to the Romans* [La Epístola a los Romanos], 2:82-84; Morris, *The Epistle to the Romans* [La Epístola a los Romanos, 411).

Testamento, cuarenta y seis se refiere a la resurrección corporal (la única excepción es Ro 6:13). Bajo el esquema paulino de la historia de la salvación subyace una cosmovisión apocalíptica que mira a la resurrección de los muertos como escenario culminante del plan de Dios para la Historia.

Por ello, Pablo sugiere que el retorno de Israel a una relación de bendición con Dios se producirá en el clímax de la Historia, cuando los muertos serán resucitados.[9] Esta probable referencia de «vida de entre los muertos» constituye una importante razón para pensar que Pablo está describiendo una secuencia lineal de hechos de la historia de la salvación que llegan a su clímax con el retorno de Cristo en gloria.

Propósito de Dios y arrogancia gentil (11:16–24)

En este párrafo dominado por la metáfora del olivo, Pablo hace más explícito su interés en sofocar la arrogancia de los gentiles. La secuencia histórico-salvífica la hemos visto ya en los versículos 11, 12 y en el 15 encontramos la columna vertebral del pasaje.

El versículo 16 es transicional. Apoya la esperanza que Pablo ha expresado en el versículo 15 al argumentar que las bendiciones que Israel ha recibido llevarán a beneficios aún mayores en el futuro. Pablo se sirve de dos metáforas para desarrollar su argumento, cada una de las cuales utiliza la lógica de «si la parte, entonces el todo» para afianzar la confianza de Pablo acerca de un gran futuro para Israel. La primera procede de Números 15:17–21. La expresión «toda la masa» se refiere a la totalidad de Israel, pero ¿qué significa «la masa que se ofrece como primicias»? Puesto que Pablo utiliza la palabra «primicias» (*aparche*) para hacer referencia a los primeros convertidos de una región (Ro 16:5; 1Co 16:15; 2Ts 2:13), es posible que el apóstol tenga en mente al remanente de cristianos judíos de su tiempo (cf. Ro 11:7).[10] La salvación del remanente muestra que Dios sigue considerando «santo» a Israel, con toda la esperanza que esta santidad implica.

En la segunda imagen, la «raíz» representa casi con toda seguridad a los patriarcas. Los escritores judíos aludían a los patriarcas como la «raíz» (p. ej., *1 Enoc* 93:5, 8; Filón, *Herederos* 279) y, en este contexto, el propio apóstol basa la futura esperanza de Israel en la promesa de Dios a los patriarcas (11:28; cf. 9:5). Siendo así, lo más probable es que «primicias» se refiera también a los patriarcas.[11] La promesa de Dios a los patriarcas no ha sido revocada; sus descendientes siguen

---

9. Al menos un número igual de intérpretes defienden este punto de vista, entre ellos la mayor parte de los antiguos padres griegos, muchos puritanos (ver Ian Murray, *The Puritan Hope: A Study in Revival and the Interpretation of Prophecy* [La esperanza puritana: un estudio sobre el avivamiento y la interpretación de la profecía], Londres: Banner of Truth, 1971, 66–72, y muchos comentaristas contemporáneos (p. ej., Käsemann, *Commentary on Romans* [Comentario de Romanos], 307; Cranfield, *The Epistle to the Romans* [La Epístola a los Romanos], 562 – 63; Dunn, *Romans* [Romanos], 658).
10. Ver, p. ej., Cranfield, *The Epistle to the Romans* [La Epístola a los Romanos, 564; Fitzmyer, *Romans* [Romanos], 614.
11. Ver, p. ej., Godet, *Commentary on Romans* [Comentario de Romanos], 404 –5; Murray, *The Epistle to the Romans* [La Epístola a los Romanos], 2:85.

siendo «santos». Con ello Pablo no quiere decir que todos sus descendientes vayan a ser salvos. Por el contrario, «santo» (*hagios*), como en el Antiguo Testamento y en 1 Corintios 7:14, significa que las personas siguen siendo «apartadas» por Dios para concederles una especial atención.

Esta relación especial permanente entre Dios e Israel da razón para esperar una futura renovación espiritual del pueblo: una esperanza que Pablo explica en los versículos 23-24. Sin embargo, el apóstol explota en primer lugar la metáfora de la raíz y las ramas que acaba de introducir para corregir a los cristianos gentiles.

Pablo comienza con una frase condicional (vv. 17-18a) que llega al corazón de su preocupación. La cláusula «si» repite nuevamente la secuencia de rechazo judío y salvación gentil que en este pasaje hemos visto tan a menudo. Las «ramas naturales» son, naturalmente, los judíos, mientras que la expresión «olivo silvestre» alude a los gentiles. Inicialmente, los gentiles no formaban parte del pueblo de Dios que se constituía según la divina promesa a los patriarcas; «por naturaleza» no forman parte del olivo. Sin embargo, ahora que sí son parte, no tienen razón alguna, afirma Pablo en v. 18a, para creerse mejores que los judíos. La expresión «las ramas originales» (v. 18) alude a las ramas desgajadas del versículo 17, es decir, a aquellos judíos del tiempo de Pablo que no habían respondido al Evangelio.

El contexto pone de relieve que los gentiles eran culpables de una arrogancia para con los judíos en general, que se extendía tanto al Israel del Antiguo Testamento como también a los cristianos de origen judío. En los versículos 18b-23 Pablo muestra por qué es errónea tal arrogancia. El apóstol hace dos afirmaciones esenciales. (1) Los cristianos gentiles reciben sus beneficios espirituales solo a través de los judíos. Han sido injertados en el olivo, el pueblo de Dios. Sin embargo, las raíces de este árbol son los patriarcas judíos. Los gentiles no han «sustituido» a los judíos en el plan de Dios. De hecho, solo a través de los judíos tienen los gentiles alguna esperanza de experimentar las bendiciones de pertenecer al pueblo de Dios.

(2) Los cristianos gentiles no se han ganado el derecho de ser injertados en el olivo. Su arrogancia les lleva, no solo a creerse mejores que los judíos, sino también a jactarse de sus logros. Da la impresión de que se sentían tan importantes y dignos que pensaban que Dios había quitado a los judíos para ponerles a ellos (v. 19). Pablo admite que hay una parte de verdad en lo que dicen («De acuerdo» v. 20). Como él mismo ha mostrado, el rechazo de los judíos ha llevado a la salvación de los gentiles (vv. 11-15). Sin embargo, insiste también en que, si Dios hizo lo que hizo, no fue por mérito alguno de los gentiles; todo fue un asunto de «fe».

Los judíos perdieron su lugar por su incredulidad, mientras que los cristianos gentiles entraron a formar parte del pueblo de Dios por creer el mensaje (v. 20b). La fe, como Pablo ha mostrado antes en esta misma epístola, no da a nadie motivo alguno para el orgullo, puesto que ésta se limita simplemente a aceptar el don que Dios ofrece por su Gracia (3:27; 4:3-5). Los cristianos gentiles, por consiguiente, han de sustituir su arrogancia por temor (11:20b). Porque Dios muestra su «bondad» para con aquellos que se mantienen en la fe, pero su «severidad» hacia quienes caen (v. 22a).

Permanecer, pues, en la bondad de Dios no es algo que se pueda tomar a la ligera. Es necesario renovar cada día la propia fe. Dejar de hacerlo significará ser «desgajado»: excluido del pueblo de Dios y de la salvación que encontramos únicamente a través de esta relación (v. 22b). Porque si Dios desgajó sin miramientos las «ramas naturales» por su incredulidad ante las Buenas Nuevas, tampoco dudará en cortar los tallos silvestres que ha injertado en el árbol.

En resumidas cuentas, los versículos 19–22 constituyen una de las advertencias más serias que encontramos en el Nuevo Testamento acerca de la importancia de permanecer en la fe. Más adelante exploraremos la relevancia teológica y práctica de estos versículos. Pero por ahora hemos de acentuar su función de contrarrestar el egotismo que expresan los cristianos gentiles de Roma, no solo hacia los judíos sino también hacia Dios mismo.

Después de la advertencia dirigida a los cristianos gentiles, Pablo concluye la imaginería del olivo con una palabra de esperanza para los judíos. Igual que los cristianos gentiles corren el riesgo de ser «desgajados» si dejan de creer, así también los judíos pueden ser injertados de nuevo si dejan de ser incrédulos y creen (v. 23). Es, sin duda, más fácil injertar de nuevo las ramas naturales que hacer lo que Dios ha hecho ya, a saber, injertar, «contra natura», tallos de olivo silvestre (v. 24). Pablo no llega aquí a pronosticar que Dios injertará de nuevo al Israel incrédulo en el pueblo de Dios, pero se queda a un paso. Sus palabras preparan el camino para la explícita predicción del versículo 26.

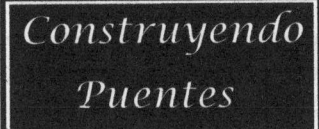

Pablo invierte un patrón escatológico del Antiguo Testamento. En esta sección Pablo describe la secuencia de acontecimientos que culminará en el último día, cuando los muertos serán resucitados (v. 15). Su enfoque es escatológico. El apóstol quiere ayudarnos a entender que la actual situación de la historia de la salvación cambiará. La situación es hoy esencialmente la misma que en días de Pablo, puesto que compartimos con él la misma fase de la historia de la salvación.

Naturalmente, esta fase se ha venido prolongando durante casi dos mil años. Pero el espacio de tiempo que separa los distintos acontecimientos no es un asunto relevante en la Escritura. Lo crucial es la secuencia de dichos acontecimientos. Tras la primera venida de Cristo y el derramamiento del Espíritu, el siguiente suceso del calendario escatológico es el retorno de Cristo en gloria y todos los acontecimientos vinculados a dicho retorno. Esto era tan cierto para Pablo como lo es para nosotros. De modo que, nosotros, como él, seguimos esperando el día en que la incredulidad y el rechazo de Israel se convertirán en fe y aceptación. Las «ramas naturales», espera confiadamente Pablo, serán injertadas para formar de nuevo parte del olivo.

Naturalmente, Pablo no describe este clímax escatológico en un vacío. Los profetas del Antiguo Testamento escribieron mucho acerca de lo que Dios haría a favor tanto de los gentiles como de los judíos con la venida del Mesías. Los autores judíos se basaron en estas predicciones y dieron algunos detalles más al respecto. Una predicción que podría haber influenciado particularmente el esquema de Pablo en los versículos 11-24 es la llamada «tradición del peregrinaje escatológico». Según esta tradición, la restauración de Israel en los últimos tiempos a un estado glorioso estimularía a los gentiles a ofrecerse junto con sus recursos al servicio de Yahveh. Esta tradición está firmemente arraigada en el Antiguo Testamento (especialmente en Isaías), pero el texto que la expresa con mayor claridad es el libro intertestamentario judío, Salmos de Salomón (especialmente 17:26-46).

> Él reunirá a un pueblo santo [...] Naciones gentiles le servirán bajo su yugo, y glorificarán al Señor en (un lugar) prominente (por encima de) toda la Tierra. Y purificará Jerusalén (y la hará) santa como lo fue desde el comienzo, (para que) las naciones de toda la tierra vayan y vean su gloria, y traigan a ella como dones a sus hijos que habían sido desterrados, y vean la gloria del Señor con que Dios la ha glorificado. (*Salmos de Salomón* 17:26, 30-31)[12]

En vista de su nueva comprensión de los acontecimientos del Evangelio, Pablo invierte el orden y espiritualiza el proceso: en lugar de que los gentiles vayan a adorar a Yahveh a Jerusalén como consecuencia de la restauración de Israel, Israel es salvo en respuesta al ofrecimiento de salvación a los gentiles. Por supuesto, algunos eruditos cuestionan que la tradición haya tenido mucho impacto en Pablo, puesto que éste no cita ninguno de los textos veterotestamentarios clave sobre el peregrinaje.[13] Sin embargo, aunque no sea un texto clave dentro de esta tradición, Isaías 59:20-21, que en 11:26b-27 Pablo aplica a la salvación final de Israel, sí hace su aportación en este sentido. Creo, pues, que tenemos suficientes pruebas de que la tradición desempeña algún papel en la concepción que Pablo tiene de los acontecimientos del fin.

¿Qué papel interpreta el propio apóstol en este clímax escatológico? Algunos eruditos opinan que el apóstol se veía a sí mismo como un instrumento clave para llegar a este punto culminante. El infatigable esfuerzo del apóstol por convertir a los gentiles y llevar sus «riquezas» a Jerusalén por medio de la ofrenda que estaba recaudando en su tercer viaje misionero iban a ser acontecimientos que desencadenarían la consumación de la salvación de Israel y el final de la Historia.[14] Baste decir aquí que, en este pasaje, Pablo parece atribuirse un papel mucho más modesto dentro de tales acontecimientos. Su meta es despertar «de algún modo [...] los celos de mi propio pueblo, para así salvar a *algunos* de ellos» (v. 14, cursivas del autor). No deberíamos minimizar el papel de Pablo dentro de la historia de

---

12. Ver también Is 2:2-3a; 56:6-7; 60:1-7; Tob 13:11-13; 14:6-7; *T. Zeb.* 9, 8; *T. Benj.* 9, 2; en *Or. Sib.* 3.767-95.
13. Ver especialmente Terrence L. Donaldson, *Paul and the Gentiles: Remapping the Apostle's Convictional World* [Pablo y los gentiles: un nuevo mapa de las convicciones del apóstol] (Minneapolis: Fortress, 1997), 187-97.
14. Este es el tema principal de Johannes Munck, *Paul and the Salvation of Mankind* [Pablo y la salvación de la Humanidad]. Exploraremos más este punto de vista cuando lleguemos al pasaje de la ofrenda en 15:23-29.

la salvación, pero este versículo indica que él mismo no creía ser el agente a través del cual Dios llevaría a su consumación el «peregrinaje escatológico».[15]

El olivo. De haber vivido en el primer siglo, no nos habría sorprendido que Pablo eligiera un olivo como ilustración. El olivo era el «árbol frutal más ampliamente cultivado de la zona mediterránea».[16] Sin embargo, es igual de significativo el hecho de que, en ocasiones, tanto el Antiguo Testamento como los escritos judíos comparan a Israel con un olivo (p. ej., Jer 11:16; Os 14:5–6) y, aún con más frecuencia, a algún tipo de planta. La más famosa de ellas es la comparación de Israel con una viña en Isaías 5, a la que Jesús alude en su parábola (Mt 21:33–44 y pasajes paralelos). Hay incluso alguna evidencia de que una sinagoga judía en Roma se llamaba «sinagoga del olivo».[17]

Por esta razón, el que Pablo aluda a un olivo es perfectamente natural; sin embargo, lo que dice acerca de él no lo es en absoluto, y los eruditos han dedicado cierto esfuerzo a dilucidar qué es lo que el apóstol intenta comunicarnos con su descripción de un procedimiento hortícola tan poco común. La práctica de injertar tallos de un olivo silvestre (no cultivado), en uno cultivado es exactamente lo contrario de lo que los agricultores solían hacer.

Algunos intérpretes opinan que Pablo delata aquí sus raíces urbanas (es decir, que el apóstol tenía un total desconocimiento de la agricultura).[18] Otros han acudido en defensa de Pablo, citando oscuras fuentes antiguas para demostrar que, esporádicamente, los agricultores injertaban renuevos de olivo silvestre en un árbol cultivado.[19] Para otros aún el debate en sí carece de sentido ya que asume, erróneamente, que la analogía que utiliza Pablo ha de encajar perfectamente en las circunstancias de la vida de las que procede.[20] Por mi parte, yo sostengo con ciertas reservas que Pablo podría estar deliberadamente describiendo un proceso «contra naturaleza» (v. 24) para dar a entender la Gracia de Dios que presupone la salvación de los gentiles.[21] Igual que un renuevo de olivo silvestre tendría muy poco derecho a ser injertado en un árbol cultivado, así los gentiles no lo tendrían de formar parte del pueblo de Dios. Se trata de un procedimiento «contra natura-

---

15. Ver, p. ej., Cranfield, *The Epistle to the Romans* [La Epístola a los Romanos], 561.
16. Dunn, *Romans* [Romanos], 660–61.
17. W. D. Davies, «Paul and the Gentiles: A Suggestion Concerning Romans 11.13–24», [Pablo y los gentiles: una sugerencia sobre Romanos 11:13-24] en *Jewish and Pauline Studies* (Filadelfia: Fortress, 1984), 137–44.
18. Ver Dodd, *Epistle to the Romans* [Epístola a los Romanos] 118: «Pablo tenía las limitaciones de un hombre criado en la ciudad».
19. Ver especialmente William M. Ramsay, «The Olive-Tree and the Wild Olive» [El olivo y el olivo silvestre], en *Paul and Other Studies in Early Christian History* (Londres: Hodder y Stoughton, 1908), 219–50; A. G. Baxter y J. A. Ziesler, «Paul and Arboriculture: Romans 11:17–24» [Pablo y la arboricultura: Romanos 11:17-24] *JSNT* 24 (1985): 25–32.
20. Godet, *Commentary on Romans* [Comentario de Romanos], 405–6; Cranfield, *The Epistle to the Romans* [La Epístola a los Romanos] 565–66.
21. Sanday y Headlam, *The Epistle to the Romans* [La Epístola a los Romanos], 327.

leza», que rompe todos los esquemas. Sin embargo, ¡éste es precisamente el efecto de la Gracia de Dios!

La imaginería del olivo que Pablo utiliza en esta sección enseña dos verdades teológicas que tienen una relevancia práctica considerable. Aprendemos algo sobre la naturaleza del pueblo de Dios y sobre la doctrina de la seguridad eterna.

La imaginería del olivo y el pueblo escogido de Dios. Estos versículos nos enseñan algo importante sobre la naturaleza del pueblo de Dios. Hemos de tener cuidado de no extraer más teología de las analogías de lo que sería justificado (una práctica muy común entre los intérpretes de la Biblia). Sin embargo, hasta aquí está claro: hay un solo olivo.

¿Qué representa exactamente el olivo? Muchos afirman que representa a Israel y, como ya hemos visto, en ocasiones el Antiguo Testamento utiliza el olivo para representar a Israel. Sin embargo, el lenguaje que utiliza Pablo en este párrafo de «injertar» y «desgajar» parece estar haciendo referencia a la salvación. Esto sugiere que hemos de modificar un poco la identificación de los distintos elementos: el olivo representa el «verdadero Israel», el «Israel dentro de Israel» que se describe en 9:6. En un movimiento que se anticipa en 9:24–26, donde Pablo afirma que tanto gentiles como judíos han sido «llamados» por Dios y por ello han llegado a ser su pueblo, el apóstol muestra que los gentiles que han sido salvos forman también parte de este «verdadero Israel».

Por consiguiente, en última instancia, la imaginería del olivo muestra que hay un solo pueblo de Dios. Las raíces del árbol están sembradas en suelo veterotestamentario. Tales raíces son los patriarcas, a través de los cuales Dios actuó para llamar un pueblo para su nombre. El pueblo de Dios del Antiguo Testamento procedía casi íntegramente de la nación de Israel (aunque con notables excepciones, p. ej., Rahab, Rut, Urías). Pero ahora, al final de los tiempos, Dios extiende su Gracia e invita a los gentiles a unirse a su pueblo sobre la misma base que los judíos. Al mismo tiempo, esta nueva era de la historia de la salvación pone también de relieve con mayor claridad el objeto de fe para este pueblo: no se trata simplemente de Dios, sino del Dios que es «tres en uno». Es ahora necesario tener fe en Cristo, el portador de la salvación. Sin embargo, la imaginería de Pablo deja claro que el final de los tiempos no dio a luz a un nuevo pueblo de Dios. Más bien al contrario, los gentiles se unen al pueblo de Dios ya existente, «el verdadero Israel».

Desde esta perspectiva, pues, vemos lo erróneo de la extendida idea de que la Iglesia ha «sustituido» a Israel. El Nuevo Testamento llama «Israel» a la comunidad de fe, la Iglesia. Sin embargo, este pueblo está formado por gentiles y judíos indistintamente. No cabe duda de que, por tanto, la Iglesia no puede sustituir al Israel creyente. Pero tampoco al Israel incrédulo, puesto que los dos pertenecen a categorías distintas. Los judíos no creyentes forman parte, por nacimiento, del Israel nacional y nada puede cambiar este hecho. Pero la Iglesia es una entidad espiritual, formada por personas de todas las naciones, lo cual incluye a Israel.

Además, Romanos 11 enseña que Dios sigue mirando con buenos ojos al Israel nacional (vv. 2, 28). Así pues, no se puede ni siquiera argumentar que el Israel nacional haya sido sustituido por la Iglesia como único instrumento de Dios para el desarrollo de su plan para la Historia. Por supuesto, la entidad en la que Dios lleva a cabo su obra de salvación en la Historia es la Iglesia, no el Israel nacional, y en este sentido limitado sí podemos hablar de la Iglesia como «sustituta» de Israel. Sin embargo, como descripción general de la relación entre la Iglesia e Israel, no es acertado plantear una «sustitución».

¿Cómo deberíamos reaccionar a esta teología de la Iglesia e Israel? Nosotros, los cristianos gentiles hemos de evitar un punto de vista etnocéntrico de la Iglesia que sitúa de hecho a los creyentes judíos en un plano secundario. Como los cristianos gentiles de Roma, muchos cristianos de nuestros días parecen actuar bajo la suposición de que la «Iglesia» equivale a los gentiles. Esta es la ecuación que a menudo acecha tras el modelo de la «sustitución» que acabamos de rechazar. Muchos de nosotros hemos crecido en iglesias abrumadoramente gentiles y hemos entendido el término «judío» en términos tan absolutamente religiosos, que nos cuesta mucho comprender las raíces y sabor judío del pueblo de Dios.

Nuestra cultura promueve esta misma tendencia. Recientemente el Tribunal Supremo Israelí decretó que no se puede ser ciudadano de Israel y cristiano al mismo tiempo. Para ellos, ser «judío» es incompatible con ser cristiano. Sin embargo, hemos de resistir cualquier dicotomía de este tipo como ajena al Nuevo Testamento. Hacerse cristiano no significa dejar de ser judío; es, como subrayan tantos judíos mesiánicos, convertirse en un judío «completo». Quienes somos cristianos gentiles hemos de evitar la arrogancia de la que Pablo advierte en este párrafo.

Aunque aquí Pablo no trata este asunto, los cristianos de origen judío también han de comprender la unidad del pueblo de Dios. Reconozco las razones por las que muchos cristianos de origen judío desean formar sus propias asambleas, sin embargo no puedo dejar de pensar que ello tiene un desafortunado efecto sobre la unidad y riqueza de la comunidad cristiana. Naturalmente, el propio apóstol reconoció que los judíos que se convertían en cristianos tenían el derecho de seguir observando la Torá. La propia comunidad cristiana de Roma podría haberse dividido en pequeñas congregaciones judías y gentiles reunidas en las casas. Sin embargo, la mayor preocupación de Pablo es que los cristianos judíos y gentiles se acepten los unos a los otros (15:7).

Esta aceptación significa no solo reconocer la legitimidad del otro a llamarse cristiano, sino acogerse el uno al otro en una adoración que alaba a Dios. El Nuevo Testamento nos ofrece la visión de una comunidad en la que las cuestiones de género, posición social y origen nacional no cuentan (Gá 3:28; Col 3:11). Al separarnos en iglesias por cuestiones de origen nacional, parecemos estar resistiéndonos a esta visión. Por ello, igual que los cristianos gentiles han de arrepentirse de su etnocentrismo, puede que también deban hacerlo los de origen judío.

Por último, la advertencia de Pablo a los cristianos gentiles sobre su arrogante jactancia para con los judíos tiene, naturalmente, implicaciones para el antisemitismo. La idea de que Dios ha «sustituido» a Israel por la Iglesia, unida a la creencia de que los judíos fueron responsables de la muerte de Cristo, ha contribuido enormemente al antisemitismo que ha tenido una historia tan larga y terrible. Ya hemos visto que el Nuevo Testamento no sanciona realmente la idea de la «sustitución». Pero deberíamos también notar, de pasada, que tampoco ofrece su apoyo a la noción de que el pueblo judío fue responsable de la muerte de Cristo.

Para empezar, como comienzan a reconocer las modernas traducciones inglesas, hay muchos pasajes de los Evangelios y el libro de los Hechos en los que las referencias a «los judíos» aluden claramente a los dirigentes judíos, o incluso a ciertos dirigentes judíos. Y lo que es más importante, hemos de recordar también que la participación de los judíos en la muerte de Jesús fue representativa de toda la Humanidad. Desde un punto de vista histórico, los dirigentes judíos fueron el instrumento utilizado por Dios para llevar a su Hijo a la Cruz. Sin embargo, fue el pecado de toda la raza humana lo que en última instancia hizo necesario este sacrificio. Todos somos culpables de la muerte de Cristo, y a todos se nos ofrece la oportunidad de limpiar nuestros pecados a través de ella.

Sean cuales sean sus causas, el antisemitismo sigue siendo un problema en la Iglesia. A menudo tratamos este asunto a la ligera, contando chistes judíos y llamando «judíos» a quienes son mezquinos con el uso del dinero. Cuando se nos enfrenta con este asunto, decimos que son solo bromas. Sin embargo, probablemente hay algo más. Lo aceptemos o no, tales formas de hablar acentúan nuestros prejuicios y son un modo de transmitirlos a los demás. No tienen razón de ser en una comunidad de raíces judías y en la que todas las naciones han de ser bien recibidas y honradas.

La imaginería del olivo y la seguridad eterna. La metáfora del olivo atañe también a la doctrina de la seguridad eterna (la enseñanza que afirma que todo verdadero cristiano será infaliblemente salvo en el Día del Juicio Final). Antes hemos defendido este punto de vista, arguyendo que versículos como 5:9–10, 8:29–30, y 8:31–39 lo enseñan. Sin embargo, ¿cómo hemos de entender las advertencias de 11:19–22? Pablo escribe a personas que han sido «injertadas» en el olivo, el verdadero pueblo de Dios. Les advierte, sin embargo, de que serán «desgajados», cortados de su pueblo, si no «permanecen en su bondad». Por esta razón, en una misma carta tenemos al parecer promesas absolutas de salvación para quienes han sido justificados y reconciliados (5:9–10), y una advertencia para tales personas, justificadas y reconciliadas de que su salvación no es segura.

La tensión entre estas dos clases de textos la encontramos a lo largo de todo el Nuevo Testamento. De hecho, forma parte de la más extensa interacción entre la Soberanía de Dios y la responsabilidad humana tan difícil de dilucidar en la Escritura. En un pasaje del capítulo 11, por ejemplo, Pablo atribuye a Dios el endurecimiento y el rechazo de Israel (11:7–8). No obstante, en el versículo 20, el apóstol afirma que los judíos fueron rechazados por su propia negativa a creer (cf. también los capítulos 9–10 para considerar esta misma tensión).

Ante estas dos perspectivas, tenemos esencialmente tres opciones. (1) Podemos dar pleno crédito a ambas perspectivas sin resolver la tensión. (2) Podemos reconocer que Dios ha limitado su Soberanía para permitir que los seres humanos puedan tomar verdaderas decisiones (esencialmente, el punto de vista arminiano). (3) Podemos mantener la idea de la absoluta Soberanía de Dios aunque la libertad de las acciones humanas quede limitada (esencialmente, el punto de vista calvinista).

¿Cómo funcionan estas opciones por lo que respecta al asunto de la salvación final? Si aceptáramos la primera opción, consideraríamos que ambas promesas y advertencias cumplen distintas funciones retóricas. Cuando Pablo quiere animar a los creyentes, les asegura que su salvación es segura; cuando quiere estimularles a la acción, les advierte de que pueden perderla.[22] Sin embargo, este punto de vista se acerca peligrosamente a hacer de Pablo un escritor contradictorio y coyuntural. Si queremos preservar la tensión manteniendo la integridad de Pablo como pensador consistente y sistemático, solo podemos recurrir, creo, a la idea del misterio. Pablo enseña que la salvación del creyente está asegurada y que puede perderla, y hemos de dejar la reconciliación de estas dos cosas en manos de Dios.

No obstante, este acercamiento tiene también sus problemas, porque es casi como creer una contradicción absoluta. Hemos de reconocer sin duda que los pensamientos de Dios distan mucho de los nuestros, y que en nuestra comprensión de la fe habrá siempre muchos misterios. Sin embargo, existe una diferencia entre creer dos cosas que no podemos reconciliar y creer dos cosas que son contradictorias.

Considerando, pues, los datos que tenemos, creo que, en el último análisis, es imposible evitar la decisión entre los tradicionales puntos de vista calvinista y arminiano sobre la seguridad del creyente. Naturalmente, el arminiano apela a textos de advertencia como el que estamos analizando aquí, y en el Nuevo Testamento hay muchos (en Romanos, ver también 14:15). Las advertencias que encontramos en estos textos parecen asumir que un creyente verdaderamente regenerado puede volverse contra Dios y, por ello, perderse eternamente. Por el contrario, los calvinistas citan las divinas promesas de preservar al creyente hasta el fin y la naturaleza escatológica de la Justificación. Es decir, que pasajes como 5:9–10 parecen enseñar que el veredicto justificador de Dios es final y, por consiguiente, inmutable.

Como he mencionado antes en este comentario, enseño en una institución y asisto a una iglesia en las que conviven armónicamente estas dos perspectivas. Es una situación que me produce una gran satisfacción. No es solo que represente un acertado reconocimiento de las dificultades de una enseñanza bíblica acerca del asunto; significa también que no tendré que cambiar de trabajo o de iglesia si cambio de opinión sobre este tema. Considero que cada posición puede recopilar una serie de argumentos bastante sólidos.

---

22. Ver, esencialmente, Nigel M. Watson, «Justified by Faith, Judged by Works—An Antinomy?» [Justificados por la fe, juzgados por las obras, ¿una antinomia?] *NTS* 29 (1983): 209–21.

No obstante, en este momento al menos, sigo estando del lado calvinista. ¿Qué, pues, hago con la advertencia de 11:19–22? Algunos calvinistas sostienen que, en estos textos, Pablo está hablando desde un punto de vista fenomenológico. En primer lugar, los creyentes gentiles que son desgajados nunca fueron realmente injertados en el olivo, sino solo aparentemente.[23] Otros sostienen que la advertencia de Pablo no se dirige a individuos, sino a los gentiles como una entidad colectiva.[24] Hay incluso otro grupo de intérpretes calvinistas que sugieren que el desgajamiento de los cristianos gentiles que se apartan de Dios no tiene por qué ser final; igual que los judíos, estos pueden ser injertados de nuevo, y salvos en última instancia.[25]

No estoy del todo satisfecho con ninguna de estas alternativas, si bien creo que la primera es la más sólida. Otra manera de ver esta advertencia es asumir que Pablo quiere decir exactamente lo que dice —que los cristianos que dejan de creer se perderán eternamente—, pero cuestionar que el apóstol piense realmente que un auténtico cristiano vaya a dejar de creer.[26] Tal acercamiento es a menudo criticado porque convierte todo este asunto en algo «hipotético», es decir, ¿cómo puede haber una verdadera advertencia si la consecuencia sobre la que se advierte no puede en realidad producirse? Por mi parte reconozco esta dificultad, no obstante, sugiero que forma parte de la necesidad de mantener la Soberanía de Dios y la auténtica responsabilidad humana en el proceso de la salvación. Dios salva de manera infalible, pero somos completamente responsables de responder a su Gracia de tal manera que esta infalible salvación se produzca finalmente.

Al margen de lo que acabemos haciendo con la teología de esta amonestación, hemos de entender la seriedad de la advertencia que Pablo expresa aquí. Seamos calvinistas o arminianos, todos reconocemos que nuestra respuesta a la Gracia de Dios es necesaria para ser salvos. Es muy fácil caer en la arrogancia y la autocomplacencia que observamos en los cristianos gentiles de Roma (¡en especial para los que somos calvinistas!

---

23. Ver Calvino, *La Epístola a los Romanos*, 432–33 de la edición en inglés.
24. Ver la obra de Godet, *Commentary on Romans* [Comentario de Romanos], 408.
25. Judith M. Gundry Volf, *Paul and Perseverance: Staying In and Falling Away* [Pablo y la perseverancia: permanecer y caer] (Louisville: Westminster/John Knox, 1990), 198–99.
26. Schreiner, *Romans* [Romanos], 608–9.

Romanos 11:25-32

Hermanos, quiero que entiendan este misterio para que no se vuelvan presuntuosos. Parte de Israel se ha endurecido, y así permanecerá hasta que haya entrado la totalidad de los gentiles. 26 De esta manera todo Israel será salvo, como está escrito: «El redentor vendrá de Sión y apartará de Jacob la impiedad. 27 Y éste será mi pacto con ellos cuando perdone sus pecados.» 28 Con respecto al evangelio, los israelitas son enemigos de Dios para bien de ustedes; pero si tomamos en cuenta la elección, son amados de Dios por causa de los patriarcas, 29 porque las dádivas de Dios son irrevocables, como lo es también su llamamiento. 30 De hecho, en otro tiempo ustedes fueron desobedientes a Dios; pero ahora, por la desobediencia de los israelitas, han sido objeto de su misericordia. 31 Así mismo, estos que han desobedecido recibirán misericordia ahora, como resultado de la misericordia de Dios hacia ustedes. 32 En fin, Dios ha sujetado a todos a la desobediencia, con el fin de tener misericordia de todos.

En los versículos 25-32, Pablo lleva a su clímax el argumento de esta sección (de hecho, de los capítulos 9-11). El apóstol divulga un «misterio», cuyo corazón se encuentra en 11:26a: «De esta manera todo Israel será salvo». Sin embargo, aunque el acento en el «misterio» puede sugerir que Pablo está diciendo aquí algo del todo nuevo, esto no es realmente así, ya que la salvación de todo Israel es sencillamente una de las etapas de la secuencia que ya nos es familiar: rechazo judío → inclusión de los gentiles → inclusión de los judíos (ver comentarios sobre 11:11-24).

Este último escenario es el que recibe el acento. Pablo apoya su trascendental predicción de la salvación de «todo Israel» mostrando que es algo confirmado por la Escritura (vv. 26b-27), está arraigada en la promesa de Dios a Israel (vv. 28-29), y pone de relieve la imparcialidad de Dios hacia los seres humanos, como punto culminante de la historia de la salvación (vv. 30-32). Toda esta majestuosa teología tiene, no obstante, un propósito práctico: impedir que los cristianos gentiles caigan en la presunción (11:25a).

«Todo Israel será salvo» (11:25-27)

Aunque en la NVI no se ha traducido, el versículo 25 comienza con la partícula *gar*, «por consiguiente», que vincula este nuevo párrafo con el versículo 24: Pablo espera que Israel será injertado de nuevo en el olivo, puesto que le ha sido revelado un misterio. Sin embargo, puesto que el propio versículo 24 replantea una idea clave de los versículos 11-24, en última instancia los versículos 25-32 conectan con toda la sección anterior.

El término misterio (*mysterion*, en griego) es una palabra técnica del vocabulario de Pablo (ver también la obra de Ro 16:25; 1Co 2:1, 7; 4:1; 15:51; Ef 1:9; 3:3, 4, 9; 6:19; Col 1:26, 27; 2:2; 4:3; 1Ti 3:9, 16). Esta palabra hace referencia a una verdad que en el pasado ha estado «oculta» del pueblo de Dios, pero que ahora ha sido revelada en el Evangelio.[1] ¿Cuál es, pues, el misterio revelado aquí a Pablo? El apóstol lo desarrolla en tres cláusulas:

> Parte de Israel se ha endurecido
> hasta que haya entrado la totalidad de los gentiles.
> De esta manera todo Israel será salvo.

Los eruditos debaten qué parte de esta secuencia es el punto focal del misterio. ¿El endurecimiento de Israel? ¿La naturaleza parcial y temporal del endurecimiento de Israel?[2] ¿La salvación de todo Israel?[3] Naturalmente, cada una de estas cosas es parte de la imagen. Sin embargo, lo que se destaca como el verdadero acento de estas cláusulas es la manera, o la secuencia, en que Dios consuma su plan de salvar a su pueblo.[4] El Antiguo Testamento predijo que, en los últimos días, los gentiles se unirían a los judíos en la adoración del Señor. Sin embargo, la idea de que la mayor parte de Israel habría de esperar para disfrutar las bendiciones del reino hasta que el número de los gentiles se hubiera completado, era completamente novedosa.

Pablo ha descrito antes el «endurecimiento» (*porosis*) de Israel (11:7; cf. 9:18). Como implica la existencia de un remanente, este endurecimiento afecta solo a una parte de Israel. Pero no se trata solo de un endurecimiento parcial, sino también temporal. Durará únicamente, da a entender Pablo, «hasta que haya entrado la totalidad de los gentiles». Es evidente que el complemento del verbo «haya entrado» es «el reino» o algún concepto de este tipo (ver Mt 7:13; Lc 13:24; 23:13). Como reconocen la mayoría de los comentaristas, la palabra «totalidad» (*pleroma*) tiene una referencia numérica (ver comentarios sobre 11:12). En otras palabras, Dios ha decidido el número de gentiles que van a ser salvos. Una vez que se llegue a este número, el endurecimiento de Israel llegará a su fin (en Lc 21:23–24 encontramos un paralelismo parcial).

La primera cláusula del versículo 26 es el ojo de la tormenta en la interpretación de Romanos 9–11 y en la enseñanza del Nuevo Testamento sobre Israel en general. Hay que tomar cuatro decisiones exegéticas.

(1) ¿Qué significa la frase transicional *kai houtos* al principio del versículo? La NVI traduce «de esta manera», sugiriendo la idea de consecuencia o conclusión.[5] Otros piensan que esta palabra puede conectarse con la cita del Antiguo Testamento que tenemos al final del versículo: «Es así como Israel será salvo, a saber, como

---

1. Ver especialmente Raymond E. Brown, *The Semitic Background of the Term «Mystery» in the New Testament* [El trasfondo semítico del término «Misterio» en el Nuevo Testamento] (Filadelfia: Fortress, 1968).
2. P. ej. Murray, *The Epistle to the Romans* [La Epístola a los Romanos], 2:92–93.
3. P. ej. Cranfield, *The Epistle to the Romans* [La Epístola a los Romanos] 573–74.
4. Ver la obra de Beker, *Paul the Apostle* [Pablo el apóstol], 333–35.
5. P. ej. Fitzmyer, *Romans* [Romanos], 622–23.

está escrito. . .».[6] Algunos intérpretes y muchos lectores de Romanos consideran que la expresión es de carácter temporal: «y a continuación todo Israel será salvo».[7] Sin embargo, normalmente, *houtos* expresa modo, y este sentido encajaría bien en este contexto: «y de esta manera todo Israel será salvo».[8] No obstante, la idea temporal entra a hurtadillas por la puerta de atrás, puesto que la manera en que todo Israel es salvo implica un proceso que se desarrolla en etapas temporales.

(2) ¿Qué quiere decir Pablo con la expresión «todo Israel»? El calor del debate en torno a este versículo ha generado muchas opciones, sin embargo hay tres que sobresalen como especialmente dignas de consideración. (a) Una interpretación popular entre muchos de los reformadores y que varios eruditos han recuperado recientemente es considerar «todo Israel» como una referencia a toda la Iglesia. Como hemos afirmado, hay precedentes en Pablo de la utilización de «Israel» para aludir a la Iglesia (Gá 6:16; ver comentarios sobre 9:6), y la añadidura de «todo» puede sugerir que Pablo está ahora hablando, no del Israel nacional o de una parte de Israel, sino de «todo» el Israel espiritual.[9] El final del endurecimiento de Israel y la entrada de los gentiles son el medio por el que todos los escogidos de Dios, la totalidad de Israel, serán salvos.

Se trata de una opción atractiva en muchos sentidos, sin embargo hace aguas en dos aspectos. En primer lugar, hasta este punto de Romanos 9–11 Pablo ha utilizado diez veces «Israel», y siempre lo ha hecho en referencia con el Israel étnico. No hay ningún indicio de que ahora haya cambiado a una categoría religiosa. Además, el propósito de Pablo a lo largo de esta sección es sofocar el orgullo gentil. El que, de repente, incluyera a los gentiles en «Israel» daría pábulo a su orgullo animándoles a asumir que habían «sustituido» a Israel.

(b) Otra posibilidad es que la expresión «todo Israel» se refiera al Israel «espiritual», los escogidos judíos dentro del Israel nacional. Algunos de los intérpretes que entienden de este modo la expresión argumentan que Pablo está haciendo referencia a que todos los escogidos judíos serán salvos en el transcurso de la historia de la salvación. En Romanos 9–11, hay un precedente de este significado de «Israel» ya que en 9:6 se habla de un «Israel dentro de Israel».[10] Sin embargo, este no es el modo en que Pablo ha utilizado este término en el contexto inmediato, y decir que los escogidos serán salvos sería una perogrullada.

(c) Por consiguiente, de acuerdo con la mayoría de los comentaristas, creemos que «todo Israel» se refiere a la totalidad del Israel nacional. Esto no significa que

---

6. Peter Stuhlmacher, «Zur Interpretation von Römer 11:25–32», en *Probleme biblischer Theologie: Gerhard von Rad zum 70. Geburtstag*, ed. H. H. Wolff (Munich: Kaiser, 1971), 559–60.
7. Käsemann, *Commentary on Romans* [Comentario de Romanos], 313.
8. La mayoría de los comentaristas concuerdan en esto; Ver la obra de Moo, *The Epistle to the Romans* [La Epístola a los Romanos], 720.
9. Ver, p. ej., Calvino, *Epístola a los Romanos*, 436 de la edición en inglés; Wright, *Climax of the Covenant*, [Clímax del pacto], 249–50.
10. Ver, p. ej., C. M. Horne, «The Meaning of the Phrase 'And Thus All Israel Will Be Saved', [El significado de la expresión 'Y así todo Israel será salvo']» *JETS* 21 (1978): 331–34.

todos y cada uno de los judíos vayan a ser salvos. La expresión «todo Israel» aparece más de cien veces en el Antiguo Testamento, con varios significados. Pero muchas veces se refiere a algunos israelitas como representantes de la totalidad. Obsérvese, por ejemplo, 2 Samuel 16:22: «Entonces pusieron para Absalón una tienda sobre el terrado, y se llegó Absalón a las concubinas de su padre, ante los ojos de todo Israel [RV60]».[11] Por otra parte, esta expresión alude casi siempre a los israelitas de un cierto periodo, no a los de todas las generaciones de la historia de Israel.

(3) El tercer asunto exegético ya se ha decidido con nuestras conclusiones sobre la expresión «todo Israel». Si alude a una sola generación de Israel, es muy probable que Pablo esté hablando del Israel del tiempo del fin. Esta conclusión recibe el apoyo de 11:15 donde, como hemos argumentado, Pablo conecta la «aceptación» de Israel por parte de Dios con la resurrección de los muertos. La cita del Antiguo Testamento que sigue a este pasaje (11:26b–27) apunta en esta misma dirección, porque «el redentor» al que se alude es, casi con toda seguridad, Cristo, y el momento, su segunda venida en gloria.

Concluimos, pues, que Pablo predice aquí la salvación de un número de judíos significativo cuando Cristo regrese a la Tierra en gloria. El actual «remanente» de Israel será engrosado por un número mucho mayor de judíos que entrarán en el reino eterno junto con los gentiles convertidos.

(4) El último asunto exegético tiene que ver con el medio de la salvación de Israel. Se hace necesario plantear este asunto puesto que algunos intérpretes han propuesto recientemente que Pablo atribuye esta futura salvación de Israel no a la fe en Cristo, sino a la fidelidad a la Torá. Argumentan que Pablo no dice aquí nada de Cristo. Israel es salvo, da a entender Pablo en el versículo 28, por medio del pacto que Dios estableció con Israel. Si esto fuera así, Pablo estaría entonces enseñando dos formas de salvación: mediante el «pacto de Cristo» para los gentiles y mediante el «pacto de la Torá» para los judíos.[12]

Antes hemos mencionado ya este acercamiento (ver la sección «Significado contemporáneo» sobre 9:1–5), y hablaremos más al respecto en la sección «Significado contemporáneo» que sigue. Observamos aquí que Pablo no da ninguna indicación de que haya revocado su concepción de la salvación enunciada claramente en 10:13: «Todo el [en el contexto judíos y gentiles por igual] que invoque el nombre del Señor será salvo».

Pablo apoya su predicción de un significativo movimiento de conversión a Cristo entre los judíos en el tiempo del fin citando Isaías 59:20–21 y una frase

---

11. Ver también Nm 16:34; Jos 7:25; 1S 7:5; 25:1; 1R 12:1; 2Cr 12:1; Dn 9:11. También se cita frecuentemente al respecto el texto rabínico, *m. Sanh.* 10:1, que primero afirma: «Todos los israelitas tienen parte en el mundo venidero», y a continuación da una lista de excepciones.

12. Importantes proponentes de este punto de vista son Krister Stendahl, «Paul Among Jews and Gentiles» [Pablo entre judíos y gentiles] en *Paul Among Jews and Gentiles and Other Essays* (Filadelfia: Fortress, 1976); Gager, *Origins of Anti-Semitism* [Orígenes del antisemitismo], 261–62; P. Lapide (con Peter Stuhlmacher), *Paul, Rabbi and Apostle* [Pablo, rabino y apóstol], (Minneapolis: Augsburgo, 1984), 47–54.

de Isaías 27:9 (Ro 11:26b–27). Como ya hemos sugerido, Pablo identifica probablemente al «redentor» de este texto con Cristo (ver el paralelismo en 1Ts 1:10). Cuando Cristo regrese, «apartará de Jacob la impiedad» y confirmará a Israel las promesas del pacto quitando sus pecados.

Quienes hayan leído la cita de Pablo en su contexto original del libro de Isaías (¡espero que mis ruegos precedentes en este sentido hayan estimulado a que muchos lo hagan!), habrán detectado inmediatamente una diferencia muy sorprendente. Isaías predice que el libertador vendrá «a» Sión, mientras que Pablo cita el texto como si éste dijera que el libertador vendrá «de» Sión. A lo largo de los años se han presentado numerosas soluciones para explicar el cambio de redacción de Pablo, pero ninguna de ellas es realmente convincente. La mejor sugerencia es, probablemente, que Pablo alude a la tradición del Cristo resucitado residente en la «Sión celestial» (ver Heb 12:22). Por consiguiente, su cambio tiene por objeto subrayar la parusía de Cristo.[13]

En resumen (11:28–32)

En los versículos 28–32, Pablo proporciona más pruebas para su afirmación de que «todo Israel será salvo» (11:26a) y concluye los capítulos 9–11 recordándonos una vez más algunos puntos esenciales de su argumento. El versículo 28 reitera la tensión clave que ha dirigido toda la exposición: «Con respecto al evangelio, los israelitas son enemigos de Dios para bien de ustedes; pero si tomamos en cuenta la elección, son amados de Dios por causa de los patriarcas». Como deja claro el contexto la palabra «israelitas», alude a Israel en general. Como Pablo afirma claramente en los primeros versículos del capítulo 9, la negativa a responder al Evangelio por parte de Israel, le ha cortado de la salvación de Dios. Por consiguiente, desde este punto de vista son «enemigos» de Dios. La enemistad a la que se alude puede ser de Israel para con Dios[14] o viceversa.[15] Es mejor considerarla en ambos sentidos: Existe hostilidad entre Dios y su pueblo Israel por su negativa a sujetarse a la Justicia de Dios en Cristo (ver 10:3).[16]

No obstante, como Pablo ha insinuado en 9:4–5 al enumerar las bendiciones que Dios otorgó a Israel, su negativa a creer no significa que Dios haya relegado a Israel al papel de vertedero de la Historia. ¿Cómo sería posible, teniendo en cuenta que Dios ha elegido a Israel (cf. 11:2), y que sus «dádivas [...] son irrevocables, como lo es también su llamamiento» (v. 29)? A pesar, pues, de la infidelidad de Israel, Dios no anulará su elección por la Palabra dada a los patriarcas. En el capítulo 11, Pablo ha explicado el significado de esta permanente elección: Dios está

---

13. Ver Bruce W. Longenecker, «Different Answers to Different Issues: Israel, the Gentiles and Salvation History in Romans 9–11» [Distintas respuestas a distintas cuestiones: Israel, los gentiles y la historia de la salvación en Romanos 9-11], *JSNT* 36 (1989): 117; Stuhlmacher, «Interpretation» [Interpretación], 561.
14. P. ej. Dunn, *Romans* [Romanos], 685.
15. P. ej. Godet, *Commentary on Romans* [Comentario de Romanos], 412; Murray, *The Epistle to the Romans* [La Epístola a los Romanos], 2:100.
16. Käsemann, *Commentary on Romans* [Comentario de Romanos], 315.

ahora salvando a algunos judíos (el remanente, vv. 1–10), y salvará a muchos más al regreso de Cristo (vv. 11–27, especialmente v. 26).

Pablo explica cómo manifestará Dios su Gracia a Israel en los versículos 30–31. Oímos por última vez la secuencia histórico-salvífica que domina la parte final del capítulo 11. Pablo tiene un interés especial en subrayar el «equitativo tratamiento» que reciben Israel y los gentiles. Obsérvese el paralelismo formal:

Versículo 30	Versículo 31
De hecho, en otro tiempo ustedes fueron desobedientes a Dios; pero ahora, por la desobediencia de los israelitas, han sido objeto de su misericordia	Así mismo, estos que han desobedecido recibirán misericordia ahora, como resultado de la misericordia de Dios hacia ustedes.

Como en el versículo 28, el pronombre «estos» del versículo 31 se refiere a los israelitas, mientras que, en consonancia con el enfoque de Pablo a lo largo de todo este párrafo, «ustedes» es una referencia a los cristianos gentiles. El versículo 30 es muy claro como resumen de la secuencia que hemos visto tan a menudo en el capítulo: la desobediencia de los judíos ha hecho que los gentiles reciban la misericordia de Dios. El versículo 31 describe, a continuación, el tercer paso del proceso, la inclusión de los judíos.

Sin embargo, dos puntos del versículo 31 no están muy claros. (1) ¿Por qué dice Pablo que los judíos han recibido «ahora» misericordia? ¿No acaba acaso de predecir que la divina concesión de misericordia a Israel llegará en el tiempo de la parusía? Algunos escribas de la Antigüedad resolvieron el problema omitiendo el «ahora» (cf. la nota de la NIV), sin embargo esta palabra debe probablemente estar en el texto como «la lectura más difícil».[17] La mejor explicación es que Pablo quiere subrayar la inminencia de la salvación de Israel. Como siguiente elemento en la lista de los propósitos Dios, el regreso de Cristo y la conversión de Israel pueden producirse en cualquier momento.

(2) El otro problema es la expresión que en la NVI se traduce «como resultado de la misericordia de Dios hacia ustedes». La NVI asume que esta frase expresa la causa de la misericordia de Dios para con los judíos. Esta traducción es posible y tiene lógica, como expresión de la enseñanza de Pablo en el sentido de que la extensión de la Gracia de Dios a los gentiles provoca los celos de Israel y es un acicate para su salvación final (ver vv. 11, 14).[18] Sin embargo, en el texto griego esta frase sigue inmediatamente al verbo «han desobedecido» que se consigna antes en el versículo. Además, la forma de la expresión (un dativo) podría expresar la idea de «ventaja» más que de causa.

---

17. Véase la exposición, p. ej. en, Cranfield, *The Epistle to the Romans* [La Epístola a los Romanos], 585.
18. La mayoría de los comentaristas apoyan esta idea; ver de nuevo, en especial, Ibíd., 583–85.

Por tanto, otra manera de traducir el versículo 31 sería, «de modo que, también ellos han sido ahora desobedientes por causa de la misericordia de Dios a ustedes a fin de que también ellos puedan ahora recibir misericordia». Esta forma de expresar el asunto armoniza también con lo que Pablo ha enseñado antes en el capítulo sobre el hecho de de que Dios utilizará el endurecimiento de Israel para traer la salvación a los gentiles. Puesto que sigue el orden más natural de las palabras griegas, debería probablemente adoptarse.[19]

La preocupación de Pablo por situar a judíos y gentiles sobre un mismo fundamento se reafirma con la solemne conclusión del versículo 32: «En fin, Dios ha sujetado a todos a la desobediencia, con el fin de tener misericordia de todos». El divino acto de «incluir» personas (Pablo está hablando de mujeres y hombres) nos recuerda a su entrega de las personas a las consecuencias del pecado que han escogido (1:24, 26, 28). Dios ha pronunciado un veredicto de condenación sobre todos los seres humanos. Pero, en última instancia, su propósito es positivo: quiere «tener misericordia de todos». Los intérpretes de este versículo se equivocan cuando lo arrancan de su contexto y lo utilizan como prueba de una posición universalista (todas las personas serán finalmente salvas). El contexto sugiere fuertemente que Pablo tiene un propósito distinto (y el texto griego permite sostenerlo): mostrar que Dios ha «encerrado bajo pecado» y mostrado misericordia a todas «clases» de personas,[20] especialmente, en este contexto, a judíos y gentiles.

Construyendo Puentes

El libertador de Sión. La utilización que hace Pablo del Antiguo Testamento para apoyar su interpretación de la historia de la salvación suscita de nuevo la controversia en este texto. El apóstol cita selectivamente fragmentos de dos pasajes distintos de Isaías y hace un cambio significativo en uno de ellos. Deberíamos estar particularmente interesados en las diferencias que existen entre el texto del Antiguo Testamento y la forma en que se cita en el Nuevo. En ocasiones, estas diferencias pueden suministrar una importante clave para entender el propósito exacto del autor neotestamentario. Una comparación paralela nos dará una buena base para analizar la situación y ver lo que podemos aprender de ella:

Isaías 59:20–21	*Romanos 11:26b–27*
«El Redentor vendrá a Sión; ¡vendrá a todos los de Jacob que se arrepientan de su rebeldía! —afirma el Señor—.	«El redentor vendrá de Sión y apartará de Jacob la impiedad.

---

19. Ver también la obra de Käsemann, *Commentary on Romans* [Comentario de Romanos], 316; Dunn, *Romans* [Romanos], 688.
20. Ver, p. ej., Sanday y Headlam, *The Epistle to the Romans* [La Epístola a los Romanos] 338–39; Murray, *The Epistle to the Romans* [La Epístola a los Romanos], 2:102-3.

En cuanto a mí —dice el Señor—, éste es mi pacto con ellos: Mi Espíritu que está sobre ti, y mis palabras que he puesto en tus labios, no se apartarán más de ti, ni de tus hijos ni de sus descendientes, desde ahora y para siempre —dice el Señor—».

Y éste será mi pacto con ellos

Isaías 27:9

Así quedará expiada la iniquidad de Jacob; ésta será la única condición para que se le perdone su pecado: que reduzca a polvo todas las piedras del altar, como si moliera piedra caliza, y no deje en pie ninguna imagen de Asera, ni altar de incienso alguno.

cuando perdone sus pecados».

En primer lugar observamos que la fraseología de Pablo, como por regla general, depende probablemente de la LXX. Esto está particularmente claro en la referencia a Isaías 27:9, puesto que las palabras que utiliza Pablo son casi idénticas a las que consigna la LXX, que difiere a su vez del texto hebreo. El único cambio de Pablo es la sustitución de «sus [de ellos]» por «sus [de él]» para que concuerde con la tercera persona del plural «ellos» de la línea anterior. A menudo el lector del texto español no será consciente de estas cuestiones textuales subyacentes. Sin embargo, muchas de las diferencias entre la redacción del texto del Antiguo Testamento y su cita en el Nuevo pueden explicarse por estas distintas formas del texto.

Sin embargo, no todas las diferencias se deben en modo alguno a la forma del texto. Pablo y los demás autores del Nuevo Testamento adaptan también la redacción del texto a su aplicación. La mayor parte de estos cambios son menores y no afectan al sentido de ningún modo significativo. Un buen ejemplo es el cambio que acabamos de observar de la tercera persona del singular «sus» de Isaías 27:9 a la tercera persona del plural «sus» en Romanos 11:27. Sin embargo, hay otros cambios que tienen más significado. Obsérvese, por ejemplo, que en la segunda línea de la cita Pablo cambia el enfoque del arrepentimiento de Israel al perdón de Dios. Evidentemente, este cambio encaja con su acento en la Soberanía de Dios al llevar la historia de la salvación a su clímax.

No obstante, el cambio más sorprendente, como hemos observado en la sección «Sentido original», es la expresión «de Sión» que consigna Pablo. El texto hebreo utiliza aquí la preposición *le*, probablemente en un sentido local: «el redentor vendrá *a* Sión». La LXX traduce con *heneken*, «en favor de». Pero ninguna de estas lecturas explica que Pablo pueda citar el texto diciendo que el libertador vendrá «de» (*ek*) Sión.

Algunos eruditos especulan con que Pablo podría estar citando un texto griego que ya no tenemos.[21] Esto es siempre posible, ya que sabemos de la existencia de textos del Antiguo Testamento en el siglo primero que no han llegado hasta nuestros días. Otra posibilidad es que Pablo haya asimilado la redacción de este texto con otros del Antiguo Testamento que afirman que la liberación de Israel vendrá «de Sión» (p. ej., Sal 14:7; 53:6; 110:2; Is 2:3).[22] Puesto que Pablo ya ha ensamblado lenguaje de dos pasajes distintos de Isaías, hemos de considerar esto como una verdadera posibilidad.

Sin embargo, la cuestión sigue siendo: ¿Por qué ha introducido Pablo lenguaje de estos otros textos en Isaías 59:20? Los eruditos especulan que es posible que el apóstol quisiera subrayar a los presuntuosos cristianos gentiles (ver Ro 11:25) que el Redentor vendrá del pueblo judío (ver 9:5).[23] O quizá esté afirmando que la salvación final de Israel vendrá con el regreso de Cristo desde el cielo en su parusía.[24] Esta última interpretación es la que tiene más sentido. El Nuevo Testamento sugiere que «Sión» puede aludir a «la Jerusalén celestial» (Heb 12:22; obsérvese también la expresión «la Jerusalén de arriba» en Gá 4:26). Pablo no niega lo que predice Isaías: el libertador viene ciertamente «a» Sión, es decir, al pueblo judío. Sin embargo, quiere extender la idea subrayando que la redención final de Israel procede del cielo, no de la Tierra.

Este acento era necesario puesto que muchos judíos del tiempo de Pablo estaban buscando el medio de su liberación de la opresión gentil en movimientos políticos o en la fuerza militar. El reino de Dios sería establecido, pensaban, por medio de la violencia (ver Mt 11:12). Sin embargo, en vista de la revelación del «misterio» de Dios en la historia de la salvación en Cristo, Pablo entiende ahora que la redención de Israel llegará mediante la intervención misma de Cristo a su regreso en gloria. Si esto es correcto, Pablo añade la expresión «de Sión» para destacar que lo que trae la salvación escatológica a su pueblo Israel es la intervención de Dios procedente del cielo, al final de la Historia.

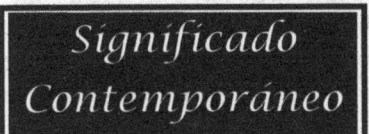

Israel y la Escatología. ¿Qué enseña la Biblia sobre el futuro de Israel? ¿Cómo debería afectar esta enseñanza a nuestro punto de vista de la actual nación de Israel? Es evidente que nuestro texto tiene algo que decir sobre estas cuestiones. Esta es precisamente la razón por la que ha habido tanto debate acerca de este

---

21. Ver especialmente B. Schaller, «ΗΞΕΙ ΕΚ ΣΙΩΝ Ο ΡΥΟΜΕΝΟΣ: Zur Textgestalt von Jes. 59:20f. in Röm 11:26f.», en *De Septuaginta: Studies in Honour of John William Wevers on his Sixty-Fifth Birthday*, ed. A. Pietersma y C. Cox (Toronto: Benben, 1984), 201–6.
22. Ver, p. ej., Cranfield, The Epistle to the Romans [La Epístola a los Romanos] 577–78.
23. P. ej. Murray, *The Epistle to the Romans* [La Epístola a los Romanos], 2:99; Fitzmyer, *Romans* [Romanos], 624–25.
24. Ver, p. ej., Käsemann, *Commentary on Romans* [Comentario de Romanos], 314; Dunn, *Romans* [Romanos], 682.

pasaje. Los temas escatológicos dividen a los cristianos evangélicos, y el futuro de Israel es uno de los asuntos clave.

Con sus raíces en la enseñanza de Calvino, Zwinglio y Bucero, la tradición teológica reformada ha subrayado generalmente la idea de un solo pacto en la Escritura, que abarca tanto el Antiguo como el Nuevo Testamento. Siempre ha habido un solo camino de salvación (fe en Dios) y un solo pueblo de Dios. Esto significa que las profecías del Antiguo Testamento sobre «Israel» han de encontrar su cumplimiento en la Iglesia, puesto que ésta es el pueblo de Dios en el Nuevo Testamento. Esto significa a su vez que hay poco o ningún lugar para cualquier verdadero futuro para Israel como nación o grupo étnico. Todas las personas están ahora sobre un mismo fundamento; judíos y gentiles pueden ser salvos, y ello sobre una misma base. Cualquier privilegio nacional para Israel ha sido revocado.

Por regla general, los teólogos contemporáneos que trabajan dentro de esta tradición interpretan Romanos 11:11–32 en términos de un proceso histórico permanente. Dios endurece a una parte de Israel para que los gentiles entren masivamente en el reino; y los gentiles despiertan los celos de los judíos, haciendo que algunos de ellos abracen a Cristo. Este proceso se irá desarrollando hasta el último día, tras lo cual «todo Israel será [habrá sido] salvo», es decir, todos los judíos escogidos por Dios habrán sido salvados. Acto seguido, Cristo regresará y la era de la salvación habrá finalizado. No se contempla ningún futuro especial para Israel.

Curiosamente, algunos pensadores puritanos desafiaron esta idea bíblica e insistían en que habría un futuro para Israel como nación. Sin embargo, el movimiento particularmente conocido por defender un futuro para Israel es el dispensacionalismo. Esta escuela surgió en el siglo XIX y se hizo popular en los círculos evangélicos a través de la *Biblia de referencia de Scofield*, conferencias sobre profecía, y la influencia del Seminario Teológico de Dallas. Uno de los rasgos distintivos del dispensacionalismo (algunos dirían *el* rasgo distintivo) es su distinción entre Israel y la Iglesia. El pueblo de Dios de esta era es la Iglesia y, naturalmente, los judíos pueden formar parte de ella. Sin embargo, la Iglesia no ha sustituido a Israel dentro del plan divino. Dios sigue teniendo un futuro especial para Israel como grupo étnico. Las profecías del Antiguo Testamento sobre Israel han de cumplirse en Israel, y Romanos 11 enseña que Dios tiene para Israel un plan distinto del que tiene para la Iglesia.

El clima teológico de las últimas décadas ha estimulado algunas extrañas alianzas. El acento en un futuro para la nación de Israel, un punto de vista que podría considerarse característico de los evangélicos conservadores, lo abraza también ahora un amplio espectro de teólogos liberales. El horror del Holocausto ha sensibilizado a muchos pensadores cristianos a lo que ellos consideran un pensamiento «antisemita» de la Iglesia; como reacción, se está llevando a cabo un esfuerzo concertado para conceder a Israel un papel permanente en el divino plan de la salvación. Muy aparte de estas influencias, es justo decir que la inmensa mayoría de los intérpretes de Romanos, de cualquier perspectiva teológica concebible, están ahora de acuerdo en que, en el capítulo 11, Pablo predice una salvación futura para Israel. Sigue, sin embargo, debatiéndose qué es exactamente lo que va a suceder y cuándo, así como la naturaleza de los demás acontecimientos que acompañarán a esta salvación. Quiero esbozar la situación tal como yo la veo y plantear ciertas conclusiones.

Mi colega Paul Feinberg afirma que soy dispensacionalista porque defiendo un futuro para el Israel étnico. Me halaga que quiera incluirme en el círculo de su propia posición, pero no estoy muy seguro de merecer este honor. Aunque creo que Romanos 11 enseña, ciertamente, que un significativo número de judíos serán salvos al final de los tiempos, no llego, sin embargo, a las mismas conclusiones que muchos dispensacionalistas. Creo que la conversión de estos judíos tendrá lugar porque creerán en el Evangelio, no por medio de alguna forma de «camino especial», o *Sonderweg* (como lo llaman los teólogos alemanes). Creo que los judíos que se conviertan, como cualquier otro creyente, se integrarán en la Iglesia (aunque sea quizá en una Iglesia camino al cielo, si la conversión se produce en el momento de la parusía de Jesús).

No creo tampoco que Romanos 11 suponga ninguna clase de futuro geográfico o político para Israel. Lo que Pablo predice en este capítulo es una revivificación espiritual del pueblo judío. El apóstol no dice nada, ni aquí, ni en ningún otro lugar, sobre el regreso de Israel a Palestina, o respecto a una reconstitución política. Cualquier creencia de que Dios haya prometido a Israel una presencia política en el tiempo del fin ha de basarse en otros pasajes de la Escritura. La clave será la hermenéutica que encauce nuestra interpretación de los textos proféticos veterotestamentarios: ¿Pueden tales profecías cumplirse «espiritualmente» en la Iglesia, o han de encontrar necesariamente un cumplimiento literal en una nación israelita reconstituida?

Al margen de cómo respondamos esta pregunta específica, podemos sacar un par de conclusiones prácticas de la teología de Israel en Romanos 11. Como ya hemos expuesto, la primordial preocupación de Pablo es sofocar un indebido orgullo gentil. En nuestros días, como en los de Pablo, la Iglesia es, en gran medida, una institución gentil. Nuestra tendencia natural a dar preferencia a quienes son como nosotros y a creernos superiores a quienes son distintos, se ve exacerbada por una teología de la «sustitución» que a menudo enseña que los gentiles ocupan ahora el lugar de los judíos dentro del plan de Dios (ver la sección «Significado contemporáneo» de 11:11–24). El resultado es una actitud de desaprobación, hostil incluso, hacia los cristianos de origen judío y hacia los propios judíos.

En la sociedad, el antisemitismo es una poderosa fuerza. Mientras escribo esta sección, me siento horrorizado por las noticias de que un supremacista blanco ha entrado en una guardería judía con un arma y ha comenzado a disparar a adultos y a niños por igual. En la Iglesia no puede haber lugar para ninguna hostilidad de este tipo, puesto que judíos y gentiles han sido reconciliados en Cristo. Hemos de recibir con los brazos abiertos a los cristianos de origen judío en nuestras iglesias y honrarles, de hecho, como representantes de esa «raíz» de la que todos recibimos nuestro sustento espiritual (11:17–18). Sin embargo, este respeto del pueblo judío no implica necesariamente una deferencia a Israel como nación.

Durante algunos años compartí mi tarea docente con una colega de trasfondo árabe. No conseguía entender que los evangélicos norteamericanos se pusieran sistemáticamente de parte de Israel en todos los conflictos de Oriente Medio. El punto de vista árabe nunca se tenía en cuenta; hiciera lo que hiciera, Israel tenía siempre razón. Aunque creamos que Dios haya prometido dar de nuevo a Israel su territorio y convertirle en una nación, no tenemos derecho a brindarle una adhesión tan ciega. Primeramente, no tenemos forma de saber si el Israel de nuestro tiempo es aquel en el que Dios cumplirá sus promesas. Y lo que es más importante, Dios nos llama a amar a todas las personas y a tratarlas con respeto. No tenemos ningún derecho a pasar por alto las injusticias cuando éstas se producen, sea en Israel o en cualquier otro lugar. Además, ciertamente no es justo que ignoremos los legítimos derechos y aspiraciones del pueblo árabe.

Un «camino especial» para Israel y el universalismo. En este pasaje se encuentran dos doctrinas que ya hemos mencionado en este comentario: la salvación de Israel aparte de Cristo, y la creencia de que todos los seres humanos serán salvos. Como hemos visto, nuestra cultura es proclive a ambas ideas. El Holocausto ha creado un medio social muy sensible a cualquier indicio de antisemitismo. Muchos opinan que es antisemita insistir en que Cristo es el único medio de salvación. Además, nuestra cultura pluralista tiende a diluir las distinciones entre las religiones del mundo, promoviendo la idea de que cualquiera de ellas puede ser un medio válido de salvación. ¿Qué dice Romanos 11:25–32 sobre estas cuestiones?

Algunos intérpretes insisten en que 11:26 es un punto clave en la soteriología del Nuevo Testamento. Otros autores (Mateo, Juan) y hasta el Pablo de la primera etapa (ver 1Ts 2:16) asumen un punto de vista hostil hacia Israel. Pero ahora, por medio de la revelación de un misterio, Pablo llega a entender que Israel será salvo, aparte de Cristo. Para Israel hay un «camino especial» (*Sonderweg* en alemán) a la salvación, basado en un inquebrantable pacto de Dios con Israel como pueblo. Como hemos explicado anteriormente, este punto de vista no puede apoyarse en el texto. Pablo ha pasado la mayor parte de Romanos describiendo su Evangelio, a través del cual se ofrece la salvación a judíos y gentiles por igual (p. ej., 1:16; 10:10–13). Sin embargo, el corazón del Evangelio es Cristo (1:3–4), y especialmente su muerte en la Cruz por todos los seres humanos (3:21–26). Nadie puede ser salvo aparte de las buenas nuevas y aparte de la fe en Cristo.[25]

De hecho, como han señalado algunos intérpretes, el acercamiento *Sonderweg* es intrínsecamente antisemita, puesto que niega que las Buenas Nuevas hayan de predicarse a los judíos. A los judíos se les elige, pues, de entre todas las personas como los únicos que no tienen la oportunidad de escuchar y responder a la oferta

---

25. Quienes deseen considerar una crítica de la interpretación *Sonderweg*, pueden ver especialmente, R. Hvalvik, «A 'Sonderweg' for Israel: A Critical Examination of a Current Interpretation of Romans 11:25–27» [Un 'Sonderweg' para Israel: un examen crítico de una interpretación actual de Romanos 11:25], *JSNT* 38 (1990): 87–107.

de salvación en Cristo.[26] Además, como señala N. T. Wright, en última instancia el *Sonderweg* no es sino una inestable «componenda» intermedia en el camino del completo pluralismo religioso.[27] Porque una vez que se concede a los judíos una posición especial, será difícil no tratar del mismo modo a musulmanes, budistas, hindúes, etcétera. Es cierto que, en nuestros días, muchos no tienen problema con este tipo de pluralismo. De hecho, piensan que Pablo lo enseña en el versículo 32 (que el ámbito de la Misericordia de Dios es tan amplio como el del pecado). Así como Dios ha sujetado a todos a la desobediencia, así tiene también misericordia de todos.

El universalismo tiene una larga historia en la Iglesia. Orígenes, el teólogo del siglo III lo enseñó, y desde entonces ha contado siempre con su cuota de defensores. Pero el pluralismo de nuestro tiempo le ha dado un nuevo impulso, y en nuestras iglesias muchos dan cabida a estas ideas. Algunos son explícitos y directos, planteando objeciones a la idea de que los adherentes sinceros de otras religiones no puedan ser salvos. Son favorables a la línea de pensamiento expresada en el último libro de las Crónicas de Narnia de C. S. Lewis, *La última batalla*, en la que un sincero adorador del dios «Tash» es salvo porque su conducta mostraba que, inconscientemente, había estado siempre adorando a Aslan, el único Dios verdadero. Esta idea del creyente «inconsciente» se está popularizando tanto en círculos católicos romanos como protestantes.

Sin embargo, incluso los cristianos que rechazan esta línea de pensamiento como carente de fundamento bíblico —y hemos de hacerlo— pueden sucumbir al universalismo insidioso. Lo que sucede es que la tolerancia que se predica en todos los segmentos de nuestra cultura apaga sutilmente nuestra convicción acerca del carácter exclusivo del Evangelio. Quizá no decimos que nuestro vecino o compañero de trabajo pueda ser salvo por su condición de sincero judío o musulmán. Sin embargo, hay algo en nosotros que, de hecho, piensa de este modo. Por ello, no tenemos la pasión que deberíamos por compartir el Evangelio. Creo que esta clase de universalismo implícito es uno de los grandes desafíos que los cristianos vamos a enfrentar en los próximos años. La única solución es someternos a un programa de adoctrinamiento, es decir, formar nuestra mente de tal modo en la cosmovisión bíblica que estemos protegidos de los ataques de la cultura a nuestro pensamiento.

---

26. Ver Richard H. Bell, *Provoked to Jealousy: The Origin and Purpose of the Jealousy Motif in Romans 9–11* [Provocados a celos: origen y propósito del tema de los celos en Romanos 9], (Tubinga: J. C. B. Mohr, 1994), 354-55.
27. *Climax of the Covenant* [Clímax del pacto], 254.

Romanos 11:33-36

¹¡Qué profundas son las riquezas de la sabiduría y del conocimiento de Dios! ¡Qué indescifrables sus juicios e impenetrables sus caminos! 34 «¿Quién ha conocido la mente del Señor, o quién ha sido su consejero?» 35 «¿Quién le ha dado primero a Dios, para que luego Dios le pague?» 36 Porque todas las cosas proceden de él, y existen por él y para él. ¡A él sea la gloria por siempre! Amén.

Todo buen sermón tiene una conclusión que estimula a los oyentes a responder al mensaje. En 8:31-39 Pablo concluye el «sermón» sobre la certeza cristiana que ha consignado en los capítulos 5-8, llamando a sus lectores a regocijarse por su seguridad en Cristo. Ahora en 11:33-36, el apóstol culmina su compendio de la historia de la salvación guiando a sus lectores en una expresión de asombro y sobrecogimiento ante el extraordinario plan de Dios para el mundo. Como sucede en 8:31-39, el apóstol se sirve de preguntas para estimularnos a identificarnos con él en este arrebato de sorpresa.

La alabanza a Dios que Pablo expresa aquí se divide en tres estrofas. En el versículo 33, encontramos tres exclamaciones sobre el sabio plan de Dios. En los versículos 34-35, el apóstol utiliza tres preguntas retóricas para recordarnos cuán elevados son los pensamientos y caminos de Dios. Por último, el versículo 36 nos recuerda que Dios es el fin de todas las cosas y que, por tanto, merece nuestra alabanza.

La partícula griega «o», al inicio del versículo 33, muestra que la primera oración gramatical es una exclamación, una reacción provocada por lo que Pablo ha estado diciendo de los propósitos de Dios en los versículos anteriores. No es posible determinar con exactitud el texto de la exclamación. Según la traducción de la NVI, la palabra «riquezas» gobierna tanto a «sabiduría» como a «conocimiento».[1] Sin embargo, el término «riquezas» (*ploutos*) puede tener también un sentido propio e independiente como un tercer atributo de Dios junto a los de su sabiduría y conocimiento (ver, p. ej., la NRSV: «¡Oh profundidad de las riquezas y de la sabiduría y el conocimiento de Dios!»[2]). Si aceptamos esta última interpretación, «riquezas» aludiría a la infinita bondad de Dios expresada en su plan de salvación (ver v. 12). Este plan también expresa la «sabiduría» de Dios y su «conocimiento»; esta última palabra hace quizá referencia al «conocimiento» relacional de Dios expresado en su elección (ver comentarios sobre el verbo «conocer de antemano» en 11:2).

---

1. P. ej. Fitzmyer, *Romans* [Romanos], 634.
2. T. Paige, «Philosophy» [Filosofía] en *Dictionary of Paul and His Letters*, ed. Gerald F. Hawthorne y Ralph P. Martin (Downers Grove, Ill.: InterVarsity, 1993), 715.

Romanos 11:33-36

Pablo muestra un esmerado cuidado retórico en la redacción de las dos exclamaciones siguientes en el versículo 33 (la NVI las fusiona por cuestiones de estilo). Tienen la misma estructura sintáctica, y ambas comienzan con un adjetivo que suena de manera parecida: *anexerauneta* («inescrutables») y *anexichniastoi* («imposible de trazar hasta su origen»). La palabra «juicios» no alude a las decisiones judiciales de Dios sino a las de carácter «ejecutivo» para la dirección de la historia de la salvación (ver Sal 19:9; 36:6; 119:75).

Las tres preguntas de los versículos 34-35 proceden del Antiguo Testamento, las dos primeras de Isaías 40:13 y la tercera (probablemente) de Job 41:3. Es posible que las preguntas se correspondan, en orden inverso (quiásmico), con los tres atributos del versículo 33:

«¿Quién ha conocido la mente del Señor?»: conocimiento

«¿Quién ha sido su consejero?»: sabiduría

«¿Quién le ha dado primero a Dios, para que luego Dios le pague?»: riquezas

Obviamente, se trata de preguntas retóricas cuya respuesta es «nadie». Sin embargo, la tradición sapiencial que refleja Pablo enseñaba que la sabiduría podía conseguir algo único: entender e interpretar la mente de Dios. Por tanto, como encarnación de la sabiduría Cristo, por medio de su obra de salvación, nos revela el plan de Dios. Si las dos primeras preguntas nos recuerdan cuán lejos estamos de entender completamente a Dios, la última trae a nuestra mente la Gracia de Dios, uno de los grandes temas de estos capítulos. Lo que Dios hace en su plan de salvación no lo hace porque alguien haya ganado su favor o merezca su bondad, sino únicamente por su gran amor por nosotros.

La afirmación del carácter final de Dios en la Creación (v. 36a) puede responder directamente al versículo 35 —nadie puede reclamar nada a Dios, puesto que es supremo en la Creación—, pero es probable que refleje los versículos 33-35 en su conjunto. El concepto de Dios como fuente (*ek*), sustentador (*dia*), y meta (*eis*) de todas las cosas puede reflejar la filosofía estoica griega (ver «Construyendo puentes»). Sean cuales sean sus orígenes, la máxima expresa bien la enseñanza bíblica del carácter final de Dios: él es mucho más importante que su Creación y, por tanto, hay que darle el honor y la gloria debidos. Por consiguiente, Pablo responde acertadamente atribuyendo la gloria a este Dios sorprendente, arrollador e irresistible.

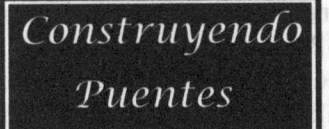

Estoicismo. Hemos subrayado repetida y oportunamente que el Antiguo Testamento y las tradiciones judías arrojan luz sobre la enseñanza de Pablo en Romanos. Las raíces del apóstol se sumergen hondamente en el suelo del judaísmo, su comprensión del Evangelio se desarrolla en conjunción con el Antiguo Testamento, y el tema que expone Romanos requiere una extensa interacción con estos trasfondos. Pero

Pablo estaba también familiarizado con las corrientes religiosas, filosóficas y culturales del mundo grecoromano en que vivía. Aunque educado en una familia estrictamente judía (ver Fil 3:5) y formado en una escuela rabínica (Hch 22:3), creció también en la cosmopolita ciudad de Tarso. Sus cartas dejan entrever a un hombre bien versado en la cultura general de su tiempo. Así pues, Dios preparó a Pablo precisamente para la clase de ministerio a la que le llamó: apóstol a los gentiles.

Esto significa también que Pablo se siente libre para utilizar cualquier elemento de la cultura grecoromana que pueda ser de ayuda para comunicar la verdad del Evangelio. Uno de los movimientos filosóficos más influyentes de su tiempo fue el estoicismo. El estoicismo tuvo sus orígenes en el tercer siglo a.C., en Atenas, donde Zenón enseñaba en la *stoa* (el soportal) del *ágora* (mercado). Arraigado en una concepción panteísta del mundo, el estoicismo del siglo I se ocupaba casi exclusivamente de cuestiones éticas. La pregunta por excelencia que pretendía responder era: «¿Cómo puede el hombre sabio vivir de acuerdo con la Naturaleza?».[3] En parte por esta razón, se hizo popular entre los romanos.

El dicho que encontramos en el versículo 36a se parece mucho a los típicos pronunciamientos estoicos sobre Dios. Por ejemplo, en el siglo segundo d.C., el filósofo estoico (y emperador romano) Marco Aurelio, dijo de Dios: «De ti proceden todas las cosas, en ti están todas las cosas, para ti son todas las cosas» (*Meditaciones* 4.23). Podríamos, pues, ser tentados a concluir que Pablo aplica aquí a Dios una enseñanza estoica, y que no deberíamos sentirnos molestos por ello. Es evidente que Pablo no pretende introducir toda la concepción estoica del mundo. El apóstol piensa sencillamente que, en esta cuestión, los estoicos han dicho algo sobre Dios que es verdadero, entendido dentro de la cosmovisión bíblica.

Sin embargo, es posible que Pablo no esté citando directamente una máxima estoica. Antes que Pablo, los judíos habían ya utilizado una parte de estas mismas ideas estoicas sobre Dios (ver, p. ej., Filón, *De las Leyes Especiales* 1.208; ver también 2Co 8:6). Es, pues, posible que la relación de Pablo con la enseñanza estoica sea indirecta, mediada por su trasfondo judío. En cualquier caso, podemos apreciar esta afirmación sobre Dios como un ejemplo de contextualización del Evangelio. Pablo toma prestado un lenguaje familiar para sus lectores del primer siglo a fin de ayudarles a entender la absoluta supremacía de Dios.

Significado Contemporáneo

Humildad teológica. Para mi mortificación y deleite de mi familia, esta semana he recibido una invitación para unirme a la Asociación Estadounidense de Personas Retiradas (AARP).

He llegado a un momento de la vida en el que me sorprendo a mí mismo introduciendo muchas de las cosas que digo con un «a mi edad». Indudablemente, como mis hijos insisten en afirmar, algunas de las

---

3. En «Romans 14:1–15:13 and the Occasion of Romans» [Romanos 14:1-15:13 y la ocasión de Romanos] en *The Romans Debate*, 81–84, Robert J. Karris expone este punto de vista.

frases que siguen reflejan un claro endurecimiento arterial o un temor irracional a todo lo nuevo. Sin embargo, confío también que algunas de estas afirmaciones reflejen cierta sabiduría inducida por la perspectiva de la edad.

Uno de los sentimientos más comunes que expreso en estos días es una mayor humildad sobre ciertas posiciones teológicas que defiendo. En los primeros años de mi carrera, y en una actitud típica de la juventud, estaba muy seguro de mis posiciones. En ocasiones he propagado ideas, oralmente o por escrito, a las que no había dado todavía la consideración debida. Aunque sigo manteniendo muchas de estas perspectivas, ahora me siento mucho más inclinado a tomar nota de las evidencias contrarias a mi punto de vista. Por tanto, siento mucho más intensamente la necesidad de matizar mi enseñanza, llamando la atención sobre los datos en cuestión y admitiendo la posibilidad de que mi punto de vista no sea correcto. No estoy diciendo que con los años tengamos que convertirnos en personas sin convicciones teológicas, inseguros de lo que creemos y arrastrados por los últimos vientos de doctrina. Mi compromiso con la esencia de la fe cristiana sigue siendo tan apasionado como siempre. Sin embargo, describiría mi acercamiento actual al estudio y enseñanza de la teología como «humilde».

¿Qué tiene todo esto que ver con Romanos 11:33–36? Únicamente esto: el recordatorio de Pablo de que los pensamientos de Dios están mucho más allá de cualquier cosa a la que hayamos podido jamás acercarnos, y que su plan es más intrincado y maravilloso de lo que hayamos podido imaginar, y que todo ello ciertamente nos llama a cada uno de nosotros a ejercer una gran humildad en nuestros esfuerzos por entender a Dios y su Palabra. A este lado de la gloria, toda nuestra labor teológica es insegura y provisional. Las actitudes apropiadas para criaturas finitas como nosotros cuando nos esforzamos en sondear las profundidades del carácter y verdad de Dios son la humildad, una disposición a escuchar y el respeto a los demás.

Naturalmente, Dios nos ha dado, por su Gracia y en su Palabra, una revelación de su persona y de su plan que todos podemos entender. La esencia de lo que afirma esta Palabra es clara e indiscutible. Sin embargo, los detalles no están siempre tan claros como sugieren nuestras tradiciones teológicas o lealtades denominacionales. Aquellos que han sostenido sus puntos de vista con más tenacidad de lo que justifica la Escritura han hecho un daño incalculable a la Iglesia y a la causa de Cristo en el mundo. De manera que, al tiempo que alabamos a Dios por su sorprendente y misericordioso plan de Redención, es también necesario que, con humildad, doblemos nuestras rodillas ante él y mantengamos una perspectiva correcta de nuestras limitaciones para entender los detalles de sus designios.

Romanos 12:1-2

Por lo tanto, hermanos, tomando en cuenta la misericordia de Dios, les ruego que cada uno de ustedes, en adoración espiritual, ofrezca su cuerpo como sacrificio vivo, santo y agradable a Dios. 2 No se amolden al mundo actual, sino sean transformados mediante la renovación de su mente. Así podrán comprobar cuál es la voluntad de Dios, buena, agradable y perfecta.

Romanos tiene la reputación —bien merecida, por cierto— de ser uno de los libros más teológicos de la Biblia. Lamentablemente, dicha reputación ha llevado a muchos cristianos y hasta a algunos comentaristas a cuestionar la necesidad de todos estos asuntos prácticos al final de la carta. Al final del capítulo 11, el apóstol ha concluido la sección teológica. ¿Por qué, pues, añadir algo más?

Esta actitud delata un malentendido esencial sobre la Teología y su significado. Toda la Teología es práctica, y todo asunto práctico, si es verdaderamente cristiano, es también teológico. El Evangelio de Pablo es profundamente teológico, pero también sumamente práctico. Las Buenas Nuevas de Jesucristo pretenden transformar las vidas de las personas. Si los individuos cristianos no hacen suyo el Evangelio y lo viven de un modo práctico, la Teología no habrá conseguido su propósito.

Pablo ha tocado brevemente la relevancia práctica de lo que escribe a lo largo de Romanos 1–11 (ver, p. ej., 6:11–13, 19; 11:18, 20). Sin embargo, a partir del capítulo 12, el apóstol dedica toda su atención a las implicaciones éticas del Evangelio. La expresión «por lo tanto» que da inicio al capítulo, reúne toda la enseñanza de 1–11 y nos plantea la pregunta crucial: «¿Qué, entonces?» Teniendo en cuenta la multiforme misericordia de Dios que se ha descrito en la carta, ¿qué hemos de hacer? Pablo responde a esta pregunta en 12:1–15:13 mencionando varias cuestiones clave en que los cristianos han de expresar la realidad de Dios en una nueva manera de vivir. Esta sección se subdivide en otras dos: 12:1–13:14 que trata varias áreas generales de la obediencia cristiana, y 14:1–15:13 que se concentra en la tensión existente entre los hermanos «fuertes» y los «débiles».

¿Por qué consignó Pablo precisamente estos temas en estos capítulos? Algunos intérpretes opinan que el apóstol escribe de un modo muy general, presentando un breve resumen de las áreas clave de la obediencia cristiana. El gran número de paralelismos entre Romanos 12:1–15:13 y las secciones éticas de las demás cartas de Pablo puede sugerir que hay algo de esto.[1] Sin embargo, la represión

---

1. En «Romans 14:1-15:13 and the Occasion of Romans» [Romanos 14:1-15:13 y la ocasión de Romanos] en *The Romans Debate*, 81-84, Robert J. Karris expone este punto de vista.

que Pablo dirige en 14:1–15:13 a los fuertes y a los débiles obedece, casi con toda seguridad, a un conflicto que se vivía en la comunidad romana. Además, como veremos, varios de los temas que Pablo recoge en 12:1–13:14 tienen una relevancia específica para Roma. Por tanto, probablemente hemos de adoptar un punto de vista intermedio sobre el propósito de Pablo en estos capítulos. El apóstol quiere ofrecer un bosquejo general de la forma que adquiere el compromiso con el Evangelio en la vida real, sin embargo, lo hace de tal manera que dicho bosquejo se relaciona especialmente con los problemas que aquejaban a la comunidad cristiana de Roma.

Romanos 12:1-2 es uno de los pasajes más conocidos de la Biblia y, con toda razón, puesto que encontramos aquí una concisa descripción de la esencia de la respuesta del creyente a la Gracia de Dios en el Evangelio de Jesucristo. Estos versículos funcionan como encabezamiento de todos los detalles que Pablo desarrollará en los capítulos posteriores. Nuestra respuesta tiene sus orígenes en la Gracia de Dios. La expresión de la NVI «la misericordia de Dios» no permite apreciar que la palabra griega traducida como «misericordia» está en plural («misericordias»). Pablo está recordándonos las *muchas* expresiones de la misericordia de Dios que ha tratado en los capítulos 1–11. La frase «tomando en cuenta» modifica probablemente a «ruego»; Pablo nos exhorta en vista de la multiforme misericordia de Dios. Nuestra obediencia es fruto de lo que Dios ha hecho en nuestras vidas, no algo que podamos producir por nosotros mismos.

El mandamiento de que ofrezcamos nuestra vida a Dios nos recuerda a Romanos 6, donde Pablo ha utilizado este mismo verbo (*paristemi*) para expresar la respuesta esencial de los creyentes a la Gracia de Dios para con nosotros en Cristo (ver 6:13, 16, 19). De hecho, toda esta sección (12:1–15:13) es una explicación de esta demanda esencial del capítulo 6. Como cristianos del Nuevo Pacto, ya no ofrecemos sacrificios de animales; ahora ofrecemos nuestro ser como un «sacrificio vivo». Es posible que la palabra «vivo» tenga un sentido teológico: nos ofrecemos como personas que han pasado de muerte a vida (ver 6:13).[2] No obstante, dándole este sentido podríamos estar leyendo en esta palabra más de lo que el apóstol quiere expresar. Es probable que Pablo pretenda simplemente establecer un contraste entre el sacrificio de nuestras vidas y los animales muertos que se ofrecían en el Antiguo Testamento (ver también Jn 6:51).[3] Pero Dios demanda sacrificios «santos», es decir, apartados de cuestiones profanas y dedicados a su servicio.

Esta ofrenda de nuestro ser a Dios constituye, concluye Pablo, nuestra «adoración espiritual». La palabra «espiritual» traduce un término (*logikos*) que es objeto de mucho debate, como puede apreciarse en la diversidad de sentidos que recibe en las traducciones en inglés: «espiritual» (NIV; NRSV; NASB); «razonable» (KJV); «verdadero» (TEB); «ofrecido de mente y corazón» (REB); «inteli-

---

2. Ver, p. ej., Murray, *The Epistle to the Romans* [La epístola a los Romanos], 2:111; Cranfield, *The Epistle to the Romans* [La epístola a los Romanos], 600.
3. P. ej. Dunn, *Romans* [Romanos], 710.

gente» (Phillips).⁴ Sin embargo, al considerar detenidamente el trasfondo (ver «Construyendo puentes»), creo que «informado» o «racional» son las palabras que mejor expresan el sentido de este término. Nos entregamos como sacrificio a Dios cuando entendemos su Gracia y su lugar en nuestras vidas. Al ofrecer nuestro ser, no lo hacemos de manera ignorante, como animales llevados al matadero, sino inteligente y voluntariamente. Esta es la clase de adoración que agrada a Dios.⁵

El versículo 2 nos dice cómo podemos llevar a cabo la demanda general de entregarnos como sacrificios al Señor. Fundamentándose en el concepto de la historia de la salvación en «dos eras» (ver «Construyendo puentes»), Pablo pide que no nos «amoldemos» a «esta era» (trad. lit.). La interpretación de la NIV como «el patrón de este mundo» recoge bastante bien el sentido general. La antigua era de la que formábamos parte en nuestro pasado precristiano sigue ejerciendo su influencia sobre nosotros, atrayéndonos para que sigamos su «patrón» de conducta pecaminosa y perversa. En lugar de «conformar» nuestra conducta a esta era, hemos de ser «transformados» en nuestra conducta. El marcado contraste entre estas dos palabras que establecen algunas traducciones en español y en inglés no se observa en el griego, que utiliza verbos con raíces distintas (*syschematizo* y *metamorphoo*). Sin embargo, el uso de estas palabras responde al verdadero sentido del griego y, sin duda, hace que el versículo sea fácil de recordar.

El medio por el que conseguimos esta transformación de la conducta es «la renovación» de la mente (hay un estrecho paralelismo en Ef 4:23; cf. también 2Co 4:16; Col 3:10; Tit 3:5). Una nueva orientación de nuestro pensamiento lleva a una nueva orientación de la conducta. Aquí Pablo toca el corazón de la ética neotestamentaria (ver la sección «Significado contemporáneo»), ya que el resultado de esta transformación es que podremos agradar a Dios haciendo su voluntad.

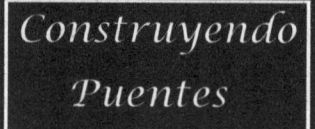

Un sacrificio informado. Con disculpable exageración, algunos eruditos afirman que, en el mundo antiguo, la religión era esencialmente sacrificio. En el mundo moderno, especialmente en Occidente, tendemos a concebir la religión en términos de un sistema de creencias o de una forma de vida. Sin embargo, los pueblos de la Antigüedad estaban obsesionados con el sacrificio. El punto focal de su adoración era el sacrificio y ofrenda de animales (y, ocasionalmente, incluso de seres humanos) a sus dioses. Por esta razón, cuando en Romanos 12:1 Pablo utiliza la metáfora del sacrificio, está recogiendo una idea que todos sus lectores entendían, no solo por su conocimiento del Antiguo Testamento, sino también por su experiencia de cada día.

---

4. La otra única ocasión en que esta palabra aparece en el Nuevo Testamento es 1 Pedro 2:2, donde su significado es también objeto de controversia.
5. Ver especialmente David Peterson, Engaging with God: A Biblical Theology of Worship [Relacionarse con Dios: una teología bíblica de la adoración], (Grand Rapids: Eerdmans, 1992), 173–76.

No obstante, en las religiones de la Antigüedad, la popularidad de los sacrificios podía fomentar ciertos excesos. La gente podía pensar que lo único que tenían que hacer para agradar a su dios era ofrecer el sacrificio, sin importar cuál fuera su propia actitud al hacerlo. Naturalmente, los profetas del Antiguo Testamento reprendieron al pueblo de Israel precisamente por esta ofensa, insistiendo en que Dios solo aceptaría aquellos sacrificios realizados con un corazón puro (p. ej., Os 6:6; Mi 1:6–14). En el tiempo de Pablo, escritores judíos y paganos advertían también sobre los peligros de esta actitud ritualista.

Es probable que, en el versículo 1, tras la utilización de la palabra *logikos* por parte de Pablo para referirse a la adoración que agrada a Dios, esté esta advertencia. Arguyendo que Dios y los seres humanos tienen en común el *logos* («razón»), algunos filósofos estoicos insistían en que solo la adoración *logikos* es verdaderamente aceptable a Dios. Contrastaban esta adoración «racional» con lo que ellos consideraban la vulgar superstición de muchas gentes. Esta tendencia general queda bien expresada en un comentario de Epicteto: «Si yo fuera un ruiseñor, debería cantar como un ruiseñor; si fuera un cisne, como un cisne. Sin embargo, puesto que soy un ser racional [*logikos*], he de cantar himnos de alabanza a Dios» (Dis. 1.16.20–21).

El filósofo judío Filón afirmó algo parecido, arguyendo que: «ante Dios, lo realmente valioso no es el número de víctimas inmoladas, sino la verdadera pureza de un espíritu racional [*pneuma logikon*] en aquel que lleva a cabo el sacrificio» (*Leyes Especiales* 1.277; ver también 1.272; cf., *T. Leví* 3:6) Pablo, pues, expresa una idea similar. La adoración que agrada a Dios es un sacrificio «informado»; es decir, el ofrecido por el cristiano que entiende quién es Dios, qué es los que nos ha dado en el Evangelio, y qué demanda de nosotros.

El marco de referencia teológico de 12:2. En una sección anterior del comentario, hemos delineado la estructura histórico-salvífica en «dos eras», que informa una buena parte de la enseñanza de Pablo en Romanos (ver la sección «Construyendo puentes» sobre 6:15–23). El esquema de Pablo representa una modificación de la concepción del mundo dominante en la teología apocalíptica judía y divide toda la Historia en dos eras, una «antes de Cristo» y la otra «después de Cristo». El mundo «a.C.», está dominado por el pecado y la muerte que, introducidos por Adán, campan a placer; el mundo «d.C.», está dominado por la Justicia y la Vida conseguidas por Cristo.

Cuando alguien se entrega a Cristo, es «transferido» a una nueva era, o esfera. La persona en cuestión no está ya bajo el dominio del pecado (ver cap. 6). No obstante, el pecado sigue afectando al creyente. Aunque pertenecemos a la nueva era introducida por Cristo, la antigua sigue estando con nosotros. Vivimos todavía en un mundo fuertemente influenciado por el pecado y por formas perversas de pensamiento y conducta. Cuando creemos, no se nos separa de este mundo como por ensalmo. De hecho, Dios quiere que nos quedemos en este mundo para que, como «sal y luz», podamos redimirlo para él.

Este grandioso esquema histórico-salvífico es el que informa la referencia de Pablo a «este mundo [era]» en el versículo 2. Aunque siempre presente, y presionándonos desde todos los ángulos, esta era no debe «meternos dentro de su molde» (adaptando las palabras de la famosa paráfrasis de J. B. Phillips). Recordando que pertenecemos a la nueva era que Cristo inauguró, hemos de esforzarnos en vivir de un modo práctico los valores de esta nueva era, permitiendo que el Espíritu transforme nuestros pensamientos y actitudes.

Significado Contemporáneo

Adoración «informada». La Iglesia contemporánea está agitada con respecto al asunto de la adoración. Los estilos musicales han sido el meollo del debate: ¿Órganos o guitarras? ¿Himnos tradicionales o canciones contemporáneas? ¿Himnarios o retroproyectores? Algunas iglesias han mantenido estilos tradicionales de adoración, pero muchas más han adoptado, en mayor o menor grado, un acercamiento contemporáneo. Un tercer grupo se han llevado las manos a la cabeza sin saber qué hacer y han intentado contentar a todo el mundo, con un servicio de adoración tradicional y otro de estilo contemporáneo.

En el fragor de esta batalla, en ocasiones ha faltado considerar a fondo una cuestión más fundamental, a saber, ¿qué es la adoración? Afortunadamente, son cada vez más los que ven la necesidad de abordar esta cuestión esencial. Se han escrito varios libros excelentes al respecto, los seminarios están añadiendo cursos sobre el tema, y pastores y laicos por igual se ven en la necesidad de analizar detenidamente cuestiones que, de otro modo, nunca hubieran aflorado.

No soy ningún experto en adoración. No he estudiado seriamente este asunto, no dirijo la adoración, y probablemente tengo tantos prejuicios mal informados como cualquier otro (me quedo en exclusiva con el órgano). Pienso, sin embargo, que Romanos 12:1 establece dos valores fundamentales que deberían informar toda nuestra discusión sobre este tema.

(1) La adoración es nuestra forma de vida, no lo que hacemos el domingo por la mañana. El título del ensayo de Ernst Käsemann sobre este pasaje lo expresa bien: «Adoración en la vida cotidiana».[6] Adoramos a Dios, dice Pablo, dándonos a nuestro Señor en sacrificado servicio. Hemos de servirle cada día, cada hora, cada minuto.

Pablo se sirve deliberadamente de la palabra «cuerpo» (*soma*) para describir lo que hemos de ofrecer a Dios. Esta palabra habla de la naturaleza «encarnada» de nuestro ser, recordándonos que somos entes físicos que interactúan con un mundo material. Al utilizar esta palabra, el apóstol subraya que nuestra adoración ha de extenderse incluso a las partes más prosaicas de la vida. Cuando comemos, adoramos a Dios dándole gracias por su provisión, honrándole con nuestras conversaciones, y nutriendo el cuerpo que él nos ha confiado. Cuando sudamos haciendo algún tipo de ejercicio físico, adoramos a Dios con nuestro esfuerzo por ser buenos

---

6. «Worship in Everyday Life: A Note on Romans 12» [Adoración en la vida cotidiana: una nota sobre Romanos 12], en *New Testament Questions of Today* (Londres: SCM, 1969).

administradores del cuerpo que él nos ha dado. Cuando procuramos no conducir con la misma agresividad egotista que los demás (en mi caso, a veces en vano), adoramos a Dios expresando el fruto de su Espíritu. Cuando trabajamos buscando la excelencia, adoramos a Dios dando lo mejor de nosotros a la empresa que nos contrata.

Una de las mayores tentaciones de la vida cristiana es separar el mundo «espiritual» del material; comenzar a pensar que solo ciertas partes de nuestras vidas tienen un significado eterno. Toda nuestra vida ha de ser un continuo acto de adoración dirigido al Dios que nos ha creado y redimido.

(2) La adoración colectiva que ofrecemos en una reunión ha de estar bien «informada». Nada de lo expresado en el último párrafo pretende quitarle importancia (de hecho, es un requisito), al hecho de que los creyentes han de reunirse periódicamente para adorar a Dios. El contenido de tales reuniones variará enormemente, dependiendo de cuál sea nuestra ubicación en el mundo, nuestro contexto social y cultural, y nuestra herencia denominacional. Sin embargo, el versículo 1 deja claro que, al margen de cómo se exprese, la adoración que agrada a Dios ha de contar con la mente. Ha de ser una adoración «*logikos*», apropiada para criaturas racionales, una adoración que surge cuando comprendemos algo acerca de Dios y su verdad.

No creo que, en última instancia, Dios esté muy interesado en que cantemos de un modo determinado, pero sí lo está en lo que cantamos. Las palabras que cantamos han de ser verdaderas, han de expresar algo de lo que él nos ha dicho sobre sí mismo. Los cantos que nos recuerdan esta verdad nos motivan a la alabanza y adoración que agrada a Dios.

Temo que lo que en algunas iglesias pasa por adoración sea poco más que una reacción emocional a una determinada forma de música. Algunos compositores y dirigentes de adoración saben despertar las emociones de la audiencia, sin embargo no estoy seguro de que estimulen a las personas a la adoración. Naturalmente, las emociones desempeñan su papel legítimo en la adoración. Sin embargo, es fácil y tentador hacer un excesivo hincapié en la reacción emocional que produce la música, pasando completamente por alto la mente. No obstante, si entiendo correctamente Romanos 12:1, esta no es la clase de adoración que agrada verdaderamente a Dios. En la adoración que le agrada y que deja su marca en el creyente siempre participa la mente.

Renovación de la mente. Aunque estamos en el tema de la mente, hemos de notar un acento parecido que surge del versículo 2: por medio de «la renovación de [la] mente» somos transformados y comprobamos en la práctica «la voluntad de Dios, buena, agradable y perfecta». Cuando cambiamos nuestro modo de pensar, cambiamos también nuestra forma de vivir. Hay dos elementos que merecen comentario y aplicación.

(1) Es un *proceso*. El hecho de que Pablo pida a los creyentes que participen en esta renovación de la mente muestra que no se trata de algo que nos suceda automáticamente cuando creemos. El Espíritu de Dios viene a morar a nosotros e

imparte toda una nueva orientación a nuestra forma de pensar. Sin embargo, nuestros pensamientos en sí no cambian de inmediato. No siempre es fácil salir de los cauces de la antigua vida. Algunas de nuestras formas de pensar están profundamente arraigadas en nuestro ser, y no desaparecerán de la noche a la mañana.

Conocí a Cristo cuando era un estudiante de veinte años y, casi treinta años después, sigo luchando contra los hábitos mentales que desarrollé durante los primeros años de mi vida. Por medio de su Espíritu, Dios quiere reprogramar mi pensamiento. Sin embargo, para que esto suceda, yo he de responder a la obra del Espíritu y participar activamente en este proceso.

La pregunta clave es pues: ¿Con qué estamos alimentando nuestra mente? La mayoría de los cristianos no tienen elección: han de pasar cuarenta o cincuenta horas cada semana en «el mundo», ganándose el sustento. Se espera que la mayoría de los cristianos intenten también pasar algún tiempo con personas no creyentes como una forma de ministerio y evangelización. Sin embargo, si pasamos todo el tiempo que nos queda viendo programas de televisión, y consumiendo libros y música secular, sería un milagro que nuestra mente no fuera esencialmente secular. Nuestra tarea es cooperar con el Espíritu de Dios esforzándonos en alimentar nuestra mente con información que reprograme nuestra forma de pensar en la línea de los valores del reino.

(2) La renovación de la mente es, por definición, un proceso interno. En cierto sentido, este concepto es la respuesta de Pablo a una posible crítica de su Evangelio. Si, como ha enseñado, los cristianos no están ya «bajo la ley», es decir, sujetos a la ley de Moisés (cf. 6:14, 15; 7:4, 6), ¿qué base puede entonces haber para la moralidad? ¿Qué podrá dirigir a los cristianos para vivir de un modo que agrade a Dios? La respuesta de Pablo es que Dios está obrando en nosotros, cambiando desde dentro nuestra manera de pensar. Esta es una alternativa mucho mejor que cualquier ley, puesto que no existe código alguno capaz de cubrir todos los asuntos que enfrentamos en la vida. Por muy detallada que sea la «ley» siempre quedarán algunas situaciones fuera de sus límites. Hemos de enfrentar directamente esta limitación y sus consecuencias.

Muchos predicadores, decididos a conseguir que sus audiencias obedezcan a Dios, caen en un acercamiento legal a la ética cristiana. Hacen hincapié en mandamientos, procedentes algunas veces del Antiguo Testamento, otras del Nuevo, y otras aun del cristianismo contemporáneo. Con esta forma de proceder, dan la impresión de que la ética cristiana consiste en conformarse a tales mandamientos. Esto hace que los cristianos tiendan a vivir una doble vida: son «cristianos» en aquellas conductas cubiertas por las leyes en cuestión, pero esencialmente seculares en las esferas de la vida que quedan fuera de su ámbito. Por ejemplo, es posible que la misma cristiana que nunca abortaría, porque se le ha enseñado que no debe hacerlo, albergue actitudes racistas, o defraude a la Administración Pública en el pago de sus impuestos sin inmutarse en lo más mínimo. Si la renovación de la mente es tan importante como dice Pablo, la meta del ministerio debería ser, entonces, formar la mente de las personas según los valores cristianos. Esto requerirá una forma de predicación que vaya más allá de enseñar a las personas lo que está bien y lo que está mal, y que les inculque una cosmovisión cristiana.

¿Es, pues, mala la ley? ¿Acaso los creyentes tendrían que prescindir completamente de mandamientos de cualquier tipo? No, no se trata de esto. En Gálatas, Pablo trata algunas de las cosas que hemos señalado aquí. El apóstol dice a los creyentes que no están ya «bajo la ley» (p. ej., Gá 3:25). El apóstol insiste en que Dios está obrando, transformando a las personas desde dentro por su Espíritu, quien produce «fruto» que agrada a Dios (5:16–26). Sin embargo, insiste también en que los cristianos siguen estando sujetos a «la ley de Cristo» (6:2). Los eruditos debaten la referencia de esta expresión, pero yo creo que es el modo en que Pablo alude de manera abreviada al modelo de conducta del Nuevo Pacto. Este modelo es ejemplificado por Cristo, se centra en la demanda de amor (ver 5:13–15), y queda ilustrado en la enseñanza de Cristo y los apóstoles.

Lo que quiero decir es que esta «ley de Cristo» incluye mandamientos que siguen siendo obligatorios para los cristianos. Cuando los autores del Nuevo Testamento tratan con creyentes que se conducen de manera contraria a la voluntad de Dios, no tienen reparos en subrayar la necesidad de obedecer mandamientos (ver, p. ej., 1Co 7:17; 1 Juan [una buena parte de la carta]). Por esta razón, nuestro acento en una transformación interna no debe excluir el permanente papel de los mandamientos en la vida del cristiano.

Hemos de entender los roles que Dios quiere que desempeñen en nuestra santificación la transformación interna y los mandamientos. Es evidente que el meollo del asunto está en la obra del Espíritu de Dios cambiando desde dentro nuestra forma de pensar. Sin embargo, puesto que seguimos viviendo en un mundo hostil a Dios y seguimos siendo proclives a interpretar al Espíritu de Dios según nuestros propios deseos egoístas, necesitamos mandamientos que nos indiquen cuándo le entendemos mal o no interiorizamos sus valores.

Una ilustración nos ayudará probablemente a entender lo que quiero decir. Los aviones modernos son dirigidos por un sistema de ordenadores que indican a los pilotos dónde se encuentran y hacia dónde han de dirigirse. Sin embargo, en los aeropuertos hay también luces que señalizan la pista de aterrizaje. Los pilotos comprueban la exactitud del ordenador mediante esas luces. Esto mismo le sucede también al cristiano. En el proceso de nuestra renovación somos dirigidos por nuestras mentes, de modo que éstas reflejan perfectamente la voluntad de Dios. Sin embargo, y puesto que este proceso nunca será del todo completo en esta vida, seguimos necesitando la dirección externa de los mandamientos de Dios. Si ponemos los mandamientos como centro de la Ética acabaremos con una obediencia superficial e incompleta. Pero si los excluimos por completo acabaremos con una obediencia egocéntrica y errática.

Romanos 12:3-8

Por la gracia que se me ha dado, les digo a todos ustedes: Nadie tenga un concepto de sí más alto que el que debe tener, sino más bien piense de sí mismo con moderación, según la medida de fe que Dios le haya dado. 4 Pues así como cada uno de nosotros tiene un solo cuerpo con muchos miembros, y no todos estos miembros desempeñan la misma función, 5 también nosotros, siendo muchos, formamos un solo cuerpo en Cristo, y cada miembro está unido a todos los demás. 6 Tenemos dones diferentes, según la gracia que se nos ha dado. Si el don de alguien es el de profecía, que lo use en proporción con su fe; 7 si es el de prestar un servicio, que lo preste; si es el de enseñar, que enseñe; 8 si es el de animar a otros, que los anime; si es el de socorrer a los necesitados, que dé con generosidad; si es el de dirigir, que dirija con esmero; si es el de mostrar compasión, que lo haga con alegría.

En 12:1–2, Pablo ha condensado el imperativo del Evangelio: honrar a Dios en todo momento por medio de una vida transformada en consonancia con su voluntad. En 12:3–15:13, Pablo desglosa algunos de los elementos específicos de esta voluntad. En 12:3–8, el apóstol comienza recordándonos que nuestra existencia transformada la vivimos en comunidad. Algo esencial para nuestra vida en comunidad es el desarrollo de una correcta y sobria idea de nosotros mismos, en línea con la fe cristiana y con los dones que Dios nos ha dado.

No está clara la razón por la que Pablo incorpora este enfoque específico en su carta a los Romanos. Teniendo en cuenta que sus otras cartas contienen una enseñanza similar (ver especialmente 1Co 12; también Fil 2:1–4), es probable que el apóstol esté mencionando simplemente lo que considera un elemento clave en la obediencia cristiana. Sin embargo, es posible que al escribir este pasaje estuviera también pensando en la Iglesia romana, donde creyentes «fuertes» y «débiles» tenían una idea de sí mismos que no era nada saludable para la comunidad.[1]

Pablo subraya la importancia de lo que se dispone a decir recordando su autoridad a los cristianos romanos. La «gracia» dada a Pablo es su llamamiento apostólico, una manifestación específica de la Gracia de Dios (ver 1Co 3:10; Gá 2:9; Ef 3:7–8). En su exhortación, Pablo utiliza una palabra griega (*phroneo*) que significa pensar, tener una actitud específica (ver 8:5; ver comentarios sobre 8:6, 7, 27). Una paráfrasis que intenta preservar este juego de palabras en español sería «no tengan un concepto más alto de ustedes que el que deben tener, sino más bien piensen con moderación y exactitud acerca de su identidad en Cristo». Hemos de vernos a nosotros mismos, está diciendo Pablo, con «mentes renovadas» (cf. 12:2)

---

1. Ver, p. ej., Wedderburn, *The Reasons for Romans* [Las razones de Romanos], 78–81.

que nos libran del egocentrismo característico de los no cristianos y nos capacitan para vernos a nosotros mismos de un modo objetivo y realista.

La norma de esta valoración propia es «la medida de fe que Dios les haya dado». ¿Qué significan estas palabras? A juzgar por los versículos siguientes, Pablo puede estar aludiendo a la cantidad específica de fe que Dios ha distribuido a cada creyente. El apóstol estaría, pues, alentándonos a vernos a nosotros mismos a la luz de los dones que tenemos y a valorarnos de un modo coherente. Una persona puede tener una gran fe y numerosos dones, mientras que otra tiene menos. Cada creyente ha de reconocer su condición y esforzarse en desarrollar los ministerios que le son apropiados.[2] Sin embargo, otra posibilidad es que la norma de la medida en cuestión sea la fe cristiana en general, lo cual sería un modelo igual para todos los creyentes. Según este punto de vista, Pablo nos estaría pidiendo que, al evaluarnos, considerásemos cuidadosamente la fe del Evangelio y sus requisitos.[3] La decisión entre estas dos opciones no es fácil, sin embargo, me inclino ligeramente hacia la segunda alternativa.

Pablo apoya e ilustra su llamamiento a evaluar correctamente y según nuestra fe común el lugar que ocupamos dentro de la comunidad cristiana, recordándonos que dicha comunidad, aunque diversa, es en el fondo una unidad. Para explicarnos esto, Pablo se sirve de la imaginería del cuerpo humano, una imaginería muy extendida en el mundo antiguo y que a nosotros nos es familiar especialmente por 1 Corintios 12. La iglesia, dice Pablo, es como nuestro cuerpo (Ro 12:4–5). Tiene muchas partes distintas, cada una con su propia función. Sin embargo, todas las partes forman «un cuerpo», y cada una de ellas es necesaria para que el cuerpo funcione como es debido. Si estamos «en Cristo» (v. 5), estamos en su cuerpo, unidos inevitablemente a los otros miembros de nuestra comunidad cristiana local. Del mismo modo que un brazo no puede decidir que no quiere saber nada del torso o de las piernas, tampoco nosotros podemos separarnos el uno del otro.

En los versículos 6–8 Pablo desarrolla un poco más esta idea enumerando algunos «dones» que Dios ha dado a los miembros del cuerpo de Cristo. El apóstol utiliza esta palabra «don» (*charisma*) en otros pasajes para denotar una capacidad impartida por Dios para servir a la comunidad de Cristo de una manera concreta (ver especialmente 1Co 1:7; 12:4, 9, 28, 30, 31; 1Ti 4:14; 2Ti 1:6). En 1 Corintios 12:7–10, 28 Pablo enumera dones y en Efesios 4:11 a personas capacitadas por Dios. Ninguna de estas listas es exhaustiva; su contenido responde más bien al propósito del apóstol de ilustrar el argumento que está desarrollando con la mención de ciertos dones que le acuden a la mente. A diferencia de las otras listas, en Romanos 12:6–8 Pablo no solo cita los dones, sino que también anima a quienes los poseen a utilizarlos activamente para la edificación de la comunidad.

Así, quienes tienen el don de profecía han de profetizar «en proporción con su fe». En el Nuevo Testamento, el don de la profecía implica ayudar a la Iglesia

---

2. Ver, p. ej., Barrett, *The Epistle to the Romans* [La Epístola a los Romanos], 235; Bruce, *The Letter of Paul to the Romans* [La carta de Pablo a los Romanos], 215.
3. Ver especialmente Cranfield, *The Epistle to the Romans* [La Epístola a los Romanos] 613–16.

transmitiéndole verdades procedentes de una «revelación» (ver 1Co 14:26, 30). Estas verdades pueden ser cuestiones vinculadas con el futuro (p. ej., Hch 11:27–28; 21:10–11); sin embargo, su uso más frecuente denota el ejercicio de un discernimiento especial en las circunstancias del presente.[4] Esta forma de profecía podría ser peligrosa si es descontrolada, de modo que Pablo insta a que se utilice conforme a la analogía de la fe. La palabra *analogia*, de la que procede nuestro término español «analogía», denota una «proporción» o relación correcta. El ejercicio de la profecía ha de llevarse a cabo en una proporción correcta a la fe.

Como sucede con la expresión «medida de la fe» en el versículo 3, no está claro lo que aquí, en el versículo 6, significa exactamente «fe» (*pistis*). Podría ser lo mismo que «don»,[5] aunque Pablo no utiliza *pistis* con este sentido en ningún otro lugar. La mayoría de los comentaristas opinan que se refiere a la fe como el corpus de la verdad cristiana.[6] Es cierto que Pablo utiliza la palabra «fe» con este sentido (Gá 1:23; 1Ti 1:4, 19; 3:9; 4:1, 6; 6:21), sin embargo es un uso poco frecuente. Es, pues, quizá mejor darle al término el mismo significado que en el versículo 3: nuestra fe en Cristo. Los profetas cristianos han de hablar siempre según el estándar establecido por su fe en Cristo.[7] Han de tener cuidado de no mezclar sus propias opiniones con su profecía, puesto que tales opiniones no serían según «la analogía de la fe».

El don de «servicio» (*diakoneo*) que se menciona en el versículo 7 puede aludir a un don que comparten todos los cristianos. Siguiendo el ejemplo de Cristo, el «siervo del Señor», todos los creyentes son llamados a servirle a él y el uno al otro (p. ej., Mr 10:43–45; Ro 15:25; Ef 4:12). Pero la palabra *diakoneo* tiene también un sentido más limitado, que hace referencia al ministerio que realizaban concretamente los diáconos (*diakonos*, lit., «siervo»; ver Ro 16:1; Fil 1:1; 1Ti 3:8, 10, 12, 13). Puesto que todos los demás dones de Romanos 12:6–8 aluden a actividades específicas, es probable que «servir» haga aquí referencia a las actividades especiales de los diáconos: ministrar a la iglesia organizando y supliendo las necesidades materiales de la comunidad (ver, quizá, Hch 6:1–6).[8]

«Enseñar» (que se menciona como un don también en 1Co 12:28; Ef 4:11) implica transmitir la verdad del Evangelio. El maestro ha de estudiar la Palabra de Dios y estar arraigado en la tradición de la Iglesia de modo que pueda guiar a la comunidad en la verdad y preservarla del error.

---

4. Acerca de la profecía, ver especialmente Wayne Grudem, *The Gift of Prophecy in the New Testament and Today* [El don de la profecía en el Nuevo Testamento y en nuestros días] (Westchester, Ill.: Crossway, 1988).
5. P. ej. Murray, *The Epistle to the Romans* [La Epístola a los Romanos], 2:122–23; Dunn, *Romans* [Romanos], 727–28; Fee, *God's Empowering Presence* [La presencia capacitadora de Dios], 608–9.
6. P. ej. Käsemann, *Commentary on Romans* [Comentario de Romanos], 341–42; Fitzmyer, *Romans* [Romanos], 647–48.
7. Cranfield, *The Epistle to the Romans* [La Epístola a los Romanos] 619–21.
8. Ver, p. ej., Godet, *Commentary on Romans* [Comentario de Romanos], 431–32; Murray, *The Epistle to the Romans* [La Epístola a los Romanos], 2:123–25.

Estrechamente relacionado con enseñar está «animar» (v. 8). La palabra griega (*parakaleo*) puede significar consolar o exhortar, pero en este contexto denota probablemente la actividad de alentar a los cristianos a expresar en su vida la verdad del Evangelio.

El socorro de «los necesitados» puede llevarse a cabo con los propios recursos o con los recursos de toda la iglesia. En cualquier caso, hay que contribuir, insiste Pablo, «con generosidad» o «con sinceridad»; la palabra que se utiliza aquí (*haplotes*) sugiere una actitud «sencilla», un propósito coherente y la ausencia de cualquier motivo ulterior (2Co 8:2; 9:11, 13; 11:3; Ef 6:5; Col 3:22).

Puesto que el siguiente don se consigna justo después del de «socorrer a los necesitados» e inmediatamente antes del «de mostrar compasión», algunos comentaristas opinan que, en el versículo 8, la expresión *ho proïstamenos* se refiere a alguien que «da ayuda» a otros.[9] Pero este significado del verbo (*proïstemi*) no está bien atestiguado, aunque Pablo utiliza este mismo verbo dos veces en otros pasajes para aludir a los «dirigentes» de una iglesia local (1Ts 5:12; 1Ti 5:17). Creo, pues, siguiendo la mayoría de versiones inglesas, que el apóstol hace referencia a la persona que tiene el don de dirigir a la iglesia (p. ej., los ancianos).

Pablo concluye su enumeración mencionando a quienes tienen el don de «mostrar misericordia» (probablemente aquellos que son particularmente sensibles a las necesidades de los demás y se dedican a la visitación de los enfermos y otras personas que sufren).

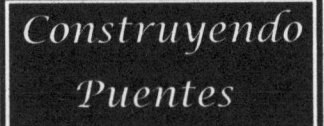

Lenguaje corporal. La analogía de Pablo entre la Iglesia y el cuerpo humano es una de las más familiares de la Biblia. Ha tenido una gran influencia en nuestro modo de entender la Iglesia, puesto que muchas veces utilizamos el término cuerpo para aludir (especialmente) a la iglesia local. Pero ¿qué comunica exactamente el hecho de llamar «cuerpo» a la Iglesia? Probablemente muchas cosas diferentes, dependiendo de cuál sea el filtro personal por el que tamizamos el término. Sin embargo, si queremos que comunique lo que Pablo quería transmitir, hemos, entonces, de anclar la imaginería en el mundo de Pablo. ¿Qué quiere el apóstol que entendamos mediante su aplicación del término cuerpo a la Iglesia?

Pablo no fue el primero en comparar a un grupo de personas con el cuerpo humano. Algunos escritores antiguos utilizaron la metáfora para argumentar que el estado político, aunque formado por muchas clases de distintos de pueblos, seguía siendo una sola entidad. Algunos escritores llegaron incluso a llamar al estado el «cuerpo» del Emperador.[10] Esta comparación está lo suficientemente difundida como para justificar la idea de que desempeñó algún papel en la decisión de utilizar la imaginería del cuerpo por parte de Pablo. Podemos incluso considerar que esta es una explicación adecuada. En este caso, la Iglesia como cuerpo no es más

---

9. Dunn, *Romans* [Romanos], 731.
10. Ver *TDNT*, 7:1038–39.

que una simple analogía, y es erróneo buscar algún otro significado en la equivalencia.

No obstante, la utilización del lenguaje de «cuerpo» por parte de Pablo sugiere sin duda que esta metáfora tenía también raíces en su teología. En nuestro texto, Pablo habla simplemente de personas «en Cristo» que forman un solo «cuerpo». En pasajes paralelos a éste, el apóstol se sirve de la expresión «el cuerpo de Cristo» (1Co 12:27; Ef 4:12). Este tipo de lenguaje nos invita a investigar un poco más las conexiones entre el Cuerpo de Cristo y el uso del lenguaje corporal en relación con la Iglesia. Probablemente, lo que nos viene a la mente a muchos de nosotros (porque nos es familiar en nuestra propia adoración), es el intrigante lenguaje corporal que encontramos en el relato paulino de la Cena del Señor en 1 Corintios 11:23-29:

> Yo recibí del Señor lo mismo que les transmití a ustedes: Que el Señor Jesús, la noche en que fue traicionado, tomó pan, y después de dar gracias, lo partió y dijo: «Este pan es *mi cuerpo*, que por ustedes entrego; hagan esto en memoria de mí». De la misma manera, después de cenar, tomó la copa y dijo: «Esta copa es el nuevo pacto en mi sangre; hagan esto, cada vez que beban de ella, en memoria de mí». Porque cada vez que comen este pan y beben de esta copa, proclaman la muerte del Señor hasta que él venga. Por lo tanto, cualquiera que coma el pan o beba de la copa del Señor de manera indigna, será culpable de pecar contra el *cuerpo* y la sangre del Señor. Así que cada uno debe examinarse a sí mismo antes de comer el pan y beber de la copa. Porque el que come y bebe sin discernir el *cuerpo*, come y bebe su propia condena [cursivas del autor].

Pablo sigue a Jesús, equiparando el pan con el cuerpo del Señor que fue entregado en la muerte. Pero Pablo ha mencionado los detalles de la celebración eucarística de los corintios por una razón específica: el apóstol desea reprenderles por su egoísmo en el modo en que estaban llevando a cabo la Santa Cena (y probablemente también un ágape fraternal vinculado a ella). Por tanto, aunque en 1 Corintios 11:27 el término «cuerpo» sigue refiriéndose al cuerpo (físico) de Cristo, es casi seguro que en el versículo 29 se refiera a la Iglesia. La comunidad ultraja el cuerpo y la sangre del Señor (v. 27) al no «discernir» la naturaleza colectiva del cuerpo de los creyentes que Cristo creó por medio de su muerte, y que la Iglesia modela en la comunión (v. 29).[11]

Aquí, pues, Pablo utiliza «cuerpo» para referirse, tanto al cuerpo físico de Cristo, como a la Iglesia, y reúne ambos conceptos en un contexto que trata de la identidad colectiva de la Iglesia. Esto sugiere que cuando Pablo utiliza terminología corporal para aludir a la Iglesia, tiene en mente la muerte de Cristo en la Cruz como el medio por el que ésta ha llegado a existir. «Cada miembro está unido a todos los demás», como lo expresa Pablo en el versículo 5, porque todos participamos por

---

11. Ver el libro de Gordon D. Fee, *The First Epistle to the Corinthians*, [La Primera Epístola a los Corintios] (Grand Rapids: Eerdmans, 1987), 562-64.

igual en los beneficios de la obra redentora de Cristo. La unidad de la Iglesia descansa en la unidad de Cristo como único medio de salvación (ver Ef 2:16).

Sin embargo, podemos ir un paso más allá. En última instancia, afirma Pablo, la Iglesia es el Cuerpo de Cristo (Ef 1:23; 5:23, 30; Col 1:24). Esta identificación representa el desarrollo natural de una idea clave en los escritos de Pablo, y que halla también expresión en nuestro texto: los creyentes están «en Cristo». Como vimos al comentar Romanos 5:12–21, Pablo piensa que Cristo, como Adán, es una persona colectiva, que incluye a muchas otras. Todo aquel que cree en Cristo deviene parte de él. En ocasiones, los eruditos han ido mucho más allá del texto al sugerir varios trasfondos filosóficos y religiosos para esta idea. Sin embargo, esto es innecesario. Lo que les convencía de estar en unión íntima con Cristo era su experiencia, interpretada en vista del Antiguo Testamento y de la revelación de Dios en Cristo. Estar «en Cristo» es estar unido a «su cuerpo».

Significado Contemporáneo

La Iglesia local y la universal. Es importante notar que Pablo pasa inmediatamente de las órdenes generales de los versículos 1–2 a un pasaje que trata la vida colectiva de la Iglesia. Ofrecernos como «sacrificio vivo» (singular en griego), ser transformados, desarrollar la mente de Cristo, son cosas que suceden en comunidad: «cada miembro está unido a todos los demás» (v. 5b). Y observemos que no se trata de cualquier clase de comunidad; estar «en Cristo», es decir, ser cristiano, significa ser parte del cuerpo de Cristo, la Iglesia. Podemos hacernos miembros formales de una iglesia local específica y así identificarnos con ella. Sin embargo, desde el momento en que cree, el cristiano se convierte inevitablemente en miembro de la Iglesia universal.

Aunque la distinción entre las dimensiones local y universal de la Iglesia es útil hasta cierto punto, las cartas de Pablo nos prohíben separar ambas realidades. Cada iglesia individual es simplemente una expresión local de la Iglesia universal. Hemos, pues, de cuestionar seriamente que a Pablo se le pasara siquiera por la cabeza que alguien pudiera ser miembro de la Iglesia universal sin serlo de una iglesia local. En nuestros días, la proliferación de iglesias locales crea ciertas dificultades con esta cuestión, sin embargo para Pablo sería impensable que un creyente pretendiera crecer en la fe fuera de la comunidad cristiana.

En este sentido, la tradición individualista occidental puede crearnos problemas. Es relativamente fácil que nuestra fe se vea afectada por una mentalidad de «llanero solitario». Personalmente soy quizá tan proclive a esta actitud como cualquier otra persona. Puesto que soy de naturaleza tímida, y me siento más cómodo entre libros que entre personas, tiendo a distanciarme de la sociedad en general. Mi condición de profesor de seminario me brinda buenas excusas para no implicarme en mi iglesia local. Siempre puedo decir que estoy demasiado ocupado sirviendo a los demás con mis escritos y como conferenciante, para comprometerme a participar en la iglesia local. Sin embargo, no creo tener ninguna buena razón bíblica para mantener esta actitud. Creo que yo, como cualquier otro creyente, estoy llamado a vivir mi fe en el contexto de una iglesia local. Por ello, siempre me he identificado con una iglesia local, procurando participar y servir de distintas maneras.

Este mismo principio se aplica a todos nosotros. La «iglesia» por televisión no es Iglesia; el mero hecho de que millares de personas vean el mismo servicio y escuchen el mismo sermón no hace que lo sea. ¿Por qué no? En los versículos 3–8 Pablo sugiere dos razones. (1) Como ya hemos visto, la implicación de la relación entre los versículos 1–2 y 3–8 es que no puedo «renovar mi mente» completamente sin la activa ayuda de otros creyentes. No puedo entender la enseñanza de la Escritura si no dialogo con otros creyentes que leen el mismo texto que yo. No puedo vivir como discípulo de Cristo sin el alentador contexto de una comunidad de creyentes que me estimula, ora por mí y me da ejemplo. No puedo discernir ciertas dimensiones de mi desobediencia a Cristo sin relacionarme con otros creyentes que me los hagan ver. Es aquí donde la actitud de arrogancia que Pablo reprende en el versículo 3 puede representar un obstáculo. Tenemos una idea de nosotros mismos «más alta» que la que hemos de tener, y por ello decidimos que no necesitamos la ayuda de los demás.

(2) De manera más directa el texto enseña que he de participar en la iglesia local para ayudar a crecer a otros. Sea cual sea el don que se me ha dado, tengo la obligación ante mi Señor de utilizarlo para servir a su pueblo. Naturalmente, este don no tiene por qué expresarse solo en una iglesia local. El texto que estoy redactando en este mismo instante es, espero, la expresión de uno de mis dones que sirve a la Iglesia en general. La mayor parte de mi enseñanza la imparto fuera del contexto de la iglesia local. Por otra parte, no es fácil aclarar cuál es la relación de los seminarios —sin duda un ministerio de la Iglesia en general—, con la iglesia local en términos paulinos. Pero sí podemos decir esto: los dones que Dios nos ha dado se ejercen, generalmente, en iglesias locales. Otros cristianos necesitan lo que tenemos nosotros. Igual que el cuerpo humano se ve mermado si le falta un pie, un ojo o un riñón, también la iglesia local se ve perjudicada cuando en ella no se ejercitan toda la espléndida variedad de dones con que Dios la ha dotado.

Romanos 12:9-21

El amor debe ser sincero. Aborrezcan el mal; aférrense al bien. 10 Ámense los unos a los otros con amor fraternal, respetándose y honrándose mutuamente. 11 Nunca dejen de ser diligentes; antes bien, sirvan al Señor con el fervor que da el Espíritu. 12 Alégrense en la esperanza, muestren paciencia en el sufrimiento, perseveren en la oración. 13 Ayuden a los hermanos necesitados. Practiquen la hospitalidad. 14 Bendigan a quienes los persigan; bendigan y no maldigan. 15 Alégrense con los que están alegres; lloren con los que lloran. 16 Vivan en armonía los unos con los otros. No sean arrogantes, sino háganse solidarios con los humildes. No se crean los únicos que saben. 17 No paguen a nadie mal por mal. Procuren hacer lo bueno delante de todos. 18 Si es posible, y en cuanto dependa de ustedes, vivan en paz con todos. 19 No tomen venganza, hermanos míos, sino dejen el castigo en las manos de Dios, porque está escrito: «Mía es la venganza; yo pagaré», dice el Señor. 20 Antes bien, «Si tu enemigo tiene hambre, dale de comer; si tiene sed, dale de beber. Actuando así, harás que se avergüence de su conducta.» 21 No te dejes vencer por el mal; al contrario, vence el mal con el bien.

Aun el lector más casual de Romanos se da cuenta del notable cambio de estilo que se produce en 12:9. Las oraciones gramaticales devienen de repente mucho más cortas. Casi todas contienen un mandamiento, y es difícil encontrar verbos en indicativo. El tema parece cambiar con cada versículo, a veces incluso con cada oración gramatical. Toda esta sección da, pues, la impresión de ser una serie aleatoria de órdenes con poca estructura o unidad temática.

Esta primera impresión no es del todo errónea. Es cierto que Pablo recorre con gran celeridad y ambigua continuidad temática toda una serie de imperativos morales cristianos básicos. No obstante, hemos también de observar que el texto griego expresa algunos patrones bien concebidos que no pueden duplicarse en español (ver «Construyendo puentes»). Por otra parte, aunque estos versículos no pueden unificarse en torno a un solo tema clave, sí presentan un pensamiento persistente: nuestro llamamiento a una actitud humilde y pacífica hacia cristianos (vv. 10, 13, 16) y no cristianos por igual (vv. 14, 17–21). Aquí, sugiere Pablo, tenemos una prueba clave de la sinceridad del Amor, el encabezamiento del pasaje en su conjunto (v. 9a). La humildad y la deferencia hacia los demás es, a su vez, un ingrediente clave de esta agradable y perfecta voluntad de Dios (12:2) que Pablo ilustra en estos capítulos.

El encabezamiento: amor sincero (12:9a)

Jesús mismo pone el amor a Dios y al prójimo como esencia de su «ética del nuevo pacto» (Mr 12:28–34 y pasajes paralelos; Jn 13:31–35). Solo en contadas ocasiones los apóstoles llaman a sus convertidos a amar a Dios, prefiriendo hablar de fe y obediencia. Sin embargo, siguen a Jesús casi al pie de la letra al hacer del amor por otras personas el acento esencial de sus exhortaciones (p. ej., Ro 13:8-10; 1Co 13; Gá 5:13–15; Col 3:14; Stg 2:8; 1Jn 2:9–11). Pero las ideas que suscita la palabra «amor» pueden ser muy imprecisas. Uno de los propósitos de Pablo aquí es especificar ciertos tipos de conducta que expresen un amor «sincero».

La frase griega que la NVI traduce «el amor debe ser sincero» no tiene verbo; una traducción muy literal sería «el amor sincero». Suponer un verbo en imperativo (como hacen casi todas las traducciones) no es necesariamente erróneo, sin embargo oscurece el hecho de que estas palabras parecen un encabezamiento para el resto del pasaje. Es como si Pablo diera una definición: «El amor que es sincero será...». La palabra griega que se traduce como «sincero» es *anypokritos* (lit., no hipócrita). La palabra subyacente se aplicaba muchas veces al actor que «representaba su papel» en el escenario. Los cristianos pueden evitar un amor que es mero «teatro» si ponen en práctica los mandamientos que siguen.

Las muchas facetas del amor sincero (12:9b–13)

En este párrafo Pablo señala cuatro secciones distintas cambiando el estilo de su redacción.

(1) Al final del versículo 9, el apóstol presenta brevemente la esencial dimensión moral del amor sincero en dos cláusulas paralelas (utilizando un participio en griego). El amor cristiano es más que sentimiento; conduce a un violento aborrecimiento del mal y a una tenaz adhesión a lo bueno (el verbo que la NVI traduce por «aférrense», *kollaomai*, se utiliza para denotar relaciones sexuales en 1Co 6:16, 17). Junto a Juan, Pablo argumentaría que nadie que no obedece el mandamiento de Dios ama verdaderamente (ver, p. ej., 2Jn 6).

(2) El versículo 10 presenta dos órdenes que subrayan la relación de reciprocidad entre los creyentes con la expresión «unos a otros». La primera exhortación utiliza dos palabras en griego formadas por raíz «*fil*»: «Ámense» (*filostorgoi*) los unos a los otros en «amor fraternal» (*filadelfia*). Esta raíz se aplicaba generalmente a las relaciones personales de amor entre los miembros de la familia. Como familia espiritual, la Iglesia ha de expresar la intimidad y ternura recíprocas que caracteriza a las mejores familias terrenales.

La traducción del segundo mandamiento del versículo 10 varía. La NRSV, considerando que el verbo que se utiliza aquí significa sobrepasar, traduce «supérense los unos a los otros en mostrar honra».[1] La traducción de la NIV «Hónrense los unos a los otros más que a sí mismos» asume un significado poco común del

---

1. Ver, p. ej., Dunn, *Romans* [Romanos], 741.

verbo, «considerar mejor».² Pero la diferencia de significado es muy ligera. En cualquier caso, Pablo exhorta a los creyentes a que pongan primero a sus hermanos en Cristo como una expresión de genuino amor.

(3) Los seis mandamientos de los versículos 11–12 no son similares por lo que respecta al contenido, sin embargo todos ellos tienen la misma estructura en griego (artículo más nombre en dativo, seguido de un adjetivo o participio). La expresión, «nunca dejen de ser diligentes; antes bien, sirvan al Señor con fervor [...]» (lit., «en celo, no sean perezosos») queda sin referente (¿fervor para qué?), pero puede que Pablo tenga en mente la «informada adoración» a la que todos los creyentes son llamados (12:1; ver comentarios sobre 12:1–2).³

La expresión de la NVI «Nunca dejen de ser diligentes; antes bien, sirvan al Señor con el fervor que da el Espíritu» revela una interpretación de una cláusula difícil (v. 11b). Pablo nos insta a ser «ardorosos» (*zeontes*) «en» o «por» el E/espíritu (*pneumati*). El término «E/espíritu» puede aludir al espíritu humano (NIV),⁴ sin embargo, en vista de la referencia al «Señor» en la cláusula siguiente, es probable que se refiera al Espíritu Santo, el agente que inflama nuestra pasión por el Señor y su obra.⁵ El ardor por la causa de Cristo es ejemplar, pero puede estar mal encaminado y por tanto resultar incluso nocivo. Por ello, Pablo concluye el versículo con un recordatorio de que nuestra pasión espiritual ha de estar siempre al servicio del Señor.⁶

Si las tres exhortaciones del versículo 11 se relacionan con un servicio entusiasta, las tres del versículo 12 se combinan para estimular a los creyentes a «resistir hasta el final» en su batalla con el mundo. Hemos de gozarnos en la esperanza de una gloria que es segura y cierta (ver 8:18–30), mostrar paciencia y perseverancia ante las tribulaciones (ver 5:3–4), y entregarnos a la oración para que estas dos cosas se hagan realidad.

(4) Pablo concluye la primera serie de mandamientos volviendo al tema del versículo 10a. Expresamos el familiar amor de verdaderos hermanos y hermanas en Cristo compartiendo nuestros medios con otros creyentes que tienen necesidad. Una traducción literal de lo que Pablo está diciendo sería: «entren en comunión

---

2. Ver también la KJV; NASB; ver, p. ej., Cranfield, *The Epistle to the Romans* [La Epístola a los Romanos], 632.
3. Cranfield, *The Epistle to the Romans* [La Epístola a los Romanos], 633.
4. Ver, p. ej., Godet, *Commentary on Romans* [Comentario de Romanos], 435; Murray, *The Epistle to the Romans* [La Epístola a los Romanos], 2:130–31.
5. P. ej. Käsemann, *Commentary on Romans* [Comentario de Romanos], 346; Dunn, *Romans* [Romanos], 742.
6. Una interesante variante textual dice «tiempo» (*kairo*) en lugar de «Señor» (*kyrio*); y varios comentaristas la apoyan como la lectura «más difícil» (p. ej., Godet, *Commentary on Romans* [Comentario de Romanos], 435; Käsemann, *Commentary on Romans* [Comentario de Romanos], 346). Si aceptamos estos datos como válidos, Pablo estaría instando a los creyentes a «servir» (i.e., utilizar provechosamente) al tiempo (cf. Ef 5:16; Col 4:5). Sin embargo, en el mundo antiguo, la expresión «servir al tiempo» tenía, por regla general, el matiz de un oportunismo egoísta, y es dudoso que Pablo hubiera utilizado esta expresión.

con las necesidades de los santos». Se trata de necesidades materiales: comida, ropa y alojamiento (ver también Hch 6:3; 20:34; 28:10; Tit 3:14). La «hospitalidad» era una necesidad vital en un tiempo sin hoteles ni restaurantes. Misioneros itinerantes y creyentes de a pie por igual dependían de la bondad de otros cristianos. Aunque la NVI no lo expresa con claridad, el texto griego llama a los creyentes, no solo a mostrar (quizá a regañadientes) hospitalidad a otros cristianos, sino a «seguirla» (NVI «practicarla»).

Vivir en armonía con los demás (12:14–16)

Entre los versículos 13 y 14 hay una división señalada por un cambio de estilo y tema. Para transmitir sus mandamientos en los versículos 9–13 Pablo ha utilizado principalmente participios. En el versículo 14 el apóstol pasa a utilizar construcciones más corrientes en imperativo. Igual de repentinamente, deja de tratar las relaciones personales con otros creyentes y pasa a considerar el modo en que este mismo amor puede expresarse a los no cristianos. Los mandamientos de Pablo en el versículo 14 nos recuerdan la famosa enseñanza de Jesús en el Sermón del Monte (cursivas del autor):

Mateo 5:44	Pero yo les digo: Amen a sus enemigos y oren por *quienes los persiguen*
Lucas 6:27–28	Pero a ustedes que me escuchan les digo: Amen a sus enemigos, hagan bien a quienes los odian, *bendigan* a quienes los maldicen, oren por quienes los maltratan.

Estas similitudes sugieren que en este pasaje Pablo está citando la enseñanza de Jesús. De hecho, Pablo muestra una dependencia mayor de la enseñanza de Jesús en esta parte de Romanos que en cualquier otro pasaje de sus escritos. El apóstol entreteje referencias a dicha enseñanza en sus propias exhortaciones sin citar específicamente a Jesús, un procedimiento característico de los primeros cristianos que integraban las palabras del Señor dentro de su tradición ética. Como Jesús, Pablo nos llama a volver la otra mejilla, haciendo gala de un amor a los demás que trasciende por completo los límites normales del afecto humano.

El versículo 15 podría estar continuando el tema del versículo 14, llamando a los creyentes a identificarse con los no creyentes en sus alegrías y tristezas.[7] Sin embargo, el sentimiento que subyace en este versículo es cercano al de 1 Corintios 12:26: «Si uno de los miembros sufre, los demás comparten su sufrimiento; y si uno de ellos recibe honor, los demás se alegran con él» (véase también que Ro 12:3–8 es estrechamente paralelo a 1Co 12). Es, pues, probable que Pablo regrese aquí de nuevo a las relaciones personales dentro de la comunidad cristiana.

Como hemos observado al comienzo, los mandamientos de los versículos 9–21 no siguen ningún orden estrictamente lógico. En consonancia con su estilo, Pablo pasa con gran celeridad de un tema a otro. Podemos discernir, sin embargo, una sola preocupación que subyace en los versículos 14–16: la necesidad de vivir en

---

7. Ver, p. ej., Cranfield, *The Epistle to the Romans* [La Epístola a los Romanos], 641; Dunn, *Romans* [Romanos], 745–46.

armonía con los demás, tanto con los no creyentes (v. 14), como con los creyentes (vv. 15–16). Si queremos alcanzar esta meta con los no creyentes hemos de hacer frente a sus burlas y odio con amor; expresamos la sólida armonía que el Espíritu crea entre los creyentes haciendo nuestras las alegrías y tristezas de los demás creyentes.

El mandamiento de vivir «en armonía los unos con los otros» (v. 16a) resume la idea general de estos versículos con referencia específica a la comunidad de los creyentes. Puede que el mayor obstáculo para esta unidad de mente y espíritu sea el orgullo. Por ello, como hace en Filipenses 2:1–4, Pablo insta a los cristianos a evitar el orgullo y a humillarse como un paso clave hacia la genuina unidad. No hemos de ser «arrogantes» (cf. Ro 11:20), sino hacernos «solidarios con los humildes» (NVI). La palabra «humildes» traduce una palabra griega que alude tanto a «personas» como a «cosas». Pablo podría, pues, estar exhortando a los creyentes, o bien a identificarse con los «excluidos» de la comunidad o bien a participar en las «tareas humildes» (ver nota en la NVI; cf. TEB: «aceptar tareas humildes»).

Haciéndose eco de 11:25 y 12:3, Pablo concluye este breve párrafo advirtiéndonos que no nos creamos más sabios de lo que realmente somos (cf. Pr 3:7: «no sean sabios en su propia opinión»).

Vencer el mal con el bien negándonos a la venganza (12:17–21)

Al final de su breve trazado de los perfiles del verdadero amor, Pablo regresa a un ingrediente clave de este amor que ha mencionado en el versículo 14: responder a la persecución de los no creyentes con bondad en lugar de odio. Pablo introduce la cuestión de un modo negativo: «no paguen a nadie mal por mal». Es de nuevo probable que Pablo esté dependiendo directamente de la enseñanza de Jesús, puesto que en el mismo contexto en que el Señor nos insta a bendecir a quienes nos persiguen, nos prohíbe también que exijamos «ojo por ojo, y diente por diente» (Mt 5:38). Jesús llama a sus discípulos a una regla ética de la no venganza, y en este texto Pablo renueva este mismo llamamiento.

Sin embargo, los seguidores de Jesús no han de limitarse a evitar la venganza. De manera positiva también han de procurar «hacer lo bueno delante de todos». Algunos intérpretes consideran inadmisible que Pablo pudiera conceder a los no creyentes el derecho de definir «lo que es bueno» para los cristianos, de modo que prefieren traducir «procuren hacer lo bueno a todas las personas».[8] Sin embargo, el versículo 18 puntualiza la medida en que los creyentes han de adaptar su conducta a las expectativas de los no creyentes. «Si es posible» significa, de hecho, «si la buena y perfecta voluntad de Dios les permite hacerlo». Los cristianos han de hacer lo que esté en su mano para contar con la aprobación de los no cristianos y vivir en paz con ellos (v. 18c). Sin embargo, nunca han de buscar la aprobación del mundo a expensas de las demandas morales de Dios; esto significa que no siempre está en nuestra mano el conseguir unas relaciones armónicas con los no creyentes.

---

8. Ver, p. ej., Käsemann, *Commentary on Romans* [Comentario de Romanos], 348.

Con el versículo 19, Pablo regresa al tema de la no venganza: los creyentes no han de vengarse. Una de las razones es que vengar las injusticias es una prerrogativa de Dios mismo. «Mía es la venganza; yo pagaré», dice Dios en Deuteronomio 32:35. Dios lo sabe todo, lo ve todo y tiene todo el poder. Es un Dios perfectamente justo y que, en última instancia, no permitirá que la maldad quede impune. Por tanto, podemos confiar en que él vengará cualquier acto perverso de que podamos ser objeto. Hemos de dejar «el castigo en las manos de Dios». Si intentamos vengarnos por nuestra cuenta, entraremos en un territorio que Dios ha reservado para sí.

Como hizo en los versículos 17–18, Pablo complementa la prohibición del versículo 19 acerca de no vengarnos con una exhortación positiva a hacer bien a quienes nos hayan dañado (v. 20). Pablo cita Proverbios 25:21–22a para explicar lo que quiere decir. Es probable que lo que le lleva a este texto sea el término «enemigo», la misma palabra que Jesús utilizó en la tradición que Pablo usa aquí (ver Mt 5:43; Lucas 6:27). Saciar el hambre y la sed de nuestro enemigo es una acción similar a la que Jesús requiere en su enseñanza al respecto: volver la otra mejilla, dar también la «túnica» a quien nos pide la «capa», y no negarnos a dar a quienes nos piden (Lucas 6:29–30).

Al responder de esta manera a nuestros enemigos, el texto citado de Proverbios sigue diciendo, «ascuas de fuego amontonarás sobre su cabeza» (Trad. lit. Ver nota de la NVI). La mayoría de nosotros estamos familiarizados con este tipo de lenguaje. Se ha incorporado a la forma de hablar entre los cristianos como una manera de alentar a los creyentes a hacer bien a quienes son desagradables con nosotros. Por regla general, lo que se quiere decir es que nuestra respuesta a la maldad con buena voluntad hace que nuestro ofensor se sienta avergonzado de su proceder, y quizá ello le lleve a reconciliarse con el Señor.

No es muy seguro que esta idea de contrición sea la que transmite la imaginería de Proverbios. Normalmente, en el Antiguo Testamento, las «ascuas» y el «fuego» connotan el juicio de Dios. Por ello, Proverbios (y Pablo) podrían estar diciendo que expresar bondad hacia nuestros enemigos provocará un juicio más severo sobre ellos por parte del Señor.[9] Pero esta interpretación no encaja con el contexto. Creo, pues –como casi todos los comentaristas modernos–, que la interpretación cristiana popular de esta cláusula es probablemente correcta: Pablo nos insta a mostrar bondad a nuestros enemigos con la esperanza de que éstos se avergüencen de sus acciones y se pregunten la razón por la que respondemos con ese amor.[10]

---

9. Esta interpretación era bastante popular en la Iglesia primitiva, pero no lo es tanto en periodos más recientes. Ver, no obstante, John Piper, *Love Your Enemies: Jesus' Love Command in the Synoptic Gospels and in the Early Christian Paraenesis* [Ama a tus enemigos: el mandamiento del amor de Jesús en los Evangelios Sinópticos y en la temprana *paraenesis* cristiana] (Cambridge: Cambridge Univ. Press, 1979), 115–18.

10. Algunos comentaristas del Antiguo Testamento opinan que el texto de Proverbios puede aludir a un ritual egipcio en el que un penitente llevaba una bandeja de brasas incandescentes sobre su cabeza y que simbolizaba su dolor por el pecado. Ver S. Morenz, «Feurige Kohlen auf dem Haupt», en *Religion und Geschichte der alten Agypten: Gesammelte Aufsätze* (Weimar: Hermann Böhlaus, 1975), 433–44.

El versículo 21 finaliza el párrafo con una conclusión apropiada: «No te dejes vencer por el mal; al contrario, vence el mal con el bien». Aunque redimidos y ciudadanos del cielo, los creyentes seguimos viviendo en un mundo inmerso en el mal. Hemos de batallar constantemente contra la tendencia a adaptar nuestra conducta a este mundo (ver 12:2). Sin embargo, se hace necesario algo más que una resistencia puramente negativa del mal. Dios nos llama a estar activos, haciendo nuestros la Gracia del Evangelio y el poder del Espíritu para vencer el mal de este mundo.

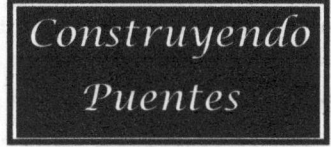

El estilo de *paraenesis*. Un pasaje como 12:9–21 implica una fuerte tentación para el moderno comentarista occidental. Tendemos a apasionarnos con nuestras capacidades de encontrar estructura y movimiento en el texto bíblico, señalando a nuestros lectores relaciones sintácticas y conceptuales que quizá nunca han visto. ¡Cuán tentador es, pues, buscar estructura donde no la hay! De hecho, a veces pensamos que es indigno de los autores del Nuevo Testamento escribir sin tener en mente una cuidadosa estructura.

Pero la tentación de imponer una estructura al texto no se limita a los comentaristas. A lo largo de los años en que he enseñado los textos bíblicos, he visto esta misma suposición de que el texto bíblico ha de estar necesariamente organizado de manera prolija y lógica entre los creyentes de a pie. Creo, no obstante, que esta suposición debe ser cuestionada. Parecemos asumir que la naturaleza inspirada de la Escritura demanda que ésta esté siempre organizada lógicamente. Si Dios es organizado y él es quien ha inspirado cada texto de la Biblia, ¿no deben acaso tales textos estar también organizados?

Naturalmente, una buena parte de la respuesta a esta pregunta depende de lo que entendamos por «organizado». Todo texto bíblico es deliberado, en el sentido de que se redactó con un propósito específico y es lógico, ya que, cuando lo interpretamos correctamente, tiene sentido. Sin embargo, no todos los textos bíblicos están organizados según una disposición precisa y lógica susceptible de expresarse en un bosquejo. De hecho, tengo la sospecha de que nuestra tendencia a utilizar esquemas tradicionales de bosquejo (A., A.1., A.1.a., etc.) para resumir los textos bíblicos es una parte importante del problema. No sabemos trazar la perspectiva general de un texto sin imponerle un bosquejo. Sin embargo, las formas de comunicación no se limitan a aquellas que se prestan a ser resumidas en un bosquejo, y tales tipos de comunicación no son menos efectivos en el cumplimiento de sus propósitos.

En 12:9–21, Pablo escribe en un antiguo estilo llamado *paraenesis*. Los eruditos debaten sobre si hay que llamarlo estilo o género, y si estaba más o menos definido. Pero hay un amplio consenso con respecto a la existencia de este estilo y a su amplia difusión en el mundo antiguo.

La *paraenesis* tiene tres características principales. (1) Por regla general, se utilizaba para expresar exhortaciones de carácter moral, para instar a las gentes a adoptar ciertas actitudes o conductas. (2) Normalmente dependía mucho de la tradición. Es decir, el autor utilizaba libremente muchas fuentes. Al reconocer tales alusiones, los lectores u oyentes concedían una mayor autoridad a la *paraenesis*, puesto que incorporaba elementos que ellos ya respetaban. (3) Estaba estructurada sin excesivo rigor. El escritor u orador pasaba con deliberada rapidez de un tema a otro sin seguir una línea específica de desarrollo. Muchos opinan que la carta de Santiago es una expresión de este estilo, como lo son también algunos pasajes de otras cartas del Nuevo Testamento.

Romanos 12:9-21 encaja evidentemente en los parámetros de la *paraenesis* que acabamos de mencionar. Sin seguir una secuencia especialmente lógica, Pablo exhorta a los cristianos a adoptar ciertas actitudes y formas de conducta, citando libremente el Antiguo Testamento, la tradición judía y las enseñanzas de Jesús para comunicar sus ideas.

Uno de los errores que cometemos al considerar posibles trasfondos para el Nuevo Testamento es asumir, como ha dicho un erudito, que en el mundo antiguo las ideas circulaban, asépticas, por tuberías. Es decir, esperamos erróneamente que una determinada enseñanza hubiera permanecido siempre pura e impoluta, inmutable ante las influencias de otras enseñanzas. Naturalmente, todos entendemos que el mundo no funciona así. Las ideas se empujan unas a las otras, y rara vez las encontramos completamente aisladas de otras. Lo mismo sucede también con los géneros y estilos literarios. Pablo se sirve del estilo parenético popular del mundo grecorromano para escribir estos versículos. Sin embargo, el apóstol está también influenciado por el Antiguo Testamento y por el estilo sapiencial judío que encontramos, por ejemplo, en el libro de Proverbios. Los dos estilos —y quizá otros que no hemos considerado— han confluido en cierta medida, y posiblemente Pablo no sabría identificar qué partes de 12:9-21 proceden del uno o del otro.

No obstante, para lo que nos ocupa, lo importante es que Pablo escribe en un estilo muy conocido en el mundo antiguo, un estilo muy efectivo para comunicar lo que quería dar a entender a sus lectores. Hemos de respetar el estilo que el apóstol ha utilizado y no intentar imponer a estos versículos nuestras modernas suposiciones sobre lo que sería una estructura «correcta» o una organización lógica. El estilo que ha decidido utilizar nos mantiene alertas. Los mandamientos se suceden con gran celeridad, uno tras otro, y no hay modo de predecir el siguiente. Estos cambios de tema que, en un sentido, nos dejan perplejos, nos fuerzan a enfrentarnos con cada exhortación por separado.

Naturalmente, se espera que pensemos en lo que Pablo está diciendo. Sin embargo, el apóstol está más interesado en hacernos reaccionar. El trepidante estilo del texto consigue con eficacia este objetivo. Aunque el medio no es exactamente el mensaje –como a Marshall McLuhan le gustaría que creyéramos–, sí es cierto que está vitalmente relacionado con él. Es muy posible que Pablo haya decidido utilizar aquí un medio que considera más adecuado para expresar su preocupación que un estilo lógico de argumentación.

Significado Contemporáneo

Amor en acción. Pocas palabras son tan populares entre los cristianos como el término «amor». Y no es de extrañar, pues junto con la *fe* y la *esperanza*, el amor es una de las formas más importantes de expresar la esencia del cristianismo. El Nuevo Testamento sitúa el Amor en el centro de lo que significa vivir como cristiano en relación con los demás. Por supuesto, nunca debemos permitir que esta dimensión horizontal del cristianismo eclipse o empequeñezca la dimensión vertical, más esencial aún, de nuestra fe. Nuestra relación con Dios es fundamental y va primero; nuestra relación con los demás fluye de ella. No obstante, el problema con el amor es que puede ser un término muy vago. Las personas lo llenan casi con cualquier significado que quieren. En especial en una cultura que piensa principalmente en el amor como algo que «viene y se va» de manera caprichosa, hemos de prestar una cuidadosa atención al significado y relevancia bíblicos del amor.

El amor bíblico, como se nos recuerda sin cesar, no es una emoción. Es una actitud, una mentalidad. Los escritores de antaño y algunos contemporáneos han intentado expresar esta distinción utilizando el término «caridad» para describir la idea que expresa la Biblia. Puesto que amar es un mandamiento, implica decisión, un asunto de la voluntad.

Naturalmente, no creo que ninguno de nosotros pueda amar como nos lo pide la Biblia sin la acción capacitadora de la Gracia de Dios. El amor no puede ser por completo producto de la voluntad humana. Sin embargo, nuestras voluntades han de estar implicadas. El Espíritu puede estimular el amor dentro de nosotros. Sin embargo, nos toca a nosotros cooperar con el Espíritu en el desarrollo de una consistente mentalidad de amor hacia los demás, y trabajar activamente para poner en práctica el amor en las diferentes relaciones personales en que nos vemos implicados. Esto es precisamente lo que Pablo parece estar haciendo aquí. Como hemos afirmado, el «amor sincero» es el tema de 12:9–21. Pablo quiere mostrar cómo se manifiesta en la práctica el amor bíblico. El cristiano que mantiene una actitud de amor actuará del modo que aquí se describe.

«La ética situacional» no es ya un movimiento popular. Sin embargo, la idea de que la conducta ética apropiada toma siempre una forma «amorosa» en una determinada situación sigue estando con nosotros, tanto en la Iglesia como fuera de ella. Los creyentes se niegan a confrontar a otros creyentes con un pecado porque hacerlo no sería «amoroso». Razonamos que el sexo, aun fuera del matrimonio, no puede en modo alguno ser erróneo, puesto que es el resultado natural de una relación «de amor». De manera implícita comenzamos a definir el bien y el mal según el estándar de lo que es amoroso, definido, naturalmente, en nuestros términos.

Pero el amor ha de ser definido en los términos que Dios ha expresado. En pasajes como Romanos 12:9–21 deja claro que la mentalidad del amor siempre provocará acciones que estén plenamente de acuerdo con su buena y perfecta voluntad (12:2). Por una parte, Dios establece normas de conducta correctas, que nos son reveladas en la Escritura y, por otra, nos inspira amor hacia los demás. En última instancia, ambas cosas no pueden estar en conflicto.

Sin embargo, todos nos encontramos en situaciones en que estas dos cosas parecen estar en tensión. ¿Qué hacemos en estos casos? Supongamos, por ejemplo, que la única manera de conseguir el medicamento que puede salvar la vida de mi hijo es robándolo; no tengo dinero para comprarlo, y he agotado todos los medios para conseguirlo de cualquier otro modo. ¿Estaría justificado el robo si con ello salvo la vida de mi hijo? ¿Acaso el amor debería tener preferencia sobre el mandamiento divino de no robar? Los filósofos moralistas cristianos llevan muchos años debatiendo este tipo de cuestiones, y no han alcanzado un acuerdo general, ni es probable que éste se produzca pronto. Algunos insisten en que, en estos casos, el amor está por encima de la Ley, y citan algunos textos bíblicos para apoyar su posición (p. ej., Mateo 12:1-8). Otros argumentan que, en su Providencia, Dios dispone todas las cosas de tal modo que nunca un creyente se encontrará en un aprieto tan intolerable que le obligue a transgredir los mandamientos de la Escritura (cf. 1Co 10:13).

Mi inclinación personal es adoptar la segunda de estas alternativas. Sin embargo, sea cual sea el punto de vista que adoptemos sobre este asunto, hemos de reconocer que estos dilemas éticos son, cuando menos, poco frecuentes. Por regla general, el conflicto que experimentamos se produce entre lo que Dios ha ordenado en la Escritura y lo que creemos ser la conducta «amorosa» que hemos de seguir. En tales situaciones —en las que, naturalmente, estamos seguros de nuestra base bíblica— hemos de seguir el mandamiento de Dios. Porque es él quien, en última instancia, determina lo que es o no amoroso. Todos somos muy capaces de modificar la aplicación del amor para que ésta se ajuste a nuestros propios deseos.

Amor y violencia. De las varias manifestaciones de amor que Pablo trata en 12:9-21, ninguna recibe más atención que la negación de la venganza. Basándose en la enseñanza de Jesús en el Sermón del Monte, Pablo nos llama a bendecir a quienes nos persigan» (v. 14). En los versículos 17-21, el apóstol regresa a esta misma cuestión y la explica con mayor detalle. Como principio para las relaciones personales, los creyentes no deben adoptar la máxima mundana «donde las dan las toman». Reconociendo que, en última instancia, Dios corregirá todos los errores y vengará todo acto perverso, no hemos de responder al mal con una actitud vengativa, sino con bondad y amor.

Aquí encontramos uno de los rasgos más peculiares que han de caracterizar a los cristianos. El deseo de vengarnos de aquellos que nos hacen daño está hondamente arraigado en la naturaleza humana. Se celebra en los libros y en las películas (el público de los cines ovaciona las escenas en que «el malo» recibe su merecido), y se expresa diariamente en nuestras autopistas en el antagonismo entre conductores. Pero, como hijos suyos, Dios nos llama a ser distintos. Hemos de imitar a Cristo, quien, cuando «proferían insultos contra él, no replicaba con insultos; cuando padecía, no amenazaba» (1P 2:23). Como Pablo deja claro, no hemos de limitarnos a no vengarnos de quienes nos hacen daño; hemos de hacerles bien de manera positiva.

Buscar la paz —hasta donde dependa de nosotros— es un valor esencial en el reino de Dios. ¡Imaginemos la transformación social que traería la consistente aplicación de esta filosofía de las relaciones humanas! Cuando en una vía de dos carriles, las obras obligan a los conductores a formar uno solo, mi esposa y yo siempre comentamos cuánto más agradable (¡y segura!) sería esta operación si los conductores estuvieran dispuestos a esperar a que les llegara el turno.

Pero, ¿hasta dónde hemos de llevar este principio? En uno de los capítulos de su libro excepcional sobre ética cristiana, Richard Hays sostiene que el Nuevo Testamento llama a los creyentes a renunciar a «la violencia en defensa de la justicia».[11] Hays cita la enérgica condena que Jesús hace de la venganza en el Sermón del Monte y después menciona pasajes como Romanos 12:9–21 que respaldan este mismo principio. En vista de la demanda del reino de Jesús, matar o perjudicar a los enemigos no es ya una opción justificable. Los creyentes han de renunciar a la violencia en sus relaciones personales y evitar aquellas posiciones gubernamentales que pudieran forzarles a utilizar la violencia (i.e., servir en las fuerzas armadas, la policía, etc.).

Esta concepción pacifista de la enseñanza del Nuevo Testamento cuenta con una larga y respetada historia, así como con una sólida base en la enseñanza de Jesús (especialmente Mt 5:38–48) y los escritores neotestamentarios. En el Nuevo Testamento pueden hallarse muy pocos –si es que alguno– contraejemplos convincentes de ello (no está claro que la purificación del templo por parte de Jesús implicara violencia). Además, muchos cristianos desestiman la opción pacifista con demasiada rapidez y por razones erróneas. Alegamos con airada convicción que hemos de defendernos o, de lo contrario, el mal camparía por sus fueros: nuestras esposas serían violadas, el número de asesinos se multiplicaría y los dictadores impondrían sus perversos imperios a un mundo impotente. Pero Dios no siempre llama a su pueblo a hacer lo que parece prudente, y nos recuerda vigorosamente que el control de la Historia está en sus manos. Nuestra responsabilidad es obedecer lo que nos dice y no preocuparnos excesivamente de los resultados, que en última instancia dependen de Dios.

Como he tenido ocasión de aprender a lo largo de muchos años de debate con un colega que había sido pacifista, la completa renuncia de la violencia por parte de los cristianos puede defenderse con argumentos importantes. Cabe, sin embargo, la pregunta, ¿se trata de una posición bíblica realmente persuasiva? No estoy seguro. Como veremos en Romanos 13:4, Pablo reconoce sin duda el derecho del Estado a castigar a los malhechores. Argumentar que esta tarea hay que dejársela a los no cristianos se acerca peligrosamente a una forma de ética de «dos reinos» en que, lo que es inmoral para los cristianos es lícito para los que no lo son. Si el Estado es un instrumento de Dios para llevar a cabo sus propósitos, entre ellos el castigo de los malhechores, ¿cómo puede ser impropio que los cristianos participen de este servicio?

---

11. *The Moral Vision of the New Testament*, [La visión moral del Nuevo Testamento], 317–46.

El Antiguo Testamento plantea un problema incluso mayor para el punto de vista pacifista, puesto que Dios ordena a su pueblo la utilización de la violencia contra sus enemigos. Hays, por ejemplo, admite que el Antiguo Testamento legitima la violencia del pueblo de Dios en ciertas ocasiones, pero que el testimonio del Nuevo Testamento es normativo. Sin embargo, cualquier punto de vista que enfrenta a un Testamento con el otro es sospechoso.

Cuando se considera todo el testimonio bíblico, da la impresión de que a los cristianos se les permite implícitamente utilizar la violencia cuando están al servicio del Estado. ¿Pero le es lícito al cristiano el uso de la violencia en el marco de su vida personal de cada día? ¿Puedo defenderme a mí mismo o a otras personas si yo o ellas somos injustamente agredidos? En esta cuestión los datos bíblicos no son tan claros. Tanto Jesús en Mateo 5 como Pablo en Romanos 12 parecen estar hablando de relaciones personales, y no parecen dejar un espacio para las excepciones.

En cualquier caso, lo que ambos parecen prohibir claramente es la venganza, es decir, que nos tomemos la justicia por nuestra mano con aquellos que nos han hecho daño. Al menos Pablo, no parece estar hablando directamente de la violencia en defensa del inocente. Jesús parece sugerir un principio mucho más amplio: «No resistan al que les haga mal» (Mt 5:39). Por otra parte, tanto Jesús como Pablo encarecen a los creyentes, de manera positiva, a bendecir a quienes les tratan mal, a procurar la paz con todos y a responder al mal con bien.

No está muy claro que la defensa del inocente en nuestra vida personal esté justificada bíblicamente. Sin embargo, lo que sí está claro es que los creyentes han de cultivar una actitud de amor que mire el bien de la otra persona y no la defensa de nuestros derechos, dignidad, o hasta, quizá, la propia vida. Cuando vive de manera consistente, la comunidad cristiana puede convertirse en una genuina contracultura que sirve de testigo a un mundo cada vez más atrapado en una espiral de violencia.

Los estadounidenses piden el derecho de poseer armas de fuego y utilizarlas porque otros lo hacen. Las naciones más pobres gastan miles de millones de dólares en armas para poder mirar a sus vecinos de tú a tú. A nuestros hijos se les enseña a defenderse, a «luchar por sus derechos», etcétera. Jesús sugiere un camino mejor. Aunque es cierto que sería utópico pensar que podemos transformar la sociedad por medio de nuestras actitudes, a lo que la Iglesia está llamada en última instancia es a ser un testigo.

Romanos 13:1-7

Todos deben someterse a las autoridades públicas, pues no hay autoridad que Dios no haya dispuesto, así que las que existen fueron establecidas por él. 2 Por lo tanto, todo el que se opone a la autoridad se rebela contra lo que Dios ha instituido. Los que así proceden recibirán castigo. 3 Porque los gobernantes no están para infundir terror a los que hacen lo bueno sino a los que hacen lo malo. ¿Quieres librarte del miedo a la autoridad? Haz lo bueno, y tendrás su aprobación, 4 pues está al servicio de Dios para tu bien. Pero si haces lo malo, entonces debes tener miedo. No en vano lleva la espada, pues está al servicio de Dios para impartir justicia y castigar al malhechor. 5 Así que es necesario someterse a las autoridades, no sólo para evitar el castigo sino también por razones de conciencia. 6 Por eso mismo pagan ustedes impuestos, pues las autoridades están al servicio de Dios, dedicadas precisamente a gobernar. 7 Paguen a cada uno lo que le corresponda: si deben impuestos, paguen los impuestos; si deben contribuciones, paguen las contribuciones; al que deban respeto, muéstrenle respeto; al que deban honor, ríndanle honor.

A diferencia de la serie de exhortaciones un tanto inconexas de 12:9–21, este párrafo desarrolla un solo tema: los cristianos han de «someterse» a las autoridades gubernamentales. Pablo plantea esta demanda al comienzo del párrafo. Después, en los versículos 1b–4, el apóstol da dos razones para dicho sometimiento: porque Dios ha establecido a las autoridades (vv. 1b–2), y porque ellas, con la bendición de Dios, castigarán a los infractores (vv. 3–4). El versículo 5 es un resumen: Pablo repite la demanda de sujetarse a las autoridades y a continuación menciona de nuevo brevemente las dos razones de la sumisión (en orden contrario). La expresión «para evitar el castigo» alude a los versículos 3–4, mientras que «por razones de conciencia» resume el argumento de los versículos 1b–2. Pablo concluye el párrafo con una nota práctica, instando a los cristianos romanos a seguir pagando sus impuestos (vv. 6–7).

La demanda general y al parecer incondicional de que los creyentes obedezcan lo que ordenen las autoridades ha generado mucha discusión y debate. Exploraremos las cuestiones clave en las secciones que siguen, sin embargo, antes hemos de establecer un asunto preliminar: ¿por qué incluye Pablo esta enseñanza precisamente en este punto de su carta a los Romanos? Para algunos eruditos, este párrafo parece ser un «cuerpo extraño» en Romanos 12–13, que interrumpe la exposición paulina del amor cristiano (12:9–21 y 13:8–10). Argumentan por tanto que, probablemente, alguien escribió este párrafo y lo insertó en el texto de Romanos después de que Pablo redactara la carta.[1]

---

1. Ver, p. ej., W. Munro, *Authority in Paul and Peter: The Identification of a Pastoral Stratum in the Pauline Corpus and 1 Peter* [La autoridad en Pablo y Pedro: la identifi-

No existe, sin embargo, ninguna prueba de que Romanos hubiera nunca circulado sin este párrafo. De hecho, esta sección hace una importante aportación a la descripción paulina de la vida transformada que se espera de los creyentes en la nueva era de la Redención. Desde el comienzo mismo de la Iglesia algunos creyentes excesivamente entusiastas llevaron a un extremo las radicales demandas evangélicas de no conformidad a este mundo. Pensaban que la venida de la nueva era significaba que todas las cosas del mundo estaban bajo juicio, y que los cristianos verdaderamente «espirituales» habían de evitarlas. Como parte del «mundo» incluían instituciones tales como el matrimonio (ver 1Co 7; 1Ti 4:3), el sexo (1Co 7 de nuevo), y el gobierno (ver, p. ej., 1Ti 2:2; Tito 3:1; 1P 2:13–14).

Por ello, los apóstoles tenían que combatir esta clase de extremismo, señalando que tales actividades habían sido, en realidad, establecidas por Dios para bien de los seres humanos. Los cristianos no han de pensar que su fe requiere que consideren estas instituciones como algo malo. Esto nos ayuda a entender por qué Pablo creía necesario equilibrar su demanda de que los creyentes no se amoldaran «al mundo actual» (12:2) con el recordatorio de que, en este sentido, las autoridades gubernamentales no eran del mundo sino, en realidad, siervos de Dios, que hacían su voluntad.

Hay otras razones por las que 13:1–7 está en este preciso lugar de Romanos. En 12:17–21, Pablo instó a los creyentes a no tomarse la justicia por su mano sino a permitir que sea Dios quien juzgue. Una de las razones por las que podemos actuar de este modo es que Dios ha establecido al gobierno como la institución que ha de ejecutar su juicio en este mundo. Además, es posible que Pablo conociera algunos asuntos de la actualidad romana de aquel momento, que hicieran especialmente oportuna una exhortación a obedecer al gobierno (ver «Construyendo puentes»).

El punto esencial del párrafo se resume en sus primeras palabras: «Todos deben someterse a las autoridades públicas». Dos palabras de este mandamiento requieren una especial atención. En primer lugar, «autoridades públicas», como sugiere la traducción, se refiere a cualquier persona que represente el poder del Estado: desde el burócrata local hasta el Emperador, el presidente, o el primer ministro. En el pasado, algunos eruditos defendían que con la palabra «autoridades» (*exousai* en griego) Pablo pretendía aludir tanto a los seres humanos que ejercían autoridad, como a los poderes espirituales que, según el concepto antiguo, estaban tras aquellas autoridades humanas.[2] Sin embargo, hoy se rechaza generalmente este punto de vista, creo que acertadamente.[3]

---

cación de un estrato pastoral en el corpus paulino y en 1 Pedro] (Cambridge: Cambridge Univ. Press, 1983), 56–67.

2. Ver especialmente Karl Barth, *Church and State* [Iglesia y Estado] (Londres: SCM, 1939), 23–36; Oscar Cullmann, *El Estado en el Nuevo Testamento* (Madrid; Ediciones Taurus, 1961), 55:70–70 de la edición en inglés.
3. Ver la exposición especialmente buena en Cranfield, *The Epistle to the Romans* [La Epístola a los Romanos], 59, aún más significativa por cuanto anteriormente había sostenido este punto de vista («Some Observations on Romans 13» [Algunas observaciones sobre Romanos 13] NTS 6 [1959–60]: 241–49).

La segunda palabra clave es «someterse» (*hypotasso*). Lo importante es entender (ver la sección «Significado contemporáneo») que el ámbito de significados de esta palabra va más allá de «obedecer». Llama a los creyentes a reconocer que, dentro del esquema que Dios ha instituido para gobernar el mundo, ellos «están bajo» el gobierno de la nación.

Con la palabra «pues» hacia la mitad del versículo 1, Pablo introduce la primera razón por la que los creyentes han de reconocer la legitimidad de la autoridad gubernamental. Mediante un juego verbal con la raíz del verbo «someterse» (*tag-*), nos recuerda que el propio Dios ha «establecido» o nombrado (*tetagmenoi*) todas las autoridades que existen. Este punto no es nuevo. A lo largo de la Biblia, el gobierno providencial de Dios sobre todas las cosas se aplica concretamente al ascenso y caída de los dirigentes políticos. Como Daniel le dice al rey Nabucodonosor, «... el Dios Altísimo es el Soberano de todos los reinos humanos, y [...] se los entrega a quien él quiere, y hasta pone sobre ellos al más humilde de los hombres» (Dn 4:17; ver «Construyendo puentes»).

En el versículo 2, Pablo plantea la consecuencia de la participación divina en el nombramiento de todas las autoridades políticas. Cuando nos rebelamos contra lo que ellas nos mandan, nos estamos rebelando contra el propio Dios, y ello producirá juicio. Pablo utiliza una expresión semítica, «recibirán castigo», para denotar este juicio (ver también Mr 12:40; Lc 20:47; Stg 3:1). Pero, este juicio con el que nos amenaza Pablo, ¿es el que llevan a cabo las autoridades seculares con el poder de Dios (ver v. 3)[4] o un juicio que ejecutará el propio Dios al final de la Historia?[5] Es difícil decidirse entre estas dos opciones, pero quizá esta última encaja mejor en la secuencia argumental.

Sea cual sea nuestra decisión sobre el final del versículo 2, está claro que en los versículos 3–4 Pablo especifica que uno de los propósitos del gobierno secular es actuar como «siervo de Dios» para recompensar el bien y castigar el mal. En el Nuevo Testamento, la palabra «siervo» (*diakonos*) se refiere por regla general a alguien que ministra conscientemente en el nombre de Dios (p. ej., 15:8; 16:1). Pero el término *diakonos* se utiliza también para denotar a los funcionarios civiles (cf. Est 1:10; 2:2; 6:13; Jer 25:9; Sabiduría de Salomón 6:4).[6] Esto es probablemente lo que este término significa aquí. Los funcionarios políticos son siervos de Dios. Inconscientemente, sirven a los propósitos de Dios en el mundo. Tienen el derecho, según el propósito de Dios, de castigar a los malhechores. Como lo expresa Pablo, «no en vano lleva la espada» (en la sección «Significado contemporáneo» hay más detalles sobre el significado e importancia de esta expresión).

Puesto que el Estado tiene una responsabilidad dada por Dios para castigar a quienes hacen el mal, si los creyentes quieren librarse «del miedo a la autoridad», han de hacer el bien. Entonces recibirán los elogios del gobierno. ¿Pero cómo puede Pablo afirmar que los gobiernos castigan la maldad y recompensan el bien

---

4. P. ej. Godet, *Commentary on Romans* [Comentario de Romanos], 442; Murray, *The Epistle to the Romans* [La Epístola a los Romanos], 2:149; Cranfield, *The Epistle to the Romans* [La Epístola a los Romanos] 663-64.
5. P. ej. Dunn, *Romans* [Romanos], 762–63.
6. Ver exposición al respecto en el vocabulario griego Moulton-Milligan.

cuando todos conocemos tantos contraejemplos de estados, como la Alemania nazi, por ejemplo, que castigaba a las buenas personas y enaltecía la maldad? ¿Es posible que Pablo esté describiendo al Estado como se supone que ha de funcionar según los propósitos de Dios y no necesariamente como lo hace siempre? Esto tiene implicaciones para la relevancia del texto, como se verá más adelante.

Con el versículo 5 Pablo resume el argumento del párrafo hasta este momento. Reitera el mandamiento de someternos y a continuación, en orden quiásmico, habla de las dos razones de la sumisión:

- Dios establece las autoridades gubernamentales (vv. 1b–2), «para evitar el castigo»
- Las autoridades castigan a los malhechores (vv. 3–4), «por razones de conciencia»

Por regla general, la palabra «conciencia» (*syneidesis*) alude a aquella facultad del ser humano que le informa de la moralidad de sus acciones una vez que éstas se han producido.[7] Sin embargo, esta palabra puede utilizarse también de un modo más amplio, y este parece ser aquí el caso.[8] *Syneidesis* se refiere aquí a nuestra conciencia de Dios y de su voluntad para nosotros. Puesto que entendemos que Dios ha designado a los gobernantes, hemos de sujetarnos a ellos.

Es probable que el término «eso» al principio del versículo 6 apunte a esta verdad. Somos conscientes de que Dios ha designado a las autoridades gubernamentales y, por ello, pagamos los impuestos. La forma verbal que Pablo utiliza aquí podría también ser un imperativo —«tienen que pagar impuestos» (NJB)— sin embargo es más probable que se trate de un indicativo, puesto que Pablo está explicando (obsérvese la partícula griego *gar*, «ya que») por qué actúan como lo hacen los cristianos romanos. Y por si lo hubiéramos pasado por alto, Pablo nos recuerda una vez más el argumento teológico principal al final del versículo 6. Hemos de respetar a las autoridades porque están «al servicio» de Dios. El argumento es aquí incluso más fuerte, porque la palabra que se traduce «al servicio» es *leitourgos*, la cual se utiliza en la LXX para aludir a quienes servían en el templo y en el Nuevo Testamento a los «ministros» del Señor (Ro 15:16; cf. Fil 2:25; Heb 1:7; 8:2; 10:11). Pablo no podría haber expresado con más claridad que los dirigentes civiles están, de hecho, sirviendo a los propósitos de Dios.

Pablo concluye (v. 7) con una nota práctica. En primer lugar, dicta un mandamiento de carácter general: «paguen a cada uno lo que le corresponda». Pero el contexto deja claro que al decir «cada uno» Pablo está aludiendo especialmente a las diferentes autoridades civiles. Esto se hace aún más claro cuando el apóstol entra en los pormenores: hemos de pagar «impuestos» (i.e., pagos directos al gobierno, como la declaración de la renta) y «contribuciones» (derechos gubernamentales indirectos, p. ej., aranceles).

Dios pide algo más que un reconocimiento externo y a regañadientes de la autoridad gubernamental; también hemos de conceder a los gobernantes «respeto» y

---

7. Ver especialmente C. A. Pierce, *Conscience in the New Testament* [La conciencia en el Nuevo Testamento], (Chicago: Allenson, 1955), 65–71.
8. Ver, p. ej., Cranfield, *The Epistle to the Romans* [La Epístola a los Romanos], 668.

«honor». «Respeto» traduce la palabra griega *fobos* (temor), y algunos comentaristas opinan que Pablo podría estar siguiendo la pauta de Jesús (ver Mt 22:21) al combinar honor a «César» con «temor» u obediencia a Dios.[9] Sin embargo, el contexto no nos ha preparado para este cambio de enfoque. Romanos 13:7 se limita a concluir de manera práctica la enseñanza del párrafo. Puesto que las autoridades gubernamentales han sido designadas por Dios, los creyentes han de respetarlas y honrarlas, manifestando su sumisión con el pago de los impuestos.

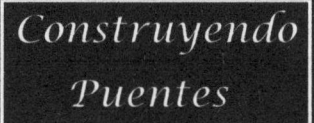

A lo largo de la historia, pocos pasajes de la Escritura se han estudiado y analizado más que Romanos 13:1–7. Esta historia de la interpretación ha sido en gran medida una historia de los intentos de evitar lo que, a primera vista y con sencillez, parece estar diciendo el pasaje. Pablo parece estar pidiendo que todos obedezcan siempre cualquier cosa que demanden las autoridades gubernamentales, porque Dios las ha designado; para obedecer a Dios, hemos de obedecer a sus representantes. No obstante, creyentes de todas las generaciones se han sentido abatidos ante la perspectiva de obedecer las demandas de gobernantes aparentemente perversos o hasta diabólicos (Hitler sería, por supuesto, un ejemplo moderno clásico).

Además, al menos en algunos casos, la propia Escritura parece presentar la desobediencia civil como una virtud. El ejemplo clásico lo constituyen Pedro y Juan, a quienes Lucas elogia por responder con estas palabras a la orden del Sanedrín de no predicar sobre Jesús: «¿Es justo delante de Dios obedecerlos a ustedes en vez de obedecerlo a él? ¡Júzguenlo ustedes mismos!» (Hch 4:19–20; cf. 5:29). Además, la resistencia a las demandas de adoración de la bestia en el libro de Apocalipsis es una marca de compromiso con el Señor. En la siguiente sección exploraremos cómo podemos armonizar la enseñanza de la Escritura en este asunto de la obediencia a las autoridades gubernamentales. Pero primero hemos de considerar algunas cuestiones, antiguas y modernas, que nos ayudarán a salvar el vacío entre los contextos.

Enseñanza judía y veterotestamentaria. Como antes hemos observado, lo que Pablo dice sobre las autoridades gubernamentales se corresponde claramente con la típica enseñanza judía y veterotestamentaria. Como gobernante de todo el Universo, Dios controla todos los asuntos de la Historia humana (incluyendo especialmente los gobiernos del mundo). Por tanto, el pueblo de Dios nunca ha de preocuparse de que los estados puedan frustrar la voluntad de Dios, puesto que, como nos recuerda Isaías en 40:23–24:

> Él reina sobre la bóveda de la tierra, cuyos habitantes son como langostas. Él extiende los cielos como un toldo, y los despliega como carpa para ser habitada. Él anula a los poderosos, y a nada reduce a los gobernantes de este mundo.

---

9. Cranfield, *The Epistle to the Romans* [La Epístola a los Romanos], 672 (en la medida de lo posible). Obsérvese que 1P 2:17 distingue entre «temer» (*phobeomai*) a Dios y «honrar» (*timao*) al rey/emperador.

Ciro, el monarca persa ejemplifica este poder de Dios sobre los gobernantes humanos. Aunque aparentemente llegó al poder sirviéndose de sus capacidades y de las habituales maquinaciones militares y políticas, Ciro era, de hecho, el «ungido» de Dios, levantado para impulsar el plan de Dios en la Historia (Is 45:1–7). Antes he citado el libro de Daniel, escrito cuando la crisis predicha por Isaías se había producido. Dios utilizó a Daniel para humillar al orgulloso y arrogante Rey Nabucodonosor, para que éste se diera cuenta de que «el Dios Altísimo es el soberano de todos los reinos humanos, y que se los entrega a quien él quiere» (Dn 4:17; ver también 5:21).

La enseñanza judía intertestamentaria era similar, como se ve en Sabiduría 6:1–3:

¡Escuchen, reyes, y comprendan! ¡Aprendan, jueces de los confines de la tierra!¡Presten atención, los que dominan multitudes y están orgullosos de esa muchedumbre de naciones! Porque el Señor les ha dado el dominio, y el poder lo han recibido del Altísimo, él examinará las obras de ustedes y juzgará sus designios.

Sin embargo, junto a la creencia de que Dios está tras el gobierno secular, existe también una percepción de que, en ocasiones, ha de resistirse al gobierno secular en el nombre de Dios. El clásico ejemplo judío de esta cuestión lo encontramos en la persecución inaugurada por el mandatario seléucida Antíoco IV a comienzos del siglo segundo a.C. Antíoco pretendía erradicar la fe judía ilegalizando la Torá, prohibiendo la circuncisión y suspendiendo los sacrificios del templo. Los judíos creían que la verdadera devoción a Dios era la que expresaban los macabeos, piadosos luchadores por la libertad que iniciaron una guerra de guerrillas contra los seléucidas (ver 1 y 2 Macabeos). Así, su herencia judía y veterotestamentaria aportaba a Pablo una sólida convicción de que Dios era quien designaba el gobierno secular para sus propósitos y un orgulloso legado de resistencia a los gobernantes perversos.

Roma en el tiempo de Pablo. Otro de los contextos que hemos de considerar al evaluar el significado de este texto es el Imperio Romano en el tiempo de Pablo. En este asunto hay tres elementos importantes. (1) La experiencia que Pablo había tenido personalmente con los funcionarios gubernamentales romanos era, en general, positiva. Como ciudadano de Roma, el apóstol disfrutaba de ciertos privilegios, que le ayudaron en Filipos (Hch 16) y más adelante en Jerusalén (21:39; 22:23–29; 25:10–11). El gobernador romano de Acaya se negó a prohibir la predicación del Evangelio cuando los judíos se lo pidieron (18:12–17).

(2) Algunos intérpretes opinan que estas buenas experiencias llevaron a Pablo a ser un tanto ingenuo acerca de Roma, y a fomentar la ciega obediencia de los cristianos al Emperador y sus adláteres. Pero esta interpretación pasa por alto una segunda serie de datos. Pablo creía que el Señor de su vida había sido injustamente asesinado por el Imperio Romano. Sin duda, este hecho del Jesús crucificado, esencial tanto para la fe de Pablo como para su predicación, le habría guardado de abrigar actitudes ingenuas sobre el gobierno. Además, la historia del pueblo de Dios, tan importante para la formación del sistema de valores de Pablo, estaba llena de ejemplos de hombres y mujeres que se hicieron merecedores de grandes

recompensas celestiales precisamente por desobedecer a los gobernantes perversos (p. ej., Dn 3:6).

(3) Hay un último elemento del Imperio Romano del primer siglo que puede también desempeñar un papel relevante en Romanos 13:1–7: un creciente sentido de decepción con el poder del gobierno. El historiador romano Tácito nos dice que, a mediados de los años 50, había una resistencia considerable a pagar los impuestos indirectos, que culminó en un levantamiento en el año 58 d.C.[10]

Es posible que la acción conjunta de todas estas fuerzas en la sociedad en general hubiera llevado a los cristianos romanos a cuestionar su necesidad de obedecer al gobierno. La influencia indirecta del movimiento zelote exacerbaba en gran manera tales tendencias. Una parte de los cristianos de Roma era judía, y es posible que algunos de ellos simpatizaran con el cada vez más importante y popular programa revolucionario de los zelotes, que pretendían redimir a Israel de la opresión romana por medio de la violencia.

En conclusión, lo que sabemos de este periodo de la Historia sugiere que, motivados por el desasosiego social, la influencia de los zelotes, y su teología de «renuncia del mundo», los cristianos de Roma podrían haber sufrido un cierto desequilibrio en su idea del gobierno, que les llevaba a considerar la autoridad gubernamental como algo que podía ignorarse a voluntad. Romanos 13:1–7 bien podría ser un intento de corregir este desequilibrio. En otras palabras, Pablo no está dando una enseñanza cuidadosa y equilibrada sobre el Estado, sino más bien, centrándose deliberadamente en un solo aspecto del asunto.

Nuestro contexto. Podría ser tentador concebir el «contexto» como algo que afecta únicamente a los autores bíblicos. No cabe duda de que hay que reconocer su situación cultural y tenerla en consideración al interpretar lo que escribieron. Sin embargo, si los autores bíblicos escribieron dentro de un cierto contexto, nosotros también leemos sus palabras en un contexto específico que afecta nuestra manera de entenderlas. No hay asunto en que nuestro contexto sea más determinante que en esta cuestión de la sumisión al gobierno.

(1) La mayor parte de nosotros entendemos este texto dentro de la tradición de las democracias liberales del siglo XX. Estamos habituados a vivir bajo gobiernos elegidos por el pueblo que siguen amplias directrices humanitarias en sus leyes y procedimientos y que, hasta cierto punto, son susceptibles a la presión que ejercen sobre ellos los ciudadanos normales. Todo esto es completamente ajeno al contexto de Pablo. No es nada fácil transferir desde su situación política a la nuestra lo que el apóstol y otros autores bíblicos dicen sobre el gobierno. Es probable que los cristianos que todavía viven bajo regímenes autocráticos y represivos puedan apreciar lo que Pablo está enseñando mejor que aquellos que nunca hemos tenido que vivir en esta clase de atmósfera.

(2) Leemos Romanos 13 con el horripilante ejemplo del Holocausto vívido en nuestra memoria. Aquí tenemos la encarnación moderna de un sistema gubernamental diabólico en su peor versión. Casi todas las interpretaciones de Romanos 13 que se han escrito desde 1945 introducen explícitamente la exposición de la

---

10. Tácito, *Anales*. 13.50 y ss.

situación de la Alemania de Hitler. No tiene sentido pretender que tales experiencias no afectan a nuestra interpretación. ¿Habría sostenido Karl Barth con tanta fuerza que los poderes espirituales (potencialmente malos) están tras los gobernantes humanos si él mismo no hubiera tenido que huir de la Alemania nazi antes de la Segunda Guerra Mundial? ¿O habría sido Ernst Käsemann tan escéptico acerca de la autoría paulina de este pasaje de no haber estado al borde del arresto y reclusión en un campo de concentración por predicar el Evangelio durante la guerra?

Pocos hemos tenido una experiencia directa bajo un gobierno perverso. Pero algunos sí la hemos tenido; y en lo más profundo de nuestro ser, todos sabemos que los gobernantes humanos pueden volverse contra Dios y su pueblo, y asumir las actitudes y políticas del propio diablo. No podemos pasar por alto este conocimiento y, aunque pudiéramos, no deberíamos hacerlo porque tal conocimiento representa una prueba del modo en que funciona el mundo según los propósitos de Dios. Pero hemos de reconocer también que la cultura que nos rodea y nuestras propias experiencias pueden impedirnos leer y aplicar Romanos 13 como es debido.

Significado Contemporáneo

¿Dónde está la excepción? Como antes hemos observado, la pregunta clave que nos hacemos la mayoría de nosotros cuando llegamos a Romanos 13 no es: «¿qué significa esto?», sino: «dónde está la excepción?». Puesto que es una verdad que la Escritura enseña de manera consistente, no tenemos excesivas dificultades para entender que Dios ha establecido a las autoridades gubernamentales, y que hemos de reconocernos bajo su potestad. Sin embargo, sí tenemos problemas con la aparente demanda de Romanos 13 en el sentido de que hemos de hacer siempre lo que cualquier delegado de la autoridad gubernamental nos mande. Sabemos que en la propia Escritura hay ciertas excepciones, y creemos profundamente que no era la voluntad de Dios que los alemanes obedecieran a sus gobernantes y ayudaran a los nazis a asesinar a millones de judíos, polacos, rusos, etcétera. ¿Cómo, sin embargo, podemos justificar cualquier excepción en Romanos 13? ¿Sobre qué base podemos permitir excepciones sin hacer violencia a estos versículos? Hay siete posibilidades que merecen ser mencionadas, y que se enumeran a continuación por orden de probabilidad, de menos a más.

(1) Pablo no demanda sumisión al gobierno, puesto que Romanos 13:1–7 es un añadido tardío, no paulino, a la carta. Esta posibilidad ha sido ya rechazada anteriormente.

(2) Pablo es un tanto ingenuo acerca del gobierno humano. Su experiencia personal le llevó a ser mucho más optimista acerca de los gobernantes de lo que es razonable. Lo que escribe en 13:1–7 es su sesgada opinión personal, y podemos ignorarlo. Sin embargo, este punto de vista, no solo niega una faceta fundamental de la fe —la autoridad de la Escritura—, sino que también pasa por alto la realidad de las propias circunstancias de Pablo.

(3) Pablo demanda que los cristianos obedezcan al gobierno, solo durante un periodo muy corto de tiempo, hasta que Cristo regrese para instaurar su reino eterno. Sin embargo, aunque Pablo cree que Cristo puede volver en cualquier momento, enseña también a los creyentes que han de estar preparados para vivir en este mundo permanentemente.

(4) Pablo pide que los cristianos obedezcan a las autoridades gubernamentales solo en la medida en que estas autoridades, y los gobernantes espirituales que las apoyan, permanezcan en sumisión a Cristo. No obstante, y como ya hemos observado en el versículo 1, es muy poco probable que en este pasaje se esté haciendo una referencia doble a los gobernantes humanos y a los espirituales.

(5) Pablo demanda obediencia a las autoridades gubernamentales que existen en aquel tiempo y lugar, no a los gobernantes en otras situaciones. Como hemos visto, es posible que hubiera buenas razones para que Pablo escribiera como lo hace a los cristianos romanos dadas sus circunstancias especiales. El apóstol escribe, por tanto, solo a aquella situación, y nos equivocamos al extrapolar lo que dice a otros contextos. Este punto ha de considerarse con seriedad. De hecho, creo personalmente que en este pasaje Pablo se centra solo en el aspecto positivo del gobierno por la necesidad de compensar un desequilibrio en la perspectiva de los cristianos romanos (ver la sección «Construyendo puentes»). Sin embargo, aunque la naturaleza circunstancial de lo que escribe Pablo limita *lo que* dice, no condiciona, no obstante, su *ámbito*. En el versículo 1 el apóstol lleva este principio más allá de la situación en la Roma del primer siglo y lo aplica a la situación del mundo en general: «*no hay [ninguna]* autoridad que Dios no haya dispuesto» (cursivas del autor).

(6) En la interpretación de los versículos 3-4, he sugerido que Pablo solo admite la posibilidad de que los estados recompensen el bien y castiguen la maldad porque está pensando de manera implícita en el estado ideal (cuando éste funciona según el designio de Dios). Por consiguiente, Pablo podría estar pidiendo que los cristianos se sujeten a las autoridades solo en la medida en que éstos cumplan su misión, según los propósitos de Dios, de restringir la maldad y estimular el bien. Cuando un estado deja de hacer estas cosas, los cristianos tienen la libertad de desobedecer sus mandatos.[11]

El problema de este punto de vista es que Pablo no matiza explícitamente su mandamiento con ninguna de tales restricciones. No obstante, es una idea digna de atención, porque de otro modo es difícil de explicar por qué Pablo pasa por alto la posibilidad de que el Estado pueda castigar el bien y recompensar el mal. El apóstol está describiendo el modo en que se supone que el Estado ha de funcionar según los propósitos de Dios, y hace un llamamiento a los creyentes a sujetarse a los estados que funcionen así. Puede que haya lugar en lo que dice para permitir que los creyentes se resistan al Estado cuando éste se vuelve contra Dios, como sucede, por ejemplo, en el libro de Apocalipsis.

(7) Al demandar «sumisión» al Estado, Pablo no está necesariamente mandando obediencia a todas y cada una de las exigencias del mismo. Una clave para esta

---

11. Ver, p. ej., Paul Achtemeier, *Romans* [Romanos], (Atlanta: John Knox, 1985), 205; Franz Leenhardt, *The Epistle to the Romans* [La Epístola a los Romanos] (Londres: Lutterworth, 1961), 323-25.

restricción es entender que, para Pablo, el término «someterse» (*hypotasso*) equivale sencillamente a «obedecer» (*hypakouo*). Por supuesto, el sentido de ambas palabras se traslapa, y es posible que en ciertos contextos no pueda distinguirse el uno del otro (cf. 1P 3:1, 6). Por otra parte, por regla general la sumisión se expresa por medio de la obediencia.

No obstante, la sumisión es algo más amplio y esencial que la obediencia. Someterse es reconocer el propio lugar subordinado dentro de una jerarquía establecida por Dios. Es reconocer que ciertas instituciones o personas han sido colocadas por encima de nosotros y merecen nuestro respeto y deferencia. Además de a los gobernantes (ver también Tit 3:1), Pablo llama a los creyentes a sujetarse asimismo a sus líderes espirituales (1Co 16:16), e incluso los unos a los otros (Ef 5:21; i.e., de la manera que Pablo perfila en 5:22-6:9). Los esclavos cristianos han de sujetarse a su amos (Tito 2:9), los profetas, a los otros profetas (1Co 14:32), y las esposas a sus maridos (1Co 14:35 [?]; Ef 5:24; Col 3:18; Tito 2:5). En cada uno de estos casos, una persona ha de reconocer el legítimo papel de liderazgo que otro ser humano tiene en su vida.

Sin embargo, en la idea de sumisión está siempre implícita la necesidad de reconocer que Dios está en el vértice superior de cualquier jerarquía. Aunque no lo hace siempre de manera explícita, Pablo asume que, en el último análisis, la sumisión se dirige a Dios, y que ningún ser humano puede postularse como autoridad definitiva para el creyente.

El paralelismo entre la sumisión del cristiano al gobierno y el de la esposa al marido es particularmente didáctico. La esposa ha de reconocer que Dios ha establecido a su marido como su «cabeza», es decir, su dirigente y guía. Por esta razón, ésta ha de seguir su liderazgo. Sin embargo, Pablo nunca pensaría que una esposa ha de hacer siempre cualquier cosa que su marido le demande. En una ocasión aconsejé a una mujer cristiana que había llevado el asunto del sometimiento a su marido hasta tal punto que creía tener que obedecerle en sus demandas de que mantuviera relaciones sexuales con él y otra mujer al mismo tiempo. Por mi parte, la insté a reconocer que a quien, en definitiva, debía lealtad era a Dios, cuya autoridad estaba por encima de la de su marido. En este caso, ella tenía que seguir a la autoridad más elevada y desobedecer a su marido. Aunque esto no significaba, por otra parte, que tuviera que rechazar a su marido o renunciar a su autoridad general sobre ella.

De igual modo, tengo la impresión de que, como creyentes, también podemos seguir sujetándonos a las autoridades gubernamentales aunque en ciertos casos específicos veamos que no podemos obedecerles. Cuando éstas nos manden hacer algo incompatible con nuestra lealtad a Dios, nuestra autoridad más elevada, hemos de decir con Pedro y Juan, «hemos de obedecer a Dios antes que a los hombres» (Hch 5:29).

Naturalmente, los cristianos no se pondrán de acuerdo sobre qué situaciones específicas requieren la aplicación de este principio. Durante la Guerra de Vietnam, por ejemplo, las convicciones pacifistas de algunos cristianos, unidas a sus dudas sobre la legitimidad de aquella guerra, les llevaron a pensar que obedecer a un gobierno que les pedía que se alistaran a las fuerzas armadas sería negar a

Dios. Otros cristianos estaban igualmente convencidos de que servir en el ejército no era incompatible con la voluntad de Dios. Esta clase de conflictos va sin duda a aumentar en nuestra sociedad pluralista y permisiva.

Sin embargo, son nuestros hermanos y hermanas de otros países quienes han de hacer frente a estos dilemas con particular intensidad. Por ejemplo, los creyentes que viven en países presididos por gobiernos islámicos se ven inmersos en difíciles conflictos entre la voluntad de Dios y los decretos de sus gobernantes. ¿Cómo han de actuar en tales cuestiones? Quienes no tenemos que tomar este tipo de decisiones y apechugar con sus consecuencias no estamos en posición de pontificar desde la distancia.

La preocupación de este texto. Nuestra última palabra sobre este asunto, no obstante, ha de respetar la intención del pasaje. No cabe duda de que estos versículos no pretenden estimular la desobediencia civil, ni siquiera establecer la base teológica para tal desobediencia. Nos advierten sobre el peligro de ignorar el legítimo lugar que tiene el gobierno dentro del ordenamiento del mundo según los propósitos de Dios. Los gobiernos —y cada uno de los estados y mandatarios individuales— han sido establecidos por Dios. Por consiguiente, los cristianos que desean hacer la voluntad de Dios reconocen el derecho de las autoridades gubernamentales a pedirles su sumisión, y han de llevar a cabo, en la medida de lo posible, lo que el gobierno les pide.

Este mensaje es particularmente apropiado en nuestro actual clima cultural que genera un número cada vez mayor de personas irrespetuosas hacia cualquier autoridad. Las distintas organizaciones de la Derecha que se rebelan contra el gobierno de los Estados Unidos (a veces en el nombre de Cristo) son una evidente manifestación de esta tendencia antiautoridad. Pero la vemos con igual claridad en el creciente número de personas que ignoran los límites de velocidad de la autopista, o el pago de los impuestos correspondientes.

Uno de mis hijos trabaja en un campo de golf durante el verano. No es solo que sea el único *caddie* que declara sus ingresos (dentro de su círculo), sino que no conoce a ningún otro (cristiano o no) que se interese siquiera por conocer la legislación al respecto. La cultura en que vivimos nos enseña a tomar decisiones basándonos en lo que nos es conveniente o provechoso (y hacerlo, naturalmente, de manera que no nos descubran). Sin embargo, las Escrituras nos llaman a poner nuestra vida bajo el señorío de Dios en Cristo. Dios ha establecido el gobierno como su instrumento para ordenar y administrar la sociedad.

Pena capital. Algunas películas recientes (p. ej., Pena de Muerte) y libros (p. ej., el de John Grisham, *La cámara de gas*) nos han presentado con contundencia algunas de las intrincadas cuestiones relacionadas con la pena de muerte. La creciente utilización de las pruebas de ADN ha avivado las llamas de esta controversia demostrando la inocencia de algunos reos que esperaban la inminente ejecución de su sentencia en el corredor de la muerte. Los Estados Unidos siguen siendo una de las pocas democracias occidentales que practican la pena de muerte. Es posible que ello se deba, en parte, a la presencia de un consenso ético cristiano (que es cada vez menor). ¿Pero hasta qué punto justifica la Escritura la pena de muerte?

Los cristianos que están a favor de la pena de muerte citan por regla general las cláusulas de la Ley del Antiguo Testamento, que prescribían la pena capital para ciertas ofensas. No obstante, como reconocen los intérpretes más sofisticados, estos textos legales no son concluyentes. Al fin y al cabo, no está claro que las cláusulas legales del código mosaico, diseñado para el Israel del Antiguo Testamento, sigan siendo válidas para la Iglesia, y menos aún para los estados modernos.

Más pertinente, quizá, sea el principio enunciado por el Señor a Noé: «Por cierto, de la sangre de ustedes yo habré de pedirles cuentas. A todos los animales y a todos los seres humanos les pediré cuentas de la vida de sus semejantes. Si alguien derrama la sangre de un ser humano, otro ser humano derramará la suya, porque el ser humano ha sido creado a imagen de Dios mismo» (Gn 9:5–6). Tenemos aquí un principio general, anterior a la ley de Moisés y fundamentado en la teología de la Creación. La mayoría de los pensadores cristianos que favorecen la pena de muerte citan este texto como apoyo crucial de su posición.

Sin embargo, otros cristianos opinan que el principio veterotestamentario de «sangre por sangre» se abandona implícitamente en el Nuevo Testamento. La regla de «ojo por ojo» recibió una critica explícita de parte del Señor (Mt 5:33–48). Además, el abrumador énfasis bíblico sobre la santidad de la vida humana descarta tanto la ejecución de un criminal como el deliberado aborto de un no nacido.

Por estas razones, Romanos 13:4 deviene especialmente significativo. Al parecer, tenemos aquí un texto del Nuevo Testamento que dice algo sobre el derecho del Estado a aplicar la pena de muerte. El Estado, afirma Pablo, ha recibido de parte Dios la tarea de castigar al malhechor y, al describir esta tarea, el apóstol explica que el gobernante «no en vano lleva la espada». ¿No son acaso estas palabras una clara justificación neotestamentaria de la pena de muerte?

Mucho depende de lo que Pablo quiera decir con la expresión «lleva la espada». Algunos intérpretes afirman que esta expresión alude a la *ius gladii* romana, la autoridad (de todos los magistrados) de prescribir la pena de muerte.[12] Sin embargo, parece que esta práctica se limitaba al poder de los gobernadores provinciales romanos de condenar a muerte a los ciudadanos romanos que prestaban su servicio en el ejército.[13] Otros opinan que Pablo está aludiendo a la autoridad de la policía[14] o de las fuerzas armadas.[15] No podemos estar seguros del trasfondo de esta frase. Es pues difícil tener certeza del alcance de esta afirmación de Pablo. No hay duda de que el apóstol concede al Estado el derecho a castigar a los malhechores y que, en el tiempo de Pablo, este castigo incluía ciertamente la muerte. Sin embargo, en el último análisis, no está claro que Pablo esté justificando la pena de muerte. No hay duda de que el debate continuará; lo importante es que los creyentes procuren establecer lo que creen considerando la totalidad de la Escritura, no solo textos aislados.

---

12. Ver Tácito, Historias 3.68; cf. Barrett, *The Epistle to the Romans* [La Epístola a los Romanos], 247.
13. A. N. Sherwin-White, *Roman Society and Roman Law in the New Testament* [Sociedad y ley romanas en el Nuevo Testamento], (Oxford: Clarendon, 1963), 8–11.
14. Filón se refiere a la policía de Egipto como «portadores de la espada» (De las Leyes Especiales 2.92–95).
15. P. ej. Cranfield, *The Epistle to the Romans* [La Epístola a los Romanos], 666–67.

Romanos 13:8-10

No tengan deudas pendientes con nadie, a no ser la de amarse unos a otros. De hecho, quien ama al prójimo ha cumplido la ley. 9 Porque los mandamientos que dicen: «No cometas adulterio», «No mates», «No robes», «No codicies», y todos los demás mandamientos, se resumen en este precepto: «Ama a tu prójimo como a ti mismo.» 10 El amor no perjudica al prójimo. Así que el amor es el cumplimiento de la ley.

Aunque el llamamiento de Pablo a los creyentes para que se sujeten a las autoridades gubernamentales tiene un lugar seguro dentro de su esbozo de la «buena, agradable y perfecta» voluntad de Dios (12:2), con dicho llamamiento se desvía un poco de la línea principal de su descripción de las responsabilidades del creyente. Con 13:8-10, Pablo regresa a esta línea principal, recuperando el tema del amor que desarrolló en 12:9-21. Con el texto precedente el apóstol presentó una perspectiva general de ciertas expresiones de amor sincero que los creyentes han de desarrollar. Ahora muestra que este amor sincero es la esencia de la ética del Nuevo Pacto. Todos los mandamientos de la ley del Antiguo Testamento culminan con la demanda de que amemos al prójimo como a nosotros mismos.

Aunque 13:8-10 se vincula esencialmente con 12:9-21, Pablo trabaja ingeniosamente con la idea de «deuda» que introdujo en 13:7 para conectar de nuevo con el tema del amor. Los creyentes han de pagar sus «deudas» (cf. v. 7); no han de tener «deudas pendientes con nadie», (cf. v. 8). Sin embargo —reconoce Pablo—, hay una deuda que nunca podremos pagar del todo: la deuda de amor que tenemos para con los demás. Como dijo Orígenes, el padre de la Iglesia primitiva, «que la única deuda impagada sea la del amor, una deuda que siempre han de esforzarse en satisfacer plenamente, pero que nunca conseguirán liquidar».[1]

La segunda parte del versículo 8 explica («puesto que», *gar*) la razón por la que nunca satisfaremos esta deuda del amor: el amor al «otro» (trad. lit.; NVI «prójimo») «cumple» la Ley. La expresión «unos a otros» que Pablo utiliza en la primera parte del versículo sugiere que podría estar pensando en la necesidad de amar a nuestros hermanos cristianos (ver 12:10, 16). Sin embargo, al utilizar la expresión más general «el otro», podría estar aludiendo a la insistencia de Jesús en que el amor no ha de estar confinado a los que son como nosotros, sino que, como ilustra el relato del buen samaritano, debería expresarse a todo aquel con quien tenemos contacto, aun aquellos que son distintos de nosotros.

---

1. Citado en Sanday y Headlam, *The Epistle to the Romans* [La Epístola a los Romanos], 373.

En 13:9–10, Pablo explica las maneras en que amar a los demás «cumple» la ley. El mandamiento de amar, que encontramos en Levítico 19:18 y que Jesús cita cuando se le pregunta cuál es «el mandamiento más importante de la ley» (Mt 22:36–40), resume los demás mandamientos. Como ejemplo, Pablo cita cuatro de los mandamientos más famosos del Decálogo: las prohibiciones contra el adulterio, el asesinato, el robo y la codicia.[2] ¿Pero cómo resume el amor estos otros mandamientos? El verbo que Pablo utiliza aquí (*anakephalaioo*) es poco frecuente en la Biblia, y solo aparece otra vez en su afirmación de que Dios desea «reunir en él [Cristo] todas las cosas, tanto las del cielo como las de la tierra» (Ef 1:10). En el griego literario esta palabra se utilizaba para aludir al resumen o conclusión de un libro o discurso,[3] pero este significado no es pertinente para este texto. Por tanto, hemos de sacar nuestras propias conclusiones a partir del contexto y de la enseñanza de Pablo en otros pasajes.

Surgen dos posibilidades principales. (1) Pablo puede estar diciendo que el amor a los demás es el ingrediente esencial que debe acompañar a la observancia de todos los otros mandamientos.[4] Seguimos bajo la obligación de obedecer estos mandamientos, pero nuestra obediencia no puede serlo verdaderamente sin un espíritu de amor. (2) Pablo puede también estar diciendo que la demanda del amor a los demás sustituye a los otros mandamientos.[5] Cuando amamos verdaderamente «al otro», hacemos automáticamente lo que requieren los otros mandamientos de la Ley. Como lo expresa Pablo en el versículo 10, «el amor no perjudica al prójimo». Nadie que ame verdaderamente a otra persona la matará, cometerá adulterio, le robará, o codiciará lo que tiene.

Creo que esta última interpretación se acerca más a la verdad. Como he afirmado, en otros pasajes Pablo proclama que los creyentes han sido relevados de la autoridad vinculante de la ley mosaica (ver el comentario sobre 6:14–15; 7:4–6). La utilización que hace Pablo en este párrafo (13:8, 10) de la terminología del «cumplimiento» sugiere también que el apóstol considera el mandamiento del amor como una «sustitución» escatológica de los distintos mandamientos de la ley mosaica (ver Gá 5:13–15).

El mandamiento preeminente. La enseñanza de Pablo en este párrafo no puede entenderse aparte de la enseñanza de Jesús sobre el mandamiento del amor. Esta enseñanza puede, a su vez, reflejar ciertas tradiciones judías. La gran importancia que daban los judíos a la Ley y a un gran número de sus mandamientos y prohibiciones

---

2. Tanto en Éx 20:1–17 como en Dt 5:6–21, la prohibición de asesinato se consigna antes que la de adulterio. Sin embargo, la orden de Pablo aparece en un importante manuscrito de la LXX (uncial B) y se refleja en otros pasajes de antiguos textos judíos y cristianos (p. ej., Lc 18:20; Stg 2:11; Filón, etc.).
3. Ver H. Schlier, *TDNT*, 3:681–82.
4. Ver especialmente Schreiner, *Romans* [Romanos], 692–95
5. Ver, p. ej., Deidun, *New Covenant Morality* [Moralidad del Nuevo Pacto], 153; Westerholm, *Israel's Law* [La ley de Israel], 201–2.

generó debates entre los rabinos sobre cuál era el mandamiento o mandamientos más importante/s. En general, estas discusiones eran, no obstante, de naturaleza teórica: los rabinos se preguntaban si alguno de los mandamientos podía servir como punto de partida «lógico» de todos los demás, un mandamiento a partir del cual derivaba el resto.[6]

Algunos judíos precedieron a Jesús en su resumen del mandamiento esencial en términos de amor a Dios y amor a los demás.[7] Por ello, cuando se le preguntó a Jesús cuál era el mandamiento «más importante» de la Ley (Mt 22:36), su respuesta no fue completamente nueva. Pero lo que separaba a Jesús de los judíos de su tiempo era un acercamiento más radical a la Ley en su conjunto. Al presentarse como «Señor [...] del sábado» (Mr 2:27–28) y adjudicarse la autoridad para determinar el significado y aplicación de la Ley (Mt 5:17–48), Jesús demostró una autoridad que asombró a las multitudes y señaló su posición única como centro de los tiempos. Con la venida del reino y la predicación del Evangelio a todas las naciones, la Ley ya no tiene la misma autoridad que antes.

En otras palabras, Jesús instituye una nueva ley, construida sobre los pilares gemelos del amor a Dios y al prójimo y centrada en su propia enseñanza. Cuando comisiona a sus seguidores a «hacer discípulos a todas las naciones», encarga que les enseñen todas las cosas que él les había enseñado (Mt 28:16–20).

En esta parte de Romanos, Pablo alude extensamente (aunque de manera implícita) a la enseñanza de Jesús. No hay duda de que, en los versículos 8–10, el apóstol construye su enseñanza sobre la reducción que hace Jesús de la ley mosaica como amar a Dios y al prójimo. Esto quiere decir, entre otras cosas, que probablemente el apóstol no pretende que el amor al prójimo sea el único criterio por el que juzgar la corrección de la ética. Si subraya este mandamiento es porque en este contexto está reflexionando sobre nuestra relación con otras personas. Sin embargo, el apóstol no pretende excluir el otro mandamiento que Cristo destacó: la necesidad de amar a nuestro Dios con todo nuestro corazón, mente, alma y cuerpo.

La obligación del creyente surge de estos dos mandamientos. Con el trasfondo de la enseñanza de Jesús, no podemos imaginar a Pablo sugiriendo que el amor a Dios, expresado en la obediencia a todos sus mandamientos, pueda omitirse cuando se considera la responsabilidad final del creyente.

Deudas. A los estadounidenses nos encantan las deudas. Pedimos préstamos para comprar casas, coches, equipos de música, comida, medicamentos, ropa, electrodomésticos, lotería... Los estudiantes universitarios con-

---

6. Véase exposición en E. E. Urbach, *The Sages: Their Concepts and Beliefs* [Los sabios: sus conceptos y creencias], (2 vols.; Jerusalén: Magnes, 1975), 1:349.

7. Ver, p. ej., *T. Is.* 5:1–2: «Guarden la ley de Dios, hijos míos; procuren la integridad; vivan sin malicia, sin trampear los mandamientos de Dios o los asuntos del prójimo. Amen al Señor y a su prójimo; sean compasivos con los pobres y enfermos» (ver también *T. Is.* 7:6; *T. Dan* 5:3; Filón, *Abraham* 208; *De las Leyes Especiales* 2.63).

traen deudas asombrosas para financiar su formación académica. Las iglesias solicitan créditos inmensos para construir edificios. ¿Qué dice Romanos 13:8 —«no tengan deudas pendientes con nadie»— a nuestra sociedad acosada por las deudas?

Asumiendo una traducción más literal del griego («no deban nada a nadie»), algunos intérpretes piensan que la Biblia está aquí prohibiendo cualquier forma de préstamo. Ni los creyentes ni las iglesias deberían solicitar ninguna clase de préstamo. Para construir el edificio, comprar la casa, el coche, el equipo de música, o cualquier otra cosa, deberíamos esperar a tener el dinero contante y sonante. Sin embargo, esto no es probablemente lo que significa el versículo 8. La traducción de la NVI capta bien el sentido de lo que Pablo está diciendo. El apóstol no nos está prohibiendo que solicitemos un préstamo, sino demandando que paguemos lo que debemos. Si para comprar una casa he llegado a un acuerdo con un banco pagando una determinada suma cada mes durante treinta años, he de cumplir con mi obligación pagando a tiempo el dinero acordado. Así pues, lo que el texto nos pide es que seamos cuidadosos y prudentes al hacer planes económicos, y que no asumamos deudas mayores de las que estemos seguros de poder hacer frente.

Sin embargo, tanto creyentes como no creyentes descuidan tristemente este principio en nuestros días. Como anciano de mi iglesia, he de tratar frecuentemente con personas que se han endeudado por encima de sus posibilidades y recurren a la iglesia para que ésta les ayude a pagar las letras. Naturalmente, algunas personas han sido víctimas de circunstancias inesperadas de las que no tienen culpa, como una catastrófica enfermedad o una súbita pérdida de empleo. Sin embargo, hemos tenido que tratar tantas veces con creyentes que han tomado decisiones financieras erróneas que hemos establecido un programa de consejo económico vinculado a nuestras donaciones caritativas. Ofrecemos el programa a cualquier miembro de la iglesia que esté interesado.

El mundo en que vivimos desea que nos adaptemos a su espíritu hedonista, orientado a la gratificación inmediata. ¡Compra lo que quieras ahora, y disfruta de la vida! ¡No pienses en el futuro! Los creyentes han de anclarse firmemente en una concepción del mundo muy distinta, recordando que nunca hemos de centrarnos en el placer presente, y que Dios espera que administremos los recursos que nos ha confiado de un modo prudente y que le glorifique.

Amor y ley. Una de las cuestiones de interés perpetuo para los filósofos que se ocupan de la Ética es la relación que existe entre las motivaciones internas y la Ley o mandamientos externos o, por expresarlo en los términos de este pasaje, la relación entre el amor y la Ley. ¿Qué es lo más importante? ¿Tiene alguna de estas cosas prioridad sobre la otra? ¿He de decidir lo que he de hacer en una determinada situación buscando un mandamiento que me guíe? ¿O debo acaso actuar según los dictados del amor? La interpretación que he hecho de este texto en su apartado correspondiente puede sugerir que suscribo este último punto de vista, dado que he propuesto que, para Pablo, obedecer el mandamiento del amor es en sí mismo el cumplimiento de los otros mandamientos de la Ley. Sin embargo, he de añadir dos importantes matices al significado de mi interpretación.

(1) Los mandamientos que Pablo tiene aquí en mente son los preceptos de la ley mosaica. No hemos de olvidar que el apóstol utiliza el término «ley» (*nomos*)

de un modo que refleja su situación y trasfondo. En lo escritos de Pablo, *nomos* no significa (al menos, no normalmente) la Ley en general sino concretamente la Torá, la ley de Moisés. De manera que, en este párrafo, el apóstol afirma únicamente que los otros mandamientos de la ley mosaica no son ya directamente aplicables al creyente.

No obstante, como hemos visto en otros pasajes, es evidente que Pablo cree que otros mandamientos —los de Jesús y los apóstoles— sí son autoritativos para los creyentes. Estos mandamientos expresan muchos de los mismos principios morales que encontramos, por ejemplo, en el Decálogo. Naturalmente, Pablo insistiría en que el amor a los demás es esencial también a estas obligaciones del Nuevo Pacto. Sin embargo, interpretamos mal Romanos 13:8–10 si pensamos que Pablo suprime por completo los mandamientos. Como he explicado en mis comentarios sobre 12:1–2, el estímulo y dirección de la motivación cristiana proceden principalmente de nuestro interior, a medida que el Espíritu «renueva nuestra mente» y nos infunde su amor para los demás.

Dios no quiere una simple conformidad externa a sus mandamientos. Lo que desea es «amor sincero»: una preocupación honesta y coherente por los demás que se expresa en toda clase de acciones. Cuando amamos correctamente, con el amor que el Espíritu inspira en nosotros, no podemos dejar de obedecer cualquier mandamiento que Dios nos haya dado. Esto es así porque Dios no nos habla con dos voces: lo que requiere es lo mismo que inspira su Espíritu. Sin embargo, dado que nuestras mentes no están perfectamente renovadas y que somos susceptibles de entender erróneamente los requerimientos del amor, seguimos teniendo necesidad de mandamientos que nos recuerden las absolutas demandas de Dios y nos mantengan en «el camino apropiado».

(2) Esto nos lleva al segundo requisito. No quiero que se interprete lo que estoy diciendo como una defensa de lo que se ha dado en llamar «ética situacional» (ver comentarios en la sección «Significado contemporáneo» sobre 12:9–21). Este acercamiento a la ética sostiene que no existe otro absoluto moral que la demanda del amor. Cualquier otro mandamiento ha de interpretarse en vista de cada situación específica. La pertinencia de la obediencia a un mandamiento en concreto y el cómo de tal obediencia ha de decidirse en cada caso, y el criterio para dicha decisión será el amor.

Por ejemplo, se nos manda no mentir. Pero supongamos que uno de mis amigos me pregunta si otro amigo común ha dicho algo desagradable sobre él. Decirle la verdad podría crear problemas entre ellos. De modo que el amor demanda que le diga una mentira. Sin embargo, mi conducta es perfectamente ética, puesto que al hacerlo sigo los dictados del amor.

No creo que esto tenga nada que ver con lo que Pablo está sugiriendo. La idea de que la demanda del amor tiene una función hermenéutica, que nos capacita para interpretar el significado de otros mandamientos, no está en el Nuevo Testamento. He de amar a los demás, y este amor debe ser la piedra de toque del modo en que me comporto con ellos. Sin embargo, esta demanda del amor no me absuelve de obedecer los demás mandamientos que Dios me ha dado.

Romanos 13:11-14

Hagan todo esto estando conscientes del tiempo en que vivimos. Ya es hora de que despierten del sueño, pues nuestra salvación está ahora más cerca que cuando inicialmente creímos. 12 La noche está muy avanzada y ya se acerca el día. Por eso, dejemos a un lado las obras de la oscuridad y pongámonos la armadura de la luz. 13 Vivamos decentemente, como a la luz del día, no en orgías y borracheras, ni en inmoralidad sexual y libertinaje, ni en disensiones y envidias. 14 Más bien, revístanse ustedes del Señor Jesucristo, y no se preocupen por satisfacer los deseos de la naturaleza pecaminosa.

Este breve párrafo concluye el compendio de cuestiones de estilo de vida cristiana que Pablo comenzó en 12:1-2. En un recorrido circular, el apóstol nos lleva de nuevo al punto de partida, puesto que expresa una demanda general de que los creyentes adquieran una forma de vida completamente nueva en vista del clímax de la Historia que ha traído la obra de Cristo. En 12:1-2, nos llamó a renunciar a los caminos del «mundo actual», que fueron juzgados en Cristo y están próximos a su desaparición, y a «ser transformados» en todo nuestro pensamiento y conducta. Ahora pide que nos vistamos «del Señor Jesucristo» (13:14) en vista del «día» que casi ha llegado.

La Escatología, una comprensión del tiempo en que vivimos, ha de gobernar nuestra conducta. No es necesario reconocer lo que Dios está haciendo y lo que planea hacer, para poder vivir de un modo coherente. Los versículos de este párrafo se sitúan con nitidez dentro de estas dos categorías esenciales: Entender los tiempos (13:11-12a, el «indicativo») lleva a una vida correcta (13:12b-14, el «imperativo»).

Pablo indica la naturaleza sinóptica de estos versículos mediante la expresión transicional «Hagan todo esto» (el verbo «hagan» que consigna la NVI, aunque no aparece explícitamente en el texto griego, es una añadidura legítima). La palabra «esto» (*touto*) alude al mandamiento de amar de 13:8-10,[1] pero es probable que incluya todo lo que Pablo ha enseñado en 12:1-13:10.[2] Deberíamos estar aún más motivados a hacer todas estas cosas —tener una idea equilibrada de nosotros mismos, ejercer nuestros dones para bien del cuerpo, demostrar amor sincero, obedecer al gobierno, amar a los demás— a medida que vamos siendo «conscientes del tiempo en que vivimos».

---

1. Murray, *The Epistle to the Romans* [La Epístola a los Romanos], 2:165; Fitzmyer, *Romans* [Romanos], 682.
2. Godet, *Commentary on Romans* [Comentario de Romanos], 449; Cranfield, *The Epistle to the Romans* [La Epístola a los Romanos], 680.

La palabra griega que se traduce como «tiempo» es *kairos*, que connota «la hora señalada», como cuando decimos, «ha llegado el momento de jugar el partido». Así pues, sugiere Pablo, los creyentes han de recordar qué hora es: «nuestra salvación está ahora más cerca que cuando inicialmente creímos». Como hace con frecuencia, Pablo utiliza lenguaje de «salvación» (*soteria*) para aludir al cumplimiento final del plan de Dios en la Historia (ver su utilización de «salvar» [*sozo*] en 5:9–10 y los comentarios al respecto). Este día final –el del regreso de Cristo y la glorificación del creyente– se acerca constantemente.

Por ello, hemos de despertar «del sueño». ¿Por qué? Porque «la noche está muy avanzada y ya se acerca el día» (v. 12a). Pablo combina hábilmente dos importantes líneas de tradición utilizando la imaginería del día y la noche. Por regla general, el contraste día/noche era popular en la enseñanza moral del mundo antiguo como una manera de distinguir la buena conducta de la mala. La noche es el tiempo en que las personas se entregan a sus pasiones y los ladrones y demás sinvergüenzas llevan a cabo sus fechorías. Pero el Antiguo Testamento y el judaísmo aludían también al tiempo en que Dios intervendría para salvar y juzgar como «el día del Señor» (en la sección «Construyendo puentes», hay un tratamiento más amplio de este asunto). Pablo nos recuerda que el día del Señor está cerca, lo cual debería motivarnos a abandonar la clase de conducta vinculada a la noche de este perverso mundo actual (ver 12:2).

Pablo aclara estas consecuencias éticas en 13:12b–14. Como sucede normalmente en el Nuevo Testamento, la transición de una forma de conducta a otra se expresa en términos de «despojarnos» de un tipo de ropa y «vestirnos» de otra (Ver también, p. ej., Ef 4:22, 25; Col 3:8, 12; cf. Ef 6:11, 14; 1Ts 5:8; Stg 1:21; 1P 2:1). Se trata de dejar «a un lado las obras de la oscuridad» y «ponernos la armadura de la luz». ¿Por qué «armadura» o «armas» (*hopla*)? Porque, como sugiere Calvino, «hemos de mantener una guerra para el Señor».[3]

El versículo 13 sigue desarrollando el contraste entre la conducta característica de las horas diurnas (el día del Señor) y la que lo es de la noche (este presente mundo perverso). Aunque el día del Señor no haya llegado todavía, está tan cerca que hemos de vivir como si ya estuviera aquí. Deberíamos «andar [*peripateo*; NVI, vivir] decentemente», una expresión que sugiere una conducta cuidadosa, decorosa y comedida (ver 1Co 7:35; 12:23, 24; 14:40; 1Ts 4:12). Hemos de evitar, por el contrario, aquellas acciones características de la noche: conducta sexual desenfrenada y beber en exceso (i.e., lo que en nuestro tiempo se llama ir de fiesta). Curiosamente, Pablo concluye su lista con ciertos elementos inesperados: «disensiones y envidias». Es probable que añada estas cosas porque está pensando en el siguiente tema que va a tratar: las divisiones dentro de la comunidad romana (cap. 14).

Pablo concluye con un último contraste. Retomando la imaginería de 13:12b, el apóstol ordena: «Revístanse ustedes del Señor Jesucristo» (v. 14). El apóstol está basándose probablemente en su anterior exposición de Cristo como personaje colectivo, el «nuevo ser» a quien los creyentes se han unido por la fe (5:12–

---

3. Calvino, *Epístola a los Romanos*, p. 489 de la edición en inglés.

21; 6:6). Lo que ha sucedido en teoría ha de producirse de hecho: quienes estamos en Cristo hemos de vestirnos de tal manera de él, que sea realmente él quien dirija todo nuestro pensamiento y conducta.

Algunos intérpretes (¡y muchos predicadores!) sostienen que este mandamiento es algo que se lleva a cabo una sola vez: hemos de experimentar un momento de crisis en el que decidimos «vestirnos de» Cristo para bien. Sin embargo, esta interpretación descansa en una comprensión incorrecta del aoristo griego que aquí se utiliza. El tiempo verbal no denota (intrínsecamente) una acción que se lleva a cabo una sola vez y es «definitiva», sino que se limita a afirmar, con sencillez y sin adornos, que la acción ha de tener lugar. En vista de lo que el Nuevo Testamento dice sobre la permanente batalla con el pecado que experimenta el creyente, hemos de renovar constantemente la decisión de «vestirnos de» Cristo.

Como contrapartida negativa de vestirnos de Cristo, hemos también de considerar de qué modos podemos «satisfacer los deseos de la naturaleza pecaminosa». Como es característico en la NVI, la expresión «naturaleza pecaminosa» es una traducción de *sarx* (carne. Ver comentarios sobre 8:1–13), la palabra que Pablo utiliza para aludir de manera sucinta a la condición humana aparte de Cristo. Al mandarnos que no nos «preocupemos» (*pronoian*, i.e., previsión, preocupación) por gratificar a la carne, Pablo nos está instando a no permitir que nuestros impulsos humanos dominen nuestra conducta.

Construyendo Puentes

Ética y Escatología. El llamamiento ético de Pablo en este párrafo surge de la Escatología. Hemos de vivir de cierta forma porque reconocemos el periodo de tiempo en que vivimos. Dios supervisa el curso de la Historia humana, y solo podemos vivir correctamente si conocemos en la fase de la cual nos encontramos. Como se ha dicho anteriormente, Pablo recoge con gran belleza la relación entre la Escatología y la Ética al utilizar la misma imaginería para ambas temáticas. Basándose en tradiciones muy extendidas de su tiempo, Pablo se sirve de la imaginería del «día», «la actividad diurna» y la «luz» para tratar ambas materias. Únicamente comprendiendo estas tradiciones seremos capaces de entender lo que el apóstol nos está aquí comunicando.

El contraste entre luz y oscuridad es una manera natural de expresar la antítesis entre el bien y el mal, la conducta moral y la inmoral. Por alguna razón psicológica o cultural (o ambas cosas), los seres humanos han vinculado siempre la oscuridad con el peligro y el mal. En la oscuridad suceden cosas terribles y, por ello, los seres humanos se han esforzado en alejarla talando bosques, cerrando puertas y corriendo las cortinas cuando anochece, e incrementando la intensidad y extensión de las zonas iluminadas. La literatura de casi todos los pueblos —también la judía, griega y romana— se sirve de la oscuridad para describir las acciones perversas. Como contrapartida inevitable, las buenas obras se relacionan con la luz. Los ejemplos son demasiado numerosos como para enumerarlos, pero uno típico

Romanos 13:11-14

sería el *Testamento de Leví* 19:1: «Escojan la oscuridad o la luz, la ley del Señor o las obras de Belial».

Pero esta vertiente moral de la imaginería de la luz y la oscuridad se mezcla rápidamente y en ocasiones de un modo que la hace inapreciable con una corriente escatológica derivada del uso veterotestamentario y judío del término día. La expresión «el día del Señor» es una frase hecha con la que se alude al tiempo en que Dios intervendrá para salvar a su pueblo y juzgará a sus enemigos. Obsérvese, por ejemplo, Abdías 15-17:

> Porque cercano está el día del Señor contra todas las naciones.
> ¡Edom, como hiciste, se te hará!
> ¡sobre tu cabeza recaerá tu merecido!
> Pues sin duda que así como ustedes, israelitas,
> bebieron de mi copa en mi santo monte,
> así también la beberán sin cesar todas las naciones;
> beberán y engullirán,
> y entonces serán como si nunca hubieran existido.
> Pero en el monte Sión habrá liberación, y será sagrado.
> El pueblo de Jacob recuperará sus posesiones.

Tan común era esta imaginería que el sentido seguía siendo claramente comprensible aunque se abreviase la expresión, como sucede en Jeremías 30:8-9:

> En aquel día —afirma el Señor Todopoderoso—,
> quebraré el yugo que mi pueblo lleva sobre el cuello,
> romperé sus ataduras,
> y ya no serán esclavos de extranjeros.
> Servirán al Señor, su Dios, y a David,
> a quien pondré como su rey.

Los autores judíos continuaron utilizando esta imagen literaria, y también en el Nuevo Testamento la encontramos frecuentemente. Aquí, no obstante, la cristología de la Iglesia primitiva ejerció su influjo sobre la redacción de esta expresión. Así, además del «día del Señor», encontramos también otras expresiones, como por ejemplo «el día de nuestro Señor Jesucristo» (1Co 1:8), «el día de Cristo» (Fil 1:10; 2:16), etcétera.

Como una progresión natural, especialmente importante para la imaginería de Romanos 13:8-10, la idea del día del Señor estaba asociada con la luz y, en contraste, el tiempo actual de maldad con la noche y la oscuridad. Ver, por ejemplo, Amós 5:18: «¡Ay de los que suspiran por el día del Señor! ¿De qué les servirá ese día si va a ser de oscuridad y no de luz?» La «oscuridad» y la «luz» se utilizaban para contrastar esta era con la venidera (ver *1 Enoc* 58:2-6):

> Los justos estarán a la luz del sol y los elegidos en la luz de la vida eterna; los días de su vida no tendrán fin y los días de los santos serán innumerables. Buscarán la luz y encontrarán justicia con el

Señor de los espíritus: habrá paz para los justos en nombre del Señor eterno. Habrá una luz infinita aunque por determinados días ellos no vendrán, porque antes habrán sido destruidas las tinieblas, la luz habrá sido afirmada ante el Señor de los espíritus y la luz de la verdad habrá sido establecida para siempre ante el Señor de los espíritus.[4]

Hemos de leer Romanos 13:12a teniendo en cuenta esta tradición. Según Pablo, esta presente era de maldad está próxima a su conclusión y el tiempo de la victoria final de Dios es inminente. Sin embargo, la continuación inmediata del texto —«Por eso, dejemos a un lado las obras de la oscuridad y pongámonos la armadura de la luz»— pone de relieve que este lenguaje escatológico está también vinculado a algunos matices éticos. Las obras de «la oscuridad» son características de esta era («la noche»), sin embargo, en el «día» del Señor solo tendrán vigencia las obras de luz. Reconociendo que la aurora está por despuntar y que el Señor Jesús puede regresar en cualquier momento para concluir su victoria, hemos de vivir ya ahora como si este día hubiera llegado.

De hecho, como deja claro la enseñanza de Pablo, esta última era de pureza y salvación, aunque todavía no está presente en toda su fuerza, ha sido ya introducida en la Historia por medio de la obra de Cristo y la presencia del Espíritu. Pablo es más explícito acerca de esta «escatología inaugurada» característica del Nuevo Testamento en un pasaje estrechamente vinculado a éste (1Ts 5:1–10):

> Ahora bien, hermanos, ustedes no necesitan que se les escriba acerca de tiempos y fechas, porque ya saben que el día del Señor llegará como ladrón en la noche. Cuando estén diciendo: «Paz y seguridad», vendrá de improviso sobre ellos la destrucción, como le llegan a la mujer encinta los dolores de parto. De ninguna manera podrán escapar. Ustedes, en cambio, hermanos, no están en la oscuridad para que ese día los sorprenda como un ladrón. Todos ustedes son hijos de la luz y del día. No somos de la noche ni de la oscuridad. No debemos, pues, dormirnos como los demás, sino mantenernos alerta y en nuestro sano juicio. Los que duermen, de noche duermen, y los que se emborrachan, de noche se emborrachan. Nosotros que somos del día, por el contrario, estemos siempre en nuestro sano juicio, protegidos por la coraza de la fe y del amor, y por el casco de la esperanza de salvación; pues Dios no nos destinó a sufrir el castigo sino a recibir la salvación por medio de nuestro Señor Jesucristo. Él murió por nosotros para que, en la vida o en la muerte, vivamos junto con él.

El «día del Señor» no ha llegado todavía (1Ts 5:2); no obstante, los creyentes son ya ahora «hijos de la luz y del día» (v. 5); Nosotros somos «del día» (v. 8). Lo que Pablo da a entender en Romanos 13, lo afirma aquí explícitamente: expresa-

---

4. Quienes deseen considerar estas referencias y una exposición completa, pueden ver E. Lövestam, *Spiritual Wakefulness in the New Testament* [Vigilancia espiritual en el Nuevo Testamento], (Lund: Gleerup, 1963), 10–24.

mos las «obras de la luz», no solo porque el día del Señor se acerca, sino también porque, por la fe, participamos ya de ese día.

Significado Contemporáneo

Ser y vivir. Una de las aplicaciones más importantes para el cristiano contemporáneo no se ha expresado explícitamente en los párrafos anteriores, aunque está presente constantemente de manera implícita, y es que puede haber un gran vacío entre quienes somos y el modo en que vivimos. En Romanos 6, Pablo ha tratado esta tensión fundamental desde un punto de vista teológico, argumentando que nuestra nueva relación con Cristo nos rescata de la esclavitud del pecado. Estar en Cristo significa que ahora tenemos el poder de hacer lo que Dios nos manda; la capacidad de vivir como cristianos desde la mañana hasta la noche, día tras día. Sin embargo, aun en Romanos 6 Pablo nos dice que este nuevo poder no es una poción mágica que nos santifica automáticamente. Hemos de responder a la divina oferta de Gracia, y permitir que su poder en Cristo capture, momento a momento, cada aspecto de nuestro ser. La santidad es tanto un don como algo que conseguimos. Dios nos la ofrece como un regalo, sin embargo hemos de aceptarla y darle un lugar de honor en nuestras emociones e intenciones.

En 13:11–14 Pablo supone también que Dios está obrando en nosotros. El apóstol se dirige a personas que ya han creído y son salvas (v. 11). Sin embargo, aun así nos dice que hemos de revestirnos «del Señor Jesucristo». En un sentido, naturalmente, ya estamos vestidos de Cristo (Gá 3:27). Por la fe le pertenecemos. Él está «en [nosotros]» (Ro 8:10), y nosotros estamos «en [él]» (6:11). Sin embargo, Pablo quiere que hagamos de Cristo el punto focal de todo lo que hacemos. Cristo debería ser como una ropa que nos ponemos constantemente. El dominio de su presencia ha de guiarnos a hacer lo que agrada a Dios y a restringir aquellas actividades discordantes con el carácter del Señor a quien representamos.

En este pasaje, Pablo subraya especialmente la actividad característica de la noche: Prácticas sexuales impropias, beber en exceso, bromas vulgares (cosas que, desgraciadamente, nos son demasiado familiares). A riesgo de sonar puritano (curiosamente, una expresión peyorativa aun entre los cristianos), sugiero que la Iglesia contemporánea necesita una «llamada de atención» acerca de estas actividades.

Cuando conocí al Señor, en la década de los 70, lo que podríamos llamar la corriente fundamentalista del evangelicalismo era mucho más fuerte que hoy. A menudo indistinguibles por su teología de los evangélicos, los fundamentalistas daban generalmente una gran importancia a la separación del mundo. Naturalmente, estaba mal visto beber, fumar y bailar; se prohibía cualquier forma de vestir o estilos de peinado excesivamente en línea con la última moda; y no se veía con buenos ojos la relación con quienes no compartían los mismos valores morales. Muchos de los estudiantes a quienes enseñé en el seminario a finales de los años setenta y durante la década de los ochenta habían crecido en el seno del fundamentalismo, sin embargo —como sugiere el hecho de que estuvieran formándose en una escuela evangélica abierta como Trinity—, habían abandonado esta herencia. Lo que sucedía a menudo era que el nuevo sentido de libertad que habían encontrado, les llevaba al otro extremo.

Puesto que yo había conocido a Cristo hacia el final de mi ciclo universitario, en aquellos años me veía frecuentemente en la posición que C. S. Lewis describió de un modo tan agudo: un pagano convertido entre puritanos decadentes. Me alegraba de que aquellos estudiantes se hubieran apartado de lo que yo consideraba una idea excesivamente negativa y estricta de lo que significaba ser cristiano en el mundo. Sin embargo, deploraba lo que juzgaba como el error de no ver que algunas de las cosas que hacían en reacción contra su estricta crianza eran cuando menos cuestionables en vista de las normas de conducta bíblicas.

Cuando observo a mis hijos en edad universitaria, hablo con sus amigos y visito las universidades cristianas a las que asisten dos de ellos, me doy cuenta de que esta actitud general está muy extendida. No estoy seguro del porqué. Pero quizá se debe a que quienes son sus referentes espirituales —sus padres, maestros y responsables—, en una permanente reacción contra el fundamentalismo, ponen un acento excesivo en nuestra libertad cristiana, pero hablan muy poco de nuestras responsabilidades en Cristo. Muchos jóvenes cristianos no ven ningún problema en mirar películas con un contenido sexual explícito y un humor vulgar.

¿Tenemos libertad en Cristo para hacerlo? Quizás, aunque Pablo advierte que «es vergonzoso aun hablar de lo que los desobedientes hacen en secreto» (Ef 5:12). Considero, sin embargo, que quienes se exponen a los valores que se difunden en este tipo de películas, acaban casi inevitablemente siendo tolerantes con algunos de esos mismos valores. Las relaciones sexuales prematrimoniales están muy extendidas entre los jóvenes cristianos, (dependiendo, naturalmente, de lo que entendamos por «sexo»). Sin embargo, aun cuando no «llegan hasta el final», demasiados jóvenes creyentes practican el juego sexual previo al coito antes del matrimonio. Pablo advierte sobre las «conversaciones obscenas» y «chistes groseros» (Ef 4:29; 5:4), sin embargo, muchos jóvenes cristianos ven y se divierten comentando entre sí los programas subidos de tono que parecen dominar el *Comedy Channel* (un canal de televisión de pago que se emite desde Melbourne, Australia, y está dedicado íntegramente al humor las 24 horas del día. N. del T.).

Tengo la impresión de que todas estas actividades habría que ponerlas bajo el encabezamiento de «libertinaje» que en este pasaje Pablo señala como incompatible con nuestra posición como hijos de luz. He animado a mis hijos (como también hago a menudo conmigo mismo) a no preguntar: «¿Puedo hacer esto?» (i.e., ¿les está permitido hacer esto a los cristianos?), sino: «¿Debería hacer esto? «(i.e., ¿glorifica esta actividad a Dios y honra al Señor a quien represento?).

Romanos 14:1-12

Reciban al que es débil en la fe, pero no para entrar en discusiones. 2 A algunos su fe les permite comer de todo, pero hay quienes son débiles en la fe, y sólo comen verduras. 3 El que come de todo no debe menospreciar al que no come ciertas cosas, y el que no come de todo no debe condenar al que lo hace, pues Dios lo ha aceptado. 4 ¿Quién eres tú para juzgar al siervo de otro? Que se mantenga en pie, o que caiga, es asunto de su propio señor. Y se mantendrá en pie, porque el Señor tiene poder para sostenerlo. 5 Hay quien considera que un día tiene más importancia que otro, pero hay quien considera iguales todos los días. Cada uno debe estar firme en sus propias opiniones. 6 El que le da importancia especial a cierto día, lo hace para el Señor. El que come de todo, come para el Señor, y lo demuestra dándole gracias a Dios; y el que no come, para el Señor se abstiene, y también da gracias a Dios. 7 Porque ninguno de nosotros vive para sí mismo, ni tampoco muere para sí. 8 Si vivimos, para el Señor vivimos; y si morimos, para el Señor morimos. Así pues, sea que vivamos o que muramos, del Señor somos. 9 Para esto mismo murió Cristo, y volvió a vivir, para ser Señor tanto de los que han muerto como de los que aún viven. 10 Tú, entonces, ¿por qué juzgas a tu hermano? O tú, ¿por qué lo menosprecias? ¡Todos tendremos que comparecer ante el tribunal de Dios! 11 Está escrito:

«Tan cierto como que yo vivo —dice el Señor—,
ante mí se doblará toda rodilla
y toda lengua confesará a Dios».

12 Así que cada uno de nosotros tendrá que dar cuentas de sí a Dios.

En el capítulo 14, Pablo pasa de lo general a lo específico. En 12:1-13:14 el apóstol ha tocado rápidamente algunos de los elementos esenciales del estilo de vida del Evangelio. Comenzando en 14:1, aborda detenidamente un asunto específico, a saber, reprender a los cristianos de Roma por juzgarse los unos a los otros (14:2, 13). La comunidad está dividida en dos grupos, los «débiles [en la fe]» (cf. 14:1) y los «fuertes [en la fe]» (cf. 15:1). Ambos grupos se critican y condenan entre sí, y Pablo insiste en que esta actitud crítica ha de dar paso a la tolerancia y a un reconocimiento mutuo. En 15:7 lo expresa sucintamente con estas palabras: «por tanto, acéptense mutuamente, así como Cristo los aceptó a ustedes para gloria de Dios».

El apóstol prepara el terreno para esta exhortación culminante en tres etapas. En 14:1-12, reprende a los dos grupos por tenerse en poco los unos a los otros y les recuerda que, en última instancia, cada creyente tiene que responder ante Dios, no ante los demás. En 14:13-23, el apóstol insta a los fuertes en la fe a actuar por amor en lugar de insistir egoístamente en hacer aquello que se sienten en libertad de hacer. En 15:1-6 el apóstol sigue dirigiéndose principalmente a los fuertes, identificándose con ellos y llamándoles a seguir el ejemplo de Cristo, entregado a un amoroso servicio para el bien del cuerpo. Después de su demanda a los creyentes a aceptarse «los unos a los otros» (15:7), Pablo refuerza su exhortación mostrando que el propio Dios ha planeado que gentiles y judíos formen un cuerpo para alabanza de su nombre (15:8-13).

Algunos eruditos opinan que en 14:1-15:13 Pablo continúa su bosquejo de demandas esenciales del Evangelio. Observan que su exposición es análoga en muchos puntos a lo que dice en 1 Corintios 8-10.[1] Los paralelismos son evidentes, pero existen también diferencias. Por otra parte, la mayoría de los eruditos concuerda en que Pablo escribe 14:1-15:13 porque sabe que la Iglesia romana está dividida. La razón de tal división es más difícil de determinar, porque Pablo no es muy explícito acerca de los asuntos que provocaban tensión entre los fuertes y los débiles. El apóstol menciona debates sobre la cuestión de comer o no carne (14:2-3, 6; cf. 14:20-21) y la observancia de ciertos días santos (14:5), y alude de manera incidental a beber vino (14:21), pero ahí termina la información.

Las diferencias sobre estas cuestiones podrían haber surgido por distintas razones (ver la sección «Construyendo puentes»). La mayoría de comentaristas concluye que el núcleo de la controversia tiene que ver con la observancia de la ley judía. Los débiles eran aquellos —principalmente cristianos de origen judío— que no conseguían abandonar los requisitos de la Ley que habían observado toda su vida. No podían, ahora que eran cristianos, ignorar sencillamente las leyes alimentarias, la observancia del sábado, etcétera. Los fuertes, por el contrario, no sentían necesidad alguna de observar estas leyes. La mayoría de ellos eran sin duda cristianos gentiles, aunque algunos, como el propio apóstol (ver el «nosotros» en 15:1), eran cristianos de origen judío. Los débiles condenaban a los fuertes por desechar con arrogancia las leyes de Dios, mientras los fuertes se burlaban desdeñosamente de los débiles, menospreciándolos por aferrarse a lo antiguo cuando lo nuevo había venido. Pablo se pone del lado de los fuertes en las cuestiones esenciales, sin embargo su preocupación más importante es conseguir que cada grupo deje de criticar al otro y lo acepte en un espíritu de amor y unidad.

Igual que los editores de la NVI, creo que el primer párrafo de la represión de los cristianos romanos (14:1-12) se divide en tres partes. Aunque por mi parte las divido de manera distinta, utilizando las dos preguntas retóricas como indicadores de cada nueva sección: «¿Quién eres tú para juzgar al siervo de otro?» (v. 4), y «Tú, entonces, ¿por qué juzgas a tu hermano? O tú, ¿por qué lo menosprecias?» (v. 10). En los versículos 1-3, Pablo introduce el asunto; en 4-9 insiste en que cada

---

1. Ver el trabajo de Karris, «Romans 14:1-15:13 and the Occasion of Romans» [Romanos 14:1-15:13 y la ocasión de Romanos]; W. A. Meeks, «Judgment and the Brother: Romans 14:1-15:13» [Juicio y el hermano: Romanos 14:1-15:13] en *Tradition and Interpretation in the New Testament: Essays in Honor of E. Earle Ellis for his Sixtieth Birthday*, ed. G. F. Hawthorne y O. Betz (Grand Rapids: Eerdmans, 1987), 290-300; Sanday y Headlam, *The Epistle to the Romans* [La Epístola a los Romanos] 399-403.

creyente ha de responder ante el Señor y solo ante él; y en los versículos 10-12 nos recuerda que solo Dios tiene el derecho de juzgar al creyente.

Dejen de juzgarse unos a otros (14:1-3)

Aunque Pablo quiere que ambos grupos de la iglesia se acepten el uno al otro, está sin duda muy preocupado por la actitud de los fuertes. Esto se debe probablemente al hecho de que los fuertes –principalmente cristianos de origen gentil–, eran el grupo dominante de la iglesia. Por ello, no es de extrañar que el apóstol inicie su exhortación apelando de manera implícita a los fuertes: «Reciban al que es débil en la fe».

Para entender la idea de esta sección en su conjunto, hemos de reconocer que la expresión «al que es débil en la fe» (lit., «uno que es débil con respecto a la fe») tiene en este contexto un matiz especial. La palabra «fe» no se refiere directamente a las creencias en general, sino a las convicciones sobre lo que dicha fe le permite a tal persona hacer. Los débiles en la fe no son necesariamente cristianos inferiores a los fuertes. La expresión alude simplemente a quienes piensan que su fe no les permite hacer ciertas cosas que los fuertes se sienten en libertad de hacer.[2] Lo que Pablo quiere es que los fuertes hagan algo más que simplemente tolerar a regañadientes a sus hermanos débiles, y les acojan (el verbo *proslambano*, que se utiliza aquí, significa recibir o aceptar dentro de una sociedad, casa o círculo de amistad[3]). No deberían permitir que las diferencias relativas a «cuestiones discutibles» dificultaran la plena comunión en el cuerpo de Cristo.

En el versículo 2 el apóstol identifica una de estas «cuestiones discutibles»: comer carne. Naturalmente, aquí Pablo no lo expresa exactamente de este modo. El apóstol distingue entre aquellos que «solo comen verduras» y quienes «comen de todo». Sin embargo, teniendo en cuenta el versículo 21, está claro que los débiles en la fe son los que comen solo verduras mientras que los fuertes comen también carne.

En el versículo 3, Pablo insta a ambos grupos a cambiar su actitud con respecto al otro. Los fuertes han de dejar de «menospreciar» a los débiles.[4] Es posible que la traducción de esta palabra haya de ser más fuerte, puesto que, en este contexto, el verbo que Pablo utiliza (*exoutheneo*) tiene probablemente el matiz de «rechazar con desprecio» (ver Hch 4:11; 1Ts 5:20). Pero la actitud de los débiles es también censurable. Han de dejar de «condenar» (*krino*) a los creyentes fuertes. *Krino* significa dictar sentencia condenatoria sobre alguien, negando el derecho de esa persona a ser salva. Pablo argumentará más adelante que solo Dios tiene derecho a tomar tal determinación. Sin embargo, el apóstol señala aquí una cuestión más

---

2. Ver especialmente Cranfield, *The Epistle to the Romans* [La Epístola a los Romanos] 699–700.
3. BAGD.
4. Digo «dejen de» porque creo que este es uno de los casos en que *me* + imperativo presente connota la necesidad de abandonar una acción que uno está llevando a cabo. Pero el tiempo verbal en sí no indica esto (contrariamente a la impresión que se da en ciertas gramáticas); es el contexto el que pone de relieve este matiz.

específica: Dios ha aceptado a este creyente fuerte. ¿Cómo podemos rechazar de nuestra comunión a alguien a quien Dios ha aceptado? Aquí tenemos la razón teológica fundamental de la crítica paulina de esta actitud sentenciosa en la iglesia.

Esclavos del Señor Jesús (14:4-9)

En los versículos 4-9, Pablo explica con mayor detalle este principio esencial. Pablo señala a una persona específica (el «tú» corresponde en griego a un pronombre singular [*sy*]). Lo hace porque regresa de nuevo al estilo de diatriba que ha utilizado de manera efectiva en Romanos (ver comentarios sobre 2:1-11). Este «tú» puede incluir tanto a débiles como a fuertes,[5] sin embargo lo más probable es que se limite a los débiles.[6] «¿Quién te crees que eres?», es básicamente lo que Pablo le pregunta a este creyente débil. Al condenar al fuerte, el creyente débil se reivindica, de hecho, como su señor. Pero el cristiano tiene solo un «señor»: el Señor Jesucristo.

La calidad retórica del argumento de Pablo se evidencia con el uso de la palabra griega *kyrios* que significa tanto «señor/dueño» como «Señor»: esta palabra es central para el argumento de los versículos 4-9, y no está claro a quién se refiere Pablo. Creo, sin embargo, que la NIV ha tomado una decisión correcta al considerar que la primera ocasión en que la palabra aparece en el versículo 4 denota un «señor/dueño» humano en general, mientras que en la segunda utiliza la palabra con un sentido teológico: el Señor, probablemente Cristo.[7] El sentido de los verbos «mantenga en pie» (*histemi*) y «caiga» (*pipto*) podría expresarse con la paráfrasis «se mantenga en una posición de favor» y «caiga de su posición de favor».[8]

Pablo cita ahora una segunda cuestión susceptible de provocar «discusiones» (cf. v. 1) entre fuertes y débiles: considerar que ciertos días tienen «más importancia» que otros.[9] Estos días son uno de los asuntos clave de la controversia de este pasaje (ver comentarios más adelante), no obstante la referencia es probablemente a los días santos judíos, a saber, varias festividades y la celebración del sábado. En cualquier caso, Pablo quiere que cada creyente esté firmemente convencido (*plerophoreo*; cf. el uso de este mismo verbo en 4:21) en su mente.

Con el versículo 6 Pablo retoma la base teológica de su represión de los críticos creyentes romanos que comenzó en el versículo 4. El apóstol se refiere primero al creyente débil, que considera ciertos días «como especiales» (no hay nada en el griego que corresponda a esta expresión, pero este ha de ser el sentido), después al creyente fuerte, que come carne (cf. v. 2) y, por último, alude de nuevo al débil, que se abstiene de comer carne. Todos ellos, sostiene Pablo, actúan movidos por un sincero respeto a Dios y un deseo de agradarle. Por ello es erróneo que se

---

5. P. ej. Käsemann, *Commentary on Romans* [Comentario de Romanos], 369.
6. P. ej. Sanday y Headlam, *The Epistle to the Romans* [La Epístola a los Romanos], 385; Dunn, *Romans* [Romanos], 803.
7. Ver, p. ej., Murray, *The Epistle to the Romans* [La Epístola a los Romanos], 2:177.
8. Cf. 1Co 10:12, donde estos dos verbos se usan de un modo parecido: «Por lo tanto, si alguien piensa que está firme, tenga cuidado de no caer».
9. El texto griego utiliza la preposición *para*, que aquí significa «más que». Así pues, Pablo dice literalmente, «uno considera que un día es más importante que [otro] día».

condenen entre sí. Puede que difieran en algunas prácticas específicas, pero cada grupo ha de reconocer la sinceridad del otro.

El cristiano, ha sugerido Pablo, es un esclavo que debe lealtad a un amo (vv. 4, 6). En los versículos 7–9 el apóstol pone de relieve y explica con mayor detalle esta relación. Ningún cristiano actúa (o debería actuar) movido solo por razones propias. Siempre hemos de tener en cuenta, no solo nuestros propios intereses, sino los de aquel que murió por nosotros y resucitó para poder ser nuestro Señor (v. 9). Por consiguiente, cualquiera que sea el estado en que nos encontremos —vida o muerte—, Cristo, nuestro Señor, es nuestro propietario y espera que actuemos en obediencia a él. Como lo expresa Pablo en 2 Corintios 5:15: «él murió por todos, para que los que viven ya no vivan para sí, sino para el que murió por ellos y fue resucitado». Los cristianos romanos se suponen cualificados para prescribirse unos a otros la conducta correcta (lo que han o no de comer, y los días que han de observar). Pero solo el Señor tiene este derecho.

Dios es quien juzga (14:10–12)

Pablo aclara ahora la teología de los versículos 7–9. Mediante preguntas retóricas paralelas, el apóstol reprende con eficacia al creyente débil por condenar (*krino*; cf. v. 3b) al fuerte y al fuerte por «menospreciar» (*exoutheneo*; cf. v. 3a) al débil. Ambos están haciendo algo que solo corresponde a Dios: «¡Todos tendremos que comparecer ante el tribunal de Dios!» Pablo podría estar advirtiendo a estos cristianos que sus actitudes de juicio traerán juicio sobre ellos cuando comparezcan ante Dios al final de la Historia. No obstante, en vista de los versículos 7–9 lo más probable es que el apóstol esté enseñando que, en última instancia, cada creyente es responsable ante Dios, no ante otros creyentes, por su conducta en esta vida.

En el versículo 11 Pablo pone de relieve el papel singular que Dios desempeña en el juicio citando Isaías 45:23. Podemos apreciar cuán procedente es este texto cuando vamos al contexto del Antiguo Testamento y vemos que está rodeado de afirmaciones de la Soberanía de Dios: «yo soy Dios, y no hay ningún otro» (45:22); «Sólo en el Señor están la justicia y el poder» (45:24). Cada uno de nosotros tendrá que dar cuenta ante este Señor Soberano. En última instancia, si tenemos o no razón en lo que decidimos hacer o no hacer es algo entre nosotros y Dios. En ocasiones, otros cristianos pueden ayudarnos a entender la voluntad de Dios y dirigirnos por buenos caminos, pero Dios tiene la última palabra.

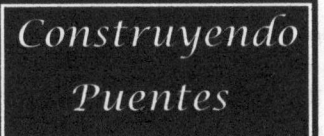

Los débiles en Roma. Como veremos más adelante, la demanda de tolerancia que hace Pablo en 14:1–15:13 se ha aplicado a veces de un modo erróneo, principalmente por no entender exactamente qué está tratando el apóstol en estos versículos. Este texto proporciona un ejemplo clásico de un pasaje en el que autor y lectores comparten el conocimiento íntimo de una situación de la que nosotros no tenemos información. Los cristianos romanos saben cuál es el problema, y Pablo también.

Por ello, el apóstol no tiene que entrar en detalles, y nosotros hemos de reconstruir la cuestión a partir de lo que da a entender en el texto y lo que sabemos del contexto cultural y religioso del primer siglo. Como suele suceder cuando las pruebas no son claras y explícitas, los eruditos plantean distintas reconstrucciones de la situación exacta. Seis de ellas merecen mención.

(1) Los débiles son cristianos gentiles que se abstienen de consumir carne (y quizá vino), especialmente en ciertos días de ayuno, por la influencia de las tradiciones religiosas paganas.[10]

(2) Los débiles son cristianos en general que, por alguna razón, practican un estilo de vida asceta.[11]

(3) Los débiles son principalmente cristianos de origen judío que opinan que han de observar ciertos rituales de la ley mosaica para ser justificados ante Dios.[12]

(4) Los débiles son principalmente cristianos de origen judío que, bajo la influencia de ciertas tendencias religiosas muy extendidas en el siglo primero, expresan su devoción a Dios siguiendo un estilo de vida asceta. (ver Col 2:16–23).[13]

(5) Los débiles son cristianos de origen judío que, como algunos de los corintios (ver 1Co 8–10), se niegan a comer carne porque ésta podría estar contaminada con la idolatría del mercado.[14]

(6) Los débiles son principalmente cristianos de origen judío que no comen ciertas comidas y que observan ciertos días (puede que tampoco beban vino) por una cuestión de lealtad a la ley mosaica.[15]

Hay cuatro argumentos que, combinados, hacen que la última de estas alternativas sea la más probable.

(1) La controversia a que alude Pablo tiene sus raíces en la tensión entre judíos y gentiles en Roma. ¿Por qué si no concluiría Pablo su exhortación con una serie de citas veterotestamentarias que celebran la unidad entre judíos y gentiles dentro del pueblo de Dios (15:8-12)? Por otra parte, la utilización que hace Pablo del término «común» (*koinos*) en 14:14 para aludir a lo que la NVI llama «impuro» sugiere también una base judía para la posición del débil. Esta palabra se aplicaba ampliamente a la comida que la ley mosaica prohibía al pueblo de Dios (cf. Mr 7:2, 5; Hch 10:14).

(2) La exhortación de Pablo a los creyentes fuertes a aceptar a los débiles deja claro que los débiles no están defendiendo un punto de vista que para Pablo sea

---

10. Ver en general, Käsemann, *Commentary on Romans* [Comentario de Romanos], 367–68.
11. Murray, *The Epistle to the Romans* [La Epístola a los Romanos], 2:172-74.
12. Barrett, *Epistle to the Romans,*[Epístola a los Romanos], 256-57.
13. Matthew Black, *Romans* [Romanos], (Grand Rapids: Eerdmans, 1973), 190-91.
14. Nygren, *Commentary on Romans* [Comentario de Romanos], 442.
15. Este es sin lugar a dudas el punto de vista más popular entre los comentaristas modernos. Ver, p. ej., Cranfield, *The Epistle to the Romans* [La Epístola a los Romanos] 694-97; Dunn, *Romans* [Romanos], 799-802.

antitético al Evangelio. Como sabemos por sus otras cartas (p. ej., Gálatas), Pablo puede llegar a ser muy severo para con los cristianos que sostienen ideas contrarias al Evangelio de Dios. Si los débiles pensaran que su obediencia a la ley era necesaria para su salvación (punto de vista 3), a buen seguro que Pablo haría algo más que sencillamente instar a los fuertes a aceptarles en la comunión cristiana.

(3) Pablo no sugiere nunca que la carne que los creyentes débiles se niegan a comer hubiera sido sacrificada a los ídolos. No tenemos una base suficiente para ver la misma situación de 1 Corintios 8–10 en Romanos. Por otra parte, si este hubiera sido el problema, no podemos explicar por qué la observancia de ciertos días es también uno de los problemas.

(4) En una nota positiva, las prácticas que, en este pasaje, Pablo atribuye a los débiles se explican con facilidad en un trasfondo en que algunos judíos intentan guardar la ley mosaica en un entorno principalmente gentil. La observancia de días santos, incluyendo los festivales más importantes y la celebración del Sabat, eran importantes indicadores de la identidad judía en el mundo del primer siglo. La ley mosaica, por supuesto, no demandaba abstinencia de carne o vino. Sin embargo, los judíos escrupulosos a menudo no comían carne si no estaban seguros de que había sido preparada según la normativa *kosher*. Se abstenían igualmente de tomar vino preocupados por si éste había sido contaminado por la práctica pagana de ofrecer vino como libación a los dioses.

El clásico ejemplo bíblico de esta preocupación por evitar la contaminación pagana es Daniel, quien «se propuso no contaminarse con la comida y el vino del rey» (Dn 1:8; ver también 10:3; Tobías 1:10–12; Judit 12:2, 19; Añadidos a Ester 14:17; *José y Asenet* 14). No sería extraño que muchos de los judíos de Roma (quizá la mayoría de ellos), rodeados como estaban de paganos, hubieran decidido adoptar prácticas similares para mantenerse puros delante del Señor.

Si este trasfondo hace verosímil el panorama, todo el tenor de Romanos confirma esta dirección de la interpretación. Puesto que el apóstol expresa desde el mismo comienzo de la carta una preocupación con la cuestión de la ley mosaica y la relación entre judíos y gentiles. En otras palabras, la teología desarrollada en Romanos 1–11 se aplica perfectamente a una situación en la que los cristianos de Roma están divididos respecto a la permanente relevancia de ciertas cláusulas de la ley mosaica, o derivadas de ella. Naturalmente, esto no demuestra que esta sea la cuestión de fondo, sin embargo, la correlación entre teología y exhortación práctica sí apoya este cuadro.

Si, pues, la situación en Roma es como la hemos planteado, Pablo estaría tratando un asunto de lo que a veces se ha denominado adiáfora («cuestiones secundarias o accesorias»). La Escritura nos ordena hacer ciertas cosas (p. ej., adorar a Dios), y nos prohíbe hacer otras (p. ej., cometer adulterio). Sin embargo, otras muchas no se mencionan ni como órdenes ni como prohibiciones; el pueblo de Dios tiene libertad para hacerlas o no. ¿Debemos utilizar la Versión Reina Valera de la Biblia o la Nueva Versión Internacional? El canto congregacional de la Iglesia, ¿ha de ser acompañado por un órgano o por una guitarra? La Biblia no lo dice (¡aunque algunos cristianos pueden opinar que sí!).

Como Pablo deja claro en otros pasajes de sus cartas y en el libro de los Hechos, cree que los cristianos de origen judío tienen la libertad de seguir observando la ley mosaica si así lo desean. Pero no han de pensar que tal observancia sea necesaria para su salvación, ni pueden imponérsela a los creyentes gentiles (Gálatas). Insiste también en que los creyentes no tienen la obligación de seguir obedeciendo la ley de Moisés (ver 6:14, 15; 7:4, 6). Por consiguiente, la observancia del Sabat y de otras festividades especiales y evitar la ingesta de carne y vino para mantener la pureza ritual forman parte de la adiáfora.

En otras palabras, si los cristianos de un trasfondo judío quieren mantener la celebración del Sabat y se abstienen de comer carne y beber vino, no hay ningún problema. Pero tampoco lo hay si otros cristianos deciden no celebrarlo y comer carne y beber vino. Ambas posiciones son perspectivas cristianas «aceptables», y los creyentes que las sostienen no han de condenar a los que no lo hacen.

No obstante, —y este es un punto vital— no podemos extender la tolerancia que Pablo demanda aquí a todas las cuestiones. Como hemos visto, el apóstol adopta un acercamiento distinto hacia quienes violan una clara enseñanza del Evangelio. Tales personas no han de ser toleradas, sino corregidas y, si no se arrepienten, han de ser separadas de la vida de la iglesia (ver 1Co 5). Por tanto, hemos de tener cuidado que al aplicar la tolerancia que se presenta en Romanos 14:1-15:13 lo hagamos a cuestiones similares a la que Pablo trata aquí.

Significado Contemporáneo

El mandamiento del Sabat. Como acabo de insinuar, la enseñanza de Pablo en esta parte de Romanos tiene una gran relevancia para la práctica de la tolerancia. ¿A quién y qué ideas toleramos? ¿Por qué? Es quizá mejor tratar este asunto más general después de haber considerado en mayor profundidad el argumento de Pablo sobre este asunto (ver las secciones «Significado contemporáneo» de 14:13–23 y 15:1–6). En esta sección consideraremos un asunto menor del texto pero que sigue dividiendo y dejando perplejos a los creyentes: la celebración del Sabat.

Especialmente en la historia del cristianismo protestante, la observancia del sábado ha sido un asunto polémico. Existen razones tanto teológicas como culturales para esta controversia. Hasta hace muy poco, nuestra cultura estaba profundamente influenciada por la tradición cristiana, asociada en especial con los puritanos, en el asunto de considerar el domingo como el «el Sabat cristiano» y, por tanto, como un día de descanso. Durante mi infancia, muy pocas tiendas estaban abiertas el domingo. Hasta hace relativamente poco, en el estado de Illinois era ilegal que los concesionarios de coches abrieran en domingo. Y muchos cristianos, aunque no siempre entendían por qué lo hacían, estaban convencidos de que el domingo era el día en que las actividades normales tenían que suspenderse. No era un día para lavar el coche, cortar el césped, o la práctica del deporte, sino para el descanso físico, el refrigerio espiritual y la adoración.

Es probable que todo esto suene extraño a muchos creyentes jóvenes, que no pueden imaginarse un domingo con los centros comerciales cerrados o sin tener acceso a los campos de béisbol o fútbol. Ni siquiera la adoración está ya relegada exclusivamente al domingo, ya que muchos asisten a alguna de las muchas iglesias que tienen ya reuniones de adoración el sábado por la noche. Las actitudes hacia el domingo han cambiado decisivamente durante los últimos veinte años. Pero si tales cambios son o no positivos es algo que ha de decidirse desde un punto de vista teológico.

Teológicamente, el mandamiento del Sabat se convirtió en una especie de pararrayos para el asunto más extenso de la relación del creyente con la ley del Antiguo Testamento. En los Diez Mandamientos, Dios manda a su pueblo que le adoren y descansen en el Sabat (Éx 20:8–11; Dt 5:12–15). Una fuerte tradición dentro del protestantismo evangélico, arraigada especialmente en la enseñanza de Calvino y transmitida a la iglesia moderna por la influencia de los puritanos, sostiene que los Diez Mandamientos resumen la eterna ley moral de Dios. ¿Hemos pues de obedecer el mandamiento del Sabat? En caso afirmativo, ¿cómo?

Los Adventistas del Séptimo Día afirman ser los únicos cristianos consistentes por lo que a la observancia del Sabat se refiere. Creen, igual que otros muchos cristianos, que el Decálogo contiene la eterna ley moral de Dios. Si esto es así, la adoración y el descanso del Sabat son un requisito para los creyentes en el mismo plano que no matar o robar. Dios hizo del «séptimo día» el Sabat (nuestro sábado). No tenemos derecho a cambiar el día que Dios mismo estableció.[16]

Muchos de quienes consideran que los Diez Mandamientos tienen una autoridad permanente para la Iglesia piensan, no obstante, que el Nuevo Testamento implica un cambio en el mandamiento del Sabat. Los primeros cristianos se reunían «el primer día de la semana» para partir el pan (Hch 20:7) y para recoger ofrendas para obras de caridad (1Co 16:2). Juan recibió su famosa visión en «el Día del Señor» (Ap 1:10). Para la mayoría de los intérpretes, estos textos sugieren que lo que podemos documentar como un hecho en la Iglesia posterior al Nuevo Testamento es lo mismo que ya sucedía en la Iglesia del Nuevo Testamento: en honor a la resurrección, el día de adoración pasó del sábado al domingo. A fin de cuentas, Jesús afirmó ser «Señor [...] del sábado» (Mr 2:28), dando a entender que, como cumplimiento que era de la Ley, tenía la autoridad para cambiar el mandamiento del Sabat.

¿Pero en qué medida lo cambió? ¿Anuló acaso la obligación de no trabajar en el Sabat? Los datos sobre este asunto están claros. Por supuesto, en ocasiones, él y sus discípulos hicieron cosas en sábado que violaban la interpretación judía de lo que era el Sabat (Mr 2:23–28 y pasajes paralelos; 3:1–6 y pasajes paralelos; Lc 14:10–17; Jn 5). Sin embargo, ninguna de tales contravenciones representó una clara violación de las reglas sabáticas veterotestamentarias.[17] Puede que las palabras de Hebreos 4:1–11 sean más pertinentes: «queda todavía un reposo especial para el pueblo de Dios» (4:9). Pero el autor de este libro parece interpretar la

---

16. Hay un buen resumen de esta idea en Samuele Bacchiochi, *From Sabbath to Sunday* [De sábado a domingo], (Roma: Pontifical Gregorian Univ. Press, 1977).
17. Ver Douglas J. Moo, «Jesus and the Authority of the Mosaic Law» [Jesús y la autoridad de la ley mosaica], *JSNT* 20 (1984), 15–18.

palabra «reposo» de un modo metafórico, aplicándola a la experiencia salvífica del pueblo de Dios (ver 4:10–11).[18]

La naturaleza incierta de estas pruebas deja dudas sobre la permanente aplicabilidad de la demanda de «descanso» del mandamiento sabático. Sin embargo, es en este punto cuando Romanos 14:5, junto con Colosenses 2:16, pueden ser de ayuda. En el texto de Colosenses, Pablo insta a los creyentes a no sucumbir ante los falsos maestros. Les dice: «así que nadie los juzgue a ustedes por lo que comen o beben, o con respecto a días de fiesta religiosa, de luna nueva o de reposo». En este versículo, Pablo parece poner la observancia sabática en la categoría de la adiáfora, una práctica ni ordenada ni prohibida.

Esto mismo parece aplicarse a Romanos 14:5. Naturalmente, Pablo no menciona explícitamente la celebración del Sabat. Pero es casi seguro que, dentro de un contexto judío, los debates sobre la observancia de los días especiales incluían el tema de la celebración del Sabat, el más prominente de los días santos judíos.[19] Creo que estos textos específicos, junto con la actitud general del Nuevo Testamento hacia el mandamiento del Sabat, muestran que la observancia del sábado ya no obliga a los creyentes. Esto encaja con mi concepción de la autoridad de la Ley en su conjunto en la era del Nuevo Pacto.

¿Cuáles son las implicaciones prácticas de este punto de vista? (1) Los cristianos no están obligados a «descansar» en domingo. No nos está, pues, prohibido aceptar un empleo que requiera trabajar el domingo, así como lavar el coche, o jugar a baloncesto en este día. No obstante, los cristianos tienen también la libertad de descansar el domingo si así lo deciden. Creo que este descanso, aunque no es obligatorio, sí es física y espiritualmente sabio. Por regla general, no hago ninguna de mis tareas habituales en domingo (no preparo conferencias, ni corrijo trabajos ni escribo libros). A veces surgen emergencias que me obligan a trabajar, y a menudo enseño y predico en alguna iglesia. Sin embargo, considero que haberme puesto la regla de no trabajar en domingo es intensamente liberador. No me siento en absoluto culpable de no estar en el despacho, y estoy seguro de que la pausa del domingo me capacita para ser mucho más eficiente los otros seis días de la semana. Muchos teólogos especulan que la esencia del mandamiento del Sabat es precisamente esta idea de hacer una pausa de las actividades regulares para descansar y adorar a Dios.[20] Puede que, en el último análisis, el día exacto no sea lo más importante.

(2) Esto trae a nuestra mente una segunda cuestión, para mí más difícil: el requisito de adorar en el Sabat. Cabe pensar que, por un sentido de coherencia,

---

18. Ver, p. ej. George Guthrie, *Hebrews* [Hebreos], (NIVAC; Grand Rapids: Zondervan, 1998), 159–72.
19. Ver especialmente Dunn, *Romans* [Romanos], 805; Stuhlmacher, *Paul's Letter to the Romans* [La carta de Pablo a los Romanos], 224. Quienes deseen considerar una opinión contraria, pueden ver, p. ej., Murray, *The Epistle to the Romans* [La Epístola a los Romanos], 2:177–78.
20. Ver, p. ej., Paul Jewett, *The Lord's Day: A Theological Guide to the Christian Day of Worship* [El Día del Señor: una guía teológica al día de la adoración cristiana], (Grand Rapids: Eerdmans, 1971).

la adoración tendría que situarse en la misma categoría que el descanso, es decir, se requiere una adoración regular, pero el día es opcional. Puede que esto sea correcto. Sin embargo, las explícitas referencias del Nuevo Testamento al «primer día de la semana» y al «Día del Señor» que antes hemos considerado me hacen vacilar. En el Nuevo Testamento, la adoración en domingo no es un mandamiento, pero sí parece ser un patrón (aunque, reconozco, que solo está atestiguado en algunos textos). Por esta razón, no estoy seguro de que tengamos que deshacernos del domingo como día de adoración de la iglesia.

(3) Esto, a su vez, plantea otras varias implicaciones. (a) Deberíamos analizar con detenimiento, desde un punto de vista teológico, la tendencia a establecer reuniones de adoración el sábado por la noche. La mayoría de las iglesias que ofrecen reuniones de adoración en sábado, lo hacen por razones de conveniencia: quizá para que el domingo por la mañana no se produzcan congestiones, o puede que para atraer a personas que seguramente no se levantarían para asistir a la reunión el domingo por la mañana. Cabe, sin embargo, la pregunta de si tales iglesias tienen una sólida base bíblica y teológica para ello. ¿Consideran seriamente lo que parece ser el patrón del Nuevo Testamento para el día de la adoración? Se pueden presentar argumentos para afirmar que, según el cómputo judío, tras el anochecer del sábado se inicia el Sabat. Pero pocas iglesias presentan este argumento, y de todos modos no podría aplicarse durante la mayor parte del año en muchas latitudes del Hemisferio Norte.

(b) Aunque a los creyentes no se les pide que descansen el domingo, sí se les demanda que asistan a la adoración (que por regla general es el domingo). Naturalmente, para algunos profesionales es imposible asistir de manera consistente a la adoración el domingo por la mañana (médicos, bomberos, abogados, atletas, etc.). Sin embargo, la inmensa mayoría de los cristianos tienen ante sí una clara elección, es una elección que reflejará la prioridad que damos a la adoración. Mis propios hijos, siguiendo mi ejemplo/ley (¡no estoy muy seguro de cómo considerarlo!) han rechazado a veces trabajos muy bien remunerados porque les forzaban a trabajar con frecuencia en domingo.

Un amigo de Lucas, mi tercer hijo, tuvo ocasión de aclarar cuáles eran sus prioridades a todo el vecindario. En 1998, inmediatamente después de que subiera vertiginosamente a lo más alto del golf al ganar su primer *Masters*, Tiger Woods vino con Michael Jordan a jugar por la zona donde vivo. Le pidieron al amigo de mi hijo que les llevara los palos. Él rechazó la oferta porque ello le habría impedido asistir a la adoración dominical. Casi todos los que se enteraron de lo ocurrido se quedaron sencillamente pasmados; no entraba en sus esquemas que alguien pudiera tomar una decisión como aquella. Sin embargo, ¡qué testimonio tan elocuente del valor que este joven daba a la adoración!

(c) Puesto que nuestra cultura ha cambiado, los creyentes sentimos la presión que ejerce también en este asunto: nos apremia a tratar el domingo como un día para dormir un poco más de lo normal, desayunar tarde, leer el periódico, llevar a los niños al fútbol, etcétera. Cuando menos, hemos de poner bien en alto la primacía de la adoración como aquello que, para nosotros, es la razón de ser del domingo.

Romanos 14:13-23

Por tanto, dejemos de juzgarnos unos a otros. Más bien, propónganse no poner tropiezos ni obstáculos al hermano. 14 Yo, de mi parte, estoy plenamente convencido en el Señor Jesús de que no hay nada impuro en sí mismo. Si algo es impuro, lo es solamente para quien así lo considera. 15 Ahora bien, si tu hermano se angustia por causa de lo que comes, ya no te comportas con amor. No destruyas, por causa de la comida, al hermano por quien Cristo murió. 16 En una palabra, no den lugar a que se hable mal del bien que ustedes practican, 17 porque el reino de Dios no es cuestión de comidas o bebidas sino de justicia, paz y alegría en el Espíritu Santo. 18 El que de esta manera sirve a Cristo, agrada a Dios y es aprobado por sus semejantes. 19 Por lo tanto, esforcémonos por promover todo lo que conduzca a la paz y a la mutua edificación. 20 No destruyas la obra de Dios por causa de la comida. Todo alimento es puro; lo malo es hacer tropezar a otros por lo que uno come. 21 Más vale no comer carne ni beber vino, ni hacer nada que haga caer a tu hermano. 22 Así que la convicción que tengas tú al respecto, mantenla como algo entre Dios y tú. Dichoso aquel a quien su conciencia no lo acusa por lo que hace. 23 Pero el que tiene dudas en cuanto a lo que come, se condena; porque no lo hace por convicción. Y todo lo que no se hace por convicción es pecado.

Aunque en 14:1–12 Pablo se dirige a las dos partes enfrentadas en Roma, su crítica principal se dirige a los débiles, con su actitud de juicio contra los fuertes. En 14:13–23, el apóstol compensa este desequilibrio centrándose en los fuertes.

Desde un punto de vista negativo, Pablo advierte a estos creyentes que no utilicen su libertad de un modo que produzca perjuicio espiritual a sus hermanos y hermanas más débiles (la idea de tropezar; ver los vv. 13b, 20b–21; también los vv. 15, 20a). Desde un punto de vista positivo, el apóstol quiere que utilicen su libertad en estas cuestiones conforme al amor para edificar el cuerpo (vv. 15, 19).

Pablo estructura esta exhortación a los fuertes según un criterio similar al que siguió en los versículos 1–12. Su principal preocupación, que los creyentes fuertes eviten ser un «tropiezo» para los débiles, se expresa al comienzo y al final (vv. 13b–16 y vv. 19–23). Estas dos secciones siguen un orden quiásmico:

  A Advertencia sobre los tropiezos (v. 13b)
    B Nada es inmundo (v. 14a)
      C No destruyan a aquel por quien Cristo murió (v. 15b)
      C' No destruyan la obra de Dios (v. 20a)
    B' Todas las cosas son limpias (v. 20b)

A' No hagan nada que haga tropezar a un creyente (v. 21)

En los versículos intermedios, encontramos las razones teológicas de esta preocupación: la naturaleza del reino de Dios (vv. 17-18).

No sean un tropiezo (14:13-16)

El mandamiento, «por tanto, dejemos de juzgarnos unos a otros» es transicional, y representa un resumen de lo que Pablo ha expresado en 14:1-12 y una preparación para lo que sigue. (Es posible que Pablo esté aquí de nuevo citando la enseñanza de Jesús, «no juzguen a nadie, para que nadie los juzgue a ustedes» [Mt 7:1][1]) Tanto aquellos que son débiles como los que son fuertes en la fe —es decir, los que tienen escrúpulos y los que no los tienen— han de aceptarse unos a otros como miembros del mismo cuerpo de Cristo.

Pablo juega con el verbo griego *krino* al pasar de la primera parte del versículo 13 a la segunda. En la primera exhortación, este verbo significa «juzgar, pronunciar sentencia», sin embargo, en la segunda parte quiere decir «decidir, determinar» (NVI «propónganse»). Volviendo específicamente a los fuertes, Pablo les pide que no pongan «tropiezos ni obstáculos» en el camino de otro creyente. La vívida imaginería de los «tropiezos» (*proskomma*) procede del Antiguo Testamento (ver especialmente Is 8:14, citado en Ro 9:32); lo mismo se aplica a la palabra *skandalon* (NVI «obstáculo»). Este término alude literalmente a una trampa, pero se utilizaba ampliamente en la LXX para aludir a la causa de la propia caída espiritual (ver especialmente Lv 19:14); tiene este mismo sentido a lo largo de todo el Nuevo Testamento (p. ej., Mt 13:41; 18:7; Ro 9:33; 11:9; 16:17; 1P 2:8). Lo que Pablo quiere decir está claro: quienes se precian de ser fuertes han de expresar su madurez espiritual haciendo todo lo que puedan por evitar la caída espiritual de un hermano o hermana.

En una hábil maniobra retórica, Pablo intenta captar la atención de los fuertes concediendo que tienen razón en una cuestión esencial: «no hay nada impuro en sí mismo» (v. 14). La palabra «impuro» traduce *koinos* (lit., común), que para los judíos solía denotar aquellas cosas que, por su contacto con el mundo corriente y profano, se consideraban corrompidas (ver, p. ej., 1 Mac 1:47, 62; Mr 7:2, 5; Hch 10:14, 15, 28; 11:8, 9; Heb 10:29). En otras palabras, Pablo subraya que toda comida es *kosher*. El apóstol sigue a Jesús, cuya enseñanza sobre la «verdadera corrupción» tenía esta misma impronta (Mr 7:19; cf. también Hch 10:9-23, 28).

Sin embargo, aunque los fuertes conocen perfectamente la teoría, han de hacer frente a la práctica. Aunque Dios declare ahora que todos los alimentos son *kosher*, para quienes han creído siempre que prescindir de ciertos alimentos es necesario para mantener la santidad, es probablemente imposible interiorizar inmediatamente esta nueva perspectiva. Pueden no estar convencidos —al menos emocional y psicológicamente— de poder comer cualquier cosa. Para ellos, ciertos alimentos siguen siendo «inmundos».

---

1. Ver, p. ej., M. Thompson, *Clothed with Christ: The Example and Teaching of Jesus in Romans 12.1–15.13* [Vestidos con Cristo: ejemplo y enseñanza de Jesús en Romanos 12.1-15.13], (Sheffield: JSOT, 1991), 163–73.

Tras explicar que el asunto de la comida puede producir la caída espiritual de una persona, en el versículo 15 Pablo pasa a mostrar que esto es exactamente lo que los fuertes están haciendo con los débiles. Su práctica de comer alimentos que los creyentes débiles están convencidos de ser inmundos, les produce «angustia» (*lypeo*, causar dolor). Es más, ello puede llegar incluso a «destruir» (*apollymi*) al creyente débil. Este lenguaje es muy fuerte. Algunos intérpretes quieren mitigar su fuerza sugiriendo que el verbo *apollymi* alude a los graves problemas de conciencia de los débiles. Sin embargo, cuando Pablo utiliza este verbo con un objeto personal, significa siempre «llevar a una destrucción final y espiritual» (Ro 2:12; 1Co 1:18; 8:11; 10:9, 10; 15:18; 2Co 2:15; 4:3, 9; 2Ts 2:10). En otras palabras, la arrogante actitud de los fuertes puede llevar a la condenación del creyente débil.

¿Cómo? Pablo no lo explica, pero hay dos posibilidades. (1) La «presión de grupo» que genera el ejemplo de los creyentes fuertes puede llevar a los débiles a comer algo que siguen considerando inmundo, y violar por ello su conciencia. En el versículo 23 Pablo sugiere de nuevo que se es «condenado» cuando se come algo de cuya legitimidad no se está convencido.

(2) Al alardear de su libertad para comer de todo, los creyentes fuertes pueden ofender hasta tal punto a los conservadores cristianos de origen judío que su fe se apague completamente. El versículo 16 apoya quizá esta idea, puesto que la expresión el «bien que ustedes practican» alude probablemente a la libertad que disfrutan los creyentes. Esta libertad, afirma Pablo, puede llegar a considerarse como algo pernicioso (lit., será «blasfemada») cuando se abusa de ella y los demás son perjudicados por su causa. Sea lo que sea, los fuertes no están actuando movidos por el amor. Cristo ha dado su vida por estos creyentes débiles, y los fuertes no están dispuestos ni siquiera a renunciar a ciertas comidas.

Los valores del reino (14:17–18)

Los fuertes no se equivocan al pensar que tienen libertad para comer lo que quieran. Su error consiste más bien en utilizar esta libertad sin considerar el efecto que puede tener sobre sus hermanos y hermanas más débiles, personas por las que Cristo murió. Los fuertes necesitan una reordenación de sus prioridades, en las que los valores del reino tengan preferencia sobre los intereses y placeres egoístas. Por ello, Pablo nos recuerda ahora que el reino de Dios no consiste en comida y bebida, sino en «justicia, paz y alegría en el Espíritu Santo».

Puesto que, en Romanos, Pablo utiliza generalmente el lenguaje de la «justicia» con un sentido forense para aludir a nuestra posición ante Dios, muchos intérpretes opinan que *dikaiosyne* tiene aquí este sentido.[2] Pero Pablo también utiliza esta palabra para referirse a la «justicia ética», es decir, a la conducta que agrada a Dios (p. ej., 6:16, 18, 19). Este significado encaja mejor en nuestro contexto.[3] El

---

[2]. P. ej. Cranfield, *The Epistle to the Romans* [La Epístola a los Romanos] 718–19; Dunn, *Romans* [Romanos], 823.

[3]. P. ej. Godet, *Commentary on Romans* [Comentario de Romanos], 462; Murray, *The Epistle to the Romans* [La Epístola a los Romanos], 2:193–94.

término «paz» tiene que ver con la armonía horizontal que los creyentes han de manifestar. Cuando estas bendiciones están presentes, generan «alegría».

Sin embargo, estas tres características son solo posibles allí donde está obrando el Espíritu Santo. Cuando los creyentes sirven «de esta manera» a Cristo, agradan a Dios y encuentran la aprobación de sus compañeros cristianos. La expresión «de esta manera» puede referirse a las virtudes que Pablo ha enumerado en el versículo 17.[4] Sin embargo, el singular «esta» (*touto*) no coincide con la pluralidad de estas virtudes. Lo más probable es que Pablo esté haciendo referencia al enfoque del reino en su conjunto que se describe en el versículo 17: Dios aprueba a los creyentes que sirven a Cristo poniendo la mira en aquellas cuestiones que son verdaderamente centrales al reino.

No seas causa de tropiezo para tu hermano (14:19–23)

Después del interludio en indicativo (vv. 17–18), Pablo regresa al imperativo. Hemos de vivir de un modo práctico los valores del reino actuando de un modo conducente a la «paz» y la «mutua edificación». «Mutua edificación» es una buena traducción de una expresión griega un poco extraña (lit., «las cosas de edificación que son del uno para el otro»). La palabra «edificación» traduce un término que significa «acto de edificar» (cf. Mt 24:1), aunque, por regla general, en el Nuevo Testamento se utiliza con un sentido espiritual: el proceso de edificar en la fe a los creyentes de manera individual o la iglesia en su conjunto (p. ej., Ro 15:2; 1Co 14:3; Ef 4:12, 16). Los fuertes han de estar más preocupados por el crecimiento de la totalidad del cuerpo más que de su propia libertad y desarrollo espiritual.

En el versículo 20 Pablo pasa de lo positivo a lo negativo: cuán necio sería «destruir» (*katalyo*) este cuerpo, esta «obra de Dios por causa de la comida». En el versículo 15, hasta cierto punto paralelo a éste, la palabra «destruir» aludía a la condenación espiritual de un individuo. Aplicado a la iglesia, aquí significa probablemente «estropear»: las disputas sobre la comida generan desmembración, desconfianza mutua y, finalmente, la división de una congregación.

Pablo reitera, pues, su convicción de que todo alimento es «puro» (v. 20b) y continúa (cf. v. 14) con una referencia a lo que «uno» (lit. un «hombre») come. La construcción griega no deja claro quién es esta persona. En el versículo 14 la referencia era al creyente débil, y es posible que el griego tenga aquí un sentido similar.[5] Sin embargo, la gramática y el contexto favorecen una referencia al cristiano fuerte, como traduce la NVI.[6] El cristiano fuerte ha de reconocer que es erróneo que su comida sea motivo de perjuicio espiritual para otro creyente.

---

4. Así opinan la mayoría de los comentaristas (p. ej., Sanday y Headlam, *The Epistle to the Romans* [La Epístola a los Romanos], 392; Fitzmyer, *Romans* [Romanos], 697).
5. P. ej. Godet, *Commentary on Romans* [Comentario de Romanos], 462–63; Murray, *The Epistle to the Romans* [La Epístola a los Romanos], 2:195. Ver, p. ej., la NJB: «pero de igual manera, cualquier clase [de comida] puede ser mala para aquel a quien le ofende comer».
6. Käsemann, *Commentary on Romans* [Comentario de Romanos], 378; Cranfield, *The Epistle to the Romans* [La Epístola a los Romanos], 24.

En el versículo 21 Pablo da un carácter formal a esta cuestión expresando un principio general: los creyentes han de evitar hacer nada que implique un perjuicio espiritual para otro creyente. ¿Pero, por qué incluye Pablo aquí la práctica de «beber vino» como un ejemplo de algo a evitar? Es posible que sencillamente añada esta cuestión como una ilustración; «comer y beber» forman un par natural (ver v. 17). Sin embargo, lo más probable es que el apóstol la introduzca porque, junto con la ingesta de carne y la observancia de días santos, el consumo de vino fuera también un asunto controvertido en la iglesia romana (ver la sección «Construyendo puentes» de 14:1–12, donde hemos observado que muchos judíos se abstenían de vino porque temían que éste hubiera sido contaminado por medio de prácticas paganas).

En los versículos 22–23 Pablo saca conclusiones de su enseñanza para los cristianos fuertes (v. 22) y débiles (v. 23). Pablo insta a los fuertes a guardarse para sí sus convicciones sobre las cuestiones controvertidas. No hay necesidad de que proclamen sus puntos de vista a bombo y platillo o estén constantemente intentando convencer a sus compañeros cristianos de lo acertadas que son sus opiniones. Para los creyentes fuertes, lo primordial es la bendición con que concluye el versículo 22: han de obrar de tal manera que no tengan razón para «condenarse» a sí mismos con respecto a las prácticas que éstos «aprueban» (*dokimazo*, considerar correcto; cf. 12:2). Pablo quiere que aquellos que, como él, han interiorizado la verdad sobre la libertad que disfrutan los cristianos en la nueva era, tengan una clara conciencia del modo en que han de utilizar dicha libertad: movidos por amor y preocupación por la edificación de la comunidad.

Sin embargo, Pablo nos recuerda de nuevo que existen también quienes no están convencidos sobre la libertad que tenemos acerca de estas cuestiones. Aquellos creyentes que todavía «dudan» sobre lo lícito de comer ciertos alimentos, no han de ingerirlos. Aunque es posible que comer no sea intrínsecamente erróneo, sí lo es violar la propia conciencia. Si un creyente débil se forzara a comer no lo estaría haciendo con «fe», es decir, movido por una sincera convicción de que comer carne es correcto. Por tanto, esta manera de comer es pecado, ya que «Y todo lo que no se hace por convicción [lit. fe] es pecado». Pablo está utilizando de nuevo la palabra «fe» (*pistis*) en el sentido específico que le dio al comienzo del capítulo (14:1–2): la convicción de que la propia fe le permite a uno llevar a cabo una cierta actividad. De modo que, aunque en un sentido general es cierto que cualquier acción que no surge de la fe es pecado,[7] esto no es lo que Pablo quiere decir aquí.

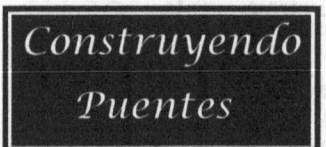

¡Tradición! El famoso grito de Tevye «¡Tradición!» en la película *El violinista en el tejado* encarna una actitud compartida por casi todas las personas de todos los tiempos. Todos tenemos ciertas tradiciones que nos sirven para conectarnos con generaciones pasadas y para vincularnos estrechamente a otras personas de nuestro propio

---

7. Agustín, por ejemplo, utilizó este texto para argumentar que cualquier acto de un no cristiano ha de ser pecaminoso (*Réplica a Juliano* 4.32).

grupo social o religioso. A menudo ni siquiera conocemos la procedencia de tales tradiciones.

Me viene a la mente una historia que mi pastor, Todd Habegger, suele contar. Una familia que él conoce, siempre que asan una pata de jamón le cortan un pedazo de unos dos o tres centímetros de uno de sus extremos. En una ocasión Habegger preguntó por qué lo hacían. La mujer que estaba preparando el jamón contestó: «Porque mi madre siempre lo hacía así». Picada por la curiosidad, ella le preguntó a su madre la razón de esta práctica. Su madre le dijo: «Porque mi madre siempre preparaba el jamón de este modo». Cuando le preguntó a su bisabuela, ella sonrió y explicó: «El primer horno que tuvimos era tan pequeño que no nos cabía un jamón entero. De manera que siempre tenía que cortar un pedazo».

Es probable que la mayoría de nosotros tengamos mejores razones para mantener nuestras tradiciones. Sin embargo, lo entendamos o no, todos tenemos tradiciones, y éstas tienen un gran valor para darnos un sentido de identidad. Entendemos mejor las cuestiones que se tratan en Romanos 14 y su aplicación a nuestra época cuando reconocemos completamente el poder de la tradición. Los judíos que vivían en Roma en el tiempo de Pablo tenían una especial necesidad de tradiciones que reforzaran su identidad. Eran un grupo religioso minoritario que intentaba sobrevivir y preservar su identidad en medio de un entorno pluralista y muchas veces hostil. Como otros muchos judíos de los siglos posteriores al exilio, éstos ponían un gran acento en algunas de las tradiciones religiosas que les ayudaban a preservar su identidad y a mantenerles separados del mundo circundante.

Puesto que tenían que hacer frente a la persecución y la dispersión, los judíos concedían un gran valor a las tradiciones fundamentadas en el Antiguo Testamento como, por ejemplo, la circuncisión, las leyes alimentarias y la observancia de ciertas festividades, en especial la celebración del Sabat. Por consiguiente, no debería sorprendernos que fueran precisamente estas cuestiones las que afloraran repetidamente como puntos de tensión entre muchos cristianos de origen judío y los de trasfondo gentil. Naturalmente, la teología jugaba también un importante papel. El grupo de cristianos de origen judío conocido como judaizantes, por ejemplo, defendía que el pacto de Dios con Abraham y su posterior reiteración en días de Moisés hacía de la circuncisión y la obediencia a la ley elementos esenciales para todos los tiempos de lo que significaba pertenecer a Dios. Pablo no estaba de acuerdo, como pone de relieve en Gálatas.

Sin embargo, otros cristianos de origen judío, sin duda, se acercaban a estas cuestiones desde una perspectiva mucho menos teológica o teórica. Sus padres y compañeros les habían enseñado que ciertas prácticas eran esenciales para todo buen judío. Su aceptación de Jesús como Mesías había ensanchado sus horizontes, revelándoles que Dios había introducido una nueva era en la historia de la salvación en la que los gentiles podían unirse a ellos para adorar juntos al único Dios verdadero. Y, a diferencia de los judaizantes, muchos de ellos reconocían que los gentiles no tenían por qué seguir aquellas costumbres que eran peculiares a los judíos. No obstante, les costaba mucho entender por qué, personalmente, no podían seguir las reglas que se les habían enseñado desde su infancia.

Incluso quienes en teoría estaban de acuerdo con que las reglas no eran ya necesarias tenían probablemente dificultades para descartar cosas que formaban una parte tan integral de su identidad cultural y religiosa. Eran sus tradiciones, y nunca es fácil echarlas por la borda, por persuasivos que sean los argumentos para su abandono. Por su propio trasfondo, Pablo conocía muy bien el gran poder que tenía la tradición entre los judíos. Comprendía perfectamente a los cristianos de origen judío para quienes era muy difícil abandonar, de la noche a la mañana, lo que se les había inculcado de un modo tan intenso. Por ello, el apóstol quiere que los otros cristianos de Roma les den un respiro.

Pero las tradiciones no afectan solo a los judíos del mundo antiguo; éstas gozan también hoy de buena salud, y siguen ejerciendo su influencia sobre las personas de nuestro tiempo. Al contextualizar Romanos 14, debemos, pues, tener en cuenta tanto las tradiciones modernas como las antiguas. Hemos de darnos cuenta de que, quienes hoy aceptan las buenas nuevas, están inmersos en culturas y religiones que tienen sus propias tradiciones, unas tradiciones que no siempre es fácil abandonar. Naturalmente, la tradición no puede ser nunca una excusa para el pecado. Pablo pide, sin complejos, a los nuevos convertidos que se distancien de cualquier tradición que sea contraria a la voluntad revelada de Dios. Sin embargo, muchas tradiciones no son claramente pecaminosas, y cuando este es el caso, Romanos 14 nos anima a adoptar un acercamiento prudente y cariñoso.

Teología, exégesis y seguridad eterna. Romanos 14:15 es otro de esos textos de advertencia que nos crean problemas a quienes creemos en la perseverancia de los santos (ver comentarios sobre 11:21–22). Nuestras conclusiones reflejarán de nuevo nuestra concepción del testimonio bíblico general sobre este asunto. Una sencilla exégesis del texto de la NVI parece llevar a la conclusión de que un verdadero cristiano puede llegar a perder la fe y condenarse eternamente. Pablo llama a la persona en cuestión un «hermano por quien Cristo murió». Esta persona, afirma el apóstol, puede «destruirse» por la despreocupada actitud de otros creyentes.

Como antes hemos observado, algunos intérpretes intentan sortear el problema entendiendo el término «destruir» como el sufrimiento espiritual y los intensos problemas de conciencia que experimenta el creyente débil cuando éste adopta, contra su propio juicio, las prácticas del fuerte.[8] Sin embargo, como también hemos señalado, Pablo utiliza normalmente el verbo «destruir» para referirse a la condenación eterna. Un acercamiento más halagüeño es hacernos la pregunta de si la persona a la que Pablo se refiere aquí es o no un verdadero cristiano. Al traducir «hermano» la NVI está parafraseando, puesto que en el texto griego no aparece la palabra *adelfos*. Naturalmente, este término sí aparece antes en el mismo versículo, y puede que sea legítimo introducirla de nuevo en esta última afirmación. Sin embargo, el asunto no está tan claro como sugiere la NVI.

Naturalmente, si uno cree en la doctrina de la expiación limitada, el asunto está resuelto. Quienes sostienen este punto de vista insisten en que Cristo murió solo por los escogidos. Alguien «por quien Cristo murió» ha de ser, pues, necesaria-

---

8. Ver, p. ej., Volf, *Paul and Perseverance* [Pablo y la perseverancia], 85–97.

mente, un cristiano. Pero, puesto que no estoy seguro de que la expiación limitada sea una enseñanza bíblica, este argumento no es decisivo para mí.

No obstante, cuando se aceptan todos los matices legítimos, sigo pensando que el texto, por sí mismo, podría sugerir que un verdadero cristiano puede perder eternamente la salvación. Sin embargo, este no es el caso, ya que el texto no está en un vacío. Puesto que creo firmemente en la veracidad y coherencia de toda la Escritura, he de considerar este versículo a la luz de la enseñanza bíblica de la seguridad eterna del creyente que encuentro en otros pasajes. Sigo inclinándome a pensar que los textos que enseñan el carácter definitivo, y consecuentemente inmutable, de la salvación en Cristo son más claros y dominantes que aquellos que podrían sugerir lo contrario.

Naturalmente, siempre he de procurar que cada nuevo texto «problemático» que encuentro ejerza su influjo sobre mi punto de vista de lo que la Biblia enseña. La imposición sistemática de mi teología a cada nuevo texto sin permitir sinceramente que éste tenga un impacto sobre aquélla es el epítome de la *eiségesis* y una receta segura para el estancamiento. Puesto que hemos de estar abiertos a que Dios pueda hacernos ver nuevas verdades por medio de su Palabra, nuestras conclusiones teológicas han de ser siempre provisionales y abiertas a cambios.

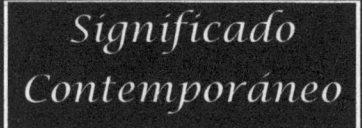

Aunque 15:1–13 refuerza la petición paulina de tolerancia, todas las ideas clave que el apóstol ha expresado sobre este asunto están ahora delante de nosotros. Este es, pues, un buen lugar para hablar del significado de su enseñanza para la Iglesia contemporánea.

La cuestión de la adiáfora. Para comenzar, hemos de insistir de nuevo en que el consejo de Pablo en este capítulo solo puede aplicarse a las cuestiones similares a las aquí tratadas. Como se ha mostrado en la exposición de 14:1–12, comer carne, beber vino y observar los días santos judíos son cosas que pertenecen a la categoría de la adiáfora, es decir, prácticas que no son expresamente ordenadas ni prohibidas para los cristianos. Ampliar la petición paulina de tolerancia a otro tipo de asuntos es tan erróneo como peligroso.

En un acercamiento característico de nuestro tiempo, algunos intérpretes han recurrido a Romanos 14 como evidencia de que los cristianos profesantes, independientemente de cuáles sean sus creencias exactas, han de «aceptarse los unos a los otros». Las diferencias teológicas no deberían ser obstáculo para el completo reconocimiento y unidad entre los cristianos. Sin embargo, este acercamiento no solo extrapola injustamente asuntos de otra índole a este texto, sino que también pasa por alto el gran número de textos del Nuevo Testamento que trazan una línea entre lo que podríamos llamar creencias cristianas aceptables y las que no lo son. Quienes insisten en imponer la Ley a los cristianos, dice Pablo, están predicando otro Evangelio (Gá 1:6–10); quien no cree que Cristo vino «en la carne» es un «anticristo», que niega al Padre y al Hijo (1Jn 2:22–23; 4:1–6). Ciertamente, la doctrina tiene importancia; una importancia eterna. Pablo no alienta la aceptación de cualquier cristiano profesante sin tener en cuenta lo que cree.

Reconocer la necesidad de distinguir entre las doctrinas esenciales y la adiáfora plantea otro asunto un tanto desconcertante. ¿Cómo determinamos lo que pertenece a cada categoría? Los católicos romanos tienen una ventaja en esta cuestión: pueden depender de la decisión que tome el Papa al respecto. Sin embargo, para los protestantes la respuesta no es tan fácil. Por supuesto, la Escritura es clara sobre ciertas cuestiones doctrinales. Pero en otros casos no está tan bien definida. Por ello, los cristianos profesantes adoptan sus posiciones dentro de un amplio espectro de posibilidades. Algunos adoptan una postura que podríamos llamar «minimalista», proponiendo un número muy reducido de doctrinas (o ninguna) como esenciales a la fe. Este acento lo encontramos especialmente en el movimiento ecuménico. En el otro extremo del espectro están los «maximalistas» que insisten en que, para poder tener comunión con un cristiano, éste ha de poner los puntos sobre las íes a una lista interminable de cuestiones doctrinales, éticas y sociales. Algunos fundamentalistas adoptan este último acercamiento.

Desde el comienzo de la Iglesia, los cristianos han redactado confesiones y declaraciones doctrinales para formular lo que es esencial a la fe. Nuestras ideas sobre lo que es esencial deberían basarse probablemente en estas antiguas confesiones ecuménicas (p. ej., el Credo de Nicea). La mayoría de las iglesias y denominaciones querrán expresar su propio acercamiento característico a la fe añadiendo ciertas doctrinas a la lista. Sin embargo, deberíamos ser muy prudentes y no insistir en que tales añadiduras son esenciales a la fe y por consiguiente constituyen una base para la comunión con otros creyentes. El consejo de Pablo a los bandos de Roma se aplica a las denominaciones e iglesias de nuestros días: Cuando nuestras diferencias tienen que ver con cuestiones secundarias, hemos de «aceptarnos unos a otros».

Valorar nuestra propia perspectiva de la fe, e incluso intentar difundirla, no requiere que nos neguemos a reconocer la autenticidad de la fe de otros. El propio Pablo nos aporta un modelo excepcional de lo que a él le gustaría que todos nosotros expresáramos: un inquebrantable compromiso con la verdad del Evangelio unido a una total flexibilidad con la adiáfora.

Respecto a la adiáfora, a lo largo de su tratamiento de los problemas específicos que dividían a la iglesia romana, el apóstol enseña varios principios que han de guiarnos al abordar las cuestiones que dividen a los creyentes de nuestros días.

(1) Hemos de intentar entender y respetar el trasfondo personal de las personas. En el relato de Arthur Conan Doyle «Estrella de plata» Sherlock Holmes le comenta al Dr. Watson que la conducta del perro es la clave para entender el misterio. Pero, Watson responde, el perro no ha hecho nada. «Precisamente –responde Holmes–, y el silencio del perro revela que éste conoce al intruso». El silencio puede ser significativo. Uno de los puntos más importantes de Romanos 14 es algo que Pablo no dice: que los débiles en la fe hayan de cambiar su punto de vista. Deja claro que no está de acuerdo con ellos, y al llamarles débiles da también a entender que en estas cuestiones pueden crecer. Sin embargo, no les exige que

Romanos 14:13-23

cambien de opinión; ni les recrimina por ser «inmaduros», o les dice que «se pongan al día» con el asunto en cuestión.

Sin embargo ésta es, por regla general, nuestra primera reacción con quienes difieren de nosotros. Queremos hacerles cambiar, convencerles de que tenemos razón. Pablo apoyaría sin duda los esfuerzos de las iglesias por dar a sus miembros la educación más completa posible sobre el Evangelio y sus implicaciones. Sin embargo, es lo suficientemente sabio como para saber que hay un tiempo y lugar para tales esfuerzos. Como hemos sugerido anteriormente, todos tenemos nuestras tradiciones, y éstas no son fáciles de abandonar. Siempre que no sean contrarias al Evangelio y obstaculicen la obra de la iglesia, hemos de aprender a tolerar estas diferencias.

Esto es algo que yo mismo he de aprender. Por ejemplo, a menudo he perdido los estribos al tratar con quienes insisten en que la *King James* es la única versión inglesa correcta. (En los alrededores de Chicago hay una «Iglesia de la Biblia King James», y tengo parientes que asisten a ella.) Me irrito de inmediato por su aparente incapacidad de entender lo que a mí me parecen hechos históricos y textuales evidentes. Lo que con frecuencia no consigo tener en cuenta es que proceden de un trasfondo en que la adhesión a la Versión King James de la Biblia está estrechamente vinculada a su propia identidad e importancia. No se trata de un asunto meramente intelectual, sino de convenciones sociales profundamente arraigadas. He de aprender a aceptar y valorar a estas personas como creyentes y compañeros, al tiempo que oro por ellos para que, con el tiempo, adquieran una perspectiva más saludable sobre las traducciones.

(2) Los cristianos que no están plenamente convencidos de que les es lícito hacer algo en concreto no han de hacerlo. Pablo insta a los creyentes débiles que siguen albergando dudas sobre la licitud de comer carne a que no lo hagan, puesto que estarán actuando contra su fe y, por tanto, pecando (v. 23). Podemos vernos en una situación en la que la mayoría de los demás cristianos está haciendo algo que siempre hemos considerado erróneo. Su ejemplo y argumentos pueden llevarnos a plantearnos de nuevo nuestra posición sobre el asunto. Sin embargo, Pablo sugiere que no hemos de practicar el asunto en cuestión hasta no estar plenamente convencidos.

Algunos de nosotros llevamos a nuestra experiencia cristiana un bagaje de nuestro trasfondo del que nunca nos libraremos completamente. Conozco, por ejemplo, a creyentes maduros que se niegan a beber alcohol, bailar o jugar a las cartas, no porque crean que tales actividades sean erróneas (muchas veces están seguros de que son perfectamente lícitas), sino simplemente porque no se sienten «cómodos» practicando estas cosas.

(3) Cuando tratamos con creyentes que tienen esta clase de escrúpulos, quienes no los tenemos hemos de modificar la expresión de nuestra libertad por exigencias del amor. La libertad es maravillosa, pero el amor es aún mayor. Pablo pasa una buena parte de su tiempo explicando este punto. Nunca sugiere que los creyentes no tengan libertad en cuestiones que caen en la categoría de la adiáfora. Nadie puede privarnos de esa libertad. Pero el apóstol insiste en que hemos de expresar

esta libertad de tal manera que no causemos ningún perjuicio espiritual a otro creyente.

Lo que Pablo expresa con el lenguaje que utiliza para explicar esta cuestión se resume bien con la frase «causar daño espiritual» (ver vv. 13, 15, 20–21). En el lado negativo, el apóstol no está diciendo que tengamos que abstenernos de actividades que otros creyentes puedan desaprobar. Por ejemplo, resulta que yo creo tener libertad en Cristo para jugar a las cartas. Tengo unos parientes que piensan que esta clase de juego es inapropiado para los cristianos y no se sienten bien cuando me ven haciéndolo. Sin embargo, a mi entender, el que yo juegue a cartas no les causa un perjuicio espiritual. No creo, por consiguiente, que haya de abstenerme por amor a ellos.

¿Cómo puedo, no obstante, causar daño espiritual a otro creyente? Es una lástima, pero en este punto Pablo no es claro. Como he observado en mis comentarios sobre el versículo 15, podemos quizá pensar en dos posibilidades principales. (a) El que yo me ponga a practicar una actividad que para otro creyente es errónea puede estimularle a hacerlo también. En este caso estaría pecando porque no estoy actuando «por convicción [fe]» (v. 23). Hemos de tener especial cuidado de no jactarnos de nuestra libertad cuando los creyentes débiles son una minoría. La presión grupal de una mayoría de cristianos alrededor de ellos llevando a cabo una acción específica puede ser muy difícil de resistir. Los creyentes fuertes han de ser sensibles a este problema y esforzarse en identificarse con los hermanos o hermanas más débiles, aun a expensas de su propio placer.

(b) Un ostentoso alarde de libertad sobre un asunto específico puede ofender a alguien tan profundamente que tal persona puede apartarse por completo de la fe. Una persona puede pensar: si la fe cristiana fomenta este tipo de conducta, no quiero tener nada que ver con ella. Por supuesto, queremos ayudar a que, con el tiempo, las personas entiendan y disfruten la genuina libertad que tenemos en Cristo, la libertad de gozar del mundo que Dios nos ha dado y de los inocentes placeres de su Gracia común. Sin embargo, es posible que algunos creyentes que están experimentando ciertas luchas no estén preparados para un despliegue de nuestra libertad en estas cuestiones.

(4) También deberíamos comentar algo que Pablo *no* está diciendo en este texto, aunque con frecuencia se da por supuesto que sí lo hace. Los hermanos o hermanas débiles no son personas proclives a un vicio específico, y Pablo no está instando a los creyentes fuertes a abstenerse porque tema que nuestro ejemplo pueda llevar a tales personas a una vida de degradación. Este tipo de argumento se trae especialmente a colación con la cuestión del alcohol. Se nos dice que hemos de abstenernos de beber porque nuestro ejemplo puede llevar a alguien que tiene una debilidad por el alcohol a cometer unos excesos que acarrearán la ruina física, y puede que hasta espiritual, de la persona en cuestión.

Puede que esta preocupación esté justificada, pero no es lo que Pablo está aquí enseñando. Los débiles no son personas con una propensión a comer carne o beber vino. Su debilidad es espiritual: tienen una incapacidad para ver que su fe les permite beber. El problema potencial no es que puedan cometer excesos, sino que beban aun cuando su fe les sigue diciendo que no lo hagan.⁹

En conclusión, quiero reiterar: el principio clave de este capítulo es la necesidad de limitar la expresión de nuestra libertad por amor a Dios y a nuestros hermanos. Nuestra cultura insiste en los derechos, y es fácil que los cristianos llevemos esta actitud a la iglesia. Sin embargo, la salud espiritual del cuerpo es mucho más importante que nuestros derechos. La libertad que Dios ha comprado para su pueblo a través de su Hijo es un don sumamente valioso, pero es una libertad que hemos de vivir según sus criterios, no según los nuestros. Lutero lo expresó con precisión en su famoso comentario sobre la libertad cristiana: «El hombre cristiano es señor de todo y no se somete a nadie, sin embargo, es al tiempo siervo de todos y a todos debe honra».¹⁰

---

9. Acerca de este asunto, ver Murray, *The Epistle to the Romans* [La Epístola a los Romanos], 2:260–61.
10. Del tratado, *De la libertad del cristiano*.

Romanos 15:1-6

Los fuertes en la fe debemos apoyar a los débiles, en vez de hacer lo que nos agrada. 2 Cada uno debe agradar al prójimo para su bien, con el fin de edificarlo. 3 Porque ni siquiera Cristo se agradó a sí mismo sino que, como está escrito: «Sobre mí han recaído los insultos de tus detractores». 4 De hecho, todo lo que se escribió en el pasado se escribió para enseñarnos, a fin de que, alentados por las Escrituras, perseveremos en mantener nuestra esperanza. 5 Que el Dios que infunde aliento y perseverancia les conceda vivir juntos en armonía, conforme al ejemplo de Cristo Jesús, 6 para que con un solo corazón y a una sola voz glorifiquen al Dios y Padre de nuestro Señor Jesucristo.

Como muestran las alusiones a los «fuertes» y a los «débiles» en el versículo 1, Pablo sigue desarrollando su represión de los cristianos romanos por sus actitudes de juicio. Sin embargo, ¿cuál es la naturaleza exacta de la relación entre este párrafo y el capítulo 14? Algunos intérpretes opinan que 15:1-6 forma parte de la exhortación específica a los fuertes que comenzó en 14:20.[1] Otros insisten en que 15:1-6 se aparta de las cuestiones específicas que eran objeto de división en Roma para tratar cualquier asunto similar que los cristianos puedan enfrentar.[2] La verdad está entre estos extremos. Pablo no abandona el asunto que ha venido desarrollando desde 14:1, sin embargo ha llegado ahora el momento de finalizar su exposición con algunas exhortaciones finales. Concretamente, el apóstol anima a los fuertes a seguir el ejemplo de su Señor, poniendo el bien de los demás antes que el suyo propio (15:1-4), y a continuación insta a toda la comunidad a buscar una unidad que les capacitará para alabar eficazmente a Dios (15:5-6).

Aunque Pablo ha indicado su acuerdo con las ideas de los fuertes en Roma (14:14, 20), ahora, por primera vez se identifica explícitamente con ellas, utilizando la primera persona del plural para incluirse a sí mismo dentro del ámbito de su exhortación. El apóstol se califica a sí mismo y quienes comparten su punto de vista como *dynatoi* (lit., los poderosos o capaces), es decir, aquellos que son «capaces» de ver que su fe les permite comer carne, beber vino, etcétera. Los demás son los *adynatoi*, los creyentes «incapaces» de entender esta verdad.

Al instar a los *dynatoi* a «apoyar a los débiles», Pablo no está pidiéndoles meramente que «toleren» a quienes difieren de ellos. El verbo «apoyar» (*bastazo*) tiene aquí la misma fuerza que en Gálatas 6:2, donde Pablo exhorta a los creyentes:

---

1. P. ej., Ulrich Wilckens, *Der Brief an die Römer* [La Carta a los Romanos], (Neukirchen-Vluyn: Neukirchener, 1982), 3:100.
2. P. ej. Godet, *Commentary on Romans* [Comentario de Romanos], 467; Käsemann, *Commentary on Romans* [Comentario de Romanos], 381.

«ayúdense unos a otros a llevar sus cargas, y cumplan así la ley de Cristo» (trad. pers.). Los fuertes han de asumir activa y amorosamente la carga que los débiles no son capaces de llevar por sí mismos, moderando su conducta para identificarse en lo posible con ellos. De este modo no se «agradarán» a sí mismos, sino al «prójimo», con la esperanza de «edificar» a sus hermanos (v. 2). La súbita introducción de la palabra «prójimo» sugiere que Pablo tiene en mente el mandamiento del amor que exhorta a amar al prójimo (Lv 19:18; cf. Ro 13:8–10).

Cuando los *dynatoi* actúan de este modo, siguen el ejemplo de Cristo, quien no «se agradó a sí mismo» (v. 3). Si Cristo, «poderoso» como era, renunció a su propio derecho a la vida, ciertamente estos creyentes fuertes han de ser capaces de poner a un lado su derecho a comer carne a su antojo, a beber vino, o a ignorar los días santos judíos. Pablo pone las palabras del Salmo 69:9b en boca de Cristo para ilustrar su actitud: «sobre mí han recaído los insultos de tus detractores». En esta cita «mí» se refiere a Cristo y «tus» a Dios: Cristo ha recibido las burlas que se dirigían a Dios.

¿Por qué utiliza Pablo el Salmo 69:9 para ilustrar la actitud de Jesús? Es probable que el apóstol recurriera a él porque, en el Nuevo Testamento, este salmo se utiliza con mucha frecuencia para describir el sufrimiento de Jesús (ver Mt 27:34 par.; Jn 2:17; 15:25; Hch 1:20; Ro 11:9). De manera más específica, es posible que Pablo tuviera también en mente los insultos que los creyentes débiles de Roma echaban sobre los fuertes. Como Jesús, los fuertes de Roma tenían que estar dispuestos a servir en amor incluso a quienes estaban siendo desagradables con ellos.

El versículo 4 es parentético. Pablo hace una pausa para recordarnos por qué puede citar el Antiguo Testamento como lo hace: «de hecho, todo lo que se escribió en el pasado se escribió para enseñarnos». Aun cuando el Antiguo Testamento no es ya una fuente directa de instrucción moral (ver 6:14, 15; 7:4–6), continúa desempeñando un papel central ayudando a los creyentes a entender la historia de la salvación y sus responsabilidades como pueblo del nuevo pacto.

La meta final de esta instrucción es «esperanza». ¿Por qué traer a colación la esperanza en este punto? Puede que la alusión al sufrimiento en 15:3 haya llevado a Pablo a recordarnos el resultado de tal sufrimiento (ver 8:20, 24–25). Sin embargo, es también posible que esté introduciendo el concepto de esperanza como un sutil recordatorio para los fuertes en Roma —principalmente cristianos gentiles— que en otro tiempo estaban «sin esperanza» en el mundo (cf. Ef 2:12) pero que ahora han pasado a formar parte del pueblo de Dios por Gracia. Para preservar su esperanza, han de trabajar por la salud y unidad del pueblo de Dios, la base de su esperanza.

En el versículo 4 Pablo ha citado la «perseverancia» y el «ánimo» como dos rasgos específicos desarrollados por las Escrituras y que culminan en la esperanza. Ahora, en el versículo 5, al comienzo de su «oración-deseo» a favor de los distanciados creyentes romanos, el apóstol retoma estas dos palabras. Lo que pide concretamente es que el propio Dios conceda a la comunidad la capacidad de «pensar del mismo modo» (trad. lit.; la NVI traduce «vivir juntos en armonía»). En vista de su insistente recomendación a los débiles para que no cambien de parecer hasta que puedan hacerlo plenamente convencidos (14:23), es poco verosímil que Pablo esté pidiendo aquí que todos los creyentes romanos lleguen a la misma opinión sobre los asuntos en cuestión. Lo que está pidiendo es más bien que puedan desarrollar una unidad de propósito que trascienda estas diferencias.

Es una unidad y manera de pensar «según Cristo Jesús» (NVI «conforme al ejemplo de Cristo Jesús»), es decir, una unidad basada en Cristo y modelada según él. Pero la unidad no es la meta final, sino, simplemente, una etapa en el camino del propósito final de la Iglesia: alabar a Dios (15:6). Solo cuando los creyentes dejan de disputar entre sí y hablan con un solo corazón y una sola voz podrán alabar a Dios como es debido.

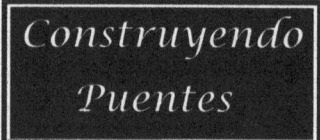

La utilización que Pablo hace de la tradición. En estos versículos, Pablo hace de nuevo una breve alusión a ciertas tradiciones que habrían favorecido la apreciación de la enseñanza del apóstol por parte de los cristianos romanos.

(1) La referencia al Salmo 69 habría provocado toda una serie de asociaciones. Como antes hemos observado, los autores de los Evangelios aluden a este salmo en su descripción de los sufrimientos de Cristo. Este canto, atribuido a David, es un salmo de lamentación individual. En un patrón típico de esta clase de salmos, David se lamenta de su injusto sufrimiento (Sal 69:1-12, 19-21), invoca a Dios pidiéndole que le libere (69:13-18) y que castigue a sus enemigos (69:22-28), y termina alabando a Dios por su fidelidad y certeza de la salvación (69:29-36). Los evangelistas describen a Jesús como el «justo sufriente» de estos salmos de lamentación (el Salmo 22 es otro de ellos) recogiendo su lenguaje para referirse a su escarnio y sufrimiento.

Todos los evangelistas aluden al Salmo 69:21 («En mi comida pusieron hiel; para calmar mi sed me dieron vinagre») al describir la bebida que se le ofreció a Jesús cuando colgaba de la Cruz (ver p. ej., Mt 27:34). Según Juan, Jesús mismo citó Salmos 69:4 para explicar la razón del odio que le profesaban «sin motivo» (Jn 15:25). Los primeros cristianos, siguiendo el ejemplo de esta aplicación del Salmo 69 a Jesús, lo utilizaron para explicar la deserción de Judas (Sal 69:25 en Hch 1:20) y la dureza espiritual de los judíos (Sal 69:22-23 en Ro 11:9-10; ver comentarios). Los cristianos romanos conocían bien el Antiguo Testamento y probablemente distinguieron de inmediato los ecos de todas estas otras aplicaciones del Salmo 69 al leer este texto.

(2) Pablo cita la tradición acerca de Jesús. Michael Thompson y otros han mostrado que Romanos 12-15 está saturado de alusiones, no solo a la enseñanza de Jesús, sino también a su ejemplo.[3] Esta «ley de Cristo» es la fuente implícita de una buena parte de lo que Pablo enseña en estos capítulos sobre la vida cristiana. Sin embargo, es únicamente en 15:3 donde el apóstol alude directamente a Jesús, citando las propias palabras del Señor cuando citó el Antiguo Testamento y haciendo referencia a su ejemplo de entrega sacrificada.

---

3. Ver su monografía *Clothed with Christ* [Vestidos de Cristo].

Menos evidente es una posible alusión al ejemplo de Jesús, por medio del lenguaje veterotestamentario, en 15:1. Pablo llama a los cristianos «fuertes» a «soportar [*bastazo*] las debilidades [*astheneia*] de los débiles» (trad. lit.; ver «Sentido original»). Este lenguaje se parece a las palabras sobre el siervo sufriente que Mateo cita en su Evangelio (8:17): «Él llevó nuestras debilidades [*astheneia*] y soportó [*bastazo*] nuestras enfermedades» (trad. pers.). ¿Habrían entendido los cristianos romanos esta sutil alusión a la misión de su Mesías–Siervo? No podemos estar seguros, pero yo creo que las posteriores referencias explícitas al ejemplo de Jesús podrían perfectamente haberles llevado a discernir dicha alusión.

Da la impresión de que Pablo está dando forma a su llamamiento a los cristianos romanos de modo tal que el ejemplo de Jesús está siempre en el trasfondo sutilmente. Tales alusiones fortalecen su exhortación, puesto que los cristianos romanos son forzados a comparar su arrogancia hacia las debilidades de los demás con la amorosa humildad y servicio de Cristo. Es evidente que no están siguiendo la amonestación de Jesús a ser como él, priorizando el hecho de servir en lugar de ser servidos (cf. Mr 10:45).

(3) Una tercera tradición que subyace tras 15:1–6 es un antiguo patrón cristiano de exhortación que vinculaba la humildad con la unidad, y con el ejemplo de Jesús. Este esquema se refleja con gran claridad en Filipenses 2:1–11. Pablo comienza instando a los creyentes filipenses a estar unidos «pensando lo mismo» (trad. lit. del versículo 2). Esta unidad solo llegará cuando los creyentes «consideren a los demás como superiores a [sí mismos]» (v. 3) y velen «por los intereses de los demás» (v. 4). Lo que han de hacer es pensar como Cristo, puesto que él «no consideró el ser igual a Dios como algo a qué aferrarse. Por el contrario, se rebajó voluntariamente, tomando la naturaleza de siervo» (vv. 6–7).

No es difícil discernir este mismo patrón de enseñanza en Romanos 15:1–6. Pablo insta a los cristianos romanos a estar unidos (utilizando la misma construcción que en Filipenses 2:2, «teniendo un mismo parecer» en Ro 15:5–6), recomienda agradar a los demás en lugar de buscar la propia complacencia como un modo de conseguir esa unidad (15:1–2), y cita el ejemplo de Jesús como alguien que hizo precisamente esto (15:3). No es que Pablo «cite» Romanos cuando escribe Filipenses (o viceversa). Lo que tenemos es una manifestación de lo que fue probablemente un catecismo cristiano elemental y muy difundido, que instruía a los convertidos sobre cómo agradar al Dios que les había redimido. Discernir estos patrones contribuye a nuestra apreciación de la unidad de la Escritura y acentúa la importancia de la unidad y humildad que Pablo demanda en estos versículos.

Significado Contemporáneo

El Antiguo Testamento. Quiero considerar de nuevo un punto que emerge en este párrafo de manera secundaria: el permanente valor del Antiguo Testamento para el pensamiento y la vida del cristiano. El hecho mismo de que Pablo pueda mencionar incidentalmente el valor del Antiguo Testamento muestra lo arraigada que estaba esta idea en la Iglesia primitiva. Sin embargo, la ignorancia del Antiguo Testamento que se observa entre los creyentes de nuestros días es asombrosa. Naturalmente, toda la culpa no es de los cristianos de a pie. Calcula alguna vez el porcentaje de sermones que oyes en tu iglesia acerca del Antiguo Testamento en comparación con el Nuevo. Podemos llevar el problema un paso más atrás. Cuando los estudiantes me piden que les recomiende comentarios de algún libro del Nuevo Testamento, normalmente puedo nombrar, sin pensarlo demasiado, cinco o seis excelentes trabajos contemporáneos. Sin embargo, a veces me veo en apuros para conseguir nombrar un solo comentario excelente de ciertos libros del Antiguo Testamento.

Personalmente, he adoptado un punto de vista no continuista acerca de la ley mosaica. Como he dicho repetidamente, no creo que siga siendo una fuente autoritativa directa para la ética cristiana. Pero también he dejado claro que no hemos de concluir con ello que el Antiguo Testamento no tenga ya valor para los creyentes. El «no» de Pablo a la permanente autoridad directa de la Ley se combina con un resonante «sí» al permanente valor del Antiguo Testamento, incluida la ley.

En ningún otro lugar expresa esta idea con mayor claridad que en Romanos 15:4: «De hecho, todo lo que se escribió en el pasado [*prographo*] se escribió para enseñarnos, a fin de que, alentados por las Escrituras, perseveremos en mantener nuestra esperanza». La utilización que Pablo hace del término *prographo* certifica que el apóstol está haciendo referencia al Antiguo Testamento. Obsérvese que «todo» lo que consigna el Antiguo Testamento fue escrito para nuestro beneficio como creyentes del Nuevo Pacto.

Pablo no detalla todos los aspectos del valor del Antiguo Testamento para los creyentes. Pero sí menciona dos ideas. (1) La lectura del Antiguo Testamento nos aporta «perseverancia». Puede que Pablo esté aquí pensando en especial en el ejemplo de hombres y mujeres piadosos que se mantuvieron firmes en medio de la persecución y la apostasía, aquellos que enumera el autor de Hebreos en su compendio de los «héroes de la fe» (cap. 11). De hecho, ese autor vincula también su registro de la fe a la necesidad que tienen sus lectores de «perseverar» o soportar (10:36; cf. 12:1). El ejemplo de otros creyentes que soportaron con tenacidad sus pruebas y permanecieron fieles es un gran incentivo para nuestra propia perseverancia.

(2) El Antiguo Testamento nos proporciona también «ánimo» (*paraklesis*). La palabra *paraklesis* puede significar «exhortación», pero en este contexto la mayoría de los comentaristas dan acertadamente preferencia a la idea de «ánimo, consuelo». Puede que Pablo esté aquí pensando en la fidelidad de Dios a su pueblo, expresada a lo largo del Antiguo Testamento. ¡Cuán reconfortante es saber que Dios nunca deja de cumplir sus promesas y sigue comprometido con su pueblo aun cuando éste no lo está tanto con él! A menudo tropezamos, muchas veces caemos. Persistimos pecando, al no amar a los demás como debiéramos, al dar demasiada prioridad a nuestro placer y bienestar. Dios no está satisfecho de nuestros fallos, sin embargo está siempre dispuesto a perdonar a sus hijos y nunca les da la espalda.

La contemplación del Antiguo Testamento estimula, pues, nuestra «esperanza» de estas dos maneras concretas. Tenemos en el Antiguo Testamento un registro de la relación de Dios con su pueblo que no podemos descuidar. Aprendemos acerca de Dios, sus propósitos en la Historia y su proceder en el trato con su pueblo. La pobre idea del Antiguo Testamento que tiene la iglesia moderna no puede sino generar una pobreza acorde en su fe, esperanza y amor.

Unidad. La meta final de Pablo en esta sección de Romanos, como pone de relieve su oración en 15:5-6, es crear unidad en la Iglesia de Roma. Las discusiones, la desconfianza y el rechazo que caracteriza su relación han de ser sustituidas por una unidad de mente y espíritu. Pablo escribiría algo muy parecido si viviera en nuestros días. Una y otra vez vemos iglesias que se destruyen por disensiones y desacuerdos internos, mientras que otras tienen disputas las unas con las otras; las instituciones cristianas se critican y compiten amargamente entre sí.

Por supuesto, ciertas luchas son legítimas e inevitables. Como antes hemos observado, Pablo no está a favor de la unidad a cualquier precio. Solo puede haber unidad cristiana allí donde se creen y viven los puntos esenciales de lo que significa ser cristiano. Sin embargo, aquellas tensiones que desfiguran el cuerpo de Cristo, estropean nuestro testimonio y sofocan la alabanza de Dios no son luchas legítimas. Altercamos respecto a cuestiones como qué instrumentos hay que utilizar en las reuniones de adoración, el color de las túnicas del coro, y el estilo arquitectónico del edificio de la iglesia. Los creyentes pueden tener firmes convicciones respecto a esta clase de cuestiones, y es perfectamente lícito que así sea. Sin embargo, hemos de mantener una perspectiva correcta. Necesitamos sabiduría y un sólido fundamento en la Palabra de Dios para distinguir aquellas cuestiones que son esenciales para la vida de la Iglesia, de las que son periféricas.

Sobre todo, hemos de plantear nuestras batallas y llevarlas a cabo en un espíritu cristiano. Pablo no está instando a ninguno de los grupos de la iglesia de Roma a abandonar sus creencias. No está ni siquiera pidiéndoles que no discutan sus puntos de vista los unos con los otros. Aunque la situación no le permite decirlo, es posible que incluso tenga la esperanza de que, con los años, una enseñanza sólida y la obra del Espíritu, transforme a los creyentes débiles en fuertes. De manera similar, Dios no está necesariamente descontento cuando, en nuestro tiempo, tenemos distintas perspectivas dentro de la iglesia. Cuando nos expresamos con honestidad en sereno diálogo, el intercambio de argumentos sobre distintos asuntos puede enseñarnos a todos muchas cosas. Dios no desea una insípida uniformidad en iglesias o creyentes que carecen de entendimiento o sentido común para exponer y defender sus ideas.

Pero la clave es que todo esto se produce bajo la cobertura de un espíritu unificado (15:5). Cuando todos buscan el bien de los demás y de la iglesia en su conjunto, los desacuerdos pueden fortalecer más que debilitar a la comunidad. Por último, las Escrituras nos llaman a integrar dos rasgos de la personalidad que no siempre van juntos: tenacidad para aferrarnos a los puntos esenciales de la fe, e infinita paciencia y tolerancia hacia las personas que sostienen ideas divergentes sobre cuestiones secundarias, es decir, sobre la adiáfora.

Romanos 15:7-13

Por tanto, acéptense mutuamente, así como Cristo los aceptó a ustedes para gloria de Dios. 8 Les digo que Cristo se hizo servidor de los judíos para demostrar la fidelidad de Dios, a fin de confirmar las promesas hechas a los patriarcas, 9 y para que los gentiles glorifiquen a Dios por su compasión, como está escrito:

«Por eso te alabaré entre las naciones;
cantaré salmos a tu nombre».

10 En otro pasaje dice:

«Alégrense, naciones, con el pueblo de Dios».

11 Y en otra parte:

«¡Alaben al Señor, naciones todas!
¡Pueblos todos, cántenle alabanzas!»

12 A su vez, Isaías afirma:

«Brotará la raíz de Isaí,
el que se levantará para gobernar a las naciones;
en él los pueblos pondrán su esperanza.»

13 Que el Dios de la esperanza los llene de toda alegría y paz a ustedes que creen en él, para que rebosen de esperanza por el poder del Espíritu Santo.

Pablo indica que se acerca al final de su petición de unidad a la iglesia romana volviendo al vocabulario característico con que ha comenzado. Del mismo modo que exhortó a los fuertes a «recibir» a los débiles en la fe (14:1) y reprendió tanto a unos como a otros por rechazarse entre sí cuando Dios les había «aceptado» (14:3), de nuevo ahora el apóstol les insta: «acéptense mutuamente, así como Cristo los aceptó a ustedes». Por medio de esta aceptación recíproca Dios será alabado. Porque Dios envió a Cristo a los judíos para que los gentiles pudieran también alabar a Dios (15:8–9a), y asimismo, el Antiguo Testamento predice que los gentiles se unirán a los judíos en dicha adoración (15:9b–12). El equilibrado acento en la fidelidad de Dios a los judíos junto con la inclusión de los gentiles resume un tema clave en Romanos. En un sentido, pues, estos versículos no solo clausuran la sección sobre fuertes y débiles, sino todo el cuerpo de la carta.[1]

Aceptarse unos a otros no solo significa tolerar a otros creyentes, sino acogerles como hermanos y hermanas dentro del cuerpo de Cristo (ver comentarios sobre

---

1. Ver, p. ej., Dunn, *Romans* [Romanos], 844–45.

14:1). La expresión de 15:7, «así como» (gr. *kathos*. La NVI traduce, «por tanto». N. del T.) que introduce la cláusula siguiente puede sugerir que Pablo está estableciendo una comparación: debemos aceptarnos los unos a los otros del mismo modo que Cristo nos ha aceptado a nosotros.[2] Sin embargo, aquí *kathos* tiene probablemente un sentido causal: hemos de acogernos unos a otros porque Cristo nos ha recibido a cada uno de nosotros.[3] ¿Qué derecho tenemos a rechazar la comunión con una persona a la que Cristo mismo ha aceptado como parte del cuerpo? La expresión «para gloria de Dios» podría expresar el propósito de Cristo al aceptar a las personas.[4] Sin embargo, lo más probable es que tales palabras dependan de la idea principal del versículo, a saber, que nos aceptemos los unos a los otros.[5]

Pablo subraya el significado de lo que dice a continuación mediante la cláusula introductoria retórica, «les digo que». Lo que hace en 15:8–9a es resumir una de las enseñanzas teológicas clave de la carta, a saber, que el cumplimiento de las promesas de Dios en el Evangelio trae bendición a judíos y gentiles por igual. Se debate cuál es el modo exacto en que Pablo hace esta afirmación. Su sintaxis puede explicarse de dos formas distintas.

(1) Digo

(a) que Cristo se ha hecho siervo de los judíos en aras de la verdad de Dios, para confirmar las promesas hechas a los patriarcas; y

(b) que los gentiles están glorificando a Dios por su misericordia.[6]

(2) Digo que Cristo se ha hecho siervo de los judíos en aras de la verdad de Dios,

(a) para confirmar las promesas hechas a los patriarcas; y

(b) para que los gentiles puedan glorificar a Dios por su misericordia.[7]

Esta segunda construcción, reflejada en la mayoría de traducciones en inglés (entre ellas la NIV) es mejor. Recoge con gran belleza el excelente equilibrio que Pablo mantiene en Romanos entre la prioridad del judío —Cristo vino como «siervo de los judíos»[8]— y la plena inclusión de los gentiles —el ministerio de Cristo a los judíos cumple las promesas de Dios y por ello hace posible que

---

2. P. ej. Dunn, *Romans* [Romanos], 846.
3. P. ej. Käsemann, *Commentary on Romans* [Comentario de Romanos], 385; Cranfield, *The Epistle to the Romans* [La Epístola a los Romanos], 739.
4. P. ej. Murray, *The Epistle to the Romans* [La Epístola a los Romanos], 2:204.
5. P. ej. Godet, *Commentary on Romans* [Comentario de Romanos], 470.
6. Esta lectura considera el infinitivo *doxasai* («glorificar») en el v. 9 como paralelo al infinitivo *gegenesthai* («llegar a ser») en v.8, y ambos dependientes del verbo *lego* («les digo»); ver especialmente Cranfield, *The Epistle to the Romans* [La Epístola a los Romanos] 742-44.
7. Respecto a esta lectura, *doxasai* («glorificar») es dependiente, junto con *bebaiosai* («confirmar»), de la construcción *eis to* («para que») del final del versículo 8. La mayoría de comentaristas apoyan esta lectura (ver, p. ej., Sanday y Headlam, *The Epistle to the Romans* [La Epístola a los Romanos], 398; Murray, *The Epistle to the Romans* [La Epístola a los Romanos], 2:205).
8. La palabra griega es *peritome*, «circuncisión» (ver nota marginal de la NIV).

también los gentiles glorifiquen a «Dios por su misericordia»—. Como lo expresa Pablo en la declaración del tema de la carta, el Evangelio es de «los judíos primeramente, pero también de los gentiles» (1:16). Los débiles (que eran principal o completamente cristianos de origen judío) tenían que aceptar a los cristianos gentiles porque el propósito final de Dios era incluirles, y los fuertes (principalmente cristianos gentiles) tenían que recordar que los judíos siempre han estado en el centro del interés y las promesas de Dios.

Pablo apoya lo que dice en los versículos 8-9a con una serie de citas veterotestamentarias (vv. 9b-12). Dios pretende que su misericordia a Israel se extienda a los gentiles de modo que éstos puedan unirse a aquellos en la alabanza de su nombre. Pablo cita cada una de las tres secciones de las Escrituras judías: la Torá (Dt 32:43 en v. 10), los Profetas (Is 11:10 en v. 12), y los Escritos (Sal 18:49 en v. 9b; Sal 117:1 en v. 11). Cada una de las citas se refiere a los gentiles, y dos de ellas (vv. 10, 12) dejan claro que su presencia en el pueblo de Dios depende de los judíos. Dos de ellas hablan también de alabar a Dios (vv. 9, 11).

La cita de Salmos 18:49 (ver también 2S 22:50) sirve a los propósitos de Pablo ya que menciona la alabanza de Dios por parte de los gentiles. Pero si Pablo aplica el pronombre «yo» a Cristo, podría también apuntar hacia el reinado del Mesías sobre los gentiles (ver la sección «Construyendo puentes»). Pero no es solo que el nombre de Dios vaya a ser alabado entre los gentiles (v. 9); los propios gentiles son llamados a «gozarse» (v. 10, citando Dt 32:43). Teniendo en cuenta que el Evangelio derriba «el muro de enemistad que [...] separaba» a judíos y gentiles (Ef 2:14), esta invitación puede ahora cumplirse.

En el versículo 11 Pablo cita otro versículo del Antiguo Testamento que llama a los gentiles a unirse a la alabanza de Dios (Sal 117:1). El apóstol redondea la serie citando la familiar profecía mesiánica de Isaías 11:10 acerca del gobierno de la «Raíz de Isaí» sobre las naciones y la esperanza que esto representa para los gentiles.

Pablo completa su exhortación a débiles y fuertes con una «oración-deseo final»: una petición a Dios para que él obre entre los romanos de tal manera que la unidad a la que les insta se haga realidad. Pablo incorpora bellamente algunas de las ideas clave de los capítulos anteriores a esta oración. La expresión «el Dios de esperanza» (o «el Dios que da esperanza» [REB]) nos recuerda la cita inmediatamente anterior, con su promesa de que la «esperanza» de los gentiles estará en el Mesías judío. El «gozo» y la «paz» que quiere que experimentemos son dos de los valores esenciales del reino de Dios que Pablo ha animado a los fuertes a priorizar (14:17). El Espíritu Santo, por cuyo «poder» los cristianos de Roma podrán «rebosar de esperanza», es el tercero de tales valores que se enumeran en 14:17. Solo cuando en la iglesia romana judíos y gentiles se gocen juntos en su común esperanza podrán alabar a Dios como él desea: con corazones y voces unidos, como es propio de una comunidad de creyentes (ver 15:5-6).

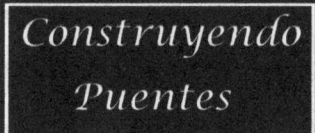

Otra vez, citas del Antiguo Testamento. En esta última serie de citas veterotestamentarias de Romanos (hay otra cita suelta en 15:21), es apropiado que escarbemos de nuevo en el contexto para ver qué luz pueden aportar sobre el significado que Pablo les da. Como antes hemos visto, el apóstol rara vez toma versículos del Antiguo Testamento para darles un sentido fuera de sus contextos. Por regla general, lo apropiado de su aplicación no solo surge de su fraseología y significado, sino también de su función dentro del contexto del Antiguo Testamento. Podemos ver este procedimiento en acción una vez más en las citas de 15:9–12.

Si, en Romanos 15:9, Pablo utiliza solo el Salmo 18:49 porque menciona la alabanza de Dios junto con los gentiles, el texto no se adapta a sus propósitos tan bien como podría, puesto que habla únicamente de la alabanza de Dios «entre» los gentiles. Pero una mirada más detenida al contexto del Antiguo Testamento sugiere un significado más profundo y apropiado. El «yo» de la cita de Salmos 18:49 es David. Puesto que Pablo leía muchos de los salmos davídicos de un modo tipológico (ver Sal 69:9 en Ro 15:3), es posible que quiera identificar este «yo» con Cristo.

En el Salmo 18, la alabanza de David surge del hecho de que Dios ha subyugado a las naciones (ver 18:43: «Me has librado de una turba amotinada; me has puesto por encima de los paganos; me sirve gente que yo no conocía»). Podemos asumir, creo, que los primeros lectores de Pablo conocían el Salmo 18 lo bastante bien como para estar familiarizados con este contexto. En este caso habrían oído esta cita como un recordatorio del plan de Dios de poner a los gentiles bajo la cobertura del reinado del Mesías. Habrían también sabido que Dios había cumplido este plan en Jesús de Nazaret. Por tanto, a los débiles de Roma se les recuerda que los gentiles, igual que los judíos, forman ahora parte del pueblo de Dios y merecen aceptación y bienvenida.

La cita de Deuteronomio 32:43 en Romanos 15:10 es interesante por dos razones. (1) La redacción sigue de cerca el texto de la LXX, que difiere sustancialmente del texto hebreo estándar (el masorético). Traducido de manera literal, el hebreo dice: «Alaben a su pueblo, oh gentiles» (ver la nota de la NRSV). Sin embargo, la traducción de la LXX encuentra apoyo al menos en un manuscrito medieval hebreo y posiblemente en un rollo de Qumrán.[9] De hecho, éste podría ser el texto original de Deuteronomio 32:43 (obsérvese que la mayoría de las versiones inglesas [incluida la NIV] siguen este texto en su traducción). Por ello, Pablo estaría probablemente citando el pasaje en su forma original.

(2) Esta cita procede de un capítulo que Pablo ha utilizado en otros pasajes para apoyar la idea de la inclusión de los gentiles en el pueblo de Dios. De hecho, Deuteronomio 32:21, citado en Romanos 10:19, se convirtió en el fundamento de todo el desarrollo de la idea de los gentiles provocando los celos de los judíos (11:11–15). Una vez más, Pablo no está citando textos al azar, sino llamando deliberada-

---

9. El manuscrito de Qumrán es 4QDeut^a; cf. Fitzmyer, *Romans* [Romanos], 707.

mente nuestra atención a pasajes del Antiguo Testamento que enseñan la inclusión de los gentiles. El apóstol no está citando por citar, sino desarrollando argumentos bíblicos y teológicos a partir del estudio de pasajes dentro de su contexto.

La cita de 15:11 procede de un corto salmo de dos versículos (Sal 117) que Pablo no menciona en ningún otro lugar. Sin embargo, aun aquí podemos avistar elementos del contexto que podrían haber atraído a Pablo a este versículo, puesto que el segundo versículo del salmo sigue citando el «amor» (o «misericordia», *eleos*) de Dios y su «fidelidad» (o «verdad», *aletheia*) como razones por las que los gentiles deberían alabar al Señor. Estas son precisamente las bendiciones que Pablo ha citado en Romanos 15:8-9a como una razón para alabar a Dios.[10]

La última cita de Pablo (v. 12) procede de Isaías 11:10. Una vez más, la redacción de Romanos refleja la LXX, que difiere del texto masorético hebreo. Estas diferencias se hacen evidentes cuando cotejamos la traducción de la NVI de Isaías 11:10 y la cita de Pablo:

Isaías 11:10	*Romanos 15:12*
En aquel día *se alzará* la raíz de Isaí como estandarte de los pueblos; hacia él *correrán* las naciones, y *glorioso* será el lugar donde repose. (Cursivas del autor)	«*Brotará* la raíz de Isaí, el que se *levantará* para gobernar a las naciones; en él los pueblos *pondrán su esperanza*». (Cursivas del autor)

Las diferencias clave se encuentran en los tres verbos que he señalado en cursiva. La versión griega encaja mejor con el argumento de Pablo que el texto hebreo. No obstante, el significado esencial del texto es el mismo. Cualquiera de ellos le permite a Pablo expresar lo que desea, a saber, que la participación de los gentiles en la alabanza de Dios (vv. 9b-11) es una consecuencia de la obra del «renuevo de Isaí», una designación mesiánica.[11] Una vez más, Pablo puede citar este texto en parte por su contexto: Isaías 11 sigue aludiendo a la reunión del remanente de Israel por parte de Dios de entre las naciones.[12]

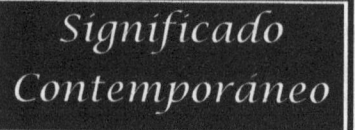

Resumen del argumento de Pablo. Puesto que este párrafo completa el cuerpo de la carta que comenzó en 1:18 y replantea uno de sus temas clave, este es un lugar apropiado para hacer ciertas observaciones sumarias sobre el argumento de Pablo en su conjunto.

Hemos de regresar por última vez a una de las cuestiones clave en la moderna interpretación de Romanos: la tensión entre el enfoque personal y el colectivo.

---

10. Hays, *Echoes of Scripture in the Letters of Paul* [Ecos de la Escritura en las cartas de Pablo], 71.
11. Ver Jer 23:5; 33:15; Sir. 47:22; 4QFlor 1:11; 4QPat 3-4; Ap 5:5; 22:16.
12. Hays, *Echoes of Scripture in the Letters of Paul* [Ecos de la Escritura en las cartas de Pablo], 73.

Ambos están claramente presentes en Romanos, y ambos, deja claro Pablo, son intrínsecos al Evangelio. Por medio de las Buenas Nuevas de Jesucristo, Dios está haciendo las dos cosas: transformando individuos y formando una comunidad.

El pasaje que tenemos ante nosotros trata de este último aspecto, y muchos exégetas modernos opinan que este enfoque refleja la verdadera preocupación de Pablo en la carta. No estoy completamente de acuerdo. Creo que en 15:7–13 Pablo apunta a la comunidad porque estos versículos concluyen una sección (14:1–15:13) que trata sobre la comunidad. Sin embargo, sea cual sea el enfoque que demos a este asunto, hemos de leer Romanos de tal manera que reciban atención tanto la transformación del individuo como la formación de la comunidad.

En el pasado, los intérpretes de Romanos tenían la tendencia a ver solo el primer aspecto, de modo que solo hablaban de la justificación por la fe, la santificación del creyente y sus deberes. Pero algunos comentaristas contemporáneos cometen el error contrario: interpretando Romanos desde una cultura obsesionada con la comunidad y la necesidad de reconciliación entre razas, grupos étnicos y naciones, subrayan únicamente que, como pueblo de Dios, hemos de funcionar como un solo cuerpo. La justificación por la fe y temas similares se minimizan o reinterpretan.

Hemos mantener un equilibrio. El corazón del Evangelio es el mensaje de la obra justificadora de Dios en Cristo. El problema esencial de la Humanidad es la enajenación con respecto a Dios. Solo cuando se resuelve este distanciamiento y las personas son reconciliadas con Dios por la fe podemos decir que las Buenas Nuevas de Dios han cumplido su objetivo. Por tanto, nuestra predicación y enseñanza han de hacer que las personas se enfrenten con el pecado y ofrecerles redención en Cristo.

Sin embargo, Dios quiere también que aquellos que han sido transformados por el Evangelio formen comunidades que reflejen sus valores. La reconciliación vertical con Dios ha de llevar a la reconciliación horizontal de los unos con los otros. La fidelidad al Evangelio demanda que quienes desarrollamos cualquier ministerio nos esforcemos en mantener un equilibrio entre estas dos perspectivas. Algunos pastores son maravillosos heraldos del Evangelio de la transformación individual. Sienten una ardiente pasión por la salvación de las almas, por la redención de personas perdidas en el pecado y destinadas al infierno. Tal pasión es digna de elogio. Sin embargo, han de dejar igualmente claro —como hace Pablo en Romanos— que el Evangelio no solo rescata a las personas del infierno, sino que también las transforma de un modo integral, reconciliándolas, no solo con Dios, sino también con los demás.

En el otro extremo están los pastores que consideran «la salvación de las almas» un concepto demasiado anticuado y se pasan el tiempo hablando de reconciliación racial, matrimonial, restauración de familias y cosas por el estilo. Naturalmente, Dios quiere también hacer estas cosas. Pero ha decidido que la transformación individual mediante una nueva relación con Dios sea el medio para llevarlas a cabo. Hablar de reconciliación horizontal sin alentar primero el restablecimiento de la relación con Dios es poner el carro delante del caballo.

En la Roma del tiempo de Pablo, la desconfianza mutua entre judíos y gentiles amenazaba la unidad de la Iglesia. Por tanto, Pablo se dirige a estos dos grupos. La tensión entre judíos y gentiles es, en cierto modo, única, arraigada en el enfoque profético de Dios en el Antiguo Testamento sobre los judíos. Sin embargo, en última instancia la visión de Pablo trasciende el debate judío-gentil. Dios quiere que su Iglesia sea un lugar que trascienda cualquier división cultural, racial o étnica en una unidad basada en el Evangelio.

Esta visión está lejos de ser una realidad. De muchas maneras, nuestra alabanza a Dios sigue viéndose atenuada por las divisiones que nos aquejan. Algunas de ellas se basan en cuestiones teológicas. Conozco ciertas iglesias anti-carismáticas que se niegan a participar en ocasionales reuniones de adoración porque a ellas asisten comunidades carismáticas. Por otra parte, en algunas iglesias carismáticas me he sentido tratado como un cristiano de segunda (o como un no cristiano). Estas cuestiones teológicas crean las divisiones más difíciles de superar.

Como antes hemos afirmado, existen cuestiones doctrinales por las que merece la pena separarse. Sin embargo, si bien algunas iglesias se han equivocado y han trazado la línea más allá del ámbito de aquellos que Dios ha aceptado, creo que son muchos más los que lo han hecho de un modo demasiado estrecho. Hemos de estar dispuestos a someter nuestras preciadas tradiciones eclesiológicas a la prueba de las Escrituras. Aun cuando creamos que la Biblia les otorga validez, puede que tengamos que reconocer que no son tan claras como pensamos o tan importantes como pretendemos. Las diferencias teológicas no tienen por qué significar división en la adoración y el servicio.

Por supuesto, la cuestión racial es otra seria causa de desmembración en la Iglesia. En algunos contextos culturales, las iglesias han conseguido incorporar a negros y blancos en una misma congregación. Sin embargo, esta clase de iglesias integradas son poco frecuentes. La iglesia a la que asisto está formada en un 95 por ciento por blancos. Tengo algunos amigos cristianos negros; me dicen que sus iglesias están formadas en un 95 por ciento por negros. Naturalmente, existen muchas razones para esta segregación en nuestras iglesias, y no todas ellas son malas. Sin embargo, he de pensar que mi comprensión personal de la fe y la calidad de la adoración comunitaria de mi iglesia se ven entorpecidas por una composición racial demasiado homogénea.

Mi iglesia y las que, en este sentido, son como la mía, han de considerar con detenimiento las actitudes subyacentes que estimulan esta segregación. Por mi parte, sigo oyendo a cristianos blancos hablando a menudo en términos de estereotipia racial, contando chistes raciales, etcétera. Si toleramos esta clase de conversación, no desarraigaremos ciertas actitudes pecaminosas que obstaculizan la genuina armonía racial, la recíproca aceptación y la alabanza unida a Dios.

Romanos 15:14-33

Por mi parte, hermanos míos, estoy seguro de que ustedes mismos rebosan de bondad, abundan en conocimiento y están capacitados para instruirse unos a otros. 15 Sin embargo, les he escrito con mucha franqueza sobre algunos asuntos, como para refrescarles la memoria. Me he atrevido a hacerlo por causa de la gracia que Dios me dio 16 para ser ministro de Cristo Jesús a los gentiles. Yo tengo el deber sacerdotal de proclamar el evangelio de Dios, a fin de que los gentiles lleguen a ser una ofrenda aceptable a Dios, santificada por el Espíritu Santo. 17 Por tanto, mi servicio a Dios es para mí motivo de orgullo en Cristo Jesús. 18 No me atreveré a hablar de nada sino de lo que Cristo ha hecho por medio de mí para que los gentiles lleguen a obedecer a Dios. Lo ha hecho con palabras y obras, 19 mediante poderosas señales y milagros, por el poder del Espíritu de Dios. Así que, habiendo comenzado en Jerusalén, he completado la proclamación del evangelio de Cristo por todas partes, hasta la región de Iliria. 20 En efecto, mi propósito ha sido predicar el evangelio donde Cristo no sea conocido, para no edificar sobre fundamento ajeno. 21 Más bien, como está escrito:

«Los que nunca habían recibido noticia de él, lo verán; y entenderán a los que no habían oído hablar de él».

22 Este trabajo es lo que muchas veces me ha impedido ir a visitarlos. 23 Pero ahora que ya no me queda un lugar donde trabajar en estas regiones, y como desde hace muchos años anhelo verlos, 24 tengo planes de visitarlos cuando vaya rumbo a España. Espero que, después de que haya disfrutado de la compañía de ustedes por algún tiempo, me ayuden a continuar el viaje. 25 Por ahora, voy a Jerusalén para llevar ayuda a los hermanos, 26 ya que Macedonia y Acaya tuvieron a bien hacer una colecta para los hermanos pobres de Jerusalén. 27 Lo hicieron de buena voluntad, aunque en realidad era su obligación hacerlo. Porque si los gentiles han participado de las bendiciones espirituales de los judíos, están en deuda con ellos para servirles con las bendiciones materiales. 28 Así que, una vez que yo haya cumplido esta tarea y entregado en sus manos este fruto, saldré para España y de paso los visitaré a ustedes. 29 Sé que, cuando los visite, iré con la abundante bendición de Cristo. 30 Les ruego, hermanos, por nuestro Señor Jesucristo y por el amor del Espíritu, que se unan conmigo en esta lucha y que oren a Dios por mí. 31 Pídanle que me libre de caer en manos de los incrédulos que están en Judea, y que los hermanos de Jerusalén reciban bien la ayuda que les llevo. 32 De este modo, por la voluntad de Dios, llegaré a ustedes con alegría y podré descansar entre ustedes por algún tiempo. 33 El Dios de paz sea con todos ustedes. Amén.

**Sentido Original**

Con la oración-deseo de 15:13, llegamos al final del cuerpo de Romanos. Lo que queda constituye la conclusión. En 15:14–16:27, Pablo incorpora los elementos característicos del final de sus cartas:

Referencia a planes de viajes (15:14–29)
Petición de oración (15:30–32)
Oración-deseo de paz (15:33)
Elogio de sus compañeros de ministerio (16:1–2)
Exhortación a saludarse los unos a los otros (16:3–15)
El «beso santo» (16:16a)
Advertencia/exhortación final (16:17–19)
Deseo/promesa escatológico/a (16:20a)
Bendición final (16:20b)
Saludos de los colaboradores de Pablo (16:16b, 21–23)
Doxología (16:25–27)

En consonancia con la complejidad de Romanos y con su introducción, esta clausura es, sin lugar a dudas, la más larga de las que encontramos en cualquier otra carta de Pablo. El apóstol entra en tantos detalles porque escribe a una iglesia que no conoce personalmente.

Los viajes de Pablo son el nexo de unión entre ellos 15:14–33. Estos versículos se dividen en tres partes, definidas por el tratamiento «hermanos» en los versículos 14 y 30 y la cláusula transicional «por tanto» en el versículo 22 (que la NVI no consigna en su traducción). En la primera sección (vv. 14–21) Pablo centra su enfoque en el especial llamamiento de su ministerio y en los viajes realizados. En los versículos 22–29, pasa a hablar de sus planes futuros y su relevancia para los Romanos. La sección concluye con una petición de oración por su inminente visita a Jerusalén y la ofrenda que ha de entregar a la iglesia (vv. 30–33).

El ministerio de Pablo y su expresión en el pasado (15:14–21)

Pablo está especialmente interesado en explicar a los Romanos la razón de su libertad al escribirles con tanta «franqueza» (v. 15) sobre el Evangelio. Como él mismo explica, ha sido llamado a proclamar el Evangelio a los gentiles y a fortalecerlos a fin de poder presentarlos como una ofrenda aceptable al Señor.

Como en 1:11–12, Pablo habla de nuevo con mucho tacto y diplomacia, consciente de dirigirse a una iglesia que ni ha establecido ni conoce personalmente. Por ello, elogia a los cristianos romanos afirmando que «rebosan de bondad, abundan en conocimiento y están capacitados para instruirse unos a otros». La palabra que se traduce como «bondad» (*agathosyne*) no es muy común (en el resto del Nuevo Testamento solo aparece en Gá 5:22; Ef 5:9; 2Ts 1:11). Denota bondad moral en general.[1] Pablo sabe que no escribe a una comunidad sin experiencia o especialmente pecaminosa, sino a una donde se conoce y practica la fe.

---

1. Ver, p. ej., Murray, *The Epistle to the Romans* [La Epístola a los Romanos], 2:209; contra, p. ej., Cranfield, *The Epistle to the Romans* [La Epístola a los Romanos], 752),

Sin duda, Pablo ha escrito «con mucha franqueza sobre algunos asuntos» (i.e., en algunos pasajes de la carta). Sin embargo, lo hizo, no para impartir a los cristianos romanos un conocimiento de verdades nuevas, sino para «recordarles» lo que ya conocían. Si la diplomacia de Pablo no se ha convertido aquí en afectada adulación —¡sin duda los creyentes de Roma no conocían todas las cosas que Pablo enseña en esta carta!—, lo que probablemente quiere decir con esto es que se ha limitado a explicar verdades del Evangelio que ya conocen.

La segunda razón de Pablo para escribir con tanta audacia es más importante. La introduce en la última frase del versículo 15 —«por causa de la gracia que Dios me dio»— y la explica con mayor detalle en los versículos 17–21: Dios ha concedido a Pablo el ministerio de conducir a los gentiles a la obediencia a Dios. Puesto que la iglesia romana es principalmente gentil en su composición, ésta se sitúa dentro del ámbito del mandato que Dios mismo ha dado a Pablo.

La utilización que hace Pablo del lenguaje cúltico para describir este ministerio es muy sorprendente. El apóstol se llama a sí mismo *leitourgos* (siervo; NVI «ministro»), una palabra que en este contexto tiene connotaciones sacerdotales.[2] Este ministerio consiste en «proclamar el Evangelio de Dios» como un «deber sacerdotal», para que «la ofrenda de los gentiles pueda ser aceptable» (trad. lit.). Algunos intérpretes opinan que la ofrenda no son los gentiles en sí (lo cual presupone que *ton ethnon* [«de los gentiles»] es un genitivo epexegético), sino la alabanza u obediencia que ofrecen los gentiles (un genitivo subjetivo).[3] Pero el genitivo epexegético encaja mejor con el contexto. En otras palabras, Pablo se describe a sí mismo como un sacerdote, que utiliza el Evangelio como el medio por el que ofrece a sus convertidos gentiles como un sacrificio aceptable a Dios. Sin embargo, como los sacrificios animales de la antigua economía, estos nuevos sacrificios también deben ser «santificados por el Espíritu Santo» para ser aceptables.

Puesto que es Dios quien le ha dado a Pablo este servicio, el apóstol puede «enorgullecerse» legítimamente en él (v. 17). Gloriarnos o enorgullecernos de algo puede ser erróneo cuando pretendemos apropiarnos el mérito de lo que hemos conseguido (cf. 2:17, 23; 3:27; 4:2–3), sin embargo es lícito cuando lo reconocemos como producto de la obra Dios (cf. 5:2, 3, 11).

En el versículo 18 Pablo abunda un poco más en esta idea explicando en qué consiste esta jactancia «en Cristo Jesús». Pablo se dirige a los romanos con «mucha franqueza» (v. 15), pero el apóstol «no sería tan atrevido» (NVI «no me atreveré»)

---

quien opina que significa «honestidad en el trato con los demás».

2. La palabra puede referirse en general a personas que sirven al Señor o a su pueblo de distintas maneras (p. ej., 2R 4:43; Sal 103:21; 104:4) y a funcionarios judiciales (p. ej., 2S 13:18). En el Nuevo Testamento puede referirse en general a varias clases de «ministerio» (2Co 9:12; Fil 2:25; Heb 1:7). Sin embargo, a menudo denota también a quienes sirven en el templo (p. ej., Nm 4:37, 41; 1S 2:11; cf. Heb 8:2; 10:11), y el cognado *leitourgia* tiene referencias cúlticas en Lucas 1:23; Hebreos 8:6; 9:21. *Leitourgos* se refiere directamente a un sacerdote en Neh 10:39 (LXX *2 Esd* 20:37); Isaías 61:6; y en muchos libros intertestamentarios judíos.

3. Ver, p. ej., R. Dabelstein, *Die Beurteilung der «Heiden» bei Paulus* [El juicio de los «paganos» en Pablo], (Frankfurt: Peter Lang, 1981), 112–14.

para hablar sino de lo que Cristo ha hecho por medio de él. La meta de lo que Cristo hace a través de Pablo es (lit.) «la obediencia de los gentiles», un importante eco de la introducción de la carta (1:5). Los medios de la obra de Cristo en Pablo son «palabra y obra» (trad. lit. NVI «palabras y obras», 15:18).

El versículo 19 explica con mayor detalle este último punto. Resulta tentador ordenar ambos pares en una estructura quiásmica, por la que «palabra» se vincula a la frase «por poder del Espíritu» y «obra» con «mediante poderosas señales y milagros». Sin embargo, las acciones y palabras de Pablo están sin duda hechas en el poder del Espíritu, y sus obras van más allá de los milagros. Por tanto, el versículo 19 continúa la descripción de Pablo de su ministerio. La expresión «señales y prodigios» (NVI «señales y milagros») representa una terminología bíblica muy común para aludir a las obras milagrosas que acompañan y dan credibilidad a la Palabra de Dios. Esta frase es especialmente prominente en las descripciones veterotestamentarias del Éxodo (p. ej., Éx 7:3, 9; 11:9–10; Dt 4:34; Sal 78:43) y en el libro de los Hechos (p. ej., Hch 2:22, 43; 4:30; 5:12; 14:3; 15:12). Es posible que Pablo utilice esta expresión para señalar su importancia en la historia de la salvación. Dios lleva a cabo milagros por medio de él porque el apóstol es, podríamos decir, la «punta de lanza» de Dios para abrir el mundo gentil al Evangelio.[4]

Pablo ha identificado al agente de su ministerio apostólico (Cristo) y su propósito (llevar a los gentiles a obedecer al Señor). En la segunda mitad del versículo 19, el apóstol declara los resultados de su ministerio: «Desde Jerusalén y por los alrededores hasta el Ilírico he predicado en toda su plenitud el evangelio de Cristo». Ilírico era la provincia romana que incorporaba la Albania de nuestro tiempo y algunas regiones de la antigua Yugoslavia. La expresión de la NVI «por todas partes» traduce una palabra difícil (*kyklo*), pero ésta significa probablemente «alrededor de» (ver Mr 6:6 en un contexto parecido).[5] El viaje de Pablo desde Jerusalén hasta Ilírico no había sido un recorrido directo, sino sinuoso.

Más importante que la geografía es la convicción que tenía Pablo de haber completado una fase significativa del ministerio que Dios le había encomendado. La palabra griega que traduce la expresión «he completado la proclamación» es *pleroo* (lit., cumplir), un término que en el Nuevo Testamento está lleno de significación teológica. Pablo ha llevado al clímax divinamente ordenado su comisión de levantar comunidades locales pujantes y autosuficientes a lo largo de la región que ha descrito.[6] Por tanto, el apóstol está ahora en la posición de avanzar. Porque, como explica en el versículo 20, su ministerio es «predicar el evangelio donde Cristo no sea conocido». No hay nada malo en construir sobre el fundamento que haya puesto otra persona. Algunos importantes ministros como Apolos hicieron precisamente esto (ver 1Co 3:3–11). Pero esta no es la tarea que Dios había dado

---

4. Ver, p. ej., Dunn, *Romans* [Romanos], 862–63; Peter T. O'Brien, *Consumed by Passion: Paul and the Logic of the Gospel* [Consumido por la Pasión: Pablo y la lógica del Evangelio], (Homebush West, Australia: Lancer, 1993), 31, 50–51.
5. Ver Cranfield, *The Epistle to the Romans* [La Epístola a los Romanos], 761.
6. Ver especialmente John Knox, «Romans 15:14-33 and Paul's Conception of His Apostolic Mission» [Romanos 15:14-33 y la concepción de Pablo de su misión apostólica] *JBL* 83 (1964): 3.

a Pablo. El apóstol se ve a sí mismo llevando a cabo la comisión encomendada al siervo del Señor en Isaías 52:15, revelando las buenas nuevas a personas a quienes nadie les ha hablado ni han oído (Ro 15:21).

Planes de viaje de Pablo a corto plazo (15:22–29)

A continuación, Pablo menciona sus tres destinos siguientes (en orden de visita): Jerusalén (vv. 25–27), Roma (vv. 22–24, 28–29), y España (vv. 24, 28). No pretende simplemente dar a los cristianos romanos su itinerario. Su preocupación más importante es explicar por qué le ha llevado tanto tiempo llegar hasta Roma (v. 22) y por qué, cuando llegue a esta ciudad, no tiene planes de quedarse mucho tiempo (v. 28). Ha de cumplir su comisión de llevar el Evangelio donde el nombre de Cristo todavía no se ha oído, y España es un fértil campo para la obra pionera. Sin embargo, le será necesario hacer una parada en Roma a fin de conseguir apoyo logístico para esta nueva extensión del Evangelio, en un lugar tan lejano a su base de Antioquía. Sin embargo, antes de que estos planes puedan llevarse a cabo, Pablo ha de visitar Jerusalén, donde tiene la esperanza de culminar su proyecto, largamente acariciado, de recaudar dinero de las iglesias gentiles para los menesterosos santos de la ciudad cuna del Evangelio.

La NVI hace del versículo 22 el último del párrafo anterior. Pero es mejor, siguiendo la idea de las ediciones modernas del texto griego y la mayoría de las versiones en inglés (p. ej., NRSV; TEV; NASB; NJB), entenderlo como el primer versículo del nuevo párrafo. Pablo ha «completado la proclamación del evangelio» desde Jerusalén hasta Ilírico (vv. 18–19), por tanto (en la NVI no se ha traducido el término *dio* en griego del v. 22), el apóstol se ha visto obstaculizado hasta ahora en su deseo de llegar a Roma (cf. 1:13).

Ahora, sin embargo, las cosas han cambiado. Terminado su ministerio en la zona Este, no hay más lugar para él en aquellas regiones. Puesto que el apóstol ha deseado desde hace tanto tiempo visitar a los cristianos de Roma, planea ahora detenerse allí camino de España. La cláusula «tengo planes de visitarlos» en 15:24 no aparece en el griego, sin embargo ayuda a clarificar la sintaxis de Pablo, que éste interrumpe abruptamente en el versículo 24 (en los vv. 23–24a, la NASB consigna la oración gramatical incompleta como está, e indica la interrupción con un guión). En otras palabras, Pablo tiene dos razones para ir a Roma: una negativa (el obstáculo del ministerio en la zona oriental ha desaparecido) y una positiva (anhela verles).

Aun así, Roma no es su destino último. Les visitará y espera disfrutar de su «compañía», sin embargo no se quedará mucho tiempo; va rumbo a España. Algunas regiones de España habían sido ya ocupadas por los romanos desde el año 200 a.C. Sin embargo, fue durante el transcurso de la vida de Pablo cuando Hispania quedó completamente organizada como provincia romana. Puede que hubiera una importante comunidad judía, aunque este asunto es objeto de debate.[7]

---

7. Quienes deseen valorar los datos, pueden ver W. P. Bowers, «Jewish Communities in Spain in the Time of Paul the Apostle» [Comunidades judías en España en el tiempo del apóstol Pablo], *JTS* 26 (1975): 395–402.

Es evidente que Pablo considera que España es un buen lugar para emprender un nuevo ministerio pionero.

El plan de Pablo de pasar solo un breve periodo en Roma crea una cierta tensión con lo que dice en la introducción de la carta, donde habla de la predicación del Evangelio en Roma y no dice nada sobre España (1:15). Es probable que estas palabras sean un modo delicado de solicitar apoyo económico, puesto que en el Nuevo Testamento, el verbo «ayudar» (*propempo*) que el apóstol utiliza en el versículo 24b tiene normalmente la connotación de apoyo misionero (Hch 15:3; 20:38; 21:5; 1Co 16:6, 11; 2Co 1:16; Tit 3:13; 3Jn 6). Pablo da, pues, a entender que tiene la esperanza de contar con el apoyo de los cristianos romanos para su nuevo esfuerzo misionero en España. España está muy lejos de Antioquía, la iglesia que le envió en un principio, y el apóstol sabe que necesitará una nueva base de operaciones. Además del apoyo económico, los romanos podían quizá también ayudarle con traductores y otras necesidades específicas.

No obstante, sigue habiendo un obstáculo en el viaje de Pablo a la parte occidental del Imperio: el apóstol está camino de Jerusalén «para llevar ayuda a los hermanos» (v. 25). La expresión «para llevar ayuda» traduce el verbo griego *diakoneo* (servir, ministrar). Esta palabra denota cualquier clase de ministerio, pero el contexto revela que Pablo alude al servicio específico de una «colecta» (ciertas palabras con esta misma raíz aluden también a la colecta en 2 Corintios 8:4, 19, 20; 9:1, 12, 13).

Pablo inició esta empresa en su tercer viaje misionero, pidiendo a las iglesias gentiles que él mismo había fundado que colaboraran para enviar una ofrenda para los creyentes de Jerusalén que estaban padeciendo una gran necesidad (1Co 16:1–2; 2Co 8–9). En una especie de paréntesis, Pablo explica ahora este «servicio» (Ro 15:26–27) antes de seguir hablando de sus planes de visitar Roma (vv. 28–29). Macedonia es la provincia romana donde se ubicaban importantes iglesias fundadas por Pablo en las ciudades de Filipos y Tesalónica, mientras que en Acaya estaba Corinto. Pablo les ha pedido dinero, sin embargo deja claro que han dado de su propia voluntad: «tuvieron a bien hacer una colecta [*koinonia*]». La palabra *koinonia* es el término habitual del Nuevo Testamento para aludir a la «comunión» que disfrutaban los creyentes en Cristo. El dinero enviado por los gentiles es una expresión tangible de esta comunión.

Los receptores de esta colecta son «los hermanos pobres de Jerusalén» (15:26). Esta traducción de la NVI (cf. también versiones más modernas) asume una interpretación específica de la expresión griega que aquí se utiliza. Algunos comentaristas opinan que el término «los pobres» puede tener un significado teológico, derivado del uso veterotestamentario y judío de esta palabra para denotar a los «piadosos». Sin embargo, puesto que Pablo no da ningún indicio de esta utilización teológica del término, es preferible optar por la interpretación de la NVI.

En el versículo 27 se detecta por qué la recaudación de la ofrenda es tan importante para Pablo. No es solo un proyecto caritativo; está también diseñado para acercar a los creyentes gentiles y judíos en una comunión más estrecha. A fin de cuentas, los gentiles se han beneficiado espiritualmente de los judíos. Como Pablo explica en 11:17–18, los cristianos gentiles derivan todas las bendiciones espirituales que experimentan del Mesías judío y el cumplimiento de las divinas promesas a Israel (cf. también 4:13–16; 15:7–8). Los cristianos gentiles pueden saldar parcialmente esta deuda compartiendo con los judíos sus bendiciones materiales.

Pablo solo emprenderá el camino a Roma y España una vez que «haya cumplido esta tarea» de llevar la colecta a Jerusalén. ¿Por qué ha de ir Pablo personalmente a llevar la colecta? El apóstol insinúa una razón en la expresión que la NVI traduce «una vez que yo haya [...] entregado en sus manos este fruto» (trad. lit., «haya sellado este fruto para ellos»). La idea de «sellar» (*sphragizo*, fijar un sello) connota a menudo una afirmación oficial de autenticidad (ver, p. ej., Est 8:8, 10; Jn 3:33; cf. también las alusiones de Pablo a los creyentes como sellados por el Espíritu Santo en 2Co 1:22; Ef 1:13; 4:30). Por su condición de apóstol a los gentiles, Pablo ha de acompañar la ofrenda a Jerusalén para autenticar su propósito como una muestra de sanidad.

En el versículo 29 Pablo expresa «un suspiro de alivio».[8] Porque cuando por fin llegue a Roma ya habrá pasado la tensión suscitada por la colecta. Podrá, por tanto, llegar a ellos «con la abundante bendición de Cristo». Puede que Pablo se refiera aquí al ministerio de mutua edificación que anticipa durante su visita en Roma (cf. 1:12).

Petición de oración (15:30–33)

Puesto que Pablo tiene la esperanza de que la colecta ayude a reconducir la creciente división que se está produciendo entre los cristianos de origen judío y gentil —un asunto que le preocupa enormemente—, el apóstol pide a los romanos que se unan a él en su oración por el éxito de este proyecto. Pablo afianza su petición indicando que lo lleva a cabo «por [la autoridad de] nuestro Señor Jesucristo» y en virtud del «amor del Espíritu». La expresión «del Espíritu» puede indicar el amor que el Espíritu tiene para nosotros (un genitivo subjetivo),[9] sin embargo, en este contexto, significa probablemente «el amor que el Espíritu engendra entre nosotros» (un genitivo de fuente).[10]

¿Por qué habla Pablo de este ministerio de oración como una «lucha»? Esta palabra puede sugerir que la oración conlleva una lucha con Dios[11] o que la oración ha de ser especialmente diligente.[12] Sin embargo, las frecuentes alusiones a su ministerio como una «lucha» sugieren más bien que el apóstol invita a los cristianos romanos a colaborar con él, mediante sus oraciones, en su trabajo misionero.[13]

---

8. Käsemann, *Commentary on Romans* [Comentario de Romanos], 402.
9. P. ej. Murray, *The Epistle to the Romans* [La Epístola a los Romanos], 2:221; Fitzmyer, *Romans* [Romanos], 725.
10. P. ej. Cranfield, *The Epistle to the Romans* [La Epístola a los Romanos], 776; Dunn, *Romans* [Romanos], 878.
11. Black, *Romans* [Romanos], 177. Black alude a la historia de la lucha cuerpo a cuerpo de Jacob con Dios (Gn 32).
12. Murray, *The Epistle to the Romans* [La Epístola a los Romanos], 2:221–22; Cranfield, *The Epistle to the Romans* [La Epístola a los Romanos] 776–77.
13. Ver especialmente V. C. Pfitzner, *Paul and the Agon Motif: Traditional Athletic Imagery in the Pauline Literature* [Pablo y el tema del *agon*: imaginería atlética tradicional en la literatura paulina], (Leiden: Brill, 1967), 120–25.

Pablo pide a los romanos que oren concretamente por dos cosas (v. 31): que él sea librado «de caer en manos de los incrédulos [lit., los desobedientes] que están en Judea», y que los santos de Jerusalén acepten la ofrenda de la colecta. Los judíos incrédulos eran especialmente hostiles a Pablo por haber abierto las puertas del pueblo de Dios a los gentiles. Sus temores acerca de ellos estaban justificados, como demuestran las protestas de que fue objeto cuando llegó a Jerusalén (Hch 21–22). Sin embargo, el apóstol está también preocupado pensando que los cristianos de origen judío puedan rechazar la colecta como algo contaminado por las «inmundas» manos de los gentiles.

Solo cuando estas peticiones hayan obtenido respuesta podrá Pablo dirigirse a Roma «con alegría» y ser reconfortado espiritualmente con ellos (15:32). Pablo concluye su petición de oración a los romanos con una oración por ellos: para que «el Dios de paz», es decir, el Dios que imparte paz, esté con ellos (v. 33).

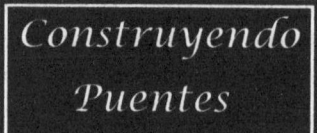

Principios para definir la aplicación. Salvar el vacío entre los planes de viajes de Pablo y la aplicación contemporánea de este hecho no es fácil. Aplicar directamente las principales ideas de estos versículos —dónde ha estado Pablo, adónde se dirige, qué espera hacer en Roma y qué quiere que hagan los cristianos romanos— es algo que no parece muy provechoso para nosotros hoy. No obstante, Dios inspiró estas palabras para nuestro beneficio. ¿Qué hemos de aprender de esta cuestión y cómo? La mayoría de los intérpretes argumentarían que podemos aprender mucho de los principios que subyacen tras las palabras de Pablo. Puede que no haya mucho beneficio espiritual en saber que Pablo iba a viajar a España; sin embargo, saber por qué se dirigía a esta provincia romana puede esclarecer los principios neotestamentarios del ministerio pionero cristiano.

Sin embargo, aunque la mayoría estaría de acuerdo en que aislar los principios subyacentes en esta clase de texto es un procedimiento válido, no todos están de acuerdo con respecto a cuáles son estos principios. Por definición, estamos aislando ideas del texto que Pablo no aplica explícitamente a nosotros. ¿Cómo, pues, determinamos cuáles se aplican y cuáles no? Podemos plantear dos preguntas a cada uno de los posibles principios que serán muy útiles, si no definitivas. (1) ¿Depende el principio en cuestión de algo que era distinto en aquel tiempo, lugar, cultura, o situación dentro de la historia de la salvación? (2) ¿Se enseña este principio en otros pasajes de la Escritura, quizá con mayor claridad?

Dos de los principios potencialmente más significativos de estos versículos, a saber, la descripción que Pablo hace de su ministerio (vv. 16–22) y la colecta (vv. 25–27) producen respuestas un tanto confusas. Por una parte, ambos principios contienen elementos únicos a aquel tiempo y lugar. Pablo no es un servidor cualquiera, sino el apóstol a los gentiles. Como hemos visto, Pablo tiene un ministerio único, predicho en la Escritura, que consiste en abrir la puerta de la fe a los gentiles. Por ello, algunas de las cosas que dice acerca de su ministerio no serán transferibles a nuestra situación contemporánea. Lo mismo se aplica a la colecta. Pablo la consideraba como una forma en que los gentiles que compartían las bendiciones espirituales de Israel podían restituir aquella deuda a los cristianos de Jerusalén. Ninguna otra colecta benéfica de la Historia tendrá exactamente este significado. Por otra parte, lo que Pablo dice aquí sobre su ministerio contiene también elementos válidos para cualquier otro ministerio, y algunos de ellos encuentran paralelismos en otros pasajes del Nuevo Testamento. Lo mismo se aplica a la colecta.

Esta clase de cuestiones hermenéuticas están destinadas a quedar sin una clara respuesta. Exégetas de igual competencia y sinceridad disentirán en ocasiones acerca de lo que podemos aplicar de un texto como éste. Sin embargo, hemos de ser conscientes de que existe un problema y no cometer el error de encontrar toda una serie de puntos específicos de aplicación en el texto que, de hecho, no están en él. Por otra parte, los puntos de aplicación que sacamos probablemente han de ser enseñados con ciertas reservas (a no ser, naturalmente, que podamos encontrar en otros pasajes un claro apoyo bíblico para la idea en cuestión).

El propio Pablo utiliza en ocasiones las narraciones del Antiguo Testamento precisamente de este modo (p. ej., 1Co 10:1–6), así pues puede que tengamos una buena base bíblica para utilizar el Nuevo Testamento del mismo modo. Pero antes de ver qué principios podemos aislar en Romanos 15:14–33, hemos de analizar más profundamente dos cuestiones contextuales específicas que nos ayudarán en nuestra aplicación.

La transformación neotestamentaria del culto (cf. 15:16). Como hemos visto en otros pasajes (ver comentarios sobre 12:1–2), la adoración cúltica, con sus sacerdotes, sacrificios y templos, era el punto focal de la experiencia religiosa de muchos en el antiguo mundo greco-romano. Pablo retoma este lenguaje en 15:16, y al hacerlo está haciendo uso de uno de los elementos religiosos más esenciales de la cosmovisión de la Antigüedad. El apóstol se llama a sí mismo sacerdote (*leitourgos*, NVI «ministro»), describe su actividad misionera en términos de «deber sacerdotal de proclamar el evangelio de Dios», y afirma que los convertidos gentiles constituyen la «ofrenda» (*prosphora*) que él presenta a Dios. ¿Qué hemos de hacer con este lenguaje? Naturalmente, tanto para Pablo como para los cristianos romanos, el punto de referencia clave en esta cuestión es el sistema cúltico que se enseña en el Antiguo Testamento y que practicaban los judíos. Solo podemos apreciar lo que el apóstol está diciendo cuando exploramos esta tradición y el cambio que ésta experimenta en el Nuevo Testamento.

No es necesario detallar aquí la importancia del culto en el Antiguo Testamento. Pero sí hemos de observar que el propio Antiguo Testamento sugiere que los sacrificios de animales, en y por sí mismos, no son eficaces para llevar al que practica este culto a una correcta relación con Dios. Los profetas critican frecuentemente a los israelitas por suponer que este planteamiento ritualista era suficiente (ver comentarios sobre 12:1–2). Durante el periodo intertestamentario y en el periodo del Nuevo Testamento, esta misma crítica se agudizó bajo la influencia de la filosofía helenista. Algunos filósofos griegos reprobaron la idea del sacrificio, afirmando que el culto desviaba a las personas del verdadero significado de la religión, que consistía en verdad intelectual y vida moral. Ciertos pensadores judíos más radicales, como Filón de Alejandría, repitieron esta crítica, aunque de un modo más callado.

Pocos judíos querían eliminar los sacrificios. Pero muchos querían validarlos encontrando su significado espiritual subyacente. El famoso método alegórico de interpretación de Filón tenía precisamente este propósito. Quería hacer que el judaísmo fuera inteligible y apetitoso para los sofisticados pensadores griegos, encontrando verdades filosóficas y morales tras la historia y extrañas costumbres de su pueblo, los judíos.

Todo esto prepara el terreno para la Iglesia cristiana primitiva. Por su parte, Jesús no habló directamente en contra del culto, aunque continuó y hasta radicalizó la crítica profética de los sacrificios absurdos (ver, p. ej., Mt 12:7–8; 23:23). Sin embargo, en uno de sus dichos más famosos pone el fundamento al menos para una nueva manera de ver el culto. Cuando le pidieron una «señal» que justificara su autoridad para purificar el templo, Jesús respondió: «Destruyan este templo [...] y lo levantaré de nuevo en tres días» (Jn 2:19). Aunque los judíos pensaron que Jesús estaba hablando del templo físico, Juan explica que Jesús se refería a su cuerpo (v. 21). Aquí, en el marco del típico tema de «sustitución» del Evangelio de Juan, Jesús sugiere que su cuerpo toma el lugar del templo como punto focal para adorar a Dios.

Los primeros cristianos desarrollaron finalmente la idea de la Iglesia como «cuerpo de Cristo». El centro de la adoración fue transferido de un edificio físico en Jerusalén al propio pueblo de Dios. Dios vive en medio de su pueblo y ya no se manifiesta de ningún modo especial en un templo. Los cristianos, tanto de manera individual como colectiva son ahora el «templo de Dios» (ver 1Co 3:16–17; cf. 6:19; Ef 2:21; 1P 2:5; Ap 21:22).

Además de la sustitución del templo físico se ha producido una transformación de los sacrificios y del sacerdocio. Como se pone de relieve en Hebreos, el sacrificio de Cristo lleva a su clímax y pone fin al sistema de sacrificios del Antiguo Testamento. Él es ahora nuestro sumo sacerdote que presenta ante Dios Padre su sacrificio a nuestro favor. Los sacrificios del Nuevo Pacto son, pues, los cristianos obedientes (cf. Ro 12:1) y la alabanza que éstos ofrecen a Dios (Heb 13:15). Cada cristiano, llamado a ofrecer esta alabanza, se convierte en un sacerdote (1P 2:5, 9). Lo que hacían los primeros cristianos era, por tanto, algo muy distinto de la espiritualización que en aquel momento caracterizaba la religiosidad general. Los cristianos no encontraban un significado espiritual y misterioso en el culto. Al contrario, anunciaban que, por medio de Jesús y en su comunidad, Dios había llevado el culto a su culminación. Los cristianos habían transformado el culto por medio de su escatología.[14]

En sus alusiones del versículo 16 Pablo se basa en estas metáforas. No se está reivindicando como sacerdote en ningún sentido técnico. Lo que hace es retomar el concepto de la transformación del culto en el Nuevo Pacto como un modo de describir lo que hace como ministro del Evangelio. Pablo tampoco pretende tener

---

14. Ver, p. ej., O'Brien, *Consumed by Passion* [Consumido por la Pasión], 31–32.

un monopolio en el sacerdocio. No está negando que otros cristianos puedan también ser sacerdotes.

Trasfondo veterotestamentario del ministerio especial de Pablo. El texto que acabamos de considerar transmite también una nota escatológica en otro importante sentido. Pablo, hemos de recordar, no está aquí describiendo un ministerio cristiano en general, sino su propio ministerio apostólico, «la gracia que Dios me dio» (v. 15). Aunque no excluye que otros cristianos sirvan como sacerdotes, Pablo ciertamente sugiere que él ha recibido un deber sacerdotal único: ofrecer a los gentiles como sacrificio a Dios.

Contribuyendo a esta noción hay dos interesantes alusiones del Antiguo Testamento. (1) La descripción de los gentiles como «santificados por el Espíritu Santo» (v. 16) alude probablemente a la predicción veterotestamentaria de que Dios santificará su nombre entre los gentiles en los últimos días (ver especialmente Ez 36:22–28).[15] Esta alusión es especialmente sorprendente, puesto que la predicción de Ezequiel aparece en el mismo texto que afirma que el exilio de Israel ha hecho que el nombre de Dios sea «profanado entre las naciones» (vv. 21, 22, 23). En Romanos 2:24, Pablo se sirve de este mismo lenguaje, quizá de este mismo texto, para censurar a Israel. En este mismo pasaje de Ezequiel Dios también promete dar a su pueblo un nuevo corazón y un nuevo espíritu. De este modo, parece implicar Pablo, Dios invierte ahora la profanación de su nombre entre los gentiles santificando a los propios gentiles.

(2) El segundo texto del Antiguo Testamento que Pablo podría tener en mente en el versículo 16 es Isaías 66:20: «Y a todos los hermanos que ustedes tienen entre las naciones los traerán a mi monte santo en Jerusalén, como una ofrenda al Señor». Si estos «hermanos» son gentiles, entonces este versículo armoniza con la concepción que Pablo tiene de su ministerio. Como integrante del remanente judío que ha experimentado la salvación de Dios, Pablo presenta a los convertidos gentiles «como ofrenda al Señor».[16] Los «hermanos» pueden, sin embargo, ser compatriotas judíos, en cuyo caso la alusión no sería tan evidente.

Ya sea que podamos o no incluir a estos últimos como una alusión, Pablo describe claramente su ministerio en términos escatológicos. Sin apoyar todo el paquete presentado por J. Munck en su descripción del ministerio escatológico de Pablo, no debemos pasar por alto el significado único del ministerio de Pablo. Según el Libro de los Hechos, el apóstol afirma estar cumpliendo la vocación de Israel como siervo del Señor para ser «luz a los gentiles» (Hch 13:47). Como «apóstol a los gentiles» por excelencia, desempeña un ministerio sacerdotal con un claro significado escatológico. Con la venida de Cristo, el muro entre judíos y gentiles, representado por el culto, es derribado. Elementos como la expiación, el sacrificio o la adoración no están ya orientados hacia el judaísmo o centrados en

---

15. Ver Ibíd., 31, 50–51.
16. Ver especialmente R. D. Aus, «Paul's Travel Plans to Spain and the 'Full Number of the Gentiles' of Ro XI 25» [Los planes de viaje de Pablo a España y la 'plenitud de los gentiles' en Ro 11:25], *NovT* 21 (1979): 236–37; Arland J. Hultgren, *Paul's Gospel and Ministry* [El Evangelio y ministerio de Pablo], (Filadelfia: Fortress, 1985), 133–34.

Jerusalén. A través del ministerio sacerdotal de Pablo, gentiles como los que están en Roma han oído el Evangelio y llegan a ser una ofrenda que agrada a Dios.

Varios intérpretes opinan que ciertas tradiciones veterotestamentarias del libro de Isaías relacionadas con estos versículos podrían haber influenciado a Pablo en otros puntos de este pasaje. Es bastante popular la idea de que Pablo podría haber considerado la colecta que él mismo estaba recaudando de las iglesias gentiles como un cumplimiento de las predicciones proféticas en el sentido de que, en los últimos días, las riquezas de las naciones fluirían a Jerusalén (p. ej., Is 45:14; 60:5–17; 61:6; Mi 4:13).[17]

Algunos han llegado a pensar que Pablo escogió España como siguiente campo misionero pensando en estas mismas profecías. En Isaías 66:19, Dios predice a través del profeta que en los últimos días: «les daré una señal, y a algunos de sus sobrevivientes los enviaré a las naciones: a Tarsis, Pul, Lidia (famosa por sus arqueros), Tubal y Grecia, y a las costas lejanas que no han oído hablar de mi fama ni han visto mi gloria. Ellos anunciarán mi gloria entre las naciones». Ciertos datos permiten pensar que los pueblos de la Antigüedad identificaban a Tarsis con la zona de España. Es, pues, posible que los planes de Pablo para trabajar en España resulten de identificar su ministerio con la predicción profética de la obra divina de poner en comunión a gentiles y judíos.[18]

Significado Contemporáneo

¿Qué principios podemos aislar, a partir de los planes de viajes de Pablo en 15:14–33, que sean significativos para la Iglesia de nuestro tiempo? Creo que hay tres principios que surgen con toda claridad, y otro de un modo más tangencial.

Prosperidad en el ministerio. Un principio claro es este: un ministerio próspero es siempre obra de Dios. Pablo se otorga de manera implícita un papel significativo en la historia de la salvación al describir su ministerio en los versículos 16–22. No obstante el apóstol atribuye todo el mérito de su ministerio al Señor, a «la gracia que Dios me dio». Su papel como apóstol a los gentiles no lo ha ganado a través del sacrificado estudio o en virtud de un talento personal intrínseco. Dios le escogió, le preparó, le dio el ministerio, y le capacitó. Todo es por Gracia. Los convertidos gentiles que el apóstol ofrece como sacrificio a Dios son solo aceptables en tanto que ofrenda «santificada por el Espíritu Santo» (v. 16). Lo que Pablo ha llevado a cabo no es sino «lo que Cristo ha hecho por medio de mí» (v. 18), a medida que «el poder del Espíritu» facultaba sus obras y sus palabras (v. 19).

Los ministros que tienen «éxito» son proclives al orgullo, uno de los más fundamentales de los pecados. Es aterradoramente fácil caer en un estado en que comenzamos a aceptar el mérito personal de cualquier impacto espiritual positivo que nuestro ministerio pueda tener. Las personas a quienes servimos serán a menudo los inocentes inductores de este orgullo. Con el deseo de apoyarnos y alentarnos, con frecuencia elogiarán el sermón que acabamos de predicar, el libro que hemos

---

17. Ver, p. ej., Dunn, *Romans* [Romanos], 874.
18. Ver el trabajo de Aus, «Paul's Travel Plans» [Los planes de viaje de Pablo] 242–46.

escrito, o los cambios que ha habido en nuestra vida. Nuestra sumisa respuesta: «¡Gloria a Dios! lo ha hecho él », puede llegar a ser formal y poco sincera.

Naturalmente, Dios tiene sus propias formas de humillar nuestro orgullo. Por cada feligrés que nos halaga, Dios envía a otros dos preguntándonos después de nuestra predicación: «¿Has estado muy ocupado esta semana?» o «¿has perdido el reloj?» No obstante, la inclinación natural para muchos de nosotros es escuchar en exceso a los aduladores. Además, no es solo que el orgullo sea intrínsecamente pecaminoso, sino que además puede conducir a muchos otros pecados. Estoy seguro de que muchos importantes ministros caen en el pecado sexual precisamente porque comienzan a pensar que son inmunes a estas tentaciones corrientes o, peor todavía, comienzan a pensar inconscientemente que están por encima de la Ley.

¿Cómo podemos luchar contra la tentación del orgullo e imitar a Pablo en su actitud de dar toda la gloria a Dios? No tengo ninguna fórmula mágica, sin embargo, estoy convencido de que la interacción sincera y responsable dentro de un pequeño grupo de compañeros cristianos puede ser de gran ayuda. Muchos ministros tienden a vivir aislados, invirtiendo todo su tiempo con las personas a quienes ministran, sin desarrollar ninguna auténtica relación personal entre compañeros. Cualquier cristiano aislado vive en una situación peligrosa. Esta situación es doblemente peligrosa para el pastor que es probablemente un especial objetivo del maligno. Quienes tenemos algún ministerio necesitamos al menos un compañero (¡además, naturalmente, de nuestro cónyuge!) que tenga la libertad de «reprendernos» cuando sea necesario.

Equilibrar espontaneidad y obligación. Un segundo principio que podemos derivar legítimamente de este texto es la necesidad de equilibrar la espontaneidad y la obligación cuando se trata de ofrendar al Señor y a su pueblo. Al describir la colecta para los santos de Jerusalén, Pablo subraya que quienes ofrendaron «lo hicieron de buena voluntad» (vv. 26–27). Este verbo (*eudokeo*) expresa la idea de una decisión libre (cf. TEV), «tomaron la decisión por sí mismos». No obstante, Pablo dice también, en el mismo versículo, que los gentiles «están en deuda con ellos [los cristianos judíos] para servirles con las bendiciones materiales».

Pablo combina estas dos mismas ideas en 2 Corintios 8–9 cuando habla de ofrendar. Según las famosas palabras de 9:7, Dios ama «al que da con alegría», no por un sentido de obligación (9:7; cf. también 8:2; 9:5). No obstante, la ofrenda de los corintios es también un asunto de «obediencia» (9:13). Naturalmente, tanto Romanos 15 como 2 Corintios 8–9 tratan de la colecta para los santos de Jerusalén, y esta ofrenda, como hemos señalado anteriormente, tiene ciertas dimensiones que la hacen única. Pero la motivación para ofrendar no está vinculada a ninguna característica única de aquella colecta, y 2 Corintios 9:7 expresa una verdad general sobre la actitud de Dios hacia el dador.

Todos nosotros, pues, hemos de reconocer que estamos bajo una determinada obligación de devolver al Señor una porción de lo que él nos ha dado. Se lo debemos a él en respuesta a su Gracia, y se lo debemos a otros creyentes que necesitan nuestra ayuda. No obstante, al mismo tiempo, nuestra ofrenda debería ser libre y espontánea.

¿Cómo pueden reconciliarse estas dos cosas? Una analogía nos ayudará probablemente a entender lo que quiero decir. Sé que tengo la obligación de ser un buen padre para mis hijos; se lo debo. No obstante, también disfruto siendo un buen padre (casi siempre). La clave es la relación personal. Puesto que amo a mis hijos, mi paternidad no es una onerosa obligación, sino una alegre responsabilidad. Desempeño la obligación con deleite y gratitud. Nuestras ofrendas al Señor han de brotar del gozo de nuestra relación con él, de modo que sea también una alegre obligación. Esto mismo puede decirse sobre nuestras ofrendas cristianas. Cuanto más conozca a otros creyentes que tienen necesidad, más sinceramente motivado estaré a compartir con ellos las bendiciones que Dios me ha dado.

Orar por quienes están en el ministerio. La oración por personas implicadas en el ministerio es un tercer principio que podemos aislar en este texto. Al final de sus cartas, Pablo pide generalmente a las iglesias receptoras que oren por él. Romanos no es una excepción. Tras informar a los cristianos de Roma acerca de la colecta que va a llevar a Jerusalén (15:25–27), el apóstol les pide que oren por él y por el éxito de este proyecto. Como hemos indicado en la sección «Sentido original», la colecta tenía una gran importancia para Pablo. Esperaba que ésta se convertiría en un importante medio para sanar la creciente división entre los cristianos de origen judío y los de trasfondo gentil. Lo que estaba en juego era la unidad de la iglesia. No es de extrañar que el apóstol pidiera oración.

Sin embargo, no hemos de perder de vista la importancia de esta petición. (1) Ilustra la humildad y el sentido de necesidad que tiene Pablo. Aunque es objeto de una misión que Dios mismo le ha encomendado, y que es única en la historia de la salvación, el apóstol sigue necesitando que otros creyentes oren por él. Cuánto más, pues, necesitamos el resto de nosotros, comprometidos en tareas mucho más humildes y con una confirmación bíblica mucho menor, las oraciones del pueblo de Dios. El orgullo puede ser un obstáculo en esto, puesto que podemos de una manera muy sutil comenzar a depender de nuestras propias capacidades, talentos o recursos más que del Señor, quien capacita por medio de las oraciones de su pueblo.

(2) El llamamiento de Pablo a la oración ilustra también la tensión bíblica entre la disposición de los acontecimientos por parte de Dios y el poder de la oración para cambiar las situaciones. Pablo sintió sin duda que Dios mismo había iniciado aquella colecta y la estaba respaldando con su poder. No obstante, pide aun así que los creyentes oren por ella. Por supuesto, no tenemos evidencias de que Pablo entendiera la colecta en términos de una profecía de Dios, que iba a tener éxito con toda seguridad porque Dios lo había dicho. Sin embargo, aunque este fuera el caso, los datos que nos ofrecen otros textos muestran que, aun así, hubiera pedido oración por esta cuestión.

Nuestros proyectos no suelen estar más avalados por las instrucciones divinas que la colecta de Pablo (por regla general suelen estarlo considerablemente menos). Podemos caer en el error de dar por sentado que nuestros ministerios o proyectos son tan importantes para la causa de Cristo que Dios está, por así decirlo, obligado a prosperarlos. Podemos dejar de orar por ellos, o no ver la necesidad de movilizar a otros para que lo hagan. Por mucho que intentemos evitarlo, el rechazo a lo sobrenatural de nuestra cultura ejerce una fuerte influencia sobre nosotros. En un momento en que el mundo empresarial se está convirtiendo, cada vez más, en un paradigma para el ministerio, es especialmente fácil para quienes estamos en el ministerio ver nuestros proyectos como una empresa y asumir que las claves del éxito son las mismas: esfuerzo y laboriosidad, cuidadosa planificación y una puesta en práctica efectiva. La oración puede perfectamente quedar fuera.

Fundar iglesias. Un aspecto de la aplicación que propongo, aunque solo con reservas, procede de la descripción que hace Pablo de su ministerio pionero de fundación de iglesias. Como deja claro en el versículo 20, el procedimiento habitual del apóstol era «predicar el Evangelio donde Cristo no era conocido». Muchos de los primeros pioneros norteamericanos se trasladaban a una nueva cabaña de troncos más lejana cuando desde la suya veían el humo de la chimenea de otra familia. Al parecer, Pablo aplicaba un principio similar, y trasladaba su ministerio a otro lugar siempre que en la zona de sus labores había demasiados cristianos. Estaba convencido de que su trabajo era fundar iglesias capaces de desarrollarse y de llevar a cabo por sí mismas la obra del ministerio. Cuando las comunidades llegaban a este punto, el apóstol partía en busca de nuevos territorios para el Evangelio.

No hay nada en el texto que justifique la conclusión de que Pablo esté planteando aquí una forma general de «hacer obra misionera». Esta es la razón por la que nuestra aplicación ha de ser provisional. Sin embargo, puede que podamos aprender un par de cosas del ejemplo de Pablo. (1) Es evidente que Dios puede también hoy llamar a personas que hagan el difícil trabajo de llevar el Evangelio a lugares donde antes no ha sido predicado. Muchos de nosotros conocemos organizaciones misioneras y misioneros dedicados precisamente a esta tarea, la Misión Nuevas Tribus, por ejemplo. ¿Pero hay un número suficiente de misioneros entregándose a esta tarea? La inmensa mayoría de obreros cristianos está sirviendo a una pequeña minoría de la población mundial. Necesitamos más obreros dispuestos a seguir el ejemplo de Pablo.

(2) El ejemplo de Pablo puede también sugerir que nuestra obra misionera debería tener la meta de establecer comunidades locales autosuficientes. En ocasiones no nos quedamos el tiempo suficiente en una zona determinada para que la iglesia pueda alcanzar este nivel de desarrollo. Sin embargo, lo más frecuente es posiblemente que los misioneros permanezcan un tiempo excesivo, más allá del que la ayuda extranjera sería necesaria.

Romanos 16:1-16

Les recomiendo a nuestra hermana Febe, diaconisa de la iglesia de Cencreas. 2 Les pido que la reciban dignamente en el Señor, como conviene hacerlo entre hermanos en la fe; préstenle toda la ayuda que necesite, porque ella ha ayudado a muchas personas, entre las que me cuento yo. 3 Saluden a Priscila y a Aquila, mis compañeros de trabajo en Cristo Jesús. 4 Por salvarme la vida, ellos arriesgaron la suya. Tanto yo como todas las iglesias de los gentiles les estamos agradecidos. 5 Saluden igualmente a la iglesia que se reúne en la casa de ellos. Saluden a mi querido hermano Epeneto, el primer convertido a Cristo en la provincia de Asia. 6 Saluden a María, que tanto ha trabajado por ustedes. 7 Saluden a Andrónico y a Junías, mis parientes y compañeros de cárcel, destacados entre los apóstoles y convertidos a Cristo antes que yo. 8 Saluden a Amplias, mi querido hermano en el Señor. 9 Saluden a Urbano, nuestro compañero de trabajo en Cristo, y a mi querido hermano Estaquis. 10 Saluden a Apeles, que ha dado tantas pruebas de su fe en Cristo. Saluden a los de la familia de Aristóbulo. 11 Saluden a Herodión, mi pariente. Saluden a los de la familia de Narciso, fieles en el Señor. 12 Saluden a Trifena y a Trifosa, las cuales se esfuerzan trabajando por el Señor. Saluden a mi querida hermana Pérsida, que ha trabajado muchísimo en el Señor. 13 Saluden a Rufo, distinguido creyente, y a su madre, que ha sido también como una madre para mí. 14 Saluden a Asíncrito, a Flegonte, a Hermes, a Patrobas, a Hermas y a los hermanos que están con ellos. 15 Saluden a Filólogo, a Julia, a Nereo y a su hermana, a Olimpas y a todos los hermanos que están con ellos. 16 Salúdense unos a otros con un beso santo. Todas las iglesias de Cristo les mandan saludos.

Pablo continúa con elementos característicos de las conclusiones de sus cartas (ver comentarios sobre 15:14-33): recomendación de un colaborador (16:1-2), exhortaciones a saludar a los demás cristianos (16:3-16a), y saludos a los cristianos romanos de parte de otros creyentes (16:16b). Sin embargo, algo que no es típico de esta sección es la gran cantidad de saludos que contiene. El apóstol manda saludos a veintiséis individuos, dos familias, y tres congregaciones reunidas en casas. Este número es más sorprendente, si cabe, cuando recordamos que, hasta aquel momento, Pablo no había visitado Roma.

De hecho, algunos eruditos se han sorprendido tanto por esta cuestión que piensan que el contenido de este pasaje no pudo haber sido enviado a Roma. Postulan que podría haber formado parte de una carta distinta o ser incluso una carta completa, enviada quizá a Éfeso. Ya en la introducción consideramos buenas razones para rechazar esta teoría. Sin embargo, como también observamos entonces, muchos de estos cristianos romanos (como Priscila y Aquila, v. 3) habían pasado años en el exilio lejos de Roma, unos años en los que habrían tenido sin duda la oportunidad de conocer a Pablo. Puede que, de hecho, el número relativamente pequeño de cristianos que Pablo conoce en Roma hace posible que pueda mandar saludos a prácticamente todas las personas que recuerda en la ciudad.

Recomendación de un destacado obrero cristiano (16:1–2)

En el mundo antiguo las cartas de recomendación eran importantes. Quienes viajaban en un tiempo con pocas infraestructuras públicas (como hoteles o restaurantes) dependían de la ayuda de personas a quienes a veces ni siquiera conocían para satisfacer sus necesidades. Según parece, Febe va a viajar a Roma, y por ello Pablo recomienda a esta «hermana» (*adelfe*, poco frecuente en el Nuevo Testamento como descripción de un creyente [1Co 7:15; 9:5; Flm 2; Stg 2:15]) a la iglesia.

Pero Febe es más que una hermana; es también una «diaconisa [*diakonos*] de la iglesia de Cencreas». La palabra *diakonos* puede aplicarse a cualquier cristiano, llamado a «servir» a Dios y a su pueblo. Este podría ser aquí su sentido.[1] Sin embargo, la añadidura de la expresión «de la iglesia de Cencreas» hace más probable que Febe tuviera una posición oficial en aquella iglesia. Febe es probablemente una «diaconisa», que sirve a la iglesia administrando las necesidades económicas y materiales de los creyentes (ver especialmente 1Ti 3:8–12; cf. también Fil 1:1).[2]

Pablo da otro indicio de la función de Febe en la iglesia al final del versículo 2, donde el apóstol la llama *prostatis* porque «ha ayudado a muchas personas, entre las que me cuento yo». La palabra *prostatis* se deriva de un verbo que significa tanto cuidar o dar ayuda como dirigir o presidir. En la traducción de la NVI «ha ayudado a muchas personas», se asume el primer significado. Otros defienden el último sentido, según el cual Febe sería una «dirigente» de la comunidad.[3] Puede que la mejor sugerencia sea dar a *prostatis* el significado que tiene muchas veces en el griego secular, «mecenas, benefactor».[4] Febe era probablemente una rica comerciante, que utilizaba sus bienes para apoyar a la iglesia y a sus misioneros (como Pablo). Su ministerio en la iglesia y benevolencia hacia los obreros cristianos la hacían digna de un saludo cristiano y de cualquier ayuda que la iglesia romana pudiera prestarle.

---

1. Ver, p. ej., Murray, *The Epistle to the Romans* [La Epístola a los Romanos], 2:226.
2. Así lo entienden la mayoría de comentaristas; ver, p. ej., Godet, *Commentary on Romans* [Comentario de Romanos], 488; Cranfield, *The Epistle to the Romans* [La Epístola a los Romanos], 781; Dunn, *Romans* [Romanos], 886–87.
3. Ver, p. ej., David M. Scholer, «Paul's Women Co-workers in the Ministry of the Church» [Las colaboradoras de Pablo en el ministerio de la Iglesia], *Daughters of Sarah* 6/4 (1980): 3–6.
4. P. ej. Sanday y Headlam, *The Epistle to the Romans* [La Epístola a los Romanos] 417–18; Cranfield, *The Epistle to the Romans* [La Epístola a los Romanos] 782–83; Dunn, *Romans* [Romanos], 888–89.

Saludos (16:3-16)

Pablo anima con frecuencia a los cristianos a quienes escribe a «saludarse unos a otros» (Fil 4:21; Tit 3:15), en ocasiones con un «ósculo santo» (Ro 16:16a; 1Co 16:20; 2Co 13:12; 1Ts 5:26). Sin embargo, en los versículos 3-15 Pablo transmite también saludos individuales a toda una multitud de personas. Este rasgo no es sin precedentes en sus cartas (cf. Col 4:15; 2Ti 4:19), sin embargo, sí lo es su extensión. Además de las razones que acabamos de mencionar aquí y de las que hemos considerado en la introducción, otra explicación de todos estos saludos podría ser el deseo del apóstol de establecer buenas relaciones personales con la iglesia de Roma. Teniendo en cuenta que la carta se habría leído en voz alta, el reconocimiento público de aquellos cristianos de Roma a quienes Pablo ya conocía ayudaría a cimentar unas buenas relaciones personales con la comunidad.[5] El pasaje se divide en tres secciones de extensión desigual:

- versículos 3-15: una lista de saludos a individuos y grupos específicos
- versículo 16a: una exhortación a los cristianos de Roma a que se saluden los unos a los otros
- versículo 16b: saludos a los cristianos romanos de parte de otros cristianos

Priscila[6] y Aquila (vv. 3-4) son una conocida pareja del Nuevo Testamento. Lucas nos dice que llegaron a Corinto tras su salida de Roma por la orden de expulsión del emperador Claudio (Hch 18:2). Igual que Pablo, eran fabricantes de tiendas (18:3). Trabajaron con él en Corinto, se trasladaron después a Éfeso y en esta ciudad se involucraron en el ministerio (18:18), contribuyendo positivamente a que Apolos alcanzara una comprensión más precisa de la fe (18:26). Según parece, sirvieron con Pablo en Éfeso por algún tiempo (1Co 16:19) antes de volver a Roma cuando prescribió el edicto de Claudio.

Pablo recomienda a Priscila y Aquila como «compañeros de trabajo» (*synergos*), un término que el apóstol utiliza constantemente para aludir a quienes ministraron con él de distintas maneras (ver también vv. 9, 21; 2Co 8:23; Fil 2:25; 4:3; Col 4:11; Flm 1, 24). Estos también, por salvar la vida de Pablo «arriesgaron la suya». No sabemos cuándo sucedió esto, aunque podría haber sido durante los disturbios en Éfeso (Hch 19). Es posible que fueran bastante ricos, siendo propietarios de una casa lo suficientemente grande como para albergar las reuniones de un grupo de creyentes («la iglesia que se reúne en la casa de ellos», 16:5a).

Este es el único pasaje del Nuevo Testamento que menciona a Epeneto (v. 5b). Puede que Pablo le conociera bien, puesto que le llama «mi querido hermano» (*agapetos*, lit., «amado»). O es también posible que este término se hubiera en cierto modo formalizado como una forma de hacer referencia a cualquier hermano o hermana en Cristo. En cualquier caso, Pablo se acuerda bien de él, puesto que

---

5. Peter Lampe, «The Roman Christians of Romans 16» [Los cristianos romanos de Romanos 16], en *The Romans Debate*, 218; Jeffrey A. D. Weima, *Neglected Endings: The Significance of the Pauline Letter Closings* [Finales descuidados: relevancia de las conclusiones epistolares paulinas], (Sheffield: JSOT, 1994), 226-28.

6. NVI; el texto griego consigna de hecho el nombre abreviado «Prisca», pero en la NVI se ha homologado la ortografía de los nombres.

fue «el primer convertido a Cristo» (*aparche*; lit., «el primer fruto o primicias») en la provincia de Asia (que incluía Éfeso).

María era un nombre judío común, pero lo utilizaban también los gentiles; de modo que no podemos estar seguros de su trasfondo étnico. Pablo la recomienda por lo mucho que «ha trabajado por» los cristianos romanos.

Andrónico y Junías (v. 7) son los nombres más controvertidos de la lista. Son parientes de Pablo, estuvieron en la cárcel con él (probablemente por causa del Evangelio), se hicieron cristianos antes que Pablo y son «destacados entre los apóstoles». Es evidente que Andrónico es un nombre de varón. ¿Pero quién era *Iounias*? La traducción de la NVI (ver también el texto de la RSV; NASB; TEV; NJB) asume que esta forma griega es una contracción de un nombre masculino, Junianus.[7] Sin embargo, esta forma griega puede también ser un nombre de mujer, Junia (KJV; NRSV; REB). Esto puede parecernos un asunto trivial, pero el hecho de que a esta persona, según parece, se le llame un «apóstol» ha convertido este versículo en uno de los puntos calientes de la controversia sobre el ministerio de la mujer en el ámbito cristiano (ver la sección «Significado contemporáneo»). Aquí quiero limitarme a observar que los argumentos a favor de un nombre femenino son compactos. *Iounia* (el femenino) es un nombre griego común; al parecer no hay evidencias de la forma contraída de *Iounianos* (el masculino).[8]

Andrónico y Junia, como Aquila y Priscila (v. 3), eran probablemente marido y mujer. ¿Pero cómo puede Pablo llamarles «apóstoles» (*apostolos*) cuando es evidente que no estaban entre los doce? Algunos intérpretes han propuesto que se traduzca «estimados por los apóstoles»,[9] sin embargo se trata de un sentido poco probable. Hemos de recordar que Pablo no utiliza solo el término *apostolos* para aludir a los «doce apóstoles», con las connotaciones oficiales y autoritativas de esta expresión. Puede referirse a un «mensajero» (2Co 8:23; Fil 2:25) o a un «misionero comisionado» (1Co 9:5–6; 15:7[?]; Gá 2:9; Hch 14:4, 14). En este contexto, este último significado es el más probable.[10]

A Amplias (v. 8), Urbano (v. 9), y Apeles (v. 10a) solo se les menciona en esta enumeración. «Los de la familia de Aristóbulo» es una paráfrasis aceptable del griego, que, literalmente, solo dice «los de Aristóbulo». Es probable que Pablo aluda principalmente a los esclavos que trabajan por Aristóbulo. Herodes Agripa I,

---

7. Ver, p. ej., Godet, *Commentary on Romans* [Comentario de Romanos], 491; Sanday y Headlam, *The Epistle to the Romans* [La Epístola a los Romanos] 422–23.
8. Ver especialmente Richard S. Cervin, «A Note Regarding the Name 'Junia(s)' in Romans 16.7» [Una nota sobre el nombre de 'Junia(s)' en Romanos 16.7], *NTS* 40 (1994): 464–70; Ver también Cranfield, *The Epistle to the Romans* [La Epístola a los Romanos], 788–89; Dunn, *Romans* [Romanos], 894; Schreiner, *Romans* [Romanos], 795–96; Fitzmyer, *Romans* [Romanos],737–38 (con un concienzudo compendio histórico).
9. P. ej. Murray, *The Epistle to the Romans* [La Epístola a los Romanos], 2:229–30.
10. Así lo entienden la mayoría de los comentaristas modernos (p. ej., Käsemann, *Commentary on Romans* [Comentario de Romanos], 413; Cranfield, *The Epistle to the Romans* [La Epístola a los Romanos], 789; Dunn, *Romans* [Romanos], 894–95; Schreiner, *Romans* [Romanos], 796).

que murió en Roma en el año 48 o 49 dC., tuvo un hermano con este nombre; los que se mencionan en este versículo podrían ser esclavos que seguían sirviendo en su casa.[11]

«Herodión» (v. 11) es un nombre no atestiguado aparte de esta referencia. Es probable que fuera un esclavo liberto que llevaba el nombre de la familia herodiana a la que había servido. Narciso es también un esclavo liberto (podría ser el mismo que se hizo célebre como siervo del emperador Claudio). No tenemos datos sólidos para afirmar que ese Narciso se hubiera convertido, y el hecho de que se suicidara poco antes de que Pablo escribiera Romanos sugiere que no lo era.[12] A Trifena, Trifosa y Pérsida (v. 12) solo se las menciona aquí en todo el Nuevo Testamento. Por el contrario, Rufo (v. 13), podría ser el mismo al que se alude en Marcos 15:21 como hijo de Simón de Cirene, el que fuera forzado a llevar la cruz de Jesús.[13] No sabemos nada de los que se mencionan en Romanos 16:14–15. Es probable que «los hermanos que están con él» (NIV. i.e., Hermas) del versículo 14b se refiera a los cristianos que se reunían en casa de Hermas para adorar, y Pablo se refiere a otra iglesia de este tipo al final del versículo 15.

Pablo concluye su petición de saludos con una demanda general: «Salúdense unos a otros con un beso santo» (v. 16a). El beso era una forma normal de saludo en el mundo antiguo en general y en particular dentro del judaísmo. En el siglo segundo, el «beso de paz» se había convertido en una parte de la liturgia cristiana habitual. Puede que Pablo esté pidiendo a los cristianos romanos que concluyan la lectura pública de su carta con un beso.[14]

El apóstol termina esta sección con un giro que le lleva ahora a transmitir saludos a los cristianos romanos de parte de «todas las iglesias de Cristo». Esto es, sin duda, una hipérbole. Probablemente se trata de una referencia a las iglesias establecidas por él desde Jerusalén «hasta la región de Iliria» (15:19).

Traer este texto al siglo XXI requiere un acercamiento similar al que hemos esbozado en 15:14–33. La intención explícita de Pablo es recomendar a Febe y transmitir saludos a la Iglesia del siglo I en Roma. Estas cuestiones no son relevantes para nuestro tiempo. Enfrentados con este dilema, algunos intérpretes han recurrido a

---

11. Ver la exposición sobre el cristianismo romano en J. B. Lightfoot, *St. Paul's Epistle to the Philippians* [Epístola de San Pablo a los Filipenses], (Londres: Macmillan, 1913), 174–75; cf. también el trabajo de Lampe, «Roman Christians» [Cristianos romanos], 222.
12. Ver Lightfoot, *Philippians* [Filipenses], 175.
13. A favor de esta identificación están, p. ej., Lightfoot, *Philippians* [Filipenses] 176; Godet, *Commentary on Romans* [Comentario de Romanos], 493; Cranfield, *The Epistle to the Romans* [La Epístola a los Romanos] 793–94; Dunn, *Romans* [Romanos], 897; escéptico es, p. ej., Käsemann, *Commentary on Romans* [Comentario de Romanos], 414.
14. P. ej. Cranfield, *The Epistle to the Romans* [La Epístola a los Romanos], 796.

la aplicación por analogía: igual que Pablo apoyaba a los cristianos itinerantes, y saludaba y recomendaba a sus hermanos deberíamos también hacerlo nosotros. Sin embargo, nada en este texto parece sugerir que Pablo esté haciendo de sus convenciones epistolares un patrón a seguir. Aun en el caso de que hubiera una buena justificación hermenéutica, estos puntos son tan triviales que apenas si requieren exposición.

Como antes he sugerido, un acercamiento más productivo consistiría en buscar los principios que se expresan o insinúan en el texto y que rigen lo que Pablo está diciendo. A menudo, los textos son tan interesantes por lo que presuponen como por lo que enseñan explícitamente. En 16:1–16, Pablo expresa o da a entender tres aspectos de la Iglesia cristiana primitiva de los que podemos aprender algo: su composición social, su organización y la importancia de las mujeres. Cada una de ellas —pero especialmente esta última—, requiere una cierta exploración inicial como base de cualquier aplicación.

La composición social de la Iglesia primitiva. Aunque la interminable enumeración de nombres que encontramos en Romanos 16:3–15 no tiene un interés especial para el creyente de a pie, sí lo tiene para el historiador del cristianismo primitivo. Para el analista de la Historia, los nombres revelan muchas cosas. En el mundo antiguo los nombres transmitían datos sobre quiénes eran sus portadores. No eran simples designaciones escogidas por una cuestión de eufonía o popularidad. Como mínimo, los nombres nos permiten normalmente trazar el origen étnico de las personas. Pueden también indicarnos su clase social u ocupación. «Onésimo», por ejemplo, el esclavo huido de quien Pablo escribe a Filemón, significa «útil»; era la clase de nombre que con frecuencia podía ponerse a un esclavo, con la esperanza de que éste viviera en consonancia con él.

El historiador Peter Lampe ha llevado a cabo un concienzudo estudio de los nombres de Romanos 16.[15] Lampe concluye que la mayor parte de quienes Pablo menciona eran gentiles, libertos o descendientes de esclavos y libertos («liberto» es el término que, en el Imperio Romano, designaba a los esclavos liberados). Notemos también que Pablo menciona concretamente, al menos, a dos grupos de esclavos: los de la familia (siervos) de Aristóbulo (v. 10) y los de la familia de Narciso (v. 11).

Naturalmente, la información de Romanos 16 se aplica solo a la iglesia de Roma. No podemos extrapolarla a otras comunidades locales que podrían haber sido muy distintas. Sin embargo, los pocos datos que tenemos sugieren que la mayor parte de los primeros cristianos procedían de las clases «más bajas». Como lo expresa Pablo en 1 Corintios 1:26: «Hermanos, consideren su propio llamamiento: No muchos de ustedes son sabios, según criterios meramente humanos; ni son muchos los poderosos ni muchos los de noble cuna». Esto no quiere decir que no hubiera

---

15. Su obra fundamental es la monografía, *Die stadtrömischen Christen in den ersten beiden Jahrhunderten: Untersuchungen zur Socialgeschichte* [Los cristianos de la ciudad de Roma en los dos primeros siglos: investigaciones sobre su trasfondo social], (2a ed.; Tubinga: J. C. B. Mohr, 1989). En su artículo, «Roman Christians» [cristianos romanos] hay un resumen de algunas de sus ideas más importantes.

cristianos de otras clases sociales. La facilidad con que Priscila y Aquila viajaban por toda la zona del Mediterráneo oriental, y el hecho de que su casa albergara una iglesia sugiere que eran relativamente ricos.

Esta información sobre la composición social de la iglesia puede sernos útil, puesto que todos —también los cristianos— funcionamos dentro de estructuras sociales y estamos muy influenciados por ellas. En los últimos años, los eruditos del Nuevo Testamento han prestado mucha atención a esta dimensión de la Iglesia primitiva. Lo que aprendemos de tales investigaciones puede ayudarnos a trasladar la información explícita del texto desde el contexto social del primer siglo al nuestro.

Organización de la Iglesia primitiva. Lo que 16:1–16 pone de relieve sobre la organización de la Iglesia es que, según parece, era flexible. Pablo se refiere al menos a tres, o quizá cinco, congregaciones que se reunían en casas (vv. 5, 14, 15 son referencias claras; las «familias» que se mencionan en los vv. 10 y 11 pueden ser también congregaciones reunidas en casas). La comunidad cristiana refleja la flexible organización de la comunidad judía, que al parecer estaba dividida en muchas sinagogas independientes.[16] Es probable, por ejemplo, que ciertas congregaciones reunidas en casas estuvieran formadas completamente por creyentes «débiles en la fe» y otras por creyentes «fuertes» (ver comentarios sobre 14:1–15:13). La petición paulina de aceptación mutua, pues, sería un intento de reconciliar a varias «iglesias» de Roma. Más adelante propondré algunas posibles implicaciones de este hecho.

Mujeres en la Iglesia primitiva. De los veintisiete cristianos a quienes Pablo saluda o elogia en los versículos 1–15, diez (más de una tercera parte) son mujeres. Seis de ellas (Febe [vv. 1–2], Priscila [v. 3], Junias [v. 7], Trifena, [v. 12], Trifosa [v. 12], y Pérsida [v. 12]) reciben elogios por su labor «en el Señor». Junia es una «misionera comisionada» (*apostolos*; ver comentarios acerca del v. 7), y Febe es una benefactora y diaconisa de la iglesia. ¿Qué conclusiones podemos sacar de estos datos? Solo podemos dar respuesta a esta pregunta tras situar estas alusiones en el contexto más amplio de la enseñanza neotestamentaria sobre las mujeres en la Iglesia.

En lo que es un controvertido campo de minas, todos están al menos de acuerdo en tres cosas: (1) las mujeres constituían una parte significativa de la Iglesia cristiana primitiva (obsérvese la lista anterior); (2) a las mujeres se les reconocía el mismo acceso a Dios que a los hombres (p. ej., Gá 3:28; 1P 3:7); y (3) las mujeres participaban de importantes ministerios (ver de nuevo la enumeración anterior). Lo que sigue dividiendo a los creyentes es la medida en que el Nuevo Pacto borró las distinciones de género dentro del hogar y la Iglesia.

El texto que nos ocupa no toca el asunto del hogar, de modo que lo pondremos a un lado. Pero difícilmente podremos llegar a conclusiones finales sobre las implicaciones de Romanos 16 sobre el papel de las mujeres en la Iglesia sin una cierta idea general de la enseñanza del conjunto del Nuevo Testamento. Nunca podemos

---

16. Ver Leon, *Jews* [Judíos], 135–70.

aislar un texto del canon más extenso para decidir su significado. Esto es especialmente importante en un texto como Romanos 16, que no enseña directamente sobre el papel de las mujeres, pero hace alusiones indirectas a él. Por supuesto, estos datos indirectos son importantes, puesto que nos abren una ventana al verdadero funcionamiento de la Iglesia. La importancia de estos datos no debería minimizarse excesivamente. Sin embargo, ha de integrarse dentro de los claros pasajes de naturaleza didáctica.

Los eruditos están tan divididos sobre lo que el Nuevo Testamento enseña sobre este asunto que no disponemos de un consenso o fundamento común sobre el que construir una interpretación de Romanos 16. Por mi parte, solo puedo aquí delinear brevemente mi concepción personal de la enseñanza del Nuevo Testamento.[17] No creo que en el Nuevo Testamento desaparezcan todas las restricciones por lo que al ministerio de las mujeres se refiere. La afirmación de Pablo en el sentido de que el marido es «cabeza» (*kefalé*) de su esposa comporta la noción de que el marido ha de ejercer un liderazgo tierno y sacrificado, un papel paralelo al de Cristo para con la Iglesia (Ef 5:22–24). La esposa responde a esta relación con una gozosa sumisión al liderazgo de su marido (Ef 5:22; Col 3:18; 1P 3:1–6).

Puesto que la Iglesia imita a la familia en la esfera espiritual, Pablo extiende a la Iglesia esta relación entre el hombre y la mujer dentro del matrimonio. Las mujeres, afirma el apóstol, no han de «enseñar o ejercer autoridad» sobre los hombres (1Ti 2:12). De hecho, pues, Pablo prohíbe a las mujeres ministerios como el de la predicación o el servicio como «ancianos». Aceptar la Biblia como un solo libro con un único autor significa que he de llevar estos resultados a mi estudio de Romanos 16. Sin embargo, entender la Biblia de manera abierta y acertada significa también que he de permitir que Romanos 16 modifique mi idea de los datos bíblicos. Sin embargo, nos estamos adentrando hacia el área del significado contemporáneo (ver a continuación).

Significado Contemporáneo

La dimensión social de la Iglesia. La composición social de la antigua iglesia romana es de interés para el historiador y el intérprete; sin embargo, no estoy seguro de que tenga mucha relevancia para la Iglesia contemporánea. Argumentar, por ejemplo, que nuestras iglesias deberían tener la misma composición social que la iglesia romana sería sucumbir a la peor forma de aplicación analógica. No siempre puede decirse que «las cosas han de ser como fueron».

No obstante, puede, quizá, ser útil recordar que Dios tiene una especial preocupación por los pobres, los oprimidos y los que no tienen recursos. Este punto surge una y otra vez en el Evangelio de Lucas y se reafirma en las cartas del

---

17. Quienes deseen una explicación y defensa más amplia de estas ideas, pueden ver mi artículo «What Does It Mean Not to Teach or Have Authority Over Men (1Ti othy 2:11–15)?» [¿Qué significa no enseñar o tener autoridad sobre los hombres (1Ti oteo 2:11-15?] en *Recovering Biblical Manhood and Womanhood* (ed. J. Piper y W. Grudem; Westchester, Ill.: Crossway, 1991), 179-93.

Nuevo Testamento (ver especialmente Stg 2:5-6; 5:1-11). Muchos de los cristianos romanos, como hemos visto, eran esclavos o lo habían sido. Son a menudo quienes en nuestro mundo se sienten más alienados, los que están más abiertos a encontrar una posición en el venidero.

Muchos sociólogos explican prácticamente toda afiliación religiosa según este enfoque. Sin embargo, no hay que sucumbir a una explicación sociológica reduccionista de los sentimientos religiosos para reconocer un germen de verdad en lo que enseñan. Podemos inferir, por tanto, que la Iglesia ha de ofrecer deliberadamente consuelo a aquellos de nuestro mundo que más lo necesitan. El servicio a los pobres, indigentes y sin techo debería ser una prioridad dentro de los programas de las iglesias.

Organización de la Iglesia. También hemos de ser prudentes al sacar conclusiones de Romanos 16 en esta cuestión. Una vez más, el hecho de que la comunidad romana estuviera dividida en iglesias que se reunían en casas no significa que la Iglesia contemporánea haya de adoptar una estructura parecida. Pablo no está enseñando que la comunidad haya de dividirse en congregaciones reunidas en casas. De hecho, este tipo de congregaciones era, probablemente, una necesidad física en un tiempo en que no existían edificios eclesiales ni los cristianos tenían acceso a los edificios públicos.

Sin embargo, hay algo que sí podemos colegir de esta circunstancia, aunque sea de naturaleza un tanto tangencial. Si la iglesia romana se reunía en lugares separados y rara vez (o puede que nunca), lo hacía en un solo lugar, y si la petición apostólica de aceptación mutua (14:1-15:13) iba dirigida a estas comunidades locales, puede, entonces, que tengamos aquí un estímulo indirecto para que las iglesias locales se esfuercen más en tener una buena relación entre sí. Aun cuando casi todas creen las mismas cosas, las iglesias locales tienden con demasiada facilidad a competir entre sí, lo cual conduce a menudo a una mutua desconfianza y hasta crítica. Las iglesias intentan justificar su existencia y elevar su posición rechazando a otras. Pablo nos insta a reconocernos mutuamente aunque disintamos sobre ciertas cuestiones secundarias de la fe.

Mujeres en la Iglesia. Podemos pasar, ahora, a la tercera cuestión de relevancia potencial para la Iglesia contemporánea: la importancia de las mujeres en Romanos 16. Antes de entrar en la parte polémica de nuestras conclusiones, hemos de subrayar dos ideas que el texto deja claras. (1) Las mujeres eran una parte importante y pública de la comunidad cristiana romana. En esta afirmación el término público tiene especial relevancia. En muchas religiones del mundo antiguo, a las mujeres solo se les permitía participar de la adoración de manera representativa —por medio de sus maridos— o ésta quedaba fuera por completo de sus posibilidades. Romanos 16 sugiere, y el resto del Nuevo Testamento lo confirma, que la Iglesia primitiva era distinta. Pablo reconoce a las mujeres junto a los hombres, dando a entender su igualdad dentro de la comunidad y su participación en la adoración.

(2) Mujeres comprometidas en ministerios importantes. Me sorprende escuchar el planteamiento de este debate en términos de mujeres y ministerio, como si hubiera alguna duda de que las mujeres pueden ser «ministras». Nuestra des-

afortunada restricción de este término a un ministerio específico (p. ej., pastorado) nos ciega a la insistencia del Nuevo Testamento de que cada creyente es un ministro, es decir, un siervo de Cristo y de la Iglesia, con una importante aportación que hacer a la vida del cuerpo. Aquellos que hemos llegado a la conclusión de que el Nuevo Testamento impone restricciones sobre ciertos ministerios de las mujeres hemos de ser los primeros en honrar a las mujeres que sirven y en ayudarlas a implicarse en todos los ministerios en los que sí pueden participar. En nuestras iglesias sigue habiendo mucho machismo latente. Muy a menudo, en las iglesias se relega a las mujeres a tareas triviales, mientras el cuerpo sufre precisamente por la ausencia de mujeres dotadas y formadas que puedan enseñar a otras mujeres, aconsejar, evangelizar, organizar, etcétera.

¿Qué, pues, aporta Romanos 16 al debate sobre las restricciones del ministerio de las mujeres? Este texto se ha convertido en una importante refriega dentro de la batalla general. Por un lado, están los que insisten en que el Nuevo Testamento no impone ninguna restricción a los ministerios que pueden desempeñar las mujeres. Frecuentemente, invocan tres puntos de Romanos 16 para apoyar su punto de vista. (1) La palabra «colaboradora/as)» (*synergos*) que Pablo aplica a las mujeres en los versículos 3 y 9 da a entender que tales mujeres tenían ministerios de igual relevancia y naturaleza que los de Pablo; eran «dirigentes» en la iglesia.[18] (2) Febe era una *prostatis*, una «predicadora» o «gobernante» de la iglesia en Cencrea (vv. 1–2). (3) Junia era una apóstol de la misma naturaleza y rango que Pablo y los doce (v. 7).

Como he afirmado anteriormente, tiendo a pensar que el Nuevo Testamento en su conjunto pone restricciones al ministerio de las mujeres, prohibiéndoles enseñar a los hombres o ejercer autoridad sobre ellos (ver 1Ti 2:12). Los dos primeros puntos que acabamos de mencionar no plantean ningún problema a este punto de vista, pero el tercero es más problemático.

(1) Cuando Pablo se dirige a las mujeres como «colaboradoras» suyas, está reconociendo que éstas llevan a cabo ministerios tan importantes como el suyo. Sin embargo, esta palabra no dice nada sobre la clase de ministerio que están desempeñando.

(2) Febe desarrollaba un importante ministerio. Sin embargo, como hemos explicado en la sección «Sentido original», Pablo no la llama pastora o dirigente, sino diaconisa y benefactora. Ambos ministerios (el primero más «oficial» que el último) eran vitales para la salud de la Iglesia, pero ninguno de ellos implicaba enseñar a los hombres o ejercer autoridad sobre ellos.

(3) Sin embargo, la cuestión de Junia no es tan fácil de explicar de manera convincente. Muchos de los eruditos que asumen la posición que yo sostengo sobre el ministerio de las mujeres insisten en que el nombre es Junías y que Pablo está

---

1. Ver, p. ej., Elizabeth S. Fiorenza, «Missionaries, Apostles, Coworkers: Romans 16 and the Reconstruction of Women's Early Christian History» [Misioneras, apóstoles, colaboradoras: Romanos 16 y la reconstrucción de la historia de la mujer en la Iglesia antigua]. *Word and World* 6 (1986): 430.

haciendo referencia a un hombre. La evidencia lexicológica, no obstante, está decisivamente en contra de este punto de vista. De hecho, la historia de la interpretación apunta a que muchos comentaristas han interpretado esta palabra según su teología. Asumen que una mujer no puede ser apóstol, y por ello esta persona no puede ser una mujer. Por consiguiente, Romanos 16:7, demuestra ciertamente que las mujeres eran «apóstoles» en la Iglesia primitiva.

¿Han de llevarme los datos de este versículo a reconsiderar mi posición? Naturalmente, siempre que se produzcan nuevos hallazgos, he de verificar la validez de mi punto de vista. Sin embargo, en este caso la situación se complica por los distintos significados que Pablo da al término apóstol (*apostolos* en griego). Como hemos explicado anteriormente, es al menos igual de posible que Pablo esté utilizando aquí la palabra *apostolos* con el sentido de «misionero comisionado» más que de «representante autorizado de Cristo».

Mi conclusión personal, pues, es que Romanos 16 no invalida el punto de vista que —en mi opinión—, el Nuevo Testamento enseña sobre el ministerio de las mujeres. Sin embargo, quiero recalcar que entiendo los argumentos exegéticos que llevan a otras conclusiones, y que respeto enormemente a muchos de quienes sostienen tales argumentos. Mi buen amigo y antiguo colega, Walt Liefeld y yo hemos tratado este asunto detenidamente tanto en privado como en foros públicos. Llegamos a distintas conclusiones sobre esta cuestión (ver su libro de *Comentarios Bíblicos con aplicación; serie NVI* sobre 1 y 2 Timoteo y Tito), sin embargo, esto no reduce, de ningún modo, nuestro mutuo aprecio o la comunión cristiana de que disfrutamos.

Tristemente, quienes adoptan distintas posiciones sobre este asunto no siempre mantienen unas relaciones personales tan satisfactorias. Por otra parte, comprendo especialmente a las mujeres que consideran que los puntos de vista como el mío son una amenaza personal para lo que están haciendo. Lo único que puedo decir es que mi lectura personal del Nuevo Testamento (siempre provisional) es la que me lleva a adoptar este punto de vista.

Romanos 16:17-27

Les ruego, hermanos, que se cuiden de los que causan divisiones y dificultades, y van en contra de lo que a ustedes se les ha enseñado. Apártense de ellos. 18 Tales individuos no sirven a Cristo nuestro Señor, sino a sus propios deseos. Con palabras suaves y lisonjeras engañan a los ingenuos. 19 Es cierto que ustedes viven en obediencia, lo que es bien conocido de todos y me alegra mucho; pero quiero que sean sagaces para el bien e inocentes para el mal. 20 Muy pronto el Dios de paz aplastará a Satanás bajo los pies de ustedes. Que la gracia de nuestro Señor Jesús sea con ustedes. 21 Saludos de parte de Timoteo, mi compañero de trabajo, como también de Lucio, Jasón y Sosípater, mis parientes. 22 Yo, Tercio, que escribo esta carta, los saludo en el Señor. 23 Saludos de parte de Gayo, de cuya hospitalidad disfrutamos yo y toda la iglesia de este lugar. 24 También les mandan saludos Erasto, que es el tesorero de la ciudad, y nuestro hermano Cuarto. 25-26 El Dios eterno ocultó su misterio durante largos siglos, pero ahora lo ha revelado por medio de los escritos proféticos, según su propio mandato, para que todas las naciones obedezcan a la fe. ¡Al que puede fortalecerlos a ustedes conforme a mi evangelio y a la predicación acerca de Jesucristo, 27 al único sabio Dios, sea la gloria para siempre por medio de Jesucristo! Amén.

Agrupamos estos versículos por razones de conveniencia. Camino de la conclusión, Pablo toca rápidamente muchos temas distintos, la mayor parte de los cuales suelen aparecer en los últimos párrafos de sus cartas (ver comentarios sobre 15:14–33). Sin embargo, en este caso, el apóstol introduce dos cuestiones que no son habituales: la advertencia sobre los falsos maestros de 16:17–19 y la doxología final en 16:25–27. La advertencia forma, sin duda, parte del texto, y consideraremos la razón por la que Pablo ha podido añadirla aquí.

Sin embargo, desde un punto de vista textual, la autenticidad de la doxología es incierta. No aparece en dos manuscritos de Romanos, y en otros está ubicada en distintos lugares del texto. Algunos afirman que su vocabulario no es característico de Pablo. Por ello, muchos eruditos concluyen que no forma parte de la carta de Pablo a los Romanos, sino que fue añadida por otra persona en una fecha posterior.[1] Sin embargo, la inmensa mayoría de los manuscritos sí incluyen la doxología al final de la carta, y solo podemos pensar que el vocabulario no es paulino si

---

1. P. ej. Käsemann, *Commentary on Romans* [Comentario de Romanos], 422–28; Cranfield, *The Epistle to the Romans* [La Epístola a los Romanos], 808; Dunn, *Romans* [Romanos], 912–13; Fitzmyer, *Romans* [Romanos], 753.

creemos que Pablo no es el autor de Efesios. De manera que los argumentos para incluir estos versículos son sólidos.[2]

En ningún otro lugar lanza Pablo una advertencia sobre los falsos maestros en la conclusión de una carta. Sin embargo, sí pronuncia exhortaciones y advertencias que permiten suponer su presencia (p. ej., 1Co 16:13–14; 2Co 13:11; Col 4:17). Lo más misterioso es que el apóstol espere al final de Romanos para expresar tal advertencia. Es posible que el apóstol haya esperado hasta ahora porque los falsos maestros todavía no han entrado en escena, o porque la información sobre esta amenaza llega a Pablo cuando está próximo a finalizar la carta.[3]

Se han propuesto varias teorías sobre la posible identidad de estos falsos maestros y la naturaleza de la herejía que estaban propagando. Pero Pablo no nos da suficiente información para que podamos tomar una decisión. Lo único que sabemos es lo que el apóstol nos dice aquí. Como sucede con la mayoría de los falsos maestros, éstos «causan divisiones» (*dichostasias*, una palabra poco frecuente [1 Mac 3:29; Gá 5:20]), poniendo «obstáculos» o tropiezos (*skandala*; cf. 9:33; 11:9; 14:13) en el camino de los creyentes; causan daño espiritual a los creyentes al enseñarles doctrinas contrarias al Evangelio. Tales personas no sirven, pues, a Cristo, «sino a sus propios apetitos» (lit., sus propios vientres [*koilia*]).

Pablo utiliza este mismo lenguaje en Filipenses 3:19 para señalar a los falsos maestros, creando un problema parecido de identificación. El lenguaje podría ser una forma irónica de aludir a los judaizantes (cristianos que insistían, entre otras cosas, en la necesidad de observar las leyes judías sobre comidas).[4] Sin embargo, a falta de datos más sólidos para esta aplicación de la palabra en otros pasajes, no podemos dar por sentado que los cristianos romanos habrían captado una alusión de este tipo. Es, pues, probable que, *koilia* sea una sinécdoque que hace referencia a los apetitos sensuales en general.[5] Los falsos maestros están interesados en sus placeres y comodidad, no en ayudar a las personas a conocer a Dios.

De nuevo, de un modo característico de los falsos maestros, estas personas ocultan su carácter engañoso sirviéndose de persuasivos métodos de comunicación. Los «ingenuos» o inocentes (*akakon*, v. 18) son vulnerables ante esta clase de acercamiento, y los propios cristianos romanos pueden encajar en esta categoría. Su misma sinceridad y deseo de obedecer pueden convertirles en una presa

---

2. P. ej. Murray, *The Epistle to the Romans* [La Epístola a los Romanos], 2:262–68; Stuhlmacher, *Paul's Letter to the Romans,* [La carta de Pablo a los Romanos] 244–46; Schreiner, *Romans* [Romanos], 816–17; Larry Hurtado, «The Doxology at the End of Romans» [La doxología del final de Romanos] en *New Testament Textual Criticism: Its Significance for Exegesis. Essays in Honor of Bruce M. Metzger* (ed. E. J. Epp y G. Fee; Oxford: Clarendon, 1981), 185–99; I. Howard Marshall, «Romans 16:25-27—An Apt Conclusion» [Romanos 16:25-27, una conclusión adecuada], en *Romans and the People of God: Essays in Honor of Gordon D. Fee on the Occasion of His 65th Birthday* (ed. Sven K. Soderlund y N. T. Wright; Grand Rapids: Eerdmans, 1999), 170–84.
3. P. ej. Wilckens, *Römer 12–16*, 143.
4. P. ej. Barrett, *The Epistle to the Romans* [La Epístola a los Romanos], 285.
5. P. ej. Godet, *Commentary on Romans* [Comentario de Romanos], 496.

fácil de los falsos maestros. Así pues, mediante un irónico giro verbal, Pablo les pide que permanezcan «inocentes» (*akeraios*, v. 19) acerca del mal.

La promesa de Pablo en el sentido de que Dios pronto «aplastará a Satanás bajo los pies de ustedes» (v. 20a) tiene quizá relación con los falsos maestros. Lo más probable es, sin embargo, que la promesa sea de carácter general (cf. 1Co 16:22; 1Ts 5:24). El lenguaje de esta promesa alude quizá al famoso protoevangelio de Génesis 3:15: «Pondré enemistad entre tú y la mujer, y entre tu simiente y la de ella; su simiente te aplastará la cabeza, pero tú le morderás el talón».

El deseo de Gracia que Pablo expresa en el versículo 20b encuentra un paralelo en todas las cartas que escribe. Forma una especie de sujetalibros con el comienzo de la carta, puesto que en este pasaje introductorio Pablo desea a los romanos «que Dios nuestro Padre y el Señor Jesucristo les concedan gracia y paz» (1:7).

En 16:21–23, Pablo transmite saludos a los romanos de algunos de sus colegas y de otros creyentes que le están dando alojamiento. Timoteo era el colaborador más cercano de Pablo. El apóstol le identifica como coautor de seis de sus cartas (2 Corintios, 1 y 2 Tesalonicenses, Filipenses, Colosenses, Filemón), y otras dos de ellas se las escribió a él.

El Lucio del versículo 21 puede ser el «Lucio de Cirene» de Hechos 13:1 o Lucas el evangelista[6] o ninguno de ellas. Sin embargo, no es posible establecer ninguna de estas identificaciones. Es probable que Jasón sea el mismo que ofreció hospitalidad a Pablo durante su breve y tumultuosa estancia en Tesalónica (Hch 17:5–9). Sosípater es probablemente el Sópater de Berea que se menciona en Hch 20:4. La expresión de la NVI «mis parientes» deja una impresión errónea sobre la relación de estos tres hombres con Pablo. No eran parientes cercanos, sino compatriotas judíos (cf. Ro 9:3; 16:7, 11).

Tercio (v. 22) se presenta como el amanuense de la carta, es decir, el escriba cualificado que la «escribió» bajo el dictado de Pablo. Aparte de esta mención es un desconocido.

Gayo (v. 23) era un nombre común, pero se trata probablemente del Gayo de Corinto (1Co 1:14), ya que es muy posible que Pablo escriba desde Corinto. Gayo ofrecía hospitalidad a Pablo y a «toda la iglesia», lo cual puede significar que su casa albergaba las reuniones de una iglesia,[7] o que la abría sistemáticamente para hospedar a creyentes itinerantes.[8]

Erasto podría ser la misma persona que se menciona en Hch 19:21–22 (cf. 2Ti 4:20). Sin embargo, en Corinto se ha descubierto una inscripción que consigna a un Erasto que era uno de los ediles de la ciudad. Este título podría ser equivalente al *oikonomos* de Pablo (NVI «el tesorero de la ciudad»). Aunque no se trate de los mismos cargos, Erasto podría haber servido como *oikonomos* antes de ser ascen-

---

6. Para el primero, ver Godet, *Commentary on Romans* [Comentario de Romanos], 500; para el último, ver quizá Dunn, *Romans,* 909, quien afirma que este punto de vista no es «imposible».
7. P. ej. Dunn, *Romans* [Romanos], 910–11; Fitzmyer, *Romans* [Romanos], 749.
8. Käsemann, *Commentary on Romans* [Comentario de Romanos], 421.

dido a edil.[9] Por lo que a Cuarto se refiere, aparte de esta mención, es un desconocido.

Pablo concluye apropiadamente su carta con una doxología que exalta a Dios y que, por su redacción, evoca muchas de las ideas clave de la carta, especialmente la primera parte:

Al que puede (tiene poder)	cf. 1:4, 16
fortalecerlos	1:11
mi evangelio	1:1, 9, 16; 2:16
revelación/revelado	1:17; cf. 3:21
escritos proféticos	1:2; cf. 3:21
creer y obedecer	1:5
todas las naciones (o los gentiles)	1:5
único Dios	3:29–30
sabio Dios	11:33–36

Aunque Pablo (cf. 1:11) u otros siervos se esfuerzan por establecer en la fe a los creyentes, en última instancia solo Dios puede hacerlo. Él obra a través del Evangelio que Pablo define como «la proclamación de [o acerca de] Jesucristo». Este Evangelio está vinculado al «misterio [oculto] durante largos siglos». Como el apóstol afirma en otros pasajes (cf. 1Co 2:7; Ef 3:3–9; Col 1:26–27), las buenas nuevas de la redención para todos los seres humanos en Cristo es el clímax de un plan de Dios, un «misterio» oculto en el pasado, pero ahora «revelado» (v. 26) para que todos puedan verlo. Puesto que el Nuevo Testamento revela este misterio, la expresión «los escritos proféticos» podría ser una referencia al Evangelio.[10] Sin embargo, Pablo ha mostrado a lo largo de Romanos que el Antiguo Testamento en su conjunto es un libro profético, que apunta hacia Cristo y la revelación de la Justicia de Dios en él (cf. 1:2; 3:21). El hecho y momento oportuno de la revelación de este misterio están en el plan de Dios; fue su «mandamiento» el que puso en ejecución del Evangelio.

El propósito de Dios al hacerlo era que «todas las naciones obedezcan a la fe». La frase griega es la misma que encontramos en 1:5 (lit., «la obediencia de la fe»). Como en este texto, la expresión alude al estilo de vida obediente que debe fluir siempre de una sincera fe en el Señor.

La descripción final de Dios (16:27) nos recuerda especialmente su institución de un «sabio» y maravilloso plan para la redención de su Creación (cf. 11:33–36). Sin duda, nuestra respuesta ha de ser un eco de la de Pablo, dando gloria a Dios por medio de Jesucristo.

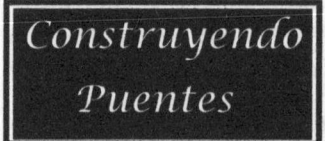

Falsos maestros. Nuestra aplicación de la advertencia de Pablo sobre los falsos maestros (vv. 17–19) ganaría precisión si pudiéramos determinar exactamente lo que estaban enseñando. Pero, como hemos

---

9. Ver especialmente A. D. Clarke, «Another Corinthian Erastus Inscription» [Otra inscripción corintia sobre Erasto], *TynBul* 42 (1991): 146–51.
10. Godet, *Commentary on Romans* [Comentario de Romanos], 504.

señalado antes, Pablo no nos ofrece mucha ayuda para identificar específicamente dicha enseñanza. Consignada de repente, al final de la carta, esta advertencia podría ser un intento de reforzar la enseñanza anterior. Pero Pablo no advierte específicamente sobre los falsos maestros en ningún otro lugar de la carta. Lo más parecido que encontramos es la alusión a los débiles en la fe en 14:1–15:13, y algunos eruditos han propuesto que la advertencia de este texto alude precisamente a este grupo, o a otro aliado con ellos.[11] Pero Pablo nunca trata a los débiles en la fe como falsos maestros. De hecho, hace un llamamiento a los demás cristianos a aceptarles e incluso a respetar sus opiniones.

Pablo alude también de pasada a quienes le increpaban acusándole de afirmar «hagamos lo malo para que venga lo bueno» (3:8), sin embargo, esta referencia es tan oscura como aquélla. Inspirados en el único asunto específico que Pablo menciona —que los falsos maestros «no sirven a Cristo nuestro Señor, sino a sus propios deseos [*koilia*]»—, los eruditos han sugerido generalmente dos principales identificaciones. Si esta frase alude a una preocupación con las leyes judías sobre comidas, los falsos maestros son probablemente judaizantes, cristianos de origen judío que querían imponer la ley a los cristianos gentiles.[12] Si, no obstante, la expresión hace referencia a la satisfacción de los propios apetitos, entonces los falsos maestros serían posiblemente individuos libertinos, que verían el Evangelio como una excusa para un estilo de vida licencioso.[13]

Ambas tendencias afloraron repetidamente en la Iglesia primitiva, representando posiciones extremas con respecto al valor de la «ley» para los creyentes. Sin embargo, «servir a los *koilia*» es una expresión que no permite precisar un significado exacto. Por tanto, como hemos concluido anteriormente, no podemos saber exactamente lo que estaban diciendo estos falsos maestros. Si nuestra incapacidad para identificarles nos impide hacer una aplicación específica a similares maestros que puedan operar en nuestro tiempo, tiene, sin embargo, la ventaja de permitirnos aplicar el lenguaje de este pasaje a prácticamente cualquier amenaza de falsas doctrinas de nuestros días.

Significado Contemporáneo

Los falsos maestros entonces y ahora. Es evidente que la verdad del cristianismo es el blanco de la oposición de adherentes de otras religiones, filosofías y cosmovisiones. Budistas, musulmanes, animistas, marxistas, ateos, etcétera, propagan cosmovisiones que se plantean explícitamente en contraste con el cristianismo. Las líneas de la batalla han sido trazadas, y entendemos la necesidad de hacer frente a estas cosmovisiones con una vigorosa y razonada defensa.

---

11. P. ej. Black, *Romans* [Romanos] 212–13.
12. P. ej. Godet, *Commentary on Romans* [Comentario de Romanos], 496; Sanday y Headlam, *The Epistle to the Romans* [La Epístola a los Romanos], 429; Stuhlmacher, *Paul's Letter to the Romans,* [La carta de Pablo a los Romanos] 252–53.
13. P. ej. Dodd, *The Epistle to the Romans* [La Epístola a los Romanos] 242–43.

Sin embargo, los cristianos deben también enfrentarse con los falsos maestros, es decir, personas dentro de la Iglesia que pretenden ser cristianos, pero que, de algún modo, se desvían de alguna verdad esencial del Evangelio. Los falsos maestros siempre han plagado la Iglesia, y siguen estando ahí. Lo que Pablo dice en los versículos 17-19 puede ayudarnos a localizarlos y a enfrentarnos a ellos una vez que les hayamos identificado.

El mensaje de Pablo sobre los falsos maestros reitera lo que el Nuevo Testamento dice por todas partes sobre tales personas. Lo que tenemos aquí es un perfil de los típicos falsos maestros. Además de mencionar sus errores doctrinales, Pablo dice tres cosas acerca de ellos: (1) Se sirven a sí mismos en lugar de a Cristo; (2) Son oradores astutos y efectivos; y (3) crean divisiones en la iglesia. Pablo, en otras palabras, describe los motivos, medios y resultados de su ministerio.

Los falsos maestros se equivocan con frecuencia por lo que a motivaciones se refiere. En lugar de poner la mira en la gloria de Dios y en el bien de la iglesia, viven centrados en sí mismos. El orgullo es a menudo su pecado más esencial. Quienes enseñan cosas nuevas o extrañas prosperan más en su posición, y reciben más prestigio y celebridad que los que avanzan lentamente, siguiendo las líneas de la verdad establecidas en la Escritura y en la Historia de la Iglesia. La revista *Time* no suele publicar artículos sobre teólogos ortodoxos. Solo lo nuevo y distinto es de interés periodístico. Por ello, es posible dejarse llevar por falsas doctrinas para sobresalir. Y una vez que el nuevo punto de vista de un maestro se ha hecho público, va a ser muy humillante retractarse ante la oposición. La persona en cuestión pasa a tener un interés personal en aquel punto de vista. Hemos, pues, de estar seguros de que enseñamos y servimos por motivos sanos. También hemos de evaluar, de la mejor manera posible, qué es lo que motiva a quienes nos enseñan.

Por definición, las ideas que propagan los falsos maestros son contrarias a la enseñanza bíblica. A menudo, son también ilógicas. Pretenderán ocultar estos problemas con gran aparato retórico. Por regla general, los falsos maestros son locuaces y convincentes. Echan mano de todos los trucos retóricos habidos y por haber para ganar adeptos. El propio Pablo hubo de hacer frente muchas veces a esta clase de personas, y algunos de sus convertidos compararon desfavorablemente sus capacidades retóricas con las de sus oponentes (ver especialmente 1Co 1-2; 2Co 10-13). Pero Pablo se preciaba de ser un orador sencillo, que se esforzaba por transmitir la verdad del Evangelio de la manera más clara y franca posible. Quería que sus oyentes fueran movidos por la verdad de lo que decía, no conmovidos temporalmente por una habilidosa y astuta exposición.

¿Qué métodos utilizamos? No hay, sin duda, nada malo en elaborar cuidadosamente nuestros sermones, sin embargo el predicador ha de tener siempre cuidado de que las palabras altisonantes o las ilustraciones o los recursos retóricos no se conviertan en sustitutos de la verdad. Muy a menudo, el antiguo adagio sobre las notas del predicador —«punto débil, hablar más enérgicamente»— se acerca a la verdad. Quienes escuchan enseñanza y predicación cristiana —en la iglesia, clases de escuela dominical, radio o televisión— han de evaluar lo que se dice en virtud de su contenido, no solo de su estilo. Los falsos maestros consiguen a menudo sus audiencias porque son cautivadores y divertidos. Encubren la ausencia de la verdad con palabras suaves.

Naturalmente, en situaciones en que la verdad no ha sido cuidadosamente preservada, quienes proclaman la verdad del Evangelio pueden suscitar divisiones. El celoso pastor evangélico que llega a una iglesia que con los años se ha ido alejando de la ortodoxia va a provocar disensiones. A algunas personas no les van a gustar las «nuevas» ideas, y se opondrán a ellas. Como resultado, pueden surgir facciones en la Iglesia, y hasta producirse divisiones permanentes.

Pero los falsos maestros son especialmente proclives a crear divisiones. Son, a menudo, culpables de escoger un aspecto doctrinal específico, para después distorsionarlo y exagerarlo hasta hacerlo sobresalir de los demás. En su celo por su «nueva» idea, hacen adeptos igualmente celosos. El resultado final es un grupo dentro de la iglesia que sigue la dirección de estos falsos maestros, e intenta imponer su punto de vista a todos los demás. Por ello, hemos de desconfiar de maestros que promueven estos grupos de ardorosos seguidores dentro de la iglesia y que centran su atención exclusivamente en una doctrina.

Teología y doxología. La maravillosa doxología de 16:25–27 es una forma apropiada de concluir una carta que expone con tanta belleza la verdad del Evangelio. La meta final de la teología es la gloria de Dios, y cualquier verdadera expresión teológica llevará siempre a este propósito. La teología, el «estudio de Dios», no es un mero pasatiempo intelectual. Tampoco se ocupa únicamente del bien de la Iglesia. Su propósito final es capacitar al pueblo de Dios para glorificarle de manera más efectiva y apasionada porque éste ha aprendido más de él. Antes hemos observado que Pablo entrelaza en esta doxología una buena parte de los temas de la carta. Es como si, al reflexionar en las maravillosas verdades que ha venido enseñando en la carta, el propio apóstol prorrumpiera en una espontánea alabanza a Dios. Que nuestra conclusión final sea también *sola dei gloria*: «tan solo a Dios la gloria».

Nos agradaría recibir noticias suyas.
Por favor, envíe sus comentarios sobre este libro
a la dirección que aparece a continuación.
Muchas gracias.

Vida@zondervan.com
www.editorialvida.com

www.ingramcontent.com/pod-product-compliance
Lightning Source LLC
Chambersburg PA
CBHW011958150426
43201CB00018B/2320